FRESSIN

Histoire — Archéologie — Statistique

PAR

M. L'ABBÉ FROMENTIN,

MEMBRE DE PLUSIEURS SOCIÉTÉS SAVANTES

LILLE

IMPRIMERIE SALÉSIENNE

Œuvre de Don Bosco

1892

FRESSIN

Lk 7
28104

FRESSIN

Histoire — Archéologie — Statistique

PAR

M. L'ABBÉ FROMENTIN,

MEMBRE DE PLUSIEURS SOCIÉTÉS SAVANTES

LILLE
IMPRIMERIE SALÉSIENNE
(Œuvre de Don Bosco)
—
1892

FRESSIN

Fressin ! A ce nom, les souvenirs se pressent, la curiosité s'éveille. Qui n'a entendu parler de Fressin, dans la province d'Artois, la Picardie et le Boulonnais ? Les érudits savent que cet ancien bourg fut le berceau de la maison de Créquy, l'une des plus grandes et des plus illustres de France. D'Hozier cite parmi les gentilshommes qui donnèrent leur vie pour la patrie, vingt et un Créqui dont les états de service datent du treizième siècle. Pour les élégants officiers de la garnison voisine, les sportmen de la région, les jeunes châtelains d'alentour, Fressin, ce sont les grandes chasses à courre, le son éclatant du cor, la meute bruyante, le vautrait, et, le soir, l'hommage aux dames qui ont bravement suivi la chevauchée. Aux archéologues et aux membres du clergé, Fressin montre encore les ruines curieuses de son vieux manoir féodal, une église monumentale, signalée aux touristes pour la hardiesse de sa voûte, une étonnante profusion de sculptures, un bas-relief de grande valeur et le tombeau bien conservé d'un Créquy mort plusieurs années avant la fatale journée d'Azincourt. Ajouterons-nous que, malgré sa déchéance apparente, la disparition de ses hauts seigneurs, et la diminution progressive de sa population, le village actuel de Fressin est un village exceptionnellement beau ? il se distingue par ses charmes entre toutes les agréables campagnes qui rayonnent autour de la jolie petite ville d'Hesdin.

On a compté sur nous pour une histoire de Fressin.

Nous ne voulons point que cet espoir soit trompé. De là ce livre.

La dernière, la plus faible peut-être de nos productions, elle n'est pas la moins chère à notre cœur. Bien au contraire.

Fressin, c'est le dernier champ ouvert à notre activité. Les paroissiens de Fressin sont nos fils spirituels les derniers venus, les mieux aimés, aimés de toute la tendresse d'un aïeul, aimés avec d'autant plus de justice qu'ils se sont les premiers montrés si bons, si prévenants, si respectueux à notre égard.

Ce petit coin de terre, sur lequel, en allant à l'église, nous reposons tous les jours les yeux, et qui réunira prochainement notre dépouille mortelle à celle de nos prédécesseurs, cette terre de notre sépulture n'est pas bien éloignée de celle où reposa notre berceau.

S'il entre dans le plan divin d'intéresser les élus aux actes et au sort de ceux qu'ils ont laissés en ce bas monde, nous avons la douce persuasion que notre vénéré père se réjouit de nous voir curé de Fressin, et qu'il sourit à notre projet de faire revivre le passé de ce grand village. Il avait vécu sa première enfance à Auchy, où son père, Charles-François Fromentin, originaire de Wamin, aîné de huit enfants, avait épousé Marie-Catherine-Alexandrine Ansel. Devenu orphelin de bonne heure, avec six autres frères ou sœurs, jeune pâtre au service de ses oncles de Wamin, il menait paître ses bestiaux près du Bois-Robert, au Godiamont, au Fond de Barles, aux champs de Rhumenville, et il s'y rencontrait, nous a-t-il maintes fois raconté, avec les jeunes garçons de Fressin aujourd'hui disparus comme lui. Ils mêlaient parfois leurs vaches et confondaient leurs jeux. Plus tard, c'est de Wamin qu'il alla, un jour, en septembre 1830, accompagné de l'abbé Hippolyte-Théodore, son dernier frère et filleul, et de l'abbé Delannoy, son curé et ami, devenu plus tard doyen de Fillièvres, c'est de Wamin qu'il alla au Parcq épouser ma sainte mère Rosalie-Marie-Joseph Hochart, qu'il avait pu apprécier de bonne heure, puisqu'elle avait tous ses parents à Auchy.

On le comprend, du reste, c'est avec amour que nous mettons au jour ce fruit de notre vieillesse. Nous désirons qu'il soit bien accueilli. Nous espérons qu'il le sera, malgré ses défauts.

Malgré ses défauts ! Oui ; car si notre plan nous paraît heureux et bien délimité, nous avons le regret de reconnaître qu'il ne nous est pas possible de le réaliser d'une manière parfaite, en donnant à chaque partie l'étendue qu'elle mériterait d'avoir. L'œuvre manquera de proportions. Il y aura ici des lacunes, là des détails minutieux et des pages entières qui ne seront que des tableaux ou des énumérations. Mais nous croyons entrer dans les vues du lecteur en donnant le plus de faits, le plus de renseignements possible.

Où le défaut sera sans compensation, ce sera dans la mise en œuvre des matériaux.

Autrefois, bien que toujours faible et souffreteux, il nous était possible de poursuivre un travail, même long, sans interruption notable, de sorte que, l'esprit toujours pénétré du sujet, le récit se déroulait avec suite et mouvement dans l'unité de la pensée. Nous espérions écrire ce livre dans les soirées du dernier hiver et le publier au printemps de cette année 1891. Hélas ! il a fallu en rabattre. Une lassitude sans cause actuelle connue, une paresse involontaire, parfois une étrange difficulté pour fixer une idée ou nous rappeler un nom, tout cela s'ajoutait au poids des années et aux exigences du ministère, pour nous faire passer des semaines et même des mois sans pouvoir écrire une page de ce travail.

Pour que cette étude soit aussi exacte et aussi complète que possible, nous prions nos souscripteurs de nous communiquer avec confiance, dans le mois qui suivra la réception de l'ouvrage, les additions et les rectifications qu'ils auraient à y proposer. Il en serait tenu compte dans une petite brochure qui leur serait ultérieurement envoyée et qui contiendrait aussi la liste de souscription.

Mais il doit être bien entendu qu'additions et corrections ne peuvent porter que sur les faits. En ce qui concerne les appréciations et les jugements, nous réclamons la pleine et entière liberté de notre pensée personnelle, comme le droit de la dire toujours.

TOPOGRAPHIE & STATISTIQUE

IDÉE D'ENSEMBLE.

Fressin est l'une des plus importantes communes du canton de Fruges, et bien certainement le plus curieux et le plus beau village de ce canton.

Il est habité, sur une étendue de six kilomètres en un sens, de trois kilomètres en un autre, sans compter quelques fermes écartées, par une population en majorité assez pauvre ; mais, au centre, autour de l'église, se groupent le presbytère, les écoles, la mairie, les maisons de commerce et nombre de jolies maisons de campagne qui s'étagent sur la rive droite de la rivière et font de ce lieu un séjour délicieux pour la saison d'été et un but de promenade très apprécié. Toutefois, depuis que les chemins de fer ont fait de la locomotion facile, de l'agitation perpétuelle et des déplacements journaliers un besoin universel, les villas de Fressin ont perdu de leur attrait.

A la limite du territoire de Fressin, mais sur le territoire de Planques, sont les sources de la Planquette. Ce ruisseau traverse Fressin, du levant au couchant, sur une étendue de quatre kilomètres, depuis le territoire de Planques jusqu'à celui de Wambercourt, côtoyé à sa rive droite par la nouvelle route qui va de Ruisseauville à Aubin par Avondance, Planques, Fressin, Wambercourt et Cavron. Cette étroite vallée est constamment couverte de maisons ou de vergers.

La Planquette a un parcours de 12 kilomètres, 434 mètres. Sa largeur varie de 1 à 4 mètres. Elle va se jeter dans la Canche, au territoire de Contes.

Cette riviérette fait mouvoir deux moulins sur Fressin. Le premier de ces deux moulins est en face du vieux château et doit être signalé comme une dépendance du dit château.

La statistique officielle a noté une troisième usine à Fressin, servant à la fois de moulin à farine et de fabrique de taillanderie. Cette usine, qui était en amont des deux autres, a cessé de fonctionner.

Aux sources de la Planquette, la rue de l'Ermitage, se détachant de la route de Planques, contourne ce village sur une étendue d'environ deux kilomètres, ce qui fait bien les six kilomètres que nous indiquions tout à l'heure pour la partie basse du village. La rue de l'Ermitage, aboutissant à un ancien fief, dit aussi le fief de l'Ermitage, propriété de M. de Wailly de Camoisy, de Capelle, est bordée par deux rangées de maisons. Il y en a vingt-deux à gauche, qui sont de Fressin ; les cinq ou six maisons de droite appartiennent à la commune de Planques.

Les habitants de l'Ermitage accomplissent leur devoir pascal à l'église de Fressin ; c'est aussi à l'église de Fressin qu'ont lieu les baptêmes, mariages et funérailles. Quant à la messe du dimanche, bien que la route pour Fressin soit maintenant très bonne, ils vont l'entendre, pour la plupart, dans l'église de Planques, la distance étant des deux tiers moins considérable. Il en est même qui trouvent plus avantageux d'aller à Avondance.

Du reste, Planques n'a longtemps fait qu'une paroisse avec Fressin. Ce n'est que tout récemment, en 1865, que cette église a été érigée en succursale et détachée de Fressin.

Fressin, je veux dire le cœur du village, l'église et la mairie, est à environ 56 kilomètres d'Arras, chef-lieu du département et du diocèse ; à 42 kilomètres de Saint-Omer, chef-lieu judiciaire ; à 27 kilomètres de Montreuil, chef-lieu de l'arrondissement ; à 10 kilomètres de Fruges, chef-lieu du canton.

Il est aussi à 10 kilomètres d'Hesdin, qui est son marché principal ; à 9 kilomètre de la gare d'Aubin-Saint-Vaast, et à 7 kilomètres de la gare d'Auchy, par Rumenville.

La population de Fressin a baissé de près de 500 âmes depuis le commencement du siècle. Elle était de 1258 en l'an VIII (1). Elle atteignit le chiffre de 1276 en l'an XII. En 1820, elle était encore de 1188 (2). Le recensement de 1831 constate une notable diminution ; elle n'est plus que de 1087 habitants (3). Le recensement de 1891 ne lui reconnaît plus que 796 âmes. C'est une diminution de 200 âmes depuis trente ans (4). Il ne se passe pas d'année qui ne voie démolir quelque maison. Il y a telle rue où l'on en a démoli jusqu'à huit depuis vingt ans.

Tout porte à croire qu'aux siècles passés Fressin avait une importance encore plus considérable qu'au commencement de ce siècle.

---

(1) Ainsi décomposée : 207 hommes mariés ou veufs, 232 femmes mariées ou veuves, 410 garçons de tout âge, 389 filles de tout âge, 20 étrangers de différents sexe.

(2) 326 garçons, 373 filles, 370 hommes et femmes mariés, 27 veufs, 61 veuves, 31 militaires. — Ensemble : 235 ménages

(3) 263 ménages ainsi divisés : 305 garçons, 315 filles, 386 époux, 18 veufs, 63 veuves.

(4) 1836 — 1104 habitants. | 1866 — 955 habitants.
1841 — 1114   » | 1872 — 930 »
1846 — 1089   » | 1876 — 955 »
1851 — 1079   » | 1881 — 899 »
1856 — 1019   » | 1886 — 850 »
1861 — 983   » | 1891 — 796 »

La plupart des maisons démolies étaient des maisons d'ouvriers ou de mendiants. Malgré cela, il y a encore à Fressin une quarantaine de ménages qui sollicitent les secours de la charité, ce qui ne se voit nulle part à égale proportion, du moins dans un pays agricole.

Cependant Fressin a gagné sous certains rapports. Il a eu naturellement sa part dans les améliorations de notre époque. De bonnes petites routes le relient aux routes nationales de Rouen à Saint-Omer et de Montreuil à Mézières ; ces routes lui rendent faciles les communications avec les localités voisines. Les voitures roulent légères et rapides sur les fins graviers, là où autrefois le chemin se confondait avec le lit de la rivière ou les échancrures abruptes du ravin.

Les mendiants de Fressin ne sont pas tous absolument misérables. Il ne faut pas exagérer. On envoie bien souvent les petits enfants demander leur morceau de pain, tandis que l'on a dans l'étable une chèvre au gros pis et parfois une vache avec son veau. Vers janvier et février, il y a de l'argent partout. On a livré le tabac. La commune compte une bonne soixantaine de planteurs, parmi lesquels peu de riches. C'est autant de voix sur lesquelles peut compter le candidat officiel, quels que soient le nom et la forme du gouvernement. Tout ce monde-là vit sans trop de misère, et il est inouï qu'un pauvre y ait manqué de pain.

Il n'y a, du reste, aucune industrie à Fressin. On n'y connaît guère que des rentiers, dont le nombre va tous les jours diminuant, des cultivateurs, des ouvriers de ferme, des planteurs de tabac et quelques hommes de métier.

Il y a six principales exploitations agricoles : l'une au centre du village ; les autres à l'Épaule, à Barles, au Plouy, à l'Ermitage et au Tronquoy.

Il y a une fabrique de pannes au Fond de Barles sur la route nationale.

Fressin eut longtemps deux études de notaires; elles se sont confondues en une seule en mars 1837; Mᵉ Georges-Emile Viollette succéda alors à Mᵉˢ Jacques Viollette et Augustin Louvet.

Pour les écoles, les sexes furent séparés dès l'année 1830. Un prêtre éminemment charitable, d'une charité vraiment intelligente, M. l'abbé Alexandre Héame, originaire de Fressin, fonda une école de filles, qu'il donna, sans aucune réserve, à la Congrégation de la Sainte-Famille d'Amiens (1). Il assura, de plus, l'entretien de cette fondation en la dotant d'une propriété. Il comptait toutefois sur la rétribution scolaire pour parfaire le traitement des trois Religieuses. La commune de Fressin jouit donc, depuis plus de soixante ans, d'une précieuse institution qui lui a fort peu coûté.

Depuis 1882, l'instituteur de Fressin a un adjoint.

Fressin est mentionné dans les *Guides* et dans certaines *Géographies* comme un endroit à visiter. En toute saison l'on y rencontre des touristes ou des curieux. En été, spécialement à l'époque des vacances, il ne se passe point de semaine qui n'y amène, et parfois de bien loin, des archéologues ou de simples amateurs, qui viennent, les uns isolément, les autres par groupes, admirer les ruines imposantes du vieux château des Créquy et la monumentale église élevée par les mêmes seigneurs.

Car Fressin est un lieu historique. Ce nom est plein de souvenirs.

Le roman et le théâtre ont rendu populaire la

---

(1) On verra en son lieu que, si les sexes furent séparés en 1830, les Sœurs n'arrivèrent qu'en 1834.

merveilleuse légende de Raoul de Créquy, dont les aventures à travers les hasards et les misères de la croisade eurent leur dénouement historique au château de Fressin. Des guerriers, des prélats, des diplomates naquirent en ce château.

Il y a là un double sujet d'étude qui provoque les recherches de l'historien, et il semble qu'il y a là aussi un devoir qui s'impose à un gouvernement soucieux d'honorer les gloires nationales : le devoir de veiller à la conservation de cet édifice et de ces restes.

Eglise et château appartiennent à cette noble architecture qui doit nous être particulièrement chère, parce qu'elle est essentiellement nationale, dirons-nous avec un savant archéologue ; à ce beau système de l'ogive qui marque un triple affranchissement : celui de l'art français, qui renonce à tout emprunt byzantin ou grec ; celui du culte catholique, qui ne veut plus rien devoir aux temples de l'Olympe ; celui, enfin, de la nation, qui célèbre son émancipation et abrite sa liberté à l'ombre de ses beffrois.

Toutefois, le château et l'église de Fressin ne datent point de la belle époque du style ogival, qui fut le XIIIe siècle ; ils paraissent être du XVe siècle, époque du gothique flamboyant. Ils sont contemporains l'un de l'autre : le soubassement est identique à l'église et au château ; c'est un damier, moitié gresserie, moitié cailloux supérieurement taillés. Ce qui reste de nervures au château indique aussi la même ogive qu'à l'église.

Si le lecteur veut bien se donner la peine de nous suivre, nous lui parlerons du château de Fressin et des seigneurs qui l'ont habité ou possédé. Puis nous essayerons de lui donner une description exacte et complète de l'église. Et enfin, nous retracerons, aussi détaillées que possible, les annales de la paroisse et de la commune.

Les seigneurs avant le village; car, sans eux, Fressin ne serait point. Mais il ne faut pas s'attendre à une histoire dans le sens adéquat du mot. Ce serait hors de nos moyens et hors de notre sujet. La famille de Créquy s'est, paraît-il, subdivisée en douze branches. Il nous suffira de marquer en larges traits les actes principaux des seigneurs de Fressin et de donner la succession chronologique des dits seigneurs.

PREMIÈRE PARTIE

LE CHATEAU ET LES SEIGNEURS

LIVRE PREMIER

LE CHATEAU DE FRESSIN

Le château de Fressin fut établi sur la rive droite de la Planquette, à trois kilomètres des sources de cette rivière. A quelle époque? il serait téméraire de le vouloir préciser. On croit généralement que ce castellum existait dès le onzième siècle. Cependant, M. Auguste Terninck est d'un avis contraire. Il écrit que les sires de Créquy avaient bâti un château-fort près des sources de la Créquoise, et qu'ils y restèrent jusqu'en 1300. A cette date, le donjon de Créquy, abîmé par la guerre, fut abandonné, et ses seigneurs vinrent à Fressin bâtir un imposant manoir qui resta depuis lors le siège principal de la famille. Fressin, toujours d'après le même écrivain, était, dès cette époque, un bourg de grande importance.

On peut se figurer ce qu'était ce donjon féodal, avec ses rondes tourelles, ses bâtiments aux toits aigus, ses pont-levis et le reste. On peut se représenter cette cour extérieure, qui précédait les lourds édifices, et, dans cette cour, les jeunes Créquy faisant la veillée d'armes, avant de chausser les éperons dorés des chevaliers. On croit que, du côté de la rivière, fermant cette première cour, se trouvaient les écuries et les logements assignés aux hommes d'armes.

Bien que le pays, soumis alors à la maison de Bourgogne, fût du parti de l'Angleterre, les Créquy combattirent à Azincourt dans les rangs de l'armée française. Quatre membres de cette illustre famille versèrent, ce jour-là, leur sang pour la vieille patrie. L'un des derniers combattants fut un Créquy. Mais, accablé par le nombre, privé de ses hommes d'armes massacrés à ses pieds, il dut fuir lui aussi presque seul. Après avoir traversé de toute la vitesse de son cheval le village de Bucamp et les Bois du Blanc-Mont, parcouru le rocailleux et abrupte ravin qui descend dans Fressin, au risque de se briser au moindre faux pas, il arriva au château, suivi de près par les Anglais qui le poursuivaient en nombre. Aussi, pêle-mêle, ils entrèrent dans l'enceinte du manoir, et dans la grande cour se livra une lutte terrible, qui, bientôt, fit couler des ruisseaux de sang. Longtemps le brave chevalier put tenir tête à ses ennemis, avec le secours de la faible garnison ; plus d'une fois il atteignit et blessa les seigneurs anglais réunis pour le perdre ; mais enfin le nombre l'emporta, et il tomba percé de coups sur un monceau de cadavres. Dès lors, le château fut mis au pillage, et quand, gorgés de vin, repus de bonne chère et chargés des dépouilles du châtelain, les Anglais se retirèrent, ils y mirent le feu et le démantelèrent (25 octobre 1415) (1).

Le château de Fressin resta dans cet état misérable de ruine et de désolation jusqu'en 1450. Depuis la bataille d'Azincourt, notre province avait été préservée des horreurs de la guerre, mais sans pouvoir jouir des bienfaits de la paix. En 1419, notre duc Jean-sans-Peur avait été assassiné par ordre du Dauphin, crime inutile qui amena Philippe-le-Bon à mettre son influence

---

(1) AUGUSTE TERNINCK.

et ses armes au service des Anglais. Puis, ce fut l'immolation de Jeanne d'Arc, où notre prince eut sa grande part de responsabilité. Toutefois, ce n'était pas sans remords que Philippe-le-Bon poursuivait sa vengeance. En 1435, il reconnaissait Charles VII, et dès lors la mise des Anglais hors Paris ne fut plus qu'une question de mois

Une ère inouïe de prospérité suivit cette réconciliation. C'est la période la plus brillante de l'histoire d'Hesdin. Philippe-le-Bon ne cessait de résider en cette ville ; il y recevait des ambassades et des rois. Son frère bâtard, et, plus tard, un de ses fils également bâtard, recevaient dans la chapelle du château d'Hesdin la consécration épiscopale. A toute occasion, des fêtes somptueuses étaient données aux nobles visiteurs. La cour de Bourgogne était alors la plus riche et la plus brillante de l'Europe.

Jean V de Créquy, seigneur de Fressin, comblé des faveurs de Philippe-le-Bon, put désormais, sans atteinte pour son patriotisme, se laisser aller à toute son affection, à tout son dévouement pour ce prince si magnifique, si grand, si généreux, nous dirons même si chrétien, malgré les condamnables écarts de ses mœurs. Dès l'année 1435, qui avait été celle de la réconciliation du duc de Bourgogne avec le roi de France, Philippe et Isabelle avaient élevé à Hesdin un monastère de Clarisses, où, pour le dire en passant, des jeunes filles de ce village et des jeunes filles de notre nom prirent plus tard le voile.

A Fressin, une fondation pieuse, dont il sera parlé plus loin, avait lieu à la même époque, et, quelques années plus tard, en 1450, Jean de Créquy déclarait vouloir relever le château qui avait été ruiné en 1415, et lui donner de plus considérables proportions.

Il appela à son aide les meilleurs architectes du pays,

et réunit d'immenses matériaux, pour en faire un fort à la fois inexpugnable et somptueux. Les merveilles du château d'Hesdin et les travaux de Colart le Voleur étaient bien de nature à stimuler son zèle pour faire grand et beau.

Bâti en plein XVe siècle, à la même époque que l'église (quarante ans en avant ou quarante ans en arrière ont peu d'importance en pareille matière), nous pouvons supposer qu'il fut décoré des plus riches ornements en usage dans l'architecture de ce siècle, et que la pierre y fut fouillée comme on peut le voir encore aux sculptures de l'église.

On dit que la pierre du pays est réfractaire à la sculpture, qu'elle s'émiette sous le ciseau, qu'elle se désagrège et se dissout à la moindre gelée. Nous ne voulons point contredire Messieurs les architectes ni les entrepreneurs. Mais le château et l'église de Fressin ont été construits avec de la pierre de Fressin, et les plus délicates sculptures de notre église ont certainement moins souffert du travail des siècles et des injures de l'air que du marteau des révolutionnaires et du pinceau non moins barbare du badigeonneur. On n'employait vraisemblablement que de la pierre choisie et bien sèche. Avec la brique on peut faire un bâtiment solide, une habitation saine, mais non un monument; une caserne, non une cathédrale ni un palais.

Les pierres furent tirées à quelque distance de l'église et du château, dans la côte abrupte qui se dresse à la rive gauche de la Planquette. L'immense carrière est toujours ouverte, bordée par deux sentiers pénibles qui abrègent le chemin vers Barles ou vers Hesdin. La rapidité de la pente et la profondeur de l'excavation peuvent donner le vertige à certaines personnes. Cet endroit s'appelle le Crocq.

Quelques-uns prennent ces carrières pour un ravin,

ne s'apercevant pas qu'un ravin ne commence point à pic, que l'eau n'y tombe point brusquement et perpendiculairement comme à une cataracte, mais que le ruisseau intermittent prend naissance dans la plaine supérieure, et va toujours s'élargissant. On attribue aussi à une carrière certaines excavations de la rue des Gardes, de l'autre côté de la rivière.

Le château des Créquy à Fressin formait un parallélogramme rectangle de 58 mètres de longueur sur 27 de largeur. Ce fort était flanqué de sept tours cylindriques, qui avaient 16 mètres de diamètre et 40 mètres de hauteur. Quatre de ces tours, les plus fortes, se trouvaient aux quatre angles du château. La tour de l'angle sud-est servait de chapelle. Les trois autres tours (1) étaient moins grosses. Elles protégaient les deux grands côtés parallèles, une sans doute au nord, deux au midi, donnant sur la cour des hommes d'armes, de chaque côté de la porte qui mettait cette cour en communication avec la cour intérieure.

La porte d'entrée principale du château était celle qui se voit encore, au milieu du côté est, dans l'axe du portail occidental de l'église. On peut fort bien supposer qu'une large voie reliait autrefois ces deux édifices.

Chaque tour se divisait extérieurement en trois étages. La partie basse s'élevait à la hauteur des murailles, qui avaient quatre mètres d'épaisseur sur la face principale, et trois dans les autres parties. Ce rez-de chaussée était garni d'une vaste corniche de machicoulis qui faisait le tour du château. Cette partie était simple, en pierres de moyen appareil, toutes

---

(1) M. TERNINCK en compte encore quatre, ce qui ferait huit tours. Nous suivons ici la description faite dans l'*Histoire d'Hesdin* et dans une *Notice* de 1827.

unies et percées d'une ligne de meurtrières allongées; les machicoulis étaient surmontés de créneaux qui les recouvraient partout. L'étage supérieur, en retrait et garni, dans les tours des angles, de trois lignes de meurtrières, et, dans les tours médianes, d'arcades ogivales bouchées et du plus bel effet, était coiffé d'un second cercle de machicoulis et de créneaux, et surmonté, dans les tours médianes, d'une suite de petits pignons ornés qui complétaient leur décoration. Enfin, sur toutes se dressaient les toits coniques et pointus portant les girouettes armoriées (1).

Une muraille garnie de tourelles et précédé d'un fossé large et profond, entourait le château de Fressin et devait compléter sa défense. Le fossé était alimenté par la Planquette, dont les eaux étaient refoulées jusque-là au moyen d'un barrage puissant. Un pont-levis, suivi d'un viaduc étroit en pierres, et porté par une longue suite de petites arcades, conduisait à la porte d'entrée. Il était protégé dans son milieu par une barbacane ou cour d'arme formant un bâtiment carré garni de quatre tourelles portées sur des encorbellements, et couronnées, comme dans le bâtiment principal, par une ligne de créneaux, et, au-dessus, par un toit pyramidal qui se soudait avec celui des tourelles et portait aussi des girouettes (2).

Nous avons dit que l'une des tours servait de chapelle. Les autres formaient de vastes chambres de cinq mètres carrés; elles servaient de logement aux domestiques, peut-être de dépôts d'armes et de provisions. La caserne des hommes d'armes donnait, selon nous, sur la cour extérieure, ainsi que les écuries, les remises, et ces nombreux magasins nécessaires à la subsistance et à la défense de tant de monde,

---

(1) et (2) TERNINCK.

pendant les longs sièges que ce château devait soutenir de temps à autre.

Quant à l'habitation du seigneur, M. Terninck croit qu'elle était plus confortable et plus élégante. Les bâtiments, écrit-il, s'appuyaient contre les murailles de l'enceinte, et avaient leur façade principale tournée vers la cour et revêtue des plus riches décorations du temps ; ils étaient éclairés par une suite de grandes et belles fenêtres à ogives, garnies de riches vitraux peints, historiés et blasonnés.

Peut-être y a-t-il plus d'imagination que de vraie science historique dans quelque point des descriptions qui précèdent. Mais, dans le doute, et en l'absence de documents positifs, nous n'avons pu faire mieux que de suivre nos devanciers, sans nous permettre de les contredire, à moins que leurs récits ne fussent eux-mêmes contradictoires ou démentis par l'inspection du terrain et des ruines.

Un long souterrain, paraît-il, prenait son entrée dans l'habitation du maître ; il se frayait un passage sous cette rampe élevée, dont la pente aboutit au château, et allait jusqu'au village de Torcy, distant d'une grande lieue, chercher du secours quand il en était besoin. Par là arrivaient de nouvelles provisions, quand celles du château venaient à s'épuiser, et par là aussi pouvaient fuir le seigneur et ses gens, quand, accablés par le nombre, forcés dans leurs remparts, ils étaient obligés de chercher leur salut loin de ces lieux (1).

M. Terninck signale un dessin qui se trouve dans le salon du baron Roger Seillière, à Fressin, comme représentant le château avant sa ruine. Mais ce dessin n'a rien d'authentique ; il a été fait par un amateur qui a travaillé sur place, sans autre donnée que la

---

(1) Terninck.

situation du terrain sur lequel il a supposé un château féodal du XVe siècle, qu'il aurait pu aussi bien placer partout ailleurs.

Il y a plus de cas à faire d'un dessin de 1827, nous donnant une vue des ruines telles quelles étaient alors.

Fressin fut encore plus d'une fois exposé aux coups des troupes ennemies, françaises ou anglaises, qui firent diverses incursions dans la province ; mais ses châtelains s'étaient mis en garde, de nombreux défenseurs garnissaient le château, et ses murailles, si épaisses et si hautes, arrêtèrent l'ennemi impuissant contre elles. Aussi, et pendant un siècle entier, il put rester debout et paisible au milieu de ces belles et heureuses campagnes. Quand le châtelain n'était pas obligé de suivre son prince à la guerre ou à la cour, il réunissait l'élite de la noblesse voisine, il se livrait, dans les forêts de Créquy et d'Hesdin, et dans ces bois immenses qui entourent Sains et Fressin et vont se relier à ces forêts, aux plaisirs de la chasse, et les échos de ces collines boisées résonnaient des brillants hallalis (1).

Au milieu du XVIe siècle, se rallumèrent des guerres nouvelles. Deux nobles et puissants princes, François Ier et Charles-Quint, à la tête de grandes armées, se rencontrèrent dans nos provinces et y apportèrent de nouveau la désolation et la misère. La lutte continua sous Henri II ; comme la ville d'Hesdin, notre château de Fressin passa successivement des mains des Français dans celles des Impériaux, pour être de nouveau repris par les Français, et de nouveau encore occupé par les Impériaux ; mais, tandis que la malheureuse ville d'Hesdin fut rasée par

---

(1) TERNINCK.

l'ordre de Charles-Quint, comme l'avait été, le mois précédent, l'antique capitale de la Morinie, la cité épiscopale de Thérouanne, les dégâts qu'éprouva le château de Fressin ne furent pas assez graves pour nécessiter sa reconstruction, et il resta debout.

Mais il faut reprendre la suite des événements.

En février 1525, le duc d'Arscot s'empara du château de Fressin, d'où il partit pour surprendre les habitants et la garnison française de la ville d'Hesdin. Mais il échoua dans l'entreprise qu'il avait tentée de concert avec le gouverneur de Flandre. C'est au vaillant Créquy, vulgairement appelé Pondormy (Antoine de Créquy, seigneur de Pont-Rémy) que la ville dut son salut. Mais Créquy fut frappé de mort avant d'avoir pu constater l'échec des Impériaux. Il fut victime du feu d'artifice qu'il avait préparé et qui sauva la place.

Quelques années plus tard, le farouche comte de Rœux, voulant regagner au nord de la France ce que l'Empire perdait sur les bords du Rhin, vint ravager la Picardie et l'Artois. Il s'empara du château de Fressin, dont il expulsa les Français qui l'avaient réoccupé. Après y avoir mis une garnison, il se dirigea vers Hesdin, où il arriva la veille de la Nativité de de Saint Jean-Baptiste (23 juin 1552). Il était soir, et les habitants, sans songer au péril qui les menaçait, étaient tous à festiner à l'intérieur de leurs maisons, ou à boire et à danser autour des feux de joie qu'ils venaient d'allumer, comme ils étaient de temps immémorial accoutumés de faire à pareil jour. Les soldats français s'étaient retirés dans le château. Le comte de Rœux, ne trouvant aucun obstacle, mit la ville au pillage et s'éloigna, chargé de dépouilles, pour revenir, trois mois plus tard, prendre de force le château. La capitulation, qui eut lieu le 30 octobre 1552, fut signée par le gouverneur Saint-Simon, malgré les protestations du « sieur de Dourié, de la maison de Querquy, » à ce qu'assure François de Rabutin.

Le lieutenant de Charles-Quint écrasa tout le pays de cruautés et d'exactions. Les écrivains français l'accusent d'avoir incendié plus de sept cents villages de l'Artois (1). Ce chiffre nous paraît exagéré. M. Terninck dit qu'il ne partit pour Hesdin qu'après avoir dévasté et livré aux flammes le château de Fressin : le pillage est vraisemblable, mais l'incendie est de trop.

C'est vraisemblablement à cette époque que fut canonnée notre église. On en voit les traces au sud-est de l'édifice, au pignon de la chapelle de Saint-Joseph et à la muraille du chœur, côté de l'Épître.

Après la destruction d'Hesdin, le pays jouit d'une longue paix, et jamais peut-être le peuple ne fut plus heureux, dans nos contrées, que pendant les quatre-vingts ans qu'il passa sous la domination paternelle et profondément chrétienne des princes de la Maison d'Espagne. Le règne des archiducs Albert et Isabelle fut particulièrement béni.

Mais la guerre va revenir, guerre heureuse dont nous devons nous féliciter, puisqu'elle rendit à la France les provinces qui, dès le principe, avaient constitué la France dans son intégrité première; guerre cependant qui coûta à nos pères d'inénarrables douleurs. S'il est un fait indubitablement certain, c'est que ce pays-ci était espagnol jusqu'au fond des entrailles, et qu'il avait horreur du nom français, lequel passait alors pour celui d'un peuple sans religion. Pour peu que l'on soit familier avec l'histoire de nos villes, on ne sera

---

(1) L'armée impériale du Comte de Rœux incendia et dévasta entièrement l'abbaye de Ruisseauville, en 1552. — En 1581, l'armée du duc d'Alençon lui fit subir le même sort.

point surpris de notre assertion. Arras s'est notamment distingué par les grossières insultes avec lesquelles il accueillit la tentative de Henri IV, et plus tard, en 1640, par l'opiniâtreté de sa défense.

L'empereur Charles-Quint avait rebâti Hesdin une lieue plus bas, sur la Canche, un peu au-dessus du confluent de cette rivière avec la Ternoise. Le nouvel Hesdin se trouvait plutôt rapproché qu'éloigné de Fressin. De prompts rapports s'établirent entre la ville et notre château, si bien qu'une importante rue d'Hesdin reçut le nom de Fressin qu'elle porte encore aujourd'hui.

Quand il fut sérieusement question de réaliser le plan depuis longtemps conçu de rendre à l'Europe sa liberté, à la France sa légitime situation en Europe par l'abaissement de la maison d'Autriche, et incidemment de fixer les frontières de la France en lui annexant ses anciennes provinces de Flandre et d'Artois, notre pays, si voisin d'Hesdin, dut s'attendre à subir le contre-coup des marches militaires et à avoir sa part des pillages et des déprédations. Brûler, brûler, toujours brûler, il n'y eut point d'autre mot d'ordre dans cette guerre.

La ville d'Hesdin fut assiégée et prise par le maréchal de la Meilleraie en juin 1639. C'est de là que date le retour définitif de notre pays à la Couronne.

Mais la guerre, cette guerre qui dura quatorze ans, avait commencé quatre ans plus tôt. L'histoire d'Artois rapporte que, dès l'année 1638, Mondejeu avait envahi la province et semé partout la désolation et la ruine. Mais nos archives de Fressin assignent le mois de juin 1635 pour le commencement des hostilités, et elles mettent ce point en relief que la mortalité augmenta ici dans des proportions effrayantes. Ainsi, pour l'année 1635, s'il y eut 46 décès, il y en eut 30 pour le second semestre. Le nécrologe, inauguré en 1613, donne par année une moyenne qui varie de 10 à 40. Mais, en 1636, nous avons 293 morts, dont 165 de contagion. Il y en a d'Offin, d'Embry, de bien d'autres lieux ; la plupart des étrangers sont venus d'Hesmond. Soldats ou réfugiés, ils encombraient sans doute le château devenu un foyer de pestilence.

Une vingtaine d'années plus tard, sous la minorité de Louis XIV, il se passa à Hesdin une aventure singulière et dont le récit a tout l'intérêt du roman (1). Un intrigant, devenu de simple soldat officier subalterne, puis arrivé au grade de capitaine, Louis Fargues, avait eu l'audace de solliciter la place de gouverneur après la mort du marquis de Bellebrune. Éconduit par Mazarin, il résolut de prendre de force la place qu'on lui refusait, et il s'établit au gouvernement. Il exerça une véritable dictature sur la ville et les environs, trompant à la fois les Espagnols et la France; il finit même par traiter avec le Roi, auquel il avait jadis fermé les portes de la ville. Un article de la paix des Pyrénées lui assura l'impunité, ce qui n'empêcha pas, plusieurs années après, le ministre Louvois de le faire pendre à Abbeville comme coupable de malversations.

Cette fois encore, le château de Fressin souffrit avec la ville d'Hesdin. Leurs destinées étaient sœurs. Mais, cette fois, le malheur de Fressin fut sans remède.

Fargues ne se contenta point, pendant sa courte dictature, de ravager les campagnes, de rançonner les propriétaires, d'accabler d'impôts et d'exactions les malheureux paysans, il employa quelques canonniers que lui avait envoyés le prince de Condé, pour

---

(1) Voir notre *Hesdin*, pp. 324-351.

prendre et détruire les châteaux qui gênaient ses partisans dans leurs déprédations. Le château de Fressin, attaqué de nuit par la garnison d'Hesdin, foudroyé par les boulets et les bombes, ne tarda pas à succomber, et, après quelques heures de pillage et d'orgie, les vainqueurs le renversèrent en partie et chargèrent l'incendie de compléter leur œuvre de destruction (1658).

Nous notons, d'après M. Terninck, le pillage et l'orgie, mais avec quelque peu de scepticisme. Le fait de la destruction par le canon est authentique. Mais nous doutons qu'à cette époque le château ait été habité ou approvisionné. Le duc de Créquy avait trop à faire à Paris, ou dans les armées, ou dans les cours étrangères, pour résider ici.

M. Terninck ajoute que le mal fait au château de Fressin ne fut pas réparé, et que les sires de Créquy allèrent chercher ailleurs, à Hesmond, une habitation plus gaie et plus en harmonie avec les mœurs de cette époque. Ceci est une confusion. Les Créquy avaient un château à Hesmond; un Créquy, seigneur d'Hesmond, siégeait encore aux Etats d'Artois, en 1789; mais il s'agit ici d'une branche cadette, et non des seigneurs de Fressin.

Ce qui reste maintenant du vieux château des Créquy, à Fressin, se borne à des fragments assez considérables. Mais c'est ici que bientôt on pourra dire :

Etiam periere ruinæ.

Il paraît qu'à l'époque de la Révolution le vieux château aurait été quelque temps laissé à l'abandon et que les paysans ne se seraient point fait faute ni scrupule de s'y pourvoir de pierres, ne laissant que les moëllons et l'intérieur de la grosse muraille. C'est ce qui explique pourquoi la façade de l'est n'a plus son revêtement de pierres taillées. Il en est de même de deux ou trois tours, qui s'émiettent de jour en jour pour avoir perdu ce revêtement extérieur, et qui étaient encore en bon état au commencement de ce siècle.

M. Terninck termine par les lignes suivantes sa notice sur le château et l'église de Fressin :

Cette forteresse, autrefois si imposante, qui avait si souvent retenti des joyeuses fanfares ou des cris de guerre des combattants, tomba donc dans la solitude ; elle n'eut plus pour habitants que les oiseaux nocturnes et ne fut plus visitée que de loin en loin par de rares touristes ou par le pâtre du voisinage qui mène paître son troupeau dans cette enceinte abandonnée.

Ceci était vrai, sans doute, quand M. Auguste Terninck est venu visiter et étudier nos ruines, lors de son mariage avec mademoiselle Adèle de Contes. Mais, aujourd'hui, *le vieux château* a des visites fréquentes et nombreuses. Son enceinte n'est plus banale; ce n'est plus un terrain vague, ouvert au premier pâtre venu. Elle est fermée par une haie vive, et l'on n'y peut entrer honnêtement qu'en demandant la clef au représentant de M. le baron Seillière. M. le baron professe un sincère respect pour ces restes d'un passé glorieux.

Telles qu'elles sont, les ruines de Fressin sont encore des plus belles et des plus imposantes que l'on connaisse. On admire surtout une tour parfaitement conservée, enveloppant l'angle sud-ouest du château féodal, et se reliant à un pan de muraille assez considérable. Cette tour et ce pan de mur, si l'on écarte les motifs de dégradation, peuvent encore braver des siècles.

LIVRE SECOND

LES SEIGNEURS DE FRESSIN

CHAPITRE PREMIER

Origines et Hypothèses

Fressin (*Fressinium*) a une origine fort ancienne. Ce nom est mentionné dans un acte de l'an 673, au temps du roi franc Thierry Ier.

Fressin est encore nommé dans deux actes du règne de Charlemagne.

Le 10 juin 788, Hardrad, abbé de Sithiu, acheta cent sols, d'une noble dame appelée Sigeberte, une terre sise à Fressin. Dans cet acte, Fressin s'écrit *Fresingehem, Fresingahem.*

Voici cet acte, tel que l'a publié M. Henri de Laplane, d'après le cartulaire de Folquin (1) :

QUOD ET FRESINGEHEM EMERIT.

Emit et aliam terram solidis C, nomine Fresingehem, a quâdam muliere, nomine Sigeberte, secundum hanc kartam.

EXEMPLAR.
(10 jun. 788).

Domno venerabili in Christo patri Hardrado, abbati de monasterio Sithiu, atque emptori.

---

(1) *Cartul. Sithiense*, édition GUÉRARD, pages 2 et 63.

Ego Sigeberta, venditrix, per hanc epistolam venditionis constat me non imaginario jure, sed propria voluntate arbitrii, vobis vel prædicti monasterii Sithiu vendidisse, et ita vendidi, tradidisse, et ita tradidi, hoc est omnem rem portionis meæ in hoc loco nuncupante Fresingahem, situm in pago taruanense super fluvium Agniona, præter jornale unum, quod exinde ad aliam rem reservavi ad integrum; id est, tam terris, mansis, casticis, ædificiis, campis, silvis, pratis, pascuis, communiis, perviis et wadriscapis. Omnia et ex omnibus, rem inexquisitam, totum ad integrum, hoc vobis vel prædicto monasterio a die præsenti vendo, trado atque transfirmo perpetualiter ad possidendum. Unde accepi a vobis de re monasterii vestri, pro jam dicta re, in pretio taxato vel dato, in quo mihi bene complacuit, hoc est, inter aurum et argentum, solidos C tantum ita ut ab hac die habeatis, teneatis atque possideatis, vel quidquid exinde facere volueritis, habeatis potestatem ad faciendum. Si quis vero, quod futurum esse non credo; si ego ipse aut ullus de hæredibus ac prohæredibus meis, vel qualibet alia persona, quæ contra hanc venditionem venire noluerit aut eam infringere præsumpserit, inferamus vobis vel successoribus vestris, cogente fisco, tanta et alia tanta quantum a vobis accepimus, vel quantum ipsa portio tunc temporis emeliorata valuerit; et insuper duplam pecuniam coactus exsolvat, et quod repetit evindicare non valeat; sed hæc venditio firma permaneat cum stipulatione subnixa.

Actum Sithiu monasterio publice.

Data in mense junio, die X, anno XX regni Domini nostri Karoli gloriosi regis.

Signum **Sigebertæ**, *quæ hanc venditionem fieri rogavit.*

Signum **Hildeberti**. *Signum* **Snelgeri**. *Signum*

Hildulfi. *Signum* Regenhari. *Signum* Hildmari. *Signum* Madallei. *Signum* Baini. *Signum* Gundberti.

Ego Gerbaldus, diaconus, scripsi et subscripsi. (1)

On trouve encore le nom de Fressin dans un diplôme de la trente-deuxième année du même règne. M. de Laplane, puis, à sa suite, M. le chanoine Robitaille n'hésitent pas à traduire par Fressin le *Fresingehem* du VIIIe siècle En outre, il s'agirait, dans l'acte de vente, non d'une femme quelconque, ni simplement « d'une » terre sise à Fressin, mais d'une « noble dame » et de « la terre de Fressin ». Sans doute, un héritage qui comprenait des terres, des manoirs, des châteaux, des forêts, des prés, etc., etc , ne pouvait appartenir qu'à la fille d'un noble franc. Mais la charte ne dit point que Sigeberte fût « la dame » de Fresingehem. A l'exception d'un journal qu'elle se réserve pour une autre destination, elle donne toute sa terre de Fresingehem : rien de plus. Mais ce Fresingehem est-il bien notre Fressin ? La charte dit qu'il est situé sur le territoire de Thérouanne. Ce ne serait pas une difficulté ; Fressin faisait partie non seulement du diocèse de Thérouanne, mais du *pagus tarnanensis* proprement dit, lequel avait pour limite la vallée de Créquy jusqu'à la Canche. Le nord de la Créquoise appartenait au *pagus bononiensis* Mais la charte précise davantage. Ce Fresingehem était sur le fleuve d'Aa. Est-il vraisemblable que le diacre secrétaire ait pris l'Aa pour le nom universel des rivières de la Morinie ? ou bien faut-il croire que notre modeste Planquette ait porté le même nom que la rivière de Saint-Omer ? Rejeter la traduction donnée par M. de

1) Extrait du *Cartulaire de Saint-Bertin*

Laplane n'est pas une solution. Nous ne trouvons, dans l'ancien *pagus taruanensis*, aucune localité qui se rapproche autant de Fressin que Fresingehem. Peut-être la difficulté tirée du nom de la rivière est-elle le fait d'une erreur de copiste. Il ne serait pas surprenant que le moine de Saint-Bertin qui transcrivit cette charte eût, par un effet de l'habitude, écrit *Agniona* après le mot *fluvium*. Et cette hypothèse devient pour nous presque une certitude, quand nous lisons ailleurs que Fressin était sur le Cavron : *Fressinium super fluvio Capriuno, in pago taruanense*, voyons-nous au cartulaire de Sithiu (p. 65). Notre riviérette a donc porté autrefois le nom de Cavron, ou val-des-chèvres. On comprend que ce nom n'ait point prévalu. Il est naturel qu'on la désigne par le nom du village où elle prend sa source, plutôt que par celui d'un des villages qu'elle ne fait que traverser. Mais, pour le copiste, et vu l'aspect extérieur du mot, il est aisé de voir qu'il a pu écrire *Agniona* pour *Capriunu*.

Il y a lieu de croire que l'abbaye de Saint-Bertin ne tarda point à se défaire de cette terre par un échange qui l'aura fait passer aux mains des religieux de Saint-Jean-au-Mont-lez-Thérouanne. On sait que ces Religieux possédèrent jusqu'à la Révolution une partie de la seigneurie de Fressin.

Ils nommaient à la cure. Ce droit de collation ne doit-il pas les faire considérer comme nos premiers, nos plus anciens seigneurs ? Nous pensons donc que c'est de leurs biens qu'il est fait mention, dans la première charte où il nous soit donné de lire le nom de Fressin.

Toutefois, dès le Xe siècle, la principale seigneurie appartient à la noble famille qui l'a possédée jusqu'à **nos jours.**

CHAPITRE II
Les Créquy

Devises :

Nul ne s'y frotte.
Qui s'y frotte s'y pique.

Armes :

D'or au créquier de gueules.

Plusieurs généalogistes font commencer la filiation des sires de Créquy avec Arnould-le-Vieux, dit le Grand ou le Barbu. Ils disent que ce troisième comte de Flandre, qui guerroya dans nos contrées, y fit bâtir un château-fort, qui fut la résidence des sires de Créquy.

Arnould-le-Vieux abdiqua en 958, et mourut en 964. Le premier château daterait donc du milieu du X⁽ᶜ⁾ siècle.

Mais ce n'est pas une antiquité suffisante au gré de quelques-uns. La *Biographie Hoefer* signale l'opinion d'autres généalogistes, d'après lesquels il y aurait eu un Arnould de Créquy, dit aussi le Vieux ou le Barbu, en l'année 857, c'est-à-dire un siècle plus tôt. Cet Arnould aurait été l'un des plus zélés serviteurs du roi Charles-le-Simple. Selon M. Terninck, il aurait été tué en combattant dans les armées de ce prince, et après y avoir accompli des prodiges de valeur.

I. — Avec **Ramelin**, nous avons enfin un personnage historique. Avec lui, nous voyons apparaître une famille dont on peut suivre sans lacune la descendance de mâle en mâle par ordre de primogéniture.

Le père Anselme et Moréri sont d'accord pour donner pour souche, à la famille de Créquy, Ramelin, qui vivait en 986.

Saluons, avec M. de Laplane, cette noble famille des sires de Créquy, cette famille puissante et illustre, qui, pendant bien des siècles, eut à Fressin sa principale résidence. Elle possédait aux alentours de nombreuses terres à clocher, parmi lesquelles nous pouvons citer : CRÉQUY, dont ils prirent le nom ; CONTES, qui servit longtemps à désigner une branche cadette encore survivante ; FRESSIN, RUISSEAUVILLE, HESMOND, BLANGY, SAINS-LEZ-FRESSIN, CAVRON, COUPELLE-NEUVE, WAMBERCOURT, PLANQUES, TORCY, ROYON, RIMBOVAL, WACQUINGHEM, BERNIEULLES, OFFIN, BLÉQUIN, CLÉTY, FLÉCHIN, SOUVERAIN-MOULIN, LANGLES, FROHANS, ROUVEREL, CANAPLES, PONT-DORMY ou PONT-RÉMY, etc., etc. On y peut ajouter BLÉCOURT, CLÉRY, AUFFEU, RICEY, HEILLY, BIER-BARCH, etc., etc.

Ramelin, sire de Fressin, épousa Alix, fille du

seigneur d'Oisy et d'Honnecourt. Il fonda, en 986, de concert avec sa pieuse compagne, l'abbaye de Ruisseauville, qui fut placée sous l'invocation de la Sainte-Vierge, et porta le nom de Sainte-Marie-au-Bois, *Sancta Maria in nemore*. Cette maison fut offerte aux chanoines réguliers de Saint-Augustin, et releva de la Congrégation d'Arrouaise. Plusieurs Créquy voulurent dans la suite y avoir leur sépulture.

La question des origines de la famille de Créquy, après bien des recherches, reste pour nous fort obscure. Il est certain que l'abbaye de Ruisseauville fut bâtie par un sire de Créquy, nommé Ramelin ; mais nous n'avons pas de documents qui nous permettent d'affirmer où résidait ce Ramelin, ni de préciser d'une manière absolue l'époque où il fonda l'abbaye.

Un savant archéologue, qui, étant venu épouser à Planques une descendante des Créquy, s'est livré à des recherches d'où nous est venue sa notice sur Fressin, M. Terninck, a écrit que la famille de Créquy habita assez longtemps la commune qui lui avait donné son nom, près de l'antique bourg de Fruges, et non loin du Septemvium, d'où rayonnaient plusieurs des voies romaines de l'Artois, alors encore en partie praticables. Elle avait bâti près des sources du ruisseau de la Créquoise un château-fort, dans lequel grandit et prospéra cette noble race. Mais plus tard, en 1300, sans doute à la suite de guerres qui abimèrent ce donjon, Créquy fut abandonné, et ses seigneurs allèrent bâtir à Fressin un imposant manoir, qui devint depuis le siège principal de la famille.

Cependant, aujourd'hui encore, on voit à Créquy les restes de l'antique château, ces fossés si profonds, dans lesquels la Créquoise prend sa source, et ces remparts en terre si élevés, au centre desquels est située maintenant une habitation, moitié ferme, moitié château.

Fressin était, à cette époque, un bourg important. Aussi les seigneurs de Créquy s'y complurent-ils depuis lors, et n'ont-ils cessé de l'habiter jusqu'à sa destruction.

Telle est l'opinion de M. Terninck : d'après lui, nos seigneurs sont venus de Créquy à Fressin.

Tout autre est le sentiment de M. H. de Laplane. « Fressin, écrit-il, est antérieur à Créquy de plusieurs siècles. » Les noms de famille, abandonnés depuis la période romaine, n'avaient point encore reparu dans le nord de la France. Les fondateurs de l'abbaye de Ruisseauville s'appelaient tout simplement Ramelin et Alix, sans autre qualification de fief, de terre ou de seigneurie, ce qui indique qu'ils n'en avaient pas encore. Il n'est nullement question de Créquy à cette époque. Plus tard, à la réapparition des noms patronymiques, au commencement du XIIe siècle, les seigneurs de Fressin auront pris ce surnom de Créquy, lequel, s'il faut en croire la plus vulgaire tradition, et s'en rapporter au Père Malbrancq, aurait pris son origine dans l'abondance des créquiers, arbre à crecques ou prunier sauvage (*prunus silvestris*), que produisait la contrée désignée alors dans les chartes sous l'appellation de *crescquium nemorosum*. Les descendants de Ramelin auraient ensuite imposé ce nom de Créquy à la terre qui le porte encore aujourd'hui, et ce nom a été régulièrement porté jusqu'à ces derniers temps par tous les rejetons de cette noble branche des seigneurs de Fressin, « la même qui, en même temps qu'elle laissait son nom à un village dépendant de ses domaines, adoptait le blason d'or au créquier de gueules, insensiblement métamorphosé, on ne sait trop pourquoi, par l'imagination des dessinateurs ou des poètes, en un chandelier à sept branches. »

Nous n'apprécions pas bien le sel de cette boutade finale.

On pourrait plaisanter avec autant d'esprit sur le lis de la Maison de France. Il ressemble plus à une arme de guerre qu'à la fleur parfumée et symbolique de nos jardins.

Mais laissons cela. Ce qu'il faut retenir, c'est que, selon M. de Laplane, les seigneurs de Fressin sont originaires de Fressin, qu'ils ont pris au XIIe siècle le nom de Créquy, et qu'ils ont donné ce nom au village relativement moderne, dont ils seraient ainsi les fondateurs.

La raison de cette opinion, émise sans preuve, nous échappe complètement. Si Ramelin ne s'appelait point Créquy, il ne s'appelait pas non plus Fressin. Cependant, nous avions d'abord adopté ce sentiment, le supposant appuyé sur des documents sérieux, et croyant devoir donner toute notre confiance à l'autorité reconnue de M. de Laplane. Mais non, pas de preuves, rien qui puisse faire incliner vers cette hypothèse. Les paléographes que nous avons consultés, ou bien ont décliné leur compétence, ou bien nous ont déclaré que le système de M. de Laplane leur paraît insoutenable. Sans connaître assez le Père Malbrancq pour savoir combien ses explications étymologiques sont généralement hasardées, ils rejettent comme trop fantaisiste celle du nom de Créquy, dérivé de créquier. Créquy, selon eux, est plutôt un nom de lieu venant sans doute du nom de quelque ancien propriétaire gallo-romain. Ce nom de lieu est devenu, à son tour, comme beaucoup d'autres, le nom de la famille seigneuriale qui a possédé cette terre aux temps féodaux. C'est insensiblement et par le fait même de la possession que le nom de la seigneurie est devenu le nom de famille, quand les noms de famille se sont formés.

Le fait que le nom de Créquy et non celui de Fressin est devenu le nom propre de la famille possédant les deux seigneuries, tendrait à établir que Créquy a été son point de départ.

Ce n'est point la famille qui dénomme la terre, mais la terre qui donne son nom à la famille qui la détient.

Cependant, quoique plus vraisemblable, cette opinion n'est rien moins que certaine. Car les trois villages actuels de Fressin, Sains et Créquy, sur le territoire desquels se trouvent les trois grands bois de la seigneurie, pouvaient fort bien ne faire autrefois qu'un tout sans séparation. Il ne nous est donc pas permis de dire que nos seigneurs ne sont pas originaires de Fressin, bien qu'il y ait une probabilité plus grande en faveur de Créquy.

Il y a eu un château à Créquy ; il en reste des vestiges manifestes. Or, la terre de Créquy n'a jamais été séparée de celle de Fressin. Il n'en est pas de Créquy comme d'Hesmond, de Douriez et de dix autres lieux, où il s'établit des branches cadettes : Créquy et Fressin ont toujours appartenu à la branche aînée des Créquy. Cela étant, et Fressin ayant toujours été la résidence des sires de Créquy, du moins à partir de l'an 1300, comme l'affirme M. Terninck, on peut se demander dans quel but ces seigneurs auraient interrompu leur séjour à Fressin, abandonné ce village, pour y revenir ensuite. Ou bien nos seigneurs, originaires du village de Créquy, sont venus de ce village à Fressin, comme l'écrit M. Terninck ; ou bien, s'ils ont résidé à Fressin dès l'origine, comme le veut M. de Laplane, il faut croire qu'ils ont élevé plus tard le château de Créquy comme une défense ou un fort détaché, sans y résider eux-mêmes. Du reste, à part les fortifications du vieux donjon, il n'y a rien à Créquy, ni église, ni chapelle, d'où l'on puisse conclure au séjour ordinaire d'une famille seigneuriale.

Dire que le village de Créquy n'existait point et en donner pour raison que le fondateur de Ruisseauville s'appelait Ramelin tout court, surtout lorsque l'on prend soin d'observer que l'usage des noms de famille n'avait point encore reparu, c'est une argumentation dont nous ne saisissons pas la force.

Ceci soit dit sans méconnaître l'importance d'une opinion émise par M. Henri de Laplane, à la mémoire duquel nous devons personnellement respect et reconnaissance.

Quant à l'abbaye de Ruisseauville, on est loin d'être d'accord sur la date de sa fondation. Moréri donne l'année 986, et cette date est souvent citée. Hennebert l'adopte d'après un cartulaire. D'autres prétendent que cette fondation n'eut lieu qu'en 1099, et ils la supposent l'œuvre d'un autre Ramelin, fils de Bouchard; ils se fondent sur l'épitaphe de ce Ramelin, qui aurait été découverte en 1349. C'est la date qu'adopte M. Terninck. M. de Laplane, et, à sa suite, M. le chanoine Robitaille, adoptent la date de 1127, que donnent Aubert le Mire et Foppens : *Ramelinus... circa annum* 1127, *Rivovillam, vulgò* Ruisseauville, *fundavit* (MIRŒUS, I, in-f°, p. 76, note).

M. de Laplane avoue que son sentiment n'a d'autre base que « le témoignage de deux savants et consciencieux chroniqueurs ». Les titres font défaut.

L'abbaye de Ruisseauville, écrit incidemment l'abbé Meunier, a été fondée par Ramelin de Créquy, fils de Bouchard, en 1099.

M. Deramecourt dit de même : l'abbaye de Sainte-Marie-au-Bois, de Ruisseauville, eut pour fondateur principal Ramelin de Créquy, qui l'affilia à la Congrégation d'Arrouaise, en 1099.

Selon l'auteur du *Dictionnaire des Abbayes*, elle fut fondée, de l'an 1090 à l'an 1137, par Ramelin de Créquy, noble picard, et par Alix, sa femme.

Il est donc difficile et il serait téméraire de se prononcer catégoriquement sur cette question. A notre humble avis, il y a lieu d'admettre la date la plus éloignée, c'est-à-dire la fondation de Ruisseauville en 986. Cette date, acceptée par de sérieux auteurs, concorde mieux avec la chronologie générale. La *Biographie Hoefer* la tient pour certaine.

Il n'est pas invraisemblable que, fondée en 986, l'abbaye de Ruisseauville ait été l'objet de la munificence des seigneurs de Fressin à des dates postérieures, comme en 1099, 1127 et 1137. C'est le contraire qui aurait lieu de nous étonner.

On cite en faveur de la fondation en l'année 1127 les lettres de Jean, évêque des Morins, érigeant en *abbaye* la *cella* de Ruisseauville. C'est une preuve, selon nous, que le monastère existait antérieurement, bien que non encore complètement organisé.

Nous venons de lire une étude etymologique, d'après laquelle Créquy dériverait du celtique *craig*, *pierre*; d'où les villages de Créquy et de Crecques. On nous dit de même qu'en langue celtique *sin* veut dire *bois*, *forêt*; d'où Sains-les-Fressin. Mais le même nom ne peut pas dériver à la fois du celtique et du latin.

Selon M. de Laplane, ainsi que nous l'avons vu, Fressin est antérieur à Créquy « de plusieurs siècles », et ce sont les seigneurs de Fressin qui, sous le nom de Créquy, ont joué dès longtemps un rôle mémorable dans l'histoire.

Constater que les fondateurs de Ruisseauville ne portaient pas encore le nom de Créquy, fixer pour date à la fondation de Ruisseauville l'année 1127, écrire ensuite que les seigneurs de Fressin prirent le nom de Créquy au commencement du XIIe siècle, c'est, ce nous semble, se contredire tant soit peu. On échappe à ce reproche en adoptant la date de 1099 et surtout celle de 986

Un argument qui nous paraît décisif contre l'opinion qui place la fondation de Ruisseauville à la date relativement moderne de 1127, c'est qu'en 1137 l'évêque de Thérouanne, Milon de Selincourt, ancien curé de Verchin, prit des religieux dans la communauté de Ruisseauville pour peupler l'abbaye de Beaulieu à Ferques (1). Cela n'indique pas une maison qui vient d'être fondée. Quoi qu'il en soit, le fondateur de Ruisseauville est désigné dans toutes les histoires sous le nom de Créquy.

II. — Le fils aîné de Ramelin et d'Alix, **Bauduin Ier**, assista, en 1007, au siège de Valenciennes, et combattit dans les rangs de l'armée française, avec Baudouin le Barbu, comte de Flandre, contre Henri, roi de Germanie, futur empereur d'Allemagne. On lui attribue la devise : *Nul ne s'y frotte*, et le cri de guerre : *A Créquy, à Créquy, le grand baron* ! Mais M. Terninck, qui le désigne sous le nom de Baudouin III, écrit à tort que la bravoure qu'il montra dans la guerre de Flandre, lui valut le titre de « Baron d'Artois. » Dans une étude d'histoire locale, surtout quand il s'agit de la question souvent douteuse des origines, nous croyons devoir enregistrer toutes les opinions, tenir compte de toutes les légendes. La légende, lorsqu'elle est donnée comme telle, appartient à l'histoire. Elle donne aux faits qu'elle encadre leur physionomie vraie, et à la narration sa couleur locale. Mais nous ne donnons comme fait historique que ce qui nous est affirmé par une

---

(1) H. DE ROSNY.

tradition constante ou se présente à nous avec des parchemins authentiques. Or, la légende d'un Baudouin III, créé *Baron d'Artois* en 1007, est vraiment trop dépourvue de vraisemblance. La province d'Artois date du règne de saint Louis : ni la chose ni le nom n'ont existé auparavant. Baudouin de Créquy sera donc pour nous *Créquy le grand baron*, et non le *baron d'Artois*.

Baudouin Ier épousa Marguerite de Louvain, dont il eut :

  1° Bouchard, son successeur à Fressin ;
  2° Henri, seigneur de Bierback, qui laissa une postérité ;
  3° Anne, mariée à Warin, sire de Craon.

III. — **Bouchard** vivait en 1052. Il épousa Richilde, fille de Hermez, comte de St-Pol, dont il eut, entre autres enfants :

IV. — **Gérard**, qui alla en Terre-Sainte en 1096 et épousa Yolande, fille de Baudouin III, comte de Hainaut et d'Yolande de Gueldres, dont il eut :

  1° Radulphe ou Raoul, son successeur à Fressin ;
  2° Geoffroy ;
  3° Baudouin ;
  4° Anselme ;
  5° Mahaut, qui épousa Baudouin de St-Omer.

V. — **Raoul**, sire de Créquy et de Fressin, accompagna le roi Louis VII à la deuxième croisade. M. de Laplane croit qu'il fut le premier qui prit les armes et le nom de Créquy, nom dont l'origine serait, d'après l'étymologie peut-être fantaisiste de Malbrancq, la vaste forêt connue avant lui sous l'appellation de *Cresequium, cresciacum nemorosum*, bois planté de créquiers ou pruneaux sauvages.

Dans la suite, on aurait bâti un château dans la vallée de la Créquoise, et le village qui se serait formé autour de ce château aurait porté le nom de Créquy.

Ce bois, planté de créquiers, nous laisse quelque peu sceptique. Je trouverais plus vraisemblable de faire dériver Fressin de *Fraxinetum*, lieu planté de hêtres, à moins qu'il ne signifie la terre des archers, étymologie qui pourrait bien venir de *Fraxinus*.

Le légendaire Raoul vécut donc sous Louis VII.

M. de Laplane le fait vivre un siècle plus tard. Selon cet auteur, Raoul serait allé à la croisade non avec Louis VII, mais avec saint Louis, dont il aurait partagé la captivité après la funeste bataille de la Massoure en 1250. C'est confondre deux personnages distincts.

Quoi qu'il en soit, Raoul de Créquy est le héros de la légende si connue, légende embellie par la poésie, élevée par elle aux honneurs de la scène française, et qui, dépouillée des créations fantaisistes des romanciers, offre encore un véritable intérêt, et conserve un caractère historique dans l'esprit et les mœurs du temps.

Le récit du « larmoyant romancier », intitulé : *Epreuves et sentiments*, a inspiré les auteurs de la pièce de théâtre.

Cette pièce, composée par Dalayrac, sous le titre : *Raoul, sire de Créqui*, a été représentée pour la première fois au théâtre italien, le 31 octobre 1789. Elle a été reprise, à l'Opéra Comique, à l'occasion du Centenaire et de l'Exposition, le 5 juillet 1889. Son succès a été plus grand, et elle a été plus applaudie en 1889 qu'au siècle passé. Alors la province était en défaveur, tandis qu'aujourd'hui elle tend à reconquérir son ancien prestige. Voici ce qu'en écrivait Grimm dans sa *Correspondance littéraire* :

« Comédie en trois actes et en prose, mêlée d'ariettes,

« paroles de M. Mouvel, musique du chevalier Dalay-
« rac. Le sujet de cette pièce est tiré d'une nouvelle
« de M. d'Arnaud. C'est plutôt une pantomime
« qu'une pièce; mais c'est une pantomime fort dra-
« matique, et surtout fort pittoresque. »

En 1889, la musique fut revue par M. Lacôme.

Depuis plusieurs années déjà, Raoul avait donné son nom et sa main à une noble dame, Mahaud, fille de Renaud, sire de Craon et d'Ennoguen de Vitré, et ils vivaient heureux dans leur château de Fressin. Avant de quitter la demeure de ses pères pour prendre avec son roi le chemin de la Palestine, Raoul avait brisé, selon l'usage, son anneau nuptial, dont chacun des époux devait conserver la moitié comme souvenir de mutuelle affection et en signe de reconnaissance.

Blessé dangereusement en faisant à son roi un bouclier de son corps, Raoul tomba au pouvoir des Sarrasins. Un Turcoman barbare le charge de fers, et lorsque par un miracle il est rendu à la vie, Mehémet l'accable d'outrages et l'assujettit aux travaux les plus vils. Un fils de cet infidèle, touché de compassion,

« En voyant ce pauvre martyr,
« Dans ses ennuys,
« Se consumer au souvenir
« De son pays »,

ose briser les chaînes de Raoul. Affranchi de sa longue et cruelle captivité, Raoul s'embarque ; après avoir essuyé la plus terrible tempête, il touche le sol de la France et arrive bientôt dans les environs de son castel.

Sur le bruit de sa mort, son Adèle bien-aimée, vaincue par les persécutions du sire de Renty, allait le suivre à l'autel. Raoul se présente à elle couvert des haillons de la misère et tellement défiguré par

CRÉQUY

Porte couppé au premier du chef d'or à deux lions léopardes de gueules qui est de Blanchefort parti d'or au loup rauissant et rampant d'azur armé de gueules qui est d'Agoult.

La pointe tierce : le premier d'azur à trois tours d'or 2 & 1 qui est de Montauban ; le second d'azur à vis pal de trois pièces d'or au chef de mesmes qui est de Vaise ; le troisième et dernier d'or à 2 lions léopardes d'azur qui est de Montor sur le tout de CRÉQUY qui est d'or au créquier de gueules.

les maux qu'il avait soufferts, qu'elle ne put d'abord le reconnaître.

Ce n'est qu'au moment où il lui présenta la moitié de l'anneau nuptial que la vérité éclata à ses yeux. Sa joie, celle du vieux père de Créquy, du fils né pendant son absence, ne saurait se dépeindre. Cette reconnaissance rappelle celle d'Ulysse et de Pénélope dans *l'Odyssée*; elle a lieu par un moyen à peu près semblable à celui qu'emploie Homère, et ne déparerait pas une épopée dont nos siècles chevaleresques fourniraient le sujet.

Il existe sur l'aventure de Raoul une complainte en vieux langage picard, où l'on retrouve la plupart des expressions dont se servent encore les paysans du Pas-de-Calais. Cette complainte n'a pas moins de cent cinq couplets. Voici ceux qui la terminent :

> Le sire de Créqui adonc ne fut occhi,
> Reprint le chevalier; car, dame, le veuchi :
> Ravisiez ben ; chez my, maugré tant de misière ;
> Connéchez vos mary, qui vous avoyt si kière !
>
> Li sire aveuc sa dame vesquit pleus de vint ans
> En grant amour, et eut encoires sept éfans ;
> Founda un grand moustier, feit dons ous monastères,
> Et amandia touts cheux qu'avoyent fundyés sies pères.

La page que nous venons d'écrire est, pour la plus grande partie, la reproduction de l'article publié, en 1827, par l'éditeur Hesse, de Boulogne, sous le titre : *Les Ruines du château de Créqui à Fressin*, dans les *Souvenirs historiques et pittoresques du département du Pas-de-Calais*. L'auteur se donne la peine de traduire le patois de la complainte ; nous croirions offenser le lecteur en suivant cet exemple. Mais il y a autre chose à reprendre dans cette notice. L'auteur envoie Raoul en Palestine avec Louis VII, en 1142, et il le fait succomber dans les plaines de la Massoure, en 1250. La distraction est vraiment trop forte.

« L'amour de la gloire, écrit-il, engagea Raoul à quitter une épouse adorée, Adèle de Bretagne, pour se ranger sous l'étendard de la croisade, et suivre Louis VII dans la Palestine. *Diex volt!.. Dieu le veut!..* était alors la devise de tous les seigneurs français, qui sacrifiaient leurs affections les plus chères au pieux désir d'aller délivrer le tombeau du Christ. Blessé dangereusement dans les plaines de la Massoure.... »

Or, Louis VII régna de 1137 à 1180, et la bataille de la Massoure eut lieu en 1250. Il faudrait choisir entre les deux dates.

Nous devons reconnaître que beaucoup d'auteurs comptent Raoul de Créquy parmi les gentilshommes qui accompagnèrent saint Louis à la septième croisade. On le cite avec Gérard de Conchy, évêque d'Amiens, Henri de Boufflers, Guillaume de Picquigny, etc... Mais ce ne peut être qu'un autre Raoul, surnommé *le Jeune*.

L'histoire de Raoul est la partie principale de l'article consacré par l'écrivain cité plus haut au château de Fressin. Croirait-on qu'après cela il écrive que cette mémorable aventure ne se passa point à Fressin? Et voici la stupéfiante raison qu'il en donne : « Le château du fameux sire de Créquy, héros de cette aventure, était situé sur la frontière du Boulonnais. » La vieille complainte dit en effet :

« Un puissant chievalier, jouxte le Boulonnoys. » (1)

---

(1) La complainte de Raoul de Créquy a été analysée ou publiée dans:
Dinaux : *Trouvères* (1843): III, 161-7.
Graesse : II-117.
L'Intermédiaire (1860), III, 29-31.
Mém. de la Société archéologique de la Somme (1851) B. I., 138-41.
Raulin (Th). R-2, s-e. de G-ui, prétendu poème inédit du XIIIe siècle; *Étude critique...* Strasbourg, 1868, in-8°, 24 pages.

L'objection est pour le moins singulière. Le texte de la complainte ne fait que confirmer la tradition ; car Fressin est bien, par ses accidents de terrain, le commencement du Boulonnais. S'il a été permis à la *Biographie Didot* de placer Ruisseauville près de Boulogne, à plus forte raison doit-on pouvoir dire que Fressin est sur les confins du Boulonnais.

Si les sires de Créquy ont résidé d'abord à Créquy, si surtout ils ne sont venus s'établir à Fressin que vers l'an 1300, il est certain que le dénouement de l'aventure de Raoul eut lieu à Créquy. Mais voici le comble de l'inconséquence et qui passe les limites permises à l'arbitraire et à la fantaisie. C'est l'assertion de M. le Chanoine Robitaille. Dans son *Histoire du canton de Fruges* (1), il suit mot à mot la *Notice* consacrée par M. de Laplane aux paroisses de Créquy et de Fressin ; il fait siennes les opinions de M. de Laplane ; comme M. de Laplane, il écrit que Fressin est la souche des seigneurs de Créquy ; que Fressin a précédé Créquy comme château-fort et résidence seigneuriale ; puis, tout à coup, il se sépare de son guide, il le contredit à propos de Raoul, dont la curieuse aventure a eu, selon lui, le dénouement que l'on sait au château de Créquy. Nos seigneurs auraient fait la navette de Fressin à Créquy, pour revenir de Créquy à Fressin.

Raoul mourut en 1181. Il laissa entre autres enfants :
1° Baudouin, son successeur à Fressin ;
2° Warin ;
3° Arnould ;
4° Geoffroy de Créquy, duquel on fait descendre la branche des seigneurs de Boyer, en Bourgogne.

(1) *Dictionnaire du département*, volume de Montreuil. — *Annuaire du diocèse*, année 1875.

C'est ici le lieu de remarquer qu'un grand nombre de familles, que nous ne pouvons même pas signaler, se rattachent à la maison de Créquy. Outre la branche aînée, qui se fondit plus tard dans la maison de Blanchefort, l'histoire de cette famille compte douze autres branches, toutes ou la plupart successivement éteintes. Toutes portaient *d'or au créquier de gueules.*

VI. — **Baudouin II**, sire de Créquy et de Fressin, vivait en 1198. Il se maria deux fois, d'abord avec Clémence, dont on ignore l'origine, puis avec Alix de Saint-Omer, fille de Guillaume, châtelain de Saint-Omer, et d'Ide d'Avesne. Il eut de sa première femme :

    1° Baudouin III ;
    2° Alix de Créquy, qui épousa Baudouin de Saint-Omer.

VII. — **Baudouin III**, sire de Créquy et de Fressin, dit *Baudouin le Jeune*, vivait en 1237. Il épousa Marguerite de Saint-Omer, sœur d'Alix sa belle-mère, dont il eut :

    1° Philippe, son successeur à Fressin ;
    2° Baudouin, qui fit la branche des Créquy, seigneurs de Torcy et de Royon, finie en 1465 ;
    3° Guillaume de Créquy, prévôt d'Aire en 1256.

VIII. — **Philippe**, sire de Créquy, Fressin et autres lieux, épousa, en 1224, Alix de Picquigny, sœur du vidame d'Amiens. Il eut pour enfants :

    1° Baudouin IV, de Fressin ;
    2° Hugues, seigneur de Rimboval, mort en 1296, dont la postérité a subsisté jusqu'en 1625 ;
    3° Philippe, seigneur de Hechin ;
    4° Enguerrand, évêque de Cambrai, *puis de Thérouanne*, vivant en 1317 ;
    5° Marguerite, qui épousa successivement le fils aîné des seigneurs de Ghystelles, Jacques

de Harchicourt, Valerand de Bèvre et le seigneur de Trasignies ;

6° Alix de Créquy, qui épousa Vauthier, seigneur de Vignacourt.

Philippe de Créquy mourut en 1255.

Henri de Créquy, seigneur de Bierback, descendant de Baudouin 1er de Fressin, fit avec saint Louis le voyage de la Terre-Sainte, et fut tué devant Damiette, en 1240. Peut-être devons-nous placer ici ce Raoul de Créquy, dit *Raoul le Jeune*, que l'on a confondu avec le héros de la romanesque légende.

A la date où les événements nous ont conduits, Fressin est, de l'avis général, la résidence des sires de Créquy.

IX. — **Baudouin IV**, sire de Créquy, de Fressin, de Beaurain et autres lieux, épousa Alix, dame de Heilly et de Rumilly, dont il eut :

1° Jean de Créquy, son successeur à Fressin ;

2° Philippe de Créquy, qui eut en partage la terre de Heilly, dont il prit le nom et les armes ;

3° Estheuil de Créquy, seigneur de Mareuil.

En 1273, Baudouin de Créquy, sire de Fressin, jugea entre l'abbaye d'Auchy et le seigneur de Caumont, relativement au droit de pêche du moulin de Grigny.

X. — **Jean 1er**, surnommé *l'Étendard*, est cité à la date de 1310, parmi les seigneurs qui tenaient le parti de Robert, comte de Flandre, contre Guillaume, comte de Haynaut et de Hollande. Il épousa Marguerite, fille de Guillaume, châtelain de Beauvais, et de Léonore Crespin, dame de Ferrières, dont il eut :

1° Jean II, de Fressin ;

2° Guillaume, seigneur du Tronquoy, mort sans postérité ;

3° Enguerrand, seigneur de Canten, également mort sans postérité ;

4° Catherine, mariée en 1327 à Guillaume, sire de Breauté ;

5° Marie, alliée à Bertrand, seigneur de Briançon;

6° Ide, femme de Hugues, seigneur de Monchy;

7° Jeanne de Créquy, mariée à Jean, seigneur de Boubers.

XI. — **Jean II**, sire de Créquy, de Fressin et autres lieux, dont il est dit qu'il se trouva à la journée de Saint-Omer, en 1340, contre Robert d'Artois, fit une tentative contre Calais, en 1348, et y mourut. Il avait épousé Jeanne de Picquigny, dame de Canaples, fille de Jean de Picquigny et de Marthe d'Amiens, dame de Canaples. Elle était veuve de Jean de Mailly. Elle survécut à Jean de Créquy et épousa en troisièmes noces Henri de Bèvre. Jean II avait eu de son mariage :

1° Jean III, son successeur à Fressin ;

2° Enguerrand, dit *le Bègue*, mort sans postérité;

3° Marguerite de Créquy, qui épousa successivement Jean, sire de Drinkam, et Gérard de Ghystelles, seigneur d'Esquelbecque.

XII. — **Jean III**, sire de Créquy, de Fressin, de Canaples et autres lieux, gardait les portes de Paris, en 1370, quand les Anglais vinrent jusqu'aux faubourgs de cette ville. Il avait épousé, en 1366, Jeanne de Haverskerque, dame de Fléchin, fille de Jean, seigneur de Fontaine, et de Jeanne, de Moliens. Il mourut en 1377. Sa femme, qui lui survécut jusqu'en 1424, lui avait donné :

1° Jean IV ;

2° Un autre Jean, dit *le Jeune*, seigneur de Moliens, qui fut tué à Azincourt, en 1415 ;

3° Jacques de Créquy, religieux de l'abbaye de Saint-Jean-au-Mont.

Faut-il voir en ce moine le Baudouin de Créquy, religieux, diacre de l'abbaye de Saint-Bertin, qui fut élu abbé d'Auchy, en 1407, et promit de soutenir les prétentions de la puissante Maison de Saint-Omer contre la modeste Maison d'Auchy, qui ne voulut jamais le reconnaître et s'abstint même de le porter sur le catalogue de ses abbés ?

XIII. — **Jean IV**, sire de Créquy, de Fressin, de Canaples, etc., fut l'un des chefs de l'armée levée contre les Anglais par Valerand de Luxembourg, comte de St-Pol, en 1405. Il mourut en 1411. Il avait épousé, en 1395, Jeanne de Roye, fille de Jean, seigneur de Roye, du Plessis, de Beausault et de Breteuil, et de Jeanne de Béthune. Jean de Roye, grand chambellan de France, périt à Nicopolis, victime de son courage et de sa foi.

Les Créquy, prédécesseurs de Jean IV, paraissent avoir eu leur sépulture à l'abbaye de Ruisseauville En 1425, Jeanne de Roye se fit faire un caveau pour elle et son mari dans l'église de Fressin. Elle en prit occasion de fonder une chapelle funéraire, qu'elle dota généreusement, et d'ouvrir un cimetière entourant l'église nouvellement reconstruite. L'acte de fondation fut passé l'an 1434, que l'on croit être l'année où mourut la dame douairière (1).

Il sera parlé avec plus de détails du tombeau de Jean IV et de la chapelle funéraire dans la deuxième

(1) Mathieu de Roye, allant chercher les restes de son père, rapporta en France le crâne de Sainte-Anne, qui fut honoré d'abord dans la chapelle du château, puis dans l'abbaye d'Ourscamp, où la famille de Roye avait sa chapelle funéraire, puis enfin, après la Révolution, dans l'église de Chiry (Oise), d'où une fraction considérable en fut détachée, à la prière de Mgr l'évêque de Beauvais et du consentement des paroissiens de Chiry, pour l'église de Ste-Anne d'Auray, où elle fut, en juillet 1890, l'occasion d'une grande manifestation triomphale en l'honneur de la Mère de la Sainte-Vierge.

partie de ce travail, au livre intitulé : « l'église de Fressin »; et de la fondation au chapitre premier du livre second consacré à « la paroisse » sous les évêques de Thérouanne.

Remarquons en passant qu'il y a ici un argument de plus, un argument décisif en faveur du château de Fressin comme résidence des Créquy de la branche aînée. D'après tous les généalogistes, Jean IV était bien le chef de cette branche. Or, c'est son tombeau que les archéologues viennent encore visiter dans l'église de Fressin.

Dans l'intervalle, entre la mort de Jean IV et celle de sa femme, avait eu lieu la fatale journée d'Azincourt (25 octobre 1415). La famille de Créquy perdit à cette bataille quatre de ses membres : Jean de Créquy, dit *le Jeune*, seigneur de Moliens, fils puîné de Jean III et beau-frère de Jeanne de Roye ; Messire Regnaut de Créquy, seigneur de Contes, de qui descendent les de Contes de Bucamps et de Planques, et son fils messire Philippe (1) ;

XIV. — **Raoul**, sire de Créquy et de Fressin, fils aîné de Jean IV. Comme son trisaïeul, notre jeune seigneur avait été surnommé *l'Etendard* pour avoir conquis plusieurs drapeaux sur les Anglais. Il avait été nominativement convoqué par le roi Charles pour repousser l'envahisseur.

La journée d'Azincourt coûta la vie à un cinquième Créquy, connu dans l'histoire sous le nom de *Maréchal de Guyenne*. Jacques de Créquy, dit *de Heilly*, descendant de Baudouin IV de Fressin, marcha,

---

(1) C'est à cette branche de la maison de Créquy, pensons-nous, qu'appartenait Louis de Contes, donné par Charles VII pour page à Jeanne d'Arc, dès son entrée en campagne. C'est une consolation de voir la noble famille de Créquy, si dignement représentée dans l'armée nationale, au moment où les circonstances forçaient le chef de cette famille de combattre du côté des Anglais.

en 1408, contre les Liégeois révoltés. Il commanda, en 1410, les troupes réunies contre les Armagnacs. En 1413, il lutta avec succès contre les Anglais en Guyenne. Fait prisonnier, il fut conduit à Bordeaux. Toutefois, il fut délivré assez à temps pour assister, en 1415, à la bataille d'Azincourt. Il n'eut pas la chance de mourir sur le champ de bataille : pris par les Anglais, il fut condamné à mort sous prétexte qu'il s'était échappé de la prison de Bordeaux.

Outre Raoul, dit *l'Étendard*, Jean IV et Jeanne de Roie avaient eu pour enfants :

    2° Jean V ;

    3° Un autre Jean, dit *le Jeune*, qui devint abbé de Saint-Jean-au-Mont ;

    4° Raoulequin, seigneur de Villers-Bocage, qui épousa Jacqueline de Lalain, fille de Guillaume, seigneur d'Houdain, et mourut sans enfants ;

    5° Arnould, seigneur de Quéant, mort célibataire ;

    6° Jeanne, qui épousa successivement Robert, sénéchal de Flandre, et Guillaume de Lalain ;

    7° Perronne, qui épousa Andrieu, seigneur de Rambures ;

    8° Une autre Jeanne, qui épousa Jean de la Trémoille, seigneur de Dours ;

    9° Marguerite de Créquy, qui se fit religieuse.

Raoul de Créquy avait eu de Jeanne Quiéret, sa femme, un fils unique, nommé Antoine, qui mourut jeune. Il eut donc pour successeur à Fressin son frère cadet

XV. — **Jean V,** sire de Créquy, de Fressin et de Canaples, conseiller et premier chambellan de Philippe-le-Bon, duc de Bourgogne. Il fut décoré de la toison d'or à Bruges, en 1420, à la création de cet ordre.

En 1429, il défendit la ville de Paris attaquée par Jeanne d'Arc. En 1430, il assista au siège de Compiègne. Il suivit le duc de Bourgogne au siège de Calais, en 1436 ; fut envoyé, en 1461, porter le collier de la toison d'or au roi d'Aragon ; fut ambassadeur auprès du roi Louis XI, en 1464 ; se trouva à la bataille de Montlhéry, en 1465, et mourut fort âgé en 1474. Il épousa Marguerite de Bours, dont il n'eut point d'enfant. Sa seconde femme, Louise de la Tour, fille de Bertrand, seigneur de la Tour, comte de Boulogne et d'Auvergne, qu'il épousa en 1430, lui donna :

    1° Jean VI, son successeur à Fressin ;
    2° Jacques, seigneur de Pontdormy, chambellan du duc de Bourgogne, qui fut fait prisonnier à la bataille de Nancy, en 1476, et mourut en 1480 sans postérité ;
    3° François, seigneur de Dourier, gouverneur et sénéchal du Boulonnais, conseiller et chambellan du roi, mort sans postérité ;
    4° Louis, prévôt et grand archidiacre de Sainte-Croix de Liège ;
    5° Bertrand, chevalier de Rhodes ;
    6° Charles, grand doyen de Tournai, puis *évêque de Thérouanne* (1) ;
    7° Louise de Créquy ;
    8° Jacqueline de Créquy, dame d'Haplincourt, du Verger et du Rozel, qui épousa Jacques de Beaufort, marquis de Canillac, et mourut fort âgée sans laisser de postérité.

XVI. — **Jean VI**, sire de Créquy, Fressin, Canaples, etc., fit son testament en 1483. Il épousa Françoise

---

(1) Nous ne comprenons pas pourquoi ce titre lui est donné par Moréri ; Charles de Créquy ne figure pas au Catalogue des évêques Morins.

de Rubempré, dame de Bernieulles et de Bléquin, puis, en secondes noces, Marie d'Amboise. Il eut de sa première femme :

1º Jean VII, qui suit ;

2º Philippe de Créquy, d'où sont sortis les barons de Bernieulles et les seigneurs d'Hesmond, marquis de Créquy ; il eut le gouvernement de Thérouanne et épousa Louise de Lannoy, fille du gouverneur d'Hesdin ;

3º Gabrielle, dame de Mesnil-Argence, morte sans alliance :

4º Catherine, dame de Villers-Bocage, qui épousa Jean de Neuville, seigneur de Boubers ;

5º Antoine de Créquy, seigneur de Pontdormy, gouverneur de Picardie, bailli d'Amiens, chevalier de l'ordre du roi. Il commanda l'artillerie française à la bataille de Ravenne en 1512 ; et, en 1513, il défendit Thérouanne contre Henri VIII et l'empereur Maximilien. Il capitula honorablement, à la journée de Guinegatte ou des Éperons. Il se distingua à Marignan, au siège de Parme et à la Bicoque. Il tint deux ans en Picardie contre les Anglais et les Espagnols. Enfin il fut tué, en 1525, à Hesdin, comme il a été dit au livre précédent. Il avait épousé, en 1511, Jeanne de Saveuse, dont il eut pour fille unique Anne de Créquy, qui épousa Guillaume du Bellay, et mourut sans postérité.

De sa seconde femme Jean VI eut :

6º Georges de Créquy, qui fit la branche des seigneurs de Ricey, finie vers l'an 1620.

XVII. — **Jean VII**, sire de Créquy, de Fressin, de Canaples et autres lieux, surnommé *le Riche*, gouverneur de Montreuil, fit son testament en 1543. Il avait épousé, en 1497, Jossine de Soissons, dont il eut:

    1° Jean VIII, sire de Créquy, son successeur;

    2° François, *évêque de Thérouanne*, mort avant son frère aîné;

    3° Louis, chevalier de Malte, qui survécut à tous ses frères et neveux, et vivait encore en 1579;

    4° Antoine, désigné pour l'évêché de Thérouanne après son frère François, puis évêque de Nantes après son neveu, le Cardinal de Créquy;

    5° Charles, seigneur de Moreuil et de Bauval, qui mourut sans enfant;

    6° François, seigneur de Dourier, colonel des légionnaires de Picardie, mort sans postérité. On lui doit l'ancienne collégiale de Douriez, aujourd'hui église paroissiale;

    7° Marguerite de Créquy, religieuse à la Saussaye, près Paris.

En 1499, le noble homme Jean de Créquy, écuyer, seigneur temporel de Créquy, intervint comme témoin dans un acte capitulaire, par lequel Amand Oudeghestre, abbé d'Auchy, se choisit pour coadjuteur Oliver Gobert, religieux de Saint-Bertin.

XVIII. — **Jean VIII**, sire de Créquy, Fressin et Canaples, prince de Poix, seigneur de Pontdormy, chevalier des ordres du roi, capitaine des cent gentilshommes de la maison du roi, servit avec ses oncles, en Picardie, contre les Anglais, en 1523; prit part à la bataille de Pavie, en 1525; fut envoyé comme ambassadeur en Angleterre avec l'amiral d'Annebaut, pour recevoir le serment de paix du roi Henri VIII; commanda, outre ses cent gentilshommes, les gardes écossaises, et mourut en 1555.

Nous croyons devoir reproduire ici, d'après le docteur Danvin, qui l'a transcrit sur l'original reposant aux archives départementales, un document qui a son intérêt au point de vue de la solde des soldats au XVIᵉ siècle. On y trouvera le nom des hommes qui servaient sous les ordres de Monseigneur de Créquy.

« Roole de la monstre et reveue faicte à Hesdin, le vingt-deuxiesme jour de janvier l'an mil cinq cent quarante-huit (1549), de quarante hommes d'armes et soixante archers, faisans le nombre de quarante lances fournies des ordonnances du roy, notre sire estans soubz la charge et conduicte de Monseigneur de Créquy, leur cappitaine, sa personne y comprinse, par nous, Guillaume de la Gandilhe, seigneur de la Grippière, commissaire ordinaire des guerres, commis à faire la dicte monstre et reveue suyvant laquelle le paiement a ésté faict ausdits hommes d'armes et archers de leurs gaiges et souldes des quartiers d'avril, may et juing, juillet, aoust et septembre mil cinq cent quarante huit dernièrement passé, par Mᵉ Pierre-François, paieur de ladite compaignie pour servir à l'acquict de Mᵉ Jacques Veau, conseiller du roy, notre dit sire, trésorier de ses guerres desquelz hommes d'armes et archers les noms et surnoms s'ensuyvent.   Et Premièrement :

Hommes d'armes appoinctez :

Monseigneur DE CRÉQUY, *cappitaine*.
Charles DE CORGNE, *lieutenant*.
Charles B. DE MONTCAVREL, *enseigne*.
Jehan DEFOIX, *guydon*.
Jehan B. DE BOFFLES, *maréchal-des-logis*.

Hommes d'armes à XX livres par mois :

Nicolas DE BELANGREVILLE.
Charles DE HODICQ.
Joseph DE WERIIISEL.
Anthoine B. DE VAVENCOURT.
Adrian DE BERNES.
Pierre DAILLY.

Anthoine DES ESSARTS, *pour un mois V jours*.
Jehan DE FLESCHIN.
Hector DE CANOYE.
Flour DE FERTIN.

Hommés d'armes à XV livres par mois :

Anthoine DES ESSARTS, *pour 1 mois XXV jours*.
Cet homme d'arme avait donc été un peu augmenté.
Jacques DE MONCHY, *pour le reste*.
Adrian DE NOYNTEL.
Valentin LOURDEL.
Pierre LYON.
Adrian JETART.
Jehan DE BROY.
Anthoine LEBLOND.
Alardin DAMERIN.
Adrian MARCOTTES
François DE MALINGRES.
Philippe de BERCNYEL.
Anthoine DAMYETTE.

Jehan DEGROYSEILLERS.
Ozias DE BAILLON.
Philippes DE FRANCE.
Anthoine de BIGANT.
Adrian NORGUELMES.
Pierre FALLARE.
Guillaume DE LESTRILLE.
Jehan DE LOUVENCOURT,
Jacques NOTAN.
Florimond DE MILLY, *pour 1 mois XIIII jours*.
LOYS DU PERRON, *pour un mois V jours*.
Robert PAILLARD.
Nicolas D'OFFIGNYES.
Anthoine DE LONGFOSSE

Archers à X livres par mois :

Claude DUVAL.
Jehan LE MAIRE.
Jehan DE ARPILLON.
Adrian RAZOUCK.
Jehan LE ROY.
Adrian NORMANS.
Jacques CHOCQUET.
Anthoine MIGNOT.
Pierre LE MAIRE.
Jehan PILLART.
Benoist LE HOCHARE.
Philippe INNEURT.
Josse DE MESOULTRE.
Nicolas DE MONCHEAULX.
Anthoine DE PARIS.
Loys DE COULONGNE.
Pierre DU CROCQ.
Edmond DE THOURY.
Nicolas PINCHUEL.
Robert DU GUESNEL.
Baudet ROUGEGREZ.

Nicolas DANAUNEZ.
Guillaume SERAIN.
Anthoine DU TERTRE.
Jehan DE LA RUE.
Guillaume LYON.
Symon PORVILLAN.
Jehan SEGARD.
Anthoine DANYN.
Denis DU FRESNOY.
Adrian DE HANCOURT.
Jehan ARLANGE.
Loys DE BARASTRE.
Philippe ANCEL.
Jehan LEGLANTIER.
Pierre DE FONTAINES.
François FLAMANT.
Henry DE NAULX.
Jehan BLAVEL.
Nicolas LE MAIRE.
Jacques DE SAINS.

Archers à VII livres X sous par mois:

Jehan Rocque.
Claude Bouteiller.
Florent de Fontaines.
Claude Cachelin.
Noël Grilot.
Aubert Villain.
François Davon.
Florent de Douay.
Hugues le Viezier.
Jhérosme de Fertin.
Anthoine Manger.
Nicolas Garnier.
Guillaume de Canaples.

Robert Vallety.
Adrian Jacquemart.
Nicolas Cauldronnyer.
Laurent More., *pour un mois X livres.*
Claude du Puys, *pour IIII mois V livres.*
Jehan de Vuanzin.
Jehan de Besson.
Nicolas de la Fleur
Pierre de Cheppy.
Jehan Dailly.
Jehan Barra.

Nous, Guillaume de la Gandilhe, seigneur de la Grippière, commissaire dessus nommé, certifions à Messieurs les gens des comptes du roy notre sire à Paris et autres qu'il appartiendra avoir veu et visité par forme de monstre et reveue tous les dessus dits quarante hommes d'armes et soixante archers faisans le nombre de quarante lances fournies des ordonnances du roy nostre dit sire. Estans soubz la charge et conduicte de Monseigneur de Créquy, sa personne y comprinse, lesquelz hommes d'armes et archers nous avons trouvez en habillement de guerre pour servir le dit seigneur au faict de ses guerres et partout ailleurs où il luy plaira les emploier capables d'avoir prandre et recevoir les gaiges et soulde à eulx ordonnez par icellui seigneur pour les quartiers d'avril, mars et juing, juillet, aoust et septembre mil V^e quarante-huict. En tesmoing de ce nous avons signé ce présent roolle de notre main et icelluy faict sceller du scel de noz armes les an et jour dessus dits.

Signé: De La Grippière. »

François de Créquy, frère de Jean VIII et abbé de Saint-Pierre de Sélincourt, fut le dernier évêque de Thérouanne. Elu par le clergé en 1535, confirmé en 1539 par le Souverain-Pontife, ce ne fut que neuf ans après, en 1548, qu'il put prendre possession de son siège et faire son entrée dans sa ville épiscopale. Il mourut après quatre années seulement d'épiscopat effectif, le 28 février 1552, ou plutôt, selon la nouvelle manière de compter, le 28 février 1553.

Avant le siège, et quand Thérouanne était encore ville française, Antoine de Créquy, son frère, abbé de Notre-Dame de Valloires, depuis 1550, fut désigné par le roi de France Henri II pour lui succéder. La destruction de la ville épiscopale empêcha sa préconisation.

Antoine de Créquy ne fut donc pas véritablement évêque de Thérouanne; il ne fut ni agréé par le Saint-Siège ni sacré. Cependant il se mit en mesure de faire administrer la partie de l'ancien diocèse restée soumise à la France, et il établit à Boulogne son vicaire général et ses officiers. Une partie des chanoines s'était aussi retirée à Boulogne. M. le chanoine Haigneré nous apprend qu'en novembre et en décembre 1557, Antoine de Créquy nommait à des cures, et qu'il datait ses lettres de collation du village d'Aumont (canton d'Hornoy, Somme), où il faisait sa résidence : *Datum et actum in Aumont, in oppido de Aumont,* ou *de Alto Monte, Ambianensis diœcesis*, et qu'il s'y intitulait : *Anthonius de Crequy, Dei et sancte Sedis Apostolice Episcopus Morinensis.*

M. l'abbé Bled fait remarquer que les chanoines fixés à Saint-Omer et à Ypres (car le chapitre s'était partagé entre les trois villes de Boulogne, Saint-Omer et Ypres) ne reconnaissaient pas Antoine de Créquy, déclarant sa nomination comme sans valeur au point de vue canonique. Au lieu d'avoir été élu librement par le clergé et le peuple, selon l'antique coutume des Morins, il avait, disaient-ils, dû sa nomination au roi de France. Mais sa nomination était régulière; car le concordat de François 1er reconnaissait ce privilège au souverain, tandis que les évêchés d'Ypres et de Saint-Omer ne furent à la nomination des rois d'Espagne qu'en vertu de la bulle de Pie IV *de Statu ecclesiastico* du 14 mars 1560.

A quoi l'on pourrait répondre que la nomination royale ne pouvait obtenir son effet qu'après la préconisation par le Saint-Siège. Mais il y a lieu de croire que le Saint-Siège tenait compte de la difficulté des temps, et que les vicaires généraux établis à Ypres par l'autorité apostolique usaient libéralement des pleins pouvoirs dont ils étaient investis. Il ne paraît pas, d'ailleurs, que l'évêque nommé ait fait acte de juridiction sur les terres de l'Empereur.

On a fait de singulières confusions à propos d'Antoine de Créquy. On a écrit qu'il avait été transféré à Nantes en 1554; de Nantes à Amiens, en 1561; revêtu de la pourpre romaine, en 1563; et qu'il serait mort en 1574. Aubert Le Mire, La Morlière, et bien d'autres ont ainsi confondu deux personnages, l'oncle et le neveu, dont ils n'ont fait qu'un seul homme.

Antoine de Créquy, l'ancien évêque nommé de Thérouanne, devint, à la vérité, évêque de Nantes. Mais il ne fut pas transféré de Thérouanne à Nantes; car il n'a pas été considéré par le Saint-Siège comme évêque de Thérouanne. Ce n'est pas non plus en 1554 qu'il alla à Nantes, mais seulement huit ans plus tard. Dans l'intervalle, il avait dû se retirer dans la vie privée. Son neveu, dont on parlera plus loin, était évêque de Nantes depuis 1554. Désirant se rapprocher de sa famille, il résigna son siège à son oncle le 10 octobre 1561, et c'est seulement le 26 juin 1562 que l'ancien élu de Henri II pour Thérouanne put présenter ses bulles au chapitre de Nantes. Deux ans après, il permutait avec l'évêque de Vannes pour l'évêché de cette ville dont il ne paraît pas avoir été pourvu.

Jean VIII avait épousé, en 1525, Marie d'Acigné, qui lui donna :
 1° Jean IX ;
 2° Antoine de Créquy, qui devint le Cardinal de Créquy ;
 3° Louis, seigneur de Pondormy, mort en 1557, à la bataille de Saint-Quentin ;
 4° Marie de Créquy, qui succéda à son frère Jean IX.

Jean VIII de Créquy eut aussi une fille naturelle, nommée Guillemette, qui épousa successivement Pierre Lyon, seigneur de Varennes, Jean d'Odenfort, seigneur de Grandvilliers, et Jean de Rivery, seigneur de Potonville.

Antoine de Créquy, fils cadet de Jean VIII, naquit vers l'an 1531 ; en 1552, à peine âgé de vingt et un ans, il devint abbé commendataire de Saint-Julien de Tours ; le 2 avril 1553, il fut nommé abbé commendataire de Saint-Pierre de Sélincourt, en place de son oncle François, évêque de Thérouanne, récemment décédé ; enfin, le 10 décembre de la même année, il obtenait par cession du cardinal Jean de Lorraine le siège de Nantes, dont il entra en possession quelques mois plus tard. Antoine de Créquy appartenait à l'église de Chartres, et il n'était alors que simple diacre. Il fut ordonné prêtre avec dispense d'âge, le 22 avril 1554, et sacré évêque le même jour. Le 10 octobre 1561, il résigna son siège de Nantes à son oncle Antoine, celui dont il a été parlé précédemment, et qui avait été désigné pour le siège de Thérouanne ; il obtint en 1561, 62 ou 63, l'évêché d'Amiens, dont il prit possession le 29 septembre 1564 ; il fut nommé cardinal par le pape Pie IV le 12 mars 1565, sur la proposition du roi Charles IX, et reçut le titre de Saint-Triphon ; il succéda, en 1567, à son oncle en qualité d'abbé de Valloires, et mourut en 1574, le 5 juin (*alias* le 20), âgé seulement de 43 ans.

Le Cardinal de Créquy était comblé d'honneurs comme de bénéfices. Il était chancelier de l'ordre de Saint-Michel. Il avait hérité des grands biens de sa maison après la mort de ses deux frères. Il les laissa à Antoine de Blanchefort, fils de sa sœur.

Il fut enterré dans la cathédrale d'Amiens, selon les uns, dans l'église abbatiale de Moreuil, selon les autres. Jacques Séguier, chanoine et chancelier d'Amiens, fit son oraison funèbre. Il portait pour devise la colonne qui servit de guide au peuple d'Israël avec ces mots : *Prisca lux, lux certa salutis.*

L'abbé Corblet estime que notre cardinal porta trop loin le sentiment de la reconnaissance envers le roi. Charles IX avait exprimé le désir de posséder la précieuse relique que la cathédrale d'Amiens considère comme son plus riche trésor. Nous avons nommé le chef de saint Jean-Baptiste. Le Cardinal de Créquy voulait qu'on se rendît au désir du monarque. Mais le chapitre eut le courage de répondre par un refus formel.

XVIII. — **Jean IX**, sire de Créquy, de Fressin et de Canaples, prince de Poix, etc... fut guidon des gens d'armes du duc de Guise au siège de Metz en 1553 ; il fut pris par les impériaux près de Doullens, pour s'être trop avancé dans une escarmouche à la tête de ses cinquante hommes d'armes, et mourut à la journée de Saint-Quentin, en 1557. Il était fiancé à Henriette de Savoie.

XIX. — **Marie de Créquy**, fille de Jean VIII, épousa,

en 1543, Gilbert de Blanchefort, d'une illustre famille du Limousin. Elle vécut jusqu'au 24 décembre 1610.

Elle eut de Gilbert de Blanchefort :

1° Antoine de Blanchefort, qui suit ;
2° Marie, promise à Louis d'Oignies et veuve avant son mariage ;
3° Gilberte, femme de Jacques d'Haplincourt ;
4° Magdelaine, qui épousa Jacques d'Estourmel, seigneur de Surville ;
5° Françoise, épouse de Louis d'Estourmel, seigneur du Frétoy.

La branche aînée des sires de Créquy s'est donc fondue, en la personne de Marie, avec la maison de Blanchefort, d'où sont sortis les ducs de Créquy et princes de Poix.

CHAPITRE III.

Les Blanchefort.

D'or à deux lions léopardés de gueules.

XX. — **Antoine de Blanchefort,** seigneur de Saint-Janurin, fut institué héritier de tous les biens de la maison de Créquy par le Cardinal de Créquy, son oncle maternel, à condition de porter le nom et les armes de Créquy.

Antoine de Blanchefort, sire de Créquy, eut de Chrétienne d'Aguerre un fils que sa mère rendit plus tard héritier des biens d'un autre fils qu'elle eut d'un second mariage avec François-Louis d'Agoult, comte de Sault. Ce fut :

XXI. — **Charles 1er**, sire de Créquy, de Blanchefort, de Canaples, comte de Sault, prince de Poix, duc de Lesdiguières, pair et maréchal de France, chevalier des Ordres du Roi, lieutenant-général de ses armées, gouverneur du Dauphiné. De l'année 1594, qu'il prit part comme volontaire au siége de Laon, jusqu'à sa mort, qui arriva en 1638, un an avant le retour de notre contrée à la France, il porta sans relâche les armes pour le service de nos rois. Il servit sous Lesdiguières, dans l'armée de Savoie, en 1597, s'empara d'Aiguebelle, fut blessé à la journée des Molettes, et fut fait prisonnier à la Tour Charbonnière en 1598. Il tua en duel, après l'avoir épargné une première fois, don Philippin, bâtard de Savoie, en 1599. En 1601, il accompagna le maréchal de Biron, dans son ambassade en Angleterre. En 1604, il était gouverneur de Montmélian, de Péronne, de Montdidier et de Roye. En 1606, il fut mestre de camp du régiment des gardes, et fut reçu en survivance de la lieutenance de Dauphiné, en laquelle il succéda à Lesdiguières en 1610. En 1620, il se signala au combat du Pont de Cé, conserva à Louis XIII les villes d'Alençon et du Mans, et sauva la vie au Comte de Saint-Aignan abandonné par la reine-mère lors de son accommodement avec Louis XIII, et que le roi voulait juger comme ayant été pris les armes à la main. En 1621, il fut blessé au siège de Saint-Jean-d'Angely, et reçut en 1622 le bâton de maréchal de France. Le 24 juillet de cette même année, il remit au duc de Lesdiguières, son beau père, les lettres par lesquelles le roi le faisait connétable. Depuis, il se trouva au siège de Montpellier. Envoyé en Piémont, il prit Novi et Gavi, secourut Ast, et força le duc de Féria à lever le siège de Verrue en 1625. Il devint duc de Lesdiguières et pair de France, en 1626, à la mort du connétable, dont il avait épousé la fille. Mais il voulut conserver le nom de Maréchal de Créquy. En 1629 et en 1630, il força le passage de Suze, prit la ville de ce nom, Pignerol, Chambéry, Annecy, Romilly, Charbonnière, Lulle, Miolans et Montmélia. En 1633, le roi l'envoya comme ambassadeur extraordinaire au pape Urbain VIII, et il se fit admirer à Rome par sa magnificence, aussi bien qu'à Venise où il alla l'année suivante. A son retour, il remporta dans le Milanais divers avantages sur les Espagnols, qu'il défit au combat du Tésin le 22 juin 1636, et il contribua à la victoire gagnée sur eux à Montbaldon le 8 septembre 1637. Dans l'intervalle, le 26 septembre 1636, les Espagnols avaient brûlé la maison qu'il avait à Domart, en Ponthieu. Enfin, il fut tué d'un coup d'arquebuse, le 17 mars 1638, comme il voulait jeter du secours dans la ville de Brême, assiégée par les mêmes Espagnols. Son corps fut porté dans la chapelle du château de Lesdiguières. Moréri, que nous suivons toujours, écrit qu'il avait autant d'éloquence que de bravoure, et qu'il avait l'art de persuader ce qu'il voulait.

Ainsi, le Maréchal de Créquy fut enterré en Dauphiné, loin de notre pays. Il avait suivi fidèlement le parti du roi de France, tandis que l'Artois restait encore espagnol plus encore de cœur que de fait. Il est vraisemblable que, depuis le mariage de Marie de Créquy, le château de Fressin n'était plus occupé par la famille de ses seigneurs.

Charles 1er avait épousé, en 1595, Magdeleine de Bonne, fille de François, duc de Lesdiguières et dernier connétable de France. Il épousa en secondes noces Françoise de Bonne, sa belle-sœur, sœur germaine de sa première femme. Il eut de son premier mariage :

    1° François de Bonne, de Créquy, d'Agoult, de Vesc, de Montlaur et de Montauban, duc de Lesdiguières, pair de France, qui continua la branche des ducs de Lesdiguières ;

    2° Charles II, sire de Créquy et de Canaples ;

    3° Françoise de Créquy, qui épousa Maximilien de Béthune, marquis de Rosny ;

    4° Madeleine de Créquy, qui épousa Nicolas de Neuville, duc de Villeroy, pair et maréchal de France.

On notera cette nouvelle illustration de la maison de Créquy par son alliance avec celle du ministre Sully.

XXII. — **Charles II**, sire de Créquy et de Canaples, cadet de Lesdiguières, mourut en 1630 d'une blessure reçue au siège de Chambéry, où il combattait sous les ordres de son père. Il avait épousé Anne du Roure, fille de Claude, seigneur de Bonneval et de Combalet, et de Marie d'Albert de Luynes. De ce mariage étaient sortis :

    1° Charles III, duc de Créquy ;

    2° François de Créquy, mort jeune ;

    3° Alphonse de Créquy, comte de Canaples, qui devint duc de Lesdiguières, pair de France, par l'extinction de la branche aînée de sa maison, et mourut lui-même sans postérité ;

    4° François de Créquy, maréchal de France.

Duché de Créquy

XXIII. — **Charles III**, de Blanchefort, duc de Créquy, pair de France, prince de Poix, chevalier des Ordres du roi, premier gentilhomme de sa chambre, gouverneur de Paris, etc., etc., fit ses premières armes aux sièges d'Aire, de la Bassée, de Bapaume, et au combat d'Honnecourt en 1642; il prit part à la bataille de Rocroy en 1643, aux sièges de Philisbourg, de Mayence, de Worms et d'Oppenheim, en 1644 ; à la bataille de Nordlingen et à la prise de Trèves, en 1645. Il fut blessé au siège d'Orbitello en 1648. Nommé maréchal de camp en 1649, il commanda la cavalerie de l'armée de Catalogne. En 1651, le roi Louis XIV le nomma lieutenant-général de ses armées. Ce prince le fit duc et pair en 1653, et chevalier de ses Ordres en 1661 (1). L'année suivante, envoyé à Rome en ambassade, il faillit être assassiné par la garde-noble du Pape, crime plus ou moins provoqué, dont Louis XIV ne crut pas excessif d'exiger une réparation qui humiliait le Saint-Siège (2). Gouverneur

---

(1) *Synchronisme*: En 1658, destruction du château de Fressin, par FARGUES. — Nous avons écrit ailleurs (*Hesdin*, page 352) qu'en 1660, le gouvernement de cette ville fut donné au maréchal duc de Créquy. Il y a là un mot en trop. Nous ne sommes pas en mesure de dire aujourd'hui si le gouverneur d'Hesdin fut le duc ou le maréchal.

(2) Les procédés du duc de Créquy et de son maître le roi de France à l'égard du Saint-Siège ne sont pas du tout à leur honneur. Nous n'y pouvons voir qu'un déplorable abus de la force, où le grand roi et son ambassadeur se montrèrent fort petits. Quand Créquy arriva à Rome, il commença par exiger que les parents du Pape allassent à sa rencontre hors de la ville, ce qui jamais ne s'était vu. Il ne fut point permis à la cour romaine d'opérer dans la ville des réformes reconnues nécessaires et réclamées par tous. La police ayant fait quelques arrestations dans le voisinage du palais Farnèse, où logeait le duc de Créquy, ce dernier considéra

de Paris en 1675, ambassadeur en Angleterre en 1676, il fut envoyé à Munich, en 1680, pour porter les présents de noces à la future Dauphine qu'il était chargé de ramener en France. Il mourut à Paris le 13 février 1687. D'Armande de Saint-Gelais, il avait eu une fille, Madeleine de Créquy, mariée, en 1675, à Charles-Belgique-Holland de la Trémoille, prince de Tarente et de Talmond, duc de Thouars. Le duc de Créquy fut inhumé dans l'église du couvent des Capucines. Son monument, sculpté par Mazeline et Hurtrelle, bien que dépouillé de son soubassement, fait encore l'admiration de ceux qui vont visiter l'église Saint-Roch où il a été transporté.

On remarquera l'illustration de plus en plus grande

ce fait comme la méconnaissance des privilèges de l'ambassade. Le désordre devait être libre dans un certain rayon autour du palais. On accuse le duc de Créquy d'avoir amené à sa suite des spadassins et des aventuriers, et de les avoir poussés à se prendre de querelle avec les sbires de la patrouille pontificale, lesquels étaient appuyés par un corps de deux cents Corses. Un jour, le 20 août 1662, la bagarre fut générale; l'ambassadrice de France faillit être arrêtée, et l'un de ses pages fut tué.

La provocation paraissait venir de l'ambassadeur. Cependant, le Saint-Siège offrit satisfaction. Mais Créquy ne voulut rien entendre. Il refusa la médiation de la reine de Suède, et celle de l'ambassadeur de Venise. Il quitta Rome. A Paris, le nonce reçut ses passeports. Louis XIV écrivit au Pape une lettre outrageante; il demanda à l'Espagne un passage par le Milanais pour une armée de 18.000 hommes, qu'il voulait envoyer contre Rome; un arrêt du Parlement de Provence, du 26 juillet 1663, prononça même la réunion d'Avignon à la France; des proclamations et des manifestes furent publiés contre la Cour Romaine.

Cependant, Alexandre VII refusa toujours de recourir à l'excommunication. Il pardonnait à l'orgueil de Louis XIV en considération de sa foi; il lui savait gré de sa volonté de maintenir en France l'unité religieuse. Il se soumit donc à tout ce qu'on exigea de lui.

Or, voici la réparation qu'exigea l'incommensurable orgueil du roi de France :

Une pyramide fut élevée à Rome, vis-à-vis l'ancien corps-de-garde des Corses, avec une inscription qui portait que la nation corse était déclarée à jamais incapable de servir le Siège Apostolique, en punition de l'exécrable attentat commis par elle contre l'ambassadeur de France.

des seigneurs de Fressin. Trois frères sont à la fois comblés de dignités : l'aîné est fait duc de Créquy ; Alphonse devient duc de Lesdiguières ; François est fait maréchal de France.

Il mérite plus qu'une mention.

Donc, le quatrième fils de Charles II, François, marquis de Créquy, de Blanchefort, prit part au siège d'Arras en 1640 ; puis il servit sept ans en Flandre et en Catalogne. Maréchal de camp en 1651, il fut blessé devant Arras en 1654, en défendant cette place assiégée par Condé. Nommé lieutenant-général en 1655, général des galères en 1661, il fut créé maréchal de France en 1668. En 1670, il conquit la Lorraine. En 1675, il fut défait, sur la Sarre ; puis il se jeta dans Trèves, dont il ne voulut jamais signer la capitulation. Il préféra être fait prisonnier. Rentré en France en 1676, il servit au siège de Condé. L'année suivante, il fut fait gouverneur de Metz, de Béthune, gouverneur général de Lorraine, Barois, comté de Chiny, duché de Luxembourg et du pays Messin. En 1678, il empêcha les Allemands de s'établir en Lorraine. Il les força de repasser le Rhin avec une perte de plus de huit mille hommes. Il leur tua sept ou huit cents hommes au combat de Kocberg, puis s'avança dans leur pays et leur prit Fribourg. Il s'empara, en 1684, de la ville de Luxembourg. Enfin il mourut à Paris en 1687, le 4 février, huit jours avant son frère le duc de Créquy. Nous n'avons mentionné qu'une bien faible partie de ses faits d'armes.

Le maréchal de Créquy avait eu de Catherine de Rougé :

1º François-Joseph, marquis de Créquy ;
2º Nicolas Charles, sire de Créquy, marquis de Blanchefort, comte du Passage, etc.

François-Joseph, marquis de Créquy, fut tué au

combat de Luzzara, en Italie, le 13 août 1702. Il avait eu trois filles : l'aînée mourut à quatorze ans ; les deux autres, qui étaient jumelles, moururent en bas âge.

A la bravoure héréditaire dans sa race, François de Créquy joignait les grâces et l'habileté du courtisan. C'est le témoignage que rend de lui Madame de Sévigné.

Nicolas-Charles mourut sans alliance, âgé seulement de vingt-sept ans, en réputation de l'un des plus braves gentilshommes de l'armée. Il avait enrichi de ses libéralités l'église de Beauval, au diocèse d'Amiens.

CHAPITRE IV.

Les La Trémoille.

XXIV. — **Charles-Belgique-Holland**, qui avait épousé, en 1675, Madeleine de Créquy, fille unique et unique héritière de Charles III, dernier duc de Créquy, était seigneur de La Trémoille, duc de Thouars, pair de France, chevalier des ordres du roi, premier gentilhomme de la chambre, prince de Tarente et de Talmond, comte de Laval et de Montfort. Né l'an 1655, il mourut le 1er juin 1709, âgé de 54 ans, laissant deux enfants :
    1° Charles-Louis-Bretagne, qui suit ;
    2° Marie-Armande-Victoire de La Trémoille, qui épousa Emmanuel-Théodose de La Tour, duc d'Albret.

Nous avons une requête adressée, en 1701, par le Curé et les marguilliers de l'église de Fressin à très haute et très puissante dame Madame Armande de Lusignan, duchesse de Créquy, etc., pour lui réclamer deux petites rentes.

XXV. — **Charles-Louis-Bretagne**, duc de La Trémoille et de Thouars, prince de Tarente et de Poix, pair de France, comte de Laval, seigneur de Créquy, Fressin, et dépendances, naquit en 1683. En 1708, il était colonel d'un régiment de cavalerie (1). Il mourut en 1719, âgé de 37 ans. Sa femme, Marie-Madeleine de la Fayette, qui mourut à vingt-cinq ans, ne lui donna qu'un enfant :

(1) ARCHIVES DU PAS-DE-CALAIS (E) : *Seigneurie de Créquy-Fressin.*

XXVI. — **Charles-Armand-René**, duc de la Trémoille, lequel ne laissa point de postérité.

Louis-Marie, marquis de Créquy, général et littérateur, né en 1705, mort le 24 février 1741, publia la *Vie de Catinat* et les *Principes philosophiques des saints Solitaires d'Égypte*.

CHAPITRE V.

Les La Tour d'Auvergne, ducs de Bouillon.

Les derniers seigneurs de Fressin avant la Révolution furent les La Tour d'Auvergne, famille illustre entre toutes, formée de la réunion qui se fit, à la fin du XIVe siècle, de deux nobles maisons, par le mariage de Marie, comtesse d'Auvergne et de Boulogne, avec Bertrand de La Tour.

Notre seigneurie échut à la branche d'Oliergues, vicomtes de Turenne, ducs de Bouillon, issus des seigneurs de La Tour par le fils cadet de Bertrand 1er de La Tour, qui vivait au XIIIe siècle.

XXVII. — Le prince **Emmanuel-Théodose** (1) *de La Tour*, duc d'Albret, pair de France, avait épousé, en 1696, Marie-Victoire-Armande de la Trémoille, laquelle devint héritière du duché de Créquy par le décès de son frère et de son neveu. Un jugement souverain du 3 juillet 1712 lui reconnut cet héritage en déduction de sa dot.

(1) Théodore, d'après les *Archives du Pas-de-Calais*.

Emmanuel-Théodose se maria trois fois.

De sa première femme, qui était la dame de Fressin, il eut :

    1° Frédéric-Maurice-Casimir de La Tour, prince de Turenne, grand chambellan de France ;

    2° Charles-Godefroy de La Tour, prince de Bouillon ;

    3° Armand de La Tour, qui épousa Louis de Melun, duc de Joyeuse, pair de France et prince d'Espinoy.

Frédéric-Maurice-Casimir mourut à 26 ans, en 1723. Sa veuve, Marie-Clémentine Sobieski, princesse polonaise, épousa, avec dispense, le frère cadet de son défunt mari.

D'après un compte qui fut rendu en 1732, le domaine de la terre et seigneurie de Fressin, tenue et mouvante de celle de Créquy, consiste en un château et lieu seigneurial dudit Fressin de présent en ruine ayant été bruslé ; se consistant en la haulte et basse justice, fossés estant autour, contenant 8 mesures de terrain ou environ (1).

XXVIII. — **Charles-Godefroy** de La Tour d'Auvergne, duc de Bouillon, seigneur de Créquy, Fressin, etc. Il céda au comte Nicolas de La Tour d'Auvergne ses biens de Fressin, Créquy et Sains, suivant acte passé à Paris le 3 juin 1771, moyennant une rente de vingt mille livres constituée au profit du prince de Turenne, son fils.

D'un mémoire sur le rôle d'imposition de la paroisse de Fressin, en ce qui concerne l'office du lieutenant général, du secrétaire greffier et du procureur fiscal, pour l'année 1756, il résulte que la seigneurie de

---

(1) ARCHIVES DU PAS-DE-CALAIS. — *Seigneuries de Créquy, Sains, Fressin*, Compte-rendu de 1732, f° 297.

Fressin, qui appartenait alors au duc de Bouillon, avait été amodiée par bail passé au profit du sieur Staen, le 24 avril 1749, pour neuf années commençant au 1ᵉʳ janvier 1750, et qu'elle produisait un revenu annuel de 26,000 livres (1).

La seigneurie de Fressin consistait pour la part de M. le duc de Bouillon, seigneur de la paroisse, en censives du revenu de 400 livres, et en droits seigneuriaux du revenu de 60 livres (2).

XXIX. — **Nicolas-François-Joseph-Julie**, comte de La Tour d'Auvergne et d'Apchier, marquis de la Margeride, comte de Montluc, seigneur de Créquy, Fressin, Sains et Wambercourt, lieutenant-général des armées du roi, acquit les seigneuries de Créquy, Fressin, Sains et Wambercourt, en vertu de la donation du 3 juin 1771, qui lui fut faite par Charles Godefroy de La Tour d'Auvergne, duc de Bouillon, à qui elles appartenaient comme successeur de Marie-Victoire-Armande de La Trémoille (3). Mais, lors du décès du duc de Bouillon, il s'éleva des difficultés sur l'exécution de cette donation Par une transaction qui eut lieu le 12 mars 1776, les quatre cent mille francs, capital de la rente, furent remboursés au prince de Turenne. Madame de La Tour d'Auvergne fournit les fonds pour ce remboursement. Ce ne fut pas sans s'endetter considérablement.

Le comte Nicolas-François-Julie de La Tour d'Auvergne mourut à Chambéry le 12 septembre 1790 (ailleurs, le 10 février).

XXX. — **Le Prince Godefroy-Maurice-Marie-Joseph** de La Tour d'Auvergne recueillit les biens des Créquy à

---

(1) Archives du Pas-de-Calais, C. 540.
(2) Id. États d'Artois, Vingtième, 1762.
(3) Id. B. 570.

titre de substitution dans la succession de son père, le comte Nicolas-François-Julie. Ces biens devinrent libres dans ses mains d'après les dispositions de la loi de novembre 1792, qui a aboli les substitutions. Ils furent enfin séquestrés pour cause d'émigration, et ils ont été restitués à M. le Prince de La Tour d'Auvergne en vertu de la loi du 5 décembre 1814 (1).

(1) Délibération ministérielle du 5 décembre 1814, relative à la remise des bois de Fressin, Créquy, et Sains à la famille de La Tour d'Auvergne.

CHAPITRE VI.

Les Durfort de Civrac.

Après M. de Laplane, le *Dictionnaire historique* du département cite la famille de Civrac comme ayant succédé aux La Tour d'Auvergne en qualité de seigneurs de Fressin. La vérité est que la famille Seillière, comme on le verra plus loin, entra seule en possession des bois de Fressin, Créquy et Sains. Cependant le nom de Civrac nous est signalé à propos du vieux château féodal. Il faut en tenir compte.

Pendant que les bois des La Tour d'Auvergne étaient tenus sous séquestre, le château de Fressin fut vendu révolutionnairement par la nation avec quelques autres biens. Le vieux château fut acheté à la nation par le meunier Jean-Baptiste Grenier, qui le revendit à M. Godefroy-Maurice-Marie-Joseph de La Tour d'Auvergne, c'est-à-dire qu'il le rendit à son légitime propriétaire, par acte passé devant Me Viollette, notaire à Fressin, le 15 avril 1804. Le prince de La Tour d'Auvergne le revendit, le 5 février 1810, au sieur Vital Metzy, de Paris, qui, le 28 avril 1811, le rétrocéda à Madame Françoise-Honorine-Adelaïde de La Tour d'Auvergne, épouse de

XXXI. — **Monsieur le Marquis de Durfort Civrac**, qui s'en mit de suite en possession en le louant au dit sieur Jean-Bapitste Grenier. C'était, pour Madame de Civrac, un bien de famille.

« Le manoir où sont les débris de l'ancien château, entouré de fossé, et contenant six quartiers, plus un autre manoir amazé nommé la maison seigneuriale, contenant une demi-mesure », c'est en ces termes que la maison de Fressin était désignée, en 1779, dans un rapport officiel (1).

XXXII. — Le clos de l'ancien château seigneurial, ruines, fossés, broussailles et manoir, d'une contenance de trois hectares trente-sept centiares, selon l'ancienne matrice, de deux hectares soixante ares vingt centiares, selon la nouvelle, passa ensuite aux enfants des précédents, à savoir :

1° **Monsieur Marie-Emeric de Durfort-Civrac** et son épouse dame Marie-Charlotte-Emilienne de Sesmaisons, demeurant à leur château de Beaupréau ;

2° M. Marie-Henri-Louis de Durfort-Civrac, id. ;

3° Melle Marie-Elisabeth-Anne de Durfort-Civrac, id. ;

4° Mme Marie-Laurence-Françoise de Durfort-Civrac, épouse de M. Victor-Emmanuel Pourroy de Lauberivière de Quinsonas, demeurant à Paris, rue des Saints-Pères ;

5° Mme Henriette-Amande de Durfort-Civrac, épouse de M. Antoine-Léon-Paul Leclercq de Juigné, capitaine d'état-major, demeurant à Beaupréau.

Le 2 août 1852, le mandataire desdits propriétaires vendit le vieux château de Fressin au mandataire de M. le baron François-Florentin Achille Seillière. La famille Seillière était déjà propriétaire des bois de Créquy, Sains et Fressin, comme on le dira plus loin. Le château fut acheté cinq mille francs, qui furent payés comptant. L'acte fut reçu par Me Brasseur et son collègue, notaires à Fruges.

M. le baron Seillière a soin de faire observer dans *l'Établissement de propriété des biens de Fressin*, qu'il n'a pas acheté le château à la nation, mais qu'en

---

(1) Archives dép.: C. État d'Artois. Centième 1779. Fressin f° 1, 2 — Le château de Créquy, érigé sur 9 mesures, était occupé, en 1779, par un de Magny. — Id.

1852 Mme de Civrac en avait depuis plus de quarante ans la possession paisible et non interrompue. Il rappelle l'origine ancienne de cette résidence des seigneurs de Créquy, sa restauration en 1450, sa prise par le comte de Rœux er 1552, et sa destruction ultérieure. Il se plaît à énumérer les maisons qui s'y succédèrent, les Créquy, les La Trémoille, les La Tour d'Auvergne, etc.

*
* *

La famille de Créquy fut représentée à l'Assemblée générale des Etats d'Artois, qui se réunit pour la dernière fois à Arras en 1788, par Monsieur de Créquy, marquis d'Hesmont, demeurant au château d'Hesmond, par Hesdin (1) ;

---

(1) Des registres de catholicité de la paroisse d'Hesmond, il appert que les Créquy d'Hesmond résidèrent presque constamment dans leur château. Ils acceptaient facilement de tenir sur les fonts du baptême les enfants de leurs tenanciers.

L'ancien château féodal d'Hesmond fut démoli à la fin du XVIIIe siècle, et remplacé par le château actuel, qui fut construit en pierres du pays. Le marquis de Créquy confia la conception du plan et la direction des travaux à son intendant Bergevin. M. de Laplane, qui estropie un peu ce nom en écrivant *Bergerin*, nous apprend que ledit intendant, pour flatter l'orgueil de son maître, voulut donner au château d'Hesmond quelque ressemblance avec celui de Versailles. Ce n'est point l'effet que cette habitation produisit sur la nouvelle marquise de Créquy. Quand le marquis voulut y introduire sa jeune femme, au lieu des compliments qu'il comptait recevoir, il ne fut pas peu surpris de l'entendre observer que la maison n'était ni assez vaste, ni assez somptueuse, eu égard à leur fortune. La tradition ajoute même qu'elle se fâcha tout rouge, qu'elle refusa d'entrer dans une pareille bicoque, et qu'elle repartit tout droit pour Paris. « *Parva, sed apta mihi,* » aurait vertement répondu le châtelain : « Elle est petite, mais elle me convient ». Quoi qu'il en soit, ces quatre mots se voient encore gravés en lettres d'or sur une plaque de marbre noir, au-dessus de la porte du château.

L'intendant Bergevin avait gagné par ses hypocrites flatteries la confiance de son maître. Avant de partir pour l'émigration, le marquis lui vendit le domaine d'Hesmond, avec faculté de rémérer. Mais Bergevin n'eut rien de plus pressé que de faire annuler la et par le baron de Contes des Granges, de Planques, au château de Bucamps par Hesdin.

Ces messieurs descendaient des anciens seigneurs de Fressin.

Il faut aussi dire deux mots de la fameuse marquise.

La marquise de Créquy, née Renée-Caroline-Victoire de Froullay, au château de Montflaux, en 1714,

clause du réméré par le tribunal révolutionnaire, et de se faire mettre en possession du château à titre définitif. Les paysans de l'endroit, qui aimaient leur seigneur, malgré les singularités de son caractère, — M. de Laplane écrit que c'était un original de première classe, — furent exaspérés de cette lâche conduite, et firent à Bergevin les plus terribles menaces. L'infidèle intendant, sous le coup de la terreur, n'osa plus dès lors sortir de chez lui. Nouveau Pygmalion, il ne touchait plus qu'aux mets préparés sous ses yeux, et se nourrissait exclusivement des volailles de sa basse-cour, et des légumes de son jardin. — Il ne sortait que le soir. Encore faillit-il plus d'une fois être lapidé par les villageois qui lançaient des pierres par-dessus les murs d'enceinte. L'ancien curé de Verchin, M. Adam, qui était d'Embry, nous a jadis raconté au sujet de cet harpagon des aventures désopilantes. Il n'est point de farces que les gamins ne lui aient faites. Le seul homme, un homme de sa trempe, à qui il risquait parfois de se confier, ne lui épargnait pas non plus les avanies. — « Oh! Monsieur, quel affreux rêve j'ai fait! — Eh quoi! Qu'as-tu rêvé? — Oh! Monsieur, je ne puis vous le dire. — Dis-le donc, imbécile. — Non, Monsieur, je ne le puis, ne l'exigez pas. — Si, je le veux. — Non, ce n'est pas possible. — As-tu bientôt fini? — Eh bien! puisque vous le voulez, j'étais en enfer. — La belle affaire! n'est-ce pas là ta place? — Sans doute; mais j'ai vu un grand fauteuil entouré de quantité de diables affreux. — Et puis? — Et puis, j'ai demandé pour qui ce fauteuil? — Et qu'est-ce qu'on t'a répondu? — C'est pour M. Bergevin. —

Las de cette vie de paria, Bergevin vendit son château à une bande noire, puis il quitta le pays, et se réfugia à Paris, où il mourut misérablement.

Quant au marquis, il était mort dans l'émigration, sans laisser d'héritier direct. En lui s'éteignit la branche des Créquy d'Hesmond.

La bande noire aliéna les fermes du domaine et une partie des bois séculaires qui ornaient le parc. Toutefois, les démolisseurs épargnèrent le château. Il leur fut repris par un sieur Lemaire, qui le revendit, vers 1840, à M. Christian de Werbier, lequel le laissa à son beau-fils, M. Léonce de Bournonville.

Cette esquisse a été écrite d'après M. de Laplane, et surtout d'après des notes dues à M. Fauquembergue, ancien instituteur, à M. L. de Bournonville, et à un ancien jardinier du château d'Hesmond. Notes recueillies par M. Roger Rodière.

est renommée par son esprit ; mais elle n'a pas écrit le livre intitulé : *Souvenirs de la Marquise de Créqui* (1834-1835, 7 vol. in-8) qui lui sont ordinairement attribués. L'auteur de cette supercherie littéraire est M. de Courchamps. On prétend même que ce nom est un trompe-l'œil de plus, et que le prétendu comte de Courchamps couvre l'élucubration sans authenticité d'un certain Causen (de Saint-Malo).

La marquise de Créquy se serait vantée d'avoir été considérée par Louis XIV dans son berceau, d'avoir reçu peut-être les baisers du grand roi, et d'avoir été, à ses derniers jours, l'objet des attentions du premier consul Napoléon Bonaparte. Elle mourut à Paris, âgée de 89 ans, le 2 février 1803.

Son époux, Charles-Marie, sire et marquis de Créquy, de Hesmond, Blanchefort et Canaples, avait toujours été occupé de son régiment, de son gouvernement et de ses devoirs. Aussi, l'auteur des *Souvenirs* fait-il malicieusement dire à la marquise, que, trente ans mariée, elle avait été trente ans heureuse.

Charles-Marie, sire et marquis de Créquy, fils de la célèbre marquise, naquit le 18 décembre 1737. Il se distingua durant la guerre de Sept Ans (1756-1763), et fut fait maréchal de camp.

Les Lejeune de la Furjonnière revendiquaient le nom de Créquy, prétendant descendre de Raoul, sire de Créquy, surnommé Lejeune. Or, ce Raoul, qu'il ne faut pas confondre avec le Raoul légendaire, est mort en Palestine sans avoir été marié. Le marquis Charles-Marie engagea contre la famille Lejeune un procès qui fit beaucoup de bruit. Un arrêt du parlement de Paris, en date du 1er février 1781, repoussa la prétention des Lejeune. C'est dans la personne de Charles-Marie de Créquy que s'est éteinte la maison de ce nom.

D'après les *Souvenirs*, ce dernier Créquy aurait eu un fils auquel il aurait survécu.

Tancrède-Adrien-Raoul de Créquy, prince de Montlaur, petit-fils de la célèbre marquise, mort longtemps avant son aïeule, descendait directement, par son octaïeule Anne de Bourbon-Vendôme, du roi saint Louis. Il avait pour mère Marie-Anne-Thérèse de Félix du Muy, marquise du Muy et de Sévigné, comtesse de Grignan, baronne de Chantal, etc...

Le dernier Créquy était donc prince de Montlaur, marquis de Muy et de Sévigné, comte de Grignan, baron de Chantal.

Adrien-Hugues de Créquy, comte de Canaples, vidame de Tournay, résidant au château de Canaples, était l'oncle du dernier Créquy.

CHAPITRE VII.

Les Seillière.

Les bois de Sains, Fressin et Créquy n'avaient pas été vendus à la Révolution. Ils étaient restés la propriété du Prince de La Tour d'Auvergne, sans pourtant qu'il en pût jouir, le gouvernement révolutionnaire les ayant mis sous séquestre. Ils furent enfin rendus à leur légitime propriétaire le 6 décembre 1814.

Mais ils étaient grevés de toutes les hypothèques possibles. Il existait, tant sur M. le prince de La Tour d'Auvergne que sur ses auteurs, trente-huit inscriptions dont le total s'élevait à plusieurs millions.

En vertu de plusieurs jugements prononcés entre *M. Godefroy-Maurice-Marie-Joseph, prince de La Tour d'Auvergne*, et ses créanciers, ils furent mis en vente et adjugés, par le tribunal de la Seine, le 28 novembre 1821, à l'ancien notaire *Ferdinand Lefebvre*, de Paris, pour la somme de six cent vingt mille francs.

Le 5 juin 1824, M. Lefebvre revendit nos trois bois à Messieurs Seillière, père et fils, moyennant un prix principal de sept cent cinquante mille francs. Le père, *M. Florentin Seillière*, banquier à Paris, était acquéreur pour un tiers ; le fils, M. Nicolas Seillière, l'était pour les deux tiers.

Le 1er décembre, Messieurs Seillière payèrent les 750,000 francs de la manière suivante :

1° A M. Saint-Didier, receveur général des finances,

pour remboursement des fonds versés par lui à Lefebvre,
en 1821 . . . . 150.000 »
2° Aux créanciers des La Tour d'Auvergne. . . . . 470.000 »
3° Intérêt du prêt Saint-Didier . . . 28.761 10
4° Intérêts dûs aux créanciers . . . 33.060 04
5°   id.   . . . 68.164 86

          Total. . . 750.000 »

La multiplicité des créanciers nécessita quantité de comptes, de décomptes et de rectifications, si bien que Messieurs Seillière n'eurent définitivement réglé cette affaire que le 10 janvier 1841.

Dans l'intervalle, le 25 juin 1825, à la suite d'une expropriation forcée contre M. Auguste-Adrien Bacqueville, médecin, résidant à Arras, le tribunal civil de Montreuil adjugea à *Monsieur Nicolas Seillière*, moyennant vingt-trois mille six cent-cinquante francs de prix principal, la maison de Bacqueville de la Vasserie et ses dépendances, c'est-à-dire la villa actuelle de M. le baron Seillière. Quoique l'expropriation ait été faite à la requête d'un officier de santé d'Auchy-les-Moines, la première payée fut madame Marie-Madeleine Pecqueur, épouse séparée quant aux biens de M. Bacqueville. Elle reçut vingt-quatre mille deux cent trois francs trente-deux centimes, à valoir sur le montant principal de ce qui lui était dû par son mari pour ses reprises et droits matrimoniaux. Les intérêts ajoutés au prix principal de l'adjudication avaient élevé la somme à payer au chiffre de vingt-quatre mille huit cent trente-deux francs, cinquante centimes.

Le 31 juillet 1826, par suite de la liquidation de M. Florentin Seillière, le tiers de la propriété des trois bois, tiers appartenant à M. Seillière, père, fut attribué à M. Nicolas Seillière, qui devint ainsi propriétaire de la totalité desdits bois.

M. le baron Nicolas Seillière, banquier, chevalier de la Légion d'honneur, avait épousé, à Saint-Quentin, le 23 pluviôse an IV, sous le régime de la communauté de biens, aux termes de la coutume générale de Lorraine, madame Marie-Anne-Elisabeth Paillette, laquelle, d'après son contrat de mariage, était usufruitière des biens de son mari. Un inventaire fut fait le 7 janvier 1845, après le décès de M. le baron Nicolas. Ce décès amena une licitation entre majeurs et mineurs. Le cahier des charges fut déposé au palais de justice de Paris par l'avoué Chevalier, le 4 novembre 1845, et la vente fixée au 3 décembre. Il y avait treize lots, dont les quatre premiers pouvaient être réunis. Ces quatre lots étaient: 1° le bois de Fressin; 2° la forêt de Créquy; 3° le bois de Sains; 4° une maison à Fressin avec un jardin, trois pièces de terre et une petite pièce de bois, c'est-à-dire les acquisitions de 1824 et de 1825. Le vieux château appartenait encore aux Durfort-Civrac (1).

Le bois de Fressin contient cinq cent huit hectares; il est divisé en huit triages dont chacun est aménagé en dix-huit coupes égales. Le taillis est essences de chênes, charmes, hêtres et noisetiers. Il est garni de futaies en chênes et autres essences. Dans ces cinq cent huit hectares sont compris les quatre-vingts hectares du triage du Godiamont, lequel est séparé du grand bois par la rue de la Lombardie.

(1) Les neuf autres lots comprenaient une maison à Paris, boulevard des Capucines; un hôtel, rue de la Chaussée-d'Antin; une maison à Paris, rue Blanche; la nue propriété d'une autre maison, à Montmartre; l'île et le domaine de Puteaux; deux terres, à Méru (Oise); la ferme de Kettzing et celle de la Canardière, à Gondressanges (Meurthe). La mise à prix de ces neuf lots s'élevait à un million quatre cent six mille cinq cents francs.

Le bois de Fressin fait pointe sur ceux de M. le duc d'Havré.

La mise à prix est de six cent quarante mille francs.

La forêt de Créquy comprend cinq cent cinquante hectares, divisés en quinze triages, aménagés en dix-huit coupes. La mise à prix fut de quatre cent soixante-dix mille francs.

Le bois de Sains comprenait deux cent trente-deux hectares, en cinq triages, divisés pareillement en dix-huit coupes. La mise à prix fut de deux cent quarante mille francs.

On observe que les coupes se font en mars ou avril et en novembre.

La maison de Fressin, bâtie sur deux hectares ; le jardin de vingt-sept ares ; la pièce de terre de trente-cinq ares, et une autre de quarante-deux ares, formaient le quatrième lot, dont la mise à prix fut de vingt mille francs. Total de la mise à prix des quatre lots réunis : un million trois cent soixante-dix mille francs.

La vente était fixée au 3 décembre 1845, et l'entrée en jouissance au 1er janvier 1846.

Le vendeur exige que, jusqu'à paiement intégral du prix, les adjudicataires devront conserver le régisseur ainsi que les gardes, et les payer selon les conventions anciennes, observant que le total des traitements n'excède pas la somme de trois mille quatre cents francs par an.

Les enchères partielles furent au total de deux mille deux cents francs, ce qui portait la mise à prix des quatre lots à la somme de un million trois cent soixante-douze mille deux cents francs. Ils furent adjugés réunis à dix-sept cent cinq mille francs pour prix principal, auquel il faut ajouter pour frais de vente huit mille six cent onze francs, onze centimes.

L'adjudication fut faite au profit et pour le compte de Madame Camille-Zoé Seillière, fille adoptive de M. le baron Nicolas Seillière et de Madame Seillière, épouse dûment autorisée de *Monsieur le baron François-Florentin-Achille Seillière*, demeurant ensemble, 61, rue Saint-Lazare, à Paris.

Le cahier des charges imposait à l'adjudicataire l'obligation de reprendre en plus le mobilier de la maison de Fressin au prix d'estimation, qui était de cinq mille huit cent cinq francs.

Madame la baronne Achille Seillière était héritière pour moitié de M. le baron Nicolas Seillière ; donataire dudit baron, aux termes de son contrat de mariage du 6 février 1838 ; légataire en vertu d'un testament du 28 août 1838.

La vente avait été faite à la requête :

1° de Madame Veuve Nicolas Seillière ;

2° de Madame Camille-Zoé Seillière, épouse de M. Achille Seillière ;

En présence :

1° de M. le baron François-Florentin-Ernest Borderès Seillière, propriétaire, célibataire, fils adoptif et héritier pour moitié de M. le baron Nicolas Seillière, et légataire universel, avec Madame Debelleyme, de l'universalité des biens qui ont composé la communauté entre M. et Mme Seillière, et de l'universalité des biens provenant de M. le baron Seillière ;

2° de Madame Jeanne-Eugénie Borderès, mineure émancipée par le fait de son mariage avec M. Charles-Adolphe Debelleyme, avocat ;

3° d'un sieur Boucher, exécuteur testamentaire de feu M. le baron Nicolas Seillière.

M. le baron Achille Seillière, aux termes de son contrat de mariage reçu par Me Foucher, notaire à Paris, prédécesseur de Me Segond, le 6 février 1838, était marié sous le régime dotal avec société d'acquêts.

En 1845, Madame la baronne Achille avait acquis les bois de Fressin, Sains et Créquy, et la maison de Fressin avec ses dépendances.

Les achats vont se continuer.

Le 5 juillet 1847, M. le baron Achille acheta pour deux mille sept francs vingt-sept ares, vingt centiares, aux héritiers, sous bénéfice d'inventaire, de Louis-Joseph Gravelle, de St-Vandrille, commune d'Embry. M® Choppin, notaire à Fruges, et le tribunal de Montreuil firent cette vente.

Huit jours après, le 13 juillet 1847, à la vente Brutel, Duquénoy, Benteux, M. le baron acquit un hectare, sept ares, cinquante centiares, qu'il paya sept mille francs. Le contrat fut fait par M® Viollette, notaire à Fressin.

Le 14 novembre, même année, c'était un petit manoir autrefois amasé, rue d'Enfer, près du Godiamont, d'une contenance de neuf ares, venant d'Hilaire Bruchet, que le baron achetait pour trois cent soixante-quinze francs de principal. Notaire : M® Viollette.

Le 13 novembre 1851, les Ochin de Capelle et d'Abbeville vendaient au baron Seillière une terre à labour, sise à Royon, au pâtis Roboitel, d'une contenance de deux hectares, six ares quatre-vingt-sept centiares, moyennant trois mille vingt-huit francs de principal. Notaire : M® Viollette.

Le 2 août 1852, le baron Achille acheta pour cinq mille francs aux Civrac le clos du vieux château et les ruines. C'était une fantaisie, une dépense improductive, mais qui indiquait de la part de l'acquéreur une sorte de prédilection pour Fressin. On vit, en effet, Monsieur le Baron venir en ce pays avec les deux baronnes, et y séjourner plusieurs mois pendant la saison d'été. La baronne Achille s'intéressa au sort des jeunes personnes; elle voulut à la fois leur donner du travail et les préserver du mal, en créant un ouvroir qui fut établi au Château Bleu (école actuelle des garçons), et fut placé d'abord sous la direction d'une Sœur de la Sainte-Famille, puis confié à une demoiselle. Mais cet essai ne répondit point aux espérances que l'on avait conçues; l'ouvroir fut supprimé. Quoi qu'il en soit, les dix ou douze ans que la famille Seillière vint en ce village firent du bien à plus d'une famille. Quelques-unes y trouvèrent le point de départ d'une honnête aisance; quantité de pauvres aussi éprouvèrent l'effet de la charité de Madame la baronne Achille. Nos registres de paroisse mentionnent également son nom avec reconnaissance.

C'est l'enclos des Ruines que nos châtelains ont à cœur d'élargir. Quantité de maisonnettes s'étaient élevées sur le terrain de l'antique manoir et bordaient la rue des Hures, conduisant au bois. Depuis plus de deux siècles, Fressin ne voyait plus ses seigneurs. S'était-on permis de s'établir sur leur propriété comme sur un flégard ou plutôt comme sur une terre inoccupée? Ou bien s'y était-on créé une apparence de droits au moyen de quelques largesses faites à des employés peu rétribués? Ce sont là des questions malaisées à résoudre. Ce qui est certain, c'est qu'au commencement de ce siècle, nombre de naturels de Fressin avaient leurs chaumières sur le terrain des anciens sires de Créquy. M. le baron Achille Seillière tint à réintégrer ces parcelles dans son domaine.

Nous le voyons, les 20 et 21 décembre 1853, acheter pour dix-huit cents francs aux Lhomme, Restitute Grenier, etc., dix-huit ares, soixante-dix centiares. La maison a été démolie et le terrain renfermé dans l'enclos des Ruines. Notaire : M⁰ Émile Viollette.

L'acquisition du 31 janvier 1854 a été faite au

terroir de Royon. M. le baron paya cinq mille francs une pièce de terre de trois hectares, soixante-six ares, soixante-trois centiares, venant des Lefebvre de Raye et de Capelle.

C'est aussi une terre à labour qu'il acheta le 12 juin de la même année, pour le prix de deux mille cinq cents francs, de Henri-Joseph Leblond, alors maire de Saint-Pierre-lez-Calais. Cette terre, d'une contenance de un hectare, soixante et onze ares, soixante-six centiares, était sise au fond Judith.

A la date du 24 décembre, il faut mentionner l'achat de trois ares près le vieux château, à Albertine Branquart, femme d'Auguste Isambourg. Cette parcelle, actuellement plantée de sapins, fut vendue cinquante-deux francs.

Un an plus tard, le 25 décembre 1855, la parcelle achetée par le baron fut encore beaucoup moins considérable. Elle n'était que de vingt et un centiares. Il la paya cent cinquante francs, à cause de la maison, à Jean-Baptiste Delespine, qui la tenait du sieur Vaast-Floride Vaillant.

Le 12 juillet 1856, le même Jean-Baptiste Delespine vendit au même endroit une autre parcelle de un are quatre-vingt-quatorze centiares, sur laquelle était bâtie une petite maison. M. le baron paya le tout cinq cent soixante-six francs.

La commune de Fressin céda à M. le baron Seillière, le 13 avril 1858, quinze ares quarante centiares pour la somme de quatre cent soixante-dix-huit francs, cinquante centimes, et, le lendemain, 14 avril 1858, une parcelle de deux ares soixante-neuf centiares pour quatre-vingt-quatorze fr., quinze c. Cette double vente a été faite administrativement, après délibération du conseil municipal de Fressin et approbation du préfet. Il s'y agissait d'un peu d'excédent de la voie publique.

Les vingt ares de manoir amasé vendus au baron par Liévin et Philogone Gamain, Joseph Brogniart et la veuve Gamain, furent payés quinze cents francs. Le contrat fut fait le 12 février 1860.

Le 10 février 1861, M. le baron acquit, pour le prix de six cent soixante-dix francs, onze ares quarante-huit centiares, de Ludivine et Télesphore Branquart.

Le 15 décembre de la même année, il payait trois cents francs une parcelle d'un are cinquante centiares à Albéric, Augustin, Norbert, Henri et François Delespine.

La commune de Fressin trouvait encore le moyen d'embellir la voie publique et d'encaisser deux cent quatre-vingt-treize francs quatre-vingt-quinze centimes en cédant à M. le baron six ares, trente centiares, venant d'un ancien chemin déclassé et de l'excédent de la route d'Aubin. Le contrat, qui est du 9 novembre 1864, a été fait par Mᵉ Emile Viollette, ainsi que tous les autres.

Madame Camille-Zoé Seillière mourut à Paris le 5 mai 1866, âgée seulement de 49 ans. A la suite de ce décès, Mᵉ Emile Viollette fit, le 20 juin 1866, l'inventaire du mobilier du château de Fressin. Un acte de partage des 13 et 19 septembre attribua au baron Achille tous les meubles et immeubles de la famille, dans l'arrondissement de Montreuil.

Du mariage de M. le baron Achille Seillière avec Madame Camille-Zoé Seillière étaient nés quatre enfants, trois fils et une fille:

    1° M. Maximilien-Nicolas-Florentin-Alexandre-Roger *Seillière*;

    2° M. Marie-Nicolas-*Raymond Seillière*, né à Paris, le 27 août 1845;

    3° M. Marie-*François*-Alexandre *Seillière*, né à Mello (Oise), le 7 avril 1849;

4° Mme Anne-Alexandrine-*Jeanne*-Marguerite *Seillière*, qui épousa, en 1858, M. Charles-Guillaume-Frédéric-Marie-Boson de Talleyrand Périgord, prince de Sagan, décoré de l'ordre de Médjidié, en Turquie.

On a vu précédemment que les deux baronnes Seillière, la veuve du baron Nicolas et la baronne Achille, avaient paru se plaire à venir passer quelques mois de la belle saison à Fressin. Ceci dura environ dix ans, de 1846 à 1856, lors des premières années des quatre enfants. Le baron Achille y venait aussi faire un bref séjour, et s'y faisait accompagner de quelques amis intimes, qui complétaient une réunion des plus intéressantes au point de vue des mœurs de la société d'alors. Comme il n'y avait pas de chemin de fer conduisant jusqu'à Hesdin, on arrivait à Fressin par le chemin du Nord jusqu'à Abbeville, où l'on prenait des voitures de louage qui faisaient leurs quatorze lieues dans la journée. Le voyage était fatigant, mais il n'était pas sans charmes. A Fressin, le baron Achille passait une partie de son temps à chasser avec ses amis, et la baronne s'occupait de ses enfants, qui étaient accompagnés d'une gouvernante et d'un précepteur. Parmi les amis intimes qui accompagnaient le maître de la maison, maison très confortablement installée sous une apparence modeste, on peut citer Messieurs Charles et Alfred Bocher, frères de l'éminent homme politique, qui se sont fait eux-mêmes un nom dans l'armée, Charles ayant été l'aide de camp du maréchal Canrobert, Alfred étant mort général de division ; on peut citer encore M. Jaurès, alors capitaine de frégate, mort en 1870, vice-amiral, après avoir commandé avec distinction notre escadre au Japon.

Pendant son séjour à Fressin, le baron Achille invitait à sa table, merveilleusement servie, à la grande manière des grands financiers de cette époque, toutes les personnes notables du voisinage, M. Viollette, entre autres, et la famille Le Noir, sa plus proche voisine. Le baron et la baronne étaient très aimés. Leur séjour à Fressin était une fête pour le pays, un bienfait pour les fournisseurs et pour les pauvres. L'église de la paroisse n'était pas oubliée; le dimanche, tout le monde se rendait à la Messe.

Le mariage de Melle Seillière a interrompu ces voyages annuels de la famille. Les magnificences du château de Mello, et des goûts moins champêtres et moins simples retenaient les enfants, devenus des jeunes gens, dans les environs de Paris, auprès de leurs relations fort brillantes et nombreuses (1).

A la mort de sa mère, M. Roger Seillière était majeur. M. le baron Achille eut la tutelle légale de ses deux autres fils qui eurent pour subrogé tuteur M. le prince de Sagan. Quant à la princesse de Sagan, elle était émancipée par le fait de son mariage. Les quatre enfants étaient héritiers, chacun pour un quart, de Madame leur mère.

Le 27 juillet 1869, M. le baron Achille Seillière acquit de César Dautremer, moyennant douze cents francs de prix principal, quatre-vingt-quinze ares quarante centiares de terre à labour, sise à Créquy, au Bois-de-l'Ane. L'acte de vente fut écrit par Me Bailly, notaire à Fruges.

Sentant sans doute sa fin prochaine, M. le baron Achille Seillière voulut mettre ordre à ses affaires et régler la situation de chacun de ses enfants.

Monsieur le baron Roger Seillière, en vertu de l'acte de liquidation et de partage passé devant Me Segond,

(1) Cette page a été écrite sur des renseignements qui nous ont été donnés par le plus vieil ami des enfants du baron Achille Seillière.

notaire à Paris, le 19 février 1872, devint propriétaire des bois de Fressin, Sains et Créquy, ainsi que de la maison des Bacqueville, devenue le château de Fressin. De plus, les 1er et 2 mars 1872, M. le baron Achille Seillière vendit à son fils, M. Roger Seillière, demeurant avec lui à Paris, rue Saint-Dominique-Saint-Germain, 131, les acquets de la Communauté, savoir les dix-huit articles précédemment énumérés, dont dix-sept dépendant de la société d'entre M. le baron et Mme la baronne Achille Seillière, et le dix-huitième de l'acquisition faite à Créquy par M. le baron Achille, après le décès de son épouse. Il fallut y ajouter les meubles et objets mobiliers garnissant le domaine de Fressin. Les droits de M. le baron Achille en propriété étaient fixés, en 1872, à vingt millions, sept cent trente-deux mille deux cent quatre-vingt-quatorze francs, dix centimes. D'après le contrat passé devant Me Segond, notaire à Paris, les 1er et 2 mars 1872, M. Achille vendit à M. Roger les dix-huit articles pour vingt-huit mille trois cent six francs quarante-cinq centimes ; les effets mobiliers pour quatorze mille quatre cent dix francs ; ensemble : quarante-deux mille sept cent seize francs quarante-cinq centimes.

Depuis 1872, *Monsieur le baron Roger Seillière* est seul de sa famille propriétaire à Fressin, Créquy, Sains et Royon. Il parut quelque temps avoir la pensée sinon de se fixer auprès de nous, du moins d'y passer une notable partie de l'année. Il fit construire en 1872-73 un important chenil entre le château actuel et le château féodal. Quelques années il y entretint une meute d'environ 200 chiens. Les écuries renfermaient une vingtaine de chevaux, et les employés occupaient un gracieux chalet, où nous fûmes heureux de trouver un abri en 1887.

Matériellement l'équipage était avantageux au commerce local; mais la médaille avait bien son revers. Le chenil est maintenant abandonné, les stalles des chevaux sont vides. La vie et le mouvement n'y reparaissent que de temps à autre, quand des amateurs y amènent une meute étrangère et organisent quelques parties de chasse.

Après la mort de madame la Vicomtesse Le Noir, arrivée le 29 mars 1888, M. le baron Roger Seillière acheta la maison de campagne avec ses jardins et dépendances, de la contenance de 2 hectares, 8 ares, 26 centiares, moyennant la somme de vingt-cinq mille francs. Acte du 17 Novembre 1888; notaire: M⁰ Waulle.

Le baron vient rarement à Fressin, et ses apparitions y sont aussi brèves que rares. On serait si heureux pourtant de l'y voir résider, entouré d'une charitable baronne et d'aimables enfants! Il s'intéresse néanmoins à sa châtellenie. On lui doit la belle horloge du clocher, le pont de la Lombardie, et quand nous avons fait appel à sa générosité pour notre sacristie, il nous a fait adresser l'ornement qui nous manquait. Outre le chauffage qui leur est assuré moyennant un facile travail, les pauvres du village recueillent toujours au château des aumônes régulières et abondantes, qui leur sont remises par le représentant de M. le baron, sans préjudice des secours exceptionnels que ledit régisseur est autorisé à leur accorder selon les circonstances et les besoins (1).

---

(1) Pour publier tous les détails et les chiffres qui abondent dans ce chapitre, nous avons sollicité l'agrément de M. le baron Roger Seillière.

CHAPITRE VIII.

Fiefs et Censes.

Nous trouvons à Fressin, outre celle du puissant Châtelain, quatre seigneuries inférieures et deux importantes censes qui ne peuvent être qualifiées fiefs, sinon fiefs roturiers.

§ 1.— L'Abbaye
DE SAINT-JEAN-AU-MONT-LEZ-THÉROUANNE.

L'abbaye de Saint-Jean-au-Mont, près Thérouanne, possédait la seigneurie de Sains, qui s'étendait en partie sur le terroir de Fressin, du revenu de 15 livres, et, en droits seigneuriaux, du revenu de 3 livres (1).

L'abbé de Saint-Jean-au-Mont était notre seigneur spirituel ; il avait la nomination du curé de Fressin.

M. le chanoine Robitaille croit que si le curé de Fressin était nommé par l'abbé de St-Jean-au-Mont-lez-Thérouanne, c'est parce que trois Créquy avaient été évêques de cette ville avant sa destruction. La raison paraîtrait singulière. En effet, si le droit de nomination avait été la conséquence de l'élévation des Créquy à l'épiscopat, il eût été naturel que ce privilège fût concédé au châtelain principal de Fressin, c'est-à-dire au sire de Créquy.

D'ailleurs, cette hypothèse ne supporte pas l'examen ; car ce ne fut pas seulement sous les évêques de

---

(1) Archives départem.: C. *États d'Artois*. Vingtième, 1702

Boulogne, après la destruction de Thérouanne, que l'abbé de Saint-Jean nomma le curé de Fressin. Il jouit de ce privilège sous les évêques Morins, c'est-a-dire bien avant la promotion des Créquy à ce siège.

Les religieux de St-Jean avaient la nomination du curé de Fressin comme étant seigneurs de ce lieu. Ceci est un point hors de toute contestation.

Ce qui est moins prouvé, mais nous paraît probable, c'est que ces religieux furent les plus anciens seigneurs de Fressin, et qu'il s'agit de leur maison dans l'acte de vente que l'on a pu lire aux premières pages de ce volume.

M. Robitaille écrit que la dîme de Fressin appartenait, en 1383, à l'abbaye de Saint-Jean. N'est-ce pas contredire ce qu'il a dit au sujet de l'origine des droits de nomination ? Les principaux évêques du nom de Créquy, appelés à s'asseoir sur le siège de Saint-Omer, ne l'ont été qu'au XVIe siècle. M. Robitaille ajoute que la dîme perçue dans le principe par les Religieux appartint dans la suite au curé de Fressin.

Après la destruction de Thérouanne, les Religieux de Saint-Jean-au-Mont se fixèrent à Ypres. Leur ancienne abbaye de Thérouanne ne fut plus qu'une cense.

On comprend que, choisi et nommé par des Religieux qui vivaient en Flandre, le Curé de Fressin, du moins jusqu'à la réunion du pays à la couronne de France, ait eu une véritable prédilection pour la monarchie espagnole.

§ 2. — L'ÉPAULE.

Le nom de ce fief s'est écrit de plusieurs manières : L'Épault, L'Espault, L'Espaulle, L'Épaulle, etc.

Une carte du diocèse de Boulogne, dressée sous M. de Pressy, marque une église ou chapelle à « Lespault. »

Jean de Lespault fut l'un des plus généreux bienfaiteurs de l'église de Fressin.

Le dernier seigneur de L'Espault fut Messire Philippe-Marie-Joseph Quarré du Repaire, qui fut aussi le dernier seigneur d'Hermaville. Il avait en censives, à Fressin, un revenu de 30 livres, et, en droits seigneuriaux, 15 livres (1).

M. Quarré du Repaire était le trisaïeul des châtelains actuels de Bouvigny-Boyelle. La famille Herreng de Boisgérard a vendu la plus grande partie de sa propriété de Fressin aux auteurs du propriétaire actuel, qui est M. Émile Desmons. Toutefois, ils en ont conservé une partie, environ soixante-dix mesures.

La terre de L'Épault comprenait environ deux cent dix-huit mesures.

En 1628, M. de la Dienné a donné à l'église de Fressin un fief de son nom, attenant au fief de l'Épaule. Par ce fief, l'Église était seigneur temporel.

§ 3. — LE TRONQUOY.

Le centre de ce fief, à mi-côte sur la rive gauche de la Planquette, n'est qu'à quelques centaines de mètres de l'église de Fressin. Il en est fait mention dans des titres du XIV⁰ siècle. Vers 1310, un Guillaume, Cadet de Créquy est dit seigneur du « Tronquoy ». Il meurt sans postérité.

En 1628, le seigneur du Tronquoy, Philippe de la

---

(1) ARCHIVES DÉPARTEM.: C. *États d'Artois*. Vingtième, 1762.

Motte, écuyer, était lieutenant-général du bailliage d'Hesdin.

En 1741, le seigneur du « Tronquois » était François Souillart.

Le 4 mars 1750, Pierre-François Petit, époux d'Aldegonde-Thérèse Thélu, meurt âgé seulement de 48 ans. Il est également « seigneur du Tronquoi ».

En 1775, « le seigneur du Tronquoy » est Jean-François Viollette, époux de Marie-Rose Petit. Il meurt, cette année-là, âgé de 70 ans.

La ferme du Tronquoy avait, en 1808, une culture de 34 hectares.

Elle est aujourd'hui la propriété de M. Jules Cordier, de Saint-Omer ; elle a été, pensons-nous, achetée par son aïeul, qui était de Sains.

§ 4. — L'Ermitage.

En 1663, le fief de l'Hermitage relevait de quatre seigneuries : 1° de l'Épaule ; 2° du château de Fressin ; 3° et 4° sur Planques ; de Saint-André-les-Aire et des Granges, et parties en coteries.

La ferme, qui comprenait 250 mesures, était la propriété de Jacques Hanocq, seigneur de l'Hermitage, qui l'avait héritée de son aïeul.

Son fils, Pierre Hanocq, seigneur de l'Hermitage, fit aveu et dénombrement le 1er mai 1673.

Sa fille, Antoinette Hanocq, héritière de la seigneurie, épousa Antoine Sauvage, propriétaire à Cavron, lequel devint ainsi seigneur de l'Hermitage.

Jacques Sauvage, son fils, principal héritier, seigneur de l'Hermitage, était propriétaire, demeurant à Œuf, au 17 décembre 1707.

Antoinette Sauvage, sa fille, dame de l'Hermitage, épousa André de Wailly, propriétaire au franc fief de Regnierville, à Wambercourt. André de Wailly devint ainsi seigneur de l'Hermitage.

Louis-**Edouard** de Wailly, leur fils, qui mourut en 1740, était seigneur de l'Hermitage et du fief vicomtier de Camoisy.

La seigneurie de Camoisy, située sur le territoire du bourg de Fruges, valait à M. de Wailly certains petits droits féodaux, dont la terre de l'Hermitage était privée.

Son fils, **Edouard**-François-Nicolas de Wailly, seigneur de Camoisy et de l'Hermitage, naquit au commencement du siècle dernier, sur le franc fief de Regnierville, en la paroisse de Wambercourt. Il mourut à Capelle en 1803.

Après lui, Jacques-Joseph de Wailly de Camoisy, son fils, devint propriétaire de l'Hermitage.

Jacques-Joseph eut pour successeur son fils Monsieur Charles-Joseph de Wailly de Camoisy, propriétaire actuel de la ferme de l'Hermitage depuis 1843.

Cette propriété, réduite par suite de mutations à 42 mesures, s'est accrue jusqu'à la contenance de 89 mesures, par suite d'acquisitions faites par M. Charles-Joseph de Wailly de Camoisy.

Il existait autrefois à l'Ermitage un petit castel en pierre blanche. Ne l'habitant pas, Edouard-François-Nicolas de Wailly de Camoisy jugea plus simple de le faire démolir. Il réduisit de moitié la cour pour en tirer parti et la transformer en pâture ou potager.

§ 5. — Le Plouy.

Le Plouy, Ploich, Plouich. Il y a dans le département plusieurs fermes ou hameaux de ce nom.

Deux de Herly, censiers au Plouy, sont inscrits au nécrologe de 1633.

En 1740, le 9 janvier, Marie Potin, épouse de Martin Hochard, « décédée au Plouich, paroisse de Fressin », est inhumée dans l'église de Planques.

En 1791, le fermier « du Plouy » était Jacques-François Laisné, époux de Charlotte Merlen. Il mourut, cette année-là, âgé de 70 ans.

La grande ferme du Plouy, occupée aujourd'hui par M. Emile Denoyelle-Cousin, appartient maintenant à Madame de Logivière, qui l'a recueillie dans la succession de M. le chevalier de Bray et de son épouse, tous deux décédés à Sainte-Croix-sur-Buchy (Seine-Inférieure).

L'autre ferme est la propriété de M. Brunelle, qui l'occupe lui-même.

Les Baux, famille éteinte, bienfaitrice de l'église en notre siècle, avaient leur habitation au hameau du Plouy.

§ 6. — BARLES.

Le censier de Barles mourut, en 1635, ainsi que sa femme ; il se nommait Penet.

Le fermier de 1738 se nommait François Le Bel. Il mourut à l'âge de 54 ans.

Nous avons ensuite Jean-François Thulliez, époux de Marie-Antoinette Rémaux. Fermier de Barles en 1743, il y mourut en 1773.

Les Mahieu occupent ensuite la ferme de Barles. Le fermier de 1756 était un Mahieu. Le 26 octobre 1786, la fermière, Marie-Marguerite-Joseph Desmarle, meurt âgée de 69 ans. Son mari, qui lui survécut, était Pierre-Joseph Mahieu.

En 1805, Joseph Mahieu était artiste vétérinaire à Fressin. Il perdit, en 1807, sa femme, née Angélique Baudelle. Il mourut le 6 février 1828, âgé de 80 ans. Moïse Berthe avait épousé sa fille.

La ferme de Barles a passé récemment de la famille Briche à M. J. Annequin, qui l'a revendue à Madame la baronne du Châtelet, de St-Leu. Elle est occupée par M. Augustin Denoyelle-Savreux.

LA LÉGENDE
DE
RAOUL DE CRÉQUI

Reproduction du texte donné, au siècle dernier,
dans les *Nouvelles historiques*.

Ly Roy Loys le Josne heyant empreins se crois,
Voulières li suihir tous lies brafs Frenchois.
Cuentes, prinches et barons, toute josne nobleisse
A s'enrolier trestous montroient bien de li preisse.

Eun pouissant chievalier, jouxte le Boulonnoy,
Treis noble, posseissant del cunctey de Ternoy
Ly quint, aveuk le vieil sire Guiard sen père,
Si croisia pour allier ous lius saints a le guière.

Chiou chievalier estoy preux et de boen renom,
Doutable et qui portoye de Créki le surnom.
Pour sie compaigne avoye espeusié eune femme,
En cheile meisme annèye, qui estoye foirt belle dame.

Lie dame estoye encheinte adonc s'enrolement
Que fesit sen baron sans sen assentement,
Maugriés us et cousteume, dont feut si astristieyée
K'ones en avoye mie veue de si déconforteyée.

Moes li boen chievalier féal et treis courtois,
Par amitéy se dame toudis reconfortois,
L'enhortant d'assentir a sie sainte pourmeisse.
Sans pleus l'en destourbier par si grande destreisse.

Li vieil sire à le dame disoye en l'enhortant :
Outremer gion estéy deuriant men josne temps;
Enroliéy ou m'euvoye sans cougiéy de men père ;
Sye en feu bien geoyen estiou me dame mère.

Vos barons veyra teil peregriner sien roy
Sen alier ous lius saints batailler pour la foy,
Et josne et preux demourier oisieux en Frenche
A trente ans ? il aroye vergogne et mesprisienche.

A le parfin le dame poussièye par dévotion
Feut riesoùt d'assentir ou vœu de sen baron :
S'enrolières aveuk l'y estous deux de sies frères,
Et vingt-sept escuyers rengiés subs se bannière.

Quand le nouviel feu veneue deu trieste partement,
Le dame dans sen lit plouroye amèrement ;
Li chievalier perplex, oultraigiéy de trieistoisse,
Le print inter sies bras, et foet chele pourmeisse :

Giou te jure, mamie, amour et feyaulteye;
Sy ly prendant sie main, sen anniau li a ostéye,
Soudein léyhant rompu et mis en deux parties,
Sy li en ballia eune, et wardia li moitiés.

Chele moetiié d'anniau pour nos nocphes béni
Toudis giou wardereye come feal mary ;
Sie geamoie geou revieus d'eu saint peregrinaige,
Giou vos raportereye de me foy chou chier gaige.

Quant li jor nouviel feut avenu le mastin,
Li chievalier se dame a menéye par le main
Empriey le vieil sire, sen seigneur et sen père,
L'adseurant que il voulsit toudis le tenir chiére.

Le vieil sire le dame tout en pleurant bésia ;
Le chievalier en terre a genoux se gietta :
Chier sire, men boen père, pour mon peregrinaige
Voulsissiez my benir pour chiou lointain voyage.

Le vieil sire sies hyeux et sies deux mains lievant
Au chiel, clamia tout haut : Seigneur omnipotent,

Benissies men chier fieus en chele sainte guiere,
Et si le rameney en se natale terre.

Sie béniet apriés li deux de sies fieus mesneys,
Apriés lies acolia avœuk tous lies croisièys,
Que le boen chievalier mesnoye subs sie bannière,
Pour allier conter lies Turks, en le Sainte-Terre.

Brief adious fesit, montant sen palefroy ;
Adonc trompes et clairions sonnières à hauttes vois ;
Le noble troupe estoye nombrieuse et legière ;
Eun escuyer portoy se crois seur se bannière.

Sy chievauchières tant, qu'ils rateindirent l'ost
Qui gea estoye en route, estant partye plustost ;
Ouks on ne avoye my veu eune sy belle arméye,
Ne si gente nobleisse, ne sy bien esquipéye.

Lieschons lies cheminer et allier outremer ;
Pour remembrer leurs foets faulroy eun libvre entier,
Chele sie noble empreinsse, et sy nombrieuse armade.
Estoye coires nomméye des Frenchois le croisade.

Rebrouchions vers le dame qui en peu se acoukia
Deun biaux fieus ki sie mère eun petit consolia ;
Le vieil sire en senty eune teile liesse
Qu'il cachia de sen cuer tous riestans de tricisteisse.

En brief il despekia des lettres ou chievalier
Empriey Satalie poihis d'outremer.
La cil feut advisiés que deun fieus estoy père,
Et qu'en santéye estoint l'enfanchon et sie mère.

Chele boesue nouveille grant joyey ly causia,
Ches alins et amés soudain eil assemlia ;
Grant feste en feut meneye avœuk sen parentaige
Dont boen nombre avœuk ly estoient dou saint voyaige.

Cheile grande liesse ne deuria mie lointems :
Advint eune rencontre avœuk les mescroyans ;
Lie chievalier mesnoy tout premier sie bannière,
En eun paissiaige hastrecht, l'ost estoy loin derrière.

Deus bannières suihoyent chele dou chievalier,
Et montoint apriés ly cheu foert hastreckt sentier
Subs luers chiefs lies sires de Bresteul et Warennes
De noibles cheiefs trois routes faisoint eune chentaine.

Lies Turks en hault du mont ly paissiaige wardoint,
Tout ousy dreus que greisle luers fleisches descochoint
Seur les Crestiens, sies queus a coups d'espèyes
Combatoynt pour fourchier de cheu hault mont l'entreye.

Lies freres ou chievalier Roger et Godefroy
Fueres occhis dies Turks ou premier désaroy,
Avœuk plus de vingt de leurs pleus forts gendarmes :
Moes pour chiou lies Crestiens n'en prendoint mye d'allarmes.

Lies mescroyans eu haut tout been ou largue estoint ;
Lies Crestiens en montant vaillamment combatoient ;
Le sire de Créky deun moult et hault couriaige
Batailla longuement pour fourchier ly paissiage.

Moes adonk qu'en avoye foerchy lies mescroyans,
Revenoint en leur plache toudis deus fois autant ;
Là fueres occhis lies sire de Bresteul, et Warennes,
De Magneux, et Montguay, autres par chinquantaines.

Lies pleus preus, qui estoient enter lies escuyers,
Qui avoint been waignieys esprons die chievaliers,
Fueres lies hoirs die Maumey, de Brimeu, de Cresseike,
Die Housding, die Sempy, et le boergne Deisseike.

Tretous y fuéres occhis, et bien dies warletons
Noibles et joesnes qui n'avoynt my barbe ou mentons,
Ly pietot die Clety avœuk Jehan de Suresnes,
Wuillaume de Biaurain, avœuk Pierron Dallènes.

Dies trois routes n'estoyent pleus que vingt combattans ;
Lies Turcks seur ly mont étoint pleus de trois chents ;
Lie chievalier en feit moult des confitures,
Puis kehit seur lies morts tresperchéys de navreures.

Adonck le cuer failchit ou pietit diemourans,
Dies trois routes ny estoint pleus que sept riestans ;

Tous autres prins ou morts estendus deseur terre :
Des sept trois navreys ensemble rebrouchières.

Lies noms dies chievaliers dies sept rescapéys
Dou poihis die Ternoi feut le seigneur d'Enbiéys
Avœuk Jean d'Azincourt et Hugues de Humières.
Lies autres estoint venus de Frenche a cheile guière.

Sye rateindires l'ost estians tous déconfits,
Moult doeul en menières luers affins et amys,
Sye pourmires tirier de luers trespas vengianche,
Et de lachier perdus cheile maudite engianche.

Ralons veir que foesoynt per nouyet lies mescroyans :
Lies corps dies Crestiens morts eils aloynt despouilians,
Chetuy dou chievalier sens forche et sens leumière
Emmy lies morts estoy gisant deseur terre.

Comme on le despouiloy, sy tresmua been foert :
Eun archier, le veyant cryea : cil ny est mye mort ;
Sy ne le faut occhir ; chey le chief de le route,
On le racatera been ker sens neule doute.

Adonk on le querkia, loyey en eun mantel,
Seur eun keval, cil feu mesnéy en eun hamel ;
Là ou en visetia ses navreures morteiles
Deseur lies quiels ont meit unguens et apareiles.

Li povre chievalier ne avoye neul sentiment,
Pour chiou que il avoye perdu par tro de sang ;
Moes come josne estoye et de foerte nateure,
On cuidia que il polroy warir de cheis navreures.

Lies sens et le parole ly estians retournéyes.
Cheut feut pour sie douloir die se calamitéys,
Que de misières las en eun si deur servaige !
Volroy been mieus moirir que vivre en esclavaige.

Li moestre qui l'avoye a ly pour sen butin,
Ly fesit amittéy, ly lit besier sie main :
Li chievalier noyoyst mye rien de sen lengaige,
Moes veit bien que il ne voloy my ly fœre oustraige.

8

Si kiera ai gienous mitan d'un anniau d'or
Qu'il monstra qu'on avoye prins despouillant sen corps,
Enclos en eun boursin, avœuk un relikiaire,
Qui ly furent rendeus par pitéy sie misière.

Gea eil se warissoy, cuidant si racatier,
Pour deux chens besians d'or, despekia messagier
A l'ost des Frenchois ; moes fœsans cheu voyaige,
Feut occhis des Crestiens qui fières moult carnaige.

Dies mescroyans boen nombre estant tous déconfis,
Ou parfond de Sourye sen mœstre adonk sy enfuys :
Faleut que il ly suihit en deure servitude ;
Sen esclavaige adonk comenchia ly estre reude.

A l'ost dou roy Loys on cuida pour chiertain
Lie chievalier occhis avœuk been pleus de vint
Been nobles escuyers servians subs sie bannière,
Sies allins et vassiaux avœuk sies deux frères.

Lies premiers messagiers qu'en Frenche on despékia
Aportires nouveiles die tous cheys trespassa :
Se dame, en l'aprendant, keut en terre pasméye :
Li vieil sire Gierard onkes n'eut mye santéye.

Peu apreys morut le vieil sire d'ennuy.
Le dame ot béen voleu morir avœukes ly,
Netessi enfenchon, pour qui le povre mère,
Toutte desconfortéye, lamentoye sie misère.

Eun frère ou chievalier en Frenche dem mouréy,
Vouloy dies castellenies se fœre adheritiéy,
Pour tollir le meneur de sen droit d'heritaige ;
Pour chiou le povre dame enduroye moult outraige.

Lie povre chievalier quy gea estoy mesnéy
Ou poihis de Sourie, en se captivetéy,
Pourmetoy bien toudis sen racapt a sen mœstre,
Que avoye commenchyéy par eune boesne lettre.

Moes falloy stapendant servir et besoinguier.
Lie povre esclaive, las, ne savoye neul mestier :

Par pitey on lie meit a wardier lies ouailles
Subs eun premier berkier qu'avoye tro de bestailles.

Lie povre esclaive, las, en wardiant lies troupiaux,
Clamoy toudis a Dious fœre finir sies maux ;
Moes jamoes ne pooit oyr neules novelles
De Frenche, et diemouroit submis ous Infidelles.

Gea sept annéys passéys de sie captivetéy,
Morut sen mœstre quy de ly avoye pitéy ;
Vendu feut ou markiéy tout ensy que eune beste,
Et visitéy tout neud dies piéyes dus qua se teste.

Si feut vendu been kier, estiant coires fœrt et biau,
Deun sy grand corsiaige qu'on n'en voye mie sie hault,
Et disoit t'on de ly qu'estoy noble de Frenche
Qui seroy racatéy de nombrieuse finenche.

Sy esqueut à eun mœstre fœrt deur et feurieux,
Qui haïhoit tous crestiens, et forchenéy contre eux.
Sy ly feit endeurier le pleus rude esclavaige,
Et tout de prime abord ly fesit forche oultraige.

Reguie tie loy, tes gens : jou tie deslibrerai ;
Teu voy been que tretous eils t'ont abandonnéy :
Lesche tie chirconchire, nos propheite resclame,
Disoy teil, teu eras terres, pecunes, et feme.

Toudis le poursuihoy, volant que il reynia
A le loy dies Crestiens, et qu'en Mahom cuidia ;
Pour chiou en eune tour enclos, kerkiey de keines,
Ly povre esclaive feut mys à deures cadeines.

Moes, tandis qu'en Souryie tant de maux enduroye,
Le dame estiou en Frenche persicutéye estoye :
Sieu biau frère voloy embler, maugréy justiche,
Lies terres de Créky, Fressin et appendiche.

Li père de le dame estoy loin demourant
En poihis de Bertaigne, eun seigneur fœrt poissant :
Moes par tros eslougié pour fœre le défenche
De sie fieule qui n'avoye preys d'yelle assiestanche.

Si voloy que lie dame prînt pour sen défenseur
Eun deuxième Baron, et foert noble seigneur,
Qui been enamouréy d'ichesle beile dame,
Dies lointemps poursuivoy à l'avoir pour se feme.

Moes toudis en Sourye li povre esclaive estoyt
Ou coupleit d'eune tour qui n'avoye mie de toict,
Ou le soleis dardoy synon seur lies monteye
Ou assieyé eil estoy le loing de la journéye.

Eune esculéye de ris, et eune postéye d'ieau,
Eune manéye d'estrain, tous les jours eil avoye :
Dies menotes a sies mains, a sies piéys des entraives,
Par eune lungue keine on meur tenoye li esclaive.

D'aucuenes foes sen mœstre voloy que il deschendits,
Pour regnyer se loy sie lie pressoy toudis,
Et le fesoy fessier avoeuk eune escourgieye,
Jusqu'au sang ruchelier de se char escorcheye.

Durant preys de trois ans feut toudis martirey,
Sans que peur des tourmens eil voulsit renvey :
Sy ne pooit morir maugréy tant de souffrenche,
Et sy n'esperoy mye riechepvoir alliegienche.

Chiou mau moestre veant que il ne voloy cangier,
Que jeamoes on ne venoy pour lie racatier,
Dépitéy ly disist : diemain sans diférenche,
Teu sera estrangléy en me propre presenche.

Lie povre esclaive, adonk se véant condempuéy,
Quy morir désiroy de boenne voulentéy,
Se treveia consoléy entendant sie sentenche,
Et que finer alloye se lungue penetenche.

Remontéy à le tour, a gienoux sie gestia,
A Dious, à Notre-Dame sen aime commendia,
Au boen Sainct Nicolay feit estiou se prière,
Puis lassiéy s'endormeit, coukiéy a plate terre.

Li jour estoy venen ; le soleil sie lievoy,
Quant l'esclaive cuida que l'on le reveillyoy,

En eun bos sie treuvia, et sies keines rompues :
Sy pensia que il resvoy, ou avoy la berlue.

Sies pieys, sies mains sentiant ni estre pleus attaquiéys,
Eil sie dreschia tout droict, sie meit a marchiéys,
Tout en brochiant li bos, cuidant, emmy sien.....
Que deslibrey l'avoye quenque pitoyable homme.

Eil pourpensoy comment deu poihis sortiroy,
Ne recognischant mye le bos où il estoy :
Moes en marchiant toudis, eil treuva eune voye,
Et veit un bosquillon dont eu been moulte geoye.

Li bosquillon cuida veir un grant revenant,
Qui l'espeutia si fort que il s'enfouit tout couriant ;
Sy deskarney estoy et tanney de visiaige
Que de eun vrey revenant avoy meyne et imaige.

Tout nud fors eun seyhon sans menches et foert estreyt,
Quy a mittan sies cuiches tout ou pleus deschendoy,
Et eune foert lungue barbe, et sie teste tondeue,
Se piau toute noirchie estoye treys foert peleue.

Apriey li bosquillon coureut et lie rateint,
En langue de Sourye eil kiera sen quemin.
Adonk li bosquillon, cuidant que il feut sauviaige,
Ly disist en Frenchois : giou n'oye mie vos langaige.

Li povre chievalier ne savoy se il resvoy,
Nie dou li bosquillon paroloy en Frenchois :
Men boen amey, dis my en queils lius chy nous sommes ;
Giou me treuve perdus, et ny cognois personnes.

Li forêt de Créki on apyele cheys bos,
Seur lies marches de Flandres, jouxte le Boulenois,
Disit le bosquillon : ha tu par quenque oraige,
Captif en eun navire, deseur mer foest naufraige ?

Soudain le fasche en terre, et sies deux bras en crois,
Estendues de sen long, li chevalier clamoys :
O Dious omnipotens deu ciel et de le terre,
Par que miranke a t'eu foest finer me misère ?

De terre rieslevey, disit ou bosquillon :
Le vieil sire Giérard est eil en vie ou non,
Se dame avoeuk sen fieus, toutte le mesionnèye,
Et le frère, sont eils vievans et en santéye ?

Giea piecha le vieil sire d'ennuys est trépasséy,
Y a preys de dis ans, et den puis sen dieschey,
Balduin derain fieus veult tollir l'hiéritaige,
Et pour chiou a le dame a foest foerche et oultraige.

Le père de le dame, qui est coires vivant,
Avoeuk en esneys fieus sunt veneus essepreisment
Pour le foere assentir à nouviau mariaige,
A chele fin de wardier ou meneur l'hiéritaige.

Sie been le wardera le sire de Renty ;
Proche affin eil estoy den sire de Créky :
Foert poissant en vassiaux, en moyens, et en terre ;
Le dame ne pooit miex coisir, ne mieus foere.

Le dame par tout chiou vea se remarier ;
Enhuy à l'heure de sexte en le va espeusier :
Grant feste on y fera ; y a moulte nobleisse ;
L'amosne on te donra ; eil ara largiesse.

Lie chievalier suyhit le voye tout dus qu'au bout :
Ou sortir de cheys bos sie recongnut partout :
Si feut droit au castiau, avoeuk grand preisse,
Ou tout cascuens estoy en geoyey et en liesse.

Lies quiesteurs qui wardoyent lies tours, jouxte le pont,
Le veillant preys di entrer, ne lie voulières poent :
Que kières t'en cheens ? d'où vien teu si sauvaige ?
Eis teu eun matelot rescapéy di esclaivaige ?

Gious souis eun peregrin riestourney d'oultremer,
Mes ameys, à vos dame sie me fault paroler,
Disit lie chievalier, chest afoere qui preisse :
Lieschesme allier empriey le dame vos maestreisse.

Nos dame ne peut mie enhuy te paroler :
Chey mastin ou moustier on le va marier ;

On eyst a l'atourneyr ; attens le ou paissiaige ;
Ou castiau n'y entrera home sy treis sauviaige.

Enne heure apreys le dame suyhie de ses parens
Atournéye pour lies nopches de biaux acoustremens,
Deschendye seur le pont, par sen fieu chéy menéyé,
Et aloye ou moustier pour y estre espeusièye.

Seur le pont l'arrestia li povre chievalier :
Giou vien, me noble dame, dou poihis d'oultremer
Deu sire de Créki vous annunchier nouveille,
Le queu deupuis dis ans eist en prison crudeille,

Le dame ne avoye mie neul doubte du trespas
De sen chier sire quen cuidoy mor ou combas
Conter lies mescroyans, moes d'usne amour fideille
Relicte aroye voleu demourier toudis teile.

Sie portant riespondit : vrey ni est mie vos raports :
En mesnant se bannière, men baron kehit morts ;
Sies frères et vint trois écuyers y restières ;
Sies queus tous fuères occhei hors sept qui se sauvières.

Li sire de Créki adonc ne feut occhi,
Reprint lie chievalier, car, dame, le veychy ;
Ravisieiz been, chey my, maugréy tant de misière ;
Connechez vos mary quy vos avoye sy kière.

Geamoes ne cuideroye que teu soys men mary,
Sie te ne me raconte chiou que il fesist le nouyct
De son departement, quand dans men lict coukièye,
Giestoye si treis dolente, et si desconfortèye.

Vos anniau d'espeusailes en deus giou le rompy ;
Vos printes le mitan, l'auter giou le wardy ;
Dame, le veychy coire de me foy cheu chier gaige,
Que geadis jou vos aye baillyéye en mariaige.

Adonk, clamea le dame, vos y estes men mary ;
Jou vous reicognoy been, men baron sie kiery.
Soudein enter sies bras sie giesta transportèye ;
Sy esbahie estoye qui elle y restia pasmèye.

Moes en voloy doulter le sire de Renty,
Geadis amey affin deu sire de Créky,
Et disoy : ches ben ly a sen treys hault corsiaige,
Moes jou ne le recognoy mie à sen visiaige.

Le père de le dame leyhant been ravisiéy,
Disit : jou men remembre, chey ly ; moes foert cangiéy :
Quant eil seira vestu et benn lavey, giesteime
Que tout cascuen le recongnichera de meismo.

Quant lies sens de le dame fuères eun pou rapeuryèye,
Devers sen fieu mineur y elle s'ye eist restournéye,
Disiant : véiez, voichy vos seigneur et vos père,
Veniez le saluter à deus genious en terre.

Li sire print sen fieus, en sies bras le preissoye ;
Le joesne demiziel foert bel enfain estoye,
Et disoy : chey dont vous que me kière dame mère
Plouroye, disant : tout eist perdu avœuk vos père.

Stapendant tout cascuens sur le pont estampis,
Dames et cavaliers, trestous ben haheuris ;
Tous cascuens voloy veir et paroler ou sire :
A riespundre à trestous sy ne pooit seufire.

Deus cingnes subs le pont s'esbastoynt deseur liau,
Et de leurs becqs tiroint eune moitié d'anniau
Treis luisant deun rouby. Le dame l'eyhant veue
Criea : Cheys le mitan de men anniau perdue.

Seur les cingnes eun questieux deu pont en liau sautia,
Leurs print cheile moitié d'anniau, et la portia
Ou sire quy avoye l'auter mitan bailléye
Pour sie recognisanche a sie prime abordéye.

On reboutia ensemble cheys deus moitiés d'anniau
Qui avoynt engraviéy dedens eun escritiau.
Deu nom deu sire avœuk chely dichele dame
Que il ly auroit donney en l'epousiant se feme.

Cascuens clamia mirauke : moes chion myreen ni estoy
Emprey de chely qui dieslibéry avoy

Li povre chievalier par been pleus grand merveille,
Sie leur disit : vous nen cuiderye vos oreilles..

Sy rekiera le sire ou castiau remontier,
Où feut lavey, vestu mieus qu'on peut l'acoustrer :
Seur se teste tondue on vestit eun vieil heaume
Adonc ne semloy pleus estre eun si sauviaige homme.

Le banquet pour les nopches estoy tout aprestéy ;
Cascuens sie meit à taule à boire et festinéy ;
Li sire racuntia à se noble assemléye
Come de li esclavaige et mort feut deslibréye.

Si disit que sies keines estoynt restéys ou bos
Où s'estoy riesveilliéy : on lies kiera sietot
Tout le noble assemlyey feut lies veir seur le plache
Où tous cascuens à Dious a gienous rendit grache.

Venist à cheys nouveilles sen frère Biauduin.
Le boen sire Raoul ly pardoinia soudein
Lies guière qu'avoit foet pour tollir l'hiéritaige
Au josne Biauduin deuriant sen esclavaige.

Lointemps- feust mesnéye feste ou castiau de Créky ;
Y feut criéy Noel, et largiesse on y fist ;
Dens lies poihis voesins en volica lies faméys,
Petites et grandes gents trestous bien estonéys.

Li sire avœuk se dame vesqueist pleus de vint ans
En grand amour, et œut encoires sept éfans .
Funda eun grand moustier, feit dons ous monastières
Et amandia tous cheus qu'avoint fundiéys sies pères.

La *Nouvelle* ou petit roman *historique* ne fait que traduire et gâter la légende en la délayant dans une prose sentimentale, absolument dépourvue de naturel. Cette prose est une date. C'est à la fin du dix-huitième siècle, à la veille du régime de la Terreur, que l'on avait sans cesse sur les lèvres ou au bout de la plume les mots de tendresse et de sensibilité,

Quand Louis VII se met en devoir de partir pour les Lieux Saints, notre jeune seigneur Raoul de Créquy veut le suivre à la seconde croisade. Tandis que Gérard, son vieux père, exalte son courage en lui parlant de Tancrède et de Godefroy de Bouillon, Adèle, sa femme, se plaint de n'être pas aimée ! Pour le retenir, elle lui révèle un secret ; c'est que bientôt il sera père : faut-il que l'enfant soit orphelin avant de naître ? C'est la lutte entre l'amour et l'honneur. L'honneur l'emporta.

Raoul partit pour la croisade avec deux de ses frères, Roger et Godefroy, et vingt-sept écuyers qui s'étaient rangés sous sa bannière.

Les deux jeunes Créquy périrent à la journée où Raoul lui-même fut abandonné pour mort.

Le petit roman contient deux complaintes, où l'on fait parler le sire de Créquy : la première, pendant qu'il était berger ; la seconde, lorsqu'il était renfermé dans la tour. On s'est même donné la peine de mettre ces deux complaintes en musique.

Dans la légende poétique, Baudouin de Créquy, le persécuteur d'Adèle, est fils du vieux Gérard. Dans le roman, il n'est que son neveu. On y supprime la translation merveilleuse de Raoul, lequel, endormi au fond de la Syrie, se réveilla dans le Boulonnais. Dans le roman, c'est le fils du musulman qui délivre l'esclave de son père. C'est pourtant sans le savoir que Raoul pénètre dans la forêt de Créquy, après avoir été poussé vers une côte inconnue, à la suite d'un naufrage.

*
* *

On nous dira peut-être: « Le gracieux petit poème que nous venons de lire est un monument et une autorité. Or, il ne parle qu'incidemment de la terre de

Fressin ; il n'y est question que de la forêt de Créquy et du château de Créquy. Donc les sires de Créquy n'avaient pas alors leur résidence à Fressin. »

Nous répondons : Les termes de la légende ne disent rien ni pour l'une ni pour l'autre opinion. Quand on sait combien on a défriché de bois dans cette contrée, seulement depuis la Révolution, par exemple : celui de la Falize, d'Auchy à Wamin, et celui de Rollencourt, de ce village à Béalencourt, on est bien porté à penser que les bois de Créquy, de Sains et de Fressin, toujours propriété du même seigneur, ne faisaient, au XIIe siècle, qu'une seule forêt. Le bois comme le château portait le nom de la famille. On a vu précédemment l'erreur étrange d'un géographe moderne, qui donne le dessin des ruines du château de Fressin, telles qu'elles sont encore aujourd'hui, avec cette légende : « Ruines du château de Créquy » ; et, plus loin, cette notice : « *Créquy*. A 28 kilomètres de Montreuil-sur-Mer. Cette petite ville de 1361 habitants possède les pittoresques ruines d'un vieux château qui fut le berceau d'une des plus illustres maisons de France, qui s'est éteinte en 1801 (1). » Le lecteur étranger ne se douterait certainement pas que ces « ruines pittoresques » sont à Fressin. On ne peut donc trouver aucun argument pour la question dans la légende de Raoul.

L'éditeur de ce poème déclare s'être piqué de fidélité et avoir exactement reproduit l'original.- L'original ! il pouvait se contenter de dire qu'il avait respecté le texte qu'il avait sous les yeux. Nous avons constaté plusieurs variantes entre cette édition et le texte auquel nous avons fait ailleurs quelques emprunts.

Nous ne croyons pas devoir traduire ce petit poème,

---

(1) *La France illustrée*. MALTE-BRUN, édition Barba.— 1852.

ni même donner l'interprétation de quelques termes plus obscurs que les autres. Avec une connaissance élémentaire du latin et la pratique du patois encore en usage dans la contrée, et qui n'est autre que l'idiome picard, avec les modifications qu'il subit de canton à canton, on lit ce poème sans difficulté.

On y remarquera des tours de phrase, des locutions encore en usage dans la contrée.

La formation du féminin des adjectifs et des participes en *é* est soumise à une règle générale : on ajoute *ye* à la terminaison masculine. En retranchant le plus souvent la lettre *i*, on a la vraié prononciation.

Il y aurait lieu de faire ici quantité de remarques intéressantes. Nous laissons ce soin et ce plaisir au lecteur.

DEUXIÈME PARTIE

L'ÉGLISE ET LA PAROISSE

LIVRE PREMIER

L'ÉGLISE DE·FRESSIN

L'église de Fressin est une belle et précieuse relique qui nous a été léguée par un passé vénérable. Il est certain cependant qu'elle n'existait point au XIIIe siècle.

Mais la paroisse de Fressin remonte à une époque bien plus reculée. Il y avait une église à Fressin avant l'église actuelle.

Quelle était cette église ? De quel style ? De quelles dimensions ? A quel endroit du village était-elle située ? Ce sont là toutes questions que nous devons laisser sans réponses : les documents nous manquent, et nous estimons qu'en pareille matière nous ne devons ni nous confier à une sorte d'intuition, ni laisser le moindre refuge aux fantaisies de l'imagination.

CHAPITRE PREMIER

L'Ensemble

On a écrit de l'église et du château de Fressin qu'ils furent élevés au XVe siècle. En effet, l'église est du style ogival flamboyant en usage au XVe siècle. Nous estimons toutefois que ce monument est en partie d'une date antérieure. Une pièce authentique nous apprend qu'une chapelle funéraire fut bâtie sur le côté gauche du chœur, en 1425, par Jeanne de Roie, veuve de Jean, sire de Créquy et de Canaples, lequel était mort en 1411, pour y recevoir la dépouille mortelle du dit défunt, auquel elle fut elle-même réunie en 1434. Il y a donc lieu de penser que le chœur de notre église a été bâti avant la mort de Jean IV, que nous supposons fort en avoir été le fondateur.

Selon nous, le chœur actuel et la tour ont été construits au XIVe siècle en avant de l'ancienne église, qui aurait été encore conservée une centaine d'années.

L'église de Fressin a été notée comme monument du XIVe siècle dans le procès-verbal de la première visite épiscopale faite par Mgr Parisis, le 10 octobre 1855.

Mais il n'y a point de contradiction réelle entre ces diverses appréciations ; il est bien certain qu'il s'est passé de longues années entre la construction du chœur et celle des trois nefs.

Quoi qu'il en soit, on sait que le château n'a été rebâti que vers l'an 1450. Nos pieux seigneurs avaient donc songé en premier lieu à la Maison de Dieu.

M. Vitet, dans son savant *Rapport sur les monuments historiques de France*, rapport qu'il rédigea, en 1831, à la demande du Ministre de l'Intérieur, écrit qu'il n'y a pas dans le Pas-de-Calais un édifice entier dont la construction remonte au-delà de l'an 1500, ou tout au plus de 1450. « Généralement parlant, dit-il, un édifice de cent-cinquante ans est, dans ce pays, une sorte de rareté. » Et il donne de ce fait une raison qui ne manque point d'originalité: « Les hommes sont, chez nous, dit-il, trop nombreux, trop riches, trop industrieux, pour que le sol ne change pas de face, sous leurs mains, toutes les deux ou trois générations ; la fièvre de construire règne là en permanence. »

Cette appréciation, dans la pensée de l'académicien archéologue, est-elle une satire? est-elle un éloge ? peu importe. Il serait peut-être difficile de décider si elle est fondée en raison ; il nous semble, en tout cas, qu'elle peut être taxée d'exagération, du moins quant aux édifices publics, religieux ou civils.

L'église de Fressin a donc des parties qui remontent certainement au XIV° siècle. Mais ce n'est pas à Fressin seulement qu'une construction a précédé de cinquante ou soixante ans le siècle dont elle porte le nom et traduit le style.

Notre église a aussi des dates du XV° siècle. Elle en a même de plus récentes, soit qu'elles marquent la continuation ou l'achèvement du premier travail, soit qu'elles indiquent une restauration importante. C'est cette dernière signification que M. l'abbé Bonhomme attribue à plusieurs documents écrits sur la pierre, à la date de 1530, gravée au-dessus de la fenêtre de la nef droite à la tribune ; à la date de 1698 qui se lit à la première arcade, au-dessus du bénitier qui se trouve en face du petit portail; à celle de 1663 qui se voit auprès de l'écusson de Créquy, au pignon qui surmonte le grand portail du midi ; et enfin à la date de 1690 qui se lit sur quatre pierres saillantes au milieu de la voûte de la grande nef. Il y a une différence remarquable entre le système des voûtes et des nervures dans le chœur et dans les nefs.

Cette variété de dessin ne suffit pas cependant pour classer l'église de Fressin parmi les monuments du XVI° siècle, comme l'ont fait M. Auguste Parenty et son oncle M. le chanoine Parenty (1).

---

(1) M. Parenty place aussi l'église de Planques parmi les monuments du XVI° siècle dus aux Créquy. Il y avait lieu de distinguer entre le chœur de cette église, qui vient des seigneurs de Fressin, et la nef, qui est sans aucun rapport avec le style du chœur.

M. Auguste Terninck s'est, à ce propos, laissé aller à une singulière distraction.

Après avoir esquissé le tableau de la longue lutte qui eut lieu, en nos contrées, entre la France et l'Espagne, et salué la période de calme et de prospérité qui suivit le traité de Cateau-Cambrésis, il écrit : « Pendant cette période pacifique qui dura presque un siècle, les seigneurs songèrent aussi à la Maison de Dieu, *et l'un d'eux bâtit cette église*, si belle encore, malgré les mutilations qu'un déplorable incendie lui causa en 1525. » Suit la description de l'édifice.

M. Terninck aurait pu signaler l'achèvement, la restauration de l'église, puisqu'on y travaillait encore à la fin du XVIIe siècle ; mais écrire dans le même paragraphe que l'église de Fressin n'a été bâtie qu'après l'an 1559, et qu'elle est restée belle encore malgré l'incendie de 1525, c'est étrange !

Aujourd'hui, avec la facilité des transports et les progrès des arts mécaniques, on bâtit en dix ans une cathédrale, et il n'y a rien de surprenant que tout y soit régulier, harmonieux, depuis le contrefort le plus ornementé jusqu'à la pièce la plus simple du mobilier. Il n'en était pas de même autrefois. C'est ce qui explique le mélange du gothique au byzantin et du grec au roman. La génération qui commençait les travaux, observe l'abbé Bourassé, les faisait sur une vaste échelle, sans se préoccuper si elle pourrait les mener à entière exécution. Elle comptait sur la génération suivante pour continuer son œuvre et pour en poser le dernier couronnement. Des malheurs imprévus, des calamités publiques, des troubles intérieurs, le refroidissement du zèle primitif arrêtaient souvent l'élan de la construction à moitié de sa course. C'est pourquoi il y a peu de monuments de style ogival qui soient entièrement achevés. C'est aussi ce qui explique le mélange des styles ; car au bon goût a succédé chez nous l'absence totale de goût. Disons tout de suite que si l'église de Fressin porte différentes dates, rien pourtant ne s'y voit d'irrégulier ni de disparate. Malgré la différence que nous avons notée dans le système des nervures et des voûtes, il y a unité dans le plan et dans l'exécution. Le temps et les révolutions l'ont sans doute un peu défigurée. Ce sont les cicatrices reçues dans la lutte ou les rides dues à la vieillesse. Mais ces mutilations n'ont point altéré le caractère général du monument.

Quelle a été la couverture primitive des nefs ? Chacune d'elles avait-elle sa toiture ? Le toit était-il en pierres ou en tuiles ? L'abbé Bonhomme n'hésite pas à se prononcer. Le projet qu'il a longtemps caressé de changer la forme actuelle du toit, qui abrite les trois nefs, et de dégager les ouvertures de l'étage supérieur, ne lui paraissait pas seulement un embellissement nécessaire, mais une véritable restitution de la forme primitive, dont il croit voir l'empreinte sur la muraille au-dessus des nefs collatérales.

L'église de Fressin a trois nefs et un transept...

La tour, placée entre le chœur et la grande nef, comme aussi entre les deux chapelles du transept, a deux pieds qui s'appuient sur le chœur, deux autres sur la nef principale. Néanmoins, comme les arcades sont fort élevées, le chœur n'est que bien peu masqué. Il le serait moins encore si ses murs latéraux n'étaient pas en retrait. Moins large, ou pourvu de stalles plus avancées, il échapperait à toute critique.

Cette position de la tour révèle une époque. Les anciennes cathédrales d'Arras et de Boulogne avaient aussi leur tour entre le chœur et la nef. Saint-Riquier, qui a une tour et un clocher au portail, a aussi un clocher au transept.

Ailleurs, en beaucoup de petites églises, on a pu attribuer cette disposition à d'autres causes. Ainsi, à un chœur bâti selon les règles, on voit souvent se souder une tour élevée dans les mêmes conditions. Puis on est surpris de voir pour nef une espèce de vaste hangar sans caractère. C'est qu'en ces localités, le seigneur, laïque ou abbé, avait charge de l'autel et du clocher, et que le reste regardait la population, laquelle était trop pauvre pour suivre le même plan. Mais il n'en a pas été ainsi à Fressin; les nefs, comme le chœur, ont été construites par les châtelains ; c'est même aux nefs que le travail a été plus considérable et plus achevé.

Plusieurs regrettent que la tour soit placée entre l'autel et l'assistance; ils déplorent l'éloignement qui en résulte pour le prêtre par rapport aux fidèles ; ils se scandalisent des mouvements plus ou moins disgracieux des sonneurs, quand les cloches sont lancées à pleine volée pendant l'office, ce qui a lieu, à Fressin, moins fréquemment qu'en bien d'autres paroisses, mais se produit pourtant de temps à autre, quand l'on chante une Prose, qu'il se fait une offrande ou une procession. On est allé même jusqu'à se demander ce que coûterait le déplacement de la tour, ou du moins si l'on ne pourrait pas, au moyen de poulies, faire sonner ailleurs, loin du regard des fidèles. Ce système de transmission de mouvement par des courroies, ce triomphe de la mécanique serait le comble du mauvais goût et de l'horrible. Mieux vaut mille fois voir se trémousser les sonneurs. Leur agitation peut paraître étrange dès l'abord ; on finit par s'y habituer et n'y plus trouver rien de désagréable, pour peu qu'ils aient le sentiment de la foi. Il est heureux, à notre sens, que l'on ait été arrêté par la question d'argent; car il est parfois bon d'être pauvre. Je ne trouverais rien de plus désastreux pour un monument comme l'église de Fressin, que d'avoir pour gardien un curé ou un conseil de fabrique richement dotés, mais manquant de goût ou n'ayant pas assez le respect du passé. Certains embellissements faits par de pieux curés sont plus regrettables que les mutilations dues aux vandales de 1793. Au reste, l'homme le plus étranger à l'architecture doit reconnaître que transporter la tour au pignon de l'église, ce serait faire disparaître la belle rosace de ce pignon, sans dégager davantage le chœur.

Non seulement la tour de Fressin est à la place qu'elle doit occuper d'après l'époque de la construction de l'église, mais on peut ajouter que, depuis lors, en renonçant à cette disposition pour mettre les stalles plus en vue, les architectes ont sacrifié au coup d'œil le recueillement des officiers de l'église et les traditions les plus anciennes : chez les Juifs, le Saint des Saints était séparé de l'espace concédé au peuple ; chez les Chrétiens, il y eut autrefois des cortines, parfois de vrais rideaux pour isoler le célébrant, et rendre plus mystérieuses les fonctions augustes du Sacrifice.

Ceci dit relativement au sujet qui nous occupe, qui est l'église de Fressin, nous ne faisons point difficulté d'avouer qu'ayant à bâtir, nous voudrions dégager le chœur de telle sorte que, de toutes les parties de l'édifice on pût voir le prêtre officiant au maître-autel ; non pas que nous partagions l'avis de ceux qui déprécient le chœur de notre église, mais parce qu'en toutes choses nous tenons à ne pas nous singulariser.

La tour de Fressin est très basse ; la maçonnerie ne paraît guère à l'extérieur. Elle est couronnée d'un beffroi et d'une flèche en charpente, la dite flèche flanquée de quatre petits clochetons. L'effet produit est assez agréable. Cependant il ne paraît pas vraisemblable que la tour ait toujours été ainsi. On croit qu'elle était autrefois plus haute. Elle pourrait bien avoir été victime des précautions du trop fameux Fargues.

Les arcades entre la grande nef et les collatéraux reposent sur six gros piliers en grés de forme octogonale et à faces légèrement concaves, ce qui donne quatre travées à l'édifice entre le pignon et le transept. De chaque côté la première arcade vers l'autel s'appuie sur un des quatre pieds de la tour ; la dernière s'appuie sur le pignon.

Les piliers sont surmontés de chapiteaux peu gracieux, mais qui forcent l'attention par leur singularité. Ils ont, en guise de moulures, six rangées de tuiles superposées et qui vont s'élargissant. C'est d'une extrême simplicité.

Le chevet de l'église de Fressin est incliné comme la tête du Christ sur la Croix. Il est rare que cette déviation de l'axe, voulue et symbolique, soit aussi prononcée. C'est au point qu'en se plaçant au milieu du couloir, au fond de la grande nef, on ne voit point l'angle-épître de la table d'autel.

Le chœur est éclairé par cinq fenêtres ; l'une de peu de longueur, au-dessus du sacrarium établi derrière l'autel ; deux exactement pareilles, de chaque côté de la première ; deux autres sur le midi, de largeur différente, l'une de moitié plus étroite que l'autre. Sur le nord, le mur est plein. La chapelle funéraire servant actuellement de sacristie s'appuie sur ce côté du chœur.

L'édifice mesure en longueur 32 mètres, dont 9^m50 pour le chœur, 6^m50 pour le transept, et 16 mètres pour la nef. Quant à la largeur, il faut la considérer dans le chœur, au transept et aux trois nefs. Dans le chœur, elle est de 7^m60 ; au transept, de 18 mètres ; aux nefs, de 12^m80, soit 3 mètres pour le collatéral de droite, 3^m80 pour celui de gauche, et 6 mètres pour la nef médiane. Le chœur, dont l'axe est fortement incliné au sud, a donc 1^{m}60 en largeur de plus que la grande nef. On a utilisé cette déviation pour ouvrir dans le mur un couloir entre le croisillon sud et le chœur, par où les officiers de l'église pénètrent dans le sanctuaire sans souiller le pavé.

Ce qui frappe l'étranger qui entre dans l'église par l'un des grands portails, ce sont les dimensions de la nef du milieu. La voûte de cette nef est admirable. Elle est élevée de quatorze mètres au-dessus du dallage, et elle est régulièrement coupée en arcs doubleaux et diagonaux. On y lit la date de 1690.

La voûte du chœur, nous l'avons déjà observé, n'est pas semblable à celle des nefs. Elle a plus de nervures et une arête en forme de faîte. Elle est aussi beaucoup moins élevée. Les nervures, au lieu de se fondre au point d'intersection, s'entrecroisent à la base, poursuivent leur direction et finissent par se perdre près du sol.

Les petites nefs, au lieu de s'arrêter à un mur et d'accéder à un autel latéral, donnent entrée par une arcade sur les chapelles du transept, ce qui permet de faire avec plus de pompe des processions à l'intérieur de l'église. Les chapelles et les petites nefs ont ainsi une travée qui leur est commune.

Cette séparation, cette différence entre le chœur et la nef ne sont pas du goût des architectes de sous-préfecture, mais elles sont dans la vraie tradition chrétienne.

Le style des trois nefs est le même. C'est la même ogive. Mais l'ornementation en est bien différente. Tandis que les arcades du côté sud sont absolument nues, sans moulures ni sculptures, les arcades du côté nord ont leurs deux arêtes admirablement travaillées. On y voit quantité de sujets bizarres, figures d'hommes ou d'animaux, variétés de plantes plus ou moins conformes à la flore, et nombre de scènes diverses qui mériteraient toutes une étude spéciale. Mais l'épais badigeon dont on a revêtu toute l'église, à diverses époques, a malheureusement fait empâter ces délicates sculptures. Du reste, le monument tout entier en a été défiguré. Il n'y a pas encore bien longtemps que l'on se croyait obligé de faire avec la chaux la toilette de l'édifice, et je ne répondrais pas que nombre de nos paroissiens ne fussent encore partisans de ce mode d'embellissement. M. l'abbé Prin paraît avoir conçu le projet de faire disparaître cet ignoble badigeon. Il gratta lui-même une arcade au-dessus de la tribune. Mais il faudrait de grandes ressources pour mener à bon terme cette œuvre de restauration.

On a vite fait d'expliquer cette différence d'ornementation. Un incendie a eu lieu en 1525. Cet incendie est mentionné, à deux reprises différentes, dans le registre des décès tenu par le curé Jean de Bomy, de l'an 1613 à l'an 1648. M. de Bomy reproduit ce quatrain qui avait cours de son temps, paraissait l'œuvre d'un de ses devanciers et servait à fixer la date :

   L'an mil cincq cens vingt cion,
    Le iour de l'Ascencion,
   Fressin fut mis en flâme et en charbô
    Par une femme sans raison (1).

M. de Bomy ajoute ce récit : « L'an mil V^e XXV,
» par un iour de l'Ascensiô, Fressin fust bruslé avecq
» l'Egl— et les cloches fondues, par un feu de
» meschef (estant lors manéglier de lad. Egl—
» Agnieux de Bomy mô bisayeul) qui arriva par

---

(1) M. de Bomy reproduit deux fois ce quatrain, mais avec une différence dans les abréviations. Dans sa seconde citation, il écrit *cinq, acencion, sds, raisô*.

» l'imprécaôn d'une feme mal-apprise, laquelle se
» faschante côtre un fagot qui ne s'allumoit si tost
» qlle desiroit, deust dire si tu ne veux brusler de
» par Dieu, brusle par le diable. Ayante fulminé ces
» paroles, voilà la maisô toute en flâmes, la paroisse,
» quant et quant, avec l'Eglise, mesme jay appris de
» fort âciens que de cét embazem. furent brusléez
» quelques maisons au village de Caveron. »

C'est tout... L'incendie est certain. Le quatrain en fait foi. D'ailleurs, à moins d'un siècle d'intervalle, un pareil désastre devait avoir laissé des souvenirs ; mais on a ajouté, sans preuve, que l'incendie avait pris dans la maison la plus rapprochée de l'église, et que l'infériorité de la nef droite comme ornementation était le résultat de cet incendie. Cela a été dit une fois, puis répété, et cela est accepté comme parole d'évangile, sur la foi de Jean de Bomy, qui ne dit rien de pareil ; cela est accepté sans preuve, et non seulement sans preuve, mais contre toute vraisemblance. Car enfin, si le côté méridional de l'édifice a été endommagé à ce point, comment se fait-il que ce soit ce côté-là qui ait été si soigné, si achevé à l'extérieur? Non, l'explication n'est point là. Il y a simplement ici, comme partout, un travail incomplet.

Les fenêtres de notre église, plus régulièrement placées les unes en face des autres qu'on ne le faisait souvent au moyen âge, ne sont point cependant symétriques, comme on les ferait aujourd'hui. Car aujourd'hui, même dans l'ogive, on veut un ordre mathématique. Cependant, ce manque de régularité n'a ici rien de choquant. La façade du midi, plus ornée, a des fenêtres très allongées. Au nord, les ouvertures présentent moins de disproportion entre la hauteur et la largeur. Cette différence, évidemment calculée, tient sans doute au terrain qui est fort en déclivité du nord au sud.

L'église de Fressin eut autrefois quatre entrées. L'une, toute petite, donnant sur la chapelle du Rosaire, est condamnée. Il en reste trois.

Le portail principal est au bas du mur méridional, qui est bien la place qu'il doit occuper. Il comporte deux ouvertures séparées par un pilier central ou trumeau, qui, dans le système de l'architecture ogivale, doit occuper le milieu des grandes portes de toutes les églises importantes. Il a été mutilé en 1793. Les sculptures, les niches, les statues ont disparu. Mais il reste l'ogive avec ses arcs concentriques, et cela seul est fort beau. Ce portail, vraiment monumental, est surmonté d'un pignon triangulaire aigu, où l'on voit l'écusson des Créquy et la date de 1663, qui est sans doute celle d'une restauration :

Il y a des églises, paraît-il, où l'on a fait disparaître le trumeau central pour laisser passage aux énormes dais que le mauvais goût a introduits dans les églises de France.

Le portail du grand pignon occidental est dépourvu de tout ornement. Il est surmonté d'une niche dont les pierres d'encadrement attendent encore le ciseau du sculpteur. A son tour, cette niche est surmontée d'une belle rosace restaurée par M. l'abbé Bonhomme. On ne sort par ce portail qu'aux deux processions de la Fête-Dieu et du Sacré-Cœur. On ne l'ouvrirait sans doute jamais si l'on pouvait sortir autrement le dais. Il faut gravir quatre ou cinq marches pour sortir de l'église par cette porte, et l'œil se trouve immédiatement arrêté par le mur de clôture d'une propriété particulière.

Il y a encore un petit portail à l'entrée de la nef méridionale, tout contre la chapelle de Saint-Joseph. Il sert aux officiers de l'église, aux hommes qui se placent en grand nombre dans le transept, et à une bonne partie des fidèles.

Chacun des trois portails aurait besoin de vantaux neufs, solides, et munis de ferrures exécutées sous la direction d'un architecte.

Au siècle dernier, les administrateurs de la fabrique firent entourer l'église tout entière d'un lambris fort simple, dans lequel ils comprirent les trois portes et les deux confessionnaux. Ce fut une dépense considérable. Les boiseries furent faites à Arras, et l'on croit qu'elles coûtèrent six mille francs. Elles ne sont pas du tout dans le style du monument, et elles sont même détériorées en plusieurs endroits. Certains censeurs plus zélés que prudents voudraient nous pousser à en provoquer l'enlèvement. Mais, outre que la question n'est point mûre, et que nombre d'anciens font cas de cette boiserie comme d'un travail de valeur, il faudrait, avant de la faire disparaître, être en mesure de la remplacer ou être bien assuré que les murs sont partout en bon état et n'ont pas besoin de ce revêtement.

En 1884, M. l'abbé Prin avait manifesté le désir, sans toucher à la boiserie qui borde les murs, d'enlever simplement celle des deux gros piliers de la tour, afin de dégager d'autant le chœur. Cette demande si anodine, relatée au registre des délibérations, n'a eu, même au Conseil de fabrique, qu'un écho fort insuffisant, deux adhésions qu'il faut peut-être encore attribuer à la complaisance.

C'est aussi au XVIIIᵉ siècle, sinon au XVIIᵉ, qu'à Fressin, comme en beaucoup d'autres églises, on boucha la fenêtre au-dessus du maître-autel, et que l'on couvrit le fond du chœur par une immense charpente ou rétable qu'on trouva longtemps d'un mérite supérieur. Le rétable de Fressin était à quatre colonnes, de l'ordre corinthien, sans aucun rapport avec le style de l'église. Toutefois, l'effet produit était imposant. Nous estimons qu'en beaucoup d'endroits, on a souvent supprimé trop vite ces riches rétables Henri IV et Louis XIII, qui étaient généralement des chefs-d'œuvre de délicate et précieuse menuiserie, qu'on l'a fait sans assez refléchir, et sans être en mesure de les remplacer avantageusement. M. Bordeaux se moque agréablement et avec raison du mauvais goût qui leur a fait substituer « des objets en prétendu style gothique, confectionnés au rabais. »

Nous devons noter ici le dernier renouvellement complet de la toiture. Il ne s'est pas fait en un jour. Le côté sud a été fait en 1766 ; le côté nord l'a été en 1771. Le clocher devrait être encore comme neuf, sa restauration ne datant que de quelques années. Cependant, il est devenu nécessaire de le renouveler comme le reste. Il pleut en vingt endroits sur la voûte. Le gouvernement devrait bien se charger de l'entretien de cet édifice plus beau et plus intéressant que quantité d'autres qui sont classés dans les monuments historiques.

Dans la lutte entre la France et l'Espagne, on fit flèche de tout bois. La nécessité de la défense fit plus d'une fois transformer nos églises en forteresses, et par suite les exposa aux attaques des envahisseurs et au bombardement. Le pignon de la chapelle de Saint-Joseph et le mur du chœur, du côté de l'épître, portent la trace ineffaçable des projectiles de guerre. Le sanctuaire a dû avoir sa part dans le pillage et la dévastation. Cependant, l'église de Fressin devait subir de plus durs outrages. Aux mauvais jours de la Révolution, elle fut souillée d'abord par les cérémonies sacrilèges du culte schismatique ; puis, quand le culte constitutionnel eût été lui-même supprimé, elle fut transformée en club ; la société populaire y tint ses séances. C'est alors que les statues qui garnissaient les niches de l'intérieur, celles aussi qui ornaient la façade méridionale du monument, furent renversées de leur piédestal et brisées sacrilègement sur la voie publique. Il y eut vraisemblablement d'autres dévastations. Mais il ne nous paraît pas prouvé qu'il faille attribuer l'enlèvement des meneaux au vandalisme révolutionnaire. Au siècle dernier, quand les meneaux des fenêtres ou des rosaces éprouvaient quelque dégradation causée par la suite des années ou par la gelée, au lieu de réparer ces meneaux, on les faisait tout simplement disparaître des fenêtres ; et, quant aux rosaces, on trouvait non moins simple de les boucher. Ce n'était plus le goût de l'époque ! Et puis, il faut bien le dire, on n'aurait point trouvé d'ouvriers capables de mener à bonne fin cette restauration.

On voit encore dans l'église de Fressin, à l'entrée du chœur, peintes sur la muraille, les armoiries de la maison de Créquy. Et, sur les murs des nefs, des croix, également peintes, et qui indiquent que notre église a été consacrée. Les Jacobins et les athées de 1793 auraient-ils donc respecté ces armoiries et ces croix ? Ne le croyez pas. Ces symboles de la tyrannie et du fanatisme, pour parler le langage des démolisseurs, ont dû leur conservation à d'innocents Vandales, je veux dire aux bons chrétiens qui avaient cru bien faire de les couvrir d'une couche de badigeon, comme faisant tache sur la blancheur du mur. C'est M. l'abbé Prin qui les a remis en pleine lumière, sans avoir l'idée de les rajeunir. Il convient de lui savoir gré de ce service et de cette discrétion.

Lors du rétablissement du culte, on dut se borner à ce qui était indispensable pour rendre notre vieille église à sa première destination. On mit le bâtiment en état, on remplaça les ardoises absentes et les vitres brisées. Il fallut pourvoir aussi au mobilier. A diverses reprises, des quêtes furent faites pour l'entretien ou la réparation des autels.

Mais le véritable restaurateur de l'église de Fressin fut son curé, M. l'abbé Bonhomme.

Il y avait dix ans toutefois qu'il était à Fressin ne touchant à rien, se contentant de regretter et de gémir. Peut-être se défiait-il de lui-même. L'arrivée de Mgr Parisis, qui imprima dans le diocèse un si vif élan à toutes les œuvres de foi et de zèle, donna confiance à M. Bonhomme. Il se mit à l'œuvre en 1854. Deux fenêtres du chœur reçurent des meneaux et un nouveau vitrage : ce sont celles qui se trouvent de chaque côté du maître-autel. M. Bonhomme fit alors disparaître le rétable ; puis on dégagea la fenêtre du fond de l'argile qui l'obstruait, et l'on fut heureux de constater qu'elle avait encore ses anciens meneaux. La statue de saint Martin, patron, et celle de saint Nicolas furent achetées et placées sur les socles anciens que le rétable tenait cachés. Nous estimons qu'il fallait conserver le rétable, comme on a fait à Planques, ou le remplacer immédiatement par une verrière riche.

En 1855, on restaura la grande fenêtre à trois meneaux et celle qui lui fait vis-à-vis. Les fonts baptismaux datent de la même année. En 1857 et 1858, le portail latéral et le rond-point furent entièrement refaits avec les fenêtres de l'extrémité ouest. En 1859, on fit le même travail à la fenêtre de la façade sud qui est au-dessus du confessionnal et à la fenêtre de la Sainte-Vierge.

Toutes les fenêtres du rez-de-chaussée étant successivement réparées, on commença la même année la restauration de l'étage supérieur, en débouchant à la façade nord les quatre fenêtres qui s'y trouvent et en y rétablissant des meneaux.

En 1861, M. Bonhomme fit percer, de l'autre côté, c'est-à-dire au midi, quatre fenêtres semblables et parallèles à celles qu'il avait réouvertes au côté nord, afin d'établir la régularité. Ces quatre fenêtres furent aussi pourvues de meneaux.

Il écrit ensuite (car c'est son récit que nous reproduisons), il écrit qu'il se propose de changer la forme du toit, « de lui rendre celle qu'il avait primitivement, et dont on voit encore facilement l'empreinte sur la muraille dans l'intérieur du grenier, au-dessus de la voûte de la nef collatérale. »

Cette transformation ne put avoir lieu. Cependant un architecte avait été appelé; les plans et devis avaient été dressés. La dépense devait être d'environ 17,000 francs, et M. Bonhomme comptait en venir à bout. Il se mit lui-même à l'œuvre, taillant les pierres d'une galerie extérieure. Mais la préfecture et l'architecte diocésain se montrèrent, paraît-il, contraires à ce projet. On exigea le maintien du système actuel de toiture comme moins onéreux et plus solide. La diminution de la pente est une diminution de solidité. M. Bonhomme ne regretta point pourtant ce qu'il avait fait. En ouvrant les fenêtres de l'étage supérieur, écrit-il, si la fabrique ne parvient pas à son but, qui est de changer la forme du toit, de manière à avoir, comme primitivement, du jour par ces ouvertures, elle aura du moins rétabli l'harmonie dans l'intérieur.

Plus tard, on vitra la toiture à l'endroit des fenêtres de l'étage, afin d'avoir cet accroissement de jour tant désiré.

M. Bonhomme fit face à ces dépenses avec les seules ressources d'une « fabrique bien administrée ». Toutefois, la reconnaissance lui fait un devoir de rendre hommage à la générosité de Madame la baronne Seillière, qui lui remit une somme de 800 francs.

Il y avait donc eu des fenêtres autrefois à l'étage du côté de l'évangile, tandis que, du côté de l'épître, M. Bonhomme trouva au-dessus des arcades un mur plein. Cela peut être un argument en faveur de l'opinion qui y voit un mur nouveau rebâti après l'incendie de 1525. Mais cet argument n'aurait à nos yeux rien de probant. La symétrie qui nous paraît un élément indispensable de beauté, les anciens l'évitaient.

Il y avait naguère quatre petits autels dans notre église, tous les quatre placés dans le même sens que le maître-autel. Deux étaient adossés aux gros piliers de la tour ; ils ont été purement et simplement supprimés par M. Bonhomme. Les deux autres, établis dans le transept, faisaient face aux nefs latérales. M. Bonhomme leur a substitué deux autels en pierre qu'il appuya au pignon du transept. J'ai vu faire ailleurs, dans une grande église, une modification absolument contraire. Il est certain que la disposition adoptée par M. Bonhomme a fait perdre aux petites nefs quelque chose de leur aspect gracieux ; mais le transept a été dégagé, et l'on a pu utiliser une entrée de la sacristie précédemment condamnée, et qui permet aux fidèles d'aborder M. le Curé sans traverser le sanctuaire.

La tribune a été construite, du consentement du Conseil de fabrique, aux frais de M. l'abbé Héame, curé de Boningue, pour l'usage des Sœurs de la Sainte-Famille et leurs élèves. M. Bonhomme écrit qu'elle est loin de faire un bon effet dans l'église. Elle n'est vraiment pas en rapport avec le caractère de l'édifice. Cependant, il ne faut rien exagérer : vue de loin, de l'autel ou simplement de la table de communion, elle ne paraît guère autre chose qu'une large barre horizontale, d'autant plus que la voûte de la grande nef est considérablement élevée. Cette tribune présente d'ailleurs tant d'avantages pour l'installation de l'école des Sœurs, celle du lutrin et du chœur de chant, et pour la conservation des bannières et des principaux ornements de l'église, qu'il faut remercier Dieu que le contre-sens architectural ne soit plus à commettre.

La restauration des meneaux des fenêtres avait été faite par un nommé Azelard, tailleur de pierres et propriétaire d'une carrière à Thiembronne. Cet ouvrier étant mort, M. Bonhomme voulut le remplacer. Il revêtit la blouse blanche, prit en main le ciseau et sculpta les deux petits autels. Il ouvrit ensuite l'ancienne rosace et la pourvut aussi de meneaux. Et le soir, aux vêpres des grandes fêtes, les fidèles admirent le chatoiement des couleurs lancées sur l'autel, à travers les vitraux de la rosace, par les feux du soleil couchant.

Le maçon Florimond Dupont fut, en tous ces travaux, l'aide docile et intelligent du zélé curé de Fressin.

M. Bonhomme ne paraît pas avoir eu la pensée de décorer l'église au moyen de peintures murales. Dans les conditions économiques où elles sont souvent faites, ces peintures sont de très mauvais goût et ressemblent à une imitation de papier peint. Si elles sont faites sur un pan de muraille humide, elles ne tardent pas à être détruites par cette humidité. C'est ce que l'on peut constater dans notre chapelle du Saint-Rosaire, où M. l'abbé Prin a voulu retracer l'histoire de Lourdes. Les peintures de l'autre côté du transept, où l'on a voulu représenter l'autel de Sainte-Marie-aux-Monts et le pavé du sanctuaire où s'agenouillait saint Benoît Labre, sont moins détériorées, mais ne produisent guère un meilleur effet.

L'église de Fressin est encore entourée de son ancien cimetière, et nous espérons bien qu'il en sera encore ainsi longtemps. Sans cette considération d'un ordre tout à fait supérieur, il y aurait lieu de faire enlever la véritable montagne qui se trouve entre le pied des murailles et le gravier de la rue. Le coup d'œil y gagnerait beaucoup ; car la façade méridionale est vraiment belle, et il est rare de voir, à l'extérieur d'une église de campagne, ces figures d'animaux fantastiques, ces clochetons, ces pinacles, ces dentelles de pierre que l'on admire à Fressin.

Les trois pignons sont construits selon les règles, je veux dire qu'ils dépassent le toit. Tout autour du monument, des contreforts saillants soutiennent les murailles. Pourquoi faut-il que des réparations aient été faites au rebours du bon sens ? On a manqué au principe élémentaire de ne remplacer une pierre que par une pierre, et çà et là on y a entassé des briques. On a cru bien faire aussi, dans ces derniers temps, de donner aux contreforts un chapeau d'ardoises, et de faire courir tout autour de l'édifice un cordon d'ardoises qui couvre la moulure au-dessus du soubassement. Nous ne voulons point rechercher à qui incombe la responsabilité de ce contresens. Mais M. Bonhomme s'y était constamment refusé. Il avait pourtant à cœur, autant que qui que ce soit, de préserver le mur de toute humidité, faisant enlever les herbes et s'opposant à l'accumulation des terres.

CHAPITRE II.

Le Mobilier.

Si l'on élève aujourd'hui une église, même ogivale, on lui donne une voûte d'une seule venue, de même élévation partout, et le chœur a la même largeur que la grande nef. On se borne, pour toute séparation, à établir une balustrade entre le chœur et la nef. Que l'on veuille faire du nouveau, que l'on tienne à faire prévaloir un genre XIXe siècle, j'y consens. Mais si l'on veut faire du gothique, construire une église moyen-âge, on se trompe. De même que le moyen-âge dédaignait la symétrie et la régularité dans l'espacement des fenêtres, il n'élevait pas d'église un peu importante sans qu'il y eût séparation du chœur et de la nef, toujours par une différence dans l'élévation des voûtes, toujours encore au moyen de l'arc triomphal, et souvent aussi au moyen d'un clocher, placé au centre et faisant le nœud de la croix. A Fressin nous sommes dans la véritable tradition. Nous devons en être heureux et fiers.

L'arc triomphal est surmonté d'un grand Christ. C'est encore selon les règles. Le Christ de Fressin a les bras très étendus, ce qui est également conforme aux bonnes traditions.

Quand une église du moyen-âge était plus petite et ne comportait point cette hauteur inégale de voûte, on établissait un arc en fer forgé à l'entrée du chœur, et l'on y plaçait un Christ. Il en était ainsi à Verchin ; le Christ y était même escorté des statues de saint

Jean et de la Sainte-Vierge. Un bon curé a cru faire preuve de goût en faisant disparaître le Christ et les statues !

Le premier meuble, le meuble principal du chœur et de toute l'église, est incontestablement le maître-autel. Le maître-autel de Fressin est presque neuf ; il a été donné par M. l'abbé Héame, et il s'harmonisait parfaitement avec le rétable. M. Bonhomme a enlevé le rétable ; mais il a respecté l'autel qu'il a même fait repeindre et dorer à grands frais. On nous a dit que cet autel n'était pas gothique, et l'on nous a donné le conseil de le supprimer. Dieu nous en préserve ! Ce ne sont pas les spéculateurs ni les industriels qu'il s'agit de consulter en pareille matière. Leurs autels à clochetons, en gothique troubadour, n'a rien qui nous séduise. Le moyen-âge ne les connaissait point. Notre autel grec ou sans style, que l'on trouve trop simple, est encore plus orné que ne dut être l'autel primitif, et moins disparate que ne le serait un de ces autels à la mode.

Nous ne pouvons nous empêcher de le répéter, de le crier à nos jeunes et zélés confrères : A moins d'être guidés par un architecte instruit et chrétien, ou d'être vous-mêmes parfaitement au courant de la science archéologique, abstenez-vous plutôt que d'opérer au hasard ou sans autre règle que votre fantaisie. Croirait-on que le mauvais goût ne fait pas seulement dénaturer les vieilles églises, mais des églises qui datent d'hier ? il arrive qu'un architecte est encore vivant, que déjà l'on dégrade son œuvre sous prétexte de l'embellir.

La sévérité de notre autel ne nous empêche point de le couvrir de fleurs, de placer sur sa table de riches candélabres, décorations passagères mais brillantes, que nous devons à la générosité de pieuses familles, et qui, au retour des processions solennelles, le soir, au déclin du jour, lorsque brille la flamme de cent bougies, offrent un spectacle saisissant et inoubliable.

Puisqu'il n'y avait ni de chaires ni de confessionnaux avant le XVe siècle, il semble absurde de parler de chaires et de confessionnaux gothiques. On ne peut pas dire qu'on rétablit ce qui n'a jamais été. Mais on est convenu d'appliquer partout le système des clochetons et motifs employés au moyen-âge. Nous avons dit plus haut que nos deux confessionnaux font partie de la boiserie qui contourne l'église. Quant à la chaire de Fressin, elle est vraiment très belle, quoiqu'il ne s'y trouve ni ogives ni clochetons. Elle a été faite par Frédéric Mouret d'Hesdin, en 1779, et a coûté 1224 livres.

Le pied de fer que l'on y voit a été mis quelques années après, pour consolider cette chaire contre les secousses des orateurs qui en avaient fait leur tribune.

Nous avons signalé déjà les deux autels latéraux, l'autel de la Sainte-Vierge à gauche, et l'autel de saint Joseph à droite. Ils sont en pierre de Creil et sont l'œuvre de M. Bonhomme. Nous regrettons que leurs marchepieds aient des degrés à la fois si étroits et si élevés. On y est mal à l'aise. Quelques visiteurs trouvent dans le travail de M. Bonhomme plus de bonne volonté que de connaissance de l'art. Cette critique est peut-être un peu sévère.

Nous n'avons pas de stalles dans le chœur; mais, de chaque côté, des bancs qui en tiennent lieu. Ces bancs font partie du système général de boiserie, et c'est une raison pour nous de les respecter jusqu'à ce qu'on soit en mesure de remplacer ou de renouveler le lambris. Dans les deux nefs latérales, il y a aussi un banc le long de chaque mur, avec un plancher large d'environ 0,53 centimètres. On appelle ce banc, nous ne savons pourquoi, le banc des paresseux. Dans la réalité, c'est le banc des pauvres. Le décret de 1809 veut que, dans chaque église, il y ait une place pour ceux qui ne peuvent ou ne veulent payer ni banc ni chaise. A Fressin, ces personnes-là ont un plancher pour poser le pied et un banc pour s'asseoir.

Cette expression de *banc des paresseux* ne serait-elle pas un souvenir de l'usage ancien, qui est encore l'usage général dans les églises d'Italie et d'Espagne, où les fidèles n'ont ni bancs ni chaises, s'agenouillent ou s'accroupissent sur le pavé du temple ? Il a pu en être ainsi à Fressin, lors de la domination espagnole. Le banc des paresseux aurait été, dans le principe, un soulagement offert aux personnes faibles ou fatiguées.

Quoi qu'il en soit, il y avait, au siècle dernier, un mobilier de bancs loués aux familles. Ces bancs ont été renouvelés vers 1872, contre le gré de M. Bonhomme, qui eût préféré des chaises. Mais M. Vaillant et le conseil de fabrique firent heureusement prévaloir leur préférence pour le système des bancs.

Il y avait des bancs dans toutes nos églises de campagne, il y a soixante ans. Ils ont disparu presque partout. Nombre de curés ont cru, en les supprimant, faire acte de progrès et preuve de goût. En quoi ils se sont bien trompés. Mgr Parisis recommandait les bancs ; les familles s'y réunissent ; on s'y met mieux à genoux que sur des chaises ; il y a plus d'ordre dans l'église. Cependant, l'enlèvement des bancs peut devenir une nécessité ; c'est peut-être parce que la population de Fressin diminue, et surtout parce que les offices de l'après-midi y sont moins fréquentés, que M. Bonhomme proposait de leur substituer des chaises. Avec des chaises, les vides sont moins sensibles, et, un jour de grande prédication, on ne voit point devant la chaire de grands espaces inoccupés. Nous tenons aux bancs, mais à la condition qu'ils soient occupés.

Il y a, dans la grande nef, trente-quatre grands

bancs et vingt-neuf petits bancs; un grand banc dans la chapelle de saint Joseph ; un banc renfermé sous la tribune, du côté de l'évangile, et trois grands bancs de l'autre côté.

Les fonts baptismaux furent faits en 1855 ou 1856. J'eus préféré apprendre que M. Bonhomme n'y a été pour rien. Ils sont extraordinaires, massifs, monstrueux; ils ne sont pas beaux. La balustrade qui les entoure est du même travail que la table de communion.

Les tableaux du chemin de la croix ont été donnés, en 1843, par Madame Viollette, qui devint plus tard Madame Louvet. Ce sont des estampes coloriées avec cadres jaunes à baguettes. On lui reproche d'être insignifiant; je le préférerais plus simple encore. Plusieurs paroissiens, parmi les plus notables, nous expriment assez souvent le désir qu'on le remplace par des stations artistiques et monumentales, comme ils en ont admiré dans telle ou telle église qu'ils nous désignent. On vend aujourd'hui, à grand effort de réclame, des chemins de croix grecs, romans, gothiques. Or, il s'agit ici d'une dévotion toute récente. Ne serait-ce pas aller contre le plan de l'architecte que de placer dans nos nefs latérales quatorze grands tableaux frappant le regard ? Il serait regrettable de se mettre en frais pour aboutir à de justes critiques. Que l'on ne dise point qu'il ne saurait être question d'art, que c'est une affaire de dévotion et de piété : car la piété n'a besoin que de quatorze croix de bois indulgenciées. Ce n'est donc pas aux marchands, ni à quelques dévotes, qu'il convient de demander conseil, mais aux archéologues et aux hommes de goût. L'établissement de grands tableaux du chemin de la croix dans une église ancienne, et surtout dans une église ogivale, peut paraître à quelques-uns un embellissement, mais cela ne peut s'appeler une restauration ; c'est à coup sûr une innovation, sinon un contresens. Nous accepterions donc un autre chemin de croix, même riche, même très riche, à condition qu'il n'altérât point le caractère général de l'église et ne provoquât point le regard en brisant les lignes de l'édifice.

L'église possède un dais fort simple, mais convenable; il a été donné par la famille Le Noir. Il sert six fois par an : aux processions extérieures de la Fête-Dieu et du Sacré-Cœur ; aux processions à l'intérieur après les Vêpres de Noël, Pâques et Pentecôte, et, le 1er octobre, le soir, pour la clôture de l'Adoration du T.-S.-Sacrement.

Nous avons une vingtaine de statues, dont deux ou trois seulement ne sont pas de notre époque :

1° Nous devons noter en premier lieu le grand Christ de l'Arc triomphal dont il a déjà été parlé. Il est en bois et n'est pas sans mérite ;

2° Un Saint-Martin, statue équestre d'avant la Révolution, au-dessus de la rosace ;

3° Une Vierge-Mère, en bois, dans le chœur, côté de l'évangile. La tête de la Vierge n'est que posée sur le tronc, en ayant été séparée par accident ;

4° Un Saint-Antoine, en bois, dans le chœur, côté de l'épître ;

5° Un groupe Sainte-Anne et la Vierge, même côté, au-dessus du banc des Confrères du Saint-Sacrement ;

6° Une Vierge, plâtre ; Notre-Dame-des-Victoires, en face de la précédente ;

7° et 8° S. Martin et S. Nicolas, en bois, matière et façon 1840 à 1850, placés derrière l'autel, sur les anciens socles, par M. Bonhomme, après l'enlèvement du rétable ;

9° et 10° Statues en terre cuite dorées, Sacré-Cœur de Jésus et Notre-Dame du Sacré-Cœur, placées sur des piédestaux de chaque côté du maître-autel ;

11° Notre-Dame du Rosaire, carton pierre doré, sur l'autel de ce nom ;

12° Saint-Joseph, plâtre, décoré, sur l'autel de Saint-Joseph ;

13° Une Vierge-Mère, bois doré, pour procession, déposée dans la chapelle de St-Joseph ;

14° Notre-Dame de Lourdes avec Bernardette, terre cuite ; chapelle du Rosaire, en face de la petite nef ;

15° Saint Benoît-Joseph Labre, terre cuite ; chapelle de St Joseph, en face de la petite nef ;

16° 17° 18° Statues en bois de St. François d'Assise, St. Sébastien, St. Augustin, et

19° Ste Berthe, plâtre, aux murs des petites nefs. Les niches de la grande nef sont vides.

20° Le maître-autel a un Christ qui fait partie de la menuiserie et un Christ en cuivre argenté. Il y a aussi un petit crucifix en cuivre à l'autel de St Joseph.

Les tableaux dans les églises ogivales consistent en verrières. Il n'y a guère de place pour en exposer aux murs sans cacher quelque sculpture de prix. Nous avons cependant sept toiles anciennes : 1° un tableau du Rosaire, dans la chapelle du Rosaire (ce tableau est réglementaire dans toute église où il y a une confrérie de ce nom) ;

2° Une fuite en Egypte ;

3° Une Sainte-Catherine ;

4° Saint Joseph conduisant l'Enfant-Jésus ;

5° Une Annonciation ;

6° Une Ascension ;

7° Le Purgatoire. C'est la plus grossière de toutes ces toiles.

Il nous reste à signaler, pour le mobilier de l'église, un fauteuil gothique pour le célébrant ; trois tabourets recouverts en tapisserie, dont deux pour les enfants de chœur et un pour l'organiste ; quatre tabourets en bois, même travail que toutes les boiseries et balustrades ; un prie-Dieu en mérisier ; deux reliquaires en bois, forme ostensoir, sculptés ; un harmonium, une armoire et plusieurs caisses à la tribune ; enfin, le matériel des catafalques, civières, brancards, tentures mortuaires, remisé sous l'escalier de la tribune, etc., etc.

Les cloches sont meubles et sont considérées comme propriété des fabriques, quand elles n'ont pas été données par les communes depuis le rétablissement du culte. L'église de Fressin a la plus belle sonnerie qu'il y ait dans la région : une grosse cloche, mesurant $1^m 20$ c. de diamètre, fondue en 1775 ; une cloche moyenne, servant à sonner l'*Angelus*, les saluts et le premier coup des offices du dimanche ; elle mesure $0^m 96$ de diamètre ; une petite cloche, de $0^m 56$ de diamètre, servant à sonner la Messe de chaque jour.

CHAPITRE III.

La Sacristie

Les sacristies sont de date toute récente. Ce local si utile, si nécessaire même, manque dans la plupart des églises anciennes. Le prêtre revêtait les ornements sacrés près de l'autel, où se trouvait généralement une table et une armoire. Dans la contrée, plusieurs églises, relevant, du reste, de la seigneurie de Fressin, avaient, comme la nôtre, un *sacrarium* derrière le maître-autel. Ainsi l'église de Planques, ainsi encore l'église de Le Biez, pourvues toutes deux d'un chœur beau et vaste, hors de proportion avec le reste de l'édifice. C'est ce sacrarium qui a empêché de donner à la fenêtre du fond toute la dimension qu'elle devrait avoir.

A Le Biez et à Planques, où l'on a conservé des rétables, le sacrarium augmenté du derrière de l'autel suffit pour le clergé. A Fressin, pour avoir une sacristie, on a confisqué une chapelle seigneuriale, sans pourtant la dégrader. Déjà, en 1750, la chapelle Saint-Jean, fondée en 1425 par Jeanne de Roie, pour sa sépulture et celle de son défunt mari, était consacrée à cet usage. On y vient visiter le tombeau de Jean IV, sire de Créquy, de Fressin et de Canaples, un des chefs de l'armée levée en 1405 contre les Anglais par Walerand de St-Pol.

Ce tombeau, placé sous une arcade, entre la chapelle funéraire et le côté gauche du chœur, se compose d'un sarcophage en marbre noir qui supportait, avant la Révolution, les statues couchées de Jean, sire de Créquy, et de Jeanne de Roye, son épouse, morte en 1434. Ces deux sculptures n'ont pu survivre à ces jours de destruction.

Sur le devant du tombeau se lit l'inscription suivante en deux longues lignes de gothique en relief parfaitement conservées :

Chi gist Jehan sire de Créquy et de Canaples qui trepassa lan de grace MCCCC. et XI. Le nuict sainct Andrieu penultieme jour de novembre

Et chi gist Jehane de Roie sa feme lequel fist fonder cheste capelle et cheste sépulture lan mil CCCCXXV et trepassa lan mil CCCC

La notice boulonnaise de 1827, copiée par beaucoup d'autres, complète la dernière date : mil CCCCXXXIV. M. d'Hagerue, dont M. Terninck reproduit la description, écrit aussi XXXIV. L'inscription est inachevée sur le tombeau. Jeanne de Roie est morte en 1434, je le veux bien ; mais ce n'est point en falsifiant une inscription funéraire que l'on devait faire passer cette date dans l'histoire.

Sur la frise, écrit M. d'Hagerue, se détachent en relief huit écussons. Je commence en allant de gauche à droite :

Béthune, d'argent, à la fasce de gueules ;

Coucy, fascé de vair et de gueules de 6 pièces ;

Chérisy, d'or, à la fasce d'argent ;

Ajuret ou Ojuret ;

Roye, de gueules, à la bande d'argent ;

Moliens, d'argent, à la fasce d'azur chargée de trois tours en or ;

Averskerque, d'or, à la fasce de gueules ;

Picquigny, fascé d'argent et de gueules de 6 pièces, à l'orle de gueules (la bordure est une brisure) ;

Créquy, d'or, au créquier de gueules.

A gauche, les quatre noms sont gravés au-dessus de l'écusson ; à droite, les noms sont au-dessous.

Il y a lieu de supposer qu'il y a d'un côté les alliés de la famille de Créquy, et, de l'autre, ceux de la famille de l'épouse.

L'arcade donnait vue de la chapelle funéraire sur l'autel principal de l'église. Mais un mur léger et une boiserie séparent les deux enceintes.

La large surface du tombeau est couverte aujourd'hui par une armoire au linge.

Le pignon droit qui sert de chevet à la chapelle St-Jean nous fait admirer, sous une fenêtre ogivale à meneaux anciens, un curieux bas-relief servant de rétable à l'autel funéraire. C'est un morceau de sculpture délicat et fouillé. Certains archéologues ultrafanatiques nous ont déclaré qu'ils donneraient toute l'église de Fressin, malgré sa valeur incontestable, pour ce bas-relief, dont les personnages sont critiqués par d'autres visiteurs comme de grossières caricatures, bien que la pierre en soit merveilleusement ciselée. La vérité est entre ces extrêmes : Si l'anatomie fait défaut, l'expression surabonde.

Ce bas-relief représente le couronnement de la Sainte Vierge. Au centre, comme à l'autel de Cologne, le Père éternel, portant la boule du monde à la main, bénit à la manière latine la Vierge Marie, tandis qu'un Ange, sortant de dessous le dais entre les écussons de Créquy et de Roye, pose le diadème royal sur la tête de l'Immaculée, à laquelle douze personnages font escorte. Ce sont, à gauche : saint Jean-Baptiste, saint Jean l'évangéliste, saint Pierre, saint Nicolas et saint Adrien ; à droite : sainte Anne, sainte Magdeleine, sainte Catherine, sainte Marguerite, sainte Agnès et sainte Apolline. Les noms des personnages sont sculptés sous leurs pieds en caractères gothiques.

Depuis quelques années, le relief de ces lettres tend à s'effacer, et il devient difficile de lire les noms. Mais, outre que nous les consignons ici pour la postérité, chaque personnage est accompagné de ses attributs qui le feront toujours reconnaître par ceux qui sont familiarisés avec l'iconographie sacrée.

Ce rétable avait été autrefois décoré. Il y a quelques années, on voyait encore un peu d'or sur les inscriptions. Il n'en reste plus de trace aujourd'hui.

M. d'Hagerue, ne se préoccupant sans doute que de l'ensemble, avait écrit que la partie la plus intéressante de la chapelle est « un gracieux autel avec son rétable ». Plus loin il dit que cet autel, « complètement dépourvu d'ornements, était évidemment destiné à être caché ». La vérité est que cet autel est informe. C'est un carré massif de pierres salpêtrées, sans ornements et sans gradins. Mais, pour être grossier et sans beauté, cet autel n'est pas sans mérite. Il a d'abord celui de remonter à une date fort ancienne, et, à ce titre, d'être une rareté. De plus, on y possède un curieux spécimen du mobilier d'une église au moyen-âge. Ou plutôt, non, ce n'était pas un objet mobilier, mais une partie intégrante de l'édifice.

On y voit fort bien que ces encombrantes charpentes, dont le commerce fait la fortune des fabricants, et que l'on décore du nom d'*autels gothiques*, ne sont pas du tout une restauration. Il est possible qu'il soit de bon goût de les placer dans les églises du XIXe siècle ; ils seraient un contresens dans nos vieilles églises du moyen-âge.

L'autel de la sacristie de Fressin est un autel fixe, c'est-à-dire un autel composé d'une seule pierre noire, laquelle couvre tout un carré long de moëllons revêtus d'une grossière maçonnerie. Un évêque a dû venir sur place consacrer cet autel. Du reste, l'église aussi a été consacrée ; on en a la preuve dans les croix qu'un de nos prédécesseurs a débarrassées du sale badigeon qui les recouvrait.

Notre autel a-t-il conservé sa consécration ? L'a-t-il perdue en 1793 ou auparavant ? C'est à l'évêque seul qu'il appartient de vérifier l'intégrité des pierres (Gardellini, N° 3305). Or, Mgr Dennel, interrogé par nous en octobre 1885, n'a point répondu à notre question. Un examen plus minutieux lui parut sans doute indispensable.

Si nous avions vingt ans de moins, et si, avec cela, Dieu nous accordait le temps, la santé et les ressources nécessaires, nous serions heureux de rendre au culte cette chapelle funéraire, d'offrir les saints mystères sur cette pierre où nos prédécesseurs ont immolé la divine Victime, ce qui pourrait fort bien se faire sans distraire cette chapelle de sa destination actuelle. L'entretien des encensoirs et le dépôt des huiles étant maintenant relégués dans le sacrarium derrière le maître-autel, il est plus facile de tenir la sacristie dans un état suffisant de propreté, et il n'y aurait aucun désordre à avoir une armoire près d'un autel. On pourrait aussi établir une sacristie de l'autre côté du chœur, au midi. Les linges et les ornements qu'il faut remiser à la tribune s'y conserveraient en meilleur état.

Disons tout de suite que ce sont là des rêves dont nous n'entrevoyons point la réalisation.

M. le chanoine Robitaille, à la suite de M. d'Hagerue, explique pourquoi l'autel de notre sacristie n'a ni ornements, ni gradins. « Au moyen-âge, écrit-il, on ne mettait sur l'autel que le missel, une croix et deux chandeliers. Quand on conservait le Saint-Sacrement, on le suspendait dans un ciboire en forme de colombe, ou bien on le renfermait dans un tabernacle à côté de l'autel », *supra altare vel juxtà*, selon l'ordonnance d'Odon Rigault, archevêque de Rouen, en 1266.

Plus enthousiaste, M. d'Hagerue invoque, à propos de notre autel, le Concile d'Epone, en 509, et le pape Symmaque ; il le compare à l'autel de Basle, à celui de Saint Ambroise à Milan, à celui de Combourg, et il conclut ainsi son rapport à la Commission départementale des monuments historiques :

« Je ne saurais trop vous dire, Messieurs, combien l'autel de Fressin m'a semblé digne de votre attention. Le but des travaux de la Commission ne me paraît pas devoir être seulement de faire l'histoire de l'art dans le passé ; il y a encore à le ressusciter, à le conduire dans le présent et dans l'avenir ; souvent des conseils nous sont demandés pour meubler nos vieilles églises, ce qui nous reste de modèles est si incomplet. Le charmant autel dont je vous propose aujourd'hui la publication serait un bien beau type à offrir, si ce n'est à l'imitation, du moins à l'inspiration des artistes. »

Que diraient ceux qui nous proposent un grand autel à clochetons, si nous leur manifestions la pensée de suivre le conseil de M. d'Hagerue ? Ils nous diraient bien vite de garder l'autel actuel.

C'est ce que nous ferons.

Pour achever la description de la chapelle St-Jean, nous devons noter la crédence avec piscine pratiquée dans la muraille, du côté de l'épître ; une console, du côté de l'évangile, encore munie d'une fontaine en vieux Rouen, que l'on a plusieurs fois voulu nous acheter, bien qu'elle soit dépourvue de sa cuvette ; le manteau de la cheminée, où les Créquy se préservaient les reins du froid et de l'humidité en assistant aux offices ; et enfin le dessus de deux stalles en pierre dont le bas a été, paraît-il, stupidement détruit de nos jours.

On voit aussi à la sacristie « le grand coffre de bois »,

où l'on déposait les deniers de l'église, et qui sert encore à garder les quêtes de la Confrérie du Très-Saint Sacrement et celles pour les Trépassés. On y conserve encore un crucifix en ivoire, qui a été malheureusement endommagé. Les deux bras ont été renouvelés et fort mal ; mais la figure est remarquable d'expression.

On n'a rien conservé de l'orfèvrerie ancienne. Que sont devenus les calices, les ciboires, la monstrance du vénérable? On n'en sait rien. Il y a pourtant deux ciboires mis à la réforme, dont un très bas, sans pied, nous paraît fort ancien. Nous l'avons fait réparer dernièrement pour y conserver les saintes Espèces, afin d'enlever du tabernacle le grand ciboire en vermeil, précaution conseillée par Monseigneur l'évêque à cause de la multiplicité des vols et profanations sacrilèges.

Quelques-uns ont estimé que les deux *platelets* à quêter, plateaux en étain dans l'intérieur desquels se voit une Vierge, méritent d'être conservés pour leur ancienneté.

C'est ici le lieu de compléter notre inventaire, en faisant observer toutefois que ce « mobilier de sacristie » n'est pas tout entier renfermé dans les deux armoires de la sacristie ; il y en a beaucoup aussi à la tribune et un peu au presbytère.

En *ornements* nous avons :

1. Un ornement blanc complet, chasuble, chape, tunique et dalmatique, reçu le 30 septembre 1885 de M. le baron Roger Seillière ; il sert à l'Adoration et aux rares circonstances où il y a plusieurs prêtres ;

2. Une chasuble or mi-fin, pour les plus grandes solennités où le curé est seul ;

3. Une chasuble or mi-fin, croix en tapisserie; don de Madame de Belloy, pour les fêtes de second ordre et les dimanches où se fait l'exposition du Très-Saint-Sacrement ;

4. Une blanche, pour les dimanches ordinaires ;

5. Une autre blanche qui a été fort belle, servant aux messes quotidiennes ;

6. 7. & 8. Trois rouges, dont une fort ancienne et ne servant plus ; une autre, pouvant avoir quarante ans, pour les dimanches ordinaires; une autre, très moderne, application, servant aux messes quotidiennes;

9. Une seule chasuble violette ;

10. Une seule chasuble verte ;

11. Une chasuble noire, pour les services de 1re et de 2e classes ;

12. Une chasuble noire, pour les services de 9 et de 8 heures et les messes quotidiennes ;

13. Un ornement noir complet, chasuble, chape, tunique et dalmatique, pour les services avec diacre et sous-diacre.

Nota. — On s'est longtemps servi de la chasuble de l'ornement complet pour les enterrements de 9 heures, et l'on se sert encore de la chape pour tous les services au-dessus de 8 heures.

14. Une chape noire, vieille, servant aux enterrements de 8 heures ;

15. Une chape drap d'or, capuce en tapisserie ;

16. Une chape blanche, vieille, capuce rouge ;

Trois écharpes de bénédiction, dont une vieille et rapiécée, les autres données par Mesdemoiselles Touchois et Madame de Belloy ;

Trois étoles pastorales blanches : une rouge, deux noires ; une double pour baptêmes et derniers sacrements ;

Deux draps mortuaires noirs, dont un vieux ;

Trois draps mortuaires blanc ou bleu pour célibataires, enfants et jeunes gens.

En *orfèvrerie et vases sacrés* :

Un calice, coupe et patène en argent, dorées à

l'intérieur, pied en cuivre, servant les dimanches ordinaires et à la messe quotidienne ;

Un calice en argent, portant au pied cette inscription : *Anno 1803 dedit Dom Livinus Dewamin præsbiter Oetatis* 83 ;

Les trois vases aux saintes huiles en argent, en bon état, mais placés dans une boîte en étain, ancien modèle et de pauvre aspect ;

Un ciboire en vermeil, beau, grand, solide ;

Un autre ciboire, en cuivre, désargenté ; hors d'usage ;

Un autre petit ciboire, jadis mis à la réforme, réparé récemment ;

Un ostensoire en cuivre argenté et doré, l'intérieur en fer, modèle d'il y a cinquante ans ; mis à la réforme ; puis restauré et servant aux saluts les dimanches ordinaire et dans la semaine ;

Un ostensoire bronze doré, moderne ; acheté par M. Bonhomme en 1856 ; pour les jours d'Exposition, les saluts des grandes fêtes et les processions ;

Cet ostensoire, haut de 70 centimètres a coûté 150 fr. M. Bonhomme l'offrit à la fabrique pour 125 fr ; les autres 25 fr. furent payés par la confrérie du T. S. Sacrement. Il est regrettable que M. Bonhomme n'ait pas choisi un modèle en rapport avec le style de l'église, et surtout un meuble moins pesant.

Trois encensoirs argentés, dont un forme moyen-âge, neuf, acheté par M. Prin ;

Six grands chandeliers en cuivre argenté, au maître-autel, forme grecque, que l'on a substitués, comme partout, il y a quarante ans environ, à d'anciens chandeliers en bois d'un travail et d'un prix bien supérieurs ;

Une croix de tabernacle en rapport avec lesdits chandeliers ;

Quatre chandeliers, plus petits, aussi en cuivre argenté et pour le maître-autel ;

Quatre autres à l'autel de la Sainte-Vierge ;
Quatre autres à l'autel de Saint Joseph ;
Deux autres pour acolytes ;
Une lampe en cuivre argenté pour le sanctuaire ;
Une autre lampe, forme gothique, à l'autel du Rosaire ;
Deux falots anciens, à conserver, pour les processions du Saint-Sacrement ;
Une lanterne pour le viatique ;
Une croix de procession, cuivre verni, pour les fêtes ;
Une autre, cuivre argenté, hampe en bois ;
Bénitiers. Reliquaire en cuivre. Baiser de paix ;
Plateau argenté et burettes.

Le *linge se compose de* :
Une aube en tulle, pour les solennités ;
Trois aubes, bas en guipure, pour les dimanches ordinaires ;
Deux aubes, bas en mousseline, pour la messe quotidienne ;
Six aubes unies, dont trois hors d'usage, pour les cérémonies funèbres ;
Sept cordons d'aube ;
Neuf surplis, dont quelques-uns en assez mauvais état ;
Dix-huit amicts ;
Treize corporaux ;
Quatorze pales ;
Trente purificatoires ;
Quinze manuterges ;
Dix nappes d'autel et quatre nappes de communion.

Nous avons *sept bannières*, la plupart en assez mauvais état, et ayant besoin d'être réparées ou remplacées, bien qu'on se souvienne des anciennes qui ont été mises à la réforme.

Ce sont : 1. la bannière de la confrérie du T.-S. Sacrement ;

2. Celle de la confrérie du Saint-Rosaire ;

3. Celle de la Sainte-Vierge, Notre-Dame de Lourdes, achetée par M. Prin, chez M. Bent, de Toulouse, et exposée dans le sanctuaire de Lourdes ;

4. Celle de Saint Joseph ;

5. Celle de Saint Martin ;

6. Celle du Sacré-Cœur, placée à l'église le 15 août 1885, le jour de la mort de la donatrice, Marie Verdin, femme Jules Legay ;

7. Celle des Morts, qui ne se porte qu'aux cérémonies funèbres.

Les Bannières du Rosaire et de saint Joseph avaient été données par Madame Annequin, née Zélie Briche, il y a une vingtaine d'années, lors de son mariage ; elles ont été renouvelées chez M. Biais, à Paris, en février 1891, aux frais de Mademoiselle Hélène Annequin, à l'occasion de son mariage avec M. Descle.

Nos *livres liturgiques*.

Une quantité de Graduels et d'Antiphonaires, chant de Reims et Cambrai, format in-12, souvent renouvelés, souvent reliés et toujours en piètre état :

Un Missel, édition de Malines, in-folio, rouge et noir, reliure en maroquin rouge, servant aux grandes fêtes ;

Un autre Missel, in-quarto, plus récent, édition de Tours, une seconde fois relié, pour les dimanches et les jours ordinaires ;

Rituel romain, in-quarto, édition Lefranc, avec les additions, annonces des fêtes, formules de prônes, publié par Mgr Parisis ;

L'Ordinarium des églises paroissiales, ou abrégé du Rituel, avec traduction des Évangiles, publié par Mgr Parisis, pour l'usage journalier et la plus grande commodité des pasteurs.

Il nous reste fort peu de chose des vingt-cinq ans

que le diocèse a été forcé de se servir des livres du Rite parisien :

Un Missel Vintimille, in-folio, 1774 ;

Un autre, moderne, Dijon et Arras, in-quarto ;

Un Rituel d'Arras, de Mgr de Bonneguise, réédité par Mgr de La Tour d'Auvergne, en 1826 :

Un Graduel et un Antiphonaire, in-folio, Dijon, 1825 et 1826 :

Deux Processionnaux, in-quarto.

Livres de chant, Missels, bréviaires et Rituels étaient également dépourvus de tout caractère artistique.

Nous avons déposé dans une armoire de la tribune environ 200 volumes pour former un fonds de bibliothèque paroissiale. La Supérieure des chères Sœurs a la direction de cette bibliothèque ; c'est à elle qu'il faut s'adresser pour consulter le catalogue et choisir les ouvrages que l'on veut lire.

Mais les livres qui doivent surtout être mentionnés à cette place sont ceux qui joignent à leur valeur artistique intrinsèque le mérite de nous venir d'avant la Révolution.

Il nous reste deux Missels romains in-folio, rouge et noir : un, édité à Paris en 1472, et dont on a admiré les cuivres ;

Un Plantin d'Anvers, de 1626, plus remarquable par son papier, la netteté de ses caractères, la richesse de ses gravures ;

Un Graduel, Toulouse, in-folio, 1759 ;

Un Antiphonaire, grand in-folio, rouge et noir ; Lyon, 1693, magnifique édition.

Il y a aussi des Propres d'Arras des premières années qui suivirent la restauration du culte. Mais, bien que le diocèse suivît encore la liturgie romaine, ces offices supplémentaires ne paraissent pas avoir été présentés à l'examen de la Congrégation des Rites.

CHAPITRE IV

Les Sépultures à l'Intérieur

C'est un beau spectacle que celui d'une église neuve, fraîche, régulièrement construite, sobrement décorée, richement meublée ; oui, c'est un beau spectacle, et qui fait naître l'espérance en affirmant la foi de ceux qui l'ont élevée. Ainsi Notre-Dame de Boulogne, l'œuvre de Mgr Haffreingue ; ainsi Notre-Dame des Ardents, l'œuvre de Mgr Lequette ; ainsi, à la campagne comme à la ville, quantité de sanctuaires élevés en ce diocèse depuis l'arrivée de Mgr Parisis au milieu de ce siècle, et, pour la plupart, sous l'impulsion de ce grand et saint évêque.

Néanmoins, je me sens, pour ma part, pénétré d'un respect plus profond en franchissant le seuil d'une antique basilique, comme Notre-Dame de Saint-Omer, Notre-Dame d'Amiens, Notre-Dame de Paris. Et ici même, à Fressin, je crois vraiment me sentir, sous ces voûtes vénérables, en communication plus intime avec ceux qui sont venus y prier depuis cinq siècles, et dont un si grand nombre, les plus distingués sans doute par leur naissance et leur situation, ou les plus méritants par leurs vertus, ont été déposés sous les dalles que foulent nos pieds et qu'ont polies leurs genoux.

La famille seigneuriale avait sa chapelle funéraire avec son caveau particulier.

La donation de Jeanne de Roie nous apprend que le cimetière fut ouvert en 1425. Après la création du cimetière, l'église resta longtemps encore la nécropole.

des grandes familles. M. de Bomy, qui commença à écrire en 1613, signale d'anciennes sépultures que l'on découvrit de son temps.

En 1626, Jean Bailly, décédé le 6 novembre, fut enterré devant l'autel de Notre-Dame.

En 1627, Marguerite Desgrugeliers, mère du sire curé, et décédée dans la nuit du 4 au 5 février, fut enterrée dans l'église de Fressin, « devant la clôture de l'autel de Sainte Barbe. »

Il faut observer que nous n'inscrivons ici que les défunts dont il est spécialement marqué au registre de Jean de Bomy qu'ils ont été inhumés dans l'église. Il est possible qu'il y en ait davantage.

En 1633, le 14 septembre, mourut, à l'âge de 80 ans, Nicolas de Bomy, père du curé. Il fut enterré à gauche de l'autel de Sainte Barbe et à la droite de sa femme. Voici à ce sujet la note de M. le curé de Bomy :

« Le corps de mon père fut inhumé au côté gauche de l'autel de Madame Ste Barbe, notre sainte tutélaire, au côté droit de feu ma mère (que Dieu absolve), et directement au-dessous de l'arcade de grès. En creusant la fosse, l'on y rencontra la sépulture d'un trépassé encore toute fermée et entière, avec une petite voûte, qui montoit à demi-pied près du pavement de l'église, où le fossoyeur travailla fort. Les murs qui estoient aux flancs avoient bien l'épaisseur de deux pieds ou environ. La dite voûte a été percée et rompue, s'y trouva une place vide et cavée, et au fond d'icelle quatre grands ossements, avec quelques autres qui estoient tout noircis et pourris d'ancienneté. Dans le même tombeau fut mis notre pauvre trépassé. »

L'an 1646, le 15 octobre, mourut Jean Macquet, d'Azincourt. Son corps fut enterré dans l'église de Fressin, auprès de celui de sa femme, « devant l'autel Notre-Dame ».

Au siècle suivant, on constate en moyenne un enterrement dans l'église tous les trois ans :

1712, Charles Pierlay, receveur de l'église, meurt le 15 septembre, à l'âge de 42 ans.

1721, le 22 février, François Viollette, notaire à Fressin, âgé de 75 ans.

1727, le 20 décembre, Modeste-Pierre de Wamin, diacre, âgé de 25 ans.

1728, le 16 janvier, Jean Louvet, âgé de 25 ans.

1730, le 31 octobre, Marie-Françoise Viollette, 60 ans.

1731, le 17 mai, Marie-Thérèse Viollette, 40 ans.

1733, le 24 avril, Nicolas-Célestin Viollette, 20 jours.

1733, le 10 juin, Pierre Bardolas de la Salvany, prêtre, prieur de Renty; il est enterré dans le chœur de l'église de Fressin.

1734, le 1er juin, Jacques Cornuelle, célèbre avocat au Conseil d'Artois, 38 ans.

1735, le 23 janvier, Charles-François Brunel, ancien greffier de la terre de Créquy-Fressin.

1739, le 23 octobre, Messire Jean-Daniel de Houdetot.

1740, le 11 janvier, Charles Bacqueville de la Vasserie, 17 mois. Il est enterré près de la balustrade.

1741, le 5 octobre, François Souillart, seigneur du Tronquois, 73 ans.

1742, le 8 novembre, Me Joseph Cornuel, notaire, 80 ans. Il est inhumé dans l'église « près le grand portail. »

1750, le 4 mars, Pierre-François Petit, 48 ans, seigneur du Tronquoi, époux d'Aldegonde-Thérèse Thélu; près des fonts baptismaux.

1750, le 8 avril, Thérèse Fister, veuve de Jean Daniel de Houdetot.

1751, le 15 janvier, Antoinette Bonnière, 48 ans, épouse de Pierre Louvet. Enterrée près des fonts, « dans la Carolle de côté ».

1754, le 6 février, Marie-Antoinette-Elisabeth-Joseph de Houdetot, 2 mois. Inhumée « vis-à-vis de l'autel des Trépassés ».

Tout à l'heure il était question de l'autel de Sainte Barbe, voici maintenant l'autel des Trépassés : deux autels qui n'existent plus aujourd'hui.

1757, le 1er janvier, Pierre Louvet, veuf de Marie-Antoinette Bonnière, 59 ans. Enterré vis-à-vis l'autel du Saint-Rosaire.

Nous avions l'autel de Notre-Dame. Faut-il croire à deux autels distincts dédiés à la Sainte-Vierge ? Nous ne le pensons point. Notons en passant ce témoignage d'une dévotion demeurée chère aux bons paroissiens de Fressin.

1758, le 25 septembre, Marie-Rose Coulon, 70 ans, veuve d'Edouard Petit. Inhumée près des fonts baptismaux.

1758, le 4 novembre, Joseph Viollette, notaire. Enterré vis à vis la porte de la tour.

1759, le 9 novembre, Philippe-François Viollette, célibataire, lieutenant-général du duché de Créquy-Fressin, 83 ans. Enterré vis-à-vis la porte de la tour.

1761, le 21 juin, **Jean Louvet, 3 mois.** Enterré près l'autel de la **Sainte-Vierge.**

1763, le 10 juillet, Marie-Anne-Joseph Bacqueville, épouse de Messire Jacques-François d'Houdetot, chevalier, seigneur de Colomby, etc. Enterrée vis à vis l'autel des Trépassés.

1764, le 21 juin, Jeanne-Thérèse-Victoire Viollette, 4 jours. Vis à vis la porte de la tour.

1764, le 26 septembre, Me Jean-Baptiste Petitprez, 35 ans, prêtre, vicaire de Fressin. Enterré dans la chapelle de la Sainte-Vierge.

1764, le 7 octobre, Pierre-François Louvet, 33 ans, époux d'Augustine Poussart.

1765, le 27 janvier, Marie-Augustine-Henriette Louvet, 6 jours.

1765, le 11 février, Antoine Flament, prêtre, vicaire de Fressin. Inhumé dans la chapelle de Saint-Joseph.

On remarquera que c'est le quatrième petit autel signalé au nécrologe. On remarquera aussi cet acharnement de la mort qui frappe deux jeunes vicaires de Fressin en moins de six mois.

1765, le 24 octobre, Louis-César Viollette, un mois, fils de Jacques-Marie Viollette, homme de loi, notaire royal et lieutenant général des terres et duché de Créquy-Fressin.

1769, le 12 octobre, Pierre-Joseph Louvet, 23 jours. Enterré vis à vis l'autel de la Sainte Vierge.

1769, le 27 décembre, Pacifique Bacqueville, un an. Enterré vis à vis l'autel du Saint-Rosaire.

Cette variété de désignation nous rend perplexe. Pourquoi écrire ici autel du Saint Rosaire, et là autel de la Sainte-Vierge ?

1770, le 21 août, Marie-Françoise Cornuel, 71 ans, veuve de Joseph Viollette. Inhumée vis-à-vis la porte de la tour.

1770, le 14 octobre, Jacques-François-Georges Macquaire, 45 ans, receveur de l'église.

1771, le 27 juin, François-Norbert Viollette, 27 ans, époux de Marie-Anne-Augustine Poussart. Inhumé près les fonts baptismaux.

1773, le 19 janvier, Jean-Baptiste Picard, 88 ans, veuf de Marie-Thérèse Viollette. Enterré vis-à-vis la porte de la tour.

1773, le 21 février, Placide de Wamin de la Carnoye, 11 ans. Inhumé dans l'église de Fressin, entre la petite porte et la chaire de vérité.

1773, le 5 octobre, Jean-François Viollette, 70 ans, seigneur du Tronquoy, époux de Marie-Rose Petit. Enterré près des fonts baptismaux.

1774, le 21 janvier, Marie-Françoise Laisné, 60 ans, épouse du notaire Antoine-Joseph-Pierre Lay. Enterrée proche l'autel du Saint-Rosaire.

On remarquera que le nom actuel de Pierlay, qui est celui d'une maison de Grigny, vient de l'altération et de la confusion du nom de baptême Pierre et du nom de famille Lay. C'est ainsi que de nos jours, la célébrité de certains personnages a porté leurs fils et descendants à ne faire qu'un tout des deux noms Firmin-Didot, Casimir-Périer, Alphonse-Karr, etc., etc. Cependant on a vu le nom de Pierlay dès 1712.

1775, le 8 avril, Marie-Henriette Bacqueville, 3 ans.

1775, le 6 mai, Henriette-Joseph-Aubertine de Langle, épouse d'Antoine-Joseph Bacqueville de la Vasserie, décédée à Hesdin, âgée de 33 ans. Inhumée à Fressin vis-à-vis l'autel du Saint-Rosaire.

1775, le 21 septembre, François-Joseph Viollette, prêtre, 44 ans, fils des feux Jacques, notaire royal, et Marie-Françoise Cornuel. Inhumé dans l'église de Fressin, près la porte de la tour.

INSCRIPTIONS DU RÉTABLE DE LA SACRISTIE,

AU BAS-RELIEF REPRÉSENTANT LE COURONNEMENT DE LA SAINTE VIERGE,

s. adrieu- s. nicolas- s. jaque- s. pierre- s. jeh :- s. gerome-   s. one- s. madelaine- s. caterine- s. magrite- s. anes- s. opol.

INSCRIPTION DU TOMBEAU DE LA SACRISTIE

chi gist jehan sire de crequi et de canaples qui trepassa lan de grace mil-cccc-et XI le nuit saint audrien penultime jour de novembre et chi gist jehane de roie sa feme lequele fist fonder cheste capelle et faire cheste sepulture lan mil-cccc-et XX V et trepassa lan mil-cccc

CHAPITRE V

Epigraphie

Les inscriptions ne sont pas nombreuses dans l'église de Fressin. Mais nous en possédons de très précieuses. Ce sont, avant tout, celles de la chapelle funéraire.

Nous les reproduisons ci-contre :

Comme nous l'avons déjà fait remarquer, les lettres, naguère encore dorées, se pulvérisent tous les jours, et l'on peut prévoir le moment où l'on ne pourra plus les lire.

Dans l'intérieur de l'église on lit une inscription sur marbre blanc à la mémoire de M. d'Houdetot. Le cadre qui la contient est suspendu au second pilier du côté de l'évangile.

CY DEVANT REPOSENT LES CORPS DE
MESSIRE JEAN DANIEL D'HODETOT CHER
SEIGNEUR DE COLOMBY, BERNAPRÉ ET
AUTRES LIEUX, CHEVALIER DE L'ORDRE
MILITAIRE DE ST LOUIS ET CAPITAINE
D'INFANTERIE DU RÉGIMENT DE
BACQUEVILLE DÉCÉDÉ LE 24 D'OCTOBRE
1730 AGÉ DE 54 ANS ET DE THÉRÈSE
FEISTER SON ÉPOUSE DÉCÉDÉE LE 8 AVRIL
1750.

PRIEZ DIEU POUR LEURS Ames.

0 m 60

0 m 60

Il est probable que cette épitaphe a été faite pour remplacer celle d'une pierre tombale déjà usée par le frottement des pieds. On trouve, en effet, des restes de la même inscription sur une pierre bleue de la nef de gauche, en dessous de celle du notaire Viollette.

```
ICI REPOSE
JEAN DANIEL
SEIGR DE C
ET AUTRES L
DE L'ORDRE MI
LOUIS ET CAP
TERIE AU RE
VILLE DE
1739 AGE DE
THERESE FEI
DECEDEE LE
    REQUIE
```

0 m 87

0 m 66

Au pilier en face de la chaire se voit un marbre noir avec une inscription destinée à conserver la mémoire des bienfaits de la famille Héame.

> A LA MÉMOIRE
> DE M' JEAN FRANÇOIS *HÉAME*
> DÉCÉDÉ EN 1818 CURÉ DE St PIERRE A
> LYON DONT LA SUCCESSION A ÉTÉ
> EMPLOYÉE A FONDER ET A DOTER LES
> DEUX ÉCOLES DE FILLES EN CETTE
> PAROISSE AINSI QU'A PROCURER UNE
> MAISON VICARIALE LE TOUT A
> PERPÉTUITÉ
> DE SON FRÈRE AINÉ LOUIS JOSEPH
> *HÉAME* DÉCÉDÉ A FRESSIN EN 1811
> ET DE MARIE ANTOINETTE
> *CAMPAGNE* SA FEMME DÉCÉDÉE
> A BONINGUES LEZ ARDRES EN 1826
> ET DE LEURS QUATRE ENFANTS
> ALEXANDRE JOSEPH *HÉAME* CURÉ
> DU DIT BONINGUES
> FONDATEUR DES SUSDITES ÉCOLES
> ET DONATEUR DE LA DITE MAISON
> DÉCÉDÉ EN 1845 FRANÇOIS JOSEPH
> *HÉAME* DÉCÉDÉ EN 1809
> MARIE ANTOINETTE *HÉAME*
> DÉCÉDÉE EN 1798 ET PHILIPPINE
> AUGUSTINE *HÉAME* Vᵉ
> D'AMABLE SALLÉ DÉCÉDÉE EN 1836
> Priez dieu pour cette famille
> entièrement éteinte.

On a détruit quantité de pierres tombales, sous M. Bonhomme, quand on a pavé le couloir de la grande nef, et quand on a renouvelé le pavé du chœur. Il n'en pouvait être autrement. Le respect du passé ne doit pas empêcher d'orner d'un dallage élégant les abords de l'autel. Mais on aurait pu conserver les vieilles pierres tombales et les placer ailleurs. Quant au reste de l'édifice, au transept, aux nefs latérales, nous recommandons à nos successeurs de conserver et de laisser à leur place les pierres tumulaires encore existantes, dût la conservation de ces pierres les exposer à la critique des sots. Nous ne le redirons jamais assez : pas de suppression, pas d'amputation ; ne détruisons pas « la poésie de la maison de Dieu ».

L'inscription suivante, en marbre blanc, avec encadrement en pierre bleue, se voit à la nef de droite, entre le petit portail et la chaire de vérité. Elle s'use beaucoup depuis quelques années.

Cette inscription diffère un peu de l'indication du registre, qui porte : « Placide de Wamin de la Carnoye, âgé de onze ans, décédé à Fressin, le 21 février 1773 ». Les mots « de la Carnoye » ont été détruits à dessein. On lit encore les mots *Pierre*, *Omer* et *Janvier*, qui ne sont pas ceux du registre.

Un peu au-dessus se lit l'épitaphe ci-jointe sur pierre bleue : quoique de date plus ancienne, elle est mieux conservée :

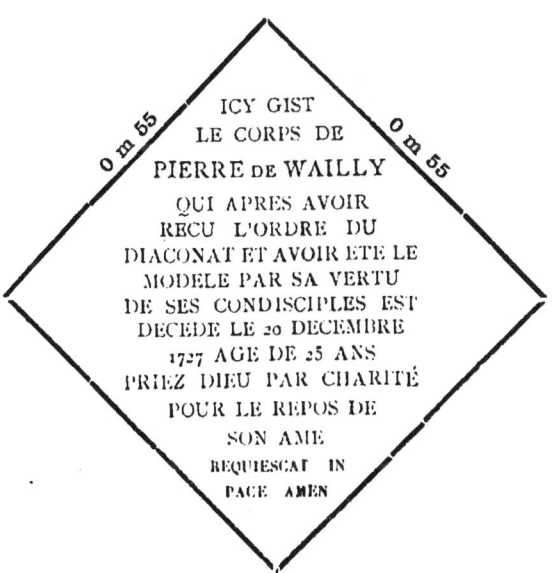

Nous n'avons pas trouvé le nom de ce jeune ecclésiastique sur la liste des décès. Aux naissances, nous avons un Pierre de Wailly, fils d'André et de Jeanne de Pomy ; mais il était né le 9 juillet 1648.

A l'endroit de la chaire se trouve une autre pierre tombale bleue ; mais l'inscription en est tout à fait effacée.

La première pierre du collatéral gauche est en marbre blanc. En voici l'inscription :

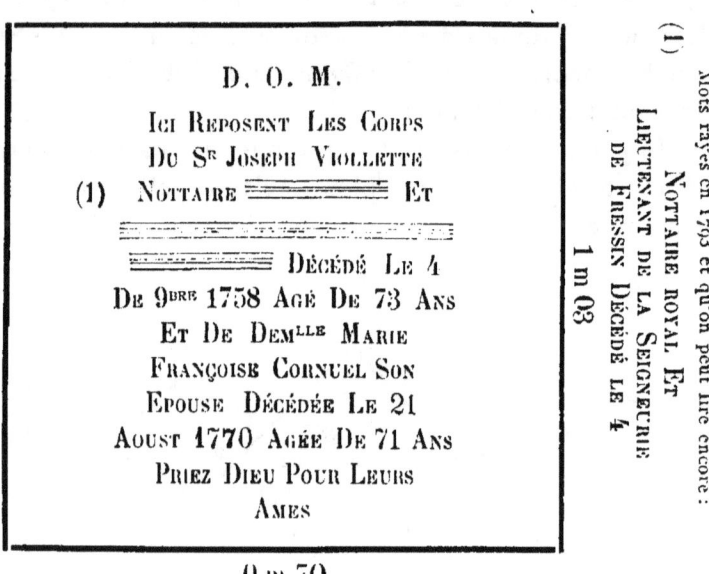

D. O. M.
Ici Reposent Les Corps
Du Sr Joseph Viollette
(1) Nottaire ━━━━━ Et
━━━━━━━━━━━━━━
━━━━━━━ Décédé Le 4
De 9bre 1758 Agé De 73 Ans
Et De Dem^{lle} Marie
Françoise Cornuel Son
Epouse Décédée Le 21
Aoust 1770 Agée De 71 Ans
Priez Dieu Pour Leurs
Ames

0 m 70

(1) Mots rayés en 1793 et qu'on peut lire encore :
Nottaire royal, Et
Lieutenant de la Seigneurie
de Fressin Décédé le 4
1 m 03

Plus bas, sur une autre dalle également en marbre blanc se lit l'inscription suivante :

Icy Repose
le corps du Sieur
François
Norbert Marie
Viollette
Décédé le 27 may
1771 agé de 28 ans
Requiescat
In Pace

0 m 85

0 m 58

Le registre porte la date du 27 juin.

Plus bas encore, près des fonts baptismaux, une dernière pierre en marbre blanc dégradée par les révolutionnaires. Le nom a été estropié par le graveur, qui a supprimé une L.

D. O. M.

Sous ce Marbre
Repose le Corps
de
Mʳ Jean François
Violette
Seigneur du Tronquoi
décédé le 5 octobre 1773
Agé de 69 ans
Priez Dieu Pour Le Repos
De Son Ame.

0 m 85

0 m 58

M. Roger Rodière a relevé pour nous les inscriptions des trois cloches.

La plus ancienne est de 1775.

† JE SUIS NOMMÉE MARIE MARTIN PAR Mᵉ JACQUES MARIE VIOLLETTE AVOCAT EN PARLEMENT ET LIEUTENANT GÉNÉRAL DE CETTE TERRE
† ET PAR MARIE ROSE URSULE FRANÇOISE VIOLLETTE MES PARRAIN ET MARRAINE TOUS DEUX DE FRESSIN
ET AI ÉTÉ BÉNITE
† PAR Mᵉ ANDRÉ CAROULLE CVRÉ DE FRESSIN DANS LE MOIS DE JUIN 1775 PRESENT LE
SIEUR EUSTACHE BREGIER MARGUELIER EN CHARGE
† Mᵉ TAVERNIER Pᵉ A FRESSIN ET RECEVEUR DE L'ÉGLISE

En bas : FAITE PAR BEAUDOVIN ET LAUSSAVD.

Cette ancienne cloche est notre grosse cloche.

La seconde en date est la plus petite. On y lit les inscriptions suivantes :

† L'AN 1824 JE SUIS NOMMÉE ELISE JOSEPH PAR
MONSIEUR JOSEPH THELU DE FRESSIN MON
† PARRAIN. ET DEMOISELLE ÉLISE VIOLLETTE DUDIT
LIEU MA MARRAINE Mr LEPRESTRE
† CURÉ DE CE LIEU J. BAPTISTE PRUVOST MAIRE
DE LA COMMUNE

En bas, la Vierge, le Christ, St-Martin, et les mots :

FONDUE PAR LES GARNIER.

La plus récente a été donnée par Mademoiselle Pauline Thélu. C'est la cloche moyenne. En voici les diverses inscriptions :

† J'AI ETE FONDUE EN 1898
† Mr BONHOMME ETANT CURE DE FRESSIN
† Mr JEAN BAPTISTE PRUVOST, MAIRE.

De l'autre côté :

† JE M'APPELLE PAULINE GEORGINE
† DU NOM DE MA MARRAINE Delle PAULINE
THELU PROPRIETAIRE
† ET DE MON PARRAIN Mr GEORGES EMILE
VIOLLETTE NOTAIRE
† ET PRESIDENT DE LA FABRIQUE.

En bas, un cartouche représentant une cloche et l'inscription circulaire :

P. DROUOT Fd Ntre Dme DOUAI.

*
* *

Nous croyons que le lecteur qui nous a suivi avec attention doit avoir de notre église une idée exacte et complète. Nous l'avons étudiée avec lui dans l'ensemble et le détail. Cependant, au risque de nous répéter, nous allons insérer ici la description qu'en a faite M. Roger Rodière à la suite de deux visites. On y trouvera le mot propre, les termes techniques que nous ne possédons point, et une précision qui dénote un véritable et rare esprit d'observation. Nous placerons, quand il y aura lieu, nos réflexions particulières entre parenthèses.

FRESSIN. — ÉGLISE SAINT-MARTIN.

Complément de description.

(*Extrait des notes de M. Roger Rodière.*)

(L'église de Fressin a été élevée par les Créquy) « sur un plan grandiose et digne d'une localité beaucoup plus importante... »

..... « C'est, à mon avis, avec celle de Douriez (également œuvre des Créquy), la plus remarquable de tout l'arrondissement ; ses proportions grandioses, ses belles voûtes, ses curieuses sculptures méritent une description détaillée. »

(M. Rodière écrit une autre fois qu'il n'hésite pas à la proclamer la plus belle de l'arrondissement de Montreuil. Mgr Parisis la déclarait la plus belle de toutes les églises rurales de son diocèse. Il est vrai que, depuis lors, il s'en est élevé de magnifiques sous l'impulsion du grand évêque.

Après avoir donné la longueur de l'édifice, la longueur et la largeur des nefs et du chœur, notre jeune archéologue écrit :) « Les chapelles du transept mesurent 5^m d'ouverture sur 5^m70 de profondeur chacune. L'intertransept (bas de la tour) a une largeur de 5^m 20. (Il étudie d'abord l'église à *l'extérieur* :)

« La façade occidentale est fort simple. Au-dessus du portail assez large, en cintre surbaissé, s'ouvre une très grande rosace rayonnante ..., sur les côtés s'ouvrent deux fenêtres en ogive géminée.

« La façade sud-est au contraire fort riche ; c'est sans conteste la plus belle portion du mur extérieur. Elle est éclairée par quatre fenêtres ogivales, dont la deuxième forme le tympan du beau portail méridional. Ce portail se compose de deux pieds droits, bâtis en grès jusqu'à une hauteur d'environ 2 mètres, puis en pierres ; trois niches de chaque côté, avec pilastres et clochetons, décorent l'intérieur de ces pieds droits ; deux autres niches semblables se trouvent sur les faces extérieures : toutes ces niches sont veuves de leurs statues.

« Une quadruple voussure encadre le tympan, surmonté immédiatement par une grande fenêtre quinternée... Les meneaux, œuvre de M. le curé Bonhomme, dessinent une fleur de lys. Le portail est divisé en deux entrées par un trumeau en grès à chapiteaux sans ornementation.

« Les trois autres fenêtres, 1re, 3e, et 4e travées, sont ternées (la 4e est quaternée) avec vitraux et meneaux modernes (il n'y a pas de grisailles dans la basse église, mais seulement des verres blancs. Seules les 2 fenêtres de la 3e travée ont des croix bleues à chaque panneau)... Une acrotère à feuille frisée les surmonte ; de chaque côté de chaque fenêtre, une belle niche ogivale, à pinacles, fleurons, etc.; les contreforts qui séparent les fenêtres sont à terminaison triangulaire, ornés sur chaque face d'une grande niche semblable.

« Sur la façade sud, 4ᵉ travée, s'ouvre un très petit portail en plein cintre, dissimulé intérieurement sous la boiserie.

« La face nord de la nef ne présente aucun vestige de cette riche ornementation. Les quatres fenêtres ternées sont simplement séparées par trois grands contreforts rectangulaires à la base.

« Jadis le toit des basses nefs était en quatre galbes (ou pignons, comme on vient de faire à Anvin. Je ne crois pas que telle ait été l'opinion de M. Bonhomme ; je pense plutôt que les petites nefs avaient leurs toits tout d'une venue comme à Auchy), et quatre fenêtres géminées éclairaient la grande nef en claire voie. Ces fenêtres n'avaient d'ailleurs été ouvertes que du côté nord...

« Les chapelles du transept, qui sont de la même hauteur que les nefs latérales (un peu moins hautes que ces nefs), n'offrent rien de remarquable comme disposition extérieure. Celle du sud reçoit le jour par une grande fenêtre ternée, au midi (au pignon), et par deux petites fenêtres géminées latérales, à l'est et à l'ouest, avec vitraux en grisailles. Celle du nord manque de la fenêtre Est, à cause d'une chapelle accolée en cet endroit au nord du chœur...

« La tour surmonte le transept. Elle est en pierre jusqu'à une faible hauteur, mais seulement au dedans, puis en charpente et ardoises, et de forme carrée ; la flèche octogonale est flanquée de quatre petits clochetons. La tourelle de pierre, de forme cylindrique, qui contient l'escalier, se détache, avec son toit en poivrière, à l'angle du transept nord et de la nef latérale.

« Le chœur n'a rien de remarquable : au sud, il est éclairé par une grande fenêtre ogivale ternée, (et par une seconde fenêtre géminée près de la chapelle du transept ;) au nord, il n'y en a pas, à cause de la chapelle située en cet endroit. Le chevet reçoit le jour par trois fenêtres ternées...

... « Entrons maintenant *dans l'église*... Au-dessus des chapiteaux prennent naissance des arcades de forme ogivale. Du côté sud, ces arcades ne présentent rien de remarquable, mais au nord, elles sont richement ornées d'une guirlande courante de vigne. On y voit, au milieu du feuillage, des chevaliers, des monstres, des serpents, des lézards, des crapauds, un Saint-Esprit, Jésus portant sa croix, des Chimères vomissant un cep de vigne, etc., etc. Au-dessus de chaque colonne, toujours sur le mur nord, se trouve une niche ogivale. A sa base, elle se compose de trois pans, ornés de trois arcs ogives ; puis se dressent deux pieds droits, soutenant un trépan semblable au premier, avec trois arcades cintrées; au-dessus se dessine une accolade avec flammes, et un pinacle surmonte le tout.

« Sur le mur goutterot sud, rien de semblable : une niche cintrée, très simple, sans autres ornements qu'une voussure en écaille dans le haut, fait face aux niches du nord.

« Au-dessus s'ouvrent les fenêtres du clair étage, encadrées par les nervures prismatiques de la voûte. Ces nervures partent par faisceaux de cinq des dais des niches de la grande nef.

« Des trois arcs triomphaux, les deux latéraux qui mènent des bas-côtés dans les chapelles du transept sont bas, en ogive et sans ornementation. Celui de la grande nef (le seul qui pour nous soit l'arc triomphal) est en grès, très haut et orné de sculptures comme les arcades de gauche.

... Au sommet de l'arcade, on voit la date de 1861, qui est celle de la restauration entreprise par M. l'abbé Bonhomme. Un Christ doxal surmonte le tout.

(A l'occasion de l'incendie de 1525, M. Rodière contredit comme nous la tradition d'après laquelle le feu n'aurait détruit que le côté droit de l'église, ce qui expliquerait l'infériorité de la nef du sud. Mais il a mal interprété notre pensée en nous faisant dire que toute l'église a été détruite en 1525, à l'exception de la chapelle funéraire, et qu'elle a été rebâtie ensuite en entier, mais par pièces et par morceaux, ce qui explique les irrégularités de détails que l'on y peut constater. Oui, on a travaillé longtemps et un peu tous les siècles à notre église ; mais nous n'avons jamais dit que les nefs soient postérieures à l'incendie de 1525. Je crois fort que cet incendie n'a endommagé que la toiture et la charpente.)

... « Entrons dans le transept : la croisée ou inter-transept (le pied de tour) est voûtée en ogive en forme d'étoile par huit nervures prismatiques. »

(M. Roger Rodière désigne encore sous le titre d'arcs triomphaux les arcades qui conduisent de la tour en chœur et aux chapelles. Il y en aurait donc six.)

« Les chapelles se composent d'une seule travée dans le sens de l'ouverture, de deux dans celui de la profondeur. La première travée a la même largeur que les bas-côtés, dont elle forme la continuation ; la seconde correspond à la saillie, c'est-à-dire au transept proprement dit. Les nervures prismatiques, sillonnant la voûte ogivale, ont cela de particulier qu'elles se réunissent en faisceaux de trois par trois pour descendre non sur des culs-de-lampe, mais jusqu'à terre, derrière la boiserie basse. »

(M. Rodière écrit que l'église de Fressin était primitivement ornée de peintures murales. Il en voit la preuve) dans la petite nef du nord, où la chute du badigeon a mis à jour une espèce de branche d'arbre. Il nous fait remarquer que les croix de consécration sont fort différentes les unes des autres. Il y a au nord des croix de St-André, au sud des croix pattées, dans le transept des croix fleurdelysées, ce qui, selon notre jeune archéologue, indiquerait plusieurs consécrations successives. C'est une opinion qui ne me paraît point vraisemblable. Rien n'oblige à dessiner les croix sur un modèle uniforme.)

« Enfin, l'arc triomphal séparant le chœur de la croisée (du pied de tour, où le transept se *croise* avec la nef) porte quatre fois répétées les armes de Créquy : d'or au créquier de gueules à sept branches ; couronne ducale. Partout ailleurs le badigeon empêche de rien voir ; *M. Fromentin a l'intention de le faire enlever.* »

(L'intention, c'est beaucoup dire. Le désir, oui, bien vif, bien ardent, et nous bénirions l'homme à la fois généreux et actif qui se chargerait de cette œuvre de restauration. Mais, outre que nous ne sommes plus à un âge de tenter une pareille entreprise, on ne peut rien espérer des ressources de la fabrique aujourd'hui qu'il faut les employer à l'entretien du bâtiment.)

« Une petite sacristie est accolée au chevet ; sa voûte en pierre, sans clefs ni culs-de-lampe, se compose de six nervures prismatiques formant étoile, et n'a pas plus de 2^{m}50 de haut. Une petite fenêtre ogivale avec meneau central, trèfle et rosace dans le tympan, l'éclaire du côté est.

« Une porte dissimulée par la boiserie, dans la deuxième travée du chœur, côté nord, donne accès à l'antique chapelle seigneuriale, aujourd'hui servant de sacristie. C'est peut-être la plus intéressante partie de l'église. Elle est voûtée en deux travées par une maçonnerie de forme ogivale ; cette voûte repose à gauche de l'autel sur une colonnette ronde à chapiteau à feuille de chêne, puis sur une autre colonne plus grosse engagée, et enfin sur une troisième semblable à la première ; à droite, sur deux culs-de-lampe aux angles et sur une colonne engagée au milieu, à chapiteau simple.

« Deux fenêtres éclairent cette chapelle. Elles sont de forme ogivale ; celle de l'est est géminée, et celle du nord est trilobée dans le haut. »

(Notre visiteur décrit le rétable, l'autel, le tombeau ; il dépeint aussi les stalles et la crédence) :

« A droite de l'autel est creusée dans la muraille une crédence subtrilobée ; à gauche se trouve un cul-de-lampe.

« Sur le mur nord, dans la travée ouest, se dessinent deux arcs accolades séparés par un trumeau ; on y voit un trilobe, des pinacles à clochetons, des crochets, des arcades, des flammes ; au-dessus, des pierres sculptées, des rosaces. C'était probablement le dossier sculpté des sièges des sires de Créquy.

« Sur le mur ouest, tout près de ces arcades, se trouve une cheminée fort simple, mais caractéristique du XVᵉ siècle. »

(De la sacristie, M Rodière nous conduit à la tourelle, nous en fait gravir les quarante-cinq marches en grès, nous introduit sur la voûte du collatéral, puis sur celle de la tour, où est établi le mécanisme de l'horloge. Puis, tandis que nous tremblons de tous nos membres, que nos jambes flageolent et que nous n'osons lever la tête, il atteint en un clin d'œil le haut de la très longue échelle qui mène de la voûte aux cloches. Il va en relever les inscriptions que l'on a vues tout à l'heure.

QUEL SERAIT NOTRE PROGRAMME

Si nous étions jeune et riche, ou si quelques personnes riches et généreuses nous exprimaient le désir de faire quelque chose pour notre église ?

1° Avant tout il importe de prévenir les dégradations du bâtiment et de le préserver de la ruine. C'est toujours là le point essentiel, et ce sera toujours le premier devoir des administrateurs, aussi longtemps que l'on ne pourra point compter sur l'Etat ou sur la Commune pour suffire à cet office. Que servirait-il de faire de grandes dépenses pour restaurer et embellir l'intérieur, si la pluie et les gelées venaient à faire tomber les voûtes et à rendre l'édifice hors d'état de recevoir les fidèles ?

2° Très volontiers nous accepterions l'argent nécessaire (il en faudrait beaucoup) pour faire disparaître par des ouvriers habiles et prudents l'ignoble badigeon qui couvre les murs et empâte les fines sculptures des arcades. Mais, pour Dieu ! pas de grattage, ni aucun emploi du rabot !

3° Volontiers nous laisserions enlever les tableaux du Chemin de la Croix, qui ressemblent vraiment trop aux estampes qui décorent la maison des pauvres gens. On pourrait les remplacer par quatorze sujets aussi riches qu'on voudra les avoir, à condition toutefois que ces tableaux ne soient guère voyants et n'arrêtent point le regard. Ce qui doit frapper en entrant dans notre église, c'est la voûte médiane et les lignes architecturales.

4° Quoique une église sombre prête plus au recueillement, et qu'un jour mystérieux soit préférable à une lumière trop éclatante, il importe toutefois qu'il fasse clair dans une église, et qu'à dix heures du matin on ne soit point forcé de fermer son paroissien pour se trouver dans l'impossibilité de lire sa messe. Aussi ne tenons-nous que fort peu à garnir nos fenêtres de verrières foncées. Nous laisserions sans regret les verres blancs dans les nefs ; tout au plus y accepterions-nous des grisailles assez claires. Mais il y a deux fenêtres que nous voudrions pourvoir de belles et riches verrières : celle du milieu de l'abside et celle de la chapelle de la Vierge. Au-dessus du maître-autel nous placerions la principale scène de la vie de St. Martin ; à l'autel de la Vierge, le tableau réglementaire de la Confrérie du Rosaire.

5° Quel plaisir aussi et quelle augmentation de solennité pour nos offices, si nous avions de grandes orgues à la tribune ! On en peut avoir pour six mille francs qui seraient parfaitement convenables. Est-ce à dire que nous soyons disposés à supprimer ou à cacher notre tant belle rosace ? A Dieu ne plaise ! Mais on peut avoir un système de buffet qui ne lui fasse point tort. Il a été fait récemment quelque chose de ce genre à la chapelle du collège Saint-Bertin, à Saint-Omer.

6° Quand certaines parties du dallage seront trop défectueuses, il faudrait, en les renouvelant, se faire une loi de respecter les vieilles pierres tombales, dût le coup d'œil en souffrir.

7° Nous ne ferions point disparaître ni remplacer de sitôt les lambris. Nous nous bornerions à les bien entretenir et à réparer leurs défectuosités.

8° Même observation pour le maître-autel. Si cependant un homme riche offrait une grande somme d'argent pour le remplacer, nous l'accepterions à condition qu'il nous fût permis d'en diriger l'emploi. Nous préférerions la simplicité d'un autel en matière riche, comme le marbre ou la pierre, à l'étalage d'une forêt de clochetons en mauvais bois.

9° Sans enlever à l'ancienne chapelle Saint-Jean sa destination actuelle de sacristie, nous ferions nettoyer et sécher les murs, mettre l'autel en état (faisant vérifier s'il a conservé sa consécration, et, dans la négative, y faisant placer par l'évêque diocésain les reliques nécessaires), et la chapelle serait rendue au culte : dans l'hiver ou dans le cas d'infirmité, on y pourrait dire la messe en ouvrant aux fidèles (dans la semaine, s'entend) la porte qui donne sur la chapelle du Rosaire.

10° Nous compterions sur les circonstances et sur la piété de quelques bonnes âmes pour avoir un calice en vermeil et de forme gothique, un ostensoir plus élégant et plus léger, comme aussi des ornements pour le Saint-Sacrifice.

11° Autant pour obtenir une plus grande solidité que pour plus d'élégance, il y aurait lieu de renouveler le portail de l'ouest et de doubler ceux du midi qui ne présentent aucune résistance et ne sont qu'une partie de la boiserie qui entoure l'église. Il faudrait à ces trois issues une forte charpente et une forte ferronnerie. Mais un architecte serait nécessaire pour l'une et pour l'autre.

12° Avant de quitter l'église, un mot encore à nos successeurs, un mot sérieux : surtout gardez le système des bancs ; ne vous laissez pas tenter de les remplacer par des chaises.

13° Quant au dehors, qu'il faut toujours tenir sec et propre sur une largeur de plusieurs mètres, dans l'intérêt de la conservation des murs, le soin principal des marguilliers devant être toujours, comme ils le font aujourd'hui, de faire nettoyer les gouttières, nous ne voyons pas de dépenses considérables à y proposer. Nous ne voyons, pour notre part, rien de pratique ni de bien désirable à reprendre le projet de M. Bonhomme relativement aux trois toitures. L'exécution de ce plan serait très coûteuse et conduirait à des frais d'entretien considérables.

14° Mais la façade méridionale, si belle déjà, serait encore considérablement embellie, si les niches qui se trouvent entre les deux portails étaient de nouveau garnies de statues blanches, pierre ou terre cuite.

15° On pourrait aussi faire sculpter la niche qui domine le portail de l'ouest et qui est jusqu'à présent restée brute.

On connaît nos divers *desiderata*. Nous exhortons ceux que stimulerait cet exposé de ne point résister à la tentation. Les quinze articles qui précèdent donnent libre carrière à leurs préférences.

LIVRE SECOND

LA PAROISSE DE FRESSIN

Les guerres et la Révolution française firent passer successivement la paroisse de Fressin sous trois sièges épiscopaux différents, ceux de Thérouanne, de Boulogne et d'Arras.

CHAPITRE PREMIER

Fressin, diocèse de Thérouanne
Jusqu'en 1553

La paroisse de Fressin fit d'abord partie de l'immense diocèse de Thérouanne, qui s'étendait, au sud, jusqu'à la Canche et l'Authie, et, à l'est, jusqu'au delà d'Avesnes-le-Comte, comprenant toutes les paroisses de notre département qui, avant la Révolution, appartenaient au diocèse de Boulogne ou à celui de Saint-Omer.

Le diocèse Morin se divisait en deux archidiaconés : l'archidiaconé de Flandre et l'archidiaconé d'Artois, subdivisés l'un et l'autre en vastes doyennés. Le district ou archiprêtré moderne, tenant le milieu entre le doyenné et l'archidiaconé, ne paraît pas avoir été connu dans l'ancienne administration. Fressin faisait partie de l'archidiaconé d'Artois, doyenné d'Hesdin (la ville ancienne), avec Sains, Avondance, Coupelle-Vieille, Coupelle-Neuve, Fruges, Radinghem, Verchin, Crépy, Ambricourt, Teneur, Tilly, Erin, Humerœuille, Humières, Eclimeux, Blangy, Maisoncelle, Tramecourt, Canlers, Ruisseauville, Planques, Azincourt, Béalencourt, Wamin, Auchy, Rollencourt, Blingel, Incourt, Neulette, Noyelle, Œuf, Blangermont, Beauregard, Aubrometz, Fillièvres, Galametz, Wail, Willeman, Fresnoy, Saint-Georges, Marconne, Grigny, Huby-Saint-Leu, Guisy, Aubin, Contes et Aubercourt (Wambercourt) (1).

Planques paraît avoir de tout temps fait partie intégrante de la paroisse de Fressin. Il n'en est pas de même de Sains, bien que, chaque année, on imprime à Arras, sous l'œil inattentif de l'Evêché, que le 15 octobre a lieu l'Adoration du Très-Saint-Sacrement à Sains, *annexe de Fressin*. On pourrait croire que ce *lapsus* est un souvenir du passé. Cela n'est pas (2). Sous les évêques de Thérouanne, Sains-les-Fressin avait son curé et son église particulière : « Ecclesiam parochialem de Sains juxta Fressin », ainsi qu'il appert d'une curieuse visite faite le 4 août 1550 par le délégué de l'archidiacre de Thérouanne, visite dont

---

(1) *Aubercourt* ou *Obercourt* n'est pas précisément l'altération, le patois de *Wambercourt*. Il n'y a guère, au contraire, que le Cartulaire d'Auchy qui appelle ce village la propriété de Wambert ou Walbert, *Walbercult, Walbercort, Wamberti Curia*. Ailleurs, nous trouvons *Aubercourt*. Nous avons sous les yeux, au moment où nous écrivons cette note, trois imprimés où on lit *Aubercourt*. C'est d'abord un tableau des églises du diocèse de Thérouanne ; c'est, en second lieu, la liste des villages, censes et hameaux, du Comté de St-Pol, dans Maillart (1756), et la même liste dans un recueil des Coutumes d'Artois de 1671. M. de Bomy écrivait *Obercourt*.

(2) A moins qu'on n'ait voulu marquer par là que ces deux églises voisines étaient à la nomination du même personnage, l'abbé de Saint-Jean-au-Mont.

le curieux procès-verbal nous est donné par M. le Chanoine Haigneré (1).

Faut-il donner créance à certaine tradition, d'après laquelle Philippe-Auguste aurait reçu l'hospitalité au château de Fressin, en 1214, avant la bataille de Bouvines ? Ce qui est assuré, c'est que Baudouin de Créquy se distingua par sa valeur en cette glorieuse journée.

En 1434, la dame de Fressin, qui était pour lors Jeanne de Roie, la même qui, en 1425, avait fondé une chapelle funéraire pour elle et pour son mari mort en 1411, fit une généreuse donation pour assurer le service divin dans cette chapelle.

On remarquera qu'un cimetière fut ouvert en même temps que fut fondée la chapelle funéraire.

On sait combien les chrétiens des premiers siècles honoraient les dépouilles de leurs frères. Non seulement ils s'étaient fait une habitude, devenue une loi de l'Eglise, de n'édifier aucun autel sans que la table du sacrifice ne reposât sur la tombe d'un martyr ; mais ils avaient voulu, en confiant leurs morts à la terre, les abriter tous sous le toit du temple. Cependant, au XVe siècle, il y avait de longues années que l'usage d'enterrer indistinctement tout le monde dans l'intérieur des églises avait été prohibé, et partout on avait érigé des cimetières autour du Lieu saint. C'était un lieu réservé, souvent éclairé pendant la nuit, toujours consacré par une bénédiction spéciale,

---

(1) Les archidiacres de Thérouanne faisaient la visite des églises du diocèse, au lieu et place de l'évêque, qui n'aurait pu y suffire.
L'un des plus célèbres fut Philippe Nigry ou de Nigry, docteur *in utroque jure*, archidiacre de Thérouanne, official, chancelier de l'Ordre de la Toison-d'Or, maître aux requêtes du Grand Conseil de l'empereur Charles-Quint. Plusieurs de ces archidiacres étaient évêques *in partibus*, suffragants, disait-on, et pouvaient soulager l'évêque titulaire en administrant pour lui le sacrement de Confirmation.

et protégé par l'image du Rédempteur. L'inhumation à l'intérieur de l'église était désormais le privilège d'une élite, une distinction accordée aux seigneurs du lieu, aux prélats, aux ecclésiastiques. Il y a lieu de croire qu'à Fressin on s'en était tenu jusque-là à l'usage primitif, usage qui n'était pas sans de graves inconvénients.

L'acte de fondation de la chapelle funéraire, dite *chapelle Saint-Jean*, et du cimetière paroissial, dit *cimetière Saint-Martin*, fut passé l'an 1434. En voici l'analyse qui a été faite pour nous aux archives départementales :

« Madame Jeanne de Roich, dame douairière de Créquy, fait édifier un cimetière de Saint-Martin à Fressin. Une chapelle en augmentation du service divin est fondée pour y être dit et célébré perpétuellement chaque semaine de l'an 5 messes. Pour acquitter cette fondation, elle donne tout le fief et appartenances d'icelui qu'elle tenait du Sr de Créquy et tous les autres héritages, soit cottiers ou autres appartenant à ladite dame, tenus de Oudart de Royon et de Williamme de Vincque (ou de Vuilque) à cause de leurs terres qu'ils tiennent dudit sire de Créquy.

» Plus, pour la plus grande sûreté et entretenement de la dite chapelle et des messes y être célébrées, ladite dame donne à l'église paroissiale de Fressin 8 livres parisis de rente héritière à prendre et recevoir annuellement sur un fief appartenant à Philippe Le Vasseur et par lui tenu de Créquy.

» Pour laquelle rente donnée lesdits paroissiens et marguilliers de ladite église de Fressin seront tenus d'entretenir tout le corps et édifice de ladite chapelle, ainsi que les calices, luminaires à leurs dépens. De plus, de faire célébrer deux obits en ladite église de Fressin pour l'âme de ladite dame et du feu Seigneur de Créquy son mari ; l'un la veille de Saint André, l'autre la veille de Saint Michel.

» Elle ordonne qu'après son trépas, toute la justice et seigneurie qu'elle avait audit fief donné par elle pour ladite chapelle soit et appartienne au Sr de Créquy et ses successeurs, et que le chapelain et les paroissiens ne seront tenus, pour ladite rente et ledit fief, à aucun service ou redevance audit Sr de Créquy, et qu'ils en jouiront franchement comme de chose amortie. Le seigneur de Créquy aura seulement les amendes qui écherront pour délits quelconques.

» Le Sr de Créquy, fils dudit feu seigneur et hoir apparent de ladite dame, ratifie toutes ces donations et conditions, et accorde amortissement pour lui et ses successeurs, sans aucune charge pour le chapelain ou les paroissiens. »

Suit le dénombrement détaillé des terres relevant du fief donné par la dame douairière de Créquy pour l'acquit de ces fondations. On y lit aussi les noms des tenanciers.

La fondation de Jeanne de Roie est de grande importance. Elle valut à l'église de Fressin un prêtre de plus. La Révolution, en confisquant les biens donnés, a supprimé les charges. La dame de Fressin n'y doit rien perdre devant Dieu : il nous plaît de louer devant les hommes sa religion et sa charité.

A cette époque, trois prêtres trouvaient leur emploi dans la paroisse de Fressin : le sieur Curé, le vicaire résidant à Planques et y faisant sans doute l'école, le chapelain institué en vertu de la fondation de Jeanne de Roie.

Après Jeanne de Roie, François de Créquy, ambassadeur en Angleterre, donna, selon la chronique de Saint-André, beaucoup d'or et d'argent pour faire restaurer l'église de Fressin. Il avait fait ces généreux sacrifices en 1506.

Nous citerons ici pour mémoire l'incendie de 1525, mentionné à sa date dans notre chapitre de l'Église de Fressin, comme aussi les illustres prélats qui, sortis de cette paroisse, furent successivement appelés à s'asseoir sur le siège des saints évêques de Thérouanne, les Omer, les Erkembode, les Humfroy et autres.

A propos de l'incendie de 1525, un mot de notre chroniqueur nous apprend que le temporel de notre église avait dès lors ses administrateurs. A l'époque de cet incendie, écrit en effet le curé Jean de Bomy, était « manéglier de ladite église Agnieux de Bomy, mon bisaïeul. » Et quelques années après, en 1546, quand on enterra Jeanne Desplancques, femme dudit Agnieulx de Bomy, le manéglier était « Ernoul Mayoul ».

M. Sauvage (1) écrit que les Anglais et les Bourguignons brûlèrent Fressin en l'automne de 1522.

Pierre de Lières.

Le premier curé de Fressin dont nous ayons le nom est **Pierre de Lières**. Le Cartulaire d'Auchy nous apprend qu'il intervint, en 1531, en qualité de notaire apostolique pour recevoir l'acte de l'élection de Guillaume Dorlay, en qualité d'abbé, par les religieux de ce monastère, simple formalité puisque l'élu était nommé par l'empereur Charles-Quint. Il fut aussi envoyé à Saint-Omer comme député d'Auchy, pour présenter à l'abbé de Saint-Bertin les lettres impériales et le procès-verbal de l'élection. D'autre part, le tableau des fondations de notre église signale Pierre de Lières, curé de Fressin, comme l'un des bienfaiteurs de cette église en 1532.

Jean Boutry.

Le successeur de Pierre de Lières fut vraisemblable-

---

(1) *Histoire de la ville de Saint-Pol.*

ment le dernier qui ait été ordonné par un évêque de Thérouanne. Sire **Jean Boutry**, que nous fait connaître Jean de Bomy, fut tué d'un coup d'arquebuse en la maison pastorale, en 1566. Ce coup lui fut donné « par un malveillant ». La place de la balle se voyait encore, en 1613, « en la fenêtre voisine de l'huys ».

Sire Jean Boutry avait eu à pleurer sur les souffrances de son peuple sans cesse pillé et tourmenté par les armées espagnoles et françaises, qui sillonnèrent le pays durant les premières années de son ministère. En 1553, il vit tomber la vieille cité épiscopale, et, peu de jours après, la noble ville d'Hesdin. Leur destruction, il faut bien le dire, était imposée à Charles-Quint par les nécessités de la politique, plutôt qu'inspirée par une pensée de colère. Mais ici vient se placer un fait glorieux intéressant pour notre histoire, et qui dut grandement consoler le cœur du pasteur. L'Empereur avait épargné Renty, et ce château avait même considérablement gagné d'importance stratégique comme citadelle avancée, par le fait de la destruction de Thérouanne et d'Hesdin.

Cette situation n'avait pas échappé au roi de France Henri II. « Il résolut, en 1554, de tenter un coup de main sur Renty, pour de là se répandre dans l'Artois, et jeter à son tour la désolation et la ruine dans les campagnes dévouées à l'Espagne. »

La garnison de Renty ne comprenait que douze hommes sous le commandement du chevalier Jacques de Bryas. Attaqués à l'improviste, ils jurèrent de perdre la vie plutôt que de manquer à leurs devoirs. Ils se défendirent vigoureusement, faisant usage de tous leurs moyens : crochet, mousqueterie et petits canons. Ils comptaient sur un secours de l'empereur Charles-Quint. Le secours ne vint point. Mais les troupes françaises, voyant leur surprise déjouée, se retirèrent auprès du roi, à Avroult, après avoir tiré quelques coups de canon.

Charles-Quint, émerveillé que treize hommes eussent osé résister à une armée, les anoblit tous. Or, parmi les douze soldats de Jacques de Bryas, se trouvait un paroissien de Fressin, nommé François Delarue. Le gouvernement français tint pour bonne et valable la décision de l'empereur. Des lettres de confirmation, et, en tant que de besoin, d'anoblissement, furent données à Paris, en juin 1663, en faveur de François Delarue et autres. La terre de Bryas fut érigée en comté.

Après la destruction de Thérouanne, cet antique et vaste diocèse fut divisé en trois diocèses nouveaux, les évêchés de Saint-Omer et d'Ypres, pour la partie de l'ancien diocèse Morin soumise à la domination espagnole; l'évêché de Boulogne, pour la partie demeurée française. Toutefois, ce ne fut qu'en mars 1566 que le pape S. Pie V érigea ce dernier siège. Jusque-là, on paraît avoir accepté la juridiction spirituelle de ceux des Chanoines de Thérouanne qui s'étaient retirés à Boulogne.

*
* *

Catalogue des Évêques de Thérouanne,
d'après le manuscrit de Fressin.

Avant d'ouvrir son nécrologe, le curé de Fressin, Jean de Bomy, donne la liste des premiers pasteurs du diocèse Morin. Nous reproduisons cette liste, la complétant, et, au besoin, la rectifiant par celle que M. Auguste Parenty a insérée dans l'*Annuaire départemental de* 1867.

Jean de Bomy commence par faire remarquer que la Morinie fut évangélisée, vers l'an 258, sous l'empereur Valérien, qui s'était d'abord montré favorable aux Chrétiens. Saint Fuscien et saint Victoric furent les premiers apôtres de notre pays.

Mais la Morinie retomba dans l'idolâtrie. L'an du Christ 362, saint Victrice vint dans le nord de la Gaule, chez nos ancêtres, *Morinorum et Nerviorum gentes indomitas.* Jean de Bomy rappelle le grand éloge que fait de cet apôtre S. Paulin, évêque de Nole. C'est un saisissant parallèle entre l'état déplorable où Victrice avait trouvé ces lieux, et les institutions florissantes qu'il y laissait. Ce pays, situé aux extrémités de la terre, sur les bords d'une mer inconnue, était assis à l'ombre de la mort. Ces forêts désertes, ces rivages inhospitaliers n'avaient pour habitants que des voleurs et des brigands. Et voilà que, par la prédication du bienheureux Victrice, ils ont reçu du Seigneur les plus grands bienfaits. Dans les villes, les forteresses et les îles, partout on y voit des églises et des monastères.

Voici maintenant, d'après notre prédécesseur, la série des évêques de Thérouanne, qui furent les premiers pasteurs de nos ancêtres.

MEMENTOTE PRÆPOSITORUM VESTRORUM

CATALOGUE DE JEAN DE BOMY.	NOTES ET ADDITIONS.
1. S. Antimond. premier évêque des Morins. Il mourut au temps du roi Clotaire. Sa prédication eut lieu vers l'an 640. Vers 605, Clotaire construit une église à Thérouanne, en l'honneur de la Mère de Dieu.	1. (531-549). Envoyé par S. Remi.
2. S. Athalbert.	2. (549-552). Il y eut ensuite une vacance de soixante et onze ans.
3. S. Omer	3. (623-668).
4. Drancius ou Diancius.	4. Draucius (668-685).

5. Theodoricus Bainus.
6. Ravenger.
7. S. Erkembode.
8. Adalgère.
9. Guntbert.
10. Etharius.
11. Rodoaldus.
12. Atalfus.

13. Vigbert.
14. Theodonius.
15. Erembalde.
16. S. Folquin.
17. S. Hunfride.
18. Actard.

19 Adalbert
20 Hériland.

21. Etienne.
22. Vifride,
   prévôt de Saint-Bertin.
23. David.

24. Framericus.

25. Baudouin
   florissait en 421. Au temps du roi Robert, il releva les remparts de la ville.
26. Drogon.
27. Hubert.
28. Gérard.

5. S. Bain (685-697).
6. (697-723).
7. (723-737).
8. (737-816).
9. Contebert, Gumbert.
10. Ethaire, Ætherius.
11. Radualde.
12. Atalphe. Dimmiricius. Vers 791.
13. Wigebert.
14. Théodwin. Vers 798.
15. Vers 814.
16. (816-855).
17. Humfroy (856-869).
   Atard, Achard,
   évêque de Nantes, exilé de son diocèse, chargé en 870 et 871 de l'administration du diocèse de Thérouanne. Il fut ensuite archevêque de Tours.
18. (871-887).
19. (887-892).
   Il transféra provisoirement son siège à Boulogne pour être plus à l'abri des Normands.
20. (892-935).
21. Wicfride, Wifride. Winefride (935-959).
22. Bauco ou David 1er (959-964).
23. Lindulfe
   élu en 964, siégeait en 973.
24. Framerie
   mourut en 1004.
25. (1004-1030)

26. (1030-1078).
27. (1078-1080).
28. Lambert.
   Usurpateur, excommunié, enfin chassé en 1084, il n'est pas mentionné par Jean de Bomy.

29. Le Bienheureux Jean.

30. Milon,
moine de Dommartin. Il mourut en 1158.

31. Milon II

32. Le Bienheureux Didier.
Sacré l'an 1169. En 1186, il fonda l'abbaye de Blandecques. Il fut inhumé dans le monastère de Cambron.

33. Lambert.
Il siégeait en 1201.

34. Jean II.

35. Adam.

36. Pierre de Kala.
Il mourut en 1250.

37. Rudolphus ou Raoul.
Il siégeait en 1255.

38. Henri.
Il siégeait en 1258.

39. Jacques de Boulogne.

40. *Enguerranus Crecquius*. 1317.

41. Jean III.
Il fut transféré à l'archevêché de Reims.

42. Raymond.
Il fut transféré à l'archevêché de Lyon, après la prise de Calais par les Anglais sous Philippe de Valois.

43. Gilles.

44. Robert de Genève.
Il fut transféré à Cambrai, puis, sous le pontificat d'Urbain VI, il fut fait **Antipape** sous le nom de Clément VII.

45. Gérard de Dainville.
Il devint ensuite évêque de Cambrai.

46. Adémar.

29. Gérard Ier (1084-1096).
30. (1099-1130).
31. (1131-1158).

32. (1160-1169).
33. (1169-1194).

34. Lambert II (1194-1207).

35. (1208-1213).
36. (1213-1229).
37. Pierre Ier, dit de Doy, (1230-1251)
38. Raoul de Cala
Evêque en 1253, n'occupait plus le siège en 1262.
39. Henri Ier, de Muris, (1277-1286).
40. 1287-1301).
41. ENGUERRAND DE CRÉQUY,
transféré de Cambrai à Thérouanne en 1301. Il assista au Concile de Senlis en 1317, et mourut le 19 novembre 1330.

42. (1331-1334).

43. Raymond Saguet (1334-1356).

44. Gilles Aiscelin (1357-1361).

45. (1361-1368)
Cette qualification d'antipape est à remarquer, quoique très juste. Jean de Bomy ne l'aurait sans doute pas employée, s'il avait été sujet français.

46 (1368-1371).

47. Adhémar ou Aimar Robert (1371-1375).

47. Pierre d'Orgemont.
Il fut transféré à l'évêché de Paris, où il mourut en 1409.

48. Jean surnommé Tabary,
médecin du roi Charles.

49. Mathieu Renaud.
Reginaldus, confesseur de Charles VII (lire Charles VI, quoique l'auteur ait écrit **Septimi**.)

50. Louis de Luxembourg.
Il fut transféré à l'archevêché de Rouen et devint conseiller du Roi d'Angleterre.

51. Louis-Henri de Lorraine.
Il fut transféré à l'évêché de Metz.

52. Henri le Jeune, cardinal.

53. David de Bourgogne.

54. Antoine de Croy, fils du Comte.

55. François de Melun,
précédemment évêque d'Arras.

56. Philippe de Luxembourg.
Il devint cardinal et mourut en 1519.

57. Jean de Lorraine.
Il devint Cardinal, archevêque de Narbonne, évêque de Metz, etc.

58. *Franciscus Crecquius*
mourut en 1551.

59. *Antonius Crecquius*
frère du précédent.
Quo sedente,
Taruenna, anno
1553, ab Carolo V
expugnata, in favillas su-
premo funere resoluta est.

48. (1375-1384).

49. (1384-1403).

50. (1404-1414).

51. (1415-1436).

52. Jean V, dit le Jeune
(1436-1451).
Il devint Cardinal.

53. David II, de Bourgogne
(1451-1455).

54. Henri II, de Lorraine ;
il fut transféré à Metz (1456-1485).

55. Antoine Ier, dit de Croy
(1485-1495).

56. Frédéric de St.-Séverin
(1496).

57. Philippe de Luxembourg
Transféré à Arras en 1516.
(1498-1516).

58. François de Melun.
Transféré d'Arras à Thérouanne
(1516-1521).

59. Jean VI, de Lorraine,
Cardinal, etc. Il abdiqua le siège de Thérouanne en faveur du suivant.
(1521-1535).

60. François II, de Créquy
(1535-1552 ou plutôt 1553).

61. Antoine II, de Créquy
(1553).

Des deux listes ci-dessus, celle de la deuxième colonne doit seule faire autorité. Celle de M. Bomy n'est ni tout à fait complète, ni tout à fait exacte, surtout dans la dernière période. Nous l'avons publiée cependant, et nous l'avons fait par respect pour son auteur. Il y a deux cent soixante-dix-huit ans qu'il la dressait, sur un petit registre, en son modeste presbytère.

CHAPITRE II.

Fressin, Diocèse de Boulogne.
1566-1803.

L'Evêché de Boulogne, qui s'est élevé sur les ruines de l'antique évêché de Thérouanne, était, comme ce dernier, suffragant de la métropole de Reims.

Erigé dès l'année 1566, il resta sans titulaire jusqu'en 1570. La contrée fut donc dix-sept ans privée des avantages spirituels que lui aurait assurés la présence d'un évêque.

Le diocèse de Boulogne, le seul qui soit tout entier compris dans notre département du Pas-de-Calais, se divisait en deux archidiaconés, celui de France et celui d'Artois, subdivisés eux-mêmes en doyennés.

L'église de Fressin, avec son annexe de Planques, releva de l'archidiaconé d'Artois et du doyenné du Vieil-Hesdin, de moitié moins important que l'ancien doyenné d'Hesdin.

Ce doyenné comprit dans sa circonscription les églises suivantes :

1º Vieil-Hesdin, à la nomination des chanoines de l'église collégiale de la ville d'Hesdin, au diocèse de Saint-Omer ;

2º Auchy-les-Moines et Wamin, son annexe, à la nomination de l'abbé de Saint-Silvin d'Auchy ;

3º Blangy-sur-Ternoise, à la nomination de l'abbé de Blangy ,

4º Ruisseauville, à la nomination de l'abbé de Ruisseauville ;

5° Canlers et Tramecourt, son annexe, à la nomination de l'abbé de Blangy.

6° Azincourt, avec ses annexes d'Ambricourt et de Maisoncelle, à la nomination de l'abbé de Saint-Jean-au-Mont-lez-Thérouanne ;

7° Fressin et Planques, son annexe, à la nomination de l'abbé de Saint-Jean-au-Mont-lez-Thérouanne ;

8° Sains-lez-Fressin et Avondance, son annexe, à la nomination de l'abbé de Saint-Jean-au-Mont-lez-Thérouanne ;

9° Rollencourt et Béalencourt, son annexe, à la nomination de l'abbé de Saint-Jean-au-Mont-lez-Thérouanne ;

10° Saint-Martin, avec ses annexes de Cavron et de Wambercourt, à la nomination de l'abbé de Saint-Saulve de Montreuil, alternativement avec le seigneur du lieu ;

11° Contes et Saint-Vaast, son annexe, à la nomination de l'évêque de Boulogne ;

12° Guisy et Huby, son annexe, à la nomination de l'abbé d'Anchin ;

13° Saint-Georges, à la nomination de l'abbé d'Anchin.

Fruges, notre chef-lieu actuel, faisait partie du doyenné de Bomy. Le Parcq et la Loge formaient, avec Grigny et la nouvelle ville d'Hesdin, une enclave du diocèse de Saint-Omer dans le diocèse de Boulogne.

Sur douze abbayes que possédait le diocèse de Boulogne, il y en avait trois dans le doyenné de Vieil-Hesdin ; celles de Ruisseauville, de Blangy et d'Auchy.

Le diocèse avait aussi douze prieurés, dont deux dans le doyenné de Vieil-Hesdin : celui de Saint-Georges dépendant de l'abbaye d'Anchin, lequel est suffisamment connu ; celui de Sains-lez-Fressin, *De Sanctis monasterii Sancti Joannis Morinensis*, ordre de Saint Benoît. Il est mentionné parmi ceux du démembrement de Thérouanne, où l'évêque de Boulogne a droit de visite et de procuration. Les abbés et religieux de Saint-Jean-au-Mont étaient tenus et obligés, à cause de ce prieuré, d'entretenir l'église et la maison presbytérale de Sains, et même d'y établir un clerc pour le service divin. Un arrêté du Conseil de Malines, du 30 avril 1575, confirmant une sentence du Conseil d'Artois du 10 juillet 1572, énumère les charges imposées à l'abbaye de Saint-Jean-au-Mont en faveur de l'église de Sains.

Nous pensons fort que le prieuré de Sains ne se composa guère que d'un seul moine, le prieur curé (1).

Nous pouvons donner la liste complète des curés de Fressin qui relevèrent du nouveau siège de Boulogne.

Loys de Wailly.

Le premier fut sire **Loys de Wailly**. Il reçut la charge du gouvernement des âmes le 30 novembre 1566. On se souvient que son prédécesseur, sire Jean Boutry, avait été assassiné dans son presbytère.

En 1569, la dîme, que possèdent à Fressin les religieux de Saint-Jean-au-Mont, est affermée à Jean de Lespine, pour la somme de 100 livres par an.

Il paie pour centièmes 18 livres (2).

---

(1) En 1761, l'abbé de St-Jean, résidant à Ypres, nomma pasteur de Sains-les-Fressin, en remplacement de François-Ernest Caron, le Révérend François-Jean De Croix, précédemment vicaire d'Ambricourt, succursale d'Azincourt.

(2) Archives départem.: C. *Etats d'Artois*. Centièmes de 1569. Fressin, fol. 258.

Un dénombrement fait en 1590 mentionne la fondation due à Jeanne de Roie pour la chapelle Saint-Jean (1).

Le Chapelain de cette chapelle, y est-il dit, « tient un fief qui se consiste en 5 mesures de terre, en 2 pièces, au terrage de 13 jarbes, bottes ou warras (2) ».

Louis de Wailly mourut en 1597, après trente ans de ministère.

Adrien de Wailly.

Il eut pour successeur son neveu, Maître **Adrien de Wailly,** qui exerça l'office de pasteur pendant quinze ans ou environ, y mourut le 7 janvier 1613.

Sous son administration, en 1607, Jacques et Marguerite Duplessis firent en faveur de l'église de Fressin une donation, dont le titre original, indéchiffrable pour nous, se trouve encore aux archives de notre église.

Jean de Bomy.

Jean de Bomy, troisième curé de Fressin depuis la création du diocèse de Boulogne, entra en charge en 1613, et mourut, toujours curé de Fressin, le 11 avril 1651 (3). Mais il paraît avoir quitté la paroisse,

---

(1) *La dîme de Créquy* appartient à l'abbaye de Ruisseauville, « seuls, sans qu'aucuns aultres seigneurs y puissent demander ny quereller aucun droict et ainsy en ont jouy de temps immémorial. Elle se cueille à raison de 3 du cent « garbes, bottes ou waras ».

Archives départementales. *Fonds de l'Abbaye de Ruisseauville,* Recueil général des biens, 1591, fol. 436.

(2) Archives du Pas-de-Calais : E. *Fonds de la Seigneurie de Créquy.* Dénombrement du fief Despréaux par de Brias. 10 janvier 1590.

(3) M. de Quandalle possédait un sceau en fer portant une sablière et la légende de Jean de Bomy. Ce sceau avait été trouvé au Vieil-Hesdin. (Dr Danvin)

lors de la guerre qui eut pour résultat la réunion définitive du pays à la France, et y avoir été suppléé. Il s'était sans doute compromis par la manifestation trop publique de ses sympathies pour l'Espagne. On lui doit un registre des décès survenus après son installation. Chaque article, très bref d'ailleurs, note, dans un mot caractéristique, la cause du décès ou les circonstances dans lesquelles il s'est produit. A la suite de la liste des décès, M. de Bomy a transcrit l'histoire de Sainte Colette et celle des Clarisses du Vieil-Hesdin. Nous avons offert la légende de Sainte Colette à nos collègues des Antiquaires de la Picardie, et l'on sait que nous avons publié la seconde partie par Extrait, sous le titre de « *Histoire édifiante et merveilleuse des pauvres Clarisses du Vieil-Hesdin.* » Quant au nécrologe de Fressin, nous ne croyons pas pouvoir nous dispenser de le reproduire ici, ou, du moins, d'en donner une analyse qui le fasse suffisamment connaître.

Pour l'année 1613, M. de Bomy signale 9 décès. Les morts de cette année sont :

1. Le curé Adrien de Wailly, décédé le 7 janvier.

2. Jeanne Dufumier, qui mourut de mort subite, le 12 février; elle était veuve de Antoine Lenglet.

3. Françoise Bailleul, femme de Louis Pingrenon, demeurant à Planques, 15 mai.

4. Marguerite Roussel, 26 juillet.

5. Antoinette Vasseur, *vitam cælibem agens*, 1ᵉʳ août.

6. Nicolas Renard, 5 septembre.

7. Le 11 même mois « rendit son âme à Dieu Marie Millon, veuve de Jean Le Cocq ».

8. Le 20 octobre, « fut appelée au jugement de Dieu Christine Anselin, en l'an 24 de son âge. »

9. Le 24 même mois, « trépassa de mort assez soudaine Antoine Desplancques », à Planques.

Sequitur annus 1614. Douze décès notés pour les deux villages.

1. Le 16 janvier, « mourut Marguerite Caudevelle, veuve de feu Thomas Desplancques, son premier mari. »
2. 30 janvier, Jean Lescart.
3. 1ᵉʳ février, à Planques, Michelle Desplancques, épouse de Pierre Desplancques.
4. 25 février. « Antoinette Benault, *innupta*. »
5. 22 mars, « Marie Picquet *et innupta innotuit*. »
6. Le 6ᵉ d'avril, *qui dominica in albis sacer erat*, fut trouvée morte en son lit Catherine Le Becq, veuve de feu Pierre Tachon, son premier mari. *Lecteur, crains la même fin.*
7. Le 11 avril, Catherine De Vis, veuve de feu Robert du Parcq.
8. Le 22 juin, « qui estoit le dimanche de la Sainte Chandelle de Notre-Dame d'Obercourt, » mourut Jean Desgrugeliers, oncle du curé Jean de Bomy.
9. Le 25 même mois, « fut appelée au jugement de Dieu après une longue infirmité, Marguerite Gonfrère, « laquelle fut avancée par son enfantement. »
10. Le 8 septembre, « fut appelée à l'éternité l'âme de Gabriel Rouyin. »
11. Le 25 novembre, « passa de ce monde à l'autre Michel Bugneteur, dit Wallé. »
12. Le 23 décembre, à Planques, « Noëlle Desplancques, *innupta pene octogenaria*. »

Sequitur annus 1615. M. de Bomy signale 21 décès. Le 1ᵉʳ est celui de sa tante Perrine de Bomy, qu'il recommande à son ami lecteur, réclamant pour elle un *Ave Maria* par charité.

1. C'est le 13 janvier 1615 que « passa de cette mortalité à l'immortalité, environ une heure après minuit, l'âme de Perrine de Bomy. »
2. 3 mars, Françoise Pelé.
3. 10 avril, Nicolas Gauthier et Jacqueline Lejeusne, sa femme.
4. 28 avril, Pierre de Laire.
5. Anne Souillart, « cinq jours après son enfantement. »

6. 15 mai, Ferry de Layre.
7. 22 mai, Michel Meurisse, jeune garçon.
8. 26 juin, Nicolas Alexandre, dit Colnet.
9. 12 juillet, Philippotte Desplanques, femme du dit Colnet.
10. 1er juillet, Jean de Lépine, dit Manier.
11. 27 juillet, « alla devant Dieu l'âme de notre confrère Me Antoine de Bomy, prêtre, natif de Fressin. »
12. 5 août, « mourut un fils à Mathieu Cazier, d'une charrette qui roula sur sa tête, dont il eut tout l'os fracassé. »
13. 7 août, Isabeau Marchant, femme de Jean Séguin.
14. 8 août, « Jeanne Tachon, femme de François Pelé, après avoir enduré une bien longue et bien pénible maladie, et principalement l'incision d'une sienne mamelle. »
15. 17 août, « André Desjel, qui fut premièrement frappé d'une pleurésie, et puis d'une douleur de tête très grande, tellement que le troisième ou quatrième jour de sa maladie il perdit jugement et ne fit presque que rêver jusqu'à son trépas, qui fut le 11e de sa dite maladie. »
16. 27 août, « après une bien longue et fâcheuse langueur, « Marguerite Desplancques, femme de Louis Hibon. »
17. 17 octobre, Marie de la Voye, femme d'Adam Caron.
18. 19 octobre, Jeanne Caudevelle, femme d'Adrien Mayoul.
19. 23 même mois, Georges Warin, « après avoir enduré le mal éthique plus d'un an, qui se termina en hydropisie.
20. 9 décembre, Françoise Pinel, femme de Pierre Baudelot.
21. 22 décembre, Jean de Lépine, « de mal éthique et ensemble hydropique. »

M. de Bomy signale, sans dire pourquoi, un décès de 1609 et un autre de 1610, Michel d'Erry et Martin Souillart.

Sequitur annus ab orbe redempto 1616. Vingt décès.

1 « Le premier que Dieu appela à son jugement cette année 1616 fut Pierre Ringo, natif de Torsy, qui mourut le 4 janvier de pleurésie, au bout de cinq à six jours de sa maladie. *Vir erat simplex et rectus.* »

2. 11 janvier, « Mathieu Desplancques, dit du Ploich, à cause que lui et ses devanciers ont été habitans dudit hameau. »

3. 12 janvier, à Planques « Pasquette Alexandre, dit Pélot. Ce même jour nous eûmes deux corps, l'un à Fressin, l'autre au dit Plancques. *Præterea* un baptême et un mariage. » C'est ce qui s'appelle une journée bien remplie et dont il convenait de léguer le souvenir aux générations futures !

4. 29 janvier, Desplancques, dit du Plouy, frère de Mathieu, précédemment nommé. Il mourut *post longam ac diuturnam infirmitatem.* « Les quatre trépassés étaient à la vérité des meilleurs de la paroisse. *Quibus dignus non est mundus.* »

5. 9 mars, à Lille, Marguerite de Lépine *vitam agens cœlibem.*

6. 10 mars, Marguerite Le Febvre.

7. 13 mars, une fille à Claude Gille Fis Jan.

8. 6 avril, Perrine Lenglet.

9. 18 avril, Perrine Riquier, femme de Pierre Féret.

10. même jour à Planques, Jacqueline Vincent, agée de 85 ans, *post diuturnum languorem.*

11. 28 mai, « Pierre Hibon, dit Caudaine, le troisième jour de sa maladie, toujours privé de parole, l'an de son âge 80 ou environ. »

12. « le 19 juin fut tué et meurtri à Douai Charles Haignerel, physicien, par des jeunes furibonds de la dite ville, durant la procession solennelle, ce qui causa un regret cruel à ses pauvres parents. »

13. le 27 juillet, fête de S. Jacques, Jeanne Desplancques, femme de Pierre Bringuier, « laquelle a été languissante l'espace de dix ans. » A pareil jour, l'an 1604, était décédé « son frère Vincent, logicien. »

14. même jour, Jeanne du Puich, femme de Martin.

15. 26 juillet, Jean le Mar, jeune fils, « qui fut quelque temps aveugle, sourd et sans jugement. »

16. le jour de S. Laurent, « Jean le Leu, jeune garçon. »

17. 28 août, « Jeanne de le Couture, jeune fille à marier. »

18. 15 sepbtemre, « Julienne Macquerel, âgée de 66 ans. »

19. 28 septembre, Catherine Desgrugeliers, demeurant à Grugeliers (section de la commune de Lisbourg), tante de M. le curé Jean de Bomy.

20. 25 décembre, jour de Noël, Grégoire Picquet.

Sequitur annus 1617. M. de Bomy n'a noté que dix décès.

1. 16 janvier, Hélène Delhel, censière des Granges, à Plancques.
2. 20 janvier, Jeanne de Beuvry, veuve de feu Antoine Ricquier.
3. 12 avril, Perrine Gille, veuve de Pierre de Laire.
4. 16 avril, Guislain Malhatre, notaire et procureur d'office à Fressin.
5. 13 mai, M. de Bomy, écrit ceci : « Le 13 de mai 1617, mourut ma tante, femme de Monsieur de Bomy, mon oncle, en la ville d'Aix en Provence. »
6. 3 août, Eustache Desplancques, à Plancques.
7. 26 août, Pierre Ricquier.
8. 16 septembre, Germain Féret.
9. 15 novembre, Jean Macquet.
10. 24 décembre, François Martin.

Sequitur annus 1618. Vingt et un actes.

1. 7 janvier, Jacques Tourbier, octogénaire et plus.
2. 12 même mois, Gratien Godefroy, jeune homme à marier, originaire de Herly.
3. 6 février, Jan Hanocq.
4. 23 même mois, Marie du Quesne, femme de Michel Desplancques.
5. le jour S. Mathias, « trépassa au Collége de Hesdin le R. P. Jehan de Lépine, Jésuite. »

L'Eglise, serait-on peut-être tenté de dire à cette occasion, sait, comme Virgile, tirer de l'or du fumier d'Ennius. Non, car la famille De Lépine, qui s'est perpétuée à Fressin jusqu'à nos jours, était une famille essentiellement chrétienne. A l'époque dont il s'agit, outre le Révérend Père Jésuite, elle avait un autre de ses membres en religion, une fille, pauvre Clarisse au couvent du Vieil-Hesdin.

6. 29 mars, à Cercamps, « damp Jean de Wailly. » Il était frère de sire Louis de Wailly, ancien curé de Fressin.

7. le 13 avril, Michel Téchon.

8. 20 avril, Jeanne Tachon, femme de Jean Desplancques.

9. 15 mai, à Lisbourg, Jean de Febvin, cousin de M. le curé de Fressin.

10. 29 juillet, à Planques, Françoise de Lépine.

11. 9 septembre, à Lisbourg, Jacqueline de Febvin, cousine de M. Jean de Bomy.

12. 26 septembre, Antoinette Boucher, veuve de Michel Téchon.

13. 2 octobre, Antoinette Souilliart, autre cousine de M. le Curé.

14. « le jour Monsieur St Denis, 9 d'octobre, » Denise Herbert, femme de Jean Boulanger.

15. 11 octobre, « Nicolle de Magny, femme seconde de Wallerand Troussel. »

16. 13 octobre, à Grugeliers, commune de Lisbourg, Jeanne Merlin, autre cousine de M. de Bomy.

17. « Le jour de Toussains, mourut de mort subite Michelle Waret, femme seconde à Blaise Frechel ».

18. « le 8 novembre, trépassa à Lisbourg, Jeanne Cugniet, femme du cousin Jean de Febvin.

19. le 16 novembre, Jeanne Riflarde.

20. le 14 décembre, Françoise Bruche.

21. 28 décembre, Nicolas Atteignant.

Nous ne pouvons pas assurer que M. de Bomy ait inscrit à son Nécrologe tous les décès survenus à Fressin et à Planques ; mais il est manifeste qu'il y mentionnait des personnes étrangères à la paroisse, soit qu'elles fussent originaires de Fressin, soit surtout qu'elles lui fussent unies par les liens du sang.

Sequitur annus à partu Virginis 1619. Vingt décès. L'année commence mal.

1. « le 8 janvier 1619 fut tué et homicidé à Fressin Jean Manier, greffier de Sains. »

2. 15 février, Marie Troude.

3. 18 mars, Pierre Bigorne, sergent octogénaire.

4. 2 avril, Pierre Carpentier.

5. 8 avril, Jacques Foué.

6. 15 avril, Marie Obert.

7. Un accident : le 16 avril, « fut inhumé en notre cimetière le corps de Marie Donerie, laquelle fut trouvée morte au bois du Gaudiamont. »

8. 19 avril, Antoine Caudevelle.

9. 27 avril, Jeanne Brillart, veuve de Jean Desplancques, dit du Plouy.

10. 16 mai, Péronne Foué.

11. 31 mai, Jean François.

12. 27 juillet, de mort assez subite, Françoise de Wailly.

13. 24 septembre, Adrienne Campion, femme de Philippe Vasseur, qu'elle laissa veuf après cinquante-quatre ans de mariage.

14. Nouvel accident : 1er octobre, mourut, écrasée par la chûte d'un pommier, Catherine Gomel, femme de Jean Macquet, dit Michau.

15. 12 octobre, Marguerite Souilliart, cousine de Jean de Bomy.

16. Accident extraordinaire : le 6 novembre, Françoise Pelée, de Planques, mourut soudainement et violemment, « surprise et emportée de la Lanterne au moulin de Ruisseauville, dont elle eut tout le corps brisé et rompu. »

17. 24 novembre, à Planques, François d'Ambricourt, « qui avait bien du soin à réparer les ruines de l'église du dit lieu ».

18. 29 novembre, à Hesdin, Marguerite Lenglet.

19. « le deuxième de décembre, Dieu retira à soi l'âme de Jeanne Tourbier. »

20. Blaise Fréchet.

Incipit annus ab orbe redempto 1620. Dix décès. L'année commence mal.

« Le second jour de janvier, notre étrenne fut tant infortunée et lamentable que certaines personnes endiablées, après avoir forcé notre église de nuit par une vitre au côté droit de St-Adrien, rompu trois serrures (de la sacristie, d'un coffre et du Répositoire du Très Saint-Sacrement), ont dérobé et emporté plusieurs Reliques sacrées, enchassées sur argent massif, et même (*quod horrendum est*) le vaisseau du Très-Saint Sacrement, à notre grandissime regret, confusion et affliction, et ensemble de tout notre peuple. »

1. Le 28 janvier 1620, Claude de Wailly, veuve d'Antoine de Wailly, son dernier mari.

2. Le 2 février, Potentienne Blancquart, « laquelle, au rapport des sages-femmes, portait *in utero 2 proles*. »

3. Le 3 mars, à Planques, Léon Bullot.

4. Le 13 mars, à Planques, Michel Desplancques, âgé de 85 ans.

5. Le 4 mai, Jean Caron, « lequel fut trouvé mort en son lit chez sa femme. »

6. 5 mai, André Ronel, oncle de M. de Bomy. *Requiescat in pace*.

7. 12 mai, Gabrielle Férard.

8. 6 juin, à Saint-Omer, le docteur Collin, frère du gardien du Biez.

9. Le 6 juin, jour de la Pentecôte, mourut à Arrras Marie Hanotel « ayant eu une sienne mamelle rongée, mangée lentement par un chancre, ce qu'elle porta toujours fort patiemment et constamment. Elle était veuve de Charles Bize et fermière pour lors de cette paroisse. »

10. 20 novembre, Philippe Vasseur.

Sequitur annus 1621. Dix-neuf décès signalés.

1. 17 janvier, Madame de Créquy, à la Tour d'Aigue.

2. 26 janvier, Décès, le premier de l'année à Fressin, de Perrine Briquier, femme de Max Caudevelle. Mort subite.

3. 28 janvier, le pape Paul V.

4. 8 février, à Planques, Jeanne Merlin, femme d'André Desplancques.

5. 2 mars, Jean Cazier, filleul du Curé Jean de Bomy.

6. 27 mars, Jean Caudevelle, dit Masse.

7. 31 mars, Philippe III, roi des Espagnes, « prince très pieux et très catholique. »
8. 23 avril, Martin Ronel.
9. 24 avril, Louise de Wailly.
10. 29 avril, Michel Hibon.
11. 20 juin, Marguerite Croutel.
12. 23 juin, Marguerite Croutel (sic).
13. 2 juin, Jeanne Pinel.
14. 24 juin, Marie Bocquette.
15. 28 juin, à Planques, Marguerite Boubert.
16. Voici un éloge singulièrement solennel et pompeux :
« *Decimo die Julii. sub horam octavam matutinam, Generosissimus, vigilantissimus, ac incomparabilis, et invincibilis ille comes de Bucquoy, occurens pabulantibus, cum toto fere equitatu suo, à suis civibus turpissimè desertus, à longè paucioribus hungaris occisus est magno cum luctu et damno totius Reipublicæ Christianæ. Requiescat in pace.* »

Il s'agit ici d'un seigneur artésien, Charles de Longueval, deuxième comte de Bucquoy, baron de Vaulx-Vraucourt, chevalier de la Toison d'Or, général de l'artillerie du roi catholique, conseiller du même roi au conseil d'état de guerre, gouverneur et grand bailly de Hainaut. Il avait ramené à l'obéissance plusieurs villes de Bohême, pris quatorze étendards aux rebelles, et il guerroyait en Hongrie, lorsque, forcé de marcher avec une partie de sa cavalerie contre une armée ennemie qui lui coupait les vivres et les fourrages, il eut son cheval tué sous lui le 12 juillet 1621. Son corps fut trouvé dans le camp percé de dix-sept coups ; on le transporta à Vienne, où il fut enterré dans l'église des Cordeliers. M. de Bomy dramatise son récit en nous faisant connaître le lâche abandon qui causa la mort du Comte de Bucquoy.

Les de Longueval du Pas-de-Calais ne descendent-ils pas de ce vaillant chef de guerre?

17 « Le 13 juillet, trépassa Notre sérénissime, très doux,

très débonnaire prince Albert, *cujus memoria in benedictione est.* »

18. 5 novembre, Jeanne Le Febvre.

19. 10 décembre, Pierre de Lépine « après une langueur de 9 à 10 ans. »

20. 14 décembre, à Planques, mourut « de mort soudaine Claude Macquet, octogénaire et plus. »

Sequitur annus ab orbe redempto 1622. Vingt et un décès.

1. 3 janvier, François Gille.
2. 13 janvier, Marguerite Robbe.
3. « Le jour de la conversion de Monsieur Saint Paul, mourut Thoinette de Monchy. »
4. 7 mars, Pierre Carpentier, rentier.
5. 13 avril, Françoise Douzinel.
6. Le jour Saint Marc mourut Pierre de Lépine.
7. Le 5 mai, *qui triumphanti Ascensioni Domini sacer erat*, mourut Thoinette de Bomy, veuve de Rolland de Pouilly.
8. 21 juin, Marie Somon.
9. 18 juillet, Adrien Caron, âgé de 84 à 85 ans.
10. « Le 18 juillet, mourut d'un coup de couteau Noël Herbert, de Fressin, lors paroissien à Marconne. »

Si alors la foi était plus vive et les mœurs plus pures qu'aujourd'hui, la perversité de l'homme déchu y éclatait parfois par des actes ni moins impies ni moins sauvages.

11. 17 août, Me Adrien-André Flamen.

M. de Bomy ajoute : *Requiescat in pace*, sans nous dire quel rang particulier occupait ce défunt privilégié.

12. 13 septembre, à Planques, André Desplancques.

C'est à croire que tout Planques était composé de Desplancques.

13. 17 septembre, Catherine Pépin.
14. 6 octobre, Antoinette de Bomy, tante de M. le Curé.

A cet endroit, M. de Bomy place un entrefilet de chroniqueur :

« Le 8 d'octobre 1622, s'éleva un vent impétueux, notamment sur le soir, qui fut accompagné d'un effroyable tonnerre, dont fut bruslée, comme l'on croit, une cense au village de Marand les Montreuil. »

15. 14 octobre, Péronne Caudevelle.
16. 22 octobre, Gilles François.
17. 29 octobre, Jeanne Hibon.
18. 6 novembre, Gabrielle Lenglet, femme de Wallerand de Pouilly.
19. 5 décembre, « Guillaume de Lépine, après une langueur de plusieurs années.
29. « Le jour de Monsieur Saint Thomas apôtre, » Mariette Pelée.
21. 29 décembre, Marie Verdon.

Sequitur annus Incarnationis Dominicæ 1623. Vingt-sept décès signalés.

1. 3 janvier, Antoine Harache, originaire de Marquié.
2. 1er février, Mahieutte Griffonne.
3. 7 février, Jean de Lépine.
4. 5 mars, Gille Croisier, octogénaire, vieux sergent de guerre.
5. « Le 8 dudit mois, Dieu appela à soi l'âme de mon cousin Zacharie Desgrugeliers, demeurant au village de Senlis-lez-Fruges. *Requiescat in pace.* »
6. 6 avril, à Marenla, Michel Desplancques.
7. 16 avril, (ipso sanctissimo die Paschæ), Péronne Camu.
8. 17 avril, Jacques Tachon.
9. 18 mai, André De le Cousture.
10. 11 juin, « Jeanne Le Roy, femme à Jean Moronval le Vieil. »
11. 19 juin, Jeanne Cazier.
12. 27 juin à Planques, « Perrine Gomel, femme de Liévin de Wamin. »
13. 3 juillet, Liévin de Wamin, jeune garçon.
14. le jour Ste Marie-Madeleine, Catherine Croutel, femme à Guillaume Ronel.

15. 20 août, à Obercourt, Marguerite Moronval.
16. 21 août, Jean Somon.
17. 21 août, Pierre Roussel, sergent.
18. 4 septembre, Jean Hibon.
19. 11 septembre, Jean Bringuière.
20. 15 septembre, « Jeanne Desplancques, veuve de Martin de Lépine, dit Martinet. »
21. 18 septembre, Philippe du Puich.
25. 8 octobre, Clairette Desmolin.
23. 12 octobre, Jacqueline Alexandre.
24. 13 novembre, Pierre Le Roy.
« Le même jour, sur le soir, tomba la voûte du chœur de Plancques pour avoir été chargée peu auparavant de trop de matériaux. »
25. 21 novembre, « mourut ès-bois de Bomy Isabeau Courtin, femme de Nicolas Malhattre. »
26. 7 décembre, Antoine de Crépy, père du bailly de Fressin.
27. 7 décembre, Adrien Cazier.

Sequitur annus 1624. Vingt-trois décès.

1. 1er janvier, Antoine Le Blan.
2. 3 janvier, Guillaume Croutel.
3. 4 janvier, Marguerite De Lattre.
4. 23 février, Katherine Boyaval.
5. 12 mars, Thoinette de Lépine, veuve de François Martin.
6. 10 avril, Le Vel, lieutenant de Dourier.
7. 12 avril, la belle-mère de Monsieur de Wamin.
8. 4 mars, Jean Camier.
9. 24 mai, Vincent Desplancques, d'une pleurésie.
10. 22 août, Pierre Bugueteur.
11. 1er septembre, Laurent Masse.
12. 3 septembre, André de Moncheaux, greffier.
13. 5 septembre, à Plancques, Antoine Macquet.
14. 6 septembre, « Barbe Ochre, femme à Antoine le Ricq. »
15. 11 septembre, Françoise de Beaumont, femme seconde de Pierre Souilliart.
16. 16 septembre, Jacqueline de Renty.

17. 26 septembre, Michel Pingrenon.
18. 4 octobre, Jacques Baudry.
19. 22 octobre, Jacqueline de Lépine, de la paroisse de Créquy.
20. 9 novembre, Isabeau Théret, femme de Gabriel Le Cocq.
21. 28 novembre, à Paris, Jean Collart, fermier.
22. Le jour St André, Marie Desplancques.
23. 22 décembre, Jacques de Torchy.

Sequitur annus 1225. Quarante-deux actes.

1. 14 janvier, Michelle Courtois.
2. 2 février, Jean Alexandre.
3. La veille St Martin, Pierre Bugneteur le Jeune.
4. 1er mars, à Planques, Jérôme Pingrenon.
5. 13 mars, Louis Alexandre, de mort subite.
6. 15 mars, Pierre Halipré.
7. 5 avril, Philippe Benau.
8. 5 mai, Michelle Denis.
9. 15 juin, Thoinette du Puich.
10. 22 juin, Pierre Lenglet, et Jean Lœillet, son cousin, décéda le 16 dudit mois.
11. 10 juillet, Nicolas Penet.
12. 11 juillet, à Fauquembergue, « Pierre Mourmier, couvreur d'ardoises, ayant tombé du toict de l'église dudict lieu. »
13. le jour Ste Marie-Madeleine, Jacqueline du Bos.
14. 3 août, Jeanne Desgrugeliers, femme de Christophe Petit.

Ces noms paraissent indiquer des habitants de Lisbourg ou environs, parents de M. de Bomy. Cependant il s'abstient ici de la mention ordinaire.

15. 1er septembre, à Royon, Antoine Petit.
16. 9 septembre, Jacques Croutel.
17. 10 septembre, « à Torchy, Christophe Petit. »
18. 13 septembre, « Michel de Wailly, *ætatis* 84. »
19. 13 septembre, « Louyse Hibon, *ætatis* 80.
20. 17 septembre, Marie Martin.

21. 17 septembre, Jacqueline Fruitière.
22. 20 septembre, Françoise Manière.
23. Le jour Saint Mathieu, à Contes, Marguerite du Flos.
24. 28 septembre, Antoinette de Lépine.
25. Le dernier de septembre, Barbe Roussel.
26. 3 octobre, Thoinette Croutel.
27. 14 octobre, Jeanne Bon.
28. Le jour Saint Luc, Roberde Desplancques.
29. Le jour Saint Luc, Antoine Caudevelle « *œtatis 100.* »
30. 21 octobre, Jérôme Martel.
31. 21 octobre, Marguerite Sauvage.
32. 14 novembre, à Planques, Pierre Bugneteur.
33. 26 novembre, Jeanne Alexandre, veuve de Simon Bringuier. *Erat bona et pia mulier.*
34. 2 décembre, Jean de Lépine.
35. « Le jour de la Conception Immaculée de Notre-Dame mourut Lambert Lenglet. »

Cette note est un témoignage donné par le Curé de Fressin de la croyance de nos pères au glorieux privilège de la Mère de Dieu, longtemps avant la définition du dogme.

Nous le soulignons avec bonheur. La Vierge de Lourdes, objet d'un culte particulier dans notre église, a confirmé la croyance des siècles en se déclarant elle-même l'Immaculée Conception.

36. 10 décembre, Pierre Féret.
37. Le 17, à Hesdin, Thoinette de Floury, *cognata*, femme à Antoine Desplancques.
38. Le 20, à Planques, Chrétien Grebecq.
39. Le 23, Marguerite Pelée.
40. Le jour Saint Jean, Raoul Hullin.
41. Le jour des Saints Innocents, à Planques, François Pelée.
42. Le dernier de décembre, Wallerand Obert.

Sequitur annus 1626. Trente-neuf décès.

1. 2 janvier, Claude Gille.
2. Le 11, Jean d'Ambricourt.

3. Le 15 décembre, Philippes Le Leu.
4. Le 26 février, Péronne Potriquié.
5. 1er avril, Mariette Hernu, veuve de Jean Brillard.
6. Le 8, Michel Gauthier, de mort soudaine.
7. Le 15, Martin de Lépine.
8. « Le 23 d'apvril trespassa Lièvine Courtin, femme 3e au Vieil Moronval. »
9. 18 mai, Nicolas Bochu.
10. 2 juin, Denise Brillart.
11. Le 20, Nicolle Le Febvre, de mort subite.
12. Le 27, Marguerite Sauvage.
13. Le dernier dudit, Jeanne Warine.
14. 8 juillet. Jean Lenfant.
15. Le 28, Simon Bullot et Anselme le Cra.
16. 2 août, Nicolas Hibon.
17. Le 4, Marie de Lépine.
18. « Le jour Saint Laurent mourut soudainement d'un coup d'épée Jean de Magny en la maison du bois Saint Jean. Il estoit jeune homme de l'Hermitage. »
19. Le 21, Philippe de la Cousture.
20. Le 23, Jeanne de Lebu.
21. Le 20, « Sire Jean Macquet, curé en Flandre ; il estoit originaire de Plancques. »
22. 2 septembre, Pierre Ringo.
23. Le 17, Jean Lenglet.
24. Le 18, Anthoine Lenfant.
25. Le jour Saint Mathieu, Jeanne Gaillarde.
26. Le 27, Jean Hecquet.
27. Le 29, Marie Alexandre.
28. 6 octobre, Jean Herbert.
29. Le 7, Liévin Macquet.
30. Le 13, Catherine Caudevelle.
31. Le 14, mourut le doyen d'Erin.
32. Le 18, Louise Denis.
33. Le 18, la fille Croisier.
34. Le 19, Marguerite Sauvage.
35. 3 novembre, à Plancques, Jeanne Macquet.
36. Le 5, Anne Haiguerez.

37. Le 6, Jean de Bailly, parisien, fils du fermier des seigneurs de Créquy à Fressin.

38. le 14, Pierre Desplancques.

39. 5 décembre, Adrien Mayoul.

Sequitur annus 1627. Dix décès.

1. Le jour des Roys, Marie Fainette, de Lisbourg.

2. « La nuict précédente, le jour Sainte Agathe, environ les douze heures de minuict, trespassa ma bonne et très affectionnée mère Marguerite Desgrugeliers, d'une cruelle pleurésie, au bout de six jours. Son corps gist devant la closture de l'autel de Sainte Barbe. Je te la recommande, amy lecteur, d'un *Ave Maria.* »

3. 9 mars, à Planques, Thoinette Macquet, femme de Guillaume Bouret.

4. Le dernier d'avril, Michel Ringo.

5. 13 juin, Marie Macquet, femme de Jean de Monchy.

6. Au commencement du mois d'août, Nicole Bocquet.

7. Le 3, François Lamourry, jeune chirurgien, âgé de 24 ans et 8 mois.

8. 6 octobre, André Hibon.

9. 30 décembre, François Alexandre.

10. *Eod. die*, Thoinette Je....., « femme de mon frère Martin. »

Sequitur annus 1628. Quinze décès.

1. « Le dernier de janvier 1628, peu après les douze heures de la nuict, trespassa ma chère sœur LOUISE DE BOMY, après une langueur de 3 mois entiers *Requiescat in pace.* »

2. 12 février, Guillaume Coffin, âgé de 86 à 87 ans.

3. 12 mars, Louis Sauvage.

4. 17, Pierre Brillart, *ætatis* 85 *ans*.

5. 8 avril, « la femme Anthoine de Herly. »

6. Dernier d'avril, Charlotte Goudalière.

7. 26 mai, « M. François L'Amourri, expert chirurgien. »

8. 18 août, Thoinette Forestel.

9. 11 octobre, Marie Regnau, mère de Guillaume.

10. Le 25, « mourut à Fressin Jean de Wase. »

11. Le 29, à Planques, « de mort subite Balthasine Deware, femme à Anthoine Le Roy. »

12. 7 novembre, à Planques, Antoine de Herly, jeune garçon.

13. 13 décembre, Jean Macquet, censier à Granges.

14. le 22, « Adrien Petit, retournant de Montreuil, fut tué par quelque malveillant. »

15. Le jour St Etienne, Antoine Francqville.

Sequitur annus 1629. Vingt-sept décès.

1. 7 janvier, Jean Raca, pauvre charbonnier « qui fust assassiné ès bois de Fressin. »

2. Le 9, Claude Lengeoppe.

3. Le jour St Vincent, Jacqueline du Fumier.

4. Le même jour « mourut aussi ma cousine Marguerite Ronel. *Requiescat in pace.* »

5. Le 27, Jean de Wailly.

6. « Le dernier de janvier fut trouvée morte en son lict Perrine Caudevelle. »

7. 1er février, Jean Desplanques, dit Gion.

8. Même jour, Nicolas Potriquié.

9. Le jour Ste Agathe, Jean Tourbier.

10. Le 11, Jacques de Lépine.

11. « Le jour Saint Valentin 1629, trespassa mon oncle M. Jacques Desgrugeliers, prêtre à Rivière-lez-Arras. »

12. Le 24, « Claude de Crépy, bailli de Fressin. »

13. Le 27, Marguerite Olivier, femme de Jean Lhomme.

14. Le dernier de février, Adrien Carpentier.

15. 2 mars, Frédéric Mayol.

16. le 7, Jeanne Alexandre, femme de Michel Brillart.

17. Même jour, « de mort subite, Marguerite Pelée, sage-femme. »

18. Le 8, Marie Bugneteur.

19. Le 11, « Jeanne de Lattre, femme de Jan Caudevelle. »

20. Le 15, Jean Corne.

21. 2 avril, Jacques Francqrue.

22. Le 27, Jean Crespin.

23. 14 mai, Jeanne Broude.

24. 5 juin, « Thoinette Sembourg, femme dernière de Moronval le Vieil. »

Sa quatrième femme apparemment. Le 23 avril 1626, le vieux Moronval avait perdu « sa femme troisième. »

25. 3 août, « Nicollas Malhatre. »

M. de Bomy écrit toujours Nicolas avec deux *l*.

26. Le jour St Augustin, 28 Aug. André Bugneteur.

27. « Le jour St Simon et St Jude, trespassa au couvent de Liège frère Anthoine Souillart, Récollect. »

Il y a ici évidemment une lacune dans le registre.

Sequitur annus 1630. Vingt et un actes.

1. 25 février, Philippe de Lépine.
2. 17 mars, Marguerite Le Moisne, jeune fille.
3. Le 23, Perrine Ronel.
4. 3 avril, Anne Carpentier, femme de Martin Caudevelle.
5. 12 mai, Claude de Lépine, femme de Morand Haignerel.
6. 7 juin, Jean de Lépine *binus*...

C'est une date heureuse au gré du bon curé :

C'est à pareil jour, écrit-il, que, l'an 1598, fut publiée la paix entre le roi d'Espagne Philippe II et Henry IV, roi de France.

7. Le 13, jour de St Antoine de Pade, « Anthoine Buron, bailly de Fressin. »
8. Le 25, Marie Seguin, femme dudit Buron.
9. 2 juillet, à Planques, Jean Macquet, octogénaire.
10. 18 août, Philippe Lamourry.
11. Le 21, à Planques, Jacques de Mouchy.
12. Le jour St Barthélemy, à Lisbourg, Jean Blanpain, de mort violente.
13. 2 octobre, à Marenla, Christophe Petit, de mort violente.
14. Le 10, à Planques, Pierre Le Quien.
15. Le dernier d'octobre, Marie de Cugny, femme de Jacques Martin.
16. 2 novembre, Adrienne Lamourry.
17. Le 15, Adrien Le Febvre.
18. Le 18, Jeanne Hibon, « femme de Nicollas Gille. »

19. Le jour St André, « M. Louys Pingrenon.
20. 1er décembre, Martin Haignerel.
21. « La veille de Noël trespassa ma bonne cousine, sœur Michelle Warin, religieuse au couvent des sœurs noires à Lille. *Requiescat in pace.* »

Après avoir clos, en latin et en français, le nécrologe de l'an 1630. M. de Bomy enregistre ici un fait merveilleux :

« C'est une chose fort remarquable qu'en la saison des fleurs il naquit nombre de violettes (on a effacé deux ou trois lignes où se devaient lire les nom et prénom de la personne dont le « tombeau » fut ainsi distingué).., de par là fut admiré non seulement des habitans de Fressin, mais aussi de ceux des lieux circonvoisins. C'estoit un tesmoignage possible que faisoit le ciel de l'innocence de ladite trespassée, qui avoit esté blasmée à tort et injustement de sorcellerie par personnes mesdisantes, car elle estoit femme de bien et d'honneur. »

Une femme vertueuse et digne d'estime, à l'abri de tout reproche, se voit tout à coup en butte à la malveillance. Sur un mot venu on ne sait de quelle ennemie cachée, on la croit en rapport avec les puissances des ténèbres ; c'est une sorcière ! Le pasteur a beau l'admettre à la communion ; les personnes instruites ont beau se moquer du préjugé populaire, le préjugé demeure, la superstition triomphe, et la pauvre victime est réduite à désirer la mort qui mettra fin à son martyre.... Ce qui se voyait en 1630 se voit encore en notre fin de XIXe siècle.

Sequitur annus 1631. Vingt-deux décès.

1. 8 janvier, Pierre Herbert.
2. Le 27, Noële Caron.
3. 20 février, Dominique Tassart.
4. 7 mars, Philippote le Grand.
5. Le 16, « mourut à Fressin un pauvre estranger, nommé Timothée Bertren, du pays de Xaint'Onge (Saintonge).

6. Le 28, à Planques, Marie de Herly.

7. 14 mai, à Rollancourt, Jean Caudevelle.

8. Même jour, Marie Ancquier, « femme de Nicollas du Parcq. »

9. Le 15, Jeanne Thélier, mère de Pierre du Hamel.

Jean de Bomy place ici sa légende sur l'incendie de 1525. C'est étrange. Pourquoi ne l'a-t-il pas raconté au commencement de son cahier? Faut-il croire qu'il n'a eu connaissance de ce sinistre qu'en 1631 ? il était à Fressin depuis le commencement de 1613. Il aurait été informé plus tôt, si l'incendie avait pris les proportions qu'on lui a attribuées de nos jours.

10. 21 mai, « François Desplancques fust assassiné et meurtri en son lict, environ le minuict, de six à sept coups mortels, par des voleurs et âmes perdues, qui frappèrent aussi de deux à trois coups de couteaux la femme dudict François en la gorge, *quæ paulo post sanatur beneficio Deiparæ Virginis, cujus opem in tanto periculo imploravit.* »

11. Le 25, Michel Morouval, « en la paroisse d'Obercourt, après une langueur de plusieurs années. »

12. 19 juin, François Tachon, femme de Jean de Ricbourg.

13. « Le jour St-Louys, roy de France, 25 d'Aoust » trépassa de mort subite Quentine Merlin.

14. Le 27, Adrien Haverlan, berger.

15. Le dernier d'août, un dimanche, André de Lépine « d'un coup de dague en la teste. »

16. 28 septembre, Messire Charles Samier, curé de Sains.

17. Le jour St-Denis, Pierre Durant.

18. 29 octobre, Antoine Bion.

19. 26 novembre, à Planques, Marguerite de Tramecourt, « pauvre vefve, *post diuturnum languorem.* »

20. Le 28, Colette Pinel.

21. 12 décembre, Jean Macquet, octogénaire.

22. « Le jour St-André 1631, mourut à Fressin un pauvre gentilhomme soldat, anglois de nation, qui avoit esté plusieurs années en prison pour la foy en son païs natal, et depuis banni d'iceluy avecq confiscation de biens. »

Sequitur annus 1632. Quinze décès.

1. « *Obiit Bruxellis Francisca Desplancques, juvencula, Antonii filia, januarii 7.* »

1. (Bis), 4 janvier, Perrine Bardone.

2. Le 25, « jour de la Conversion de M. St-Paul, » mourut, Jacques du Pouchel.

3. Le 29, à Planques, Marie de Soigny, femme troisième de Michel Macquet. *Hæc et duo præcedentes defuncti morte repentina sublati sunt hoc mense.* »

4. 26 février, « mourut à Blangy, soudainement d'un coup d'arquebuse Marc Le Febvre, s'opposant à quelques soldats qui vouloient entrer en la maison où il estoit batteur. Il avoit ici épousé Perrine Camier. »

5. 16 mai, André Caudevelle

6. 10 juin, François Le Moisne.

7. Le 12, Antoine Riquier

8. Le 14, Antoine Mayol.

9. La veille Ste Marguerite, Françoise Herbert, jeune fille.

10. 20 août, « Thoinette Le Ricque, femme de André Malhâtre, quinze jours après leur mariage »

11. Le jour St-Barthélemy, « d'un coup de couteau, Antoine Moronval en la paroisse de Beaurain. *Natus in hac parœcia.* »

Voilà, ce nous semble, bien des morts violentes. Si la foi était alors plus générale et plus vive, si la chair était moins flattée et moins corrompue, par contre les mœurs n'étaient guère plus douces ni la vie humaine plus respectée qu'aujourd'hui.

12. Le 28 août, veille de la décollation de Monsieur Saint Jean-Baptiste, à Planques, Michel Macquet, octogénaire. *Vir fuit simplex ac sincerus.*

13. 6 octobre, Anthoine Cordier.

14. 11 novembre, à Planques, Martine Courtin, *quæ nuper advolaverat ex pago de Senlis.*

15. Le jour St Thomas de Cantorbie, Marie Talva, femme à Jacques-Alexandre Le Cocq.

JHS Maria.

Sequitur annus 1633. Seize décès.

1. 1ᵉʳ janvier, un jeune garçon de douze ans, nommé Pierre Carpentier.

2. « Au mois de janvier décéda en la paroisse d'Obercourt un vieil trompette, nommé Daniel Soié, âgé de 102 à 103 ans. »

3. 30 mars, Louise Le Clercq.

4. 10 avril, à Planques, Jeanne Guffroy, femme de Jean l'èlée.

5. le 26, « Au Biez, Jeanne Herbert, femme de François Petit. »

6. « Le 5 may, jour de l'Ascension, fut trouvé mort, auprès le bosquet de l'Epault, Jean Macquet, où il fut tué d'un berger. »

Encore un crime !

7. « La veille des glorieux Apôtres St Pierre et St Paul » Antoine de Herly.

8. 1ᵉʳ juillet, Jacques de Herly, « qui fut censier au Plouich, *frater memorati.* »

9. le 11, Barbe Caudevelle, « jeune fille, d'un mal de costé. »

10. 17 août, Marguerite Ledin, veuve de Michel Pingrenon.

11. 14 septembre, « jour de Stᵉ Croix, » Nicolas de Bomy, âgé de 80 ans ou environ, père de M. le Curé. *Requiescat in pace.*

Jean de Bomy fit enterrer son père dans l'église, où il avait déjà fait inhumer sa mère. L'article qu'il consacre ici à leur sépulture a été inséré par nous dans un précédent chapitre.

12. 30 octobre, « Catherine Foué, jeune fille qui a estré languissante presque toute sa pauvre vie. »

13. Le jour de Monsieur St Martin, Jean Bonne, serviteur de meunier.

14. « Le 12 novembre, décéda Françoise d'Ambricourt, jeune fille de Planeques, laquelle se trouva mal environ huit ans, se porta bien quinze ans. Une masse de chair sortante de sa bouche, de la grosseur de deux poings, qui reposait à la fois sur l'espaule ».

15. le 16, à Planques, Olivier Goulliard, maréchal du lieu.

16. 30 décembre, Charles Wathin, « il estoit du village de Sainte-Larme-lez-Béthune. »

« *Prima decembris* 1633, trespassa à Bruxelles Isabelle Claire

Eugénie, infante d'Espagne et princesse des Pays-Bas, » qui avait été une vraie mère pour ses sujets.

Sequitur annus à partu Virginis 1634. Vingt et un décès.

1. 3 janvier, Philippotte Caudevelle.
2. le 19, Marie Alexandre, femme de Guillaume Focquet, d'hydropisie.
3. Id. Jean Moronval, « après une longue langueur, estant âgé d'environ 93 à 94 ans. »
4. le dernier de février, Françoise Benau
5. 2 mars, Marie Le Sage, veuve de Pierre Herbert.
6. 17 avril, Louis Macquet.
7. 21 mai, Michel Tachon.
8 « Le 25 juin, Louis Brillart fut tué à Hesmond. »

Crime ou accident ? M. de Bomy ne le dit point.

9. 3 juillet, à Planques, Luciane Fricquet, femme de Pierre Pelé.
10. le 9, André Bugneteur.
11. 6 août, mourut de maladie *contagieuse* Adrien Maioul, Curé de Renty.
12. le 18. Antoine Mayoul, neveu dudit curé.
13. « Le 18 de septembre mourut Marie Techon, jeune garce, »

C'est-à-dire fillette, trop peu âgée pour être appelée jeune fille.

14. Le 16, de ce mois était mort « à Domp-Martin Anthoine de Renty, âgé de 84 ans ou environ. »
15. Le 25 octobre trépassa, après une langueur fort longue et pénible, Marie Bringuier, veuve de Jacques Techon, *qui obiit aprilis 17ᵃ anno 1623.*
16 Le jour des âmes, Floury Gauthier.
17. le 20, Honorée Pasquette *inventa fuit mortua in lecto.*
18. le 21, Philippotte Desgrugeliers.
19. 1ᵉʳ décembre, Thoinette Queval.
20. le 2, Noé du Buisson.
21. Id. Jean Bachin, pauvre soldat d'auprès Valenciennes

Sequitur annus à partu Virginis 1635. Quarante-six décès.

1. 1er janvier, Liévin de Wamin, habitant de Planques.
2. le 25, Jeanne Desplancques, femme du Buisson.
3. Le dernier de janvier, Catherine de Wailly, veuve de Jean Binus.
4. 5 février, Nicole Le Grande, veuve de Haverlan.
5. Le 21, Claude Biloda, soldat bourguignon de nation.
6. 1er mars, « Grégoire Vanosse, d'un coup mortel qu'il reçut d'un autre soldat, environ quatre heures auparavant, tous deux de la mesme compagnie que le défunct Biloda. »
7. Le 11, Antoine Caudevelle.
8. 8 mars, à Lisbourg, Flourence Desgrugeliers, *cousine du curé de Fressin.*
9. Le 20, Jacques Alexandre, fils de Jean dit Le Cocq.
10. Le 21, Thoinette Desplancques, femme de Pierre Obert.
11. Le dernier de mars, Jean de Ricbourg, fils de Pierre.
12. 16 avril, Catherine Croutel.
13. « Le 3 may, jour de l'Invention de Ste Croix, mourut Jeanne Joyé *bonæ simplicitatis et probitatis mulier.* »
14. Le 5, Thoinette de Lépine, femme de Guillaume Mayoul.
15. 24 juin, Marguerite Pingrenon, femme de François de Wamin.

BELLUM IN GALLOS

M. de Bomy écrit ces trois mots sans autre observation, bien éloigné, sans doute, de prévoir les conséquences décisives de cette guerre.

16. 27 juin, François Tronde, *juvenculus de Hesmond.*
17. 21 juillet, Jacqueline Cazier, *puella pauperrima post languorem 19 mensium.*
18. Le 29, Marguerite Bardone, femme de Louis Bandame.
19. 2 août, Laurent Dieu, jeune homme à marier.
20. Le 20, « Jean d'Arras, après une langueur pénible, ayant

eu les membres pitoyablement playéz et trouéz, dont il sortoit grand' puanteur avec quantité de vers pour la putréfaction. »

21. Id. à Embry, « Anthoine Attaillant, d'un coup d'arquebuse que lui lança son beau-père par une haine invétérée. »

Et d'un !

22. Le jour de la Translation St Martin, 4 juillet, mourut à Paris Jacques de Bailly, fermier des seigneurs de Créquy en Artois, notre bienfaiteur. Ce fust lui qui donna à l'église la chasuble et tuniques blanches, pareillement une chape et un devant d'autel de paroisse, couleur la mesme. Sa femme, Marguerite Correur, . . . *pietatis*, mourut le jour St Martin auparavant, 11 d'octobre (lisez novembre) 1634, ce qui est remarquable. L'un de leurs fils, nommé Jean de Bailly, mourut à Fressin le 6 novembre 1626. Son corps fust enséputuré devant l'autel Notre-Dame. *Ils me donnoient tous les ans un quarteron de bois durant leur bail.* »

Cette note nous paraît appeler quelques observations.

Le 4 juillet, ce n'est pas, pour Jean de Bomy, la fête de Sainte Berthe de Blangy, si populaire pourtant dans la contrée, mais la seconde fête de Saint Martin, l'anniversaire de la translation de ses reliques. Cet anniversaire, célébré jadis dans la pseudoliturgie de Paris, n'est point marqué au calendrier romain, où l'on fait, ce jour-là, de l'Octave des Saints Apôtres. S'il est signalé comme une fête par le Curé de Fressin, c'est apparemment qu'on le célébrait dans son église, soit comme fête principale du patron, soit comme fête secondaire. Or, la fête communale ou ducasse de Fressin a encore lieu le dimanche après le 3 juillet, c'est-à-dire le jour de la translation de Saint Martin ou le dimanche suivant. Ne sommes-nous pas fondés à croire que la fête patronale de notre église se célébrait autrefois le 4 juillet, ou que, du moins, nos pères avaient une deuxième fête en l'honneur de leur glorieux patron ?

Autre remarque. Tandis que celui qui devait être le premier duc de Créquy combattait pour la France dans les armées de Louis XIII, et que le Curé de Fressin priait avec une ferveur mêlée d'angoisse pour le succès des armes espagnoles, l'homme de confiance du seigneur de Créquy recevait de la part de notre prédécesseur un solennel témoignage d'estime et de reconnaissance. Ce Jacques de Bailly, qui mourait à Paris, et dont le fils, mort neuf ans plus tôt, était qualifié de parisien par Jean de Bomy, n'était pas, ce nous semble, un fermier laboureur, comme nous l'entendons aujourd'hui. Quoiqu'il en soit, l'Eglise de Fressin avait en lui un bienfaiteur insigne, et le Curé un ami *in opere et veritate*.

23. « Le 28 d'août trespassa à Fressin Jean Petit, de Torsy, âgé de 84 ans. *Vir fuit probus ac sincerus catholicus.* »

24. 13 septembre, Jacqueline Bocquet, veuve d'Antoine Cordier.

25. Le 20, Noël de la Cousture.

26. 20 octobre, Max Caudevelle, âgé de 95 ans.

27. Le 21, « Adrienne Le Febvre, jeune garce. »

28. Le 22, « Jean Pelé, d'un coup d'arquebuse. »

Et de deux ! La chose se répète si souvent, que Jean de Bomy ne s'attarde plus à manifester sa douleur.

29. Le dernier d'octobre, Marguerite du Puich, femme de Guillaume Sauvage.

30. 3 novembre, « Antoinette de Villeman, vefve de Penet, censière de Barles. »

31. Le 9, Marie Toussel, femme de Baïard.

32. Le jour Saint Martin, « notre patron, Rassette Francqville, pauvre vieille fille. »

33. Le jour Saint André, « Katherine Cobon, jeune femme d'Embry, icy réfugiée à cause de la guerre. »

34. 1er décembre, Jeanne Seguin, femme de Jean Brillart.

35. Id. Marguerite Vallier, femme d'André de Caumont.

36. Le 2, Guillaume Tirloy, frère de Jean le Blay.

37. Le jour Sainte Barbe, « Nicolle Alexandre, vefve de Jean Amand. »

38. Le 7, Balthasar L'Escart, d'un coup d'arquebuse qu'il reçut à Obercourt.

Et de trois!

39. Le 12, Catherine Lenglet, femme de Michel Caudevelle.

40. Le 18, André de Caumont.

41. Le 19, Mathieu Troude de Hesmont.

42. Le 21, Guillaume Bruchet.

43. Le 22, Hugues Bullot.

44. « Le jour Saint Etienne, Marie Desplancques, vefve de Michel de Wailly, *ætatis 96*. »

45. Le 29, Françoise Danel, femme de Jean Chastrel.

46. Le 30, « Jacques Lagace, jeune fille de Sindeneux. »

Après avoir noté ces quarante-six décès, M. de Bomy ajoute : *30 defuncti à bello indicto*, c'est-à-dire les deux tiers dans les six derniers mois.

Sequitur annus Christi 1636. Deux cent quatre-vingt-treize morts signalées. — Année calamiteuse entre toutes.

1 2 janvier, « Jeanne Morel, femme de Jean Flour, icy réfugiez de Humbert. »

2. Le jour des Rois mourut à Fressin Jean Thorel, d'Embry, laissant huit pauvres orphelins.

3. Le 7, Thoinette du Quesnoy, pauvre fille de Hesmond, que sa maitresse renvoya malade de Hesdin chez son pauvre père.

4. Le 8, Jacques Cazier, *juvenculus indolis optimæ*, fils d'Alexandre Cazier et de Antoinette Gouilliard.

5. Le 10, à Ambricourt, Hector Desgrugeliers, oncle du Curé de Fressin.

6. Le 13, Jean Thorel, fils de Jean ci-dessus nommé.

7. Le 16, veille de Saint Antoine l'Hermite, à l'Hermitage, Jean Macquet.

8. Id, à Fressin, Pasquette Carpentière, de la paroisse d'Embry.

9. Id. « *Eod. pariter die* fust trouvé mort ès campagne de l'Espault, un pauvre homme nommé Adrien Bonvarlet de la paroisse de Hesmond, surnommé Patelot. »

10. Le 18, Catherine Loyson, femme de Louis Cazier.

11. Le 21, trépassa en ce lieu Jacques Descamps, de la paroisse de Hesmond.

12. Id. Pierre du Parc, laissant sa femme chargée de six enfants.

13. Le 22, Georges Hennin, *juvenculus* d'Offin.

14. Le 23, Jean Potriquié.

15. Le 24, (*in puerperio*) Françoise de Magny (*ex pago du Biez oriunda*), femme d'Antoine Le Borgne *è parœciâ* d'Obercourt.

16. Le 26, Jeanne Genelle, femme de Pasquié Guilmé d'Offin.

17. Id. à Fressin, Marie Meurisse, veuve et ancienne paroissienne d'Offin.

18. Le 27, à Planques, Pierre Desplancques, âgé de 80 ans ou environ. *Entre autres ses dévotions, il assistait journellement à la Saincte Messe.*

19. Le 28, Jeanne Séguin, femme de Jacques de Pouilly, *anteà* paroissienne d'Obercourt.

20. Le 29, à Planques, Jean Pelé.

21. Le 30, à Fressin, « Françoise Pinelle, femme de Louis Caron, paroissiens de Hesmond, *icy réfugiéz à cause de la guerre.* »

22. Le 31, Pierre Tassin.

Vingt-deux décès en un mois, sans apparence d'épidémie. Est-ce seulement le fait de la guerre ? Et pourquoi cherchait-on un refuge à Fressin ?

23. « Le 2 febvrier, jour de la Purification Notre-Dame, trespassa en ce lieu Perrine Hennin, femme de George Maréchal, *è parœciâ de Hesmond.* »

24. Id. Pasquié d'Auvin.

25. Le 3, à Planques, Isaac Le Sin.

26. Le 2, à Hesdin, Jean Le Sin, fils dudit.

27. Le 4, à Planques, Jacques Cazier, *juvenculus*, fils de Barthélemy.

28. Id. à Fressin, Claire Henneveux, de la paroisse de Hesmond, «. *uxor memorati Descamps.* »

29. *Eadem die*, Thoinette de Lépine, laissant six orphelins, femme de P. du Parc.

30. Le 5, Jacques Troussel, laissant sept ou huit orphelins. Il était de la paroisse d'Embry.

31. Le 7, aussi à Fressin, Louis Caron, pauvre homme d'Hesmond, laissant trois orphelins.

32. Le 14, Sébastien Framery, de la paroisse d'Embry.

Pourquoi donc tous ces étrangers viennent-ils mourir à Fressin? C'est une question qu'il est impossible de ne point se poser. Peut-être tous ces braves gens se croyaient-ils en sûreté, à l'abri des épaisses murailles du château. Les Espagnols n'avaient point à assiéger un fort dans un pays soumis à leur domination. D'autre part, les troupes françaises devaient respecter un château qui était la propriété d'un des plus brillants officiers de leur armée. Nous avions pensé, d'abord, que le château avait dû recevoir un plus grand nombre de défenseurs. Mais cette hypothèse ne supporte point l'examen. Les gens d'Offin, d'Embry, d'Hesmond, ceux d'Hesmond surtout, habitués à compter sur la protection de la Maison de Créquy, crurent bien faire de venir se réfugier à Fressin. Mais l'encombrement, et peut-être la malpropreté et la misère firent bientôt de ce lieu un foyer de pestilence. Voulant éviter un mal trop réel, ils tombèrent dans un pire (1).

33. Le 15 février 1636, Jacques du Quesnoy, à l'âge de 80 ans, pauvre homme, *sed valde probus* Il était de la paroisse d'Hesmond.

---

(1) On observe qu'en 1629, à l'époque où Madame Legras et Marguerite Moreau posaient les fondements de l'Œuvre qui devint la *Société des Filles de Charité de Saint Vincent de Paul*, la peste s'était pour ainsi dire acclimatée en France. A Paris, dix-huit cent malades encombraient l'Hôtel-Dieu.

34. Le 16, Jean Queva, *juvenculus*.

35. Id. Louise François, jeune fille d'Hesmond.

36. Le 17, Jeanne Carpentier, femme de Samuel Sembourc.

37. Id. Noëlle Le Grand, veuve de Gilles Croisier.

38. Le 18, Guillaume Juain (ou Ivain), de la paroisse d'Ollin.

39. Le 19, Georges Marchant, de la paroisse d'Hesmond

40. Le 20, à Planques, Thoinette d'Ambricourt, femme d'Anthoine d'Arras.

41. Le 23, Jeanne Carpentier, femme de Jean Herbert.

42. Id. à Planques, Françoise Desplancques, femme de Barthélemy Cazier.

43. Le 28. Anthoine Piccavet, *adolescentulus miles, de contagion*, 1.

44. Id. Nicolas Gailman, pauvre ancien homme de Boubers.

45. Le 29, *(in anno bissext.)* Jeanne Hénin, *præ cæteris honesta, proba et religiosa mulier*, de la paroisse d'Ollin, femme de Jean Manier.

46. 2 mars, Pierre Caron, fils de François, *de contagion*, 2.

47. Le 3, Perrine Evrart, « pauvre fille, *quæ nuper ex upilione peperit spuriam* ».

D'où l'on voit qu'à certains égards l'histoire est plus sévère que Dieu, dont la justice est tempérée par la miséricorde. A l'occasion, l'histoire enregistre le repentir et l'expiation ; mais pour elle le repentir n'efface point la faute.

48. Le 6, Jean Anselin, beau-fils de Philippe Moronval.

49. Le 7, « trespassa Anthoinette Ronel, femme de Jean Queva, qui estoit ma germaine, fille ainée de feu André Ronel, qui obiit 20 may aō 1620 ».

50. Le 8, Wallerand Troussel.

51. Le 9, Jeanne Brillart, jeune fille.

52. Le 10, Michelle Videlaine, femme de Jean Alexandre, ancien paroissien d'Ollin.

53. *Eodem die*, Jean Flour, vieillard d'Humbert.

54. Le 13, Liévin Piccavé, qui fut jugé *pestiféré*, 3

55. Le 15, Alphonse Stal, de la paroisse de Hémond, homme de bien. « Il estoit le jardinier de Mons. dud. Hémont.

56. Le 14, à Planques, Pasquette Pingrenon, veuve de Houllier, maréchal.

57. Le 16, Jean Martin, âgé de 78 ans.

58. Le 17, Jeanne de Lépine, femme de Jean de Pouilly.

59. Le 18, Adrienne Alexandre.

60. Le 20, Isabeau Pecquette.

61. Le 21, Pierre de Laires.

62. *Eod. die*, Pierre Somon.

63. Le 22, Ange Le Fis, allemand de nation.

64. Id. Jacques Douzené, d'Embry.

65. Le 24, Jossine de Wailly, *de contagion*. 4.

66. Id. « Jacques Michel, charron de Hémont, laissant 6 à 7 orfelins.

67. Id. Marie Mercière, d'Hesmond.

68. Le 26, « Blanche Douzinelle, vefve de Roussel, sergeant. »

69. Id. François Lenglet, pauvre manouvrier d'Hesmond.

70 Le 30, Marguerite Stralon, femme de François Caron, son dernier mari.

7. Id. Jacques Du Ponchel, surnommé Jaco, *de contagion*. 5.

72. 5 avril, Marie Le Clerc, *juvencula*.

73. Id. Marie Le Prince, veuve d'Ollin.

74. Le 6, Claire du Quesnoy, *è vico* d'Embry, femme de feu Framery.

75. Id. André Bouret, *port diuturnum languorem* **ex vulnere**.

76. Le 7, Noelle de Lépine, *puella ætate provecta*.

77. Le 8, Françoise Hanelan, femme de feu Troussel.

78. Id. Jacques Warin.

79. Le 9, à Planques, Jean de Roiteleu, de Torcy.

80. Le 14, Jeanne de Magny, femme de François Cazier.

81. Le 15, Philippote Queva, d'Embry, sœur de Jean Queva.

82. Id. Mathieu Bringuier.

83. Id. Nicole Sauvage, femme de Jean Mayoul.

84. Le 16, Michelle Le Febvre, puelle, *de contagion*. 6.

85. Id. Guillaume de Laires.

86. Le 17, à Planques, Claire de Quatrevaux, servante du chapelain.

87. Le 18, à Planques, Thoinette de Roytelen, femme de Jean Cazier.

88. Id. à Fressin, Nicolas Gille.

89. Le 19, Jeanne Croutelle, *puella*.

90. Le 20, Pierre Hibon, *jurenculus* d'Offin.

91. Le 21, Nicolas Alexandre, cordonnier.

92. Id. « En la Cense du Plouy, Thoinette Baladen, d'Embry.

93. Le 24, Pierre Téchon, fils de Louis.

94. Id. A Fressin, Marand Petit, d'Obercourt « avant ces troubles. »

Il se croyait donc plus en sûreté à Fressin qu'à Wambercourt.

95. Le 27, Barbe Dellisses.

96. Id. « *obiit* **pestilentià** Adrienne Piedvin, vefve de Jean de Wailly. »

97. Id. Thoinette Blairette *è parœcià* de Humbert.

98. Le 26 était mort à Saint-Martin *de contagion* Jacqueline Brillart, *jurencula*, 8.

99. 1er mai, Marie Gobert, *vidua, oriunda ex honestis parentibus Gallis*.

100. Id. « Anthoine Le Roy, de Plancques, *œtatis* 90 *annorum*.

101. « *Eadem pariter die* mourut Jean Manier, *annorum 80, oriundus ex Offin.* »

102. Le 6, Adrienne Sauvage, veuve de Noël de le Cousture. Elle fut jugée *pestiférée*. 9.

Simili die olim fuerunt indictœ cum Gallis induciœ, nempe anno 1598.

Cette allusion à la paix de Vervins nous paraît inspirée par le vif désir d'un accord semblable. Désir bien légitime chez un pasteur dans la situation où se trouvait le curé de Fressin.

103. Le 7 mai, Jeanne Fenette, femme de Michel Cobon, paroissienne d'Embry.

104. Le 19, Marie Lamourry, femme de feu André Bouret.

105. Le 22, Jeanne Bringuière, femme de Jean Bugneteur, *de contagion, 10.*

Huc fuit proba mulier.

106. *Eadem pariter die*, à Obercourt, Jeanne Bringuier, enfant de Fressin et nièce de la précédente Jeanne.

107. Le 7 mai était mort en Flandre Pierre Le Febvre, paroissien de Fressin.

108. Le 24, Gabriel Alexandre, dit le Cocq.

109. Le 25, « Robert Le Gline, de Sindeneu : homme de bonne réputation. »

110. Le 27, Charles Martel, *vir simplex atque sincerus.*

111. Le 11 juillet . . . .

Et juin ? Non, il n'y a rien au nécrologe pour le mois de juin.. C'est étrange. Mais peut être a-t-on perdu deux feuillets, qui se seraient détachés du cahier. C'est d'autant plus vraisemblable que l'article *Charles Martel* termine une page à gauche. Nous croyons qu'il peut manquer quatre pages au registre, ce qui augmenterait encore considérablement le nombre des décès. Il n'est pas vraisemblable qu'il n'y en ait pas eu entre le 27 mai et le 11 juillet.

Le 11 juillet, Louis Cazier, *de contagion, 11.*

112. *Ead. die*, Marguerite Caron, *juvencula ex Hémont ; de contagion, 12.*

113. Id. Jean Brillart, jeune garçon, *de contagion, 13.*

114. Le 12, Thoinette Martin, *de contagion, 14.*

115. Le 13, Perrine Dumé, *juvencula ex Offin, de contagion, 15.*

116. Le 15, Jeanne Caudevelle, fille de Pierre.

117. Le 27, Philippote Foué, veuve de Philippe de Lépine.

118. Id. Michelle de Lépine, femme de François Desplancq, *contagion, 16.*

119. Id. Guillaume de Pouilly, jeune homme, *contagion, 17.*

120. Id. Marguerite Desplancq, jeune fille, *contagion, 18.*

121. Id. Marguerite Gouilhard, femme de Martin Le Moisne, *de contagion, 19.*

122. Id. Un petit enfant à la dite Michelle.

123. Le 19 juillet, Pierre de Pouilly, *de contagion, 20.*
124. Id. Jean Brillart, *de contagion, 21.*
125. Le 20, Catherine Hibon, femme de Jean Caudevelle, *de contagion, 22.*
126. Id. Marie de Lépine, *juvencula, de contagion, 23.*
127. Le 22, Madeleine Bailleul, veuve de Alphonse Stal, d'Hesmond.
128. Le 23, Gasparde de Magny, veuve de Noël Macquet, *de contagion, 24.*
129. Id. A Planques, Jean Pelé, *de contagion, 25.*
130. Le 24, Nicolas Hénin, d'Offin, *de contagion, 26.*
131. Jeanne de Lépine, femme de N. Gouillard, « *in puerperio : quam secutæ sunt 9 proles,* » *de contagion, 27.*
132. Id. Madeleine Macquet.
133. Le 26, Adrien de Wailly, *de contagion, 28.*
134. Id. Isabeau Danel, femme de Gervais Troude, d'Hesmond, *de contagion, 29.*
135. Id. « *Jacobus Gonfrère ab hoste occiditur.* » Guerre et peste, tous les fléaux à la fois.
136. Le 27, A Barles, Liévin Quériolet, teinturier d'Embry, *de contagion, 30.*
137. Id. Jean-Alexandre Le Cocq, *post diuturnum morbum.*
138. Le 29, Jeanne Capron, femme de Philippe Desplancq, *de contagion, 31.*
139. Id. Romain Danel, *de contagion, 32.*
140. Le 30, Michelle du Puich.
141. Le 31, Nicolas de Pouilly, *de contagion, 33.*
142. Id. Martin Le Moisne, *de contagion, 34.*
143. Id. Marie Queva, d'Hesmond, *de contagion, 35.*
144. Id. Marie Le Contre, veuve du charron d'Hesmond, laissant six pauvres orphelins, *de contagion, 36.*
145. Id. Jeanne de Canchy, veuve de Louis Alexandre.
146. Le 5, Pierre Desplancq, *de contagion, 37.*
147. Id. A Planques, Antoine Pelé, *de contagion, 38.*
148. Id. François Alexandre, veuve de Jean Hanoc.
149. Le 6, Wallerand de Pouilly, *de contagion, 39.*
150. Id. Jean Herbert jeune, *de contagion, 40.*

151. Le 8, « Dominus Annas Obert, sacerdos », *de contagion 41.*

152. Id. Pierre de le Porte, *de contagion, 42.*

153. Le 10, Jeanne Nielle, femme de Jean Dullo.

54. Le 12, Jeanne Herbert. *de contagion, 43.*

155. Le 13, Jeanne Tronde. *juvencula*, d'Hesmond. *de contagion, 44.*

156. Id. Jean Caudevelle, *de contagion, 45.*

157. Le jour de l'Assomption Notre-Dame. Antoine Hénin, d'Offlin, *de contagion, 46.*

158. Id. « *Sed morbo,* » Françoise Delaire.

159. Le 17, Anne Buneteur, veuve, *de contagion, 47.*

160. Id. Anne le Josne, *juvencula, de contagion, 48.*

161. Le 16, Thoinette Tronde, *de contagion, 49.*

162. Le 17, Catherine de Lozière, ex Loyson, *de contagion,* 50.

163. Le 18, Marie Coffin, *juvencula de contagion, 51.*

164. Id. Denis le Vel, *juvenculus, de contagion, 52.*

165. Le 12, Adrienne de Créqui, *puella nubilis ex Rimboval, de contagion, 53.*

166. Son beau-père Jacques Vasseur était mort quelque jours auparavant de la même *contagion, 54. Il fut enterré secrètement dans le courtillage de Jean Charlotte.*

167. Le 19, Anne Honel, *de contagion, 55.*

168. Catherine Michelle, *adolescentula,* fille du charron d'Hesmond, *de contagion, 56.*

169. Le 22, Thoinette du Flos, *juvencula, de contagion,* 57.

170. Id. Barbe Bouret, *de contagion, 58.*

171. Le 25, Catherine Alexandre, *de contagion, 59.*

172. Jeanne Thélier *obiit 23 hujus.*

173. Le 26, « Jean Herbert le vieil, » *de contagion, 60.*

174. Id. Gabriel Caron s'est tué en tombant.

175. Id. Wallerand Lejosne, *de contagion, 61.*

176. Le 28. Louise Somon, *puella nobilis, de contagion, 62.*

177. Id. *dans les bois,* Liévine de Beuvry, *puella nubilis de Hémont, de contagion, 63.*

178. Le 29, Jean Blancart, *de contagion, 64.*

179. Le 30, Françoise Ficheu, *juvencula de* Humbert, *de contagion, 65.*

180. Le dernier d'août, Jacques de Laires, fils de feu Guillaume de Laires, *de contagion*, 66.
181. Id. Barthélemy du Puich.
182. Id. André de Laires, *de contagion*, 67.
183. Id. Catherine de Laires, *de contagion*, 68.
184. Id. Michelle Le Febvre, *puella, de contagion*, 69.
185. Jeanne Gille *obiit Hesdinii*.
186. 1ᵉʳ septembre, Antoine Le Clerq, *adolescentulus, de contagion*, 70.
187. Id. Anne Stalle, *adolescentula ex Hémont, de contagion*, 71.
188. Id. « Vitam exuit Nicolas du Parcq, » *de contagion*, 72.
189. Id. Marguerite Cazier, *uxor præfati, de contagion*, 73.
190. Le 3, Guillaume Sauvage, *de contagion*, 74.
191. Le 5, Vincent Harache, *juvenis, de contagion*, 75.
192. Id. Marie Malhâtre, *adolescentula, de contagion*, 76.
193. Id. Claire Malhâtre, *juvencula, de contagion*, 77.
194. Id. Thoinette Carpentier, *de contagion*, 78.
195. Le 7, Claire Le Clerc, veuve de Balthasar Lescart, *de contagion*, 79.
196. Id. A Planques, Marie de Monchy, *juvencula*.
197. Le 8, Péronne l'Espolar, femme de Jean Boulangier, *de contagion*, 80.
198. Le 9, Dainette Hanelle, *puella ætatis* 36 ans *bonæ simplicitatis*, fille du village d'Offin, *de contagion*, 81.
199. Le 10, « Françoise Minart, dans une pauvre cahute toute ouverte, ès bois, tout voisins le château : *quæ advolarat paucis diebus ante ex loco de Griny, ibi marito sepulto. Erat oriunda è pago d'Offin*, » *de contagion*, 82.
200. Id. « Jean Manier, *nuper* paroissien d'Offin. Il espousoit en secondes noces Marie Cocquette, le jour Sainte Marie Madeleine auparavant, avec laquelle il a esté 51 jours, » *de contagion*, 83.
201. Id. Barbe Marquant, femme de Guillaume du Parc, *de contagion*, 84.
202. Le 11, de mort subite, Pierre Caudevelle, dit Le Roy.
203. Le 12, Antoine Petit. *Erat vir probus et sincerus, de contagion*, 85.

204. Le 13, Claude Maioul, *puella*, fille de Jean Mayoul.
205. Id. « à Obercourt, Marguerite Souillart, *inter probas et honestas merito numeranda,* » *de contagion*, 86.
206. Le 14, Jean de Lépine Louyot, *de contagion*, 87.
207. Id. Adrienne Camu, femme de Francqville.
208. Le 16, Guyo Gresset, de Humbert, *de contagion*, 88.
209. Id. Marie Bouret.
210. Le 17, Pierre Haut-Cœur, *jurenculus*.
211 Id. Françoise Platel, *de contagion*, 89.
212. Le 18, Marie Buneteur, *de contagion*, 90.
213. Id. André Desplanqs, *de contagion*, 91.
214. Id. Jossine Bournisienne, *de contagion*, 92.
215. Id. Charles de Lépine, *de contagion*, 93.
216. Id. Nicolas Gille, *de contagion*, 94.
217 Le 19, Jean de Lépine, fils Michel, *de contagion*, 95.
218. Id. Anne Le Fis, *jurencula* d'Offin, lors servante du vieil Souillart, *de contagion*, 96.
219. Id. Louise Roch, *jurencula* de Wamin, servante de Jean Cailleu, *de contagion*, 97.
220. Le 20, Marguerite du Parc, *jurencula, de contagion*, 98.
221. Id. Jeanne Tourbier, *jurencula, de contagion*, 99.
222. Le 21, François Thélier.
223. Id. Liévin du Puich, *retula ridua ex Torcy*.
224. Le 23, Jeanne Leroux, *ridua ex Sindenau*, *de contagion*, 100.
225. Id. Marguerite Anselle, *de contagion*, 101.
226. Le 24, François Souillart, à Obercourt, *contagion*, 102.
227. Id. Michel Ecquier, *de contagion*, 103.
228 Id. Françoise La Croix, *ex loco de Campaigne, ridua Petri Lay* (Pierre-Lay, d'où Pierlay), *de contagion*, 104.
229. Id. Quentine de Lépine, *jurencula*, *de contagion*, 105.
230. Le 25, Ghislain Tourbier, *de contagion*, 106.
231. Le 26, Pierre Souillart, procureur pour office, *de contagion*, 107.
232. Le 28, Marguerite Mansarde, d'Offin, *de contagion*, 108.
233. Id. Marie du Parc, *de contagion*, 109.
234. Id. Péronne Caron, femme de Jacques Sauvage, *de contagion*, 110.

235. Id. A l'Ermitage, Amand Cazier, *de contagion*, *111*.

236. Id. Jeanne Cazier, fille dudit, *de contagion*, *112*.

237. Le 29, Adrienne Vasseur, *de contagion*, *113*.

238. Id. Jeanne Queva, *de contagion*, *114*.

239. *Ultimâ die mensis*, sur Planques, Michelle Alexandre, femme dudit Amand, *de contagion*, *115*.

240. Id. Marie Critel, *de contagion*, *116*.

241. Le 1er octobre, Jean Boullanger, *de contagion*, *117*.

242. Id. Jean Hénin, d'Offin, *de contagion*, *118*.

243. Id. Albert Verdure, jeune garçon d'Embry, *de contagion*, *119*.

244. Le 2, Martine Bugneteur, fille de Vincent, *de contagion*, *120*.

245. Le jour St François, Michel Souillart, *de contagion*, *121*.

246. Id. Michel Vasseur, *juvenculus*, *de contagion*, *122*.

247. Id. Madeleine Maïoul, *puella ætate provecta*, *de contagion*, *123*.

248. Marguerite de Lépine, fille de Pasquié, trépassa à Saint-Omer, *de contagion*, *124*.

249. Le 7, Guislaine Le Grand, *de contagion*, *125*.

250. Le jour St Denis, Marie Ocquier, *bonæ indolis et expectationis juvencula*, *de contagion*, *126*.

251. Id. Louise Bouret, *de contagion*, *127*. *Et juvencula in eadem tumbâ ambæ sepultæ*.

252. Le 11, Anne Manier, fille toute ancienne, *de contagion*, *128*.

253. Id. Françoise Ocquier, *de contagion*, *129*.

254. Le 13, Marie de Wailly, femme d'Ignace de Lépine, *de contagion*, *130*.

255. Le 4, Me André du Paich, prêtre, regretté pour sa candeur et probité, *de contagion*, *131*.

256. Id. Mathias Gresset, de Humbert, *de contagion*, *132*.

257. Id. Toussaine Ficquet, femme du vieil Souillart, *de contagion*, *133*.

258. Id. A Planques, Olivier Cazier, *de contagion*, *134*.

259. *In eadem domo*, Jeanne Hibon, *juvencula*, *de contagion*, *135*.

260. Le 15, à Fressin, Martin Villecet, d'Aix, *par les armes*

de l'ennemi: Cujus uxor vocabatur Joanna Fasquières septem prolibus onerata.

261. Le 17, Louis Attaillant, *de contagion, 136.*

262. Le 18, Perrinelle, nommée Vesche, grande femme de Jacques Petit, de Torcy, *de contagion, 137. Erat mulier proba et modestissima.*

263. Id. Antoine Cordier, *juvenculus, de contagion. 138.*

264. Id. Jacqueline Prévost, *juvencula de Sindeneu, de contagion, 139.*

265. Le 14, Marie Alexandre, femme de Grand Adrien, *de contagion, 140.*

266. Id. Pérone Pruvost, *juvencula de Sindeneu. bonæ indolis filiola, soror memoratæ, de contagion, 141.*

267. Le 20, Françoise du Parc, *juvencula, de contagion, 142.*

268. Le 21, Phle Renard, *de contagion, 143.*

269. Le 23, Marie Taffin, *de contagion, 144.*

270. Id. à Planques, Jean de Monchy.

271. Le 24, Martin du Puich, *de contagion, 145.*

272. Le 25. Marand Haignerel, *de contagion, 146.*

273. Le 25, Robert Cornuel, de Humbert, *de contagion, 147.*

« Il dormit à Verchin sur le lit où avait dormi quelque infecté. *Fuerat tunc præmonitus.* »

Il résulte de cet exemple et de plusieurs autres que l'épidémie ne sévissait pas seulement à Fressin. Nous avons relaté bien des décès qui eurent lieu à Wambercourt, à Planques, et même à Saint-Omer, et que M. de Bomy attribue à la contagion. Il serait intéressant de voir si la mortalité a été partout la même qu'à Fressin.

274. Le 26 octobre, Catherine Gille, *juvencul, de contagion. 148.*

275. Le 27, « Jean Desplancqs. »

276. Le 28, Jean de Pouilly, *de contagion, 149.*

277. Le 29, Barbe Le Febvre, *juvencul. de contagion, 150.*

278. Le dernier d'octobre, Jean Caudevelle, *juvencul, de contagion, 151.*

279. Le jour de Toussaint, *Summo mane.* Marant Bouvarlet, *adolescens d'Offin, de contagion, 152.*

280. Le 4 novembre, Françoise d'Erry, femme de Martin *binus*, *de contagion*, *153*.

281. Le 6, Marguerite Lebrun, *juvencula de Sindeneu*, *de contagion*, *154*.

282. Le 8, Perrone Macquet, femme de Philippe Framery, d'Embry, *de contagion*, *155*.

283. Le 12, Françoise Lenglet, femme de Michel Le Febvre. *de contagion*, *156*.

284. Le 13, Marie Robart, *juvencula*, *de contagion*, *157*.

285. Id. Claire Le Gline, *puella* de Sindeneu, *de contagion*, *158*. « *Erat tunc plenilunium*. »

Ce n'est pas la première fois que M. de Bomy note le quantième de la lune. Peut-être attendait-il des modifications de cet astre quelque changement dans la santé publique. Par le fait, à la date où nous sommes arrivés, il y a lieu de constater une grande diminution dans la mortalité.

286. 14 novembre, Françoise Wallette, femme de Jean Troude d'Hesmond, *de contagion*, *159*.

287. id. George Vincent, *juvenculus* d'Offin, *de contagion*, *160*.

288. Le 16, André Bugneteur, fils de Noël, *de contagion*, *161*.

289. Le 17, Michelle Racine, femme de Guislain Moronval, *de contagion*, *162*.

290. Le 18, Jean Picquet, *de contagion*, *163*.

291. Le 21, Jeanne L'Ange, *juvencula ex* Offin, *de contagion*, *164*.

292. Le 22, Philippe Herbert.

293. 17 décembre, Laurent Sochon, d'Hesmond, *de contagion*, *165*.

« Il se jetta volontairement dans une maison infectée aud. Hesmond, où il prit son mal. »

Deux cent quatre-vingt-treize décès, sur lesquels cent soixante-cinq causés par l'épidémie, sans compter les morts de tout un mois non portées au registre. S'ils étaient l'effet de la guerre, il faut reconnaître que le on curé avait de justes raisons de désirer la paix,

Sequitur annus 1637. Le nécrologe s'arrête au commencement du mois d'août et ne porte que vingt-cinq décès.

1. 8 janvier, Michelle Lenglet.
2. Le 21, à Planques, Jacqueline de France, veuve de Pierre Le Quien.
3. Le 27, à Aix-en-Provence, Mr Jehan de Bomy IV, docteur, *oncle du Curé de Fressin*.
4. Le dernier de janvier, « Marie Gallibande, pauvre ancienne femme, icy refugiée d'Embry. »
5. Id. Martin Cazier, d'une pleurésie.
6. Le 13 février, à Fressin, « Barthélemy Rousse, mari de Marguerite Souillart, paroissiens d'Obercourt : *erant ambo sinceri et vitæ exemplaris*. »
7. Le 20, Marie Bardone.
8. Le 23, « Hélène Penet, le mesme jour de son enfantement. »
9. Le 27, Jeanne Alexandre Le Cocq, d'une pleurésie.
10. Le 17 mars, Maurice Caron, *de contagion*.
11. Le 18, « mourut en ce lieu Thoinette Du Croc, pauvre garce d'Olfin. »
12. Le 19, Jean de Pouilly, *juvencul.*
13. Le 20, « François Carbonnier, pauvre ancien homme de Hémont, *annorum 80*. »
14. le 21, « mourut *par les armes de l'ennemi* lez Montreuil Toussainct Renard, *juvenculus fressinianus*.
15. Le 22, Jeanne Wallette, veuve de Laurent Sochon d'Hesmond.
16. Le 16 avril, Jean de Lépine, frère du boucher, *juvenculus, de contagion*.
17. Le 24, Louis Bradefer, de la paroisse de Sindenœu.
18. Le 4 mai, Françoise Lamourry, étant en couche de son premier enfant.
19. Le 17, à Avondance, Augustin Macquet, originaire de Planques.
20. Le 14 juin, subitement, Eustache Bouret, sergent.
21. Le 26, à Sains, Marguerite Goulliart, parente de M. le Curé de Fressin et femme de Pierre Hibon.

22. le 2 juillet, Marguerite Moronval, jeune femme, fille de Guislain.

23. le 15. Antoinette Picquette, âgée de 80 ans, veuve de Petit Andrien, de Barles.

24. « *Julii septima luce, vitam exuit Reverendus D.D. Valentinus de Beoti, abbas monasterii sancti Joannis in Monte Ipris, cui abbatiæ præfuit decem circiter annorum spatio.* »

Les religieux de Saint-Jean, transférés de Clarques à Ypres, étaient seigneurs de Sains et avaient une partie de la Seigneurie de Fressin, dont ils nommaient le Curé.

21. Le 2 août, Michel Caudevelle.

Le nécrologe s'interrompt brusquement à cette date. Nous croyons que M. de Bomy quitta sa paroisse vers cette époque, qu'il alla se fixer à Lille, et qu'il emporta avec lui son registre. Désormais il se borne mentionner quelques rares décès.

« Le 19 de septembre 1638, jour du saint Dimanche, mourut Michel Moronval au Bourg de Fressin, mary de Françoise Souillard. *Resquiescat in pace.* »

L'année 1639 est particulièrement remarquable. Le pays dut être sillonné par les armées. La ville d'Hesdin fut assiégée. Le Cardinal de Richelieu y vint. La Meilleraie y reçut, sur la brèche, et des mains du roi Louis XIII, le bâton de Maréchal. L'Artois redevenait terre française. M. de Bomy ne fait qu'incidemment une petite allusion à ces grands événements :

« Environ quinze jours après la reddition de Hesdin, 1639, trespassa en la ville d'Aire ma cousine Jeanne Souillart, sœur de ladite Françoise. *R. in pace* »

Les deux décès sont ici rapportés exceptionnellement comme événements de famille.

Plus loin, une singulière coïncidence :

» Le 12 du mois d'aoûst, trespassa en la ville d'Armentières Jeanne Canette, femme d'André Lenglet. Le même jour décéda sa sœur Michelle Canette, en la ville d'Aire, *anno* 1639, chose remarquable. »

Il continue sa chronique de famille :

« Martin de Bomy, mon frère, trespassa à Hondschoote d'une dyssenterie, le jour Ste Catherine, l'an 1639, estant réfugié audict lieu *à cause des guerres. Requiescat in pace.* »

L'année suivante :

« Le 15 may, décéda Marguerite Ramery, femme de Clément Munier, 1640. . . . Le . . de septembre mourut à Aire Jeanne Isel. —

Et puis, c'est le décès de notre chapelain, Antoine Silvain, que la peur des Français avait fait émigrer.

« La veille St Luc trespassa à Armentières, Sire Anthoine Siluvin, prêtre, *nuper* chapelain de Fressin. *Anno* 1640.

Mais Antoine Silvain avait été remplacé à Fressin.

« Le 21 de novembre, jour de la Présentation Notre Dame, mourut André Lenglet, à Armentières. *Ao* 1640.

1641. « Le 5 de juin 1641 *obiit penès nos Insulis Joannes de Bomy nepos.* »

Toute la famille avait donc émigré. Le curé était à Lille avec deux de ses neveux ; son frère était à Hondschoote ; un autre neveu, à Bruges, ses cousines, à Aire ou à Armentières. Cet exil, volontaire ou non, avait une cause qui échappe ; car enfin la France de Louis XIII n'était pas bien méchante.

1643 « Le 3 de mars 1643, mourut à Lille de mort assez soudaine Jean de Bomy, *præfati frater et nepos meus.*

1644. « Le jour St Hilaire, 14 de Janvier 1644, mourut à Fressin Marie Laye. »

M. le Curé restait donc en communication avec sa paroisse.

» Le premier jour d'octobre 1644, mourut à Furnes, Marie Bayard, fille de feu Antoine Bayard, paroissiens de Fressin. »

1645. « Le 10 de Janvier mourut à Bologne (Boulogne)

Monsieur Gantois, grand doyen dudict lieu. Il tomba chartrier et fut dix jours sans pouvoir uriner. *Requiescat in pace.* »

» Le 22 de mars 1645, trespassa à Dunquerque Jean Chastrel paroissien de Planques . . . . .

» Le 6 may, 1645 Marie Meurisse, jeune fille réfugiée pour la malice du temps à Menin, après une longue infirmité trespassa en lad. ville. *Requiescat in pace.*

» Le premier de juin 1645, après une longue infirmité, mourut à Gandt Jeanne Desplanques, femme d'Anthoine Mayoul.

» Le 12 de décembre, veille de Ste Luce, trespassa Guislain Techon, mon nepveu, en la ville de Bruges. *anno 1645.* »

*
* *

La longue nomenclature que nous venons de transcrire nous fait connaître quelles familles résidaient à Fressin il y a deux siècles et demi. Du 7 janvier 1613 au 2 août 1637, la famille de Lépine perdit 33 perssonnes; la famille Desplanques, à Planques, en perdit 30 ; la famille Allexandre, 20 ; la famille Caudevelle 19. Les familles Delépine, Alexandre et Caudevelle existent encore à Fressin. Huit familles ont fourni un minimum de dix décès : Ce sont les familles Bugneteur, Cazier, de Wailly, Herbert, Hibon, Lenglet, Macquet, Pelé.

Nous trouvons trente-deux familles ayant fourni de cinq à neuf décès : il en reste onze, qui sont les familles Bouret, Carpentier, Demagny, Lefebvre, Legrand, Mayol, Moronval, Pingrenon, Queval, Tenchon, Vasseur.

Quatre-vingt-quatre familles ont perdu de deux à quatre membres. Il en reste une douzaine : les familles Anselin, Boquet (Becquet), Duponchel, Duflos, Gouillart, Moine (Le Moine), Lejeune (Le Josne), Merlin, Martin, Wallet, Wamin. Nous avons, enfin, cent soixante-dix noms de famille inscrits une fois seulement sur ce nécrologe de vingt-quatre ans. Il en est à peine resté dix jusqu'à ces derniers temps. Ce sont les familles Bruche, Bruchet, Camier, Descamps, Cras, Flamen, Lœuillet, Pruvost, Robbe.

On ne connaissait pas, à Fressin, au XVIIe siècle, les noms portés par les grandes maisons d'aujourd'hui. Il en est même, et non des moindres, qui ont brillé au premier rang au siècle suivant, et qui ont également disparu.

Nous avons trouvé de l'intérêt à observer l'orthographe des noms de famille sous la plume de M. de Bomy.

On serait tenté de croire que le bourg de Fressin ne contenait alors que des noms aristocratiques. Il n'en est rien. M. Jean de Bomy écrivait *en trois mots* tous les noms commençant par *De le*, *De la* ; il écrivait *en deux mots* tous les noms commençant par *De*, par *Du*, par *Le* ou *La*. Les premiers indiquent souvent les noms de l'origine, qui n'est devenu un nom noble que chez les propriétaires du sol : les seconds indiquent une qualité ou un défaut.

M. de Bomy ne considère pas les noms propres comme invariables. Vous lisez *Croutelle*, *Pinelle*, *Stalle*, *Pelée*, etc., et vous croyez que ce sont des noms de familles fixes. C'est une erreur ; vous ne tardez pas à vous apercevoir que ce sont les noms de *Croutel*, *Pinel*, *Stal*, *Pelé*, appliqués à des femmes.

Le nom de *Pelé*, au féminin *Pelée*, est devenu aujourd'hui *Plé*, toujours avec la même prononciation, mais ayant perdu sa signification singulière. D'aucuns ont écrit *Plet*, qui est devenu le nom d'une autre famille.

Quantité de noms se sont ainsi transformés. Nous avons vu le nom de *Souillart* s'écrire de six manières différentes. Avec la législation actuelle, où, pour une lettre en plus ou en moins, l'administration refuse de reconnaître votre identité, les noms de famille ne varieront plus autant. Encore faut-il que les secrétaires de mairie y mettent quelque attention. Aux siècles précédents, on y allait fort librement. Tel nom revêtit parfois deux ou trois formes différentes avant d'arriver à sa forme actuelle. Ces transformations ont eu généralement pour effet de faire disparaître la signification des noms, et, à ce titre, elles sont quelquefois heureuses et quelquefois regrettables.

On écrit souvent *Allexandre*, nom d'une famille de Fressin ; au XVIIe siècle, on écrivait *Alexandre*, comme le nom de baptême.

M. de Bomy écrivait *Anselin*. L'instituteur Canu a voulu corriger l'orthographe de ses devanciers ; il a écrit *Ancelin*.

Jean-Marie Baux, bienfaiteur de l'église de Fressin au XIXe siècle, ne signait pas comme ses ancêtres. En 1749, on écrivait *Bau* ; en 1753, *Beau* ; en 1758, *Beaux*.

Benteux (prononcez *Beineteux*) est un nom qui a subi de nombreuses transformations : en 1613, 1630, 1640, etc., on écrivait *Bugneteur* ; de 1700 à 1750, on écrivit *Buneteux* ; vers 1750, *Bunneteux* ; de 1745 à 1792, *Benneteux* ; puis on écrivit assez indifféremment *Benneteux* ou *Benteux* : cette dernière forme paraît avoir définitivement prévalu.

On écrivit *Bietz*, *Bihetz*, vers 1730 ; on voit *Biet* en 1740 ; depuis lors, *Bihet*.

Voici un nom qui revêt en moins de deux siècles sept formes différentes : *Bouquilion*, *Bocquillon*, *Boquillion*, *Boquilion*, *Boquillon*, *Boucquillion*, *Bocquillion*.

Bossu s'écrivait *Bochu* en 1626 et en 1747. *Boucher*

s'écrivit une fois *Bouché* en 1740 ; une autre fois *Bouchez* en 1754.

On écrivit presque invariablement *Branquart*. Cependant on trouve *Branquard* et *Brancart* en 1793 ; *Branquare* en 1819.

Brogniart s'est écrit *Brognart* en 1760, *Brognard*, en 1798.

On écrit aujourd'hui *Bulot* ; en 1620, 1630, etc., on écrivait *Bullot*. Nous trouvons *Bullo* en 1649, *Bulo* en 1836.

Cardeur paraît avoir remplacé *Cardé*. Cela vaut mieux. Le nom si répandu de *Caudevelle* s'est écrit quelquefois *Codevel* en 1769, *Codevelle* en 1786. Il y a aujourd'hui des *Caudevelle* et des *Codevelle*.

M. de Bomy écrit *Desgrugeliers* pour le nom de sa mère. M. Canu ne peut s'empêcher de corriger encore ce nom. Les *Desgrousilliers*, *Desgrusiliers*, *Desgroseilliers* sont évidemment de la même famille.

Les ancêtres de nos *Demagny* écrivaient *De Magny* au XVIIe siècle, *Demany* en 1736, *Demani* en 1738, *Demanil* en 1741.

Le nom de *Denne* a été également altéré. On a écrit *Deine*, *Daine*, au troisième quart du dernier siècle, époque où il nous semble que les altérations ont été le plus nombreuses.

Le caprice des Secrétaires de mairie a fait écrire *Dignel* ce qui s'écrivait *Diniel* vers 1825, et *Denielle* en 1710.

Pour *Douchez*, nous avons eu *Doucetz* en 1712, *Douchet* en 1748, *Doucet* en 1775.

Douzénée, forme de 1636, alternait avec *Douzinel*, et est devenu *Dozinel* depuis 1775, bien que l'on trouve une fois *Dosinel* en 1804.

Une pauvre garse d'Offin mourut le 16 mai 1637 ;

elle se nommait *Du Croc* ; c'est aujourd'hui *Ducrocq*, nom assez connu. Jean de Bomy fait observer qu'une famille *Desplanques* était surnommée *Du Ploich* (du Plouy), parce qu'elle venait de ce hameau. De là les *Duplouy* d'aujourd'hui. M. l'instituteur Canu croit que les *Du Pouilly* des années 1636 et 1637 sont de la même famille.

On a écrit uniformément *Dupont* pendant deux siècles. Depuis lors, on a des *Dupont* et des *Dupond*, ce qui paraît assez étrange.

Au XVIIe siècle, *Dupuis* s'écrivait *Du Puich*.

Nous avons vu *Flamen* en 1622, *Flament* depuis 1750, sauf une fois *Flamant* en 1819.

Depuis 1750, *Gamain* et *Gamin* semblent se balancer.

Huit formes du même nom : *Gouillar* en 1636 ; *Gouillart*, en 1618 et 1755 ; *Goulliart*, en 1637 et 1789 ; *Gouliart*, en 1750 ; *Gouilliard*, en 1757 ; *Gouliard*, en 1749 et 1762 ; *Gouilliart*, en 1782 et 1816 ; *Gouillard*, depuis 1815.

Hannedouche s'est écrit une fois *Handouche* en 1610.

Hanocq s'est écrit accidentellement *Hannocq* en 1728, et *Hanoc* en 1781.

On nous donne pour le même nom *Isambourg*, *Disembourg*, *Disambourg*, *Lisambourg*, *Lisembourg*.

En 1644, nous trouvons *Laye*, ailleurs *Pierre Laye*, qui devient *Pierlay* au XVIIIe siècle.

M. Canu, dans son Répertoire des Actes de l'Etat civil, mêle et confond les *Lejeune* et les *Lejosne*. Je crois bien que ces noms, aujourd'hui distincts, ont une origine commune.

On écrivait *Lenglée* en 1635 et 1640 ; on écrit *Lenglet* depuis 1765.

En 1710, je trouve *Mailletz*, qui devient *Maliet* en

1735, *Maillet* en 1761, *Malliet* en 1779, *Mailliet* en 1788.

Nous avons des *Mayol* en 1630 ; des *Mayoul*, depuis *Mayoult* à la même époque. Ce sont peut-être deux noms distincts.

Voici *Quenet* en 1731, qui devient *Quenecque* en 1740, aujourd'hui *Quencq*.

Robbe s'écrivait autrefois *Robe*.

On a successivement *Techon, Tesson, Tenchon, Tachon, Tanchon*.

*
* *

Pendant l'émigration du curé Jean de Bomy, la paroisse ne fut pas dépourvue de service religieux. Louis Lenglet, originaire de Fressin et chanoine de Douriez, desservait les deux chapelles de Fressin, c'est-à-dire la chapelle de St Pierre et la chapelle de St Jean. Il y a lieu de croire qu'il subvint aux besoins spirituels de la population de 1637 à 1646, époque de l'arrivée de Jean Peşel. Il mourut septuagénaire, toujours chapelain des deux chapelles, le 24 juin 1652.

La chapelle Saint-Jean est la sacristie actuelle. C'était une chapelle funéraire où la messe était dite pour Jean VIII de Créquy et sa femme. Le chapelain avait tous les revenus d'un fief mouvant de Créquy situé à Royon, sans que dans ce fief le dit chapelain y eut aucune justice. Ce droit était réservé au seigneur. Le chapelain devait dire cinq messes par semaine pour cette fondation (1)

M. Jean de Bomy, curé de Fressin, mourut le 11 avril 1651.

(1) ARCH. DÉPART.: E. Fonds de Créquy.

Jean Pesel.

Il eut pour successeur sire **Jean Pesel**, qui desservait déjà la paroisse l'an 1646, alors que le titulaire s'était retiré en Flandre.

De 1651 à 1669, Pierlay fut chargé de percevoir les revenus de l'église.

Le registre de catholicité, interrompu au mois de juin 1637, ne fut repris qu'au mois d'août 1646. Jean de Bomy fait observer que Me Jean Pesel n'a rien écrit en son absence « à cause des guerres et de la malice du temps ». Le registre fut continué jusqu'au mois de mars 1652. Puis eut lieu une nouvelle interruption jusqu'en 1665.

Louis Flamen.

Dans l'intervalle, en 1657, Me Jean Pesel avait eu pour successeur Me **Louis Flamen**, qui gouverna la paroisse de Fressin l'espace d'environ vingt ans.

Le registre, avons-nous dit, fut repris en 1665 ; il nous fait connaître les noms des ecclésiastiques qui travaillaient au salut des âmes sous la direction du sire curé. Ce sont Jean Desplancques, en 1665 ; Nicolas de La Rivière, prêtre et chapelain, en 1666 ; Omer Tétar, vicaire, en 1674.

Jean Desplancques.

En 1676, Louis Flamen était remplacé par Me **Jean Desplancques**, son ancien vicaire. Dans un acte public, qui fut écrit le 4 janvier de cette année-là, Jean

Desplancques comparut avec le bailli Joffroy et le lieutenant Bacqueville, et fut qualifié prêtre, pasteur et propriétaire.

Nos registres, repris en 1665, probablement par l'initiative du vicaire Jean Desplancques, furent continués par le même, devenu pasteur de la paroisse, et conduits jusqu'à la fin de septembre 1689. Puis vient une nouvelle lacune jusqu'au mois d'avril 1694.

Différents actes passés en 1681, le testament de Catherine Warin, les pièces relatives à la fondation Martin, le testament de Jean Amoury, nous révèlent la présence ordinaire du ministre de la religion en ces circonstances solennelles. Le notaire Viollette instrumente ; M⁰ Jean Desplancques, curé de ce lieu, et Toussaint de Bomy, prêtre, y sont repris comme témoins. Une pièce de l'an 1682 nous apprend que le vicaire était spécialement chargé de l'annexe. Toussaint de Bomy y signe « prêtre et chapelain de Planques ».

Jean Amoury était procureur pour office des terres et seigneuries de Créquy, Fressin et dépendances, notaire royal à la résidence de Fressin. Par son testament, qui est du 10 décembre 1681, il demande, entre autres dispositions, qu'un obit lui soit chanté annuellement le lendemain de Monsieur S¹ Martin, quatrième de juillet, ce qui paraît indiquer que la translation de S¹ Martin était alors la fête patronale de Fressin, et expliquer pourquoi la ducasse a lieu le dimanche après le 3 juillet. Nous sommes tenté parfois de transcrire quelques-uns de ces testaments. Ce sont des pages fort édifiantes. Mais il faut nous borner aux faits. L'exécuteur testamentaire de Jean Amoury fut Jean Wantier, prêtre chapelain à Rollencourt, neveu du testateur, qui lui laissa divers objets mobiliers, parmi lesquels un matelas et une paillasse. En 1685, la veuve ajouta quelques codicilles à ce testament. Elle y fait la distribution de ses jupes et de ses corsages.

Toussaint de Bomy.

Jean Desplancques paraît s'être démis de ses fonctions en faveur de son vicaire **Toussaint de Bomy**, lequel, en 1684, était curé de ce lieu de Fressin. L'année suivante, les deux ecclésiastiques siégeaient comme témoins à la rédaction de certains actes. On les désignait ainsi: Toussaint de Bomy, curé; Jean Desplancques, ancien curé.

L'acte où nous les voyons comparaitre, et que reçoit le notaire Viollette, a pour objet la fondation de François Mayoul, lieutenant de la terre de Créquy, Fressin et dépendances. Les autres témoins sont Nicolas Desoigny, procureur fiscal, Louis Hurteur, receveur des biens de l'église, Jacques Le Noble, marguillier. François Mayoul fait insérer dans l'acte des dispositions spéciales en faveur de sa parente sœur Anne-Françoise Souillart, religieuse au couvent de la Conception Notre-Dame, en la ville de St-Omer.

Cinq ans plus tard, le receveur de l'église, Louis Hurteur, et son frère Joseph, tous deux célibataires, firent leur testament. Ils songèrent aux pauvres Clarisses d'Hesdin et aux Récollets du Biez. Le chapelain Nicolas de La Rivière fut présent à l'acte. Il y a donc eu constamment trois prêtres à Fressin sous Jean Desplancques.

Nous avons un compte de 1694, dressé par Toussaint de Bomy. Le 8 avril de cette année, il reprit les registres de catholicité ; mais ils furent interrompus de nouveau et pour longtemps à la fin de mars 1695.

A cette époque, l'église de Fressin ne paraissait

point comblée par ses seigneurs. Le curé et les marguillers adressent une requête à « haute et très puissante dame Madame Armande de Lusignan, duchesse de Créquy, etc. », réclamant deux petites rentes, faisant ensemble 47 livres dues par la duchesse. L'homme d'affaires de celle-ci répond de Paris à M⁰ Cornuel, le 18 avril 1701, qu'on ne refuse pas de payer, mais il faut produire les titres. La très haute et très puissante dame n'était plus bien riche.

En 1702, Thomas était chapelain de Fressin. Nous trouvons dans nos papiers un compte, malheureusement incomplet, pour les années 1704, 1705 et 1706, où l'on voit, à chaque exercice, entre l'honoraire du curé pour quelques messes et le salaire correspondant du clerc, la note d'un payement de trois livres « aux joueurs de violon ». En l'absence des premières et des dernières pages de ce compte, nous sommes bien empêché de dire à quel titre les joueurs de violon figurent à pareille place.

M. Toussaint de Bomy, curé de Fressin dès l'année 1684, occupa cette charge jusqu'en 1710.

JACQUES-EUSTACHE BONINGUE.

Il eut pour successeur **Jacques-Eustache Boningue**, lequel, promu à la cure de Fressin dès l'année 1710, mourut dans sa charge, âgé de 82 ans, le 28 janvier 1742.

Dans l'intervalle, nous trouvons :

F. COULON, vicaire en 1712 ;

F. BARON, prêtre, vicaire en 1723 ;

F. BRUNET, prêtre, vicaire en 1725 ;

NICOLAS CAPRON, prêtre, vicaire en 1731 ;

J. CARPENTIER, prêtre, vicaire en 1741.

Dès lors, Fressin paraît n'avoir plus eu de chapelains, pour ses deux chapelles de S. Jean et de S. Pierre. Les chanoines de Douriez jouissaient des revenus de la première, lesquels, aux termes de l'acte du mois d'août 1434, consistaient en une rente de 8 livres parisis, à charge d'entretenir la chapelle. Lesdits chanoines faisaient dire les messes par le vicaire de Fressin (1).

Il nous paraît aussi que Planques n'avait que par intermittence son vicaire particulier ; le plus souvent le service de cette église était fait, à cette époque, par le curé de Fressin ou son vicaire unique.

Les Révolutionnaires disent volontiers que l'Église n'était que dépositaire et non propriétaire des biens qu'elle détenait, que ces biens appartenaient à la nation, et que, d'ailleurs, le clergé ne s'était enrichi que par la ruse ou la violence. L'histoire proteste contre cette accusation. Le 30 septembre 1721, les héritiers de Michel Bacqueville font une donation à l'église de Fressin pour remplir les intentions du défunt. On y voit comparaître Louis Catain, avocat à Hesdin, frère sans doute de Guislain Catain, notaire à Fressin, de son vivant époux de Léonore Bacqueville. Louis Catain avait une procuration d'Antoine Bacqueville, fils de Michel Bacqueville et lieutenant au régiment de cavalerie du Maine. Feu Michel Bacqueville avait manifesté l'intention de donner à l'église de Fressin une maison bâtie sur trois mesures, au-dessus des Hures du château, maison alors occupée par François Stalin. Louis Catain était aussi le fondé de pouvoirs de Léonore Bacqueville. Il y avait aussi des De Gruson, du pays de Béthune, petits

---

(1) ARCHIVES DÉPARTEMENTALES : E. *Fonds de Créquy*. Compte de de 1732, f° 14.

enfants de Michel Bacqueville. Furent témoins à la rédaction de l'acte : Jacques-Eustache Boningue, prêtre, curé de Fressin ; Jean Pantel, lieutenant ; Jacques Cornuel, procureur fiscal ; François Souillart, receveur de l'église, et les autres administrateurs de la dite église. Outre la signature des précédents personnages, on voit au bas de l'acte celles de Pierlay, de Pingrenon et autres. Les héritiers avaient poussé la délicatesse et la générosité jusqu'à faire dire les prières, une première année, même avant la donation : Grand exemple de religion sincère et d'un vrai respect de l'autorité paternelle. On ne dira point non plus qu'ici les curés ont dépouillé une famille ni abusé de la faiblesse d'un mourant pour lui extorquer une fortune.

En 1735, François Souillart présenta aux marguilliers un compte des recettes et des dépenses et aussi quelques quittances de la main de M. Boningue pour l'année 1741, qui était sa dernière année. Il mourut en effet en janvier 1742.

A. Demainne.

M. A. Demainne, curé de Fressin en 1742, eut pour vicaire, en 1746, Jean-François Cry. Il résulte de différents comptes que le receveur de l'église paya au sieur Carpentier, hoir de M. le curé Boningue, quelques honoraires pour fondations acquittées par ce dernier (25 juin 1743); que la visite du doyen, qui était alors toute une expédition, nécessitait des frais pour nettoyage de l'église et indemnité de déplacement à ce dignitaire (1743); que la sacristie de Fressin faisait faire ses ornements, chasubles, chapes, écharpes, à Béthune, chez les religieuses de Saint-Jean (1744).

Alors, comme aujourd'hui, la plupart des habitants de Fressin étaient tout simplement désignés par leurs noms et leurs prénoms ; comme aujourd'hui, on donnait du « Monsieur » à quelques-uns. Ainsi, on disait « Monsieur Brogniart, Messieurs Hurteur, Monsieur et Mademoiselle Petit, Messieurs Bacqueville ».

On entretenait, comme aujourd'hui, une lampe devant le Saint-Sacrement. Nous avons une note de M. le curé Demainne pour divers petits objets y relatifs. Cette note est de l'an 1745. Il est à croire que l'on blanchit l'église cette année-là ; car on se procura petit blanc, noir d'Anvers, colle et indigo, et la note ajoute qu'on en a employé aux piliers et aux arcades. Deux ans après, on renouvela le pavé du chœur. Les carreaux que l'on fit venir d'Hardinghem, le voiturage et la pose d'iceux, le tout coûta 60 livres.

En 1751, M. Demainne quitta la paroisse de Fressin pour celle de la ville de Saint-Pol. A cette occasion, il dut régler son compte avec la fabrique. Le receveur Macquaire lui remboursa la somme de 15 livres qu'il avait avancée pour faire venir de Rome la bulle de confirmation des privilèges accordés à la Confrérie du Rosaire et deux brefs d'indulgences.

Ce renseignement est précieux et décisif pour constater l'existence régulière de la vénérable Confrérie en notre église.

Après M. Bonhomme et M. Canu, qui ne faisaient, du reste, qu'imiter M. le receveur Macquaire, nous écrivions d'abord **Demaine;** mais le curé de Fressin signait Demainne ; nous avons sa signature au bas d'un certain nombre de quittances. On ne lui payait pas seulement l'honoraire des fondations ; mais il achetait ce qui était nécessaire à l'église, et il était remboursé par M. le receveur Maquaire, sur mandat des administrateurs.

André Caroulle.

Après M. Demainne, la paroisse de Fressin eut pour curé M. **André Caroulle**, fils de Jean Caroulle et de Marie-Joseph Saligot.

Ses vicaires furent :

Jean-Baptiste Petiprez, de 1755 à 1764 ; on a noté précédemment sa mort, arrivée le 26 septembre de cette dernière année ;

Antoine Flament, en 1764 ; il mourut aussi à Fressin le 11 février 1765 ;

Poyez, vicaire de Planques en 1765 ;

N. T. Huleux, en 1765 ;

A. J. Mahieu, en 1767 ;

Jean-Marie Héame, vicaire en 1773, qui mourut à Fressin le 5 mai 1779, à l'âge de 42 ans ;

Adrien-François Sauvage, en 1779 ;

Hippolyte Penel, qui succéda à M. Sauvage en 1780, et était encore vicaire de Fressin en 1792.

M. Caroulle enterra deux centenaires : le 2 juillet 1753, Marguerite Sgand, épouse de Philippe Bouret ; elle avait cent dix ans. Le 5 février 1761, Marie Catherine Déprez, veuve de Philippe de Lépine.

Le compte présenté par l'ancien curé M. Demainne ne fut pas reçu sans difficulté. Le 26 février 1753, les officiers, marguilliers et administrateurs de l'église de Fressin, l'examinèrent minutieusement, et le réduisirent en partie. On paya à M. Demainne 1459 livres 2 sols. Au bas était signé : Viollette, Louvet, Viollette, Pierlay, Viollette, le Ch^{er} d'Houdetot, Demainne, ci-devant curé de Fressin, actuellement curé de la ville de Saint-Pol.

Pour l'avenir, estimant qu'il était nécessaire de remédier à divers abus, les administrateurs de l'église dressèrent un Règlement pour la bonne gestion des revenus de la fabrique et des biens des pauvres. Nous avons eu la bonne fortune de trouver ces deux Règlements dans divers papiers qui nous ont été offerts, et nous ne manquerons pas l'occasion de les faire connaître au lecteur. Ces documents nous donnent le nom des notables de Fressin à cette époque ; ils témoignent de leur zèle ; par eux nous avons le tableau des fondations religieuses avec l'honoraire attribué au clergé.

Les administrateurs qui signèrent ces tableaux et Règlements sont au nombre de quinze, dont la moitié paraissent avoir une grande habitude d'écrire. Ce sont : Viollette, Louvet, Pierlay, le Ch^{er} D'Houdetot, Picard, J. Viollette, Pantel, Caluin, Edouard Aba, J.-B. Malliet, Berthe, Brisset, F. Duflos, Bihet, Jh. Camet.

Le vendredi 13 avril 1753, le sieur Jacques Macquaire ayant rendu compte de la recette et dépenses des revenus de l'église et des revenus des pauvres de Fressin pour quatorze années consécutives, on remarqua qu'il s'était introduit plusieurs innovations préjudiciables aux intérêts de l'église, des abus qui appelaient une réforme, et l'on se préoccupa des voies et moyens à prendre pour assurer la conservation des toits et bâtiments de l'église qui commençaient à dépérir.

Premièrement, l'argent recueilli dans les pourchats ou déposé dans les troncs, et qui, auparavant, était remis aux mains des receveurs, à charge d'en rendre compte, a été, depuis huit à neuf ans, remis aux mains de Messieurs les curés, qui disent avoir déchargé des messes pour la paroisse, sans qu'on en sache le nombre ni à quelle rétribution. L'église n'a donc plus profité de ces quêtes. De plus, elle a été obligée de fournir les pains, vins, chandelles, etc.

Il a été arrêté qu'à l'avenir on chanterait dans

cette église douze obits par an, nommés obits du Rosaire; que ces obits seraient chantés le lundi après le premier dimanche du mois; plus quatre messes du Vénérable (du Très-Saint Sacrement), et quatre messes des Trépassés, les jours que Messieurs les curés jugeront les plus convenables. Ces obits et ces messes seront annoncés au prône le dimanche précédent. Chaque obit et messe chantée sera à la rétribution de une livre, dont quinze sols pour M. le curé et cinq sols pour le vicaire et clerc. En tout vingt livres par an.

Cette somme de vingt livres sera payée des premiers deniers à l'ouverture des troncs. Le surplus de l'argent sera employé à payer les dettes de l'église, ou remis aux mains du receveur qui en rendra compte. Et si, contre toute attente, il ne se trouvait pas vingt livres dans les troncs, l'église y suppléera.

Sera aussi mis aux mains du receveur l'argent qui se trouvera dans les troncs des pauvres pour leur être distribué suivant les mandats qui seront, de l'avis de Messieurs les curés, signés au moins de trois des principaux administrateurs, sous peine que les deniers donnés autrement par ledit receveur seront rayés dans ses comptes.

Lesdits vingt obits et messes seront célébrés tant pour le repos des âmes des fidèles trépassés que pour le repos de celles qui peuvent avoir fait anciennement quelques dons et legs, et dont les intentions ne s'accomplissent plus, faute de moyens et de connaissance.

On ne peut méconnaître la sollicitude pieuse des administrateurs de l'église de Fressin pour les anciens bienfaiteurs. Si soucieux qu'ils soient des intérêts de l'église, ils veulent que les vingt messes et obits soient exactement acquittés. On remarquera aussi que le premier dimanche du mois était, alors comme aujourd'hui, consacré au saint Rosaire, et que, chaque mois, le lendemain de ce premier dimanche, il y avait un obit pour les confrères défunts. Il y a lieu de supposer que la plupart des adultes de la paroisse appartenaient à la confrérie.

Quant à l'honoraire de un franc, il était fort raisonnable pour cette époque.

La deuxième irrégularité signalée par Messieurs les administrateurs paraît une critique de la façon d'agir de M. le curé Demainne, qui se serait octroyé une indemnité trop considérable pour le vin du Saint-Sacrifice.

Ces Messieurs observent que jusqu'en 1730 l'église ne donnait à Messieurs les curés que dix livres pour cette fourniture de vins ; mais que Monsieur Boningue ayant fait remarquer que beaucoup de prêtres étrangers venaient célébrer la messe dans l'église de Fressin, on lui a accordé quarante sols d'augmentation, ce qui eut lieu jusqu'à sa mort en janvier 1742. M. Boningue et les autres curés avant lui avaient eu égard que, dans la rétribution de plusieurs fondations, les curés étaient obligés de fournir le pain, vin, cires, etc., sans être à charge à l'église.

Messieurs les curés avaient aussi égard que toutes les messes de mariages, messes d'anges, services, messes d'enterrement, messes de toutes les fêtes des Saints que l'on prend pour patrons, comme de St Nicolas, Ste Catherine, St Éloi, St Côme, St Séverin, des quatre couronnés et autres, ne sauraient être à la charge de l'église, et que « mesdits sieurs Curés s'en font payer en plein par ceux qui font chanter ces messes ».

Cependant, depuis la mort de M. Boningue, la dépense de ces vins est augmentée considérablement. Elle est allée jusqu'à 50, 60, 70 et 75 livres par an, ce qui est exorbitant et onéreux pour l'église.

Il a été arrêté qu'il sera payé à M. le Curé chaque année une somme de dix livres, et qu'à l'égard des prêtres étrangers, les vins seront fournis par des adjudicataires au moins disant . . . . . .

En prenant cette décision, Messieurs les administrateurs manquaient évidemment de calme et de mesure. Ils retranchaient les quarante sols précédemment concédés à M. Boningue, ce qui était odieux, et ils voulaient que le vin pour la messe des prêtres étrangers fût fourni par un adjudicataire spécial, ce qui était ridicule.

Mais ils revinrent sur leur décision. Un paragraphe additionnel, inscrit en marge et signé Viollette, d'Houdetot, Pierlay, Brisset, Berthe, Héame, Pantel, arrête que le crédit sera augmenté de dix livres, ce qui fera vingt livres par an pour M. le Curé et M. le Vicaire.

C'était raisonnable, vu la valeur de l'argent et le bas prix du vin à cette époque.

La troisième remarque a pour objet une réduction de charges. Folquin Cazier a donné anciennement une rente annuelle de trois livres trois sols, à charge de faire célébrer quatre obits et quatre messes basses. On ne décharge que les quatre obits à douze sols chacun pour M. le Curé et trois sols à M. le Vicaire ou assistant, ce qui fait les trois livres, et trois sols pour le receveur, de manière que l'église est encore obligée de fournir à ses dépens les pain, vin, cires et autres choses nécessaires pour le service divin.

Messieurs les curés et vicaires sont priés de ne décharger désormais que les quatre messes basses à dix sols chacune, de sorte qu'il restera un petit bénéfice pour dédommager l'église. Désormais le receveur de l'église ne paiera chaque année que ces quarante sols, « du moins aussi longtemps que Mgr notre Évêque en ait autrement ordonné, à laquelle décision les administrateurs se soumettront et accepteront. »

Vient en quatrième lieu une autre réduction non moins justifiée.

Claude Carpentier de Torcy devait une rente de quatorze livres cinq sols au rachat de 200 livres. Cette rente appartenait à Edouard Petit et à sa sœur Geneviève Petit, épouse de François Louvet.

Par acte du 16 novembre 1703, Edouard Petit, tant en son nom qu'au nom de sa sœur, donna cette rente à l'église, avec les arrérages alors dus, lesquels se montaient à la somme de 88 livres, 2 sols. L'église devait faire décharger douze obits par an à la rétribution de vingt sols chaque obit.

En 1720, il plut à Sa Majesté d'ordonner que tous les paiements se feraient en billets de banque et non en argent Claude Carpentier s'est alors présenté pour rembourser cette rente. Les administrateurs de l'église, de concert avec Edouard Petit, trouvèrent bon de réduire cette rente à huit livres « crainte de tout perdre ». On ne parla point des charges. Cependant, Messieurs les Curés ont depuis lors déchargé les douze obits et se sont fait payer douze livres, quoique l'église n'ait pu recevoir que huit livres, et ait dû fournir pain, vin, chandelles, et payer douze sols au receveur.

Il a été arrêté que dans la suite on ne chanterait plus que six obits par an au lieu de douze, et ainsi il restera trente-huit sols de bénéfice à l'église, déduction faite du droit de recette, et cela « tant qu'il plaira à Monseigneur notre Evêque d'en ordonner autrement, sur les représentations que Messieurs les enfants et héritiers desdits feus Petit et Louvet seront tenus luy faire. A laquelle décision de Mond, seigneur évêque de Boulogne, les administrateurs accepteront et se conformeront. »

Ces Messieurs s'occupent ensuite de deux choses importantes. Il s'agit de dresser 1° l'état des fondations que l'église de Fressin est obligée de faire décharger, et 2° l'état et revenu des biens des pauvres.

État des fondations de l'église de Fressin en 1753.

1° 18 obits pour M. Pierre Souillart, premier du nom, et ses femmes, à la rétribution de douze sols pour M. le curé, et trois sols pour M. le vicaire ou assistant, ci :

    Pour M. le curé . . 10 l. 16 sols 0 d.
    Pour M. le vicaire . . 2 l. 14 sols.

2° 14 obits fondés par M. Pierre Souillart, deuxième du nom et petit-fils du précédent, à la même rétribution :

    Pour M. le curé . . 8 l. 8 s. 0 d.
    Pour M. le vicaire . . 2 l. 4 s. 0 d.

3° 12 obits fondés par Martin Caudevelle, à la rétribution de dix sols pour M. le curé, et 2 sols pour le vicaire ou assistant :

    Au curé . . 6 l. 0 s. 0 d.
    Au vicaire . . 1 l. 4 s. 0 d.

4° 12 obits fondés par Messire Jean de Lespault, 12 sols pour le curé, trois sols pour le vicaire ou assistant :

    Au curé . . 7 l. 4 s. 0 d.
    Au vicaire . . 1 l. 16 s. 0 d.

5° 12 messes chantées et quatre obits fondés par M. Jean Desplanques, curé de ce lieu, à la rétribution de 15 sols pour M. le curé, de 5 sols au vicaire, soit :

    Au curé . . 12 l.
    Au vicaire . . 4 l.

6° 5 obits solennels, avec Commendaces, fondés par Charles Pierlay. La rétribution n'est pas fixée. Mais il y en a d'autres, fondés par Pierre de Lespine, où le curé a 25 sous et le vicaire 10 sous. Les administrateurs fixent les obits Pierlay à 2 livres pour le curé et 10 sous pour le vicaire, soit :

    Au curé . . 10 l.
    A l'assistant . 2 l. 10 s. 0 d.

7° Dans ladite fondation il est marqué que Charles Pierlay sera recommandé au prône à perpétuité. De ce chef il est dû chaque année à M. le curé . . . . 3 l.

On remarquera que c'est encore le chiffre du tarif actuel pour les recommandations. L'honoraire était donc quatre fois plus élevé qu'aujourd'hui.

8° 9 messes et obits chantés pour Catherine Warin, à la rétribution de 15 sols pour le curé, soit :

    Au curé . . 6 l. 15 s.
    Au vicaire . . 2 l. 5 s. 0 d.

9° 6 obits fondés par Claude Crépy, à 12 sols pour le curé :

    Au curé . . 3 l. 12 s. 0 d.
    Au vicaire. . 0 l. 18 s. 0 d.

10° 4 obits fondés par Antoine de Renty :

    Au curé . . 2 l. 8 s. 0 d.
    A l'assistant . 0 l. 12 s. 0 d.

11° 8 obits fondés par Adrien Caudevelle :

    A M. le curé . . 4 l. 16 s. 0 d.
    Au vicaire . . . 1 l. 4 s. 0 d.

12° 4 obits fondés par Philippe Delerue :

    A M. le curé . . 2 l. 8 s.
    Au vicaire . . 0 l. 12 s. 0 d.

13. 4 obits fondés par Jean Delerue :

    Au curé . . 2 l. 8 s.
    A l'assistant . 0 l. 12 s. 0 d.

14° 4 messes basses fondées par Vulquain Cazier, à la rétribution de 10 sols, comme il a été fixé précédemment :

    Au curé ou au vicaire . . 2 l. 0 s. 0 d.

15° 3 obits fondés par Michel Caudevelle :
   Au curé . . 1 l. 16 s. 0 d.
   Au vicaire . . 0 l. 9 s. 0 d.

16° Un obit fondé par Martin Monchaux :
   Au curé . . 0 l. 12 s. 0 d.
   Au vicaire . . 0 l. 3 s. 0 d.

17° 2 obits fondés par Jacques et Antoinette Duplessis :
   Au curé . . 1 l. 4 s. 0 d.
   Au vicaire . 0 l. 6 s. 0 d.

18° Un obit fondé par Antoine Delerue :
   Au curé . . 0 l. 12 s. 0 d.
   Au vicaire . . 0 l. 3 s. 0 d.

19° Une Messe basse fondée par Nicolas Bunneteur :
   Au curé ou au vicaire . . 0 l. 10 s. 0 d.

20° Un obit fondé par Noël L'Etophé :
   Au curé . . 0 l. 12 s. 0 d.
   Au vicaire . . 0 l. 3 s. 0 d.

21° 12 messes basses fondées par M. Thomas Courtin :
   Au curé ou au vicaire. 6 l. 0 s. 0 d.

22° 2 messes basses et un obit fondé par Pierre Hanocq :
   Au curé. . . 1 l. 12 s. 0
   Au vicaire . . 0 l. 3 s. 0

23° Une messe chantée le jour de S. Michel et un obit le lendemain fondés par Michel Bulot :
   Au curé. . . 1 l. 4 s 0
   Au vicaire . . 0 l. 6 s. 0

24° Un obit pour le sieur Delarivière, vicaire :
   Au curé. . . 0 l. 12 s. 0
   Au vicaire . . 0 l. 3 s. 0

25° 2 obits fondés par Bertrand Drassart et sa femme, par acte du 6 août 1692, à la rétribution de 30 sols :
   Au curé. . . 2 l. 8 s. 0
   A M. le vicaire. 0 l. 12 s.

Ces obits sont rétribués au double de tous les autres.

26° 12 obits fondés par M. Hurteur et sa sœur à la rétribution de 15 sols chacun pour M. le curé :

    Au curé. . . . 9 l. 0 s.
    A M. le vicaire. . 3 l. 0 s.

27° 2 obits et 4 messes basses fondés par le sieur Brognart :

    A M. le curé. . . 3 l. 4 s.
    Au vicaire . . . 0 l. 6 s.

28° 5 messes basses fondées par Marie Mayoult :

    Au curé. . . 2 l. 10 s.

29° 6 obits solennels fondés par Pierre Delespine, 25 sols à M. le curé, et 10 sols à M. le vicaire :

    Au curé. . . 7 l. 10 s.
    Au vicaire . . 3 l. 0 s.

30° 6 obits au lieu de 12, fondés par le sieur Edouard Petit et sa sœur, qui fut femme du sieur François Louvet, à la rétribution de 20 sols chacun, parce que la rente de 14 livres 5 sols, au rachat de 200 livres a été réduite, en 1720, à 8 livres :

    A M. le curé. . . 4 l. 10 s.
    A M. le vicaire. . 1 f. 10 s.

31° 12 messes basses et 4 messes du Vénérable, chantées, de la fondation de M. Bacqueville, dans lesquelles messes doit être chantée l'hymne *Lauda Sion*, et ce de trois mois en trois mois, et être annoncées au prône le dimanche précédent. Le tout :

    pour M. le curé. . . 13 l. 16 s.
    pour M. le vicaire . . 1 l. 4 s.

Comme aujourd'hui, le culte du T. S. Sacrement était, ainsi que la dévotion au Rosaire, en spécial honneur dans la paroisse de Fressin. Cette expression « Le Vénérable » est encore employée, en certains lieux, pour désigner l'adorable Sacrement. Parfois, les enfants et certains ignorants donnent ce nom à l'ostensoir. Ajoutons qu'il ne suffit pas d'une clause insérée dans un testament pour autoriser le chant de l'hymne *Lauda Sion* en dehors de l'octave de la

Fête-Dieu. Mais peut-être l'interdiction de la chanter aux messes votives n'existait-elle point alors.

32° 12 obits *bas* ou plutôt messes *de Requiem*, de la fondation de Marie Jacqueline Flament, veuve de Pierre Deprez, à célébrer la première semaine de chaque mois, à la rétribution de 15 sols pour le curé, et de 7 sols 6 deniers d'indemnité à l'église :

    Au curé. . . 9 liv. 0 d.
    A l'église . . 4 l. 10 s.

33° On note ici pour mémoire qu'il doit y avoir dans les archives un titre ou obligation pour la sûreté de l'église.

34° Un obit chanté avec petites Commendaces, de la fondation de M. Noël Piquet, curé du Quesnoy, à décharger au mois de mars, à la rétribution de 25 sols au curé, 10 sols au vicaire et 15 sols pour l'église.

    Au curé. . . 1 l. 5 s.
    Au vicaire . . 0 l. 10 s.
    A l'église . . 0 l. 15 s.

35° Une messe à décharger par M. le vicaire pour le repos de l'âme de Pierre de Lierre, curé :

    Au vicaire. . 0 l. 12 sols.

Le clergé était chargé de 220 messes ou obits.

Revenu des pauvres de la paroisse.

L'état des revenus des pauvres, d'après les actes et testaments faits en faveur de l'église, a été dressé par les mêmes administrateurs dans une séance ultérieure, qu'ils tinrent le 5 mai 1753.

1° Par testament de M. et de Melle Lamory, du 26 avril 1672, il a été légué à l'église une maison, manoir et terres. Outre les services religieux, il devra être pris sur le rendage, pour être distribuée aux pauvres de Fressin, la somme de six livres, ci. . . . . 6 l. 0 s.

2º Plus six livres données à l'église pour les pauvres par Jean Delerue, ci. . . . . 6 l. 0 s.

3º En 1628, M. de la Dienné a donné trois livres quinze sols de rente pour les pauvres, à prendre sur le fief qu'il a donné à l'église de Fressin, ci . . . . 3 l. 15 s.

4º Pierre Souillart, premier du nom, par acte du 3 juillet 1635, a donné à l'église pour les pauvres une rente de neuf livres dix-sept sols, et une seconde de quatre livres quinze sols ; ensemble . . . . 14 l. 12 s.

5º Antoine Delerue, par acte du 26 avril 1637, a donné trois lettres de rente ; la première de quinze livres ; la deuxième de sept livres deux sols ; la troisième de quinze livres cinq sols, pour être distribuées aux pauvres. Ensemble. . . 37 l. 7 s.

6º Martin Caudevelle, par acte du 19 mai 1626, a donné à l'église pour les pauvres, dix livres quatorze sols, ci 10 l. 14 s.

7º Pierre Souillart, deuxième du nom, en septembre 1688, a donné à l'église, aussi pour les pauvres, huit livres de rentes, ci. 8 l. 0 s.

8º Damoiselle Marie Mayoul, femme du sieur Desoigny, a donné six livres à l'église pour les pauvres, ci . . 6 l. 0 s.

9º Le manoir contenant environ trois mesures d'Avesnes, nommé le jardin St Pierre, a été cédé en 1700, à l'église, pour le revenu, les charges déduites, être distribué aux pauvres.

Ladite somme de quatre-vingt-douze livres huit sols, avec l'importance des trois mesures d'Avesnes ou mauvais jardin ci-dessus, nommé le jardin St-Pierre, avec aussi les pourchats qui seront tirés du tronc des pauvres lorsque l'ouverture s'en fera, seront remis aux mains dudit sieur Jacques Macquaire, receveur.

Le receveur ne peut rien distribuer sans un mandat signé au moins de trois des principaux administrateurs. Son droit de recette sera de six deniers la livre.

Le compte et le règlement ont été publiés à la messe de

paroisse par M. le curé, Et enfin le tout a été arrêté et confirmé par les quinze administrateurs précédemment nommés le « samedy trente juin mil sept cent-cinquante-trois, dans la chambre de Justice. »

Il ne reste presque rien des fondations que nous venons d'énumérer. De généreux chrétiens ont donné à l'église des biens qui leur appartenaient, dont ils étaient vraiment les maîtres, et dont la loi civile de temps leur permettait de disposer. En échange de cet abandon, ils ont eu le droit de compter sur les prières qui seraient dites à perpétuité pour eux et leur famille. Le pays a passé de la France à l'Espagne, de l'Espagne à la France, sans que ces fondations aient cessé un seul instant d'être respectées. Mais la Révolution est venue, et elle n'a rien laissé subsister. Du moins, nous est-il permis de consigner ici les noms des bienfaiteurs anciens de notre église et des pauvres, afin qu'ils soient glorifiés comme ils méritent de l'être.

Outre les deux Règlements que nous venons d'analyser, le cahier qui les contient annonce un mémoire au sujet de la chapelle de Wambercourt et de la translation du bien de cette chapelle dans l'église de Fressin ; mais nous n'avons pas ce mémoire.

Si nous n'avions en vue que les archéologues ou des personnes étrangères à notre paroisse, il pourrait nous suffire de dire en trois mots que l'église de Fressin, avant la Révolution, possédait telle étendue de propriétés, que ses revenus montaient à telle somme. Mais nous espérons avoir beaucoup de lecteurs parmi nos paroissiens, et ces lecteurs transmettront ce livre à leurs héritiers. En faveur des uns et des autres, nous croyons utile d'entrer dans le détail le plus complet, présumant d'ailleurs que d'autres encore y trouveront de l'intérêt.

Rentes Surcencières

C'est-à-dire en sus du prix de la location et de l'impôt.

Article 1er. — Messire **Simon-Joseph Moullart**, chevalier, *baron de Torsy*, ancien capitaine de cavalerie et chevalier de l'ordre royal et militaire de St-Louis, demeurant à Montreuil-sur-Mer, doit annuellement à l'église de Fressin, aux jours de St Jean-Baptiste et Noël, par moitié, une rente surcensière de huit livres parisis faisant neuf livres au tournois, destinée pour l'entretien de la chapelle de St Jean dans la dite église, où sont les mausolées de sire Jean de Créquy et Jeanne de Roye, laquelle a fondé cette chapelle présentement à usage de sacristie, sous le bon plaisir et par la permission des seigneurs et prédécesseurs de Créqui, et dont est chargé un manoir situé à Royon, vulgairement appelé le manoir à gauguiers, contenant trois à quatre mesures, échu au dit seigneur baron de Torsy par succession de Messire Charles-Joseph-Barthélemy Moullart, chevalier, seigneur de Vilmarest, son père, qui en avait fait l'acquisition à la vente par décret, faite au conseil d'Artois sur Messire Philippe-François de Noyelle, chevalier, baron de Torsy, le 22 juin 1729. Ledit manoir, tenant d'une liste aux héritiers de Marie-Anne Codevelle, d'autre à un manoir sur lequel est bâtie la ferme appelée la Maison Blanche, appartenant audit seigneur baron de Torsy, d'un bout par haut aux terres à champs, et d'autre bout par bas à la rue et flégards, ci, par an . . . . 9 livres.

Cette rente, de 1780 à 1785, est payée par la fermière du baron; en 1787, elle est payée par Silvin Bodécot, qui la payait encore en 1792, cette dernière fois avec déduction du cinquième. Le paiement paraît n'avoir eu lieu que de deux ans à deux ans.

Article 2. — M. **Xavier Louvet**, notaire, demeurant à Fressin, doit une livre de cire réduite en argent sur le pied de trente sols, payable à Noël, dont sont chargées trois mesures de terre labourable, venant de Mlle Anne-Françoise Souillart, situées au terroir de Fressin, au flot des Annettes, proche le foud Brillard, tenant des deux listes aux héritiers du sieur François Picard, au lieu des sieurs du Tronquoy, ci.   1 l. 10 s.

Art. 3. — Ledit sieur **Xavier Louvet**, notaire, fils et héritier de Pierre François, et ce dernier aussi fils et héritier de Pierre, lequel fut héritier en cette partie de d^{elle} Anne-Françoise-Souillart, doit seize sols de rente, moitié de trente-deux, faisant partie d'une rente qu'a donnée à l'église de Fressin Folquin Cazier, par son testament, à la charge de quatre obits et quatre messes basses, et dont est chargé un petit manoir venant anciennement de Guillaume Ronnel, dont la moitié appartient audit sieur Louvet, et tient d'une liste au seigneur de ce lieu, qui a l'autre moitié, d'un bout audit Sr Louvet, d'autre bout au flégard, ci . . . . 0 l. 16 s.

Art. 4. — **Monseigneur le Comte de la Tour d'Auvergne**, Seigneur de ce lieu, doit seize sols de rente surcensière, faisant l'autre moitié de la rente de trente-deux sols, donnés par Folquin Cazier, et rapportée à l'article précédent, et dont est chargée la partie du manoir occupée par les receveurs dudit seigneur Comte, ci. . . . . 0 l. 16 s.

Art. 5. — Ledit seigneur **Comte de la Tour d'Auvergne** doit encore une rente surcensière de trente-et-un sols, dont est chargé un autre manoir, joint au précédent, sur lequel est bâtie la maison seigneuriale, venant anciennement de Claude et de Antoinette de Lépine, fille d'Oudart, et auparavant d'Adrien Courtin, laquelle rente fut léguée à l'église par ledit Folquin Cazier, et pour les causes énoncées en l'article 3e ci devant, ci . . . . 1 l. 11 s.

Certainement, aux autres articles, mention n'est pas faite, en marge des articles 4 et 5, de paiements faits pour le compte du seigneur.

Art. 6. — Demoiselle **Marie-Rose-Claire Petit**, veuve du sieur Jean-François Viollette, demeurant à Fressin, sœur et héritière de Pierre-François-Marie Petit, lequel était légataire en cette partie de d^{elle} Anne-Françoise Souillard, doit deux tiers d'un demi-sac de charbon, réduits en argent à cinq sols, dont est chargée une mesure seize verges de terre à elle appartenant, faisant partie de sept quartiers avec l'article suivant, situé au terroir de Fressin, canton de Lespault, tenant d'une liste au sieur Hémart, d'autre et d'un bout aux ayants-droit de Joseph Dewamin et Marie-Barbe Despré, sa femme, ci . . . . 0 l. 5. s.

Les paiements ont été faits successivement par Mme et par Melle Viollette.

Art. 7. — Noël-**François Wallart** et Marie-Joseph Dewamin, sa femme, icelle fille et héritière en cette partie de Joseph Dewamin et de Marie-Barbe Despré, doit un tiers d'un demi-sac de charbon, réduit en argent à deux sols six deniers par an, et dont est chargée une mesure huit verges de terre appartenant à ladite Dewamin du chef de sa mère, etc, ci. . 0 l. 2 s. 6 d.

Payé, en 1792, par *Liévin Dewamin*. Aucune mention de paiement pour les années précédentes.

Art 8. — Les héritiers du sieur **Maximilien-Joseph-Hémart**, demeurant à Hesdin, au lieu des héritiers d'André Leroux et de Marie Souillart, doivent annuellement, la veille de Noël (échéance des articles précédents), à l'église de Fressin, un sac et demi de charbon réduit en argent, à quinze sols le sac, et dont sont chargées quatre mesures de terre situées au terroir de Fressin, canton de Lespault, au-dessus des manoirs ci-devant, aux héritiers de Jean Pierlay, au lieu de Noël Maquet, tenant d'une liste aux héritiers de Joseph Dewamin et à d^elle Rose Petit, veuve du sieur Jean-François Viollette, qui ont le surplus des dettes, et six mesures d'autre liste auxdits héritiers du sieur Hémart, et de bout à François Martel, au lieu des héritiers du sieur Pierlay, notaire royal, ci . . . . . 1 l. 2 s. 6 d.

Le paiement était fait par *Charles Thuillier*.

Art. 9. — **Pierre-Joseph Dewailly**, berger, demeurant à Sains, doit vingt-et-un sols, payables à la Saint-Jean-Baptiste et à Noël, dont est chargé un manoir de deux mesures et demie, situé à Sains, lui appartenant et venant de Jacques Dewailly par acquisition de Jean Cazier et Marie Jossine, sa femme, fille et héritière de Françoise Samier, qui était sœur de M° Nicolas Samier, prêtre, curé de Fruges, et icelui frère et héritier de sire Th.

Samier, vivant curé dudit Sains, qui avait acquis ledit manoir de François Robart, fils de Jean, dit St Philbert, et auparavant Masson Bourgois, tenant d'une liste à Nicolas Dewailly, d'autre à François Dewamin, d'un bout à Louis Dewamin, et d'autre au flégard, ci . . . . 1 l. 1 s.

Payé exactement jusqu'en 1789, mais pas au-delà.

Art. 10. — **Pierre-Antoine de Boves**, fils et héritier d'Antoine et Marie-Françoise Poussart, fille et héritière de Jean et de Marie-Françoise Piquet, demeurant à St-Georges, doit une rente de quarante-huit sols, payable à la St-Remy, dont sont chargées sept mesures, tant manoir amazé que pati, situées à Fressin, tenant d'une liste aux héritiers de d^{elle} Souillart, d'autre aux ayants-droit des sieurs et d^{elle} Catain, d'un bout aux terres de la ferme de Barles, et d'autre bout au flégard, ci. 2. 1. 8. s.

Le dernier paiement marqué est celui de 1781. Un nouveau Cueilloir, commencé en 1790, met cette rente à la charge de *Philippe Morenval*, tonnelier, demeurant à Fressin, et Marie-Barbe Bourbier, sa femme, qui ont acheté, par acte du 14 juillet 1781, la terre de Pierre-Antoine De Boffles, alors charron à Regnauville. La rente est toujours de quarante-huit sols ; mais on n'indique plus que deux mesures et demie de manoir amazé, tenant d'une liste à la rue qui conduit à Béalencourt, d'autre à d^{elle} Catherine Viollette et à d^{elle} Anne-Joseph-Augustine Louvet, veuve du sieur Constantin Laigle ; d'un bout aux sieurs et demoiselles Dewamin, et d'autre au flégard. Mais on ne voit pas que l'acquéreur ait jamais rien payé à l'église.

Art. 11. — Les héritiers ou ayants-droit de M. *Nicolas Prévost*, d'Aire, et Melle Marie Petit, doivent dix sept sols six deniers sur une mesure de manoir, tenant au pati qui fut à Jean Delépine, dit Vergus, et qui a été donnée par M. Pierre de Lierre, vivant curé de l'église de Fressin, par acte du 26 mai 1532, à la charge d'un obit à chanter dans ladite église avec diacre et sous-diacre, en juin, vers le jour de Saint Pierre et Saint Paul, ci . . . . 0 l. 17 s. 6 d.

Le Cueilloir nouveau de 1790 met la rente du Curé Pierre de Lierres à la charge de D^{elle} Marie-Rose-Claire Petit, veuve du sieur Jean-François Viollette, qui ont acheté ce manoir à Prévost.

Art. 12. — **Jacques Lisambourg**, demeurant à Fressin, fils et héritier de Jacques, fils de Joseph, lequel fut fils et héritier de François et de Péronne Bouret, doit dix sols de rente surcensière à l'église de Fressin, laquelle est chargée de faire acquitter un obit fondé par Nicolas Buneteux sur un manoir de trois mesures, appartenant audit Lisambourg et venant de Philippe-Amauri, et auparavant de Nicolas Buneteux, tenant d'une liste aux hures du château, d'autre à Antoine Codevelle, d'un bout à la rue de la Lombardie, et d'autre bout au bois, ci.   0 l. 10 s.

Dans le Cueilloir de 1790, Antoine Lisambourg, cordonnier, est substitué à Jacques, son frère. Il paie en 1792, et il s'acquitte définitivement le 18 pluviôse an II, en remboursant le capital de sa rente. Dès lors, cet article est rayé du tableau.

Rentes foncières du fief de la Dienné.

Article 1er. — Jean **Michel Gouillard**, ménager à Fressin, doit cinq sols de rente à cause d'une mesure de terre, sise au canton de Lespault, qui a retrait sur Jean-François Fournier, qui l'avait acquise, par acte du 20 juin 1774, de Marie-Jeanne Lechon, mère dudit Gouillard, fille d'André, tenant d'une liste audit François Fournier, d'autre à l'article suivant, d'un bout au sieur Lechon, d'autre à Jacque Déplanque, ci. . . . . 0 l. 5 s.

5 s. 7 au nouveau Cueilloir. Différence entre la livre tournois et la livre parisis.

Payé exactement par Pierre Gouillard, jusqu'en 1791.

Art. 2. — **Joseph Coache**, de Fressin, fils et héritier de Michel, lui par achat de François Thorel, fils de Martin, doit huit sols, neuf deniers pour sept quartiers de terre, tenant de liste à Jean-Michel Gouillard, d'autre au manoir de François Fournier, d'un bout au manoir de Thomas Dewailly, et d'autre à Jacques Déplanque, ci. . . . . 0 l. 8 s. 9 d.

Le Cueilloir de 1790 nomme Jacques Coache comme fils et héritier de Michel. Il place les sept quartiers « au-dessus des hayes de la rue Douzinel, » et il substitue les ayants-droit de Philippe Maquaire à Jacques Déplanque.

Aucun paiement n'est indiqué après l'année 1787.

Art. 3. — **Jacques Déplanques** et Marie-Anne-Thérèse Fournier, sa femme, du village de Planques, par acquisition de Laurent Dumont et ses cohéritiers, qui étaient aux droits de Jean Morouval et de Marie Thorel, par acte du 12 juin 1772, tient une mesure de terre, au même canton, tenant d'une liste aux ayants-droit du sieur Philippe Macquaire, d'autre à Jean et François Fournier, d'un bout vers orient à Jean-Michel Gouillard, et d'autre bout au Seigneur de Lépault, et doit à ladite église cinq sols parisis, ci . . . . . . 0 l. 5 s. 7. d.

Art. 4. — **Philippe Macquaire**, fermier, demeurant à Wambercourt, par succession de Jacques, son père, et celui-ci par acquisition des ayants-droit de Guillaume Thorel, tient une mesure de terre, canton de Lespault, tenant d'une liste à Joseph Coache, d'autre liste au seigneur de Lépault, d'un bout aux enfants de Jean-Baptiste Denne, et d'autre bout à Jacques Déplanque. Doit cinq sols de rente foncière.

Le Cueilloir de 1790 met la rente à la charge de D^{elle} Marie-Rose Degruseilliez, veuve d'Ignace Laisné, fermier, demeurant à Hesmond, par succession de Philippe Maquaire. La rente est de cinq sols parisis, ce qui se marque de . . . . . . 0 l. 5 s. 7. d.

On ne voit aucune marque de paiement.

Art. 5. — **Jean-François Fournier**, de Fressin, par

acquisition de Jean-Michel Coache. ce dernier par achat de Jean Fournier, tient cinq quartiers de terre au même canton de Lespault, tenant d'une liste à Jean-Michel Gouillard et Jacques Déplanque et sa femme, d'autre aux enfants de Jean-Baptiste Denne, d'un bout audit seigneur de Lespault, et d'autre au sieur Lechon. Doit par an six sols trois deniers.

Marqué jusqu'en 1790 . . . . . . 0 l. 6 s. 3. d.

En 1790, six sols trois deniers parisis 0 l. 7 s. 0 d.

Jean-Baptiste Gamin est substitué aux enfants Denne. Le paiement a eu lieu jusqu'à la fin.

Art. 6. Le **Seigneur de Lépault** pour onze mesures et un tierçon de terre audit terroir, tenant d'une liste au bosquet de Lépault, d'autre liste à lui-même et autres, d'un bout à la rue, doit, à Noël, quarante-cinq sols quatre deniers, 2 l. 5 s. 4 d.

Le même article, au dernier Cueilloir, est plus solennel :

Messire Philippe-Marie-Joseph Quarré Durepaire, seigneur de l'Epault, tient de la dite église foncièrement onze mesures et un tiers . . . . Les quarante-cinq sols quatre deniers parisis sont ainsi marqués : . . . . 2 l. 11 s. 0 d.

Rentes constituées.

N° 1. **Jean-Baptiste Dewamin**, fermier, demeurant au château de Torsy ; le sieur Froissart, aide-major à Hesdin, à cause de la demoiselle Queval, son épouse ; Jean-Jacques Delépine, clerc laïque à Plumoison, à cause de l'acquisition qu'il a faite de la demoiselle Queval, doivent une rente ou canon perpétuel de six livres, payable chaque année à Noël, rente créée par François, Jean et Nicolas Queval, par acte du 27 février 1608, à charge de faire chanter quatre obits en chaque semaine des Quatre-Temps pour le repos de l'âme de Philippe Delerue, ci . . . . 6 l. 0 s.

L'ancien Cueilloir porte que, pour chaque obit, le curé ou le prêtre officiant a douze sols, le chapelain qui chante l'Evangile trois sols, et le clerc cinq sols.

N° 2. **Charles-Ambroise Pierlay**, de Bucamp, fils d'Antoine, qui était lui-même fils d'Antoine et icelui de Jean Pierlay, doit une rente héritière et annuelle de trois livres onze sols cinq deniers, payable au 1er mars, au capital de cinquante livres, créée et constituée au profit de l'église par Noël Macquet et Gasparde Demagni, sa femme, par acte de 11 février 1625, laquelle est affectée et hypothéquée sur deux manoirs appartenant audit Pierlay, et pour satisfaire à la fondation d'un obit qui se chante chaque année à l'intention de Noël l'Etoffé, natif de ce lieu de Fressin, décédé en sa ferme et cense de St-Amand-les-Bouchain. Pour quoi il revient vingt sols au curé et dix sols au vicaire ou au clerc, ci . . . . 3 l. 11 s. 5 d.

N° 3. **Jean-François Lebrun**, ménager, demeurant à Fressin, au lieu de Martin Malbranque, fils et héritier de Marie Buneteux, fille de Pierre et de Marie Robbe, et héritière de Jean Buneteux son frère, doit à l'église neuf livres cinq sols de rente en canon perpétuel, payable le cinq juillet et le cinq janvier de chaque année, sur un manoir amazé, situé à Fressin, dans la rue d'Enfer, où demeure le dit Lebrun, lui provenant de l'acquisition qu'il en a faite avec feu Marie Hanocq, sa première femme, du dit Malbranque, et la dite rente donnée à l'église par Martin Codevelle et Anne Carpentier, sa femme, pour lesquels on décharge chaque année quatre obits chantés à la rétribution de vingt sols chaque et quatre messes basses à la rétribution de douze sols, ci . . . . 9 l. 5 s. 0 d.

Nous avons l'indication du paiement depuis l'an 1781 jusqu'en décembre 1793. Le paiement du 20 mai 1792, note une *déduction du cinquième*. La même mention est faite pour tous les paiements effectués à cette date.

N° 4. **Célestin Demaretz**, maçon. demeurant à Fressin, au lieu de Geneviève Techon, doit une rente de sept livres deux sols dix deniers. — Testament du 28 août 1637, de M⁰ Antoine Delarue, prêtre, en la ville d'Aire, pour un obit, à la rétribution de quinze sols pour le curé et cinq sols pour le vicaire, ci . . . . 7 l. 2 s. 10 d.

La fabrique perçoit une livre d'indemnité. La rente a été donnée aux pauvres, sur une mesure au Marais «Balbeur». Cette terre est passée de main en main par actes de 1645, 1673, 1769 et 1785, où figurent les noms de Cazier, Bruyant, Buneteux, Tavernier. Le 2 juin 1793, Demaretz a remboursé cette rente en principal par une somme de 104 l. 16 s. 6 d., soit 100 livres en principal, et l'article a été rayé du tableau.

N° 5. **Pierre Laborde**, demeurant à Fressin, fils de Pierre, icelui fils de Noël, fils de Pierre, lequel était aussi fils de Pierre, doit une rente de dix livres, payable au 9 avril et au 9 novembre, pour un manoir amazé contenant sept quartiers de terre, tenant d'une liste à la rue Riquantaine, d'autre liste à la dame baronne de Flers, d'un bout à la ruelle de Guyot qui descend à la rivière, et d'autre bout à Gabriel Coache ; venant anciennement d'Adrien Codevelle, qui a donné la dite rente à l'église par testament du 4 avril 1671, ratifié le 30 juillet 1673. Pourquoi on décharge chaque année dans l'église de Fressin quatre obits chantés à la rétribution de quinze sols pour le curé et cinq sols pour le vicaire, et en outre quatre messes basses à douze sols, ci . . . . 10 l. 0 d.

Les noms de rue Riquantaine et ruelle Guyot ou du Guyot ont disparu.

N° 6. — **Joseph Branquart**, garçon maréchal, fils d'Antoine, qui fut fils d'Antoine, fils et héritier d'Adrien et de Marguerite Lefebvre, doit à l'église de Fressin une rente de vingt-cinq livres, pour trois mesures de manoir amazé, situé à Fressin, rue de la Lance, y tenant d'un bout vers midi, d'autre bout aux terres à champs, d'une liste vers orient à Jean-Baptiste Queval, d'autre liste à la rue qui conduit à la Bouloye; que les dits Adrien Branquart et Marguerite Lefebvre ont pris en arrentement perpétuel des administrateurs de l'église de Fressin, par acte passé devant les officiers dudit lieu, le 7 février 1684. Et comme feu Me Jean Deplanques a donné à l'église, par acte du 12 novembre 1683, une somme de deux cents livres, et en outre une rente de douze livres trois sols deux deniers, à la sûreté de laquelle le manoir ci-dessus était affecté, à la charge qu'il serait déchargé chaque année quatre obits et chaque mois une messe du St-Sacrement, il se prend sur la rente de vingt-cinq livres ci-dessus seize livres pour la décharge des dits obits et messes, ci . . . . 25. l. 0

Le paiement était encore fait le 4 ventôse 1794 (vieux style).

N° 7. **Marie-Anne Plé,** veuve en dernières noces de Pierre-Nicolas Bosquet, demeurant à Planques, tante et héritière de Marie-Célestine Monchaux, fille de Bertulphe et héritière de Marguerite Plé, sa mère, fille et héritière de Louis Plé et de Marie Mayoul, fille et héritière d'Antoine et de Barbe Malbranque, doit annuellement une rente de quatorze livres pour un manoir amazé de deux mesures et demie, situé à Planques . . . . que les administrateurs de l'église de Fressin ont donné en arrentement perpétuel et sans rachat aux dits Antoine Mayoul, par acte passé devant les officiers de Créquy-Fressin, le 14 janvier 1676, ci . . . . 14 l.

Au nouveau Cueilloir de 1790, Jacques-Joseph Bosquet est substitué à sa mère Marie-Anne Plé.— Puis est écrit : ou plutôt Antoine Féroux.

N° 8. - **Joseph Héame,** vivant de ses biens, demeurant à Fressin, Pierre et Rose Héame, ses frères et sœurs, enfants et héritiers de Louis Héame et d'Antoinette Dewailly, fille et héritière de Martin et de Marie Lejosne, doivent une rente ou canon perpétuel de quatorze livres cinq sols, donnés à l'église de Fressin par Catherine Warin, par son testament du 16 octobre 1681, à charge et condition qu'il serait déchargé annuellement et à perpétuité : 1° Seize messes, par le sieur curé de Fressin, les jours de Purification, Annonciation, Assomption, Nativité, Présentation, Conception et Visitation ; 2° une messe jour de Ste Hiacinthe ; 3° un obit pour le repos de son âme ; et cette rente de quatorze livres cinq sols se trouve affectée sur trois manoirs situés à Fressin, provenant de la dite Warin, dont deux desdits manoirs appartiennent audit Joseph Héame, et l'autre auxdits Pierre et Rose Héame occupé par François Fay, ci . . . . 14 l. 5. s.

N° 9 — **Joseph Vincent**, ménager, demeurant à Fressin, fils et héritier de Charles-Philippe et de Marie-Catherine Salomé, sœur et héritière de Jacques, qui était fils de François, doit une rente de six livres cinq sols créée par l'acte du 20 octobre 1700 au profit de l'église par ledit François Salomé, ci . 6 l. 5 s.

Le Cueilloir de 1790 nomme *Nicolas Wamin*, demeurant à l'Hermitage de Fressin, en place de Joseph Vincent. Les manoirs grevés appartiennent audit Nicolas Wamin, donataire du précédent.

N° 10. — **Louis-Joseph Lemoisne**, précédemment à Saint-Pol, d^elle Henriette Pierlay, sa femme, et d^elle Justine Pierlay, icelles héritières de Me Antoine-Joseph Pierlay, leur père, de son vivant notaire royal et procureur fiscal du duché de Créquy-Fressin, fils et héritier de Jean et de d^elle Antoinette Brogniart, doivent les deux tiers d'une rente constituée créée par lesdits feus Jean Pierlay et Antoinette Brogniart le 22 mai 1706, au capital de trois cents livres au cours de dix-huit livres cinq sols ; mais comme il en a été remboursé un tiers le 29 décembre 1719, les deux autres tiers ne font plus à présent que deux-cents livres au cours annuel de douze livres dix sols, ci . . . . 12 l. 10 s.

Le nouveau Cueilloir désigne comme débiteur, au lieu des d^elles Pierlay, *Pierre-Joseph Pierlay*, procureur fiscal des terres et seigneuries de Créquy-Fressin et dépendances.

N° 10 *bis*. — Ledit **Lemoine**, sa femme et la d^elle Justine Pierlay doivent encore une rente constituée au capital de quatre cents livres, au cours annuel de vingt livres, créée par Jean Pierlay, aïeul desdites Pierlay, le 31 janvier 1699, au profit de Pierre Delépine et Jeanne Bécourt, sa femme, qui en ont fait donation à l'église de Fressin par acte du 19 mai 1708, à charge de faire dire et célébrer en la dite église, annuellement et à perpétuité, six obits solennels avec commendaces. Laquelle rente affectée et hypothéquée sur une demi-mesure de manoir amazé appartenant auxdites Pierlay, située au dit Fressin, tenant des deux listes à d^{elle} Ursule Viollette, d'un bout au marché, et d'autre bout au sieur Gallet, notaire ci. . . . . 20 l.

Le dernier Cueilloir substitue encore *Pierre-Joseph Pierlay* aux d^{elles} Henriette et Justine Pierlay, qui lui ont vendu ce manoir. Il substitue aussi Me Jacques-Marie Viollette à la demoiselle Ursule Viollette.

N° 11. — **Jacques Cailleux**, demeurant à Hesmond, et Marie-Félix Pinte, sa femme, fille d'Antoine Pinte, tisserand ; Pierre Laurent et Geneviève Pinte, sa femme, demeurant à Embry; Liévin Dassonville et Marie Anne Pinte, sa femme, demeurant à Cavron, et Marie-Antoinette Hermand, veuve de Pierre Pinte, demeurant audit Embry, mère tutrice de ses enfants, iceux Pinte enfants de Pierre, doivent solidairement une constitution de rente de deux cent-cinquante livres au capital, au cours annuel de quinze livres, créée par lesdits feus Antoine et Pierre Pinte par acte du 14 novembre 1701. Mais comme cette rente a été réduite à quatre livres du cent à compter du 14 novembre 1720, pour en éviter le remboursement en billets de banque, les cours ne sont plus que de dix livres, ci . . . . 10 l. 0.

N° 12. — **Antoine Pidoux**, vivant de ses biens, demeurant à Planques, neveu et héritier de Marie-Joseph Macquet, sœur et héritière de Marie, qui fut sœur et héritière de Pierre, qui était fils et héritier d'Augustin et de Claire Hibon, doit deux rentes constituées :

L'une au capital de deux-cent vingt-huit livres, au cours de seize livres cinq sols, actuellement réduit à onze livres huit sols, créée par les dits Augustin Macquet, Claire Hibon, sa femme, au profit de d^{elle} Marguerite Delahaye, par acte du 8 avril 1681, présentement due à l'église de Fressin.

Et l'autre au capital de cent livres, au cours annuel de six livres, réduit à quatre livres du cent, créée au profit de ladite église par ledit Pierre Macquet, tant en son nom qu'en ceux de ses frères et sœurs, le 29 décembre 1701. . .   15 l. 8 s.

Il est marqué en marge de cet article et de l'article suivant que le receveur devra répéter les vingtièmes qui ont été déduits dans les anciens comptes.

N° 13. — **Jacques Lisambourg**, demeurant à Fressin, fils et héritier de Joseph, qui fut fils et héritier de François et de Péronne Bouret, doit une rente constituée au capital de trois cent cinquante livres, au cours annuel de vingt et une livres, que lesdits François Lisambourg et Péronne Bouret ont créée par acte du 29 janvier 1699, au profit de feu Me Jacques Cornuel, notaire et procureur fiscal du duché de Créquy-Fressin, lequel en a fait cession et donation à la dite église ; et à la sûreté de ladite rente se trouvent affectés et hypothéqués deux manoirs situés à Fressin, rue de la Lombardie, appartenant audit Lisambourg ; le premier à usage de pâture, contenant trois mesures ; le second amazé de maison où demeure ledit Lisambourg. Les cours de cette rente ont été réduits à quatre livres du cent, le 26 août 1720, pour en éviter le remboursement en billets de banque. Il ne porte donc plus que quatorze livres, ci. . . . .   14 l. 0 s.

Le Cueilloir de 1790 désigne *Antoine Lisambourg* comme frère et héritier de Jacques. De plus, l'article a été rayé, en 1791, Antoine Lisambourg ayant remboursé 350 francs pour le capital de la rente, et payé 12 l. 10 s. d'arrérages.

N° 14. **Pierre Magnier**, faiseur de bas, demeurant à Torsy, devait une rente constituée de deux cent cinquante livres au capital, moitié de celle de cinq cents livres créée le 20 novembre 1719, par Pierre Legrand et Marie-Catherine Bossu, sa femme, l'autre moitié ayant été remboursée le 5 mai 1768 ; à la sûreté de laquelle se trouvent affectés et hypothéqués six quartiers de manoirs à Torsy . . . . 12 l. 10 s.

Antoine Delépine, boucher, demeurant à St-Martin-Cavron, est porté au nouveau tableau en place de Pierre Magnier. L'article est encore rayé, ledit Delépine ayant payé 250 livres pour remboursement, le 26 nivôse, an II.

N° 15. **Louis Décobert**, vannier, demeurant à Planques, et Marie-Joseph Denne, sa femme ; Pierre-Jacques Bruyant, en son nom et comme tuteur des enfants qu'il a eus de Marie-Anne Denne, sa femme, fille de Jean-François et consorts, doivent une constitution de rente de deux cent-cinquante livres au capital, au cours annuel de douze livres dix sols, créée par Jean-Baptiste Denne le 20 avril 1723 . . . . . . 12 l. 10 s.

Le Cueilloir de 1790 remplace Louis Décobert, père, par *Louis Décobert*, fils, et ses frères et sœurs ; Pierre-Jacques Bruyant par Chrysostôme et François-Joseph Bruyant, ses enfants, et il complète l'énumération des débiteurs en nommant Jean Denne, demeurant à Fressin, Augustin Gamin et Marie-Thérèse, sa femme, demeurant à Wambercourt.

Décobert doit payer . . 3 l. 6 s. 8 d.
Gamin . . . . 3 l. 6 s. 8 d.
Bruyant . . . . 4 l. 11 s. 8 d.
Denne . . . . 1 l. 5 s. 8 d.

L'article est effacé du tableau, l'église ayant reçu, le 30 pluviôse an II, 250 livres en remboursement.

N° 16 — **Joseph Maquaire**, laboureur à Humbert, fils et héritier de Louis et de Jeanne Cornuel, doit une rente de deux cent-dix livres au capital, au cours de dix livres dix sols, créée par ces derniers par acte du 10 février 1727, sur des immeubles sis à Humbert . . . . 10 l. 10 s.

En 1791, Joseph Maquaire habitait à Boubers-les-Hesmond, et la rente est payée par ses fils Louis et Donatien Maquaire.

N° 17. — **Jacques Caudevelle**, ménager, demeurant à Fressin, doit une rente au capital de cent-vingt livres, au cours annuel de six livres, créée par François Codevelle et Jeanne Bocquillon, ses feus père et mère, le 17 juin 1729, ci.   6 l. 0 s.

Il y a aujourd'hui, à Fressin, des Caudevelle et des Codevelle. Ce n'est pas le même nom ; donc il ne sont point parents. Mais le Cueilloir de 1790 écrit *Jacques Caudevelle* et François Codevelle, ce qui montre une fois de plus que la plupart des homonymes s'écrivant d'une manière différente, quand ils existent dans la même localité, se confondent dans une même origine.

N° 18. — **Jean-Michel Gouillard**, tonnelier, demeurant à Fressin, fils et héritier de Michel, lequel fut fils et héritier de Pierre et de Barbe Robbe, doit une rente de cent-vingt livres au capital, au cours annuel de six livres, créée par lesdits Pierre Gouillard et Barbe Robbe, par acte du 10 mai 1730, sur deux manoirs amazés sis à Fressin et appartenant audit Gouillard, le premier contenant deux mesures, et le second deux mesures et demie . . . .   6 l. 0 s.

N° 19. — **Antoine Martin**, laboureur, demeurant à Boubers-les-Hesmond, doit une rente de deux cents livres au capital, au cours annuel de dix livres, créée par Jean Martin, son père, par acte du 9 décembre 1730 . . . . . .   10 l. 0 s.

N° 20. — **Monsieur Du Valvalon**, demeurant en son château de Campagne-les-Boulonnais, doit une rente de trois cents livres de capital, au cours annuel de quinze livres, créée par acte du 29 janvier 1733, par Jean de Bove et Jeanne Menbo, sa mère, demeurant à Mont Cavrel, à la sûreté de laquelle rente se trouvent affectés le manoir sur lequel est situé le château du Biez, appartenant audit seigneur du Valvalon, ainsi que d'autres parties de biens appartenant audit seigneur, venant desdits de Bove et sa mère, de qui ledit seigneur ou ses auteurs en ont fait l'acquisition à la charge de ladite rente, ci . . 15 l. 0 d.

Au Cueilloir de 1790, la rente est dûe par les ayants-droit de Monsieur du Valvalon.

N° 21. — **Joseph Cœugnet** de St Leu et **Jean-François Blanpain**, laboureur, demeurant au Biez, son frère utérin, doivent solidairement une rente de trois cent cinquante livres au capital, au cours annuel de dix-sept livres dix sols, créée par Thérèse Pouchain, leur mère, et François Blanpain, son second mari, par acte du 24 décembre 1739. . . . 17 l. 10 s.

Au Cueilloir de 1790, est écrit : *Jean-François Blanpain* et les enfants de Joseph Cœugnet, etc.

N° 22. — **Eugène Plée**, faiseur de bas à Beaulieu, paroisse de Ruisseauville, doit une rente de trois cents livres au capital, au cours annuel de quinze livres, créée par André Plée, son père, le 15 mars 1742 . . . . 15 l. 0 d.

N° 23. — **Jean, Pierre, Marie-Anne et Marie-Célestine Herbert**, frères et sœurs, demeurant à Fressin, doivent une rente de cent livres au capital, au cours annuel de cinq livres, créée par acte du 27 avril 1745, par Adrien Techon et Barbe Fransur, sur une demi-mesure de manoir amazé sise à Fressin, appartenant auxdits Herbert, par retrait qu'ils en ont fait sur Nicolas Sauvage, cabaretier audit Fressin, qui avait acquis ledit manoir, à la charge de ladite rente, de Marie-Marguerite Techon, fille et héritière desdits Adrien et Barbe Fransur, ci . . . . 5 l. 0 d.

N° 24. — **Jean-François Carpentier**, vivant de ses biens, demeurant à Torsy, doit une rente de cent livres au capital, au cours annuel de cinq livres, créée par Toussaint Flament et Marie Cocheteux, sa femme, par acte du 3 août 1745, reconnu par ledit Carpentier par acte du 25 avril 1762, ci . 5 l. 0 d.

N° 25. — **Nicolas Petit** et ses frères et sœurs, demeurant à Créquy, enfants et héritiers d'Antoine Petit et de Marie-Claire

Creuze, doivent une rente de cent livres, au cours annuel de cinq, créée par acte du 27 novembre 1745 par lesdits Antoine Petit et ladite Creuze . . . . 5 l. 0 d.

Les deux frères de Nicolas se nommaient *Pierre et François Petit*.

N° 26. — **M° Varlet**, prêtre, curé d'Eperlecques, héritier de M° Guislain Beuvry, son frère utérin, doit une rente de cent-cinquante livres, au cours annuel de sept livres dix sols, créée par ledit sieur Beuvry le 28 juin 1749 . . . 7 l. 10 s.

Le Cueilloir de 1790 nous apprend que M° Guislain Beuvry était curé de St-Martin-Cavron.

N° 27 — **Austreberthe Lenne**, veuve de Jean-François Riquier, et ses enfants, héritiers dudit Riquier, leur père, demeurant à Embry, doivent une rente de trois cent vingt-quatre livres, au cours annuel de seize livres quatre sols, créée par ladite Lesne et feu son mari, par acte du 17 mars 1757, ci. . . . . 16 l. 4 s.

N° 28. — **Marie-Florence Warin**, veuve d'André Caroulle, et ses enfants, doivent une rente au capital de cent-cinquante livres, au cours annuel de sept livres dix sols, créée par la dite Warin et feu son mari, le 17 avril 1747. 7 l. 10 s.

Au recueil de 1790, les débiteurs sont les enfants d'André Caroulle. On écrit qu'ils demeurent à Bucamp, ce que l'on rectifie ensuite en écrivant Mont-lez-Béalencourt. L'article est effacé du registre, la rente ayant été remboursée, au taux de 150 fr., le 30 mai 1793, par François-Joseph Brunet.

N° 29. — **Marie-Bernadine Maillet**, fille de Jean Baptiste, et Geneviève-Dorothée Berthe, héritière de cette dernière, sa mère, icelle nièce et héritière de M° Noël Piquet, vivant curé du Quesnoy, doit une rente obituaire de cinquante sols créée par ledit feu M° Piquet pour la fondation d'un obit par acte du onze septembre 1749 . . . 2 l. 10 s.

Au recueil suivant le débiteur désigné est le sieur *Grégoire Letailleur*, chirurgien, demeurant à Fressin, époux de ladite Marie-Bernardine Maillet.

N° 30. — **Louis-Joseph Héame,** vivant de ses biens, demeurant à Fressin, doit une rente de cinq cents livres, au cours annuel de vingt-cinq livres, créée par Adrien Herbert, son bel oncle, à la caution solidaire dudit Héame, par acte du 23 septembre 1761. . . . . . 25 l. 0 s.

Le 4 nivôse an 11 de la République, le citoyen Héame a remboursé le capital de la rente ci-dessus, et l'article a été rayé du tableau.

N° 31. — **Guillaume Lourdel,** laboureur, demeurant à Sains, doit une rente au capital de cinq cents livres, au cours annuel de vingt-cinq livres, créée par acte du 3 janvier 1762. . . . . 25 l.

Remboursé le 30 juillet 1793 et rayé du registre.

N° 32. — **Nicolas Wamin,** ménager, demeurant à Avondance, et Marie-Joseph Delépine, sa femme, doivent une rente de cent livres au cours annuel de cinq, par acte du 3 décembre 1764, ci. . . . . 5 l.

En 1793, le débiteur était *Jean Wamin*, cabaretier à Avondance, fils de Nicolas.

N° 33. — **Alexandre Carpentier,** laboureur, demeurant à Torsy, doit une rente de deux cent livres au cours annuel de dix livres, créée par acte du 6 février 1765. 10 l. 0 s.

Au registre de 1790, *Jean-Baptiste Carpentier* et ses frères et sœurs sont substitués à Alexandre, leur père. Ledit Jean-Baptiste remboursa la rente, le 28 avril 1793, en payant 200 livres, et l'article fut rayé du tableau.

N° 34 — **Antoine Loisel,** ménager, demeurant à Créquy, et Marie-Madeleine Dedelet, sa femme, doivent une rente constituée de deux cents livres, au cours annuel de dix livres, créée par acte du 9 novembre 1765. . . 70 l. 0 s.

N° 35. — **Gabriel Pingrenon** et Marie-Catherine Tavernier, sa femme, demeurant à Fressin, doivent une rente de deux cents livres, au cours annuel de dix livres, créée par acte du 7 août 1766. . . . . 10 l. 0 s.

En 1790, Gabriel Pingrenon est mort, et la dette échoit à sa veuve *Marie Catherine Tavernier*, et à son fils *Théodore Pingrenon*, arpenteur, demeurant à Fressin.

N° 36. — **Jean-Baptiste Boudry**, vivant de ses biens, demeurant à Créquy, tant en son nom qu'en ceux de ses enfants qu'il a eus de son mariage avec Marie-Joseph Petit, doit une rente de deux cent-cinquante livres, au cours annuel de douze livres dix sols, créée par acte du 4 août 1768. 12 l. 10 s.

En 1790, Jean-Baptiste Boudry est remplacé par ses enfants *Alexandre, Xavier, Arthur, François-Joseph* Boudry et leurs sœurs.

N° 37. — **Louis Duflos**, fermier, demeurant à Sains, et Marie-Joseph Dewamin, sa femme, doivent deux rentes de cent-cinquante livres ; l'une au cours annuel de six livres, à raison de quatre livres du cent, créée par acte du 4 janvier 1769 ; et l'autre au cours annuel de sept livres dix sols, créée par acte du 1er mars 1770. . . 13 l. 10 s.

Louis Duflos a remboursé les deux rentes le 26 mars 1793, en payant 300 livres en principal, et l'article a été rayé du registre.

N° 38 — **Antoine Boyaval**, berger, demeurant à Créquy, doit une rente de quatre-cent-cinq livres, au cours annuel de seize livres quatre sols, qu'il a créée avec Marie-Cécile Sailly, sa première femme, par acte du 15 octobre 1769. 16 l. 4 s.

N° 39. — **Jacques-Joseph Daguin**, vivant de ses biens, demeurant à Fressin, doit une rente constituée au capital de cent-cinquante livres, au cours annuel de sept livres dix sols, créée par acte du 5 novembre 1771. 7 l. 10 s.

N° 40 — **Marie-Jeanne-Joseph Moine**, fille majeure, demeurant à Fressin, doit une rente constituée au capital de cent livres, au cours annuel de cinq livres, créée par acte du 15 décembre 1772 . . . . 5 l. 0 s.

Au registre de 1790, est nommé *Louis Fauquet*, mari de ladite Marie-Jeanne-Joseph Moine.

N° 41. — **Jean-François Henneguelle**, voiturier, demeurant à Créquy, et Marie-Marguerite Brebion, sa femme, doivent une rente constituée au capital de quatre cents livres, au cours annuel de vingt livres, créée par acte du — janvier 1774. . . . . 20 l. 0 s.

Le 10 pluviôse an II de la République, Henneguelle s'est acquitté en payant 400 livres pour le capital de la rente, et l'article a été rayé du tableau.

L'ancien Cueilloir, qui va de 1780 à 1790, contient huit articles qui ne figurent point dans celui de 1790. Nous croyons devoir les rappeler ici sommairement. Ce sont :

1°. Une rente de 4 livres, dûe par **Marie-Marguerite Hanocq**, veuve de Jacques Flament ;

2°. Une de 6 livres par la même ;

3°. Une de 12 livres, dûe par **Thomas Dewailly**, tisserand ;

4°. Une de 10 livres, dûe par **François Duvauchel**, berger à Planques ;

5°. Une de 5 livres, dûe par **Pierre-Joseph Flament**, demeurant au château de Vron en Picardie ;

6°. Une de 15 livres, dûe par **Jacques-Joseph Caron**, garde de bois, demeurant à Créquy ;

7°. Une de 13 livres, dûe par **Joseph Carpentier**, laboureur, demeurant à Torsy ;

8°. Une de 6 livres, 11 sols, 3 deniers, dûe par **Jean-Baptiste-Isidore Humières**, scieur de long, demeurant à Royon.

Le Cueilloir de 1790, qui ne fait point mention de

ces huit dernières rentes, parce qu'elles étaient remboursées, a un article 42ᵉ, qui ne figure pas au registre précédent.

N° 42. — **Les États d'Artois** doivent à l'église de Fressin une rente au capital de douze cents livres, au cours annuel de quarante-huit livres, à raison de quatre du cent, exempte de toute retenue, créée par acte du 20 février 1781 ; ladite somme provenant à ladite église de d^{elle} Marie-Rose Depré, veuve du sieur Omer Dupuis, moyennant l'obligation de faire décharger annuellement quarante-huit messes basses, à la rétribution de quinze sols chacune au célébrant, le surplus au profit de la fabrique, ci . . . . 48 l. 0 s.

Nous poursuivons l'étude des revenus de l'église de Fressin par l'énumération des immeubles qu'elle possédait, du prix de location de chacun de ces immeubles, avec les noms des différents occupeurs.

Manoirs et Terres de l'église de Fressin,
à l'époque de la Révolution.

Art. 1ᵉʳ — *Un petit manoir* amazé servant de logement au vicaire, tenant d'une liste à la maison de Louis Legrand, qui l'a acquise des héritiers du sieur Sta, d'autre liste à Marie-Françoise Buneteux, d'un bout à la rue, d'autre bout à l'article suivant.

Occupé, en 1790, par **M. Penel,** vicaire, au rendage de trente-six livres, payables au jour de mi-mars . . . 36 l.

Nous voyons qu'à la différence de bien d'autres, cet article a été fort exactement payé jusque et y comprise l'année 1792.

Art. 2 — *Une mesure de manoir* non amazé, partie à usage de pâture, partie à usage de jardin potager, tenant d'une liste à la rue de Paradis, d'autre à l'article précédent et à d^{elle} Marie-Marguerite Picard ; d'un bout à Louis Legrand, et d'autre bout au sieur Gallet, notaire.

Occupé par **Louis Legrand**, marchand à Fressin, au rendage de quatre-vingt-dix livres. . . . . . . 90 l. 0 s.

Un bail du 5 novembre 1790 divise le manoir, qui n'est plus loué que 46 livres, dont ledit Legrand 11 livres 10 sols pour le quart, et la demoiselle Picard 34 livres 10 sols pour le reste.

Art. 3 — *Un autre manoir* amazé, près du vieux château, rue conduisant au Haut-Bois, contenant deux mesures vingt-neuf verges, tenant d'une liste vers orient à ladite rue, d'autre liste à Liévin, Marguerite, Béatrix, Alexandrine Gamin, d'un bout vers midi au flégard, et d'autre vers nord au Haut Bois.

Occupé par **Rose Stalin**, veuve de Joseph Lejosne, qui jouit sans bail au rendage de cinquante-cinq livres 55 l. 0 s.

Art. 4 — *Un autre manoir* non amazé, à usage de pâture, nommé le Jardin Saint-Pierre, situé au marais Balbure, tenant d'une liste vers Nord audit marais, d'autre liste à Louis Combaux, de bout vers orient à Louis Cambaux, et d'autre bout à Jean-François-Louis Devisse et Jean-François Fiollet.

Occupé par **François Leducq**, voiturier, par bail du 29 mars, au rendage de vingt-quatre livres . . . 24 l. 0 s.

Le bail précédent n'était que de 14 livres.

Art. 5. — *Deux mesures et demie* de terre au terroir de Fressin, vers la Piedsente du Lièvre, moitié de cinq mesures, tenant d'une liste à Emélie Delépine, d'autre à la contre-partie qui forme l'article suivant ; d'un bout à d^{elle} Catain, et d'autre bout à Ambroise Mayoul.

Occupé par **François Leducq**, par bail du 10 décembre 1787, au rendage de cinquante livres . . . . 50 l. 0 s.

Art. 6. — *Deux mesures et demie* de terre au terroir de Fressin, vers la Piedsente du Lièvre, formant la contre-partie de l'article précédent, tenant d'un bout à l'article précédent, d'autre et d'un bout à d^{elle} Catain, et d'autre bout aux ayants-droit de Joseph Dewamin.

Occupé par Pierre Jacques Bruyant, par bail du 29 mars 1788, au rendage de quarante deux livres dix sols, puis, à la mort dudit Bruyant, par moitié par ses fils, Pierre-Jacques et Louis, ci . . . . 42 l. 10 s.

Art. 7. — *Trois mesures*, moitié de six, à la Piedsente du Lièvre, tenant d'une liste à l'article précédent, d'autre à la veuve de Jean-Baptiste Delépine et autres, d'un bout à d^{elle} Louvet, veuve du sieur Laigle, et d'autre bout à la contre-partie formant l'article suivant.

Occupé par **Antoine Bruyant**, par bail du 28 mai 1788, au rendage de cinquante et une livres . . . . 51 l. 0 s.

Art. 8. — *Trois mesures* de terre, à la Piedsente du Lièvre, faisant la contre-partie de l'article précédent, tenant d'une liste à l'article précédent, d'autre à d^{elle} Degroisilliers, veuve Delépine, et autres, d'un bout à d^{elle} Catain, et d'autre bout à la contre-partie.

Occupé par les sieurs et Demoiselles **Dewamin**, de Fressin, par bail du 29 mars 1788, au rendage de cinquante-une livres, ci . . . . 51 l. 0 s.

Monsieur Caroulle, curé de Fressin, a occupé ces trois mesures de terre au rendage de 36 livres (1).

Art. 9 — *Quatre mesures* de terre, à Fressin, canton de Lépault, tenant des deux côtés et d'un bout à M. Durepaire et d'autre bout aux héritiers du sieur Hémart.

Occupé par **Nicolas Sauvage**, moyennant quarante livres, ci . . . . 40 l. 0 s.

Art. 10 — *Quatre mesures* de terre, à Fressin, canton de Lépault, tenant d'une liste au bois de Sains, d'autre liste à Marguerite Lechon, d'Hesdin, et à Joseph Branquart; et d'autre bout à M. de Flers.

---

(1) Et précédemment pour 15 livres. Arch. dép. C. *Etats d'Artois*. Vingtième 1762.

Occupé par **Antoine Duflos**, de Sains, par bail du 10 décembre 1787, au rendage de soixante-huit livres. — Réduit à 55 livres par un nouveau bail du 5 décembre 1790, au profit duitd Antoine Duflos. . . . . 55 l. 0 s.

Art. 11. — *Trois mesures trois quartiers* de terre, à Fressin, canton de Lépault, tenant d'une liste au sieur Dewamin, d'Hesdin, d'autre liste à François Warembourg et autres ; d'un bout à Firmin Soisson, et d'autre bout à la veuve Trollée, d'Hesdin.

Occupé, les deux tiers par **Jacques Coache**, et l'autre tiers par **Liévin Desombre**, maréchal à Sains, la totalité à raison de trente-trois livres par an . . . . 33 l. 0 s.

Art. 12 — *Quatre mesures et demie* de terre, en deux pièces, au territoire du Biez.

Occupé par **Jacques Baron**, fermier au Biez, pour soixante livres, ci . . . . 60 l. 0 s.

Il ne payait que 33 livres au bail précédent.

Art. 13. — *Quatre mesures de terre*, à Fressin, canton de Lespault, tenant d'une liste et d'un bout à M. Durepaire, d'autre liste au paty St-Hubert et à celui de M. Hémart, et d'autre bout à d^elle Rose Petit, veuve du sieur Viollette.

Occupé, en 1787, par **Delépine** de Sains, puis cédé à **Charles Thullier**, de Fressin, au rendage de . 90 liv. 0

Puis, par **Joseph Bennetheux**, berger à Fressin, par bail du 9 décembre 1790, au rendage de quatre-vingt quatre livres . . . . 84 l. 0

Art. 14. — *Deux mesures vingt-cinq verges*, à Fressin, canton des Carrières, tenant d'une liste à un rideau et en retour au sieur Louvet, ainsi que d'un bout, d'autre liste à Nicolas Sauvage, André Bau et autres, et d'autre bout à d^elle Picard.

Occupé par **Charles Thullier**, fermier à Fressin, par bail du 3 août 1784, au rendage de onze livres . . . . 11 l. 0

Art. 15. — *Deux mesures de terre*, à Fressin, canton de Lépault, tenant d'une liste à Joseph Coache et a M. de Flers, et des deux bouts à d^elle Degroisilliers, veuve Delépine.

Occupé par **Delépine**, de Sains, par bail du 10 décembre 1787, au rendage de quinze livres. . . . . . 15 l. 0

Art. 16. — *Six quartiers* de terre, au terroir de Planques.

Occupé par **Gaspard Mélin**, de Planques, par bail du 1ᵉʳ décembre 1787, au rendage de dix livres. . . . 10 l. 0

Art. 17. — *Deux mesures* de terre, à Fressin, appelées *Les Trinques*, d'une liste au sieur Louvet, d'autres au chemin de Fressin à Bucamps, d'un bout au paty Agnel, et d'autre bout à dᵉˡˡᵉ Marie Anne Joseph Leclercq.

Occupé par le sieur **Picard**, par bail du 9 décembre 1766, au rendage de dix livres, et depuis ledit Picard en jouit sans bail au même prix . . . . 10 l.

Art. 18. — *Deux mesures* de terre, à Fressin, canton de la Titée, tenant d'une liste aux héritiers Maquaire, d'autres aux héritiers du sieur Viollette, d'un bout à Flament, d'autre bout au sieur Louvet.

Le sieur **Viollette** en a joui au rendage de vingt-six livres. Elles sont occupées maintenant par **François Leducq**, par bail du 9 novembre 1791, au rendage de quarante-sept livres, ci . . . . 47 l. 0

En résumé, les fondations coûtaient, au milieu du siècle dernier, 177 livres 6 sols, dont 149 livres 12 sols au Curé ou au célébrant, 32 livres 9 sols au vicaire, et 5 livres 5 sols à la fabrique. Il ne faut pas s'étonner de la modicité de ce droit de fabrique, cet établissement trouvant généralement dans les *Rentes Constituées* de quoi fournir à l'acquit des fondations, et pour lui-même une convenable indemnité.

Ce grand nombre de messes ou d'obits que les fondations imposaient au clergé paroissial, c'était autant de jours où, indépendamment des services d'enterrement et des messes de mariage, il ne lui était pas possible de célébrer aux intentions que les particuliers lui pouvaient proposer.

Le produit des *Rentes Surcensières* était, à l'époque de la Révolution, de 19 livres, 19 sols, 6 deniers ;

Celui des *Rentes foncières du fief de la Dienné*, de 4 livres, 2 sols, 11 deniers ;

Celui des *Rentes constituées*, qui servaient à l'acquit des fondations, de 600 livres, 6 sols, 6 deniers.

Les Manoirs et Immeubles de l'Eglise étaient loués 783 livres 10 sols.

Les trois premières catégories de terres, sans appartenir à l'église, avaient pourtant quelque chose de sacré, à cause du petit revenu que l'église en retirait.

Outre le presbytère, l'église était propriétaire de deux maisons, dont une était louée au vicaire. Ces maisons et les 48 mesures de terre ou manoirs, dont on vient de voir l'énumération, elles étaient essentiellement choses saintes et réservées, tant à cause de l'intention des personnes qui s'en étaient volontairement et librement dépouillées pour rendre hommage à Dieu, qu'à cause de la destination qui leur avait été donnée. Il nous serait facile de savoir quel est actuellement le détenteur et quel a été, dès le principe, l'acquéreur de chacune de ces propriétés. Nous préférons ne point faire cette recherche. Sans doute, lorsqu'elle décréta que ces biens seraient « mis à la disposition de la nation », l'Assemblée Nationale voilait sous l'hypocrisie d'une formule mensongère ce qui était une odieuse confiscation et un vol véritable ; elle portait atteinte également au droit de propriété en méconnaissant ce droit à l'égard de la propriété la plus respectable. Ceux qui achetèrent ces biens sacrés se rendirent complices du même vol. Mais, lors du Concordat, Celui qui a seul autorité pour parler souverainement au nom de l'Eglise, a déclaré ne pas vouloir inquiéter les détenteurs des « biens nationaux », à la condition, toutefois, que l'Etat, qui a bénéficié de la spoliation, maintienne la compensation qu'il a consentie, et notamment continue de pourvoir par une indemnité décente à l'entretien du clergé. Ce sont, à notre avis, les propriétaires des biens d'église qui devraient, pour peu qu'ils aient le sentiment de la probité et de la justice, s'opposer de toute leur énergie à la séparation de l'Église et de l'État, à moins pourtant d'une restitution par l'Etat d'un capital en rapport avec la rente qu'il sert au clergé.

On se tromperait étrangement si de l'énumération que l'on vient de voir on concluait que le curé de Fressin devait être fort riche. On a vu M. le curé Caroulle réduit à exploiter une terre pour vivre. Il fallait pourvoir à l'entretien des églises et des presbytères comme aux besoins du culte. Or, l'église de Fressin nécessite beaucoup de frais, à cause de ses proportions. On trouvera donc naturel que les administrateurs de la fabrique aient scrupuleusement veillé à la rentrée des deniers, et qu'ils se soient crus obligés de faire payer les places de l'église.

Les Bancs.

Alors comme aujourd'hui, l'église de Fressin avait un mobilier complet de bancs ; il y avait, comme aujourd'hui encore, deux bancs de bout à bout, de chaque côté du couloir de la grande nef, un grand à l'intérieur, un petit sous les piliers.

Une adjudication publique eut lieu le 16 novembre 1711, et sortit son effet jusqu'à la fermeture des églises, si ce n'est que les familles éteintes ou absentes furent remplacées par d'autres, aux mêmes conditions. Nous donnons la liste de 1790, avec indication des précédents preneurs.

Côté gauche, ou côté de l'autel de la Vierge.

Dix-huit bancs, payables au 31 décembre.

Le premier appartient à M. Viollette, avocat et notaire, pour lequel il doit dix sols . . . . 0 l. 10 s.
  Au registre précédent: Monsieur Viollette, avocat et lieutenant général.

Le 2e à D^{elle} Poussart, veuve du sieur Louvet   »
  Précédemment : demoiselle Marie-Rose Petit, veuve du Sr Jean-François Viollette, deux grands bancs.

Le 3e au sieur Pierre-Joseph Pierlay . .   »
  Précédemment : Pierlay, greffier.

Le 4e à D^{elle} Catherine Viollette . . .   »
  Précédemment : demoiselles Catherine et Ursule Viollette.

Le 5e à d^{elle} Marie-Marguerite Picard . .   »
  Précédemment : demoiselles Geneviève et Marie-Marguerite Picard.

Le 6e au Sieur Deretz, arpenteur . . .   »
  Précédemment: demoiselle Despré, veuve du sieur Dupuis.

Le 7e à Joseph Héame. . . . . .   »

Le 8e à Joseph Dusolon . . . . . .   »
  Précédemment : Nicolas Dusolon et Rose Torchy.

Le 9e à Simon Branquart . . . . .   »
  Précédemment : le sieur Maquaire, de Wambercourt

Le 10e aux sieurs et d^{elles} Dewamin. . .   »
  Précédemment : le sieur Louis Dewamin.

Le 11e à M. Thélu . . . .   »

Le 12e à M. Cauwet, curé, et Louis Bruyant . . . .   »
  Précédemment : M. Caroulle, curé, et la veuve Bruyant.

Le 13ᵉ à Jacques Duflos, maréchal . . . 0 l. 10 s.

Le 14ᵉ au sieur Théodore Pingrenon, arpenteur. . . . . »
Précédemment : la veuve de Gabriel Pingrenon.

Le 15ᵉ au sieur Letailleur, chirurgien. . »
Précédemment : le sieur Berthe, procureur fiscal, puis Bernardine Maillet, femme Letailleur.

Le 16ᵉ à Pierre-François Gouillard. . . »
Précédemment : le sieur Maqueron et la veuve Hautecœur, sa belle-mère.

Le 17ᵉ à Françoise Nédoncelle . . . . »

Le 18ᵉ à M. de Houdetot, chevalier de St Louis . . . . »

Côté droit ou côté de l'autel St-Joseph.

Aussi dix-huit bancs, payables au 31 décembre.

Le 1ᵉʳ à M. Bacqueville de la Vasserie, pour dix sols . . . . 0 l. 10 s.

Le 2ᵉ à Dᵉˡˡᵉ Petit, veuve du sieur Viollette . . . . »
Précédemment : Elisabethe Berthe, fille du sieur Berthe, procureur.

Le 3ᵉ à Antoinette Pierlay et Elisabeth Berthe. . . , ... »

Le 4ᵉ au sieur Ambroise Pierlay, de Bucamps . . . . »

Le 5ᵉ à Jean-François Coache . . . »

Le 6ᵉ à Nicolas Sauvage . . . . . . ».

Le 7ᵉ à Joseph Bruchet et aux enfants du sieur Jacques Pruvost . . . . . »
Précédemment : le sieur Jean-Baptiste Mayoul.

Le 8ᵉ à Angélique Leducq . . . . . »
Précédemment : la veuve de Pierre Maillet.

Le 9ᵉ à Mᵉ Gallet, notaire . . . . . . 0 l. 10 s.
Le 10ᵉ à Louis Legrand, marchand . . »
Le 11ᵉ à Jacques Codevelle . . . . . »
Le 12ᵉ à François Mahieu, fermier. . . »
    Précédemment : la veuve Tnullier.
Le 13ᵉ à Charles Mahieu, fermier de Barles. »
Le 14ᵉ à Jean-Michel Coache . . . . . »
Le 15ᵉ à Jean-Michel Gouillard . . . »
Le 16ᵉ à Nicolas Branquart et ses sœurs. »
    Précédemment : la veuve de Louis Branquart.
Le 17ᵉ au sieur Matelin, de Wambercourt. »
Le 18ᵉ à Jacques Leurette et Gabriel Ducrocq . . . . »
    Précédemment : le sieur Tavernier ; puis Gabriel Ducrocq.

Bancs dans le transept, vis-à-vis l'autel St-Joseph.

Un premier banc à M. Lemaire et à dᵉˡˡᵉ d'Houdetot . . . . 0 l. 10 s.
Un 2ᵉ vis-à-vis le même autel, à M. Louvet, notaire . . . . »

Banc au fond de l'église, côté de l'autel St-Joseph.

Un banc au sieur Louis Mahieu. . . . 0 l. 10 s.

Petits bancs.
Payables au 31 décembre.

1ᵉʳ à dᵉˡˡᵉ Marie-Françoise Bihet, veuve Delépine, pour cinq sols par an . . . 0 l. 5 s
2ᵉ à François Lefebvre, cordonnier . . »

3ᵉ à François Fiollet . . . . 0 l. 5 s.
4ᵉ à Pierre Mayoul . . . . »
5ᵉ à François Brogniart et sa femme . . »
6ᵉ à Charles Widehen . . . . »
7ᵉ à Antoine Lisambourg . . . . . . »
8ᵉ à François Legrand . . . . »
9ᵉ au sieur Flageolet . . . . »
10ᵉ à François Soisson . . . . »
11ᵉ à Albertine Lefebvre, veuve de Jean-François Branquart . . . . »
12ᵉ à Jean-François Lahaye . . . . . »
13ᵉ à Jean-Pierre Herbert et ses sœurs . »
14ᵉ à Nicolas Branquart, marchand de bois. . . . . »
15ᵉ à Madeleine et Ursule Wuiart . . . »
16ᵉ à Angélique Dumetz, veuve de Pierre-Jacques, Bruyant . . . . »
17ᵉ à Antoine et Joachim Bruyant . . . »
18ᵉ Noël Dusolon. . . . . »
19ᵉ à Letailleur, chirurgien, outre son grand banc . . . . »
20ᵉ à M. Bacqueville de La Vasserie, outre son grand banc . . . . »

En résumé, 39 grands bancs et 20 petits, qui produisaient la somme de 24 livres 10 sols.

Les pauvres et ceux qui désiraient avoir la facilité de s'asseoir et ne rien payer, avaient à leur disposition le banc dit *des paresseux*, qui s'étendait sur toute la longueur des petites nefs.

Le conseil de fabrique veillait donc scrupuleusement aux intérêts dont il avait la charge, réformant les abus qu'il rencontrait sur son chemin, engageant au besoin des procès contre des débiteurs négligents ou de mauvaise foi, et se résignant à demander une rétribution pour les places de l'église, sans pourtant pressurer les chrétiens qui les voulaient occuper. Certainement ces perceptions sont contraires à l'esprit et aux désirs de l'Eglise, et ce n'est qu'avec une sorte de répugnance que des administrateurs vraiment religieux les exigent. Mais elles sont une nécessité quand la charité est insuffisante pour répondre aux besoins. Heureux serions-nous, si nous pouvions user de la même modération que nos devanciers !

Au siècle dernier, en 1744, et il en était de même encore en 1790 sans un sol d'augmentation, on jouissait pendant un an d'un grand banc pour 10 sols, et l'on avait un petit banc pour 5 sols. A la même époque, l'honoraire d'une messe basse, qui est aujourd'hui de 2 fr. en ce diocèse, après avoir été de 75 centimes, de 1 fr. et de 1 fr. 25 cent., était pareillement de 10 sols. C'est comme si aujourd'hui le conseil de fabrique accordait un grand banc pour 2 francs. D'où l'on voit combien l'on exigeait peu autrefois.

Le 4 novembre 1764, après publications faites par M. le curé de la paroisse aux prônes du 28 octobre, du 1er novembre et de ce jour, à l'effet d'établir un receveur aux biens et revenus de l'église et fabrique de ce lieu de Fressin, ainsi qu'à ceux des pauvres, et après avoir recueilli les voix des administrateurs assemblés à ce sujet, il a été établi pour receveur de l'église et fabrique, Pierre-Antoine Tavernier, procureur, demeurant en ce lieu de Fressin, à la rétribution d'un sol de la livre. Ledit sieur Tavernier a présenté pour caution Messire Jacques-François de Houdetot chevalier de l'ordre royal et militaire de St Louis, demeurant à Fressin. Ont signé : Tavernier, le Chevalier de Houdetot, Caroulle, curé ; J. Viollette, Pierlay, Viollette, Bacqueville de la

Vasserie, Sta, Picard, Macquaire. J.-B. Mayoul, J.-Fr. Thuillier, C. Berthe.

M. Tavernier devait rester en cette charge jusqu'en 1780. Il n'eut pas seulement à recevoir, à acheter et à payer ; il eut surtout à soutenir des procès contre des débiteurs qui cherchaient à se soustraire à leurs obligations. A partir de 1765, on le voit plaider pour soutenir les intérêts de son église ; il plaidait encore en 1779. Il dut avoir ainsi recours à la rigueur pour la fondation Loisel, pour la fondation Caudevelle, et pour d'autres. Un sieur Prévost, de Blangy, vint diverses fois plaider contre les administrateurs de l'église de Fressin.

Voici, entre bien d'autres, un exemple de constitution de rentes. Celle-ci est du 15 septembre 1772. Melle Jeanne-Joseph Moine, fille majeure, couturière, demeurant à Sains, reçoit du procureur Tavernier, receveur de l'église de Fressin, devant le notaire Viollette, la somme de cent livres, dont elle a besoin, et, en retour, elle s'engage à payer chaque année à l'église cinq livres de rente sur ses biens venus ou à venir. Rien de plus juste, d'autant plus que, généralement, le débiteur pouvait se libérer par remboursement du capital.

Les seigneurs aussi se faisaient tirer l'oreille. Le receveur Tavernier est forcé d'actionner Joseph Pierlay, pour Mgr de la Tour d'Auvergne, et Joseph Poissant, lieutenant de la seigneurie de Lespault et représentant de Monsieur du Repaire. Le seigneur de Lespault tenait en roture des terres qui avaient été données à l'église par M. de la Dienné. Louis Lemoine, praticien à Fressin, intervint dans l'affaire. Melle Viollette était alors seigneur du Tronquoy.

On paya 164 fr. 10 sols, en 1780, pour le blanchissage de l'église.

Pierre-Antoine Tavernier avait rendu un compte de

treize années de gestion le 13 décembre 1776. Le 20 mai 1780, il en rendit un deuxième, pour quatre années commencées le 1ᵉʳ janvier 1776 et finies le 31 décembre 1779. Il était devenu procureur fiscal de la baronnie de Caumont et de la châtellenie de Labroye, et il avait transporté ses pénates à Caumont. Après cette reddition de compte, il fut remplacé à Fressin en sa charge de receveur de l'église.

Le Compte n'était rendu alors qu'à la requête des administrateurs et à de longs intervalles, tandis qu'actuellement le trésorier le doit rendre tous les ans à la séance de Quasimodo. On remarquera encore qu'aujourd'hui les fonctions de trésorier sont absolument gratuites, et que c'est tout à fait abusivement que, longtemps encore après le décret de 1809, l'on a attribué, soit au trésorier, soit à des secrétaires à son service, une rémunération illégale au préjudice de la fabrique. Il est vrai que cette illégalité pouvait s'expliquer par une abondance d'écritures parfaitement inutiles, mais que l'on a pu croire nécessaires. Avant la Révolution, le receveur était un employé de la fabrique et sa besogne était fort considérable. Sous le régime nouveau, le travail du trésorier se réduit à fort peu de chose. Le trésorier est membre de la fabrique. Le service qu'il rend à l'église ne se paie point avec de l'argent.

Le compte qui fut rendu alors par le sieur Tavernier, le 20 mai 1780, pour les années 1776, 1777, 1778 et 1779, comprenait 57 pages grand in-folio. Il est présenté à Messieurs les marguilliers, officiers et principaux habitants des village et paroisse de Fressin, et on y lit les signatures de Viollette, Chᵉʳ de Houdetot, Branquart, B. Thélu, E. Berthe, J.-B. Mayoul, Picard, Pierlay et G. Ducrocq.

Il porte en recettes . . . . . 8,423 l. 6 s. 9 d.

En dépenses, remises et droits
du receveur . . , ... 8,414 l. 4 s. 5 d.

Le faible excédent n'est même pas réel. C'est la fabrique qui est redevable au trésorier ; car il lui est dû une indemnité pour façon du présent compte.

On avait payé 10 livres 8 sols à M. le doyen pour livraison des registres de catholicité et ses visites pendant les quatre ans.

La dépense en cire était beaucoup plus considérable qu'aujourd'hui ; on ne brûlait que des cierges. Mais on payait moins pour le pain et le vin. Le vin s'achetait chez un cabaretier de l'endroit. On avait payé à Bruyant, collecteur de l'impôt, 242 livres pour vingtièmes, 134 livres pour l'orpheline Plet, 36 livres 10 sols pour achat et pose du coq du clocher. En quatre ans, la lampe du sanctuaire avait coûté 128 livres pour huile et veilleuses ; mais le balayage avait été fait pour 40 livres.

Nous laissons de côté une liste de tous les débiteurs de l'église en l'année 1780. Il nous est impossible de tout reproduire.

Pierre-Antoine Tavernier fut remplacé par Pierre-Jacques Bruyant.

Jacques Bruyant mourut dans l'exercice de ses fonctions. Son dernier compte fut rendu, le 18 juillet 1790, par M. Paul Maillet, curateur à la succession. Ce compte était en excédent de 1,000 livres, lesquelles n'avaient pas encore été remboursées en 1793.

*
* *

On sait ce qu'était une bonne paroisse de notre vieux Boulonnais sous l'ancien régime. La religion y était en honneur, et ses préceptes scrupuleusement mis en pratique. Le travail du dimanche était inconnu. Ce jour était tout à Dieu et aux délassements entre parents. On y aimait la petite patrie qui avait le clocher pour centre, et, dans cette petite patrie, chacun sa rue, et, dans cette rue, chacun sa famille et son foyer; tous sentiments qu'une notion très fausse du patriotisme a amoindris et parfois fait disparaître. Les hommes de cette époque avaient moins de désirs, moins de passions brûlantes ; ils étaient à la fois moins cupides et moins prodigues : ils savaient se garder dans un équilibre moral, et, en somme, ils avaient plus de vraies joies, ils riaient de meilleur cœur qu'on ne fait aujourd'hui.

Dans nos campagnes, il y avait, parmi les membres d'une même famille, plus de respect et moins de familiarité qu'aujourd'hui ; je ne dis pas moins d'affection vraie, moins de tendresse, je dis seulement moins de familiarité. Comme signe caractéristique de ce respect mutuel, je signalerai l'exclusion absolue du tutoiement, le maintien de cette vieille façon de parler toute française que Lemaistre de Sacy met sur les lèvres du Seigneur lorsqu'il parle à Adam. Avant le règne du Jacobinisme, on se tutoyait rarement entre frères et sœurs ; jamais les parents ne tutoyaient leurs enfants ; encore moins se seraient-ils laissé tutoyer. Le tutoiement était une exception ; en bas, il était abandonné aux gens de rien ; en haut il s'employait dans la poésie lyrique lorsqu'elle s'adressait à la majesté divine ou à la majesté royale. Jamais, parmi nous, M. Wallon-Capelle, vicaire général, longtemps supérieur du petit séminaire, n'a tutoyé le plus petit de ses élèves ; jamais le vénéré M. Proyart n'a tutoyé qui que ce fût. Mgr Parisis avait, lui aussi, horreur du tutoiement. Il le proscrivit sévèrement de son grand séminaire, que cet abus avait scandaleusement envahi. Mais à quoi bon gémir ? Quel résultat espérer de nos plaintes, s'il faut que les lévites continuent à passer par la caserne ? Je dirai pourtant à tous mes jeunes confrères, et je le leur dirai avec la plus entière conviction : vous ne sauriez vous imaginer la mauvaise impression que vous produisez autour de vous quand on vous entend vous tutoyer les uns les autres, comme les enfants de la rue. Abstenez-vous du moins de tutoyer ceux qui ne sauraient vous répondre sur le même ton.

Autrefois, pareillement, on s'embrassait fort peu, même entre parents. On ne le faisait guère qu'en se quittant pour quelques semaines ou en se revoyant après une longue absence. On faisait exception pour le jour de l'an. Ce jour-là, le jeune ménage se levait à la première heure pour aller embrasser les aïeuls à leur lit, leur offrir un verre de douce liqueur, cassis ou autre, et leur souhaiter « une bonne et heureuse année. » Et puis on allait faire la même chose au lit des plus jeunes enfants. Mais ceux qui avaient atteint l'âge de dix ou douze ans devaient devancer leurs parents. Les samedis de janvier, on avait le droit de manger de la viande ! cette exception, fort appréciée de ceux même qui n'aimaient point le lard, frappait l'intelligence des enfants, et leur faisait comprendre, dès leur premier âge, que la naissance du petit Jésus avait apporté le salut au monde et méritait d'être joyeusement fêtée.

Les longues soirées d'hiver avaient aussi leur charme. On en faisait deux parts : jusqu'à sept ou huit heures, les enfants présents, on lisait un chapitre de la Vie des Saints, on consultait Mathieu Lensberg, on chantait parfois un vieux Noël, la complainte de la dernière « Relation », ou bien encore un vieillard captivait l'attention des enfants par le récit souvent répété d'un conte rempli de dramatiques péripéties. On récitait ensuite la prière du catéchisme de M. de Pressy ; après quoi, dans les principales familles, les petits enfants se présentaient pour recevoir la bénédiction de leur père, et la maman allait les placer dans leur couchette. C'était alors le tour des jeunes filles et des jeunes mères, réunies quelquefois de quatre ou cinq maisons du voisinage. Tout en faisant tourner leur rouet et filant leur lin, à la lumière du « crachet » suspendu à la crémaillère de bois, elles devisaient plus librement ou s'accompagnaient de joyeux et innocents refrains.

Voici le carnaval.

Dans telle grande maison, il commence à midi ; le plus souvent, la fête n'a lieu qu'au soir. Partout on mange des « crapettes » que les enfants ont plaisir à voir faire sauter par la main exercée qui tient la poêle à longue queue, sous le vaste manteau de la cheminée. Généralement les hommes s'éloignent pour une partie d'estaminet ; si les jeunes gens vont faire un tour à la danse, plaisir qu'ils ne s'accorderont plus avant le lundi de Pâques, ce ne sera qu'une apparition, car il n'est pas dimanche. La danse du dimanche est très suivie ; mais elle a lieu en plein jour, en plein air, sous l'œil des parents, parfois sous le regard du pasteur, joyeuse et animée parce qu'elle est discrète et innocente. Le mardi-gras, si quelques-uns se déguisent, le déguisement n'a rien d'immoral ni de grossier ;

on en a vu qui se costumaient en buisson couvert de lierre. C'était vraiment le carnaval, c'est-à-dire l'adieu à la chair ; car depuis le souper de ce mardi jusqu'au déjeûner du jour de Pâques, nul n'aurait voulu transgresser d'un iota la loi de l'Église. Il fallait une très sérieuse maladie pour décider un chrétien de cette époque à prendre un bol de potage gras. Encore fallait-il que la permission du curé s'ajoutât à l'ordonnance du médecin. De nos jours, le mot de carnaval a perdu sa vraie signification. Ce n'est plus une date ; c'est une période d'un mois, ou même de deux mois. Ce n'est plus l'entrée du carême, car les fidèles du carnaval n'observent guère le peu du carême encore maintenu, et les vrais chrétiens ne peuvent plus prendre part à des divertissements publics où se renouvellent les turpitudes du sensualisme païen. Y paraître, pour une jeune fille, c'est s'avouer flétrie. Le premier dimanche de carême, c'était le « Bourdi (1) ». Encore un jour bien désiré par les enfants ! ils allaient, ici par groupes, là seulement entre frères et sœurs, le soir venu, des torches enflammées au bout de longues perches, courant sous les pommiers et criant de toutes leurs forces : « Boubour, Saint-Critophe, donnez-nous dz'écalophes, des rougettes pour chés fillettes, des cafignons pour chés garchons ! » Sans cette cérémonie il ne vient pas de pommes

Nous avons encore fêté le « Bourdi » dans notre enfance, et cela nous était un enseignement religieux en même temps qu'un plaisir. Nous avons pris part aussi plusieurs années aux réjouissances du feu de joie de la Saint-Jean-Baptiste, dans la dreffe du château d'Etruval. Ces récréations nous rendaient familière la connaissance du calendrier catholique.

(1) Ou *Bebourdi*.

Ne serait-ce point pour cela que l'on a supprimé ces vieux usages ? Sans doute on a trouvé de beaux prétextes pour justifier la réforme : c'étaient, dit-on, des amusements sans signification, une dépense de bois ou de paille sans utilité, et l'imprudence des enfants pouvait amener des incendies. Je doute que ces prétextes aient été inspirés par l'Esprit de Dieu.

A Pâques, le clerc faisait sa quête aux œufs dans la paroisse. Les enfants de chœur faisaient comme le clerc. Dans les familles, on avait du gâteau, si la famille était riche ; du « galichon », sorte de galette, moitié gâteau, moitié pain ordinaire, si l'on était tenu à une plus stricte économie ; mais toujours les œufs formaient le fond du régal. Les enfants pauvres, se groupant selon leur sexe, accompagnaient leur roi ou leur reine, ceux-ci revêtus d'une chemise couverte de cocardes de toutes les couleurs, et allaient aux portes des riches chanter l'*Alleluia* ou quelque couplet de *la Reine Berthe*. Partout ils étaient bien accueillis et ils ne rentraient au logis qu'avec une bonne provision « d'œufs de Pâques ».

Bien rares étaient les adultes qui s'abstenaient de « remplir leur devoir », je veux dire de se confesser et de communier dans la « quinzaine de Pâques ». On n'avait réellement alors que quinze jours, et pourtant ceux qui attendaient le dimanche de « Quasimodo » passaient pour des retardataires. La pâque de ce dimanche s'appelait « la pâque des meuniers ». On supposait qu'ils étaient durs à la détente, dès qu'on leur parlait de restituer. De là leur retard à se confesser.

On était alors, j'en conviens, imprégné de jansénisme. Mais c'était sans le savoir, sans s'en rendre compte. Notre époque même n'a pu parvenir encore à se défaire de ce vieux péché français. On ne connaissait guère la communion mensuelle, moins encore la communion hebdomadaire, moins encore la communion fréquente, soit quotidienne, soit de deux ou trois fois par semaine. La douce influence du pieux évêque Gaston de Partz de Pressy n'avait pu parvenir encore à faire disparaître le venin jeté dans les âmes par le fougueux appelant : l'évêque Pierrede Langle.

Il y avait évidemment moins de personnes ferventes que de nos jours, et Dieu était moins tendrement aimé ; il y avait aussi moins d'œuvres de charité ; mais la moyenne des paroissiens était incontestablement meilleure alors qu'aujourd'hui. Les hommes se préparaient plusieurs jours à l'avance à leur confession annuelle, et ils s'examinaient longuement et sévèrement sur leur « Office divin » ou leur « Ange conducteur », le même livre dont ils se servaient tous les ans pour le même travail d'épuration. En beaucoup de paroisses, une bonne partie des hommes communiaient une seconde fois à la Toussaint ou à la Noël ; les femmes communiaient plus souvent, trois ou quatre fois l'an.

A part quelques rares maisons, cinq ou six à Fressin, on n'allait guère à la boucherie qu'à la ducasse et à deux ou trois des plus grandes fêtes de l'Église. Le plus grand nombre n'y allaient qu'une fois l'an. Le reste du temps, on mangeait du lard, et les petits ménages passaient leur année avec un porc de cinq quarterons. On était matériellement moins bien qu'aujourd'hui sous tous rapports, moins bien nourris, moins bien vêtus. La bière était un luxe ; le cidre indiquait une grande aisance ; on buvait de la « bouillie », sorte d'eau de son, et l'on se couvrait de toile ou d'un grossier tissu fabriqué dans le pays, et que l'on nommait du « croisé ». On avait pourtant un costume de drap pour les grandes solennités, du drap inusable, culottes courtes avec boucles d'argent, souliers à boucles, habit acheté pour le mariage, et qui durait toute une vie d'homme. Et l'on était heureux, plus heureux, plus franchement joyeux dans nos villages qu'on ne l'est aujourd'hui.

Mais nous nous oublions à prolonger cette revue, qui a un caractère trop général. On peut dire, en effet, de la plupart des paroisses du Boulonnais ce que nous venons d'écrire à propos de Fressin. L'immoralité, l'impiété, le mécontentement, l'esprit philosophique, ergoteur et révolutionnaire, était alors le propre de la bourgeoisie et d'une partie de la noblesse. Le petit peuple que l'on plaignait ne se plaignait point, et, à l'opposé de ce que l'on a vu depuis, il valait beaucoup mieux que ceux qui prirent prétexte de sa misère pour persécuter l'Église et bouleverser l'ordre social.

Les documents que nous avons analysés ou reproduits nous permettent de nous faire une idée des usages suivis dans la paroisse, et des pratiques qui y étaient particulièrement en honneur.

Nous y voyons dominer deux dévotions précieuses : celle du Très-St-Sacrement et celle du St-Rosaire.

Indépendamment de l'octave de la Fête-Dieu et des messes que les fidèles pouvaient commander, il y avait des messes de fondation en l'honneur du St-Sacrement.

Le nécrologe constate l'existence ancienne de l'autel du Rosaire. Le tableau des fondations porte un obit mensuel pour la confrérie. Cet obit est fixé, non au premier lundi, mais au lendemain du premier dimanche du mois. C'est marquer assez clairement la consécration de ce premier dimanche à la Vierge du Rosaire, et nous pouvons en inférer qu'alors, comme aujourd'hui on faisait, le premier dimanche de chaque mois, la procession autour de l'église ou à l'intérieur des nefs, en chantant, selon les prescriptions du Souverain Pontife, les Litanies de Lorette.

M. le curé Caroulle se démit de sa charge en 1786, en faveur de M. Cauwet, son neveu, et mourut, âgé de 70 ans, le 12 février 1789 (1). Son père, Jean Caroulle, était également mort à Fressin, le 29 décembre 1764, à l'âge de 63 ans.

JEAN-BAPTISTE CAUWET.

M. Jean-Baptiste Cauwet, né à Azincourt, en 1752, du légitime mariage de Jean-François Cauwet et de Jeanne-Véronique Caroulle, fut nommé curé de Fressin à trente-quatre ans, en 1786, et il resta de droit pasteur de cette importante église jusqu'à sa translation à Rollencourt, en 1803. Dans l'intervalle, il eut à subir l'épreuve terrible de la Révolution. Il dut un jour se retirer devant un intrus ; et, après dix ans de persécution et de misères, pendant lesquels il avait exercé secrètement et au péril de sa vie les fonctions de son saint ministère, quand la liberté fut enfin rendue au culte, il se vit déposséder de son titre.

Mais n'anticipons point sur les événements.

Après le décès de Jacques Bruyant, l'église de Fressin eut pour receveur M. Philippe-Auguste Viollette. Il fut nommé à cette charge par le Conseil général de la commune, son procureur présent, le 5 août 1790. Sa caution était Jacques-Marie Viollette, avocat au Parlement, notaire royal et alors maire de Fressin. On remarque déjà dans cette nomination les bizarreries du style révolutionnaire ; tout à l'heure, ce seront des folies bêtes en attendant les folies sinistres. En nom-

---

(1) M. Désiré Cauwet, curé de Merlimont, dont la mère a été assassinée, l'année dernière, par Baillet et Dutilleul, quoique née en Picardie, est de la même famille que nos anciens curés Caroulle et Cauwet.

mant le successeur des Créquy, on n'écrit plus : « Monseigneur le comte de La Tour d'Auvergne » : mais, Godfroy ou « Marie-Godfroy de La Tour d'Auvergne ». Nous voyons une fois « Delatourdauvergne » en un seul mot. Est-ce assez stupide ? Cependant, par un reste de pudeur, si l'on refuse au Comte les appellations de Monsieur ou de Monseigneur, on ne l'appelle pas encore citoyen.

Il n'y avait donc pas trois ans que M. Cauwet gouvernait en paix sa paroisse, lorsqu'éclata le mouvement révolutionnaire préparé de longue date par les loges maçonniques. Louis XVI venait de convoquer les États généraux. La crise financière en était le motif déterminant. D'ailleurs, de grandes réformes étaient nécessaires. Outre qu'avec le temps les abus s'introduisent dans les meilleures institutions, il fallait pourvoir à des besoins nouveaux, nés du progrès incessant des siècles. D'autre part, de redoutables problèmes se posaient : La royauté avait dévié de sa voie de magistrature chrétienne et paternelle, en concentrant en elle seule tous les pouvoirs, écartant tout contrôle et toute intervention. Mais, au lieu des réformes attendues et désirées, on eut une révolution qui s'attaqua aux principes mêmes de l'autorité, et qui, inspirée par l'enfer, n'eut qu'un objectif, la destruction de l'autel et du trône.

Le peuple ne soupçonnait pas la pensée intime des meneurs. Trompé par des publications déclamatoires, où l'on invoquait à tout propos les maximes de l'Évangile, il crut à une ère de prospérité et de bonheur. Il n'eut pas connaissance des premiers assassinats ; la prise de la Bastille lui fut représentée comme un jour d'affranchissement. La noblesse avait eu le tort, ayant perdu depuis longtemps ses privilèges effectifs et sérieux, d'en laisser subsister les apparences en quantité d'exigences vexatoires qui fatiguaient singulièrement le paysan. C'est ce qui explique pourquoi la fête mi-partie religieuse, mi-partie civile de la Fédération (14 juillet 1790), fut célébrée avec enthousiasme dans nos campagnes, et comment le clergé a pu s'y prêter de la meilleure grâce du monde. Le pauvre peuple ne savait pas où on le menait.

Les francs-maçons devaient bien rire.

Ce fut autre chose au commencement de 1791, quand on demanda à nos prêtres de prêter serment à la constitution civile du clergé. Les plus ignorants savaient qu'y adhérer, c'était se séparer de l'Église romaine, puisque, d'après cette constitution condamnée d'ailleurs par Pie VI, le pape n'avait qu'une primauté d'honneur. Il n'appartenait pas non plus au pouvoir civil de supprimer des sièges épiscopaux, d'en créer de nouveaux et de décréter une nouvelle forme de promotion aux cures. La constitution civile du clergé supprimait les sièges d'Arras et de Boulogne; celui de Saint-Omer était maintenu comme chef-lieu du diocèse du Pas-de-Calais. L'évêque constitutionnel du Pas-de-Calais fut Porion, précédemment curé de St-Nicolas-des-Fossés (église actuelle de Saint-Jean-Baptiste), à Arras. Les curés en fonctions qui prêteraient le serment devaient être maintenus dans leur poste ; les autres devaient céder la place à des successeurs élus par l'assemblée du peuple.

Le clergé se divisa. Nous avons le regret d'avoir à constater que M. Cauwet, curé de Fressin, se sépara de la très grande majorité des prêtres de l'Artois, qui refusèrent absolument de prêter le serment. Nous sommes heureux toutefois de n'être pas obligé de le compter parmi les jureurs. Il prêta serment avec les plus grandes réserves. Il voulut montrer par là qu'il ne faisait point acte d'opposition politique, qu'il était même disposé à faire le sacrifice de ses opinions les plus chères, mais qu'il ne transigeait pas avec son devoir.

C'était sa manière à lui de traduire en acte le précepte du Maître : *Rendez à César ce qui est à César et à Dieu ce qui est à Dieu.*

M. Cauwet aurait aussi bien fait d'y aller plus carrément ; car la Révolution ne se contenta pas longtemps d'un serment conditionnel : il lui fallait une apostasie complète.

M. Cauwet dut céder devant la force, abandonner son église et son presbytère à Claude Moronval, qui fut le curé constitutionnel ou intrus de Fressin.

Le vicaire légitime, M. Hippolyte Pénel, fut remplacé par Jean-François Laisné.

M. Pénel, né en 1742, à Berthonval, paroisse d'Hernicourt, prêtre en 1776, vicaire de Fressin en 1780, déporté sous la Terreur pour refus de serment, fut chargé, en 1803, de la paroisse de Febvin-Palfart.

Le vicaire intrus, M. Jean-François Laisné, était né à Fressin, le 17 février 1766, du légitime mariage de Jacques-François Laisné et de Marie-Charlotte Merlent. Ordonné prêtre par Porion, en 1792, vicaire constitutionnel à Fressin, il devint ensuite desservant à Croisette. En 1804, il s'était rétracté publiquement et s'était fixé à Saint-Omer.

Il se passa à Fressin, relativement aux prêtres intrus, ce qui ne s'est vu que très rarement ailleurs. Généralement les bons catholiques exposaient leur liberté et leur vie pour entendre, la nuit, dans une cave, dans un grenier, dans une grange, la Messe d'un prêtre fidèle, et ils préféraient en être privés que de communiquer avec un prêtre schismatique. A Fressin, le curé Moronval et son vicaire Laisné ne furent pas traités ainsi comme des lépreux. Les catholiques usèrent de leur ministère, et ils jouirent d'une certaine popularité.

En confisquant sacrilègement les biens d'église,

l'Assemblée Nationale avait inscrit 77 millions au budget pour les dépenses du culte, le traitement du clergé et pour des pensions aux religieux. Dès le principe, cette indemnité fut considérée comme faisant partie de la dette publique. En dédommagement des revenus de son église, le curé Moronval dut recevoir un traitement annuel de 1200 francs.

Le 27 février 1793, le citoyen Auguste Viollette rendit, devant le Conseil général de la commune, un compte de trois années, les années 1790, 1791 et 1792. Les droits seigneuriaux ayant été supprimés dès le commencement de la Révolution, il n'est plus question, dans le compte, du fief de la Dienné ; c'est un chapitre en moins.

Le citoyen Viollette a reçu ou
dû recevoir . . . . 10,413 l. 14 s. 7 d.
Les dépenses, remises et droit
de recette, ont été de . . . . 8,974 l. 12 s. 9 d.

L'excédent est donc de. . 1,439 l. 1 s. 10 d.

Mais, comme il est dû cinquante livres au receveur pour la façon du présent compte, le boni se trouve réduit à la somme de 1,389 l., 1 s., 10 d. Les signatures ne sont plus celles de 1780. Le compte est approuvé par les citoyens C. Mahieu, maire ; Lahaye, Viollette, C. Thulliez, officiers municipaux ; Laisné, Merlin, Lhomme, J.-J. Desmons, Ambroise Moine, F. Mahieu, Bruyant, P. Grenier, et Sauvage, procureur.

Le 4 septembre 1793, le Conseil général de la commune d'Auchy-les-Moines, la grosse cloche de son église étant cassée, écrit au Conseil général de la commune de Fressin pour en obtenir une des siennes, vu que l'on descend les cloches inutiles et que l'on n'en conserve qu'une pour convoquer les citoyens aux réunions. Ceux d'Auchy veulent avoir une cloche qui se fasse entendre dans toute l'étendue du village. Ils offrent en échange leur cloche cassée. Ils comptent sur les sentiments de fraternité de leurs bons voisins de Fressin.

Il y a lieu de croire que leur requête ne fut pas accueillie ; car ils revinrent à la charge, au mois de novembre suivant, s'adressant, cette fois, aux administrateurs du district de Montreuil pour obtenir par leur influence une des cloches de l'église de Fressin ou une autre d'ailleurs (1). De nos trois cloches, la plus grosse est la seule qui soit antérieure à la Révolution, et il ne paraît pas vraisemblable que celles qui ont disparu aient été d'un poids supérieur.

Le 12 frimaire an II (2 décembre 1793), parmi les titres, parchemins et papiers, que Joseph-Eugène de Wamin, propriétaire de la ci-devant seigneurie de la Carnoie, déposa au greffe de la municipalité d'Auchy-les-Moines, nous trouvons une complainte donnée au Conseil d'Artois par Dupuis, demeurant à Fressin, pour refus du droit de terrage dû à la seigneurie de la Carnoie.

La Révolution était arrivée à son paroxysme. La guillotine était en permanence. Prêtres, nobles, étaient voués au supplice ; toute supériorité était suspecte ; le dévouement à la République ne préservait point les plus illustres savants ; il ne fallait plus de religion ; les intrus furent persécutés comme l'avaient été les prêtres fidèles, à moins de déposer sur l'autel de la patrie leurs titres de prêtres, comme le firent à Auchy le curé Lagache et le curé Riquier. Les églises furent dévastées et pillées.

C'est par la commune de Fressin que la Terreur

---

(1) Les municipaux d'Auchy venaient d'en envoyer deux à Hesdin, une pesant 288 livres, et l'autre 408 livres.

éclata dans le district de Montreuil. Alors comme de nos jours, on ne suivait qu'en arrière-garde, dans cet arrondissement, le courant des idées. M. le chanoine Deramecourt a eu sous les yeux le Registre du Comité de surveillance de Fressin. Nous suivrons son récit.

Le 8 décembre 1793, le chef de légion et le juge de de paix du canton de Fressin trouvèrent l'arbre de la liberté pelé ; or, l'écorce était vivace, l'arbre était repris. Ils apportèrent 21 morceaux de cette écorce au Comité. Le chef de légion, qui a entendu appeler cet arbre, par la rumeur publique, le dieu sapin de la commune, pense que c'est le fanatisme des prêtres dudit lieu et du voisinage qui a amené cela. Il demande une enquête sur la conduite des prêtres du ressort depuis un mois. Qu'on sévisse surtout contre le curé de Fressin, qui a empêché de lire, dans la Société populaire, le *Père Duchêne*, parce que les principes qu'il renfermait étaient propres à éclairer le peuple sur les erreurs du fanatisme et de la superstition, et qui a dit lui-même en pleine séance qu'il ne voyait pas l'utilité de cette lecture, que, depuis qu'on la faisait, on n'entendait plus que des *S.....* et des *F.....* sur les lèvres des jeunes enfants.

Cette première dénonciation fut bientôt suivie d'une seconde, que M. Deramecourt transcrit d'après le même registre :

« Le 11 décembre vers deux heures après-midi, lors-
« que les citoyens de la commune se réunissent pour
« émettre leurs vœux sur les horreurs du fanatisme,
« en vertu de la convocation légale des maires et offi-
« ciers municipaux du lieu et de la Société monta-
« gnarde, un *nombre considérable d'hommes et de
« femmes se réunissent, et forcent une partie de leurs
« concitoyens, à coups de poing, à être fanatiques comme
« eux ; à six heures, les mêmes hommes et femmes armés*

« *de bâtons s'opposèrent à la libre réunion de la Société*
« *populaire ; ils forcèrent le président à se retirer,*
« *mirent son siège dans la rue et dirent qu'ils ne vou-*
« *laient plus de club.* Considérant que ces faits sont
« occasionnés par le curé Moronval, qui a opiniâtre-
« ment continué ses fonctions malgré des avis salutaires;
« c'est lui aussi qui a fait venir des gens du voisinage
« dire qu'ils ne voulaient pas renoncer à leur baptême,
« le Conseil met provisoirement le curé en arrestation,
« mais craignant une rebellion *de la majeure partie des*
« *habitants de Fressin* fanatisés, avertit en secret le
« district de Montreuil, et prend des renseignements
« sur les autres complices et adhérents. »

De ce récit officiel il appert que la population de Fressin ne suivait pas les meneurs, et qu'hommes et femmes savaient au besoin jouer du poing et du bâton contre les clubistes.

Le curé constitutionnel lui-même était débordé. Dame! il ne voulait point que l'on renonçât à son baptême; il ne s'était point rendu aux « avis salutaires » qui lui avaient été donnés de cesser ses fonctions; il n'aimait pas les obscénités et les blasphèmes du *Père Duchêne*! Il fallait donc le mettre en arrestation comme on eut fait d'un prêtre papiste.

« Ainsi mis en demeure d'agir, le district de Montreuil envoya ordre à Fressin d'arrêter le curé Moronval et une force armée pour seconder les agents du pouvoir. Le Comité de surveillance et le Conseil général de Fressin se mirent en mesure de recevoir la force armée et de prendre les précautions que l'ordre réclamait. Mais quand, le 12 décembre, à neuf heures et demie du soir, les six hussards venus de Montreuil arrivèrent au presbytère pour s'emparer du curé, celui-ci n'y était plus. Le lendemain, le Comité de Fressin avisa le Comité d'Hesdin ou plutôt de Lepelletier-sur-

Canche, car c'était de ce nom qu'Hesdin s'était affublé, que M. Moronval était soupçonné de se cacher dans son enceinte. Effectivement, sur le soir du 13 décembre, un gendarme d'Hesdin vint annoncer à Fressin que le curé avait été arrêté et dirigé sur Montreuil. Immédiatement, la mère de Moronval, Isabelle Duhamel, vint réclamer la levée des scellés qu'on avait mis sur les meubles de son fils, afin de prendre quelques effets. Cependant les femmes de Fressin n'étaient pas contentes, et, le 14 décembre, elles envahirent le local de la Société populaire, et obligèrent le président Thélu à quitter son fauteuil. Ce n'est pas tout; elles le forcèrent de sortir de la salle en chantant le cantique de repentir: *Mon doux Jésus*, moyennant quoi, lui dit la femme de Jean-Michel Gouillard, il ne lui serait fait aucun mal. Cette femme n'était pas seule, dépose Thélu, mais l'obscurité et le tumulte m'ont empêché d'en reconnaître d'autres.

« Le Comité de Fressin conserva rancune au curé Moronval du zèle de ses partisans, car le 29 décembre il refusa de s'unir aux municipalités de Sains, Avondance et Planques, qui demandaient sa délivrance. Aussi, le 5 janvier, la célèbre femme Gouillard, de son nom Célestine Bonvarlet, annonce, en sortant de la messe, qu'elle jettera dehors les meubles, tables et fauteuils de la Société populaire, qui, sans doute, tenait ses séances dans l'église. Elle tint parole, et le 6, jour de l'Épiphanie, aidée de Marie-Rose Gouillard, sa fille, elle jeta tout ce mobilier dans le cimetière.

« Cette fois, la mesure était comble, les deux femmes furent dénoncées, et le lendemain six hussards d'Hesdin vinrent les arrêter et les emmener, parce que la municipalité avait refusé de les loger. Plus tard, elles furent conduites à Arras ainsi que le curé Moronval; mais les gens de Fressin ne les chargèrent pas trop dans leurs dépositions : ils dirent que Claude Moronval était un bon républicain, et que Célestine Bonvarlet avait donné des marques de folie. C'était le meilleur moyen de les sauver de l'échafaud.

« Le président Thélu se crut encore obligé de parler au district de Montreuil du vicaire de Sains, Tramecourt, de Blangy, qui dit des messes tant qu'il peut, et qui n'a pas l'air d'avoir vingt-cinq ans. Cet âge fut difficile à établir, paraît-il, et le pauvre vicaire fut arrêté et relâché plusieurs fois pour ce fait, et finalement on l'envoya à Montreuil. » M. Bacqueville, et M. Viollette, ancien notaire, connurent aussi les prisons d'Arras.

Quinze jours après ces événements, le 31 décembre 1793, Philippe-Auguste Viollette, receveur des biens et revenus de la ci-devant église et fabrique de ce lieu et du revenu des pauvres, rédigeait son compte de gestion pour une année, du 1er janvier 1793 (vieux style) jusqu'au 12 nivôse, équivalent au 1er janvier 1794, et le présentait le lendemain aux citoyens maire, officiers municipaux et membres composant le Conseil général de la commune de Fressin. Godfroy de la Tour d'Auvergne y est qualifié d'émigré. Le compte précédent nommait les curés Cauwet et Moronval ; ce dernier compte note diverses sommes pour curé, vicaire, clerc-laïque, cires, entretien du linge, mais sans nommer les personnes. On y lit les signatures de C. Mahieu, maire ; Bruyant, officier municipal ; L.-J. Merlin, Viollette, J.-B. Dusolon, J.-P. Herbet, Sauvage, J. Dusolon, F. Mahieu, J. Bruyant, Pruvost, procureur de la commune, Lhomme, secrétaire général.

Vu, vérifié et approuvé à Montreuil le 2 germinal an 3. Signé : Poultier, Lefrançois, Hacot.

Le receveur de l'enregistrement du bureau de Fruges reconnaît avoir reçu l'excédent de ce compte, soit 2,120 livres, 10 sols, 7 deniers. Signé : Gombert.

Peut-être, en recherchant ceux qui, en ces dernières années, ont payé leurs fermages et surtout leurs bancs, aurait-on la liste des paroissiens qui fréquentaient les offices de l'intrus et de ceux qui s'en abstenaient. Toutefois ce ne serait pas une indication absolument certaine.

La situation des prêtres constitutionnels était devenue moins bonne que celle des prêtres catholiques, qui avaient pour eux le témoignage d'une bonne conscience, l'estime des gens de bien, et souvent trouvaient des familles dévouées qui savaient consentir à de grands sacrifices et souvent risquer leur vie pour les abriter.

A partir de 1794, on ne voit pas qu'il soit encore question du curé Moronval, ni de son vicaire Laisné.

Mais on voit reparaître le curé légitime M. Cauwet. Il n'y a pas d'apparence qu'il ait émigré ; s'il a quitté le pays, son absence n'a pas été de longue durée. Pendant l'orage, il se tint caché à Sains-les-Fressin, ainsi que plusieurs autres prêtres.

Quand le culte constitutionnel eut été aboli à son tour et remplacé par celui de la déesse Raison, le vandalisme commença à couvrir de ruines tout le territoire français. Toutefois, remarque M. le chanoine Deramecourt, la monumentale église de Fressin ne fut pas détruite. Mais elle fut saccagée ; les statues en bois furent brûlées sur le marais, à l'exception de celle de saint Martin à cheval, réclamée comme un jouet par un enfant, et qui fut échangée contre quelques bûches. Les statues en pierre qui garnissaient les niches de la façade furent mises en pièces. On mutila les pierres tombales pour en rayer les mots qui rappelaient le régime royal. A la chapelle Saint-Jean, devenue sacristie, on enleva la statue couchée du tombeau du sire de Créquy. Mais on aurait pu faire pis. L'impiété sacrilège de nos révolutionnaires a moins endommagé le monument que ne l'a fait ailleurs le zèle pieux, mais inintelligent de certains curés.

Il y avait encore deux chapelles à Fressin : l'une, la chapelle Saint-Pierre, entretenue par une fondation, et située, croyons-nous, rue de Paradis, où l'on établissait encore un reposoir sous la Restauration, aux processions du Saint-Sacrement ; l'autre, dédiée à Jésus flagellé, se trouvait au milieu du bois. Il est vraisemblable que c'était aussi une fondation de la famille de Créquy. Ces deux chapelles furent détruites pendant la Révolution. Mais la statue de Jésus flagellé, vénérée dans la contrée de temps immémorial, fut sauvée par des mains pieuses. La famille Samier la cacha dans sa maison située près de l'église. Plus tard, la famille Pruvost fit vœu de la replacer dans une chapelle qu'elle ferait construire à ses frais dans le cimetière de Fressin, si un ou plusieurs de ses membres prenaient un bon numéro au tirage au sort. Ce vœu ayant été exaucé, la chapelle fut bâtie et la vieille statue y reçut de nouveau les hommages des fidèles. C'était vers 1825. La chapelle, qui était en bois et en torchis, ne tarda point à devenir une ruine. M. Waulle la remplaça, en 1878, par l'élégante chapelle d'aujourd'hui, qu'il éleva sur son terrain et non plus dans le cimetière, la porte donnant sur la rue et non plus du côté de l'église. La statue vénérable y fut placée avec honneur, par M. l'abbé Prin, le 14 juillet 1878, dans une cérémonie exceptionnellement éclatante, dont il pourra être parlé plus tard.

La loi du 3 ventôse et celle du 11 prairial an III (21 février et 21 mars 1795) avaient pour objet la liberté du culte. Il y a donc des églises dont l'interdiction n'a guère duré plus de dix-huit mois.

Récemment, au Sénat français, séance du 9 décembre 1891, un homme d'État faisait remarquer que le système qu'il préconisait, la séparation sans persécution, n'était point nouveau, que l'Église avait eu la liberté de son culte bien des années avant le Concordat, ayant perdu ses richesses anciennes et n'étant plus ou n'étant pas encore indemnisée par le Trésor. Mais bien misérable et bien inégale a été cette liberté. On peut dire, en règle générale, que le culte catholique a joui d'une liberté relative, dès l'année 1795, mais à la condition de ne point s'exercer au grand jour dans les églises et de se réfugier dans les habitations privées. A Fressin, il ne paraît pas qu'on ait fait aucune cérémonie religieuse dans l'église entre le départ de l'intrus Moronval et le Concordat. Même dans les paroisses où l'église fut rendue au culte, la jouissance des édifices était absolument précaire. Ainsi, à Auchy-les-Moines, l'église de l'abbaye, choisie par le Conseil général de préférence à la misérable église paroissiale, fut mise, en 1795, à la disposition de « ceux qui professent le culte catholique, » mais seulement « le dimanche matin, de 9 à 10 heures, et, l'après-midi, de 2 à 3 heures ». De plus, le Conseil exprime formellement la restriction que les exercices du culte seront faits « sous la surveillance de la municipalité. » Hors ces heures, on publiera dans l'église les lois de la Convention nationale, et le temple continuera d'être un local affecté aux usages les plus divers. Ce n'est point là la liberté.

C'était, du moins, une situation plus calme, qui détermina l'autorité diocésaine à établir une organisation nouvelle et provisoire.

Le diocèse de Boulogne fut considéré comme un pays de mission, et M. l'abbé Paternelle, investi par Mgr Asseline du titre de Préfet de mission, désigna des prêtres pour remplir, avec des pouvoirs très étendus, les fonctions du saint ministère.

A Fressin, il n'y avait pas lieu de désigner de prêtres

nouveaux (1). Le curé de Fressin, Jean-Baptiste Cauwet, n'avait pas abandonné son troupeau. Il était resté dans le pays, ainsi que son frère Louis-Joseph Cauwet, ancien chartreux de Montreuil, et M. Playoult, prieur de Saint-Saulve, de la même ville, que la famille Louvet tint caché.

Les deux frères Cauwet se partagèrent les travaux du ministère à Fressin et aux environs jusqu'à la restauration officielle du culte. A partir du mois de septembre 1795, ils tinrent registre des baptêmes et des mariages qu'ils administrèrent. Il y a lieu de croire qu'ils ne jugèrent ni prudent, ni peut-être possible d'officier aux funérailles.

L'ancien chartreux avait des pouvoirs de son frère pour Fressin ; d'autre part, le curé de Fressin se déclarait desserviteur de Sains, par délégation de M. Bouvart, curé de cette paroisse.

Les deux frères avaient leur petit cahier distinct. Le plus ancien que nous ayons contient quelques baptêmes faits en août, septembre et octobre 1795, par Louis-Joseph Cauwet, « ci-devant Dom Jean-Baptiste, religieux-chartreux de Montreuil ». On y trouve, par exception, un baptême administré par Jean-Baptiste Varlet, prêtre, et l'indication sans signature d'un autre qui fut fait par le curé de Sains. L'ancien chartreux signe : L.-J. Cauwet. Nous remarquons parmi les parrains le nom de François-Joseph Héame.

Le fascicule suivant note sommairement six baptêmes de 1795, et il donne les actes complets de vingt et un

---

(1) M. Deramecourt, Tome III, page 380, écrit que M. Quilliet avait, en 1795, des pouvoirs de « vicaire de Fressin ». Nous n'avons rien trouvé de pareil dans nos archives. Plus loin, page 545, M. Deramecourt désigne l'abbé Quilliet comme vicaire de M. Paternelle à Cavron-Saint-Martin, en quoi il est d'accord avec nous. M. Quilliet a été à Febvin, qu'on a pu confondre avec Fressin. En tout cas, s'il a été désigné pour Fressin, il n'y a laissé aucun vestige de son passage.

baptêmes de 1796, et d'un mariage du 25 juin de la même année; le dernier acte est un mariage du 27 février 1797. Tous ces baptêmes et ces mariages ont été administrés par Louis-Joseph Cauwet, qui a modifié sa signature ; il tient à honneur de se montrer le fils de saint Bruno, et il signe : L.-J. Cauwet, prêtre, chtx.

Le mariage du 25 juin 1796 est fait avec dispense de parenté et avec dispense des trois bans. Jean-Baptiste Demarest et Marie-Claire-Joseph Bruyant sont parents au troisième degré. La dispense a été « accordée par M. Paternelle, préfet de mission, le vingt-trois dudit mois », et la bénédiction nuptiale est donnée par le « soussigné, prêtre, faisant les fonctions de desserviteur de Fressin ».

Au mariage de février 1797, l'ancien chartreux écrit qu'il reçoit le consentement mutuel des époux « avec la permission de M. le curé de Fressin », son frère. Il ne prend plus le titre de desserviteur. Peut-être, en se qualifiant ainsi, voulait-il dire qu'il était le vicaire, et, au besoin, le délégué du curé.

Tous ces actes sont rédigés de la main de Louis-Joseph Cauwet, sauf un baptême du jeudi 29 décembre 1796, qui a été écrit par le parrain, « Jacques-François-Joseph Viollette, majeur de droit. »

L.-J. Cauwet faisait souvent, sur feuille volante, un double qu'il faisait signer par les mêmes témoins et qu'il remettait aux familles. Nous avons sous les yeux un de ces certificats. Il concerne le baptême de Marie-Françoise Pruvost, fille de Jean-Baptiste-François-Joseph Pruvost, et de Marie-Cécile Duprez, de Fressin. Le parrain a été Nicolas-Joseph Duprez, propriétaire à Torsy, et la marraine Marie-Anne-Joseph Dassonville, de Wambercourt.

De février 1797 à mars 1799, nous n'avons rien de l'ancien chartreux. Les registres sont tenus par le curé de Fressin, Jean-Baptiste Cauwet. C'est d'abord un petit cahier qui va du 20 septembre 1796 au 28 février 1797, époque, on le voit, où les deux frères exerçaient simultanément le saint ministère et tenaient chacun leur petit registre. Toutefois, le curé de Fressin, qui signait tantôt « Cauwet », tantôt « Cauwet, curé de Fressin », étendait son action au-delà des limites de sa paroisse. Non seulement il allait à Planques (1), où il était chez lui ; mais on le vit à Sains (2), à Béalencourt (3), à Avondance (4), à Créquy (5), à Bucamps (6), secours d'Azincourt, à Fruges (7), à Torcy (8), à Tramecourt (9), administrant le saint baptême ou en suppléant les cérémonies, donnant la bénédiction nuptiale à de nouveaux époux, faisant renouveler le consentement donné deux ou trois ans auparavant

(1) *Baptêmes*. — Auguste-Joseph Warembourg ; Marie-Françoise Cornu, née à Créquy ; Bernardine-Agnès-Joseph Leborgne.

Mariages. — Théodore Dazain et Geneviève Bruche ; Pierre-Joseph Boucher et Célestine-Joseph Carton.

(2) *Baptêmes*. — Marie-Adélaïde Corbillon ; Marie-Barbe-Séraphine Desombre.

Mariage. — Jacques-Philippe Desarre et Marie-Anne-Joseph Carpentier.

(3) *Baptême*. — François-Joseph Pruvost.

Mariage. — Jean-François Lefebvre et Euphrosine-Joseph Josse.

(4) *Baptême*. — Auguste-Joseph Lefebvre.

(5) *Baptêmes*. — Marie-Joseph Henriette Lemaire ; Alexandre-Joseph Tournay ; Marie-Augustine Candelier.

(6) *Baptême*. — François-Martin-Joseph Panet.

(7) *Cérémonies du baptême*. — Agnès-Joseph Bulot, ondoyée par Albert Gibaux ; Alexandre-Joseph François, ondoyé par la sage-femme Marie-Jeanne Waille.

(8) M. Cauwet écrit « Torsy », comme on avait toujours fait jusqu'alors.

Mariage. — Emmanuel-Joseph Loisel et Marie-Joseph Scholastique Teneur.

(9) *Mariage*. — André-Joseph Durier et Constance-Austreberthe **François**.

devant l'officier civil ou le curé intrus (1), et recueillant partout les signatures des témoins.

Le premier baptême de Fressin, porté sur le registre de M. le curé, fut celui d'un enfant naturel, né à Hénoville, paroisse d'Herly, d'une fille de Desvres. La charité détermina le sieur Grégoire Letailleur, chirurgien, et la demoiselle Marie-Catherine Viollette à accepter les fonctions de parrain et de marraine.

Dans un mariage qu'il bénit à Sains, M. Cauwet écrit : « Je soussigné, curé de Fressin et desserviteur de Sains, avec la permission dudit curé. » Partout il accorde la dispense des trois bans. Contrairement à nos habitudes, mais parfaitement en règle avec la loi de l'Eglise, il accepte des personnes du sexe comme témoins au mariage ; et s'il reçoit, en 1797, le consentement de deux époux qui se sont présentés, en 1793, devant l'officier civil, cela ne l'empêche point de leur donner la bénédiction nuptiale, même quand ils ont déjà plusieurs enfants à légitimer, et en cela encore, s'il est en contradiction avec certaine pratique, il est parfaitement en règle avec les prescriptions du Rituel romain.

Jamais, dans ces actes, qui vont de 1795 à 1803, il n'est fait usage des dénominations révolutionnaires. Les noms des jours, des mois, des années, sont ceux du

---

(1) Le 14 juin 1797, le curé Cauwet reçoit de nouveau le mutuel consentement de J.-B. Ducrocq et de Françoise-Eulalie-Hespel, bien que lesdits époux aient été mariés « par Moronval, prêtre intrus en cette paroisse, le 10 novembre 1792 ». Ce mariage, aux yeux des bons Catholiques, était sans valeur. Ils avaient bien raison.

Baptisant un jour un enfant de trois ans, il écrit que les parents ont été mariés « par Bonnard, prêtre constitutionnel de Marconnel et Saint-Leu » ; et, dans un second exemplaire du même registre tenu en double : « Mariés à Bonnard, curé intrus de Marconnel et Saint-Leu, demeurant à Saint-Leu ». C'est de ce M. Bonnard, devenu curé du Parcq après avoir été juge de paix à Hesdin, que nous avons reçu le baptême.

calendrier ancien. Au contraire, les receveurs de l'église, en 1793 et 1794, employaient le jargon de l'époque, nivôse, brumaire, germinal an II, *etc*. Il en sera de même au rétablissement du culte; pendant quelques années le clergé lui-même fera aller de pair la terminologie nouvelle avec celle du calendrier grégorien.

En février 1797, on voit reparaître le chartreux Louis-Joseph Cauwet. Il administrera les sacrements conjointement avec son frère, et chacun d'eux aura son registre particulier jusqu'au mois de mars 1799. Au lieu d'écrire, comme le curé de Fressin, l'an mil sept cent, *etc*., il écrit invariablement: l'an de grâce..... il continue de signer : L.-J. Cauwet, prêtre chtx. Quand il bénit un mariage, il déclare avoir obtenu dispense des trois bans de « Monsieur Cauwet, curé de Fressin ».

Nous n'avons plus rien de lui à partir du mois de mars 1799. Après le rétablissement du culte, l'ancien chartreux de Montreuil fut nommé desservant du Vieil-Hesdin.

Le curé de Fressin continua d'administrer les sacrements à Fressin et à Planques jusqu'au mois de février 1803. Mais nous ne croyons pas devoir poursuivre davantage l'analyse des actes de baptême et de mariage.

Nous remarquerons pourtant qu'on se hasarda en certains endroits, plus tôt qu'en d'autres, à user de quelque liberté. Ainsi, en juillet 1797, un jeune homme de Fontaine-les-Boulans devant épouser une jeune fille de Fressin, M. Ficquet, curé de Fontaine, fit une publication au prône de la Messe paroissiale, tandis qu'à Fressin M. Cauwet accorda dispense des trois bans. Il y avait donc office public à Fontaine, ce qui n'avait pas lieu à Fressin.

Quand Bonaparte traita avec le pape Pie VII du

rétablissement officiel de la religion catholique en France et négocia le Concordat, fut-il surtout guidé par les intérêts de la politique ou véritablement inspiré par le désir du bien public? c'est là une question que nous n'avons pas à examiner. Ce qui est certain, c'est que le Consulat fit renaître la paix et la joie au sein des familles et des paroisses, et que la réouverture des églises fut considérée partout comme un immense bienfait. Le peuple ne vit que le côté extérieur de cette rénovation ; il n'eut pas connaissance des sacrifices qui furent imposés au Souverain-Pontife, à propos notamment de la suppression de certaines fêtes de premier ordre, et du coup porté au principe social du droit de propriété par l'engagement de ne pas inquiéter les détenteurs des biens d'église.

Il nous semble naturel qu'en règle générale les diocèses correspondent aux départements et les doyennés aux cantons civils. Nous ne songeons pas que sur ce point le Saint-Siège a dû accepter les dispositions de la Constitution civile du clergé. Nous sommes faits à cette organisation qui présente effectivement beaucoup d'avantages. Mais il est une douleur que le peuple chrétien a ressentie et qu'il a partagée avec le Saint-Père, celle de voir sacrifier aux exigences de la politique des évêques et des prêtres fidèles, celle surtout de voir introniser sur des sièges épiscopaux ou dans de belles paroisses des prêtres qui, par faiblesse ou par ambition, avaient fait acte d'apostasie.

C'est ainsi que notre évêque, Mgr Asseline, se trouva dépouillé sans compensation de son évêché, et que M. Cauwet, curé de Fressin, dut quitter, à la paix, pour une paroisse moindre, un troupeau qu'il avait gardé fidèlement au plus fort de l'orage. Il fut nommé curé de Rollencourt et Blingel. Il y mourut dès l'année suivante, le sept fructidor an douze de la République française (25 août 1804), âgé seulement de cinquante-deux ans.

Par contre, M. Belmas, un jureur, fut nommé évêque de Cambrai ; et, plus près de nous, Fruges eut pour curé et les prêtres du doyenné pour supérieur un ancien vicaire de Coupelle-Vieille, M. Jorre, qui avait été curé intrus d'Embry.

Plusieurs prêtres vivaient à cette époque, qui étaient nés à Fressin ou y avaient des liens de parenté.

C'est d'abord Adrien-François Sauvage, cité précédemment comme vicaire de Fressin, en 1779. Il naquit à Fressin, le 24 octobre 1734, du légitime mariage d'Adrien-François Sauvage et de Françoise Lefebvre. Il y eut une quarantaine de naissances en cette famille en moins de deux siècles.

M. Sauvage fut ordonné prêtre, en 1764, à l'âge de trente ans, et nous ne savons pas où il passa les premières années de son sacerdoce. En 1779, il était vicaire de sa paroisse natale, et il payait encore au receveur de la fabrique « l'année échue au mi-mars 1780 », 36 livres qu'il devait à l'église pour le loyer de sa maison. Il fut, cette année-là même, nommé curé de Fleury, où il exerçait encore le saint ministère en 1792. Il fut déporté pour refus de serment. Mais il ne tarda point à rentrer en France, et il resta caché à Fleury pendant les mauvais jours.

On venait le trouver, écrit l'abbé Bourgois, de Wavrans, d'Anvin, de Pierremont, de Gauchin, de Saint-Pol même, pour des mariages à bénir, ou des enfants à baptiser. M. Sauvage a laissé dans le pays le souvenir d'un excellent prêtre, fidèle à tous ses devoirs, mais sévère, surtout pour ceux qui avaient acheté des biens de nation. Il allait lui-même au-devant du troupeau disséminé qui lui était confié, et M. le chanoine Deramecourt observe que, malgré son grand âge et son embonpoint, ce digne prêtre se distinguait par son zèle et ses succès.

A la grande nomination générale qui fut faite à la suite du Concordat, M. Adrien-François Sauvage fut nommé desservant de Monchy-Cayeux et Fleury. Nous croyons qu'il fixa sa résidence dans son annexe, en quoi il aurait été suivi par ses successeurs jusqu'à l'arrivée de M. Hellot, qui fit construire le presbytère de Monchy.

Bien différente fut la conduite d'un autre enfant de notre paroisse. Honoré-Liévin d'Houdetot, né à Fressin le 27 mars 1756, le quatrième sur cinq inscrits à nos registres, appartenait à une honorable famille. Son père, Messire Jacques-François d'Houdetot, seigneur de Colomby, était chevalier de Saint-Louis et capitaine de la milice de Picardie ; par sa mère, dame Marie-Anne-Catherine Bacqueville de la Vasserie, il appartenait à la première maison de Fressin, alliée aux Stérin, aux de Langle, et plusieurs fois honorée d'emplois militaires. Par quelle aberration le jeune d'Houdetot méconnut-il ce qu'il devait à sa conscience et à son honneur, pour entrer dans les rangs du clergé constitutionnel ? Il se fit ordonner prêtre à Saint-Omer par Porion, évêque du Pas-de-Calais, le 6 avril 1793, et fut nommé par lui vicaire à Erny-Saint-Julien. Fut-il fidèle, comme il l'avait juré, à la nation, à la loi et à la constitution ? M. le curé d'Heuchin ne saurait le dire. Mais il est trop certain qu'il ne garda pas un autre serment qu'il avait fait à Dieu et à l'Eglise, au jour de son sous-diaconat. La personne qui était à son service, Marie-Hélène-Joseph Ficot, s'étant trouvée enceinte quelque temps après son installation, il fut forcé de déguerpir d'Erny le jour de la Toussaint, après avoir livré ses lettres de prêtrise et abjuré son sacerdoce, et il épousa cette créature à la fin de janvier 1794. Au mois de mars suivant, d'Houdetot alla s'établir à Heuchin, et, le 7 juillet, il fut nommé greffier de la commune et logé à la maison vicariale.

Au commencement de ce siècle, un vieux prêtre vivait à Fressin ; on le nommait : Monsieur le Prieur. C'était encore un enfant de la paroisse. Son nom était Jacques-Joseph Playoult. Il était né, le 1er juillet 1743, du légitime mariage de Jacques Playoult et de Marie-Joseph Boquet. Religieux bénédictin de la Congrégation de Saint-Maur, prêtre à Reims, en 1770, prieur de l'Abbaye de Saint-Wulmer, puis de celle de Saint-Saulve de Montreuil-sur-Mer, il demeura en France pendant la Révolution, et fixa son domicile à Fressin, dès l'année 1796. Il y mourut le 1er octobre 1823.

Philippe-François Viollette naquit à Fressin, le 24 janvier 1746, du légitime mariage de Jean-François Viollette et de Marie-Rose-Claire Petit. Ordonné prêtre en 1780, il était curé à Maresquel quand éclata la Révolution. Fidèle à sa conscience, il dut prendre le chemin de l'exil. Il rentra en France en 1802, et il eut la consolation d'être nommé desservant de Maresquel et Ecquemicourt. Sa dépouille mortelle repose dans la paroisse qui a eu seule toutes ses affections.

Dom Liévin Dewamin naquit à Fressin, le 11 février 1721, du légitime mariage de Nicolas Dewamin et de Marie-Joseph Hochart. Il mourut âgé de 83 ans et dix mois le 6 décembre 1803, 14 frimaire an douze de la République, et non le 6 décembre 1802, 15 frimaire an XI, comme il est marqué ailleurs. Ses funérailles eurent lieu le lendemain 7 décembre ou 15 frimaire, en présence de Messieurs Eugène Dewamin, vivant de ses biens à Ecquemicourt, et Pierre-Joseph Dewamin de la Carnoye, de Fressin, tous deux cousins au défunt.

Nous lui devons une reconnaissance toute particulière.

Le Calice dont nous nous servons aux grandes fêtes porte à son pied cette inscription : *Anno* 1803 *dedit Dom Livinus Dewamin præsbiter Ætatis* 83.

Outre les curés et les vicaires de Fressin, nous avons mentionné dans ce livre tous les ecclésiastiques dont nos documents nous ont révélé les noms, soit que ces ecclésiastiques soient nés à Fressin, soit qu'ils y aient eu leur sépulture, soit enfin qu'ils aient entretenu des rapports particuliers avec notre paroisse. Nous devons ajouter à ces noms ceux d'Eléonore Souillart, prêtre, décédé au Couvent des Récollets du Biez, le 10 juin 1656 ; de Jean-Baptiste Dépré, curé de Rely-lez-Aire, pendant trente ans, et qui vint mourir chez sa sœur, à Fressin, le 3 juin 1780, à l'âge de 74 ans ; enfin, de Louis-Eustache Handouche, autre enfant de Fressin, qui exerça les fonctions de vicaire de Frencq et d'Halinghem, de 1770 à 1772.

*
* *

Catalogue des Évêques de Boulogne.

L'évêché de Boulogne, suffragant de l'archevêché de Reims, avait duré 236 ans et avait eu douze titulaires.

1. — Claude Dormy, nommé en 1567, sacré au commencement de 1568, ne put prendre possession de son évêché que le 3 avril 1570, à cause des troubles que causaient alors les Huguenots.

Son zèle pour l'orthodoxie le porta à entrer dans le parti de la Ligue. Il dut s'éloigner de Boulogne. Mais, après l'abjuration de Henri IV, il prêta serment de fidélité à ce prince et rentra dans sa ville épiscopale. Il y mourut le 15 février 1599.

2. — Claude Dormy, son neveu et successeur, prieur

de St-Martin-des-Champs à Paris, fut sacré le 13 août 1600, et mourut à Paris le 30 novembre 1626.

3. — Victor Boutillier, sacré à Paris le 9 avril 1628, fit son entrée à Boulogne le 13 août suivant. Il fut fait coadjuteur de Tours en 1630, sans cesser d'être évêque de Boulogne, puis archevêque de Tours en 1641. Il mourut en 1670.

4. — Jean Dolce, sacré en 1643, fut nommé la même année évêque de Bayonne. Il mourut en 1660.

5. — François Perrochel, nommé le 9 juin 1643, sacré seulement le 11 juin 1646, donna sa démission en 1675, et mourut en 1682. Il assista aux funérailles de son successeur. Il était vénéré comme un saint.

6. — Nicolas L'Avocat-Billiard, nommé le 11 mars 1675, sacré le 30 mai 1677, mourut le 11 avril 1681.

7. — Claude le Tonnelier de Breteuil, sacré le 2 février 1682, entra à Boulogne le 18 mars suivant, et mourut à Paris le 9 janvier 1698.

8. — Pierre de Langle, sacré le 14 décembre 1698, mourut le 12 avril 1724, âgé de 80 ans. Il était un des quatre appelants au futur concile.

9. — Jean-Marie Henriau, nommé le 7 mai 1724, mourut le 25 janvier 1738.

10. — Augustin-César d'Hervilly de Devise, sacré le 14 septembre 1738, mourut le 11 octobre 1742, dans le cours de ses visites épiscopales, au château de Diéval, diocèse d'Arras.

11. — François-Joseph-Gaston de Partz de Pressy, né au château d'Equirre en 1712, vicaire général de Boulogne, fut nommé à l'évêché le 21 décembre 1742, et mourut le 8 octobre 1789.

12. — Jean-René Asseline, vicaire général de Paris, nommé e 18 octobre 1789, sacré le 3 janvier 1790, fit son entrée à Boulogne le 6 février suivant, et mourut en Angleterre le 10 avril 1813.

CHAPITRE III.

Fressin, diocèse d'Arras
A partir de 1803.

La guerre avait détruit l'antique diocèse de Thérouanne ; la Révolution détruisit ceux de Boulogne et de Saint-Omer, qui s'étaient élevés sur ses ruines. La constitution civile du clergé avait créé un évêque départemental, qui s'intitulait évêque du Pas-de-Calais, et résidait à Saint-Omer. Il y eut deux évêques schismatiques, Porion qui donna sa démission pour se charger de fonctions civiles, et Asselin qui lui succéda en 1797.

Le Concordat maintint le siège épiscopal d'Arras en donnant à l'évêché les limites du département. Le diocèse de Boulogne fut tout entier compris dans le nouveau diocèse, qui prit au diocèse d'Amiens nombre de paroisses situées sur la rive gauche de la Canche, et s'accrut de quelques-unes qui appartenaient autrefois aux diocèses de Noyon, de Tournai et de Cambrai. En retour, il perdit les villes de la Bassée, de Douai et de Valenciennes, que possédait l'ancien diocèse d'Arras.

Fressin, qui avait toujours relevé du doyenné urbain ou rural de Vieil-Hesdin et avait toujours fait partie d'une circonscription baignée par la Ternoise et la Canche, dépendit du doyenné de Fruges, qui comprenait une cure inamovible, treize succursales et onze annexes. La cure était celle de Fruges, récemment érigée en doyenné ; auparavant Fruges relevait du doyenné de Bomy.

Les treize autres paroisses étaient :
Ambricourt avec Crépy pour annexe ;
Canlers avec Ruisseauville ;
Coupelle-Neuve avec Avondance ;
Coupelle-Vieille
Créquy ;
Embry avec Rimboval ;
Fressin avec Planques ;
Hézecques avec Lugy et Senlis ;
Lebiez avec Royon ;
Matringhem avec Vincly,
Radinghem avec Mencas ;
Sains-lez-Fressin avec Torcy ;
Verchin.

Au total, quatorze paroisses occupant seize prêtres, celle de Fruges et celle de Fressin ayant chacune un vicaire.

Quatre annexes ont été depuis lors érigées en succursales : Rimboval, par ordonnance royale du 2 février 1820 ; Crépy, grâce à la famille Belval, à la suite des élections ministérielles de 1846 ; Senlis, sous l'Empire, grâce aux sacrifices des deux frères Ducrocq, le médecin et le curé de Chériennes ; enfin, Planques, qui fut enlevé à Fressin vers la même époque, comme il sera marqué plus loin. Le canton se trouve donc divisé maintenant en dix-huit paroisses, desservies par dix-neuf prêtres, celle de Fruges ayant un vicaire.

Jusqu'à nouvel ordre, M. Cauwet restait curé de Fressin (1).

Le 29 floréal an X (19 mai 1802), le maire Thélu écrit sur le registre de la municipalité que la proclama-

(1) Le 2 floréal an X, le citoyen Liévin Dewamin, prêtre, qui habitait avec sa sœur Thérèse Dewamin, veuve Deretz, fut invité par le citoyen maire Thélu à dire ce qu'il savait sur une prétendue scène de désordre qui se serait produite en son domicile.

tion de Bonaparte relativement au culte, ainsi que le Concordat entre le pape et la nation française, seront lus le dimanche 3 prairial an X (23 mai), à l'issue de la Messe paroissiale, *qu'on espère célébrer dans l'église de cette commune.* Le même jour, le maire Thélu réclame les objets qui appartiennent à l'église et qui n'auraient pas été vendus en vente publique. Le lendemain, Warin lui remit une nappe qu'il avait achetée à la vente de la veuve Merlin, et qui fut reconnue par la femme de Grégoire Letailleur, née Bernardine Maillet, qui entretenait autrefois les linges de l'église, et par la citoyenne Angélique Dumetz, veuve Bruyant, qui blanchissait ces linges. En même temps, le maire faisait approprier l'église.

Comme on le voit, les pièces officielles, malgré leur sécheresse, sont pleines d'intérêt. Elles annoncent un rajeunissement général, une sorte de résurrection. Leur lecture fait palpiter le cœur. Comme on sent bien de quelle allégresse étaient pénétrées les populations ! Beaucoup même de ceux qui, par légèreté, par inexpérience, par l'attrait du nouveau, s'étaient un peu compromis les années précédentes, se prenaient à se réjouir plus que les autres du relèvement des autels. On eût dit qu'on leur enlevait le poids du remords qui écrasait leur poitrine.

Depuis longtemps les gouvernements manquaient aux engagements que l'Assemblée nationale avait pris de subvenir aux besoins du clergé. Avec le Consulat on y revint. C'est à cette fin que M. le maire Thélu donne des certificats de vie (17 septembre 1802) à J.-B. Cauwet, prêtre en cette commune, à Louis Cauwet, ex-chartreux, son frère, à M. Jacques Playoult, à M. Dhermy, dont il sera parlé plus loin ; et, plus tard, à Madame Tavernier, ex-religieuse, à Mesdames Marie-Françoise Cras et Marie-Rose Cras, aussi religieuses.

Madame Tavernier, Marie-Alexandrine, née à Créquy, le 5 février 1743, domiciliée à Fressin, était religieuse pénitente de l'Ordre de St François. Marie-Françoise Cras, née à Fressin, le 12 janvier 1750, y demeurant, avait été religieuse Bernardine de l'abbaye de Sainte-Austreberthe de Montreuil. Marie-Rose Cras, née à Fressin, le 22 mars 1752, était religieuse Annonciade.

Il ne s'agissait plus de dresser des listes de suspects, mais de fournir aux ecclésiastiques et aux religieuses de quoi vivre. Ces certificats de vie furent donnés aux prêtres de Fressin dès l'an X ; les religieuses ne furent admises à toucher leur pension qu'à partir des lois de Germinal et de Messidor an XII. Il fallait déclarer qu'on n'avait pas de moyens suffisants d'existence et que l'on n'avait point fait d'héritage.

Le 13 pluviôse an XI (2 février 1803), M. le maire Thélu se préoccupe des intérêts temporels de l'Église. Nous dirions que sa prévoyance était quelque peu mélangée d'usurpation, si l'autorité supérieure ne lui avait pas dicté sa conduite en cette circonstance. Il déclare donc avoir longtemps attendu un Règlement pour l'administration des églises. Bien que le maire, ajoute-t-il, soit l'administrateur-né (ce qui est absolument faux), il ne veut pas avoir seul cette responsabilité. Il nomme donc, de l'avis du Conseil municipal, un Conseil provisoire de fabrique. Ce Conseil se compose du citoyen Louis Legrand, marchand ; des citoyens : Jacques-Marie Viollette, notaire ; Charles-François-Siméon-Joseph Thélu, rentier ; Dewailly, aussi rentier ; ces trois derniers chargés de l'Administration ; enfin, il désigne pour caissier le citoyen J.-B. Pruvost, rentier.

Jacques-Charles-Joseph Flament.

Le curé de Fressin, nommé en 1803, par Mgr de la Tour d'Auvergne, fut **M. Jacques-Charles-Joseph Flament**, fils de Jacques-Charles Flament et de Marie-Albert Leblond. Né à Hernicourt, près Saint-Pol, le 16 mars 1747, ordonné prêtre en 1772, puis curé de Mercq-Saint-Liévin, il revenait de l'exil lorsqu'une ordonnance épiscopale lui confia la paroisse de Fressin et Planques.

On lui donna pour vicaire M. Antoine-François-Joseph Dhermy, né à Hermies, le 22 mai 1744, ancien Récollet du Biez, qui s'était retiré en Allemagne pendant la Révolution. Arrivé à Fressin en 1803, M. Dhermy mourut en sa charge, le 4 janvier 1810, à l'âge de 66 ans.

M. Dhermy seconda M. le curé Flament, dès le principe, en qualité de vicaire de Fressin et de Planques. En juin 1803, il bénit en cette double qualité un mariage dans l'église de Planques. Mais il n'y parut plus désormais. Peut-être ce service était-il trop fatigant pour lui ; ce qui donne lieu de le penser, c'est qu'en 1803 la plupart des actes de Planques sont signés de M. le curé Flament. Quoi qu'il en soit, en novembre 1803, M. Flament eut deux vicaires, M. Dhermy, qui ne sortit plus de Fressin, et M. Jean-Baptiste-Auguste Lefebvre, qui résida à Planques. M. Lefebvre, né à St-Georges, en 1763, prêtre en 1788, ancien Récollet, avait été déporté à la Terreur. A partir de ce moment, jusqu'à la fin de 1809, M. Flament ne parut plus ou presque plus à Planques. C'est au point que le châtelain de Bucamps, Monsieur François-Joseph Hippolyte de Contes, époux de Madame Marguerite-Dorothée de

Partz, devant être enterré dans le cimetière de Planques, le 23 juin 1809, l'acte de sépulture ne mentionne pour accompagner le vicaire de Planques, officiant, que M. Playoult, desservant d'Azincourt et Bucamps, et M. Pourchez, vicaire de Bucamps (1).

Le dernier acte de M. l'abbé Lefebvre est du 14 octobre 1809. Il ne fut pas remplacé, et M. Flament reprit le chemin de son annexe. Mais nous croyons qu'il fit souvent venir ses paroissiens de Planques à l'église de Fressin. Il ne tint plus désormais qu'un seul registre pour les deux populations.

L'abbé Playoult, qu'on nommait à Fressin « Monsieur le Prieur », et qui faisait pour ainsi dire partie de la famille Louvet, rendait service aux pauvres gens en se contentant d'un très faible honoraire pour les messes qu'il célébrait. Il survécut à M. Flament. Le curé de Fressin avait alors deux vicaires et un prêtre habitué pour lui faire cortège dans les cérémonies.

Le 26 messidor an XI (15 juillet 1803), M. le maire Thélu invita le Conseil municipal de Fressin à se réunir chez lui, le dimanche 28, pour délibérer sur les moyens d'augmenter le traitement des ministres du culte et de réparer l'église et le presbytère. Le sujet de la délibération est imposé par un arrêté du préfet. Le traitement des curés n'était pas celui qu'avait fixé l'Assemblée nationale; il n'était pas non plus aussi élevé qu'aujourd'hui. Le gouvernement nouveau se trouvait empêché par les plus impérieuses nécessités. Il invitait les municipalités à suppléer à son impuissance.

Quelques jours après, un arrêté daté de Bruxelles,

---

(1) La veuve, Marguerite Dorothée de Partz de Pressy, née à Abbeville, fille de Messire Ambroise-Emmanuel, marquis d'Equirre, et de Dame Marie-Marguerite de Fontaine de Cormont, mourut à Hesdin, le 15 novembre 1816. Madame de Contes, baronne Des Granges, était âgée de 64 ans. Son corps fut inhumé dans l'église de Planques par M. Flament, curé de Fressin.

le 7 thermidor (26 juillet 1803), portait que trois marguilliers administreront les biens des églises dans la forme particulière aux biens communaux. Les trois administrateurs que nous verrons désormais s'occuper des intérêts de la fabrique de Fressin sont : J.-B. Pruvost, Louis Legrand et Joseph Thélu. Ils furent nommés par le préfet du Pas-de Calais, le 4 ventôse an XIII.

Ces Messieurs dressèrent tout d'abord la liste des débiteurs de l'église. Ils trouvèrent :

1° Pour rentes surcensières :

MM. Xavier Louvet, notaire ; Charles Thuillier, cultivateur, aux droits de M. de la Tour d'Auvergne ; Norbert Viollette, négociant à Saint-Omer ; Noël Wallart, à Fruges ; les enfants Hémart, à Hesdin ; Dewailly, à Sains ; Moronval, à Fressin ; Froissart, à Hesdin ; Héame, veuve Laborde, et Charles-Grégoire Letailleur, à Fressin.

2° Pour arrentement perpétuel :

MM. Joseph Loriot ; Féroux, à Planques ; Pierlay, à Bucamp ; Pierlay, à Montreuil ; Cailleux, à Hesmond ; Macquaire, à Boubers ; Martin, à Boubers ; Du Val Valon, à Campagne-lez-Boulonnais ; Plée, à St-Omer ; Dusolon, à Royon ; Petit, à Créquy ; Varlet, ci-devant curé d'Eperlecques ; Loisel, à Créquy ; Boudry, à Créquy ; Boyaval, à Créquy ; La Nation, succédant aux droits des Etats d'Artois.

3° Pour rentes ou canon perpétuel :

MM. les héritiers Lebrun, à Fressin ; J.-B. Wamin, à Fressin ; Jacques Caudevelle, à Fressin ; Jean-Michel Gouillard, à Fressin ; Blanpain, à St-Leu ; Herbert, à Fressin ; Riquier, à Embry ; les héritiers Wamin, à Avondance ; Pingrenon, à Créquy ; Daguin, à Fressin ; Fauquet, à Fressin.

A notre arrivée à Fressin, en mars 1885, nous avons

eu à cœur de connaître le plus tôt possible notre troupeau. Nous fîmes dresser par un ami sûr un tableau complet de la population, par quartier, par rue, par foyer. Il nous fut promptement facile de nous rendre compte de l'attitude religieuse de chacun de nos paroissiens, relativement aux deux grands devoirs de la vie chrétienne, longtemps avant de pouvoir connaître exactement les figures.

M. Flament voulut avoir aussi une connaissance exacte de sa paroisse, non pas précisément au même point de vue, mais sous le rapport de la fortune. Dès sa première année, il fit le « classement des citoyens de la commune de Fressin, en l'an 12 (1803-1804) ».

Il résulte de cet intéressant tableau que la paroisse de Fressin comptait alors onze familles de la 1re classe ; dix-neuf familles de la 2e classe ; soixante-trois familles de la 3e classe ; cent trente une familles de la 4e classe, et quarante-neuf familles d'indigents. Total : deux cent soixante-treize familles ; soit, à quatre âmes par famille, ce qui devait être alors un minimum, 1092 paroissiens.

Mais ces onze cents paroissiens devaient comprendre les deux communes de Fressin et de Planques, car, dans le tableau que M. Flament nous donne, pour la commune de Fressin, tableau qui nous paraît complet, nous ne trouvons que 234 familles et non 273.

Les enterrements de 1re classe devaient avoir trois services pour 54 francs ;

Les enterrements de 2e classe, trois services également, pour 44 francs ;

Les enterrements de 3e classe, deux ou trois services pour 27 francs ;

Les enterrements de 4e classe, deux services pour 15 francs.

On observera que 15 francs de 1803 valaient bien

40 francs de 1891. La viande de boucherie se vendait six sous la livre.

A la distance qui nous sépare de cette époque, nous présumons qu'il ne peut y avoir d'indiscrétion à faire connaître la classification que nous a laissée M. Flament.

Au Cœur du village.

1re Classe. — Bonaventure Thélu, Marie-Catherine Viollette, Jacques-Marie Viollette, Xavier Louvet, Joseph Thélu, Antoine-Joseph Bacqueville 6

2e Classe. — Marie-Françoise Bihet, veuve Delépine; Louis-Joseph Legrand, Jean-Baptiste Desobry, père ; Augustine Poussart, veuve Viollette ; Agathe Warin, Charles Thulliez, Marie-Anne Leclercq ; André Lhomme, J.-B. Pruvost . . . 9

3e Classe. — Célestin Démarest ; Amand Defrance, Grégoire Letailleur, Moyse Berthe, Modeste Dewamin, Louis Mangard, Théodore Wiard, François-Joseph Benteux, Louis-Marie Lecucq, Adrien Mangard, Eustache Bouret, Jean-André Binsse, Théodore Pingrenon, Jacques-Joseph Flageollet, Philippe-Joseph Benteux. 15

4e Classe. — Charles Pingrenon, Louis-Joseph Boquet, Joseph Sauvage, François Lefebvre, Bernardine Degrusillier, Valentin Camier, Jean-Baptiste Lhomme, Simon Branquart, Jacques Coache, Rose Caron, veuve Coache 10

Indigents. — François Petit, J.-B. Fiollet, Jean-François Gambiez, Pierre Branquart, Henriette Pierlay, Marie-Joseph-Mornon Defrance, Catherine Martel, Jean-Baptiste Lefebvre 8

Dans la rue de Paradis.

3ᵉ Classe. — Antoine Delespine 1
4ᵉ Classe. — Cyrille Thullier 1
Indigent. — Jean-François Demaine 1

Hure.

4ᵉ Classe. — Vaast Cadot, Liévin Gamain, J. B. Duplouy, François Dupont, Bouret dit Gripy, Nicolas Branquart, Agathange Duplouy. . . . 7

Indigents. — Béatrice Benteux, Françoise Monchy, Victoire Bienaimé 3

Cette rue, qui abritait dix ménages en 1803, n'a plus qu'une maison, souvent inoccupée.

Lombardie.

2ᵉ Classe. — Jean-Baptiste Grenier, Nicolas-Joseph Dusolon, Louis-Joseph Héame 3

3ᵉ Classe. — Marie-Louise Benteux, Louis (Chabot) Benteux, Antoine (Piot) Lisambourg, Charles Plée, Charles (Pau) Caudevelle, Godefroy Binaux, Joachim Lefebvre, Françoise Nédoncelle, Ambroise Moine, Isidore Houlier, Jacques-Joseph Bruchet 11

4ᵉ Classe.— Jacques Flament, Hubert Vaillant, Eustache (Quinquin) Bouret, Hubert-Joseph Vaillant, Alexis Moine, Jacques-François Caudevelle, Bernard Gouillard, Pierre-Antoine Flament, Nicolas Bruchet, Nicolas Lejeune, Marie Carton, François-Joseph Bienaimé, Charles Benteux, Marie-Jeanne Delette, Louis Fauquet, Jacques-François

Ringard, Marie-Anne Ringard, Marie-Josèphe Chivot, Pierre-François Moine, Pierre-François Bruchet, Louis Lefebvre, Jean-Baptiste Thorel, Pierre-Joseph Coffin, François-Joseph Lefebvre, Jean-Charles Branquart 25

Indigents. — Félix Martin, Antoine-Joseph Caudevelle, Jacques Caudevelle, Françoise Benteux, veuve Bruchet; Pierre-François Bruchet, Angélique Framecourt, Catherine Dufumier, Louis-Joseph Benteux. 8

Rue d'Enfer.

3ᵉ Classe. — Jean-François Pingrenon, Pierre-Jacques Delespine, Séraphine Lejeune, veuve Machiout 3

4ᵉ Classe. — Nicolas-Joseph Quenecq, Jean-Marie Peuvrel, Jean-Baptiste Gouillard, Firmin Benteux, Marie-Anne Gruet, veuve Dusolon; Antoine Peuvrel, Romain Ducrocq, Joseph Duplouy, Louis Caron, Marie-Anne Caudevelle . . 10

Indigents. — Françoise Wiard, veuve Laborde; Marie-Magdeleine Caffier, Joseph Duplouy, Célestine Branquart, veuve Tenchon ; Antoine-Joseph Robbe, Jacques-Joseph Plée. 6

Rue des Gardes.

3ᵉ Classe. — François Moronval, Jean-Baptiste Bruchet, Thomas Moine. 3

4ᵉ Classe. — François Leducq, Eugène Branquart, Martinien Robbe, Nicolas Defrance, Louis Bihet , ... 5

Indigents. — Albertine Lefebvre, veuve Branquart; Marcel Boquet 2

Petite Rue Haute.
(*Rue Fiollet* ou *Dewamin*).

1ʳᵉ Classe. — Liévin Dewamin. 1
2ᵉ Classe. — Nicolas Dewailly. 1
3ᵉ Classe. — Jacques Dagain, François Brognard, Pierre-François Gouillard. 3
4ᵉ Classe. — Catherine Brognard, Charles Lesot, Pierre Fiollet 3

Grande Rue Haute.

3ᵉ Classe. — Florent Branquart, Louis Bruyant et frères, Jean-François Denne, père ; Jean-Michel Gouillard, Jean-François Denne, fils ; Louis Moine, François-Joseph Bruyant, Théodore Gouillard, Joachim Bruyant 9
4ᵉ Classe. — Michel Dupond ; Pierre-Joseph Moine, Louis-Joseph Branquart, Thérèse Gouillard, Henriette Bruyant, Marie-Madeleine Brognard, Barnabé Delépine 7
Indigent. — Rosalie Hanocq, veuve Coache. . 1

Rue Noire.

4ᵉ Classe. — Edouard Dagain, Pierre Caron. 2

Rue de la Lance.

3ᵉ Classe. — Jean-Baptiste Queval, Stanislas Queval. 2
4ᵉ Classe. — Pierre-Antoine Hibon, Louis Branquart, Antoine Branquart, Guillaume Monchy, Jean-Baptiste Coache, François Hanocq, Anicet Dupond 7

Mont Hulain.

3ᵉ Classe. — François Pierrus, Louis Mahieu. 2
4ᵉ Classe. — Antoine Delleporte, Albert Bouret, Jacques Hibon, père; Philippe Moronval, François-Joseph Gouillard, père. 5

Le Tronquoy.

1ʳᵉ Classe. — Benoît Laisné. 1

Barles.

2ᵉ Classe. — Jean-Baptiste Desobry, Jeanne-Isbergue Cordonnier, veuve Samier. 2

Le Plouy.

1ʳᵉ Classe. — Jean-François Briche 1
3ᵉ Classe. — Placide Cras, Marie-Joseph-Alexandre, veuve Baux. 2

L'Ermitage.

1ʳᵉ Classe. — Martin Cappe. 1
2ᵉ Classe. — Jean-François Fournier, Firmin Soisson 2
3ᵉ Classe. — Marguerite Desplanque, veuve Coache; Jacques-Louis Lechon. 2
4ᵉ Classe. — Pierre-Alexandre, Antoine Martin, Pierre-Joseph Beaussart, Artus Coache, André Citerne, Hippolyte Benteux, Jean-Baptiste Dewamin, Jacques Fournier, Procope Warembourg,

Nicolas Bruche, André-Noël Lechon, François-Joseph Bruche, Pierre Descamps. 14

Indigent. — Elisabeth Lechon. 1

L'Epault.

1re Classe. — Alexandrine Lespine, veuve Desmons 1
2e Classe. — François-Joseph Martel. . . . 1
3e Classe. — Antoine Flament, Auguste Desgrusilliez 2
4e Classe. — Nicolas Benteux, Thomas Coutelet, Antoine Brogniard, Louis Dupond. 4

Marais-bât-le-bûre.

3e Classe. — Catherine Loiselle, veuve Fiollet ; Jacques Warin. 2
4e Classe. — Pierre-Joseph Martin, Pierre Cornu, Jean-Baptiste Démarest, Marie-Louise Hibon, veuve Robbe; Barthélemy Techon. 5

Marais Duflos.

3e Classe. — Marie-Joseph Dewamin, veuve Duflos ; Louis Duflos. 2
Indigents. — Nicolas Deligny, Adelaïde Laisné. 2

Ne sont pas classés. — Flament, curé; Angélique Leducq, Dhermy, vicaire ; Jacques Michaut, instituteur.

Le 1er vendémiaire an XIV (23 septembre 1805), jour du nouvel an de l'ère républicaine, les administrateurs et caissier de la fabrique de l'église de Fressin rendirent compte de leur gestion au sous-préfet de Montreuil. Ce compte, dressé par M. Pruvost, va depuis la remise des titres par le receveur des domaines de l'arrondissement de Fruges, en exécution de la loi du 7 thermidor an XI, jusque et y compris l'an XIII. Il n'y est porté en dépenses qu'un peu de réparations. Rien au clergé. Il y a 5,156 fr. 97 cent. de recettes ; 5,062 fr. 88 centimes de remises ; 76 fr. 70 centimes de dépenses réelles ; 4 fr. 70 centimes de droit de recette sur 94 fr. 9 centimes de recettes effectuées ; d'où un excédent de 12 fr. 69 centimes. En somme, résultat très pauvre. Mais il faut un commencement à tout (1).

Le premier calvaire qui fut planté, ou plutôt replanté, à Fressin, sur la voie publique, fut celui de la famille Louvet, à l'intersection de la rue Blanche et de la rue Dewamin qui la continue, avec la rue Noire prolongée par la rue Haute. Cette érection fut autorisée par le Préfet et par l'Evêque. L'ordonnance de Mgr de la Tour d'Auvergne concédant à ce calvaire les faveurs ordinaires de l'Église est du 12 mai 1806. Le calvaire était établi d'abord à l'angle inférieur de la Croix de Saint-André faite par les quatre rues ; lors d'une restauration, on l'aurait placé à l'angle supérieur, où il est aujourd'hui (2).

(1) Le 31 mars 1806, un homme à qui nous avons eu occasion déjà de rendre hommage dans notre *Histoire d'Auchy*, parce que la paroisse d'Auchy lui doit la conservation de son église abbatiale, et aussi parce qu'il fut honoré de l'amitié du plus méritant des moines d'Auchy, dom Bétencourt, qui lui confia les précieux documents que M. de Quandalle nous a permis d'utiliser, M. Eugène Dewamin, alors juge de paix de Campagne, vint à Fressin, tenir sur les fonts du baptême le fils d'un de ses voisins de la Petite rue Haute. Nous venons d'enterrer très simplement, très modestement, en quatrième classe, Eugène Fiolet, le filleul de M. Eugène Dewamin. Il manquait quelques jours à ce bon vieillard pour avoir 86 ans. Mars 1892.

(2) Une délibération du Conseil municipal, en date du 18 mai 1843, à propos du projet d'érection d'un calvaire, à la limite du territoire, vers Wambercourt, paraît contredire ce que nous venons d'écrire. On y lit, en effet, qu'il n'y a qu'une seule croix plantée sur le territoire de la commune, et qu'elle est établie à l'extrémité opposée

Tout était à refaire à cette époque dans nos églises; il fallait réparer le plus promptement possible les ruines les plus choquantes, trouver des vases pour l'autel, des linges sacrés et des ornements sacerdotaux pour la sacristie; malgré le zèle et le dévouement des prêtres qui avaient exercé le saint ministère au temps de la persécution, il y avait aussi bien des ruines spirituelles à réparer, bien des lacunes à combler ; besogne partout bien difficile, plus difficile quand, après plus de dix ans d'interruption du culte public, on se trouvait transporté, comme l'était M. l'abbé Flament, au milieu d'une grande paroisse, dont il ne pouvait connaître ni les habitudes ni les traditions. Son zèle fit face à tous les besoins. De sa sollicitude pour le salut des âmes nous avons pour garant l'empressement qu'il mit à relever la Confrérie du Très Saint Sacrement, la première qui doit s'imposer au zèle d'un prêtre éclairé. Cette Confrérie fut rétablie en vertu d'un décret apostolique donné à Paris, le 25 juillet 1806, par son Eminence Monseigneur le Cardinal Caprara, légat *a latere*, et du consentement de Monseigneur l'Illustrissime et Révérendissime évêque d'Arras. Le Règlement, qui comprenait treize articles, reçut, le 25 août suivant, l'approbation de M. Delaune, vicaire général, grand archidiacre d'Arras.

Quelques mois auparavant, le 24 avril 1806, l'église de Fressin avait reçu la première visite de son nouvel évêque. Monseigneur l'Illustrissime et Révérendissime Hugues-Robert-Jean-Charles La Tour d'Auvergne y avait administré la Confirmation aux paroissiens de Fressin et Planques. L'âge des confirmants variait de

du village, ce qui voudrait dire près de Planques, tandis que le Calvaire Louvet est sur la Rue Haute, laquelle est à peu près à égale distance de Planques et de Wambercourt. Nous croyons que le texte de la mairie manque ici d'exactitude.

quatorze à vingt-sept ans. Il y en avait cinquante-neuf de Planques.

En 1803, 1804 et 1805, quoique l'on fît commencer l'année au 1er janvier, on employait les dénominations de mois et d'années révolutionnaires conjointement avec les noms ordinaires ; pareillement, quand il y avait une dispense d'un, de deux et parfois encore de trois bans, on écrivait sur le registre de l'église que cette dispense était accordée par *Monsieur* l'évêque d'Arras ! C'était sans doute par grâce qu'on ne disait point : *Le citoyen évêque*. En 1806, on a abandonné définitivement le calendrier républicain, et l'on ne craint plus d'honorer l'évêque en l'appelant *Monseigneur*.

A partir de 1809, nous voyons les administrateurs de la fabrique poursuivre devant les tribunaux les débiteurs récalcitrants. C'était leur devoir, et le gouvernement y tenait la main. Ils poursuivirent en même temps les Loisel, les Boyaval, les Boudry de Créquy, les Macquaire et les Martin de Boubers, et les Héame de Fressin. Chaque affaire fut l'objet d'un volumineux dossier. La plupart invoquèrent la prescription. Mais ils furent condamnés par la raison que le pays n'était pas français lors de la déclaration de 1510. La coutume d'Artois donna gain de cause à la fabrique. Quelques-uns durent payer jusqu'à 43 années d'arrérages. Le 2 octobre 1809, une saisie eut lieu à Créquy, chez Antoine Loisel, comme conséquence du jugement rendu par le tribunal de Montreuil. De 1809 à 1811, les intérêts de la fabrique étaient généralement défendus par Me Tavernier, avocat à Hesdin.

Le 1er mars 1811, le receveur-caissier de la fabrique de Fressin, J.-B. Pruvost, rédigeait un compte qui allait du 2 septembre 1805 au 31 décembre 1810. Outre les dépenses ordinaires pour les frais du culte : pain, vin, cires, entretien du linge, on y voit un article pour le soulagement des pauvres, d'autres pour travaux faits à l'école, pour les frais du compte et les honoraires de l'avocat Tavernier. Les recettes, remises déduites, sont de 3,927 fr. 41 c.; l'excédent, tous frais faits, 86 fr. 20. — Après l'exercice de 1811, il resta 359 fr. de boni, et 469 fr. après celui de 1812. La situation s'améliorait.

En 1810, M. Pruvost dut entamer un nouveau procès, qui dura quatre ans, contre Pingrenon, arpenteur à Fruges, pour une rente créée par les Boudry de Fressin, ses auteurs. Après le prononcé du jugement, en 1814, il fallut opérer par voie de saisie pour se faire payer. Il importe de noter que le Conseil de fabrique n'avait point la liberté de renoncer aux poursuites.

Nous laissons de côté les comptes de la fabrique pour les années suivantes. Ils n'offrent rien de bien intéressant, et les étudier nous mènerait trop loin. Du reste, ils ne sont revêtus d'aucune signature, et M. Pruvost ne paraît ne les avoir écrits que pour rédiger en temps utile un compte définitif.

Le premier acte inscrit au registre de catholicité pour l'année 1810 est celui du décès du Révérend Père Hippolyte Dhermy, M. Antoine-François-Joseph Dhermy, ancien récollet, vicaire de cette paroisse, décédé le jour précédent. L'acte de sépulture est signé par MM. Flament, curé de Fressin, Beugin, curé de Sains, et Jean-Baptiste Dupond, instituteur de cette paroisse.

M. Flament, qui avait eu longtemps deux vicaires, se trouva seul pour desservir ses deux églises depuis le commencement de 1810 jusqu'au mois de février 1816. Il reçut alors « Maître Alexandre-Joseph Videlenne, prêtre de ce diocèse », pourvu d'une nomination en date du 21 janvier, et l'établit immédiatement son délégué pour les mariages.

M. Videlenne, qui était né à St-Quentin-lez-Aire, d'une très honorable famille, le 28 octobre 1790, et avait été ordonné le 23 décembre 1815, donnait sa dernière signature à Fressin le 19 novembre 1817. Il fut ensuite nommé curé d'Houvin, d'où il fut transféré à Vitry en mai 1839, en qualité de doyen. Il y est mort chanoine honoraire le 1er juin 1868.

Après les Cent Jours et la chute définitive de Napoléon, des soldats étrangers occupèrent nos villages. A Fressin, on les désignait assez singulièrement. Nous voyons successivement relater sur nos registres l'enterrement d'un petit irlandais et le baptême d'un autre enfant de la même nation. Or, pour qualifier les parents, on écrit qu'ils appartiennent au « détachement anglois cantonné en cette paroisse pour consolider le trône de Louis dix-huit ».

Si c'était là l'appréciation du vulgaire, il est douteux que ce soit celle de l'histoire.

En juin 1815, M. Alexis-Clair Delcassan, ingénieur en hydraulique, né à Charleville (Ardennes), co-intéressé dans la manufacture de coton d'Auchy, où il était domicilié depuis 1805, déclara quitter cette commune pour se fixer à Fressin avec dame Amélie Louvet, son épouse (1).

Mgr de la Tour d'Auvergne vint à Fressin au printemps de 1817. Le 24 avril, il administra le sacrement de confirmation à 180 personnes de cette paroisse, 87 garçons et 93 filles. L'âge des garçons variait de

---

(1) Le 5 juin 1808, M. Delcassan, alors âgé de 40 ans, avait épousé Mademoiselle Anne-Françoise-Augustine-Émélie Louvet, âgée de 22 ans, fille de Xavier-Augustin Louvet, notaire, et de Françoise-Elisabeth Viollette. Ont signé au registre de l'église : Jacques-Marie Viollette, avocat et notaire, beau-père du notaire Louvet ; Jacques-François Viollette, juge de paix, et Joseph-Benoît Viollette, tous deux frères de Madame Louvet. M. Delcassan appartenait à la religion protestante.

12 à 40 ans ; celui des filles de 14 à 26 ans. Cependant le confirmant de 40 ans était une exception. Le plus âgé après lui n'avait que 23 ans.

Il nous reste de M. Flament un cahier d' « Annonces dominicales », qui nous est une preuve de son esprit d'ordre, et nous permet de comparer le Coutumier de 1820 à celui de 1891. Aucun autre de nos prédécesseurs à Fressin ne paraît avoir tenu de registre de cette nature. C'est pourtant un service qu'un prêtre rend à ses successeurs ; car nous estimons qu'un curé soucieux du succès de son ministère doit tenir compte des usages de sa paroisse et s'y conformer scrupuleusement, à moins qu'ils ne soient trop en opposition avec les lois générales de l'Église.

Le dernier dimanche de l'année 1819, M. Flament remercie Émélie Berthe pour avoir « pourchassé les pauvres » pendant deux ans dans cette église, et il la remplace par Natalie Queval.

Le même dimanche, M. Flament remercie Charles Caudevelle et Pierre Bourbier, qui, pendant le même espace de deux ans, « ont pourchassé » pour les besoins de l'église et y ont distribué le pain bénit. Alexandre Dusolon et François Duplouy sont nommés pour leur succéder.

Encore un usage qui a disparu comme le précédent. La quête pour les frais du culte se fait actuellement par le curé, et seulement à celles des grandes fêtes qui ne sont pas désignées par l'évêque pour des œuvres catholiques d'intérêt général. Ainsi, il y a maintenant, dans tout le diocèse d'Arras, six quêtes annuelles prescrites par l'autorité diocésaine, tandis qu'il n'y en avait pas une seule avant 1860 ; il y en a deux pour le denier de Saint-Pierre, ordonnées par Mgr Parisis après l'invasion des États Pontificaux par les Piémontais ; deux pour l'Université catholique de

Lille, établies par Mgr Lequette après le vote de la loi sur la liberté de l'Enseignement supérieur ; une pour les séminaires et une autre pour l'œuvre militaire, ces deux dernières instituées par Mgr Dennel. A Fressin, les quatre premières quêtes, ainsi que celle du jour de Pâques qui se fait ici pour l'œuvre de la Propagation de la Foi, et celles qui sont motivées par des besoins accidentels, sont faites aux trois offices de la journée par trois dames de la paroisse. Les deux quêtes nouvelles ne se font qu'à la messe solennelle (1).

Le pain bénit est coupé et distribué par les deux plus grands enfants de chœur. Mais on voit encore en beaucoup de paroisses ce qui se faisait ici en 1820, un homme ou deux couper le pain bénit, le distribuer, et faire ensuite la quête. Ces hommes portent le titre de marguilliers sans être pour cela membres du conseil de fabrique.

M. Flament annonce la fête de l'Épiphanie pour le jeudi 6 janvier 1820 ; il annoncera aussi la solennité de Saint Martin pour le jeudi 11 novembre. De même, il annonçait, pour être célébrées comme le dimanche, les principales fêtes que le Concordat avait supprimées à titre de fêtes d'obligation, mais dont la célébration devait rester libre à titre de fêtes à dévotion. Sous Louis-Philippe, il fut défendu d'annoncer au prône les fêtes transférées et les fêtes supprimées. Mais, depuis lors, l'Église a recouvré sous ce rapport, une certaine liberté. On fait l'office de quelques fêtes

---

(1) Nous avions oublié de noter une septième quête établie par Mgr Dennel, en janvier 1891, pour l'œuvre anti-esclavagiste du Cardinal Lavigerie. Cette quête doit se faire le dimanche de la solennité de l'Épiphanie. Il y a aussi une quête annuelle pour les Lieux-Saints. Nous y affectons les offrandes déposées à la chapelle du Jeudi-Saint.

supprimées, le 1ᵉʳ Janvier, les lundis de Pâques et de Pentecôte, comme le dimanche ; aux fêtes de l'Immaculée-Conception, de la Purification, de l'Annonciation et de la Nativité de la Sainte-Vierge, depuis les récentes lois scolaires, qui ne permettent plus aux instituteurs de venir chanter à l'église à neuf ou dix heures, les messes ont lieu de grand matin et les vêpres le soir. A l'Épiphanie, à la St Pierre, à la St-Martin, nous n'avons qu'une simple messe basse le matin ; mais, depuis l'épiscopat de Mgr Parisis, la Fête-Dieu est célébrée le jour même, et l'Exposition continuée toute l'Octave. Aux environs d'Arras, les paroisses ont conservé l'usage de célébrer la fête de leur patron le jour de l'échéance, ce qui permet d'y appeler un nombreux clergé ; toute la population afflue, ce jour-là, à l'église, même dans les paroisses réputées peu religieuses.

Le quatrième jeudi de janvier, messe et salut du Saint-Sacrement.

C'était conforme au règlement de 1806. Le règlement nouveau conserve le salut du quatrième jeudi du mois. Ce salut était tombé en désuétude ; nous le chantons régulièrement depuis 1886.

Aux quatre temps, M. Flament annonce l'obit trimestriel pour les fidèles recommandés au prône. Cet obit, commandé par les statuts diocésains de Mgr De La Tour d'Auvergne, a cessé partout d'être en usage.

Un Dimanche, M. le curé Flament fait faire un « pourchas » dans l'église pour plusieurs pauvres ménages ; il recommande aussi « Pierre-Joseph Martin, dangereusement malade ». Ces usages ont disparu avec l'esprit ancien qui faisait des fidèles d'une même paroisse comme les membres d'une même famille.

Le lundi et le mardi gras, salut du Saint-Sacrement,

conformément à l'article 13 des statuts de la Confrérie. Les nouveaux statuts ont supprimé ces deux saluts.

Au Carême, M. Flament fait le salut les lundi, mercredi et vendredi, sans préjudice du salut mensuel.

Les « chandelières » ont fini leur temps. Marie-Joseph Moronval est remplacée à la chandelle de la Sainte-Vierge par Hyacinthe Gouillard, et cette dernière est remplacée à la chandelle de Sainte Catherine par Alexandrine Ringard. Après avoir été quelque temps supprimées sous l'administration de M. l'abbé Prin, ces deux fonctions, qui étonnent les étrangers, mais qui sont encore chères à nos populations boulonnaises, furent rétablies par nous en 1885, et l'on passe aujourd'hui d'une chandelle à l'autre comme en 1820. Cette année-là, leur messe se chanta le deuxième dimanche après Pâques ; elle a lieu maintenant le dimanche avant ou le dimanche après le 25 mars, et se dit en l'honneur de l'Annonciation.

Me Louvet étant mort, on lui chanta trois services le 3e lundi après Pâques. Le lendemain, à 8 heures, un obit fut chanté pour le même défunt aux frais de la Confrérie du Très-Saint-Sacrement.

La Confrérie fait encore chanter un obit pour chaque membre qu'elle perd.

A la Saint-Marc et aux trois jours des Rogations, abstinence sans jeûne. Il en était encore ainsi en 1853.

Depuis lors, la permission de faire usage d'aliments gras est renouvelée chaque année, et les fidèles sont invités à compenser cet adoucissement par une aumône faite aux pauvres.

Le dimanche de la Pentecôte, annonce du « Renouvellement Solennel des vœux et promesses du Baptême », qui sera fait le dimanche suivant.

Le dimanche de la Trinité, aux vêpres, le curé fait en chaire ce Renouvellement, selon la formule donnée par Mgr de Pressy, et que l'on a généralement conservée pour la cérémonie de la Première Communion.

L'annonce et l'acte étaient obligatoires dans le diocèse de Boulogne. L'usage s'en est conservé bien longtemps encore après la Révolution, dans la plupart des paroisses qui avaient fait partie de ce diocèse, et il nous souvient de l'avoir observé nous-même à Crépy aux premières années de notre ministère, à la grande édification de quelques vénérables personnes qui savaient par cœur la belle formule de M. de Pressy. A Fressin, nous n'avons plus retrouvé le Rituel publié par ce prélat.

M. Flament annonce la fête du Saint-Sacrement pour le jeudi, avec procession les deux dimanches suivants, comme on fait encore aujourd'hui.

Comme aujourd'hui aussi, le second dimanche était dédié au Sacré-Cœur de Jésus.

Dans l'intervalle, Mgr de la Tour d'Auvergne eut la singulière idée de remplacer la sainte liturgie romaine par une liturgie de fabrique parisienne plus ou moins suspecte de jansénisme. L'Octave du Saint-Sacrement eut lieu alors de dimanche à dimanche, et la fête du Sacré-Cœur fut transférée au second dimanche de Juillet.

La vigile de St Jean-Baptiste et la vigile de St Pierre, jeûne et abstinence. On a cessé depuis longtemps d'observer cette loi et de faire maigre la veille des Saints Apôtres. Est-on bien en règle ? Nous l'avons toujours cru ; mais on nous assure que le cas est au moins douteux, et il nous est revenu que Rome n'a jamais autorisé cette suppression que la coutume et la bonne foi peuvent seules justifier. On sait assez que, s'il est aisé de supprimer des jours de jeûne, il serait impossible d'en établir de nouveaux.

Le dimanche après la Saint-Pierre, M. Flament

remercie Nicolas Benteux, qui a porté pendant un an la bannière de St Martin, patron de notre église, et il le remplace par J.-B. Moronval du Mont-Hulin.

Cette nomination, qui coïncide avec la ducasse de Fressin et avec la seconde fête de son saint patron, je veux dire la Translation des Reliques de Saint Martin, tendrait à faire croire que la fête patronale s'est autrefois célébrée en juillet.

Remarquons, en outre, que la bannière de Saint Martin était portée alors par un jeune homme. C'était très naturel et très convenable. Par une étrange anomalie que l'on attribue à des causes diverses, cette bannière est aujourd'hui portée par une jeune fille, ainsi que celle du Sacré-Cœur et celle de saint Joseph. Les jeunes gens devraient réclamer.

Le dimanche suivant, M. le curé de Fressin eut à nommer à une chandelle aujourd'hui supprimée, la chandelle de sainte Marguerite. Augustine Martel y est remplacée par Elisabeth Fournier, femme Masse.

Les femmes mariées ont aujourd'hui la chandelle de sainte Anne.

M. Flament annonce, pour le mois d'août, un salut qui sera chanté tous les samedis, pour obtenir de Dieu un temps favorable aux récoltes.

Ce choix du samedi est singulier. C'est généralement le jour où l'on supprime cet exercice du soir.

Ce même dernier dimanche de juillet, M. le Curé de Fressin recommande M. Jorre, curé d'Etaples, et M. Cocatrix, curé « d'Hubietz. » M. Jorre était mort il y avait « quinze jours ou trois semaines. » Les nouvelles mettaient alors du temps pour arriver d'un point à un autre du même arrondissement.

M. Jorre était le premier doyen de Fruges, l'ancien vicaire de Coupelle Vieille, l'ancien jureur, l'ancien curé constitutionnel d'Embry, qui s'était installé de lui-même à la cure de Fruges, en 1795, après le départ du premier intrus. Malgré sa rétractation et la légitimité de son titre, après qu'il eût été agréé par Mgr de La Tour d'Auvergne, il n'avait pu se faire agréer par ses paroissiens. Aussi avait-il été envoyé à Etaples en février 1805.

Quelques semaines après avoir recommandé M. Jorre, le bon curé de Fressin recommandait Henriette Autrique, veuve d'André Desmons, décédée à Coupelle-Neuve. Il était ce jour-là sous le coup d'une peine amère. On a sonné le trépas de la défunte sans l'avertir, « comme si j'étois devenu un zéro dans cette paroisse. » Toutefois, M. Flament raya sur son cahier l'expression de son chagrin et s'abstint de se plaindre devant son peuple. Il fit bien ; car sa paroisse n'était point responsable de la grossièreté d'un sonneur mal élevé.

Le 15 août, a lieu, comme aujourd'hui, la procession en exécution du vœu de Louis XIII.

Voici l'Adoration du Très-Saint Sacrement. Mais, en 1820, elle a lieu le dimanche. L'Exposition se fait à 7 heures ; elle est suivie de la Messe de communion. La grand'Messe est annoncée pour 10 heures avec sermon.

En nous reportant à l'année précédente, nous avons le vrai programme de cette fête. L'Exposition s'y est faite à 6 heures, et il y eut des messes d'heure en heure et trois confesseurs pour seconder la piété des fidèles. Ce détail nous prouve que l'Adoration était dès lors une fête bien comprise à Fressin, et qu'on la célébrait en s'approchant des Sacrements.

C'est toujours une belle journée que celle du 1er octobre. Depuis six ans surtout, elle se célèbre avec une véritable splendeur, grâce aux tentures et à la brillante illumination que l'on doit à la piété d'un de nos paroissiens. L'Eglise est surtout belle à la procession qui se fait le soir, et qui a été établie, croyons-nous, par M. l'abbé Prin.

Toutefois, ici comme dans tout le diocèse, on a supprimé l'usage autrefois général de multiplier les messes devant le Très-Saint Sacrement exposé. Cette suppression, exigée par la liturgie, date de l'épiscopat de Mgr Parisis, le grand évêque qui eut tant à cœur le culte du Saint-Sacrement.

Le lendemain de la fête du Saint-Rosaire, obit pour la Confrérie de ce nom. Cet usage a été maintenu ou du moins rétabli.

En décembre, Narcisse Berthe remplace à la chandelle de saint Nicolas François-Joseph Brognard, lequel avait remplacé François-Joseph Queval.

Les annonces relatent divers services qui tiennent aux circonstances. Ainsi, le 21 janvier, on chantait un service funèbre et expiatoire pour Sa Majesté Louis XVI. Cet usage fut maintenu jusqu'à la Révolution de juillet 1830.

En octobre, un autre service est chanté, par ordre de Mgr l'évêque d'Arras, pour Marie-Antoinette. Exceptionnellement en 1820, le lundi de Quasimodo, toujours par ordre de l'Evêque, un service solennel fut chanté pour Très Haut et Très Puissant Prince Charles-Ferdinand d'Artois, duc de Berry, que Louvel avait assassiné pour en finir plus vite avec la race des Bourbons.

Quant à l'horaire des offices du dimanche, depuis la Toussaint jusqu'à Pâques, M. Flament avait fixé 8 heures pour la première messe, qui était la grand'messe de paroisse, et 10 heures pour la seconde messe, qui était une messe basse. A partir de Pâques, la grand'messe fut chantée à 7 heures et la messe basse dite à 9 heures et demie. Au mois de juillet, la messe basse fut remise à 10 heures.

On voit que nos heures sont légèrement plus tardives.

A part deux ou trois exceptions, la messe basse est la première ; elle se dit à 7 heures et demie depuis Pâques jusqu'à la Toussaint, et à 8 heures de la Toussaint à Pâques. La grand'messe se chante à 10 heures l'été et à 10 heures et demie l'hiver. Mais la sonnerie, qui est de quinze minutes, deux tiers volée, un tiers tintement, s'arrête à l'heure marquée pour l'office, quand même par hasard les sonneurs auraient été en retard. Nous avons toujours cru devoir nous faire une loi rigoureuse de la plus scrupuleuse exactitude sur ce point. Aucune considération de plaisir, de politesse, d'intérêt ou de convenance particulière, rien, si ce n'est l'appel d'un malade à l'article de la mort, ne nous autoriserait à nous faire attendre cinq minutes à l'autel.

Le jour des processions solennelles, M. Flament annonce que les vêpres seront chantées à 2 heures et demie. D'où nous pouvons conclure qu'il les chantait habituellement à 2 heures. Notre heure pour toute l'année est 2 heures et demie ; 3 heures pour les grandes fêtes ; 3 heures et demie et même 4 heures, selon l'élévation du thermomètre, aux vêpres suivies de processions extérieures. A celles du Saint-Sacrement, du Sacré-Cœur et de l'Assomption, nous en avons ajouté une quatrième pour le dimanche du Saint-Rosaire, selon le vœu de Léon XIII.

En septembre 1818, M. le curé Flament avait un nouveau vicaire, M. Dufossé, qui devait lui survivre à Fressin. Le vénérable pasteur rendit son âme à Dieu le 10 janvier 1821. Il était âgé de 75 ans (1).

---

(1) Son acte de décès fut signé par M. Ballin, curé-doyen de Fruges ; Quilliet, curé de Wambercourt ; Boudry, curé du Biez ; Tiran, curé de Laloge.

Jean-André Leprêtre.

Il fut remplacé par **M. Jean-André Leprêtre**, né à Bainghem, en 1764, de Jacques Leprêtre et de Marie-Françoise Caron. Ordonné prêtre en 1789, et nommé vicaire, M. Leprêtre fut condamné à la déportation. En 1803, on lui confia la succursale de Verchocq, d'où il fut transféré à Fressin en 1821. M. Leprêtre était venu, en janvier 1813, bénir un mariage en l'église de Planques.

Le Cahier d'annonces qui nous est resté a été continué, du moins quelque temps. M. Flament avait fait les annonces du dimanche 31 décembre 1820. Celles du dimanche suivant sont de l'écriture du vicaire, M. Dufossé. L'annonce du 3e dimanche après l'Epiphanie est ainsi conçue :

« Mardi, à 9 heures, nous chanterons 3 services pour le repos de l'âme de M. le Curé.

« Toute la paroisse y est invitée.

« Mercredi à huit heures, l'obit du Saint-Sacrement à la même intention. »

Jusqu'au mois d'août 1821, M. Dufossé resta seul chargé des deux églises de Fressin et de Planques. Il écrivit seul les actes de catholicité, ce qui donne au registre un aspect moins disgracieux. On lui doit aussi l'heureuse innovation de la marge à gauche de l'acte.

Le dernier acte signé Dufossé est du 25 juillet 1821.

Après lui, on ne voit plus qu'il y ait eu de vicaire à Fressin.

Au 1er août, M. Leprêtre était installé dans sa cure. Sous son ministère, les familles Viollette, Thélu et

Louvet se rencontrèrent souvent dans notre église, pour de brillants mariages, de joyeux baptêmes, et aussi, hélas !.. car ainsi va la vie, pour des enterrements parfois prématurés.

Deux demoiselles Thélu, de Fressin, épousèrent deux jeunes Lillois.

Le dimanche 16 février 1823, c'est Mademoiselle Marie-Joseph-Ursule Thélu qui épouse M. François-Théodore Hay, de Lille, paroisse de La Madeleine. On y voit comme témoins Jacques Viollette et Xavier Louvet, tous deux notaires à Fressin et oncles de l'épouse ; M. Thomas Santallier-Thélu, son beau-frère, domicilié à Conflans-Charenton.

Le dimanche 29 février 1824, c'est Mademoiselle Marie-Françoise-Adelaïde Thélu qui épouse M. Jean-François-Jules Vrau, également de Lille, paroisse Saint-Maurice. On y voit encore comme témoins les deux notaires royaux de Fressin, oncles de l'épouse, M. Joseph Vrau, père de l'époux, et M. Philibert Vrau, son frère.

Saluons en passant ce nom de Vrau, si cher aux catholiques du Nord. Il est synonyme de foi éclairée et d'exceptionnelle générosité.

La même année, le mercredi 13 octobre 1824, Mademoiselle Clémentine-Joséphine Viollette épousa Albert Blondel, d'une famille d'Aire-sur-la-Lys, honorablement posée dans le commerce. Deux notaires, oncles de l'épousée, assistèrent à la cérémonie : Messieurs Jacques Viollette, notaire à Fressin, et Auguste Viollette, notaire à Hesdin.

Notons, pour l'année 1823, la mort non prématurée, mais subite, de Charles-François-Siméon-Joseph Thélu, arrivée le 1er janvier; celle de Mme Louis Viollette, née Madeleine-Antoinette Maquaire, à l'âge de quarante-huit ans seulement, le 18 janvier ; le 4 avril, celle d'Antoine Bacqueville de la Vasserie, qui s'éteint à l'âge de 90 ans, et qui nous paraît ne plus laisser qu'une fille après lui à Fressin ; son fils, le docteur Bacqueville, est établi à Arras. Le 2 octobre, nos deux notaires, Xavier Louvet et Jacques Viollette rendent les derniers devoirs à M. le prieur Playoult, leur bon ami, mort âgé de 80 ans.

Le 23 novembre 1827 est une date, et Alexandre Héame est un nom que tout bon fressinois doit porter gravés dans le cœur.

Ce jour-là, à la requête de cet homme, Me Gosselin, notaire à Fruges, rédigea deux actes fort intéressants pour la paroisse.

Par le premier de ces actes, M. l'abbé Alexandre-Joseph Héame, curé de Boningue-lez-Ardres, donnait à la commune de Fressin une maison avec ses dépendances, grange et jardin, à la charge d'en faire : 1° une maison vicariale ; 2° une école pour les garçons. Le Conseil municipal, considérant que la commune a 1,200 habitants et n'a pas de local pour l'école, accepte avec empressement la libéralité de M. Héame (Séance du 28 février 1828).

Par le second acte, M. Héame donnait à la Congrégation de la Sainte-Famille d'Amiens, différents corps d'immeubles situés aux terroirs de Fressin, Herly et Ergny, à charge par ladite Congrégation, d'instruire gratuitement et à perpétuité quarante filles pauvres chaque année, de la paroisse de Fressin. A ce sujet, le Conseil municipal ne peut tarir d'éloges à l'égard de M. Héame.

M. Jean-André Leprêtre, mourut en sa charge, le samedi 29 mars 1828, âgé de soixante-quatre ans et neuf mois. Ses obsèques, chose singulière ! eurent lieu dès le lendemain, dimanche, et furent faites par M. Delahaye, curé de Sains, sans qu'il soit parlé de l'intervention du doyen de Fruges ni d'aucun autre ecclésiastique (1).

(1) *Petite glane d'épis oubliés.*

⚹ En 1807, M. Alexandre Joseph Héame était curé de Selles. Il vint assister à l'enterrement de son frère.

⚹ Il revint encore à Fressin, en 1808, pour le mariage d'Aimable Sallé et de Philippine Héame. Il fit la cérémonie.

⚹ En 1811, Gabriel Lourdel, ancien prieur de St André-les-Aire, baptisa sous condition un fils de Martinien-Robbe, qui avait été baptisé par le chirurgien Grégoire Letailleur. Le parrain fut M. Jacques-Marie Viollette, qui avait la charité de rendre souvent ce service.

⚹ Le 2 avril 1811, Philippe-François Viollette, curé de Maresquel, vint assister à l'enterrement de son neveu Jules-Philippe Viollette, âgé de 13 ans.

⚹ Le 18 avril, M. le curé Héame assistait à l'enterrement de son père Louis-Joseph Héame, âgé de 80 ans.

⚹ Le 7 décembre 1812, eut lieu le mariage de Louis-Thomas Santallier, négociant à Conflans-Charenton, avec Marie-Françoise-Sophie Thélu, fille de Jean-François-Alexandre-Bonaventure Thélu, membre du Collège électoral du département, de la Société d'Agriculture, du Commerce et des Arts de Boulogne-sur-Mer, propriétaire et maire de Fressin, — et de Marie-Ursule-Sophie Viollette.

Y assistèrent comme témoins ;

Charles-François-Siméon-Joseph Thélu, chef de cohorte, oncle de l'épouse ;

Jacques-Marie Viollette, avocat et notaire impérial, son aïeul ;

Marie-Catherine Viollette, sa grande tante ;

Auguste-Xavier Louvet, notaire, son bel oncle du côté maternel;

Jacques Viollette, juge de paix de Fruges ;

Louis-Benoit-Joseph Viollette, propriétaire, et Philippe-Auguste Viollette, notaire à Hesdin, oncle de ladite épouse ;

Pierre-François-Augustin Louvet, avocat, cousin germain.

⚹ 1814, 7 mai. Enterrement de Marie-Catherine Viollette.

⚹ 1815. — Louis-Joseph Mahieu, artiste vétérinaire à Fressin, marie une fille à Moïse Berthe.

⚹ 1818. — 26 décembre. Enterrement de Jacques Viollette, notaire royal, âgé de 86 ans.

⚹ 1819. — 22 novembre, mort de Marie-Françoise Cras, en religion sœur Marguerite, ancienne religieuse converse de l'abbaye de Montreuil.

⚹ 1820, 22 février, M. Legrand, ancien religieux de Marchiennes, vicaire de Bucamps, vient à Fressin marier Pierre-Antoine Panet et Rose Cras.

⚹ 1882, 29 mars. M. Leprêtre, selon une chronique, serait mort d'un saisissement. Un jour qu'il avait reçu et hébergé son marchand de vin, il fut volé. On lui prit de 500 à 600 francs. A-t-on soupçonné et poursuivi l'ami, le commensal du curé ? On n'a point su nous le dire. Narcisse Berthe connut le coupable. Il le vit sortir du presbytère, sans oser pourtant le dénoncer. A 80 ans, il se montrait moins réservé et moins prudent.

Charles-Nicolas Delahaye.

M. **Charles Delahaye**, fils de Pierre-François Delahaye et d'Elisabeth-Bonaventure Masson, fut transféré de Sains à Fressin, dont la cure ne souffrit point de vacance. Il ne devait point rester plus de quatre ans dans cette paroisse.

Fressin avait alors un nouvel instituteur, Antoine Canu, qui signe souvent aux actes de catholicité. Cependant l'ancien maître d'école, J.-B. Dupond, conserve sa place au lutrin, et M. le curé Delahaye lui donne bien souvent, dans les actes publics, la qualification de « grand chantre » de l'église de Fressin.

C'est avec M. Delahaye que nous commençons à avoir des documents suivis sur l'administration temporelle de la paroisse. C'est avec lui que s'ouvre notre premier registre des délibérations du Conseil de Fabrique. Jusque-là le règlement de 1809 était resté chez nous à l'état de lettre morte, et nos bons marguilliers suivaient leurs vieux usages. Sans doute, le décret impérial de 1809 fut une sorte d'usurpation, un empiètement. L'État, s'il voulait sincèrement le bien, laisserait à l'Eglise la liberté entière de son administration ; il n'exigerait pas qu'elle se fît humble pour lui assurer sa protection. Toutefois, considéré en lui-même, le décret de 1809 est bon ; il est la reproduction d'anciens règlements, notamment de celui de Saint-Jean-en-Grève à Paris, qui avait toujours été considéré par les jurisconsultes comme un modèle de législation. Mgr Parisis prisait fort le décret de 1809 ; Mgr Freppel consacra à sa défense les derniers accents de sa voix. Ce n'est pas à M. l'abbé Charles Delahaye qu'on en doit la mise en pratique à

Fressin. Aux termes du procès-verbal du 10 octobre 1828, la réunion eut lieu, et la réorganisation du Conseil fut faite en vertu d'un ordre de Mgr l'Evêque d'Arras, ordre communiqué par M. le doyen de Fruges. Or, en assurant l'exécution du Règlement de 1809, Mgr de la Tour d'Auvergne ne faisait lui-même qu'obtempérer aux Circulaires de Mgr Frayssinous, évêque d'Hermopolis, Ministre des Affaires ecclésiastiques et de l'Instruction publique. Ces Circulaires, datées du 5 juin et 18 août 1827, et naguère invoquées, au Luxembourg et au Palais-Bourbon, par des politiques qui veulent rendre l'Eglise absolument esclave, n'avaient d'autre but que le bien des fabriques, en exigeant des comptes annuels et gratuits.

A la réunion du 10 octobre, M. Martin Cappe donna sa démission, et il fut remplacé par M. Pierre-François-Augustin Louvet, juge de paix du canton de Fruges, domicilié à Fressin. Furent également nommés membres du Conseil : M. Antoine Fiolet, cultivateur, et M. Jacques-François Viollette, notaire royal, lequel fut ensuite élu président. Les anciens membres étaient MM. François Samier, célibataire, et Gilles Desmons, propriétaire cultivateur. Les deux membres de droit étaient M. le Curé Delahaye et M. le Maire Pruvost.

Le bureau se composa de M. le Curé, membre de droit, et de MM. Louvet, Samier et Desmons. M. Desmons accepta les fonctions de président, M. Louvet celles de secrétaire, et M. Samier celles de trésorier.

Précédemment la charge de trésorier était remplie par M. Pruvost, qui n'avait pas rendu de compte depuis le 7 thermidor an XI. Le 26 avril 1829, il apporta un compte de vingt-cinq ans, s'arrêtant au 1er janvier 1828.

Les recettes, dans cet intervalle, s'étaient élevées à 15,468 fr. 48 c. ; les dépenses, remises, frais divers, etc., à 15.745 fr. 91 c. La fabrique restait donc devoir à M. Pruvost la somme de 277 fr. 43 c.

Il peut être intéressant de connaître la justification des dépenses. Elles se divisaient ainsi :

1° Dépenses effectuées. . . 10.457 fr 80
2° Remises . . . . . 4.135 fr. 57

Savoir :
Rentes transférées à l'hospice de Montreuil 711 50
Créances sur l'Etat, venant de la dette des
   Etats d'Artois et de M. le Comte de
   la Tour d'Auvergne émigré 763 61
Sommes dues par divers, rentes surcensiè-
   res, bancs et chaises 2033 11
Sommes portées en double emploi aux re-
   cettes et créances irrécouvrables . . . 626 85

3° Sommes réclamées par le comptable. 1.153 fr 54 c.

Savoir :
Droit de recette à 5 % sur 11.333 fr. 42 . 566 67
Frais de reddition de quinze comptes . . 390
   (dont il a été fait mention page 361)
Frais de démarches et d'avances de fonds
   pour plaider, de 1804 à 1810 . . . . 196 87

Le Conseil ne fit aucune observation à propos du droit de recette réclamé par M. Pruvost, bien que, sous ce rapport, il fût en défaut avec la lettre et l'esprit de la loi. Le Maire, non seulement ne peut être trésorier de la fabrique il ne peut même pas être membre du Bureau. Mais M. Pruvost exerçait les fonctions de trésorier avant d'être maire. Reste la rémunération de ses services ; c'est un principe essentiel que toutes les fonctions, dans le Conseil de fabrique, sont absolument gratuites. La fabrique peut, sans doute, faire opérer ses recettes par un employé salarié, et c'était nécessaire avant la Révolution, à cause du grand nombre de débiteurs ; mais le trésorier n'a droit à aucun traitement, ni indemnité.

Le Conseil, qui acceptait le droit de recettes, se montra plus difficile sur les frais du compte. Nous transcrivons :

« Le Conseil ayant remarqué qu'une somme de trois cent-quatre-vingt-dix francs était portée pour frais de Reddition de Compte, a cru devoir faire observer au rendant qu'un Arrêt de Règlement des Grands Jours de Clermont du trente octobre 1665 et un Edit du mois d'avril 1695 article 17, voulaient que les comptes des paroisses fussent rendus sans aucuns frais, salaires ni vacations, à peine de Répétition de deux cents livres d'amende contre ceux qui auraient pris quelque chose pour raison de ce. Mais M. Pruvost, par la représentation d'anciens comptes, a prouvé qu'aussi loin qu'on pouvait remonter, il avait toujours été accordé des frais de reddition de Comptes aux receveurs de la fabrique de la paroisse de Fressin, quoi qu'aucun de ceux qui l'ont précédé ne se soit trouvé dans des circonstances aussi difficiles que celles dans lesquelles il a accepté ces fonctions au sortir de la Révolution ; il a ajouté qu'il devait suffire d'ailleurs, de jeter les yeux sur les nombreux et volumineux cahiers qui renferment le compte-rendu de sa gestion pour apprécier la modération de sa demande. »

Le conseil de fabrique se rendit de bonne grâce à ces raisons, et les sept membres présents déclarèrent accepter le compte de M. le maire Pruvost.

On voit que les fonctions de secrétaire n'étaient pas, pour M. Louvet, des fonctions purement nominales.

Après cette réunion d'avril 1829, nous n'en voyons plus de mentionnée au procès-verbal jusqu'au 23 juillet 1832. Mais M. Delahaye n'était plus alors curé de Fressin.

Dans l'intervalle. M. Delahaye perdit son père, qui mourut au presbytère de Fressin, le 9 juin 1830.

M. Delahaye bénit trois grands mariages en ses quatre années de ministère, deux à Fressin et un à Planques.

Melle Sophie-Françoise-Joséphine Thélu, fille des feus Charles-François-Siméon-Joseph Thélu, ancien trésorier de France, et de dame Alexandrine-Joséphine Dubois, épousa, le 17 juillet 1827, son cousin germain, M. Armand-Pierre-François Le Noir, capitaine au 13e régiment de chasseurs à cheval, en garnison à Tarascon, fils de feu M. Pierre Le Noir, chevalier de St-Louis.

Il fallut deux dispenses, celle de parenté et celle de l'heure prohibée ; car ils eurent le mauvais goût de se marier à onze heures et demie du soir.

L'époux signait : A. Le Noir, vicomte de Montreuil.

Les témoins furent Messieurs Bonaventure Thélu et Xavier Louvet, de Fressin ; Quandalle, de Montreuil, et Dubois, d'Amiens.

Le 7 avril 1830, avaient lieu, le même jour, ce qui est parfait et de bon exemple, la naissance et le baptême de Sophie-Anna Le Noir, fille du capitaine Armand Le Noir, vicomte de Montreuil, qui signe : Vicomte Le Noir.

Nous avons connu Madame la vicomtesse Le Noir, qui était bien la plus grande dame de Fressin. Tout en elle était grand : le cœur, l'esprit et la dignité. Elle eut la douleur de survivre à ses deux filles, et nous celle de voir ses petits enfants vendre l'habitation et cesser de passer l'été dans le pays, où cette famille faisait tant de bien par ses exemples et ses largesses.

Le 14 mars 1831, M. Désiré Lemarchand, demeurant à Montreuil, épousa à Fressin Melle Marie-Augustine-Hermine Thélu, fille de feu Jean-François-Alexandre-Bonaventure Thélu et de Marie-Ursule-Sophie Viollette. Assistèrent au mariage en qualité de témoins, pour l'épouse : les deux notaires de Fressin, Xavier Louvet et Jacques Viollette ; pour l'époux : Messieurs Delye et Poultier, de Montreuil.

Le lendemain, 15 mars, M. Delahaye mariait M. Jules de Werbier, domicilié à Aire, et Melle Pulchérie de Contes d'Égranges, fille de Baudouin de Contes et de Vénérande Théret. Les témoins furent M. le marquis de Partz de Pressy, d'Équirre ; M. de Lencquesaing, d'Antigneul ; M. Jules de Bernard, vicomte de Calonne ; M. le chevalier de Contes ; M. François de Contes.

Dans l'intervalle, le 14 juillet 1830, M. Boudry, desservant du Biez, était venu à Planques donner la bénédiction nuptiale à Henri Boudry, de Créquy, qui épousait Victorine Dufumier, de Planques.

Le 5 janvier 1832, M. Nicquet, de Marconne, qui avait remplacé M. Delahaye à Sains, et qui devait mourir curé d'Izel-les-Hameaux, après avoir été longtemps curé de Coupelle-Vieille, vint faire un baptême à Fressin, en l'absence de M. le Curé.

Cette absence, dont on ne donne point la raison, devait être définitive. Le 17 janvier, un mariage était célébré dans l'église de Fressin par M. Coubronne, desservant.

Le nouveau curé de Fressin crut, après information, devoir donner la garantie de sa signature à plusieurs actes de l'église de Planques que M. Delahaye, au terme de son séjour à Fressin, avait laissés inachevés.

Louis-Joseph Coubronne.

M. Louis-Joseph Coubronne, né à Radinghem, de François-Joseph Coubronne et de Jacqueline Jouly, arriva à Fressin aux premiers jours de 1832, et y mourut, âgé seulement de 57 ans, le 31 avril 1842. C'était un excellent pasteur, estimé de ses supérieurs pour son mérite et apprécié de ses paroissiens pour sa bonté. Il venait d'Audincthun quand il fut envoyé à Fressin, et, avant Audincthun, il avait été curé de Berck, qui n'était pas alors une ville de six mille âmes.

Le 23 juillet de cette année, M. Nicolas Dewailly fut nommé fabricien et trésorier en remplacement de M. François Samier, démissionnaire pour raison de santé. Les autres conseillers étaient encore ceux de 1828.

Vers cette époque, Mgr de La Tour d'Auvergne crut qu'un seul prêtre pouvait suffire à la paroisse de Fressin et Planques, et transféra le vicariat de Fressin à Ecottes, au doyenné de Guines (1).

Toutefois, le prêtre en possession du vicariat indépendant de Bucamps, au doyenné de Fillièvres, fut chargé de dire une messe dans l'église de Planques les dimanches et fêtes ; à quelles conditions, nous l'ignorons. Pour toutes les prérogatives pastorales,

---

(1) Notre texte suit ici la leçon qui nous est donnée par M. Bonhomme dans le « Registre de paroisse ». Mais, au moment où nous corrigeons les épreuves de cet article, nous compulsons les Archives de la mairie de Fressin pour la troisième partie de notre travail, et nous y trouvons un renseignement qui contredit un peu ce qu'on vient de lire. La suppression du vicariat de Fressin ne serait pas due à l'initiative de Mgr l'évêque d'Arras, mais à celle de M. le curé Coubronne, qui aurait refusé de recevoir un vicaire déjà nommé. Ce procédé expliquerait une tension de rapports que nous avions constatée sans la pouvoir comprendre, entre le curé et les représentants de la Commune.

M. Coubronne restait néanmoins curé de Planques sans aucun partage d'autorité. Lui seul y allait dans la semaine, lui seul y pouvait administrer les sacrements. En 1836, le neveu de M. le curé de Fressin, M. Louis Coubronne, ayant été nommé au vicariat de Bucamps, l'oncle et le neveu ne tardèrent pas à s'arranger. En vertu de cet accord, qui reçut l'approbation de l'évêque diocésain, l'abbé Coubronne, officiellement vicaire de Bucamps, fut chargé de toute l'administration, et conséquemment perçut les revenus de l'église de Planques. Cet arrangement fut renouvelé, en 1842, entre M. Bonhomme et l'abbé Coubronne neveu. Il fut pourtant stipulé que la publication des bans de mariage continuerait de se faire à l'église de Fressin.

En remettant sa démission en juillet 1832, M. Samier n'avait pas remis son compte. Il l'envoya le 13 décembre, la maladie ne lui permettant pas de le présenter lui-même. Ce compte allait du 1er janvier 1828 au 31 décembre 1831. Malgré les prescriptions formelles du Règlement de 1809, on persistait ici à ne pas rendre de compte annuel. Il y a même lieu de croire que si M. François Samier n'avait été contraint de se démettre à cause de ses infirmités, il aurait encore continué plusieurs années à gérer les affaires de l'église sans rendre compte de sa gestion, selon l'ancienne coutume de la paroisse.

Dans l'intervalle des quatre années, l'actif
avait été de . . . . 4,002 ^{fr} 08
Le passif, dépenses ou remises, de. . . 4,178 34
D'où un déficit de 176 26

L'administration supérieure et la loi n'admettent pas ce genre de déficit. Les dépenses payées ne peuvent, en aucun cas, être supérieures aux recettes effectuées. S'il y a un déficit, c'est qu'il y a des dettes à payer.

Ainsi en doit-il être régulièrement. Cependant M. Samier avait payé tous les employés et fournisseurs de l'église. Il avait payé de ses deniers, c'est-à-dire que la fabrique avait contracté un emprunt sans y être autorisée et même sans le savoir. La fabrique n'avait point la caisse légale à trois clefs ; elle n'avait même point de caisse du tout. Le trésorier mêlait les deniers de la fabrique avec ses propres deniers, ce qui paraît s'être continué depuis lors. C'est donc au trésorier Samier que l'église de Fressin devait 176 francs. Il résulte du procès-verbal que le trésorier constituait alors à lui seul tout le bureau. Il achetait et faisait travailler sans consulter personne. Loin de lui en faire un reproche, le conseil le remercie d'avoir veillé à l'entretien de l'église, d'y avoir fait faire des réparations urgentes et de les avoir payées de ses propres fonds.

A la réunion du 26 juillet 1833, nous ne trouvons que quatre membres. Le trésorier Dewailly propose et le conseil décide qu'une demande sera adressée à M. le Préfet pour être autorisé à poursuivre plusieurs débiteurs de rentes, à l'effet de les forcer à payer les arrérages de cinq années et à souscrire un titre nouvel. Parmi ces débiteurs nous trouvons un notaire de Pas-en-Artois, M. Delanoi, marié à une Dewamin de Fressin.

Le budget voté le 16 mars 1835 porte un excédent de 26 fr. 69 c. sur les dépenses ordinaires. Il y aura pourtant un déficit ; car on vote 364 fr. aux dépenses extraordinaires pour réparations urgentes à faire à l'église et au presbytère. Louis Dusolon, maître charpentier, est chargé de dresser le devis des dites réparations.

Quelques jours après, le 30 mars, M. Martin Cappe est élu membre du conseil en remplacement de

M. Louvet, devenu membre de droit en sa qualité de maire.

Voici le résumé du budget suivant:

Recettes présumées	394^{fr} 69
Dépenses ordinaires	360 50
Excédent	34 69

Mais les dépenses extraordinaires s'élèvent
au chiffre de . . . . 325 fr.
D'où un déficit de 290 31

Le conseil s'adresse à l'autorité compétente pour que, vu l'urgence, il soit subvenu aux dites dépenses.

A cette époque, le prix des bancs s'était élevé. On payait en moyenne de 1 fr. 75 à 1 fr. 05 pour les petits, 3 fr. pour les grands, de 1 fr. 50 à 0,55 pour les chaises. Il y avait un grand banc loué 6 francs.

Le 28 octobre 1835, M. Coubronne bénit le mariage de M. Charles-Joseph Waulle, de Ruisseauville, fils de Pierre-Joseph Waulle et de Marie-Claire Hocq, avec Mademoiselle Marie-Françoise Pruvost de Fressin, fille de Jean-Baptiste Pruvost et de Marie-Cécile Dupré. Les témoins furent MM. Jean-Baptiste et Joseph Pruvost, frères de l'épouse, Jacques-François et Benoît-Joseph Viollette, Evrard et Guilbert.

En 1836, M. le curé de Fressin eut le plaisir de voir arriver près de lui un de ses neveux, M. l'abbé Louis Coubronne, en qualité de vicaire de Bucamps. Nous avons dit plus haut qu'il se déchargea sur lui du soin de l'église de Planques. Dans le premier semestre de l'année 1836, le vicaire de Bucamps vint même assez souvent aider ou remplacer son oncle de Fressin pour les baptêmes et les enterrements. A

Planques, il signait d'abord : Coubronne, vicaire de Bucamps. A partir du mois de mai 1836, il signa : Coubronne, vicaire de Planques.

Le 24 juin de de cette année-là, en la fête de Saint Jean-Baptiste, Sa Grandeur Monseigneur de la Tour d'Auvergne Lauraguais, évêque d'Arras, était à Fressin. Il administra dans notre église le sacrement de Confirmation à 610 personnes, dont 95 de Fressin et 15 de Planques.

Nous avons à signaler, pour l'année 1837, deux importants mariages de cultivateurs : le 10 juillet, celui d'Auguste Vauchel, de Wambercourt, avec Marie-Rose Briche, de Fressin ; le 11 octobre, celui de Joseph Carré, de la Carnoye, paroisse d'Auchy-les-Moines, avec Victoire Briche.

Dans l'intervalle, le 12 septembre, était décédé, célibataire, à l'âge de 76 ans, M. Jacques-François-Joseph Viollette, ancien notaire. Il fut remplacé, le 10 novembre, au conseil de fabrique, par M. Emile Viollette, également notaire.

Le 23 avril précédent, M. Gilles Desmons ayant donné sa démission pour raison de santé, fut remplacé par M. Jean-Jacques Desmons, propriétaire. Ce dernier ne devait faire que passer. Ayant quitté la paroisse, il était, dès le 1er avril 1838, remplacé par M. François Desmons, propriétaire à l'Epaule. M. Martin Cappe, qui avait aussi emporté ailleurs ses pénates, fut remplacé, à la même séance, par Pierre-Joseph Bruchet, maître menuisier.

Le 12 septembre 1838, M. Jules Michaux, officier de santé, domicilié à Fressin, né à Bellebrune, de parents depuis domiciliés au Waast, épousa Mademoiselle Zélie Corne, née à Maresquel, fille du régisseur des bois de Fressin, Créquy et Sains. M. Michaux exerça quelque temps à Hesdin et à Hucqueliers ; mais il ne tarda pas à revenir à Fressin, où il est mort le 29 mars 1891.

A la réunion du conseil de fabrique qui se tint le 8 janvier 1839, M. le Maire Louvet exposa que la haie bordant le cimetière sur la grand'rue glissait sur la chaussée, entraînée par des arbres. Il fut décidé que l'on abattrait la haie, qu'on en replanterait une autre au haut du talus allant de la barrière du Levant à la petite chapelle de l'extrémité Ouest. Les arbres seront vendus au profit de l'église. Le prix servira à restaurer le glen du presbytère du côté de la rue, et l'on y emploiera les vieilles ardoises de la sacristie récemmente recouverte à neuf.

La grille en face de l'église et la tranchée qui lui fait suite n'existaient point en 1839.

Le Registre des délibérations était rempli. On en ouvrit un autre pour la séance du 7 avril 1839. Depuis cette date jusqu'au 17 avril 1887, les différents cahiers renfermant les délibérations des Conseil et Bureau de la fabrique de l'église de Fressin sont numérotés, feuillet par feuillet, paraphés et signés Emile Viollette au premier et au dernier feuillet.

Le premier cahier coté contient 28 feuillets; le deuxième en contient 46 ; le troisième en contient 48. Le premier cahier conservé, mais non côté, en avait 10, ce qui fait 132 feuillets ou 264 pages in-folio, allant d'octobre 1828 à avril 1887. A cette date, nous avons fait relier les quatre cahiers sus-mentionnés avec assez de papier blanc pour permettre d'y insérer les actes de la fabrique la plus grande partie du siècle prochain.

Le procès-verbal du 7 avril 1839 inaugura un type nouveau de rédaction qui durera jusqu'en 1879, c'est-à-dire tout le temps que les procès-verbaux seront rédigés, soit par un clerc de notaire sous la direction de M. Emile Viollette, soit par M. Emile Viollette lui-même. C'est régulier, légal, parfait. On trouverait difficilement, même dans de grandes paroisses, une pareille série de procès-verbaux aussi bien faits.

A chaque séance, après indication de l'objet de la réunion, on énumère par leurs nom, prénoms et profession, les membres de droit, puis les membres électifs. Pour la première fois, nous voyons mentionner le décret de 1809 pour remplacer deux membres qui ont terminé la période de six années. Norbet Fiolet est élu en place d'Antoine Fiolet, son père ; Nicolas Dewailly est réélu. On élit ensuite un membre du bureau ; le Conseil nomme son président et son secrétaire. Chose à noter : M. Emile Viollette est nommé président du Conseil.

Le Bureau tient ensuite une séance à part, ce qui donnera lieu à un autre procès-verbal. Mais ici apparaît une irrégularité qui se perpétuera jusqu'à la mort de M. Emile Viollette. Président du Conseil, il ne peut être en même temps membre du Bureau. Or, M. Emile Viollette est à la fois président du Conseil et président du Bureau. On a vu ailleurs des choses plus graves, des maires ou des curés exercer, par exemple, les fonctions de président et parfois même de trésorier. Jeunes confrères, n'assumez jamais cette responsabilité.

Le tableau du Conseil, en avril 1839, se réfère à diverses réunions non mentionnées au registre des délibérations. Il faut en conclure qu'auparavant on se réunissait quelquefois, soit pour former le budget, soit pour procéder à des élections, sans dresser d'acte de ces réunions.

Après le Bureau, le Conseil tint une deuxième séance, toujours le 7 avril 1839. Je crois que cela ne s'est fait nulle part ailleurs qu'à Fressin.

C'est du vrai parlementarisme. Pensez-y : trois séances

en un jour, trois séances sans désemparer ! on en vit certains jours quatre, et même cinq ! S'il y avait trois sujets à traiter, au lieu de les réunir sous un même procès-verbal, divisé en paragraphes, on en faisait l'objet de trois procès-verbaux distincts. Le 7 avril, le Conseil se réunit à quatre heures après midi pour les élections, et à sept heures du soir pour les comptes.

Dans l'intervalle, le Bureau a tenu sa réunion particulière à 6 heures. C'est plus que régulier, c'est du formalisme exagéré.

Le 27 novembre 1839, M. Héame, desservant de Boningue-les-Ardres, demande à rembourser une rente du produit annuel de onze francs quarante centimes. Le Conseil autorise son trésorier à recevoir 242 fr. 46 c. prenant pour base non le revenu de 11 fr. 40, mais la somme de 14 livres 5 sous fixée dans un acte du 2 janvier 1685, reçu par Me Souillard, notaire à Fressin, par lequel acte un sieur Le Josne, aux droits duquel se trouve le dit sieur Héame, reconnaît devoir cette rente à l'église. Un jugement du 19 décembre 1809, rendu par le tribunal de Montreuil, avait condamné les auteurs du sieur Héame au service de cette rente.

En 1840 et 1841. On ne tint de séances qu'à Quasimodo pour les élections. On n'y mentionna point les comptes.

Un mariage de haute volée eut lieu à Planques le 27 octobre 1840. M. l'abbé Charles-Édouard Terninck, chanoine, secrétaire particulier de Son Éminence Mgr le Cardinal de la Tour d'Auvergne, évêque d'Arras, bénit l'union de son frère, M. Auguste Terninck, percepteur, né à Arras, domicilié à Ablain St-Nazaire, avec Mademoiselle Adèle de Contes, une descendante des Créquy, fille de Baudouin de Contes et de Vénérande Théret.

Assistèrent au mariage, du côté de l'épouse : le baron de Contes, son père ; son frère Hippolyte de Contes, et son beau-frère Jules de Werbier ; du côté de l'époux : Mademoiselle Aimée Terninck, sa sœur, et François-Joseph Lefebvre-Dupré, président du tribunal de Béthune, son oncle.

Quelques jours après, M. le curé de Fressin enterrait dame Marie-Antoinette-Albertine-Joseph Dehanon, âgée de 75 ans, épouse de M. Jean-François-Norbert Viollette. Leur fils, M. Antoine-François-Norbert habitait Wambercourt. Un an s'était à peine écoulé que M. Norbert Viollette suivait sa femme dans la tombe. Il mourut le 22 novembre 1841, âgé de 70 ans. Sa mort suivait d'un mois celle de Marie-Ursule Viollette, veuve Thélu. Madame Thélu mourut à Hesdin, à l'âge de 78 ans; mais ses funérailles eurent lieu à Fressin.

Le 1er Juin 1841, Monseigneur de la Tour d'Auvergne administra le Sacrement de Confirmation dans l'église de Tramecourt. M. Coubronne, vicaire de Bucamps, y conduisit deux garçons de Planques, annexe de Fressin.

La première partie de l'année 1842 fut pour notre paroisse féconde en événements de caractères bien différents. Toutefois, la note triste y domina. On allait être privé, avant l'heure, des soins d'un bon prêtre. Si l'on eut, le 27 mars, le jour de Pâques, la fête si belle de la première communion, c'est que M. Coubronne, sentant ses forces diminuer et la mort venir, avait par précaution avancé la date de cette cérémonie. Tout le mois d'avril, il dut recourir à la charité de son neveu, le vicaire de Bucamps. Il succomba enfin le 22 de ce mois, et ses funérailles eurent lieu le 25. Les derniers devoirs lui furent rendus par M. Dénin, curé de Fruges. L'acte de sépulture fut signé par

M. le doyen et deux abbés Coubronne : M. Louis-Marie Coubronne, vicaire de Bucamps, avec qui le lecteur a fait connaissance, et M. Auguste Coubronne, frère du défunt, curé de Humbert et Saint-Michel, dont le nom nous est ici révélé pour la première fois.

Nul ne fut plus pénétré que M. Coubronne de Fressin de l'obligation d'enseigner la religion aux petits et aux grands. Il faisait fort exactement le catéchisme ; il donnait chaque jour une leçon de liturgie à ses enfants de chœur, leur expliquant le Paroissien. Il les tutoyait, il est vrai, il leur parlait patois, et, à l'occasion, leur donnait une chiquenaude ; mais on lui pardonnait ces travers en considération de sa bonté. Il ne manquait jamais de faire le prône le dimanche ; il lui arriva même de dépasser un peu la mesure désirée par ses paroissiens. Un vétéran du Sacerdoce nous assure qu'on lui offrit un jour une augmentation de cinquante francs pour l'indemnité de seconde messe, s'il consentait à ne pas prêcher à la messe basse du dimanche. M. Coubronne n'y consentit point.

Ce renseignement n'est pas de tout point exact. Nous avions constaté avec surprise qu'il n'était point fait mention d'indemnité pour seconde messe, ni de supplément au curé, dans les comptes de la Commune pour les années 1839, 1840, 1841, et nous supposions que M. Coubronne recevait d'une autre manière la somme à laquelle il avait droit. Mais la délibération du Conseil municipal du 18 mai 1842 nous révéla la vérité, une triste vérité. Le Conseil observe que «pour des raisons qu'il est inutile de rappeler ici» il avait jugé à propos de supprimer du budget la somme allouée annuellement au desservant à l'occasion de la seconde messe, laquelle somme, qui était primitivement de 300 francs, avait été successivement réduite à 200, puis à 150 et enfin à 100 francs. Un nouveau curé étant arrivé à Fressin, le Conseil juge équitable de rétablir l'allocation au budget.

M. Coubronne n'était donc pas en faveur auprès de certains riches qui menaient le Conseil municipal. La façon dont ils montrèrent leur antipathie manque absolument de noblesse, et n'est point à leur honneur.

Deux missionnaires, M. l'abbé Michel et M. l'abbé Sellier, évangélisaient la paroisse de Fressin lors de la maladie et de la mort de M. Coubronne. Ils avaient été appelés par l'excellent curé, afin que son troupeau ne souffrit point de son impuissance à le soigner. On nous a dit depuis que ces deux Pères, car ces deux messieurs, ces deux abbés étaient deux Pères Jésuites, dont l'un, le Père Sellier est bien connu dans la contrée par la sainteté de sa vie comme par son originalité ; on nous a donc dit qu'ils avaient été appelés par M. Héame et logés par lui dans la maison qu'il avait donnée à la Commune pour servir de maison vicariale. On ajoutait que cette mission, donnée malgré lui, abrégea les jours du curé de Fressin. Ce sont là des racontars de village auxquels il n'y a pas lieu de s'arrêter. Mais on peut admettre que M. le curé de Boningue ait tenu à venir en aide à son confrère de Fressin.

A un tableau qui fut adressé, par ordre de Mgr. Parisis, en 1861, des Missions données dans le diocèse, de 1851 à 1860, M. Bonhomme ajoute en post-scriptum :

« La paroisse de Fressin avait eu une mission en 1842, prêchée par les Révérends Pères Sellier et Michel, et qui a duré six semaines. Les résultats n'avaient pas satisfait pleinement les Révérends Pères. »

Remarquons ce changement de note dû à l'influence saine de Mgr Parisis. En 1842, on n'osait point parler de Jésuites ni de Révérends Pères. Au temps où dominaient les Michelet et les Quinet, il fallait dire : Monsieur le missionnaire, Monsieur Michel.

Les Révérends Pères, le Père Michel principalement, paraissent avoir été chargés du service de la paroisse pendant l'intérim. De la fin d'avril à la fin de mai, ils signèrent les actes de catholicité à tour de rôle avec le vicaire de Bucamps.

Un acte du 16 mai réunit cinq mariages. Le Père Michel ne dit pas qu'il a reçu délégation pour recevoir le consentement des dix époux qu'il avait devant lui.

Pendant la mission et pendant la vacance de la cure, la paroisse de Fressin eut à recevoir l'évêque d'Arras, Monseigneur de la Tour d'Auvergne, qui était revêtu depuis moins de trois ans de la pourpre romaine. Son Éminence venait de séjourner à Hesdin, où Elle avait administré le sacrement de Confirmation, dans la matinée du lundi des Rogations, 2 mai 1842, officié pontificalement à la grand' messe de l'Ascension, et présidé, après les vêpres du même jour (1), une procession du Saint-Sacrement dans les rues de cette ville. A Fressin, le Cardinal descendit chez M. Louvet. Le mardi 10 mai, il conféra la Confirmation aux enfants qu'il avait réunis de quantité de paroisses, jusque-là que ceux d'Embry eurent à se rendre dans notre église. Son Éminence ne fit, pensons-nous, que deux stations dans le doyenné, une à Fressin et l'autre à Fruges.

Quelques jours après, le 17 mai, M. l'abbé Bonhomme se faisait installer par le Conseil de fabrique. Sa nomination avait été signée le 7 du même mois par Son Éminence qui était alors à Hesdin, c'est-à-dire en rapport avec Sains et Fressin.

---

(1) C'est par erreur que nous avons donné ailleurs l'année 1841 comme date de cette procession. (*Hesdin*, page 395).

Jean-Baptiste Bonhomme.

M. **Jean-Baptiste Bonhomme** naquit à Créquy, le 12 janvier 1806, de Jean-Baptiste Bonhomme et de Marie-Madeleine Bulo. Doué des plus belles dispositions naturelles, il eut la bonne fortune de trouver le plus heureux terrain pour les développer. Il fut élevé par les soins pieux d'une tante qui habitait Saint-Omer. Il fit ses études littéraires dans cette ville avec un véritable succès ; puis il occupa la chaire de seconde au collège de Dohem pendant quelques années.

Ordonné prêtre le 13 juin 1835, il exprima le désir d'entrer dans le saint ministère, et fut nommé vicaire à Saint-Pol. M. le Chanoine Robitaille nous apprend que Saint-Pol eut alors trois vicaires au lieu de deux : M. Bonhomme avait pour mission de venir en aide au vénérable grand-doyen M. Évrard, dont l'âge et les infirmités ne lui permettaient plus de remplir toutes ses fonctions.

M. Bonhomme sut mériter la confiance de son supérieur et l'estime des habitants. On remarqua son talent pour la chaire et la sagesse de sa direction dans la conduite des âmes. Aussi son confessionnal était-il très fréquenté.

Étant vicaire de Saint-Pol, il sauva la vocation de deux jeunes abbés de son canton, qu'il retint chez lui à coucher un jour de rentrée au grand séminaire. Ils furent retardés d'une ordination ; mais s'ils étaient rentrés le jour réglementaire, ils auraient pu être définitivement renvoyés.

En 1841, Monseigneur de la Tour d'Auvergne nomma l'abbé Bonhomme curé de Sains-lez-Fressin ; mais il ne fit que passer dans cette paroisse. Le 7 mai 1842, il était nommé curé de Fressin ; il y fit signer ses pièces par le bureau des Marguilliers le 17 du même mois. « C'est là, ajoute avec raison M. le Chanoine Robitaille, qu'il devait consacrer trente-cinq ans de sa vie au salut de ceux que le Ciel avait confiés à ses soins aussi généreux qu'intelligents, et à réparer les ravages que le temps et le vandalisme révolutionnaire avaient causés à la maison de Dieu. La bonté de son caractère et l'aménité de ses manières lui donnaient une entrée facile dans les cœurs, et lui permettaient de faire tout le bien possible. »

Sous M. Coubronne, la paroisse de Fressin s'était enrichie d'une bien précieuse institution. Un enfant de la paroisse, M. l'abbé Alexandre Héame, curé de Boningue-lez-Ardres, avait fondé une école de filles qu'il confia aux Sœurs de la Sainte-Famille d'Amiens. Il dota avantageusement cette institution, qui est un bienfait inestimable pour la paroisse et les familles. Les Sœurs sont indépendantes ; elles sont absolument chez elles. M. Héame a été mieux inspiré que nombre d'autres fondateurs qui ont donné leur propriété aux communes, sans prévoir que dans ces écoles pourrait plus tard être donné un enseignement étranger, sinon contraire à toute idée religieuse.

M. Héame n'a point borné là ses bienfaits. Il donna à la commune la maison vicariale attenant à l'école des Sœurs, une maison contiguë pour la mairie et l'école des garçons, et couronna ses largesses par une donation de terres à la fabrique avec charge de services religieux. Que le nom de ce bienfaiteur soit à jamais en bénédiction !

A propos des fondations Héame, il est intéressant de remarquer que M. Bonhomme, dont on a loué les connaissances archéologiques et une intelligence rare de l'art chrétien, a été amené, dès sa première année de ministère à Fressin, à donner son approbation à une construction qu'il a dû critiquer sévèrement dans la suite comme une œuvre de mauvais goût. Il a sa part de responsabilité dans la construction de la tribune de l'église. On peut dire à sa décharge que, nouvellement arrivé dans la paroisse, il n'avait pas toute l'autorité dont il jouit dans la suite ; je crois plutôt qu'en 1842 il était moins sensible aux contre-sens et aux bizarreries qui le choquèrent plus tard ; son éducation artistique n'était point faite.

M. l'abbé Héame, dans sa lettre du 16 août, et le Conseil de fabrique, dans sa délibération du 2 octobre 1842, ne s'occupèrent ni d'architecture ni de perspective ; ils n'eurent en vue que le bien spirituel des enfants. La tribune fut érigée, aux frais de M. Héame, et fut destinée « à recevoir exclusivement les filles qui fréquentent les écoles et leurs maîtresses en communion avec le pasteur de la paroisse. »

M. Bonhomme signa d'abord ses actes, comme avaient fait ses prédécesseurs : Bonhomme desservant. Mais il ne tarda pas à répudier ce titre qui paraissait méconnaître la grandeur de ses fonctions. Il ne se donna point le titre de curé, pour ne point éveiller la susceptibilité d'un supérieur, qui l'accolait en toute circonstance à son nom, comme un privilège ; il signa tout simplement de son nom. Il est vraiment singulier qu'après la publication des Articles Organiques, la plupart des bons curés de France aient si facilement accepté une appellation, laquelle, si elle avait eu un sens, aurait fait des succursalistes les vicaires du doyen, unique curé de tout un canton. Peut-être s'est-on laissé séduire par la nouveauté du mot. En cette circonstance, le bon sens populaire a eu raison de la sagesse de ses pasteurs.

Il faut dire, pour excuser le mauvais goût des bons

curés de village, que l'Evêché, même dans celles de ses communications qui n'avaient qu'un caractère religieux, écrivait à « Monsieur le desservant de Fressin ; » et les meilleurs employés de la chancellerie épiscopale, des hommes d'une bonté exquise, comme M. Wallon-Capelle ou M. Terninck, disaient « Monsieur l'Abbé », à l'imitation du Cardinal, en écrivant à des pasteurs qu'à défaut de leur âge, leur titre et leurs fonctions devaient leur rendre vénérables. On aurait cru aussi trop honorer l'humble curé de campagne en plaçant en vedette le titre ecclésiastico-civil qu'on daignait lui accorder. Ce ne sont pas les hommes de l'Évêché, mais Bonaparte et ses légistes, que nos observations doivent censurer. Ils corrompirent le langage et les idées en insinuant des lois de tyrannie et de persécution dans un acte réparateur qu'il fallait louer et bénir. Ces observations nous sont inspirées à propos de la bénédiction d'un Calvaire qui fut érigé dans la paroisse de Fressin en 1842. Son Éminence demande qu'un double procès-verbal lui soit envoyé; l'un, signé par le desservant de Fressin et deux autres desservants, relatif à l'effigie du Christ ; l'autre ayant trait à la cérémonie de la bénédiction. Les lettres épiscopales sont du 12 août et se réfèrent à un arrêté préfectoral du 10, autorisant le sieur Lefebvre, de la commune de Fressin, à planter le Calvaire (1). On fit de grands préparatifs pour cette cérémonie ; on exerça un chœur de chanteuses ; on disposa un cortège qui était merveilleux pour l'époque; mais la fête fut contrariée par le plus mauvais temps.

Ce Calvaire est à l'extrémité de la rue d'Enfer, au

---

(1) Lefebvre était de Wambercourt. Son Calvaire devait être planté sur son terrain, à l'angle formé par la rencontre du chemin vicinal de Fressin à Wambercourt avec celui qui sépare les deux communes. (*Archives de Fressin*).

bout du Gaudiamont, du côté de Wambercourt. Il y a bien peu de personnes de Fressin qui le connaissent. On y avait représenté les divers instruments de la Passion ; mais, par suite d'abandon, il est maintenant en mauvais état. Il manque même un bras au Christ.

En 1844, les stations du Chemin de la Croix furent érigées dans l'église de Fressin. M. Bonhomme écrit, au registre paroissial, que le Père Seillier, dont la mission, prêchée en 1842, n'avait guère réussi, revint ici l'année suivante, par conséquent en 1843, et qu'il érigea dans cette paroisse un chemin de croix donné par Madame Louvet, qui alors s'appelait encore Madame Viollette. La cérémonie, toujours d'après le registre paroissial, aurait eu lieu le Vendredi-Saint. Elle fut brillante. La plupart des paroissiens revirent avec bonheur le Révérend Père, mort depuis en odeur de sainteté.

M. Bonhomme n'a écrit que quelques pages sur l'histoire de sa paroisse. Ces quelques pages devraient au moins être exactes. Or, il n'en n'est rien. Une ordonnance du 16 mars 1844, signée Charles, Cardinal de La Tour d'Auvergne Lauraguais, évêque d'Arras ; vu la demande formée le 14 du même mois par *M. l'abbé* Seillier, missionnaire du diocèse d'Arras, au nom de M. *le desservant* de Fressin ; vu le Rescrit apostolique du 5 septembre 1843, qui autorise l'évêque à faire cette érection, soit par lui-même, soit par ses vicaires généraux, soit par les *curés de canton* de son diocèse ; délègue soit *M. Seiller* lui-même, *s'il jouit d'un rescrit qui lui accorde cette faculté*, soit M. Dénin, curé de Fruges, soit enfin M. Bonnière, curé-doyen d'Hesdin. —

Le chemin de croix n'a donc pas été érigé en 1843, mais en 1844.

Conformément à l'ordonnance du 16 mars, le procès-verbal de cette érection dut être adressé à l'Evêché.

En voici la copie :

« L'an mil huit cent quarante-quatre, le vingt-un mars, nous soussigné, Philippe Dénin, curé de Fruges, chanoine honoraire d'Arras, délégué par son Eminence Monseigneur le Cardinal Evêque d'Arras, suivant son ordonnance en date du seize courant, à l'effet d'ériger les stations du chemin de la Croix dans l'église de Fressin, avons cejourd'hui procédé à l'érection de ces stations, suivant les cérémonies prescrites, en présence de Monsieur l'abbé Seiller, missionnaire apostolique de ce diocèse, qui a donné le sermon, et de Messieurs Fournier, curé d'Embry, chanoine honoraire d'Arras, Coubronne, vicaire de Bucamp, Merlin, vicaire d'Hesdin, Lejeune, missionnaire apostolique, et Bonhomme, desservant de Fressin, et ont signé avec nous Mrs Fournier, chanoine, Coubronne, vicaire, et Bonhomme desst ».

Suivent les signatures : Fournier, c^{he} desst d'Embry. Dénin, curé de Fruges, Ch^{ne} hon. d'Arras, Bonhomme desst. Coubronne V^{re}.

Quand l'Evêché eut reçu le susdit procès verbal, il envoya à M. Bonhomme, à la date du 26 mars 1844, le diplôme d'érection.

La cérémonie avait donc eu lieu, non le vendredi-saint, 5 avril 1844, mais le 21 mars, jeudi de la quatrième semaine de carême.

Les tableaux, que certaines personnes critiquent si sévèrement, ne nous paraissent ni dégradés ni défraîchis. S'ils ne sont pas en harmonie avec l'église, ils ne devaient guère l'être plus en 1844.

Le 21 décembre, Pierre-Augustin Denoyelle, né à Caumont, domicilié à Sainte-Austreberthe, épousa Marie Desobry, de Fressin, fille de Jean-Marie Desobry et de Madeleine Viollette.

L'année suivante, le 21 mai, M. Pierre-François-

Augustin Louvet, âgé de cinquante-six ans, avocat, maire de Fressin, membre du Conseil d'arrondissement et de la Société d'Agriculture de Montreuil, président du Comice agricole du canton de Fruges, veuf de dame Adèle-Charlotte-Caroline Gérard, fils de feu Xavier-Augustin Louvet, ancien notaire, et d'encore vivante dame Marie-Françoise-Elisabeth Viollette, né et domicilié à Fressin, épousa dame Catherine-Cornélie Ringal, âgé de trente-quatre ans, veuve de M. Antoine-Joseph-Norbert Viollette, ancien officier d'artillerie ; née à Arras des feus Charles-Joseph Ringal et Catherine-Hippolyte-Joseph Morel.

Signèrent en qualité de témoins : MM. Alexis Delcassan, demeurant à Hesdin, beau-frère de l'époux : Eugène Dewamin, d'Ecquemicourt ; François Caron, de Croix ; Jean-Louis Deron, d'Arras ; Emile Viollette, vicomte Le Noir, Santallier, de Fressin.

De ce mariage naquit, le 22 mars 1846, Mademoiselle Augustine-Cornélie-Nelly-Amélie Louvet, qui deviendra madame de Kéguelin de Rozière. Elle eut pour parrain M. Anatole Viollette, son frère utérin, frère de M. Raphaël Viollette, actuellement maire de Fressin, et pour marraine Mme Delcassan, née Louvet, sa tante paternelle.

Un mois après, le 26 avril 1846, eut lieu, en l'église de Fressin, le baptême de Marie-Adèle Santallier, fille de M. Santallier-Louvet, gendre de M. le Maire de Fressin. L'année suivante, M. le Curé ondoya un autre enfant dans la même maison avec permission de Mgr le Cardinal.

L'église de Planques eut son Chemin de Croix le 17 octobre 1847. La cérémonie fut présidée par M. Philippe Dénin, chanoine honoraire d'Arras et doyen de Fruges. Le procès-verbal d'érection fut signé de MM. Bonhomme, curé de Fressin, Coubronne, vicaire de Planques ; Baudouin de Contes, baron d'Esgranges.

Le 27 novembre 1848, la tante de M. le Curé de Fressin, dame Catherine-Benoite Bonhomme, veuve de Pierre-Philippe Gradelle, de Créquy, mourut au presbytère. Son corps fut transporté le surlendemain à Créquy, par M. Delattre, curé de cette paroisse, pour y être inhumé. Elle avait remis à son neveu, de la main à la main, une somme d'argent dont il se servit plus tard pour réparer les fenêtres de l'église.

Le 5 juillet 1849, M. Bonhomme enterra M. Alexis Delcassan, ingénieur en hydraulique, époux de dame Anne-Françoise Louvet, décédé à Hesdin à l'âge de quatre-vingt-un ans. Assistèrent aux obsèques M. Emile Viollette, notaire, et M. Santallier, beau-neveu du défunt (1).

A Planques, le 11 novembre 1849, mort de M. Baudouin de Contes, baron d'Esgranges, époux de Vénérande Théret.

On publiait alors dans l'église de Fressin les bans des jeunes gens de Planques. C'était l'église de leur paroisse. Mais pour le reste, la communauté de Planques avait une sorte d'autonomie et d'existence propre. C'est ainsi que l'on vit le vicaire de Planques conduire, en 1849, les enfants de cette commune, 11 garçons et 18 filles, à l'église de Tramecourt, où ils reçurent le sacrement de Confirmation des mains de Mgr Rappe, ancien curé d'un humble village de ce diocèse, et devenu évêque de Clèveland, dans l'Ohio, aux Etats-Unis. Mgr de la Tour d'Auvergne mettait à contribution le dévouement et le zèle de l'ardent missionnaire.

(1) Nous ne savons pas à quelle date ni en quelles circonstances M. Delcassan s'était converti à la vraie religion.

Le 25 avril 1850, Mgr Rappe était à Fressin. Il confirma 84 garçons et 86 filles de cette paroisse. Tout en regrettant que la vieillesse retînt l'éminent cardinal en son palais épiscopal, les populations faisaient fête à l'évêque étranger, qui saisissait toutes les occasions de prendre la parole, régal qu'elles ne connaissaient point, et qu'elles appréciaient d'autant plus qu'il était tout à fait à leur portée.

En 1850, 1851 et 1852, les baptêmes se succèdent à Planques chez M. Emmanuel et chez M. Hippolyte de Comtes.

Les enfants de Planques font leur première communion à part. Ils sont quatre garçons de seize à treize ans, et trois filles de onze à douze ans. Planques ne se trouve pas dans les conditions ordinaires des églises annexes. En donnant son assentiment à une séparation de fait, M. Bonhomme ne pensait peut-être pas qu'au jour où il n'aurait plus de vicaire, l'annexe demanderait une séparation légale.

Le 5 septembre 1851, Mme veuve Louvet, née Marie-Françoise-Elisabeth Viollette, mourut à Fressin, âgée de 91 ans.

Le 6 janvier 1852, on ramena d'Hesdin à Fressin le corps de Melle Henriette-Joseph-Victoire-Pélagie Bacqueville, décédée âgée de 85 ans. M. le Chanoine Benjamin Bonnière, curé-doyen d'Hesdin, accompagna sa paroissienne à sa dernière demeure. Melle Bacqueville était fille des feus Antoine-Joseph Bacqueville de la Vasserie et de Henriette-Joseph de Langle. C'est une famille de moins pour Fressin. Les Bacqueville de la Vasserie étaient propriétaires de la maison vulgairement appelée « le Château », qui appartient aujourd'hui à M. le baron Seillière.

Le 17 octobre, M. le curé de Fressin fit les premières communions ; il y avait 12 garçons et 10 filles.

En 1853, par délégation de M. Bonhomme, M. Wantiez, curé de Wamin, vint faire un enterrement à Fressin, le 2 septembre ; et, le 26 du même mois, M. Delattre, curé de Créquy, vint bénir l'union d'Auguste Coache et d'Augustine Bruche.

La première communion faite à Planques, le 2 février, par M. Coubronne, avait été plus nombreuse que celle de 1851 : six garçons et dix filles.

M. le vicomte Le Noir mourut le 2 novembre 1853, et fut inhumé le surlendemain.

Une mission fut prêchée ce mois-là à Fressin par le P. Descottes, Jésuite de Lille. Elle dura trois semaines, et il y eut 650 communions, dont 200 retours. L'année suivante, on eût 500 communions pascales.

Le diocèse d'Arras avait un nouvel évêque depuis le 2 octobre 1851, l'illustre évêque de Langres, dont les députés du Pas-de-Calais, ses collègues à l'Assemblée législative, nous avaient obtenu la nomination. Sans diminuer leurs autres mérites, on peut dire que c'est le plus grand service qu'ils aient rendu à leur département. Sans méconnaître ce que l'on devait au Cardinal défunt, on était fier de posséder Mgr Parisis, le soldat de l'Eglise, le défenseur de toutes les justes libertés, l'évêque dont l'initiative hardie, en rendant à son église la liturgie romaine, arrêta net la propagation d'un rit que le Saint-Siège n'approuvait point.

Mais ce que la renommée ne nous avait pas appris, et ce que nous montra Mgr Parisis, quand il nous fut donné de le voir de près, c'était l'évêque chez lui, dans sa cathédrale, dans ses séminaires, dans son diocèse, relevant la majesté du Culte, celui surtout du Très-Saint-Sacrement, imprimant un vif essor aux études, encourageant les œuvres de foi et de piété, suscitant, faisant naître partout des vocations ecclésiastiques ou religieuses, faisant édifier des écoles chrétiennes, restaurer les vieux monuments et sortir de terre quantité d'élégantes églises.

C'est alors que M. Bonhomme sentit se déclarer sa vocation et qu'il se mit à l'œuvre. Nous avons dit, dans le chapitre consacré à l'église de Fressin, tous les travaux qui y furent faits, à partir de 1854, et la part qu'y a prise M. Bonhomme. Appeler les ouvriers, les inspirer, les diriger, cela ne pouvait lui suffire. Il se fit tailleur de pierres et maçon par amour pour son église et par piété envers Dieu.

Le 6 mai 1854, il y avait Confirmation à Azincourt. M. Coubronne y conduisit neuf enfants de Planques et même trois enfants de Fressin, section de l'Ermitage, qui avaient suivi son catéchisme.

Avec l'année 1855, commença la série des actes de catholicité rédigés en latin selon la formule du Rituel romain. Le français avait sa raison d'être et sa justification, quand les registres de l'église servaient pour l'état-civil. Depuis la Révolution, l'emploi de la langue vulgaire était devenu inutile. D'ailleurs, la forme adoptée n'était pas sans défaut sous le rapport de l'orthodoxie. L'Église paraissait consacrer elle-même ce titre de desservant qu'elle peut subir, mais qu'elle ne peut agréer, parce qu'il fait trop oublier le pasteur. On paraissait aussi y donner à à la formalité civile de l'enregistrement à la mairie une importance qui est presque une négation du Sacrement. Toutefois, à côté de ces graves inconvénients, l'usage du français avait aussi ses mérites et ses avantages. Il permettait à M. le Curé Bonhomme de se décharger sur son clerc Canu du soin de rédiger tous les actes, et il fournissait aux chercheurs quantité de renseignements sur les qualités des personnes.

Dès son arrivée en ce diocèse, Mgr Parisis voulut se faire rendre un compte exact des diverses œuvres établies dans nos paroisses, et son zèle s'appliqua principalement à faire naître et à développer la dévotion au Saint-Sacrement. M. l'abbé Bonhomme envoya à l'évêché la copie transcrite par lui des statuts de 1806, dont il a été parlé précédemment, et Mgr Bérault des Billiers, protonotaire apostolique et vicaire général, fut chargé de les examiner et d'y apporter les modifications qui seraient jugées convenables. La principale correction de M. des Billiers consista à remplacer l'expression *le sieur desservant* par *M. le Curé*. On y distribua aussi les articles dans un ordre plus logique et l'on y supprima certaines dispositions peu conformes à l'esprit de la liturgie. Ces statuts ainsi révisés furent approuvés le 16 février 1854.

M. Bonhomme eut aussi à cœur de faire respecter le cimetière. Le cimetière de Fressin avait quatre entrées, dont trois ouvertes au public, et une, en face du pignon occidental, donnant accès à une maison alors à usage de cabaret. Vers 1855, M. Pruvost, maire de Fressin, fit supprimer les trois barrières, qui rendaient le cimetière banal, et l'on ouvrit l'entrée actuelle, pour laquelle il fallut faire une large tranchée dans les sépultures. Quant à la porte privée, l'administration départementale la fit fermer, au commencement de 1859.

En 1885, pour dispenser M. le Curé de faire une trop longue procession dans la rue chaque fois qu'il aurait à se rendre à l'église, M. le maire Viollette voulut bien lui offrir un passage particulier qui n'entraîne aucun inconvénient, la petite barrière mise à son usage devant être tenue constamment fermée.

En février 1855, une petite station de huit jours fut prêchée par un prêtre du voisinage. On eut quatre cents communions ; mais le résultat se fit surtout apprécier aux communions pascales, qui furent, cette année-là, de cinq cent-cinquante.

Le 15 août, vingt-huit enfants de Fressin firent leur première Communion dans leur église. Le 11 octobre suivant, Mgr Parisis administrait le sacrement de Confirmation à cinquante-deux enfants de la paroisse, trente-trois garçons et dix-neuf filles. Malgré son attitude quelque peu frondeuse à l'égard du nouvel évêque, M. Bonhomme ne pouvait se soustraire à sa puissante influence, et, comme tant d'autres, il prisait fort un témoignage de satisfaction émané d'un tel juge. Il paraît donc fort heureux d'écrire que le grand évêque fut accueilli à Fressin avec des démonstrations enthousiastes. Le prélat « fut émerveillé de rencontrer dans une paroisse rurale une si belle église qui étoit, disoit-il, la plus belle de son diocèse. »

Nous remarquons encore à Planques ce que nous avons observé déjà, des dames acceptées comme témoins au mariage. Il n'y a rien là de contraire aux lois de l'Église ; mais c'est une exception à 'usage général. Ainsi, le 22 août 1855, on y vit à côté de M. l'abbé Procope Panet, le digne supérieur de Dohem, Mademoiselle Sophie Desmons, aujourd'hui Madame Waulle, et Mademoiselle Caroline Desmons.

En 1856, les descendants de nos Créquy, MM. Hippolyte et Emmanuel de Contes ont encore chacun un garçon. L'un de ces enfants eut pour parrain notre confrère M. Théret, curé de Radinghem, avec Madame Dufourny, de Créquy, née Marie-Louise de Fernehem, pour marraine. M. Théret aurait sans doute décliné cette responsabilité et refusé cet honneur, s'il avait prévu les observations qui lui furent faites à ce propos par l'Évêché.

A la demande de M. Bonhomme, une seconde Confrérie, la confrérie du Rosaire, fut érigée dans l'église de Fressin le premier dimanche d'octobre de l'année 1856. Ce n'était qu'une restitution. L'église de Fressin avait déjà, vers 1620, sa chapelle et son autel du Rosaire, avec tableau réglementaire, ce qui indique manifestement l'existence d'une confrérie. On a vu, du reste, que M. le curé Demainne avait eu à cœur de faire confirmer les privilèges de cette confrérie.

L'institution de la confrérie du Rosaire à Fressin, en 1856, ne fut pas régulière. Elle avait le défaut de n'être pas érigée par l'ordre des Dominicains. En outre, M. Des Billiers et Mgr Parisis, en exigeant comme condition pour l'érection de la confrérie du Rosaire, qu'une congrégation de jeunes filles fût formée dans cette confrérie, méconnaissaient absolument les statuts de l'ordre. L'établissement de la grande confrérie du Rosaire ne peut être subordonné à l'établissement d'une simple congrégation. Il est anormal aussi qu'une confrérie qui admet des femmes mariées et des hommes aussi bien que des femmes, soit dirigée par un conseil de quelques jeunes filles. Mais toutes ces bizarreries et ces irrégularités ont disparu. D'abord, en ce qui concerne l'institution de la confrérie, elle a bénéficié de la décision de Pie IX qui, en 1864, a revalidé les confréries du Rosaire établies indûment par les évêques sans l'autorisation du maître-général des Dominicains. En outre, M. l'abbé Prin, notre prédécesseur, a obtenu de Rome, en novembre 1880, une pièce *ad cautelam*, qui ne permet plus la moindre hésitation. En ce qui concerne la congrégation des jeunes filles, nous avons voulu faire cesser toute confusion. Aux termes de l'ancien règlement, M. Prin effaçait du catalogue de la confrérie le nom de toute jeune fille qui avait pris part à une fête mondaine. Tandis qu'on ne demandait aux hommes que la fidélité aux deux grands devoirs de la religion, une jeune fille ne pouvait être du Rosaire si elle n'était pas de la Congrégation. Il y avait là une confusion regrettable et tout à fait contraire à l'esprit de la confrérie. Nous avons séparé les deux œuvres, la Confrérie et la Congrégation ; la confrérie, pour laquelle il faut être très large, parce qu'il s'agit de moyens de salut pour ceux qui en sont membres ; la congrégation, pour laquelle nous pouvons être plus sévère, sans priver personne de grâces spirituelles. Les deux œuvres ont leurs statuts qui ont été examinés et approuvés par le vénérable M. Proyart, le 15 mai 1888, quelques semaines avant sa mort.

Dans le tableau qu'il envoya à l'Evêché, M. Bonhomme note une mission qu'il fit donner, en novembre 1857, par un prêtre du diocèse. Cette mission ne dura que six jours. On eut 425 Communions, et, l'année suivante, 500 Pâques.

A Planques, le registre de catholicité pour l'année 1858 est ouvert par M. le curé de Fressin. C'est la première fois que cela se reproduit depuis l'arrivée de M. Bonhomme. La raison de ce fait nous est donnée à la date du 29 mars. Ce jour-là, M. Louis-Marie Coubronne, vicaire de Planques, rendit son âme à Dieu. Il s'était confessé à M. Décobert, le vénérable curé d'Azincourt; il avait reçu plusieurs fois le saint Viatique, et on lui avait administré le Sacrement d'Extrême-Onction. Il n'avait que quarante-neuf ans.

M. Coubronne fut enterré à Planques. Tout le clergé du canton de Fruges assista à ses funérailles. Ont signé au Registre : MM. Macquet, doyen de Fruges, Bonhomme, curé de Fressin et Planques; Pénet, curé de Coupelle-Vieille; Millot, curé de Rimboval ; Sénéchal, curé d'Embry; Baudel, curé du Biez; Ringot, curé d'Hézecques ; Théret, curé de Radinghem ; Adam, curé de Verchin ; Guiot, curé de Matringhem; Adam, curé de Sains-lez-Fressin ; Delattre, curé de Créquy; Morel, curé de Coupelle-Neuve ; Crétel, curé de Crépy ; Gay, vicaire de Fruges. Il ne manquait que les curés de Canlers et d'Ambricourt.

C'était l'usage général dans le canton, il y a trente ans, que les prêtres du doyenné apposassent leur signature au bas de l'acte de décès. Je ne sais pourquoi cet usage si recommandable a cessé d'exister. Cela doit tenir à la négligence ou à l'oubli du prêtre chargé temporairement de la paroisse.

Voilà donc M. Bonhomme chargé à la fois de Fressin et de Planques. Il va à l'annexe. Cependant il s'en dispense autant qu'il peut. Le 26 novembre 1858, il délègue son ami M. Emile Adam, curé de Sains, pour baptiser un fils à M. Hippolyte de Contes; le 12 décembre, il charge M. Lecigne, prêtre habitué à Canlers, de le remplacer pour un autre baptême. Ce bon vieillard vint régulièrement dire la Messe le dimanche dans l'église de Planques jusqu'à ce que cette église fût séparée de Fressin.

Mais, avant de parler de cette séparation, il convient de noter les actes administratifs de la fabrique de l'église de Fressin pendant la première moitié du ministère de M. Bonhomme, de 1842 à 1860.

Le décès de M. le curé Coubronne n'avait point permis de tenir la grande séance de Quasimodo 1842. Le Compte de 1841 fut examiné et le Budget de 1843 voté le 3 juillet. On constata au compte un excédent de 798 fr. 44 centimes.

Dans l'intervalle de ces dix-huit ans, la Fabrique eut à agréer diverses demandes en remboursement de rente. La première, qui donna occasion au secrétaire de rédiger un quatrième procès-verbal dans la même journée du 23 avril 1843, se rapporte à une fondation du 7 février 1684. Devant les bailly et hommes de fief composant la justice dudit lieu de Fressin, ainsi que devant le curé et les marguilliers, un manoir situé rue de la Lance avait été donné en arrentement perpétuel, moyennant 25 livres tournois, au profit du sieur Adrien Branquart, charpentier, et de Marguerite Lefebvre. Etienne Houlliez, demeurant à Sains-lez-Fessin, garde principal des forêts et bois de Créquy, Sains et Fressin, demande à rembourser une part de cette rente, soit une rente de 3 fr. 75, qu'il doit, par suite de partage et d'acquisition, au lieu et place du sieur Jacques Loriot, demeurant à Auchy.

Le 19 avril 1846, le Conseil de fabrique eut à s'occuper de deux demandes de ce genre, et, ce jour-là, le secrétaire écrivit cinq procès-verbaux.

Maquaire, de Saint-Denœux, demande à rembourser une rente de 8 fr. 30 c, constituée, le 10 février 1727, par Louis Maquaire et Jeanne Cornuelle, sa femme, par-devant, Maîtres Cornuel et Lion, notaires royaux de la province d'Artois.

Jean-Baptiste Brebion, de Créquy, veut rembourser une rente de 4 fr. qu'il doit à l'église de Fressin sur un manoir sis à Créquy. L'acte, émané de Pierre Petit, est du 19 mars 1745.

Le 11 avril 1847, Maxime et Alphonse Dusautoir, demeurant à Royon, demandent à rembourser une rente de 4 fr. 94 cent. créée par le sieur Toussaint Flament et Marie Cochelent, sa femme, demeurant à Torcy, suivant acte reçu à Fressin, les 3 et 16 avril 1745, par maîtres Pierlay et Catain, notaires.

Notons en passant un curieux exemple des exigences paperassières de l'administration française. En octobre 1847, il fallut se réunir de nouveau pour cette affaire. Le Préfet avait d'abord réclamé la pétition des Dusautoir. On la lui envoya par l'intermédiaire du Sous-Préfet de Montreuil. Mais ce dernier magistrat retourne cette pièce au maire de Fressin parce que les Dusautoir s'offraient à payer la somme de 98 fr. 75 c. tandis que, vérification faite, le Sous-Préfet trouve que la fabrique doit recevoir un capital de 98 fr. 80 c. ! ! Il a fallu retourner un dossier, convoquer et réunir un Conseil de fabrique pour un sou, non pour un sou de rente, mais un sou de capital. Joseph Prudhomme ne peut se défendre d'admirer ce formalisme ridicule, et, pour un peu, il nous reprocherait de ne pas reconnaître la sollicitude de l'État pour les intérêts de l'Église.

En 1848, ce sont les sieurs Boyaval et Coache, demeurant à Créquy, qui désirent rembourser une rente de 16 fr. constituée par Antoine Boyaval et Cécile Sailly, le 15 octobre 1769, suivant acte alors reçu par Maître Viollette, notaire à Fressin.

Le 2 juillet 1854, M. Charles Waulle, propriétaire à Ruisseauville, demande à rembourser une rente de 12 francs, créée en 1742 par Eugène Plée, et due, en suite d'acquisition, par Pierre-Joseph Waulle et Marie-Claire Hocq, père et mère de l'impétrant.

Une séance extraordinaire eut lieu le 27 janvier 1856, au sujet d'une demande des sieurs Loriot, Houilliez et Isambourg, de rembourer une rente 24 fr. 75 constituée le 6 février 1634, par Adrien Branquart, charpentier, et Marguerite Lefebvre, sa femme.

Il s'agit du manoir de la rue de la Lance dont il a déjà été fait mention.

Aux élections du 30 mars 1845, M. Dewailly, membre sortant, ayant décliné toute candidature à cause de son grand âge, fut remplacé par Joseph Gamain, clerc de notaire. Il lui remit la somme de 344 fr. 52 qui revenait à la fabrique après clôture de l'exercice précédent, plus les titres et papiers qu'il avait en sa possession. Régulièrement il n'aurait dû avoir à remettre que quelques registres. Pour les deniers et les titres, la fabrique devait avoir une caisse et une armoire à trois clefs.

Si l'on se dispensait d'obéir au règlement en un point essentiel, on allait au-delà de ses prescriptions dès qu'il s'agissait du compte rendu officiel des délibérations. A Quasimodo, il y avait, année ordinaire, trois procès-verbaux : un pour le compte ; un second pour les élections annuelles ; un troisième pour la réunion particulière du Bureau. Les années de renouvellement partiel, quatrième procès-verbal pour les élections. En outre, délibération spéciale et procès-verbal supplémentaire pour chaque affaire particulière s'ajoutant à l'ordre du jour, tandis qu'il était bien plus simple et tout aussi régulier de réunir divers sujets dans le même procès-verbal. Il y a telle séance où tous les fabriciens durent apposer cinq fois leur signature au registre. En revanche, on ne se réunissait pas les premiers dimanches de janvier, de juillet et d'octobre, bien que ces réunions soient prescrites par le règlement de 1809. Il est vrai que bien souvent l'on n'a rien à y faire.

Le clerc de notaire Gamain rédigea tous les procès-verbaux et fit jusqu'à sa mort toutes les écritures de la fabrique.

Les divers remboursements avaient fait la boule de neige. L'encaisse s'éleva successivement, en fin d'exercice, à 622 fr. en 1849, à 921 fr. en 1850, à 1099 fr. en 1851, à 1379 fr. en 1852.

A la séance du 3 octobre 1852, on décida d'employer en achat de rentes sur l'État la somme de 1088 fr. 66 provenant des remboursements effectués de 1840 à 1849. Le 15 août, le conseil avait eu à délibérer sur un testament fait en faveur de la fabrique par Mademoiselle Augustine Baux, décédée au Plouy.

A la réunion de janvier 1854, le conseil décida qu'à

chaque messe du dimanche il serait fait dans l'église une quête pour les pauvres. Cette quête qui se faisait quelques trente ans auparavant, avait cessé de se faire. Elle a encore été supprimée depuis lors, et avec raison. Car si autrefois les fabriques avaient dans leurs attributions le soin des pauvres, la loi civile ne leur reconnaît plus cette compétence, à telles enseignes que les dispositions testamentaires qui leur sont faites en faveur des pauvres sont transmises aux bureaux de bienfaisance. Ces établissements purement civils, dont le prêtre a cessé d'être membre de droit, sont même autorisés à faire des quêtes dans nos églises. Il ne convient pas que la fabrique fasse des quêtes pour le compte du bureau, ni qu'elle s'expose, en quêtant pour ses pauvres à elle, à provoquer des contestations, peut-être même à voir réclamer par ledit bureau le produit de ses quêtes. Si l'on veut donner au curé ou à une autre société chrétienne, comme celle des Dames de Fressin membres de l'œuvre des pauvres malades, les moyens de faire des aumônes plus abondantes, on peut donner satisfaction à ce pieux désir par des offrandes manuelles ou des cotisations.

Le registre des délibérations est un témoin de la sollicitude épiscopale de Mgr Parisis. On se réunit aux époques fixées par le règlement, souvent par pure obéissance, parfois pour traiter de la restauration de l'église. C'est ainsi qu'à la séance du 2 juillet 1854, on répond à Monseigneur qui demandait l'emploi d'un crédit extraordinaire, qu'il y a des réparations à faire au clocher et au presbytère, mais surtout qu'il s'agit d'enlever le rétable du maître autel, d'ouvrir la fenêtre du fond et de rétablir les meneaux.

Mais les ressources de la fabrique ne tardèrent pas à s'épuiser. Le Conseil de fabrique eut alors l'idée d'inviter le gouvernement de l'Empereur à continuer

l'œuvre de restauration (Séance du 1er juillet 1855).
Une pétition fut rédigée, et un plan fut demandé à
M. Nozo, puis à M. Sire, architectes à Montreuil,
pour être joints à cette pétition (7 octobre 1855).
Il est probable que la Préfecture donna peu d'espérance ; car voici que, quelques mois plus tard, le
Conseil déclare renoncer à poursuivre la demande
auprès du gouvernement. On poursuivra l'œuvre de
restauration au fur et à mesure que l'on pourra réaliser
quelques économies. On compte, d'ailleurs, sur la
commune pour l'entretien du toit (6 janvier 1856).

Le 25 décembre 1856, la quête a été faite aux offices
de Noël pour l'entretien de la lampe du Très-Saint-Sacrement. Depuis la Révolution, on conservait le corps
de Notre-Seigneur sans lumière dans nos églises appauvries, et ce fut une nouveauté qui parut onéreuse à
nombre de fabriques, quand on rétablit cet usage si
convenable. Monseigneur Parisis insinua d'abord qu'on
ferait face à cette dépense par une quête spéciale.
Quelques années plus tard, la règle était acceptée,
l'habitude était prise, et désormais la dépense est comprise dans les frais ordinaires du Culte.

Le 19 avril 1857, M. François Louvet, propriétaire,
fut élu membre du Conseil de fabrique en remplacement de M. Norbert Fiolet qui avait envoyé sa démission
au président le 26 décembre 1856.

Impossible à la Fabrique de mener à bonne fin la
restauration complète du monument dont elle a la garde.
A la réunion de janvier 1858, le Conseil décide qu'un
appel sera adressé aux propriétaires non résidants. C'est
dans la même pensée de respect pour le monument
que l'on convint de la nécessité d'arracher les herbes
qui rendaient les murs humides, et que l'on alloua au
sonneur une somme de 10 francs pour entretenir le
pourtour de l'église en bon état de propreté.

Dans une autre réunion, le Conseil de fabrique émit le vœu que M. le maire proposât au Conseil municipal d'assurer contre l'incendie « l'église de Fressin, dont la perte, sans cette précaution, serait irréparable ». La pensée était bonne, sans doute, bien que l'on ne voie point que l'assurance puisse, en cas d'incendie, nous rendre l'église que le feu aurait détruite.

Le zèle de ces messieurs ne se refroidissait point. A la séance du 2 octobre 1859, un membre apprend à l'assemblée qu'une société archéologique a émis le vœu que le Préfet du Pas-de-Calais donne un secours à l'église de Fressin. Là-dessus, le Conseil prend feu et flamme. Une pétition est adressée au Préfet. L'affaire paraît en train, et, à la séance du 8 janvier 1860, M. le maire Pruvost informe le Conseil qu'il a fait venir d'Hesdin, M. l'architecte Clovis Normand, et qu'il l'a chargé de faire le plan de notre église, plan que le Sous-Préfet veut annexer à la demande comme pièce à l'appui. M. Normand était venu à Fressin à la fin de 1859. En juillet 1860, il n'avait pas encore fini son travail. On l'avait pourtant à la séance du 7 octobre. Le projet s'élevait à une somme de 15,766 francs 35 centimes. Le Conseil de fabrique vote immédiatement 2,100 fr. payables en sept annuités. Puis il fait appel à la Commune et à l'Etat. Et comme il y a urgence de réparer la toiture de l'église, le Conseil juge l'occasion favorable pour rétablir l'ancien système qui donnait une toiture spéciale à chaque nef.

Quelques jours après avait lieu la visite épiscopale. Ces magnifiques projets attiraient l'attention de M. le vicaire général Bérault des Billiers, qui trouva le Registre « très bien tenu, » et l'approuva au nom de sa Grandeur (29 octobre 1860).

Mais les belles espérances conçues par M. le curé Bonhomme et son Conseil de fabrique ne devaient pas se réaliser entièrement.

Le plan de M. Normand fut approuvé à l'Evêché, M. le vicaire général Lequette est heureux d'en informer M. le Curé de Fressin (séance du 6 janvier 1861). Mais les choses ne vont pas aussi bien avec l'autorité civile. En juillet 1862, le Sous-Préfet informe le maire de Fressin de sa prochaine visite avec un architecte de Paris. L'architecte de Paris est remplacé, un an plus tard, par M. Epellet, architecte diocésain. M. Epellet, promet de rédiger un rapport favorable ; cependant il apportera quelques modifications au plan de M. Normand, pour diminuer la dépense. Bientôt ce fut un remaniement complet qu'il fallut accepter. Le plan de restauration fut réduit au plus pressé, le côté sud, avec un devis de 7,764 fr. 93 c. (juillet 1865). M. Epellet et le président de la Commission des bâtiments civils exigent la suppression de la balustrade que M. Bonhomme avait préparée et taillée avec tant d'amour, et qu'il voulait faire courir tout autour des nefs pour en couronner les murs. Au fond, nous pensons que l'opposition de M. Epellet était justifiée. L'idée de M. Bonhomme était plus séduisante que pratique. Cette galerie, qu'il se proposait d'établir à la chute du toit, devait manquer de solidité, et, en peu d'années, se serait trouvée dans un état de délabrement du plus fâcheux effet.

Les pierres qu'avait taillées, M. Bonhomme, et qui avaient été prises dans une terre à Jean-Baptiste Bourbier, de Wambercourt, sont remisées dans un hangar appartenant à M. Waulle. M. Epellet voulait aussi remplacer tous les zincs des cheneaux par du plomb.

Le Conseil se résigna à voter le projet scindé et diminué. Il s'engagea pour la somme de 4.150 francs qu'il espérait réunir, partie de ses économies, partie à l'aide de dons particuliers.

Dans l'intervalle, M. Séraphin Caron avait été élu conseiller de fabrique en place de M. François Desmons

(14 avril 1860 ; on avait réparé le mur du presbytère donnant sur le jardin anglais de M. Viollette (verger actuel de M. Annequin), et l'on avait fait les plus urgentes réparations au toit de l'église pour protéger la voûte (juillet 1862). La fabrique fit aussi, en janvier et février 1862, quelques distributions de pain aux pauvres, pour la somme de 92 francs, et remit 20 francs à la trésorière de l'œuvre des pauvres malades.

Voilà deux fois que le nom de cette Société se présente en ce chapitre sous notre plume. A peine trente localités du diocèse, en y comprenant nos plus grandes villes, possèdent-elles cette précieuse Institution sortie, comme tant d'autres, du cœur de Mgr Parisis. Dès sa première visite, le saint prélat y enrôla les principales dames de Fressin, et l'on ne saurait dire le bien que cette œuvre a produit et continue de produire dans la paroisse.

En 1862, le Conseil eut à donner son consentement à la conversion de 85 fr. de rente 4 o/o en 3 o/o.

La même année, on décida, à titre d'essai, de placer dans l'église une douzaine de chaises pour les étrangers de passage. On en ajouta dix autres en 1865.

Le 5 avril 1864, la paroisse de Fressin recevait encore la visite de Mgr Parisis. Ce devait être la dernière. Ce saint prélat était accompagné de son vicaire général, Mgr Bérault de Billiers, pronotaire apostolique, qui approuva de nouveau notre Registre des délibérations. Il y eut pour Fressin 23 garçons et 28 filles qui reçurent la Confirmation le 6 août 1864.

A côté du plan de grande restauration qui éprouvait tant de difficultés, M. le curé Bonhomme poursuivait avec moins de déboires l'œuvre des améliorations à l'intérieur. C'est ainsi qu'en juillet 1864, il obtient du Conseil l'autorisation de faire à son corps défendant un autel neuf de saint Joseph en style gothique.

M. Bonhomme n'eut pas seulement à regretter l'échec partiel des projets qu'il avait conçus pour la restauration de son église, il eut aussi à pleurer le démembrement de sa paroisse, alors que la population de Fressin allait chaque année décroissant.

On comprend que la commune de Planques ait désiré avoir un prêtre résidant au milieu d'elle, et sollicité l'érection de son église en succursale. On comprend également que la paroisse de Fressin se soit opposée à ce projet de séparation.

La population de Planques est généralement bonne ; on y trouve un bon nombre de familles aisées ; la séparer de Fressin, c'était manifestement diminuer notre paroisse. Mais peut-être M. Bonhomme eût-il retardé ou même empêché cette mesure, s'il avait pu partager également entre ses deux églises ses faveurs et ses soins.

Il y avait longtemps néanmoins que ceux de Planques songeaient à se constituer en paroisse.

Quand M. Thélu, maire de Fressin, eut nommé un Conseil de fabrique provisoire, afin de diminuer sa responsabilité personnelle, en février 1803, il envoya copie de son arrêté au Préfet, qui en donna communication au maire de Planques. Voici la lettre que ce dernier adressa à ce propos à M. le Maire de Fressin :

Planques, le 4 Messidor an 12. (1)

Monsieur le Maire,

J'ai conféré avec les habitans de notre commune, au sujet des nominations des marguilliers pour l'administration de l'église. Je vous observe que cela ne peut se faire : nous pouvons

(1) 23 juin 1804.

administrer notre église sans les habitans de Fressin. D'ailleurs, on se trompe en disant que notre église est supprimée. Il n'y a que Monsieur Flament, votre desservant, qui le veut. Si cela était, il y en aurait une infinité d'autres qui seraient dans le même cas. Ainsi je ne peux adhérer à votre demande. J'ai l'honneur de vous saluer.

Signé : DELÉPINE, maire.

D'après M. le maire de Planques, M. Flament était curé de Fressin, mais non le curé de Planques. M. Delépine se croyait sans doute encore sous le règne de la Constitution civile du clergé.

Il ne dut point tarder à reconnaître son erreur. Nous ne sommes point en mesure de dire si les paroissiens de l'annexe intriguèrent pour se séparer de l'église-mère entre 1804 et 1852. Mais ils profitèrent de l'arrivée de Mgr Parisis en ce diocèse pour obtenir cette séparation, ainsi qu'on le peut voir par la lettre suivante, adressée par M. le maire Planques au président du Conseil de fabrique de l'église de Fressin :

MONSIEUR,

Les habitans de Planques et de Bucamp étant en instance à l'Evêché pour obtenir d'être érigés en succursale, Monseigneur me demande, entre autres pièces nécessaires, pour être envoyées au Ministre des Cultes, une délibération des Conseils municipaux et des Conseils de fabrique de Fressin et d'Azincourt, concernant l'utilité et la nécessité de cette succursale. En conséquence, Monsieur, comme vous êtes président du Conseil de la fabrique de Fressin, j'ai l'honneur de vous écrire pour vous prier de délibérer sur cette affaire avec votre Conseil de fabrique, lors de votre première réunion légale; vous pouvez facilement, Monsieur, apprécier toute l'importance de cette affaire pour Planques, et combien il seroit à désirer pour cette commune et surtout pour Bucamp, de pouvoir obtenir une succursale. Voici les fortes raisons que Bucamp et Planques ont de solliciter leur réunion pour le spirituel et une succursale rétribuée par l'Etat.

1° Bucamp n'a jamais pu être desservi par le curé d'Azincourt qui a déjà une autre annexe, Tramecourt, et aussi cela seroit très difficile à cause de la grande distance et des difficultés des communications ;

2° Bucamp, pour les raisons ci-dessus mentionnées, a obtenu un vicariat séparé d'Azincourt, mais à la charge de fournir un logement au vicaire et un traitement de 500 francs.

Mais, comme beaucoup d'endroits, il s'appauvrit, et il ne peut même plus faire 200 francs, ce qui bientôt les mettra dans l'impossibilité d'avoir un prêtre, tandis que, s'il étoit réuni à Planques érigé en succursale, il ne seroit pas tenu à fournir le logement au prêtre, ni 500 fr. de traitement ; 100 fr. suffiroient.

Quant à Planques, votre Conseil, Monsieur, je n'en doute pas, appréciera combien il seroit avantageux pour cette commune d'obtenir d'être érigée en succursale :

1° En fournissant un presbytère, les habitans de Planques seroient libérés de la lourde charge de payer tous les ans un traitement à un prêtre, s'ils veulent en avoir un pour leur procurer les secours spirituels.

2° Ils auroient toujours ainsi un desservant payé par le Trésor. Vous apprécierez, Monsieur, combien il est avantageux pour le bien de la religion dans un pays qu'il y ait un prêtre résidant.

3° Planques a une église, un cimetière, une école, une population de 490 âmes réuni à Bucamp, enfin tout ce qui est nécessaire pour former une succursale.

4° Planques ne peut être desservi que très difficilement par le curé de Fressin, parce que les chemins sont difficiles, que les églises sont éloignées, surtout parce qu'il est de la plus grande nécessité qu'il y ait deux messes à Fressin les dimanches, ce qui a été cause en tous tems que les curés de Fressin n'ont jamais pu desservir cette annexe, ni y dire la messe les dimanches, parce que Fressin, ayant plus de 1000 âmes sans Planques, suffit bien pour occuper un prêtre, même avec un vicaire.

5° Parce que si Planques n'est pas érigé en succursale, il deviendra comme annexe une charge pour Fressin ; car, ne ne pouvant plus avoir de secours du vicaire de Bucamp, (il n'y en aura plus,) Planques comme annexe réclamera la messe les dimanches du curé de Fressin, ne pouvant l'accorder ; on réclamera un vicaire à Fressin, qui sera à la charge du budget de la commune de Fressin pour 400 à 500 francs tous les ans, car il ne vivra pas de l'air, il ne recevra rien de l'Etat, et Planques ne sera tenu qu'à payer une messe de commodité, 100 à 150 fr. Enfin, Monsieur, il ne s'agit pas de créer une chose nouvelle ; depuis 30 ans, Planques et Bucamp sont desservis par le même prêtre, et réunis pour le spirituel par le fait : il ne s'agit que d'améliorer ce qui est déjà, et de décharger Planques et Bucamp de lourdes charges pécuniaires.

Il seroit bien à désirer que vous et votre Conseil, Monsieur le président, après l'examen des raisons ci-dessus émises et mûre délibération, émettiez le vœu favorable pour que Planques soit érigé en succursale, et contribuiez par une délibération rédigée dans ce sens à leur faire obtenir cette faveur.

Veuillez, Monsieur, agréer les sentiments respectueux avec lesquels j'ai l'honneur d'être votre très reconnaissant et respectueux serviteur,

Le maire de Planques,

était signé : F. J. DESMONS.

Planques, le 3 Avril 1852.

P. S. — Ayez la bonté, Monsieur, de me remettre un extrait de votre délibération, extrait que je dois joindre à d'autres pièces et envoyer à l'Evêché.

Le maire de Planques prenait la précaution de joindre à son plaidoyer, qui n'était vraiment pas trop mal, un projet de délibération afin d'éviter à M. Emile Viollette la fatigue de la rédaction. Ce projet nous paraît venir de M. Hip. de Contes.

Le Conseil municipal, en sa séance du 11 mai, répondit par une fin de non-recevoir à la supplique de ces Messieurs de Planques. Nous ne connaissons point la réponse du Conseil de fabrique. Il n'en est point fait mention au registre des délibérations. Nous avons cependant un croquis, lequel, chose extraordinaire ! est de la main de M. Bonhomme. Après l'exposition sommaire de la demande de M. le maire de Planques, le projet continue : « Cette communication faite audit Conseil, M. Bonhomme, desservant, croit devoir s'abstenir en cette circonstance et se retire du Conseil… » Le Conseil, reconnaît qu'il serait avantageux pour Planques d'être érigé en succursale ; mais il observe que cette érection serait contraire aux droits comme aux intérêts de la paroisse de Fressin, la commune n'étant pas suffisante pour subvenir à l'entretien de deux prêtres ; et que la donation faite par M. Héame d'une maison vicariale pourrait bien décider l'autorité supérieure à envoyer un vicaire à Fressin. Il conclut en s'abstenant de conclure, je veux dire en s'en remettant aux lumières et à l'impartialité de l'autorité supérieure.

C'était se tirer habilement d'embarras.

Mais il y a un point que nous comprenons difficilement. A Planques comme à Fressin, on tire un argument de ce que coûterait le traitement d'un vicaire. Mais les vicariats reconnus et attachés à de petites paroisses devaient être à la charge du Trésor. Un curé était insuffisant pour Fressin et Planques; un curé et un vicaire suffisaient pour assurer le service religieux de Planques sans léser les droits de Fressin. Ni Fressin ni Planques n'avaient à s'occuper de Bucamps.

Quoi qu'il en soit, le 28 avril 1861, l'Évêché nomma, sans consulter M. Bonhomme, et tout à fait contre son gré, un vicaire de Planques en la personne de M. Galant, précédemment curé de Cavron. Dès lors, la séparation fut consommée entre les deux églises ; il ne resta plus qu'à faire agréer le fait par le pouvoir civil.

Si le droit canonique demande qu'en règle générale le curé puisse choisir son vicaire, ce devait bien être ici le cas, vu que M. le curé de Fressin lui faisait l'abandon de tous ses droits. Cependant, ce n'est point là ce qui chagrina le plus M. Bonhomme. Il fit surtout un crime à Monseigneur d'avoir fait choix pour Planques du curé de Cavron. Aussi, l'abbé Galant fut-il constamment tenu en quarantaine par le curé de Fressin, M. le doyen de Fruges, et presque tous les prêtres du canton, lesquels désiraient ne point déplaire à leur supérieur. Quelques curés voisins, et principalement M. Delpierre, curé de Béalencourt, le visitèrent et le reçurent par charité. Disons toute notre pensée : Cet ostracisme, cette mise à l'index est tout simplement un scandale. Comment ! le presbytère s'ouvrira pour des laïques étrangers à toute pratique religieuse, quelquefois même pour des individus mal famés, et il se fermera à un prêtre à qui l'évêque donne charge d'âmes et confie l'administration d'une paroisse ! Donc, M. Delpierre recevait M. Galant, tout en exprimant le regret que Monseigneur ne l'eût pas envoyé loin de son ancienne paroisse. Contraste frappant : Des prêtres accusaient Mgr Parisis de sévérité outrée, d'exigences impossibles, de formalisme exagéré, et les mêmes hommes, pour ne l'avoir pas bien compris, lui faisaient ici un reproche de son indulgence ! L'abbé Galant était un prêtre très instruit, malgré ses apparences rustres, un prêtre plein de foi, de zèle et de piété. Entraîné par l'exubérance de sa nature et aussi par un grain de folie (on sait qu'il finit ses jours dans une maison de santé), plus malheureux que coupable, il avait commis quelques inconséquences que la malignité avait singulièrement grossies. En le déplaçant avec disgrâce, Mgr Parisis punissait suffisamment la faute ; en le plaçant à peu de distance de Cavron, il lui donnaît le moyen de se réhabiliter, et il montrait ce qu'est l'Eglise, particulièrement pour ses ministres : une mère pleine de miséricorde.

Au lieu de censurer le grand et saint évêque, on devait le bénir et l'admirer.

Le 17 décembre 1863, le Conseil de fabrique de Fressin eut à délibérer sur le projet d'acheter à Planques une maison appartenant à Jean-Marie Caron pour en faire une maison presbytérale. La maison et le jardin étaient estimés huit mille francs.

Pareille demande paraît incroyable. Elle était pourtant légale ; la commune de Planques faisant partie de la paroisse de Fressin, l'église de Fressin devait lui venir en aide ; et, s'il y avait lieu de bâtir ou d'acheter une maison pour le vicaire de Fressin chargé spécialement de Planques, ceux de Fressin devaient y contribuer. C'était le raisonnement de la Sous-Préfecture. La fabrique de Fressin y répondit en observant que le prêtre qui dessert Planques est vicaire de Bucamps et doit trouver son logement à Bucamps ; que, du reste, Fressin possède une maison vicariale et que l'on réclame le rétablissement du vicariat, comme l'avait fait le Conseil municipal le 11 mai 1852. Or, Fressin ne peut avoir de vicaire qu'à la condition de conserver son annexe. On proteste donc contre tout projet de séparation.

La délibération est transcrite au registre. Nous en avons trouvé également le modèle écrit de la main de M. Bonhomme.

Vaine résistance ! La commune de Planques avait alors un protecteur influent en la personne de son maire, M. le baron Hippolyte de Contes.

Planques et Bucamps formèrent donc d'abord, sous le titre de vicariat, une paroisse indépendante de

Fressin, et enfin, en 1865, l'église de Planques fut érigée en sucursale. M. Augustin Galant, né à Busnes le 12 avril 1804, ordonné prêtre le 24 mai 1834, précédemment curé de Ruyaulcourt, puis de Cavron, et en dernier lieu vicaire de Planques, fut le premier curé de cette succursale nouvelle.

Cette création séparait définitivement deux églises qui n'avaient jamais fait qu'une paroisse.

Si l'on avait pu obtenir le rétablissement du vicariat de Fressin, de manière à avoir ici deux prêtres qui auraient desservi les deux églises de Fressin et de Planques, en assurant à l'église de Fressin une deuxième messe les dimanches et fêtes, le vicariat de Bucamps étant séparé de Planques et considéré comme poste de repos, en cette hypothèse, l'opposition du Conseil de Fressin aurait eu sa raison d'être. On comprend moins cette opposition, si elle ne pouvait avoir pour effet que de maintenir la prééminence purement nominale de l'église de Fressin. Cependant, M. Bonhomme et le Conseil de fabrique n'acceptèrent qu'à contre-cœur la décision de l'autorité supérieure.

Nous allons maintenant laisser la parole à M. Bonhomme, qui, par grande faveur, nous fournit ici trois pages de rédaction :

« L'an mil huit cent-cinquante-neuf, le dimanche deux octobre, à l'issue des vêpres, avec l'approbation de Monseigneur Parisis, évêque d'Arras, de Boulogne et de Saint-Omer, eut lieu dans la paroisse de Fressin une érection de croix, au lieu dit *la Lombardie*, par les soins du sieur Vaillant, adjoint au maire, qui en a fait les frais avec un zèle et une générosité dignes d'éloge. La cérémonie se fit avec une solennité vraiment imposante que relevoit encore la piété remarquable d'une foule innombrable de fidèles accourus de toutes les paroisses des environs. La procession se mit en marche vers trois heures, aux chants de cantiques exécutés par un chœur de jeunes filles et de jeunes gens. Les enfants des écoles portoient des oriflammes de toutes couleurs. Le branquart étoit porté par 4 jeunes hommes, l'écharpe au bras, et les coins du drap tenus par 4 prêtres, le détachement des pompiers formoit la haie. La bénédiction de la croix fut donnée par M. l'abbé Vaillant, prêtre attaché à l'instruction et fils du pieux adjoint qui avoit eu l'heureuse pensée de doter son quartier de ce monument religieux, et un sermon de circonstance donné par Monsieur Théret, curé de Radinghem, fut écouté avec un religieux silence ; puis lecture fut donnée des indulgences accordées par Monseigneur l'Evêque à tous ceux qui feront devant la croix leurs prières du matin et du soir ou qui y réciteront cinq *Pater* et *Ave*, les dimanches, mercredis et vendredis, mais seulement une fois le jour. Enfin la procession se remit en marche pour retourner à l'église au chant du *Stabat Mater* et du *Te Deum*, puis la bénédiction solennelle fut donnée à l'église, et chacun se retira content et pénétré d'une aussi touchante solennité. »

Nous avons noté précédemment, à propos du Conseil de fabrique, les visites épiscopales de 1860 et 1864. Néanmoins nous reproduisons le compte-rendu que M. Bonhomme en a inséré dans le Registre de paroisse :

« L'an mil huit cent-soixante, le vingt-huit octobre, jour de dimanche, Monseigneur Parisis, arrivé la veille à Fressin, donna la Confirmation aux enfants de Fressin, Planques, Cavron, La Loge et Sains-les-Fressin, chanta les vêpres à une heure et demie et partit vers trois heures pour Verchin. Il est à remarquer que le vingt-huit octobre et le Vendredi Saint précédent furent les deux seuls beaux jours de cette pluvieuse année 1860... »

Un Carme déchaussé, du couvent de Saint-Omer, le frère Henri des Anges, était venu aider M. Bonhomme pour préparer les enfants et confesser les adultes à l'occasion de la visite épiscopale.

« L'an mil huit cent soixante-quatre, le 5 avril, qui étoit le mardi de *Quasimodo*, vers quatre heures du soir, Monseigneur Parisis, venant de Cavron pour visiter pour la troisième fois l'église de Fressin, fut reçu au milieu d'un grand concours de fidèles, donna une instruction dans l'église, fit la procession dans le cimetière, et se rendit au presbytère, où il reçut les autorités, tint par son grand vicaire une séance du Conseil de fabrique, reçut les Dames de l'œuvre des pauvres malades, et, le lendemain, administra le sacrement de Confirmation aux enfants de la paroisse, de Sains et Planques, puis vers 3 heures il partit pour Fruges. Sa Grandeur parut très satisfaite de l'accueil qu'on lui fit, de la tenue des enfants et des parents dans l'église, des nombreuses communions qu'Elle donna, et de la politesse exquise des Messieurs de Fressin, à qui elle donna l'assurance qu'elle reviendroit à Fressin dans sa prochaine tournée épiscopale, et partit pour Fruges, laissant les paroissiens enchantés de leur Evêque. »

C'est sur cette belle parole que se clôt le Registre de M. Bonhomme. Monseigneur Parisis ne devait plus revenir à Fressin ; une mort soudaine devait bientôt le frapper. Quant à M. le curé Bonhomme, comme il n'avait ouvert son registre de paroisse que par ordre de Mgr Parisis, il se considéra dès lors comme dégagé de toute obligation à cet égard.

Lors de notre nomination à Fressin, on nous avait fait espérer que nous trouverions dans les archives de la paroisse des renseignements nombreux et intéressants, dus aux recherches de ce digne ecclésiastique.

Certes, M. l'abbé Bonhomme, qui prêchait si bien, et qui avait une conversation si correcte, devait, pensions-nous, manier la plume aussi aisément que le ciseau du sculpteur. Mais il paraît avoir eu peu de goût pour ce genre de travail. En effet, il ne nous a laissé que neuf pages. C'est peu pour le passé d'une paroisse telle que Fressin. Il est même à présumer que nous n'aurions pas ces neuf pages, si Mgr Parisis n'avait exigé l'ouverture d'un Registre de paroisse, lors de sa visite pastorale du 10 octobre 1855. Le procès-verbal, rédigé par M. Bérault des Billiers, vicaire général, relativement au nombre et à l'état des objets mobiliers de l'église, se termine par une ordonnance épiscopale, laquelle ne comprend qu'un article ainsi conçu :

« Il sera ouvert un registre de paroisse.
Signé : † P.-L. év. d'Arras, de Boul. et de St-Omer. »

M. Bonhomme se mit en devoir d'exécuter l'ordonnance, mais très brièvement et sans un mot sur les seigneurs de Fressin. Il nota la seconde visite de Mgr Parisis en octobre 1860, la troisième en avril 1864..; » puis il cessa d'écrire. Mgr Parisis étant mort en mars 1866, M. Bonhomme se crut désormais dispensé de poursuivre l'exécution de l'ordonnance de 1855. Mgr Lequette ne paraît pas avoir insisté sur cette matière. Mais Mgr Meignan n'aurait pas manqué de renouveler les prescriptions de Mgr Parisis. Il a assez nettement exprimé son intention à cet égard, en regrettant, dans une lettre rendue publique, que chaque paroisse de ce diocèse n'eût pas son dépôt d'archives.

M. l'abbé Prin ne crut pas davantage devoir tenir note des événements, ni même des cérémonies religieuses à propos desquelles mention était faite dans les pièces officielles, que lesdites pièces devaient être littéralement transcrites au Registre paroissial. A plus forte raison ne songea-t-il point à consigner ses impressions personnelles dans un écrit pour la postérité.

Il est manifeste que M. Bonhomme n'aimait pas à écrire. Il n'y a pas une ligne de lui dans le Registre aux délibérations du Conseil de fabrique. Il lui arriva de se faire remplacer par son clerc pour la rédaction des actes de catholicité, même quand on eut adopté la formule latine. A partir de 1862, quand il les écrivit lui-même, il les simplifia, remplaçant par des chiffres arabes les nombres ordinaux précédemment écrits en toutes lettres, réduisant les formules de décès à leur plus simple expression : On en voit de quatre lignes sur le Registre de 1865. Il ne faut pas garder rancune à sa mémoire, s'il laissa parfois sans réponse la lettre d'un confrère sollicitant quelques renseignements historiques ou archéologiques : écrire une lettre était sans doute pour lui un lourd sacrifice.

Le 3 mai 1865, M. Auguste-Clément-Raoul-Justin Kéguelin de Rozières, originaire de Lille, juge de paix de Fruges, conduisit à l'autel Mademoiselle Augustine-Cornélie-Nelly-Amélie Louvet, sœur utérine de Messieurs Anatole et Raphaël Viollette, qui furent ses témoins.

Deux ans plus tard, le 24 avril 1867, M. Bonhomme bénissait l'union de M. Jules-Désiré-Marie de Pape, de Paris, paroisse Saint-Roch, et de Mademoiselle Marie-Adèle-Sophie Santallier, fille de M. Louis-Marie-Alexandre-Bonaventure Santallier et de Marie-Amélie-Louise-Augustine Louvet.

Le 28 avril, M. Vaast-Floride Vaillant, propriétaire, fut élu membre du Conseil de fabrique en remplacement de M. Séraphin Caron, décédé.

Une chapelle dédiée à Notre-Dame Auxiliatrice et placée au bas du mont Hulin, fut érigée, en 1867, par Madame Briche.

On passe fréquemment devant cette chapelle, soit que de l'Ermitage ou de l'Epaule on aille au marais, qui est la place de Fressin, soit que de Fressin on aille à Fruges par la route de Bucamps, qui est la plus douce, soit que de Créquy, de Sains ou de Fressin on aille à Auchy ou à Hesdin. Elle a été restaurée à deux reprises différentes par M. Annequin, époux de Zélie Briche.

Pas un mot n'a été écrit au Registre de paroisse, pas une pièce n'a été laissée dans nos archives à propos de l'érection de cette chapelle et de la cérémonie qui a dû avoir lieu à cette occasion. C'était un an après la mort de Mgr Parisis ; l'œil du maître était éteint.

Le rédacteur des procès-verbaux, Joseph Gamain, mourut le 13 avril 1868. Le 26 du même mois il fut remplacé par M. Alexis Saint-Remy, originaire de Pierrepont, au diocèse de Metz, régisseur de la forêt de Créquy et des bois de Sains et Fressin.

Le 25 mai 1868, l'évêque bien aimé, Mgr Jean-Baptiste-Joseph Lequette, visita la paroisse de Fressin. Il était accompagné du bon et vénéré M. Proyart, qui apposa son visa au Registre de la fabrique. Le lendemain 26, Sa Grandeur administra le Sacrement de Confirmation à 33 garçons et à 37 filles de la paroisse.

Nous trouvons dans nos archives une ordonnance épiscopale, en date du 4 novembre 1869, par laquelle Mgr Lequette délègue M. le curé de Fressin à l'effet de bénir une nouvelle cloche.

Un article spécial exige que l'acte de la bénédiction soit dressé sur le Registre de paroisse et soigneusement conservé avec la présente lettre épiscopale. Mais Mgr Parisis n'était plus ; on ne dressa point le procès-verbal de la cérémonie, et nous ne savons même pas à quelle date elle eut lieu. L'inscription de la cloche est de 1868. Elle n'était point encore bénite au commencement de novembre 1869.

Le 25 février 1870, M. Edouard-Charles-Joseph de Wailly de Camoisy, de Capelle, s'unit devant Dieu et l'Eglise à Melle Marie-Célinie-Philomène Waulle. Les quatre témoins au Sacrement furent Messieurs Charles Waulle, de Ruisseauville; Joseph Pruvost, de Fressin; Charles-Joseph de Wailly de Camoisy, de Capelle, et Napoléon Sallé, de Mouriez.

L'un de ces temoins, M. Charles Waulle, devenu clerc de notaire de l'étude de M. Emile Viollette, fut élu membre du Conseil de fabrique, le 23 avril 1871, en place de M. St-Remy, démissionnaire. M. Waulle fut immédiatement investi des fonctions de trésorier, qu'il n'a jamais cessé d'exercer depuis cette date.

Le 18 septembre de la même année, M. Jules Annequin, originaire de Vermelles, officier de mobiles cantonnés à Fressin pendant la guerre, se fixa dans la paroisse en y épousant Melle Zélie Briche.

Le 7 avril 1872, M. Vaillant, quoique maire de la commune, fut réélu membre de la Fabrique. Son nom fut longtemps mentionné au procès-verbal comme étant à la fois membre de droit et membre électif.

M. Bonhomme donne la liste de 39 garçons et de 49 filles de Fressin qui furent confirmés en 1872; mais il n'indique ni l'église, ni la date. Mêmes remarques pour l'année 1875, où le nombre des confirmands fut de 31 garçons et 36 filles.

M. Louvet étant décédé en juin 1874, fut remplacé au Conseil de fabrique, le 11 avril 1875, par M. Edouard de Wailly de Camoisy, propriétaire et marchand brasseur. Au mois de juin, Léon Bruchet succéda à son père Pierre-Joseph Bruchet, également décédé.

En 1876, le jour de l'Ascension, M. Bonhomme célébra pour la dernière fois la fête touchante et éminemment populaire de la première Communion. L'Ascension était son jour préféré.

Les actes de 1877 sont de plus en plus abrégés. Le vénéré pasteur souffrait alors un véritable martyre. Il administre un baptême le 25 février ; mais, le même jour, un enterrement est fait par son voisin et ami M. Emile Adam, curé de Sains-lez-Fressin.

Tout à coup, sans qu'il soit besoin de lire le texte d'un acte, on s'aperçoit qu'un grand changement s'est opéré. Ce n'est plus l'écriture nette, régulière, agréable à l'œil, des actes rédigés par M. Bonhomme. Ce qui frappe surtout, c'est la disposition étrange du Registre. C'était un système, puisqu'on retrouve cette même disposition au Registre des délibérations du Conseil de fabrique, si bien tenu jusque-là. Au lieu de placer la marge à gauche du texte, le nouveau rédacteur la place invariablement au côté extérieur du feuillet, sans doute parce qu'il jugeait la tranche exposée aux injures des doigts crasseux. L'intention est certainement bonne, mais l'effet produit n'en est pas moins désagréable.

Le 9 mars 1877, M. l'abbé Jean-Baptiste Bonhomme avait rendu son âme à Dieu. Ses obsèques eurent lieu le 12. Elles furent un véritable triomphe, témoignage de la vénération et de l'affection universelles. Curé de Crépy, nous y avons assisté sans y dire la messe, à cause de la distance et de la faiblesse de notre santé. Sans y dire la messe, avons-nous écrit : C'était une règle, dans le doyenné de Fruges, que les curés du canton célébrassent le Saint Sacrifice dans l'église de leur confrère défunt pendant que l'on y chantait l'office complet, les trois Nocturnes et les Laudes. — M. le doyen Macquet officia. Quant à l'oraison funèbre, il s'en déchargea sur M. Royon, curé de Créquy. Mais on oublia de nous présenter l'acte de sépulture à signer. Cet acte ne fut même écrit que plus tard, par le successeur de M. Bonhomme, qui le signa ainsi que M. le maire Vaillant. Nous y avons, depuis lors, apposé notre signature personnelle.

M. Bonhomme est un des prêtres les plus distingués que nous ayons connus. Il cherchait la gloire de Dieu et le salut des âmes avec un zèle réglé par la prudence, sachant stigmatiser le vice sans outrager la personne. On sait ce qu'il fit, ce qu'il eût souhaité faire pour son église. A l'autel, il était digne et majestueux ; à son confessionnal et à son foyer, il était homme de bon conseil et de sage direction, mais non pourtant dégagé de ce vieux levain de jansénisme, qui s'ignorait peut-être lui-même, mais laissait la table sainte trop souvent déserte. En chaire, il était éloquent. Nous l'avons entendu deux fois, aux points extrêmes de sa carrière, à une érection de Calvaire, à Grigny, où il fut appelé par M. l'abbé Courtin, de Créquy comme lui, et à Fruges, où M. le doyen Macquet l'avait invité à rehausser de sa parole la cérémonie de la distribution des saintes huiles.

A l'heure qu'il est, et malgré les incertitudes de l'avenir, trois ou quatre enfants de Fressin nous donnent l'espérance de les voir s'engager dans les rangs de la milice sacerdotale. S'ils savent garder leur vocation qui nous paraît certaine, ils feront ainsi revivre les anciennes traditions de la paroisse, traditions trop longtemps négligées. Depuis la Révolution, nous ne croyons pas que Fressin ait fourni à l'Église une seule religieuse. Un seul prêtre, en ce siècle, est sorti de cette paroisse ; c'est M. le chanoine Vaillant, dont M. Bonhomme a discerné et favorisé la vocation.

Constant-Aubert-Jean-Baptiste Vaillant naquit à Fressin, le 10 décembre 1833, du légitime mariage de Vaast-Joseph-Floride Vaillant et de Louise-Rufine

Lebrun. Il fut baptisé le lendemain par M. l'abbé Coubronne (1).

Il commença l'étude du latin au presbytère de son village sous la direction de M. Bonhomme, en même temps qu'un jeune homme de Torcy, lequel, moins heureusement doué, ne put parvenir au sacerdoce.

Après de bonnes études, faites au Petit Séminaire d'Arras, où il était entré comme élève de sixième, en octobre 1848, M. Vaillant suivit les cours du Grand Séminaire diocésain.

Il fut ordonné prêtre le 18 décembre 1858. Chargé d'abord d'une instruction particulière au château de Saubricourt, il fut ensuite quelque temps vicaire de la paroisse Saint-Vaast de Frévent.

En 1865, il était nommé curé de Brias, où il passa de longues années, honoré de l'amitié d'une noble famille et respecté de ses paroissiens.

En janvier 1889, Mgr Dennel lui confia la difficile paroisse de St-François de Sales à Boulogne-Bréquerecques, d'où Sa Grandeur l'appela à Arras en octobre 1890, pour lui remettre la succession de M. Planque.

A Boulogne, M. Vaillant était bénéficier de première classe; maître de chapelle de la cathédrale, il porte l'hermine des chanoines honoraires.

Louis Prin.

M. Bonhomme avait été enterré le 12 mars 1877 ; le 16 mars, quatre jours après, le bureau des marguilliers

---

(1) L'aïeul paternel de M. l'abbé Vaillant était né au Parcq, notre village natal, le 7 mai 1747. Veuf de Bernardine Hanocq, il épousa en secondes noces, à Fressin, le 25 nivôse an XIII, Marie-Elisabeth Cadot, dont il eut, le 5 février 1809, Vaast-Joseph-Floride. Madame Vaillant, encore actuellement vivante, naquit, le 12 juin 1809, de François-Joseph Lebrun et de Marie-Anne-Rose Moronval.

signait les pièces de son successeur, dont la nomination datait de l'avant-veille. L'Evêché avait sans doute voulu couper court à toute compétition.

M. Louis Prin, le nouveau curé de Fressin, n'avait que 37 ans, étant né le 22 avril 1840. Il était de Tilly-Capelle, annexe de Teneur, le dernier, mais le huitième enfant de Pierre-Philippe Prin et de Florence-Marie-Joseph Tincourt, « *ultimus sed octavus matris natus* », écrit-il au registre de catholicité de 1883, à l'occasion du décès de sa mère octogénaire, dont il fit transporter les restes au cimetière de Tilly.

Le presbytère de Teneur était alors comme un vestibule du séminaire. Le digne curé, outre les enfants de sa paroisse, y accueillit des jeunes gens de Blangy, de Bermicourt et d'autres lieux ; il lui en vint même de la Picardie. Cependant ce n'est pas chez lui que M. Prin fit ses premières études. Il eut pour premier maître le saint et zélé curé de Béalencourt, le légendaire M. Delpierre. Frappé des dispositions et surtout de la piété de Louis Prin, l'abbé Delpierre l'enrégimenta dans la société des soixante ou soixante-dix élèves auxquels il prodigua son dévouement. Disons tout de suite que le curé de Teneur, quand il vit son paroissien sur la voie, ne lui marchanda point son concours. Il intervint en sa faveur auprès de M. Leprêtre, Supérieur du Petit Séminaire, et même auprès de Mgr Parisis, pour lui obtenir des conditions de pension tout à fait indispensables.

Ordonné prêtre le 15 juin 1867, M. Prin fut nommé immédiatement curé de Bléquin et Ledinghem, paroisse de plus de 800 âmes. Il y resta jusqu'au mois de mars 1877. Ce n'est point toutefois la mort de M. Bonhomme qui le fit sortir de Bléquin. Son changement était décidé, et il allait, nous a-t-on dit, être nommé curé de Bours et Marest, quand survint la mort de

M. le curé de Fressin. Les amis qu'il avait à la chancellerie épiscopale lui proposèrent alors cette paroisse comme un poste plus agréable. Ce ne fut un bien ni pour lui, ni pour Fressin, ni peut-être pour la paroisse de Bours, moins renommée sans doute que Fressin, pourvue d'une moins curieuse église, mais plus universellement chrétienne, plus riche en fondations pieuses, et où nous pensons qu'il aurait pu faire le bien en paix, sans avoir à tant veiller sur la hardiesse ou l'exagération d'un mot inspiré par le meilleur zèle.

M. Bonhomme avait restauré et embelli l'église de Fressin. M. Prin s'occupa davantage des temples vivants. Il combattit les derniers restes du jansénisme pratique et parvint à amener à Jésus-Hostie des adorateurs plus fervents et plus nombreux.

Tout le monde aussi rend hommage à sa charité envers les pauvres et les malades. Sans ressource personnelle, il donnait d'abondantes aumônes ; il visitait souvent les malades. On le croyait encore à l'extrémité de la Lombardie, qu'on le rencontrait à l'autre bout de l'Ermitage, à cinq ou six kilomètres de là.

Nous tenons d'autant plus à lui rendre ce légitime hommage, que, d'autre part, pour être vrai et complet, nous sommes dans l'obligation d'écrire que la généralité de nos paroissiens, trois ou quatre familles exceptées, n'ont point tardé à le voir de mauvais œil, et qu'en définitive son éloignement a été demandé et obtenu.

Ce résultat final n'a surpris personne, j'entends de ceux qui connaissaient le curé et la paroisse.

Le 15 juin 1877, M. Prin régularisa le Conseil de fabrique en faisant observer que M. Vaillant, membre de droit en sa qualité de maire, ne pouvait y figurer en même temps comme membre élu. M. Prin avait cru devoir demander à ce sujet l'avis de l'évêché, et il lui avait été répondu que le même homme ne pouvait pas avoir deux voix au conseil. M. Jules Annequin fut élu en remplacement de M. Vaillant.

M. Bonhomme avait disposé de son mobilier en faveur de l'église de Fressin moyennant certaines charges. Or, un sieur Ludovic Caron, de Créquy, dont M. Bonhomme était l'oncle maternel, venait de s'adresser au Président de la République française pour demander l'annulation du testament, quoiqu'il eût d'abord donné son consentement à la délivrance du legs. Le Conseil de fabrique n'eut pas de peine à démontrer que les motifs allégués par le sieur Caron étaient faux, déraisonnables et dictés par le plus mauvais esprit (15 juin 1877).

M. Prin fit les premières communions le 5 août 1877.

L'année suivante, il consacra une page du Registre de catholicité à la mort de Pie IX et à l'élection de Léon XIII. Voici cette page débordant d'enthousiasme:

AD FUTURAM REI MEMORIAM.
**Le VII février 1878, mourut à Rome
le grand Pape Pie IX, créé Pape
le XVI juin 1846;
ET
Le Surlendemain de ses funérailles
XX février 1878,
Avant deux jours de conclave, fut
élu pour lui succéder le Cardinal
Camerlingue-Joachim Pecci, qui
prit le nom de
Léon XIII.
Un immense deuil s'étendit
Sur tout l'univers à la nouvelle
de la mort inopinée du grand
Pie IX et un grand tressaillement
de joie fit battre le cœur des Catholiques
en apprenant la prompte élection
de Léon XIII. Dieu protège son
Église.**

L. Prin, *ptre.*

Le onze juillet 1878, M. le Vicaire-général Proyart adressait à M. Prin diverses pièces, par lesquelles Mgr Lequette lui permettait de bénir ou de faire bénir une chapelle de Jésus flagellé et trois grandes statues, à savoir celle de Notre-Dame de Lourdes, celle du Sacré-Cœur et celle de Notre-Dame du Sacré-Cœur, le tout solennellement et avec une procession.

La belle chapelle de Jésus flagellé en remplaçait une autre qui avait été bâtie sous la Restauration pour recevoir l'antique statue que des mains précieuses avaient sauvée à la Révolution. Cette nouvelle chapelle est tout à fait hors de proportion avec l'ancienne par ses dimensions comme par l'élégance de sa construction. Tandis que l'ancienne tournait le dos à la voie publique, la nouvelle a sa porte en face de la route, ce qui n'empêche point d'y aborder par le cimetière.

Le portail est surmonté d'un dais en forme de campanile abritant une petite statue de Notre-Dame de Lourdes, ce qui a peut-être l'inconvénient de tromper sur le vocable de la chapelle. L'ensemble fait une jolie petite construction romane, en briques et pierres, avec toit en ardoises. Au pied de la statue de la Vierge se lit cette inscription :

JE SUIS L'IMMACULÉE CONCEPTION

M. Prin avait demandé l'autorisation de dire la sainte messe dans la chapelle de Jésus flagellé. M. Proyart lui fait observer que c'est là une question à part, qui ne peut être résolue qu'après mûr examen.

La statue de Notre-Dame de Lourdes fut placée dans le transept, à côté de la chapelle du Rosaire, au-dessus de la petite porte de la sacristie. M. Prin crut devoir faire peindre le panneau de muraille adjacent et y marquer les événements de Lourdes et les demandes de la Vierge, sans prévoir qu'en moins de dix ans l'humidité aurait effacé ces peintures.

La statue du Sacré-Cœur et celle de Notre-Dame du Sacré-Cœur furent placées de chaque côté du maitre-autel. M. Prin ne nous a rien laissé qui nous fasse connaître la matière, la provenance, ni le prix de ces trois statues, ni de celle de saint Benoît Labre, qu'il fit placer dans l'autre côté du transept, pour faire pendant à celle de Notre-Dame de Lourdes.

La bénédiction de la chapelle de Jésus flagellé et des statues fut l'occasion d'une grande manifestation religieuse. « Procès-verbal de cette bénédiction sera dressé sur le Registre de la paroisse, » était-il porté dans l'ordonnance épiscopale. M. Prin n'en a rien fait. Aucun document ne nous dit quel jour de juillet ou d'août 1878 eut lieu la grande cérémonie. Nous avons dû questionner diverses personnes pour savoir qu'elle eut lieu le Dimanche 14 juillet. Il nous est également revenu qu'elle avait été très belle et qu'elle avait attiré beaucoup d'étrangers. On nous rapporte aussi que M. Prin, qui avait tenu à prêcher lui-même en cette circonstance, se trouva subitement indisposé, et s'affaissa dans la chaire qui avait été établie dans la cour de M. Waulle ; mais cette indisposition n'eut point de suites.

La concession épiscopale exigeait trois choses :

1° Les fidèles qui voudront ériger un Calvaire ou faire construire une chapelle, devront préalablement consulter M. le Curé sur son emplacement, sur sa forme et ses dispositions ;

2° prendre l'engagement de pourvoir à son entretien ;

3° accepter la condition de laisser à la fabrique de l'église du lieu le soin de percevoir et d'administrer les oblations qui pourraient être faites au monument religieux.

M. Prin gagna sa cause au sujet de la permission de célébrer la sainte Messe dans la chapelle de Jésus flagellé. L'Ordonnance épiscopale, provoquée et rédigée par M. Proyart, est du 6 septembre 1878. Un des considérants porte que « la chapelle de Jésus flagellé est un but de pèlerinage, surtout à l'époque du tirage au sort. » Il y est dit que Monseigneur veut, autant qu'il est en lui, « récompenser et encourager la piété de l'honorable famille qui a fait reconstruire ce monument religieux ». M. le Curé de Fressin est autorisé à y célébrer la sainte Messe une fois par mois, depuis le mois d'avril inclusivement jusqu'au mois d'octobre aussi inclusivement, et une fois à l'époque du tirage au sort. Il pourra, en outre, permettre en tout temps à un ecclésiastique d'y célébrer la sainte Messe pour une dévotion particulière.

Les dites lettres étaient valables pour cinq ans.

M. Prin devait les faire renouveler en 1883. Il paraît y avoir renoncé ; du moins il n'en a rien fait.

Une chapelle si rapprochée de l'église ne peut avoir les mêmes privilèges qu'une chapelle éloignée, laquelle donnerait de temps à autre facilité d'entendre la Messe à des vieillards ou à des infirmes qui en seraient ordinairement privés.

Une Messe dans la chapelle de Jésus flagellé ne saurait avoir de raison d'être que si vraiment elle était un but de pèlerinage et une cause de dévotion, et encore, en ce cas, devrait-elle être pourvue d'un mobilier nécessaire.

Pour nous, il nous plairait assez que la Messe pût y être dite à la station du 25 avril et des trois jours des Rogations.

En 1878, la cérémonie de la première communion eut lieu le 17 novembre. Le mois précédent, le 27 octobre, M. Prin conduisit vingt-un garçons et vingt-quatre filles à l'église de Torcy, pour y être confirmés.

Le 20 avril 1879. M. Raphaël Viollette, conseiller municipal, assista à la séance du Conseil de fabrique comme délégué de M. Vaillant. Au compte, M. Waulle déclara 5.684 fr. 46 centimes de recettes, en y comprenant l'importance de la vente du mobilier de M. Bonhomme à placer sur l'État.

Les trois procès-verbaux du 20 avril 1879 sont les derniers qu'ait signés M. Emile Viollette et qui aient été rédigés par ses soins. Les onze pages suivantes sont de l'écriture et de la rédaction de M. Prin. Sauf pour le 4 janvier 1880, on n'y voit point d'autre séance que celle de Quasimodo, et, comme tous ses confrères, il ne fait qu'un seul procès-verbal. Nous avons déjà regretté le système de margination suivi par notre prédécesseur. Nous n'y reviendrons pas.

En 1879, la cérémonie des premières communions eut lieu le 8 juin.

M. Emile Viollette étant mort le 14 septembre 1879, fut remplacé, le 4 janvier 1880, par M. Jean-Baptiste Bruche. En cette séance, M. de Wailly fut élu président du conseil, et M. Bruche président du bureau, «fonctions, écrit M. Prin, que M. Émile Viollette cumulait irrégulièrement. »

Jusque-là on ne s'était occupé que des comptes ; mention n'avait jamais été faite, au procès-verbal, de la discussion ni du vote des budgets. M. Prin, dans ses procès-verbaux, signale les deux opérations ; mais il ne donne pas non plus le résultat du vote, je veux dire le total des recettes présumées et des dépenses notées.

Premières communions : en 1880, le 23 mai ; en 1881, le 12 juin ; en 1882, le 6 août.

Le 12 mai 1880, à la prière de M. Prin, Monseigneur

réglementa les Expositions, Bénédictions et Processions du Très-Saint-Sacrement dans l'église de Fressin.

M. Prin avait fait un tableau très étendu des jours où il aurait voulu avoir l'Exposition, laissant à l'autorité le soin d'effacer les jours qui ne lui conviendraient point. Il demandait la permission de faire l'Exposition aux fêtes de Pâques, Ascension, Pentecôte, Assomption, Toussaint, Noël et les jours des premières Communions.

M. Proyart, outre l'Exposition mensuelle, celle de l'Octave de la fête-Dieu, du dimanche de la solennité du Sacré-Cœur et du jour de l'Adoration perpétuelle, fixe trois fêtes : Pâques, Pentecôte, Noël.

Mgr Parisis, observe M. Proyart, ne permettait que trois jours, et il voulait que ces trois jours fussent des fêtes de Notre-Seigneur. De fait, quand nous avons dû dresser le tableau pour Crépy, Mgr Parisis nous attribua l'Ascension au lieu de la Pentecôte.

A l'Assomption, continue le vénéré chanoine, il convient d'exposer la statue de la Sainte-Vierge à la vénération des fidèles et de la porter en procession. A la Toussaint, il convient d'illuminer les images des Saints, de les décorer, etc. La cérémonie de la première Communion exige beaucoup d'allées et venues, lesquelles, en présence du Saint-Sacrement, seraient de nature à dérouter la dévotion des enfants. La rénovation des vœux du Baptême, au lieu de se faire devant le Saint-Sacrement exposé, doit se faire aux fonts baptismaux, que l'on peut décorer.

Quant aux processions du Saint-Sacrement à l'intérieur, l'ordonnance de Mgr Lequette n'en accordait que trois : aux vêpres de la Noël et de Pâques et au salut de l'Adoration. En 1888, nous en avons obtenu une quatrième de Mgr Dennel, aux vêpres de la Pentecôte.

De plus, Sa Grandeur nous autorise à faire une

procession du saint Rosaire, avec chant des litanies de Lorette, aux vêpres de l'Ascension, comme aux vêpres du premier dimanche du mois.

En 1880 comme en 1878, M. le chanoine Proyart remercie M. Prin des précieux renseignements historiques qu'il a bien voulu lui adresser... Il est vraiment à regretter que notre prédécesseur ne nous ait pas laissé copie du résultat de ses recherches.

Mgr Lequette administra la Confirmation, dans l'église de Torcy, le 25 octobre 1881, à 27 garçons et à 25 filles de Fressin. Ce devait être la dernière tournée pastorale du bon évêque.

Le 8 avril 1883, en la séance de Quasimodo, M. Jean-Baptiste Bruche, qui a quitté la paroisse, fut remplacé au Conseil de fabrique par M. Alfred de Saint-Aignan, régisseur, représentant de M. le baron Roger Seillière. On dressa, en cette séance, un nouveau tarif des chaises de l'église, basé sur l'importance des fêtes.

Le 3 septembre 1883, mourut Madame Louvet, précédemment Madame Viollette, née Cornélie Ringal. L'église lui doit les verrières en grisailles du chœur.

Les dernières communions que prépara M. Prin furent celles du 30 septembre 1883. Il n'y en eut point en 1884, et désormais cette cérémonie n'a plus lieu que tous les deux ans, et aux années impaires.

M. Prin découvrit que la Fabrique continuait de percevoir une rente fondée par le curé Picquet, à la date du 11 septembre 1749, sans acquitter l'obit annuel dont elle avait la charge. Mgr Meignan, par une ordonnance du 26 septembre 1883, régla que, pour réparer les omissions, on célébrera quarante Messes dans l'intervalle d'un an, à un franc l'honoraire, et qu'à l'avenir la fondation sera acquittée par une messe basse, à l'honoraire de 1 fr. 50. Une note de M. Prin, d'après l'avis de M. le vicaire général Roussel, porte que cette Messe, fixée au 18 mars, pourra être dite le dimanche au profit des séminaires.

La dernière séance du Conseil de fabrique sous M. Prin fut celle du 20 avril 1884. Sauf M. de Saint-Aignan retenu chez lui par la maladie, tous les membres y assistaient. Cependant le procès-verbal ne porte que trois signatures : celle de M. le curé, celle de M. de Wailly et celle de M. Waulle. Messieurs Violette, Léon Bruchet et Annequin se retirèrent sans signer, quoique M. Prin ait écrit que compte, budget et élections, tout a recueilli l'unanimité des suffrages. Mais il y avait eu divergence à propos de certains projets de M. le Curé. On avait parlé de renouveler une partie du pavé de l'église et le portail de l'Ouest, et M. Prin avait proposé de débarrasser les deux piliers de la tour des boiseries qui les alourdissent et servent à masquer encore davantage le chœur. Le Conseil « à une voix près », écrit M. Prin, donna son adhésion à ce projet. Nous pensons néanmoins que c'est cette proposition qui fit disparaître les trois membres dissidents.

La proposition de M. Prin était très modérée. Il ne demandait pas que l'on touchât au lambris qui s'étend sur les murs de l'église, ce que pourtant on nous a bien des fois conseillé de tenter. Enlever les boiseries des deux pieds de la tour, c'était tout simplement assimiler ces deux piliers aux piliers des nefs. A la rigueur, les trois voix obtenues permettaient à M. Prin d'exécuter son projet. Il s'en abstint néanmoins, et il fit bien.

Mais ce n'était pas une concession de ce genre qui pouvait calmer les esprits surexcités.

Il avait essayé inutilement d'un remède plus sérieux en procurant à sa paroisse le bienfait d'une mission. Elle eut lieu en décembre 1882, et fut prêchée par les RR. PP. Duhamel et Tholin, religieux Rédemptoristes. M. Prin espérait, sans doute, en rétablissant la paix dans les consciences, rétablir la paix dans la paroisse. Mais la parole de Dieu fut écoutée avec méfiance. A tort ou à raison, on se persuada que le Père Duhamel, généralement si bien accueilli partout, suivait un programme qui lui était tracé. S'apercevant de cette froideur, pour ne pas dire de cette hostilité, il crut devoir être plus incisif. L'intérêt des âmes lui paraissait exiger cette sévérité. L'effet produit fut tout le contraire de ce qu'on pouvait désirer.

Deux ans durant, l'agitation des esprits se traduisit sous toutes les formes : chansons dans les cabarets, inscriptions sur les murailles, insultes directes et personnelles, insubordination de la part de l'enfance. On voulait pousser à bout le curé et l'amener à se retirer. Mais il entendait rester à son poste. On adressa alors à l'évêché un factum odieux. Mais l'évêché ne pouvait accueillir une pareille pièce sans paraître céder aux menaces ou s'associer dans une certaine mesure aux ennemis de la religion Il en fut autrement quand les premiers de la commune, maire, conseillers municipaux, conseillers de fabrique (deux seulement exceptés), principaux cultivateurs, mirent leur signature au bas d'une requête qui fut appuyée par M. le doyen. L'autorité diocésaine fit comprendre à M. Prin que le bien des âmes exigeait qu'il fût déplacé.

Il se soumit avec humilité. « Père saint et toujours digne de louanges, l'heure est venue d'éprouver votre serviteur. Père aimable, il est juste que votre serviteur souffre maintenant quelque chose pour vous. Père à jamais adorable, l'heure est arrivée où votre serviteur doit être un peu méprisé, humilié, abaissé devant les hommes, mais pour se relever avec vous dans l'aurore d'un jour nouveau et pour être glorifié dans le ciel. (*De Imitatione Christi*, lib. III, cap. 50, v. 3). »

Quelques-uns, parmi les meilleurs, furent tentés de penser que l'Evêché aurait pu se montrer plus ferme, et ne pas changer malgré lui un prêtre que le tribunal ecclésiastique le plus sévère aurait trouvé irréprochable. Mais ils ignorent que dans l'état actuel de l'Eglise de France, l'évêque dont on voudrait faire un autocrate, ayant faculté de nommer, de déplacer, de révoquer *ad nutum* les curés succursalistes civilement appelés desservants, est le premier à souffrir de cet excès de puissance, de cette puissance anormale qui est en réalité pour lui une véritable servitude, puisqu'elle le livre en proie aux obsessions des coteries de village, aux *do ut des* châteaux ou aux exigences des Préfectures. Il serait, du reste, illogique d'invoquer l'ancien droit canonique pour protester contre le déplacement, puisque ce droit n'est plus observé pour la nomination.

Au cours de la procession du 15 août 1884, M. l'abbé Prin bénit la chapelle érigée par Mme veuve Verdin en l'honneur de Notre-Dame de Miséricorde, en remplacement d'une autre chapelle qui portait le même nom.

Le premier acte de 1885 inscrit sur le Registre de catholicité est rédigé par M. Prin, qui se déclare curé d'Haplincourt, mais ayant encore juridiction sur la paroisse de Fressin.

INTERIM.

La paroisse resta vacante jusqu'au mardi 10 mars. Dans l'intervalle, les actes sont rédigés par M. Dhallendre, curé de Coupelle-Neuve, ou par M. Capelle, curé de Planques. M. le curé de Planques, chargé de la paroisse, y venait dans la semaine. M. le curé de Coupelle-Neuve y venait chanter la grand'Messe les dimanches, après avoir dit une première Messe à Avondance, où la voiture de M. Waulle l'allait chercher. M. le doyen de Fruges pourvoyait au service de l'église de Coupelle.

Plusieurs auraient bien désiré être nommés curés de Fressin, desquels le vœu ne fut point agréé ; d'autres, paraît-il, y furent nommés, qui préférèrent n'y point venir, peut-être un peu à cause de la persécution dont M. Prin avait été victime.

Au premier aspect, la paroisse de Fressin séduit sous beaucoup de rapports, à cause de sa belle église, de l'éclat de ses fêtes, du nombre considérable de communions qui s'y donnent dans l'année, et aussi pour le charme de sa situation, ses bois, ses villas et les excellentes familles qu'elles abritent. Mais la médaille a un revers. Au point de vue spirituel, s'il y a un total considérable de communions, c'est qu'il y a des communions multipliées ; mais il y a un grand nombre, un très grand nombre d'hommes, hélas ! et même de femmes qui n'ont de chrétien que le nom, sans souci des intérêts de leur âme, ne remplissant pas l'essentiel devoir du catholique, qui est celui de la communion pascale ; plusieurs mêmes négligeant le devoir encore plus facile de l'assistance à la Messe du dimanche. L'étendue de la paroisse en rend le ministère difficile pour un prêtre âgé : de son église il a deux kilomètres à faire pour Barles, deux pour le Plouy, trois pour les Presles, au fond de la Lombardie ; un et quart pour la rue de la Lance ; un et quart pour l'Épaule ; quatre pour l'extrémité de l'Ermitage. Et, si l'on croit à une compensation matérielle, on va au-devant d'une déception ; il y a à Fressin quantité de pauvres ; les grandes familles diminuent ou disparaissent ; et, de la part des familles moyennes, abandon complet de la vieille coutume, conservée ailleurs, des seconds et troisièmes services funéraires, le prétexte de l'élévation du tarif (que nous avons pourtant réduit en supprimant les frais extraordinaires pour tentures) se trouvant là fort à propos pour couvrir la diminution de l'esprit de foi. Depuis quelques années, l'indifférence religieuse a fait un pas de plus ; on voit des familles fort à l'aise refuser à leurs défunts le service du bout de l'an. Il en résulte que nombre de paroisses d'étendue trois fois moindre et de population fort inférieure offrent à leur titulaire plus de facilité pour vivre honnêtement sans faire de dettes. On cite à ce sujet dans le canton une parole de M. l'abbé Bonhomme :

A Fressin, des révérences ;
A Lebiez, des finances.

La beauté du site, la salubrité du climat, les souvenirs historiques, l'avantage d'être en quelque sorte en notre pays natal, nous firent néanmoins apprécier notre nomination comme une faveur. Du reste, Monseigneur Dennel voulut bien nous écrire qu'il était heureux de nous donner une bonne paroisse.

CHARLES-ANTOINE FROMENTIN.

Notre nomination fut signée le 20 février 1885. Mais diverses considérations, partie dans l'intérêt de la paroisse de Wailly, partie pour raisons de famille, nous firent, avec l'agrément de l'autorité diocésaine, différer notre prise de possession et notre installation jusqu'au mardi 10 mars. Le premier seuil que nous franchîmes fut celui de notre église, où nous fûmes introduit à la fois par les autorités de la paroisse et par M. le doyen Bonvarlet, accompagné de Messieurs les curés de Coupelle-Neuve et de Planques. Beaucoup de fidèles suivaient M. le maire et les deux Conseils venus à notre rencontre.

La petite allocution que nous adressâmes à nos nouveaux paroissiens parut faire plaisir. Voici à peu près en quels termes nous leur parlâmes :

« A l'âge où je suis arrivé, et surtout quand on ne jouit que d'une faible santé, on hésite à braver les embarras, les fatigues et les ennuis d'un déplacement onéreux ; on ne quitte une paroisse que pour prendre sa retraite. Telles étaient mes pensées il y a trois semaines encore. Du reste, j'étais aussi bien à Wailly qu'il est possible d'y être. Cependant, me voici votre pasteur de par la volonté de Monseigneur l'Évêque, volonté bien flatteuse pour vous, bien agréable pour moi. « Je suis « heureux, m'écrivait Mgr Dennel, d'avoir pu, dès les premiers « mois de mon administration, vous appeler à la direction d'une « paroisse qui promet des consolations à votre ministère. »

« En ce peu de mots, Monseigneur fait le plus grand éloge de Fressin, et il manifeste l'intérêt qu'il porte à un prêtre qui a été son collègue il y a trente-deux ans.

« Il avait raison de louer votre paroisse. Vous avez une église qui est l'ornement de la contrée et qui est pleine de souvenirs ; elle a vu, depuis plus de quatre siècles, vos pères se succéder sous ses voûtes ; d'illustres personnages, des guerriers et des évêques, y venir prier ; certaines sculptures plus fraîches redisent enfin le nom du prêtre distingué auquel, il y a neuf ans, vous faisiez de splendides funérailles.

« Je dois rendre hommage aussi à l'administration municipale, qui n'attendit point mon arrivée pour me donner l'assurance de ses bonnes dispositions.

« Et puis, c'est avec bonheur que je retrouve ici le maître

distingué et zélé, dont j'ai apprécié ailleurs le dévouement et l'esprit de foi (1).

« Je compte encore sur le concours bien précieux des chères Sœurs de la Sainte Famille, et vraiment, mes frères, vous êtes privilégiés, à l'heure où nous sommes, d'avoir des écoles ainsi dirigées.

« J'aurai aussi, pour m'aider, les exemples et les prières des personnes pieuses, de celles qui écartent les fléaux et attirent plus particulièrement sur une paroisse les bénédictions du Ciel.

« J'ai quitté, au pays d'Arras, deux doyens bien vénérables, l'un mon supérieur (2), l'autre mon voisin (3), et des confrères excellents ; mais je sais que c'est pour retrouver ici un autre supérieur éminemment bon et des confrères non moins dévoués

« Devenu votre pasteur, je dois m'appliquer d'abord à vous *connaître*... Dès demain, la quête du carême me donnera l'occasion de vous visiter sans retard.

« Le bon pasteur doit aussi *nourrir* son troupeau, en lui annonçant la parole de Dieu et en priant pour lui,... C'est un devoir rigoureux pour nous de faire le catéchisme aux enfants et le prône aux grandes personnes. Je tâcherai de remplir ce devoir régulièrement, mais par des instructions très courtes, afin de ne pas nous fatiguer ni les uns ni les autres.

« On peut accorder plus de temps à la prière. Le prêtre, comme Moïse et Élie, doit prier entre le vestibule et l'autel, pour attirer sur son peuple la rosée céleste.

« Le bon pasteur doit aimer son troupeau, et, au besoin, *donner sa vie pour ses brebis*. Je crois que l'accomplissement de ce devoir me sera facile. Je sens que mon cœur s'ouvre pour vous tous, tous sans exception, sans préférence, .. ou plutôt avec une prédilection marquée pour les pauvres, les affligés, les malades et les pécheurs, afin de consoler les uns et de ramener les autres.

« Aimons-nous les uns les autres ; supportez mes défauts avec la même indulgence que j'aurai pour les vôtres. Vivons dans la paix et l'union, nous excitant mutuellement au bien,

---

(1) M. l'instituteur Berthe, précédemment instituteur à Crépy.
(2) M. le chanoine de Taffin, doyen de St-Nicolas à Arras.
(3) M. le chanoine Magniez, doyen de Rivière.

nous prêtant réciproquement le secours de nos prières, afin qu'après avoir été unis sur la terre, nous nous retrouvions tous au Ciel. »

Nous avions écrit et nous allions placer ici une autobiographie détaillée, que les indifférents auraient pu passer, mais que nos amis auraient lue avec plaisir et intérêt.

Réflexion faite, nous supprimons ces pages. Le moi est haïssable. Au surplus, à l'âge où nous sommes parvenu, les rangs de nos vieux amis se sont singulièrement éclaircis. Il nous suffira donc de retenir le sommaire de ces Mémoires, et si nous nous arrêtons davantage sur nos premières années, c'est qu'il nous paraît utile de montrer ce qu'était, de 1830 à 1840, une éducation d'enfant dans une famille chrétienne de paysans de classe moyenne.

Plusieurs peut-être s'intéresseront aussi à ce qui sera dit de la vie de collège et de séminaire, à cette époque déjà éloignée.

Mon père, Aimable-Ernest Fromentin, qui avait successivement habité Auchy et Wamin, comme on l'a vu dès la première page de ce livre, épousa le mardi de la ducasse du Parcq, 14 septembre 1830, Rosalie-Marie-Josèphe Hochart, fille de Jean-Baptiste Hochart et de Rosalie Varlet. Trois ecclésiastiques assistèrent à ce mariage : M. Bonnard, curé du Parcq, prêtre officiant ; M. Delannoy, curé de Wamin, et M. l'abbé Hippolyte Fromentin, filleul et dernier frère de mon père.

Je naquis de ce mariage le 13 juin 1831, en la fête de Saint Antoine de Padoue. Au baptême, que je reçus le lendemain, on m'imposa le nom de ce saint séraphique, et celui de Charles, que je devais porter parce qu'il était le nom toujours porté jusque-là par l'aîné des Fromentin, et se trouvait être celui de mon parrain. Mon père était devenu le chef de la famille par suite de la mort malheureuse de son frère aîné Charles-François Rupert, arrivée à Auchy, le 14 décembre précédent.

La petite maison où je suis né et que j'ai pu conserver jusqu'à ce jour, appartenait à mon aïeul maternel. De ce côté, mes parents, maintenant bien éloignés, sont les Hannedouche, les Lombart et les Demarle du Parcq.

Ma grand'mère maternelle était originaire d'Auchy, d'une famille de treize enfants, qui fut élevée dans la ferme des Moines, devenue aujourd'hui la caserne de gendarmerie. Les Varlet d'Auchy sont tous mes parents, et j'ai là quantité de familles alliées dont je ne connais même pas les noms.

Du côté de mon père, j'ai pour parents les Fromentin d'Auchy, de Rollencourt et d'ailleurs, cousins germains, issus de germains et enfants d'iceux ; en remontant plus haut, les Ansel et les Démarest d'Auchy, les Déroziaux et les Leprêtre de Saint-Quentin, Rincq et Moulin-le-Comte en la commune d'Aire, les Bonsart et les Delhôtel d'Etrée-Blanche et de Wamin, les Lejosne (1) et les Lœuillet de Wamin, les Lebel de Conchy et de Fillièvres, les Deboffe d'Aubrometz, etc., etc.

Mon grand-père, qui n'était qu'un simple ouvrier, était un inébranlable chrétien. Il conserva jusqu'à sa mort le costume de l'ancien régime pour les fêtes de l'église : culottes courtes, souliers à boucles, et bicorne. Il était fier d'être le marguillier de Notre-Dame-du-Rosaire, de quêter à cet effet le premier dimanche du mois, de veiller à l'entretien de l'autel, de commander

---

(1) Mon bisaïeul paternel, Charles Fromentin, avait épousé Marie-Charlotte-Françoise-Joseph Lejosne.

les Messes de la neuvaine qui commençait le premier dimanche d'octobre. Dans la semaine, son bonnet de coton à la main, il récitait des prières en allant à son travail et en revenant à la maison. Passionné pour la viande, il s'en abstenait absolument depuis le mardi gras jusqu'au jour de Pâques, et pendant ces six semaines, sa fille et son gendre durent se contenter de potage maigre. Si mon père voulait user des adoucissements accordés par l'Église, après la Révolution, il ne pouvait le faire qu'avec du lard conservé en pâté.

L'aïeule n'était pas moins intransigeante, à sa manière. Le plus petit mensonge, le vol d'une épingle étaient pour elle des cas de condamnation sans appel. Je me serais cru damné, à dix ans, si j'avais cueilli, sans permission, dans le jardin de la maison, une grappe de groseilles ! A l'église, rien n'aurait été capable de me faire tourner la tête, ni même de me faire regarder par curiosité à droite ou à gauche. C'était un temps, du reste, où le précepte de St Paul était de rigueur ; femmes et filles n'allaient à l'église que sérieusement voilées, les plus âgées avec leur faille noire, les autres avec le capuce de leur mantelet ou avec un mouchoir sur la tête. Aux jours d'Exposition, c'est-à-dire environ trois fois tous les deux mois, nul n'aurait osé s'asseoir ; on restait debout ou à genoux toute la durée de la Messe et des Vêpres. Et aujourd'hui, quelques jeunesses trouvent que c'est trop d'avoir, pour se confesser ou communier, une voilette qui ne voile rien ! A pareil moment on devrait tenir plus de compte des Règlements diocésains et même des simples désirs de l'évêque.

A tout propos, au foyer de la famille, il était question de la Révolution. On y professait un grand respect pour les supériorités sociales. Mon aïeule avait un culte pour le nom de Bourbon. Elle méprisait et elle m'apprenait à mépriser les « Méchants », et elle qualifiait ainsi non seulement ceux qui avaient dressé l'échafaud, ceux qui avaient dépouillé les églises et brisé les statues des Saints, ceux qui avaient célébré les fêtes révolutionnaires, mais aussi et surtout ceux qui se donnaient des airs parce qu'ils étaient devenus riches en achetant des biens d'émigrés ou des biens d'église. Les enfants de ces parvenus ne trouvaient point grâce devant ses yeux. « C'est une mauvaise racine », disait-elle. Vienne une nouvelle révolution, on verra ce qu'ils sont !

Je n'ai pas souvenance qu'on m'ait beaucoup parlé de Louis-Philippe, ni des Journées de Juillet. Mais mon père parla plusieurs fois devant moi, avec une sorte de respect, de « l'Empereur » et des vieux « serviteurs ». C'était simplement un hommage rendu au grand capitaine. Je n'entendis jamais ni bénir Napoléon, ni maudire Bonaparte. Je ne sus point qu'il avait relevé les autels ni qu'il avait assassiné un Bourbon et persécuté Pie VII, ce pape plein de mansuétude qui avait consenti à le sacrer.

Mon père fut mon premier maître. Je savais lire et écrire quand on m'envoya chez le vieux Magister. Je n'avais guère plus de cinq ans. Deux ans après, le curé voulut me donner des leçons. A neuf ans, en 1840, je traduisais avec force analyses *l'Epitome* de Lhomond. J'ai encore mes premiers cahiers. Mais je ne sais vraiment à quoi cela m'a servi. Après quatre ans de latin je n'allai qu'en sixième, et j'ai toujours été le plus jeune élève de ma classe.

Je dois hommage et respect à ceux qui m'ont élevé. Mes parents ont considéré leurs fonctions comme un sacerdoce. Mais leur sollicitude leur fit peut-être dépasser la mesure. Sous prétexte de me préserver de tout contact dangereux, ils me retinrent constamment auprès d'eux ; il me fut interdit de prendre part aux jeux de palet, de barres et autres exercices auxquels se livraient les garçons de mon âge. J'étais frêle, il est vrai ; mais ces exercices corporels, pris avec modération, n'auraient pu que me fortifier. Au point de vue moral, les récréations en public, si l'œil du maître n'y fait point défaut, présentent moins de dangers que l'abri trop tranquille de certains presbytères dont les mamans ne se défient point. Les curés ont parfois de jeunes frères ou des neveux qui n'offrent pas toutes les garanties désirables.

A côté de ce système d'éducation où l'imprudence se mêlait au rigorisme, je trouve une lacune. Le soir, la prière était faite à haute voix, en commun ; c'était celle du catéchisme de Boulogne. Mais on ne me mit point de chapelet aux mains ni de médaille au cou. Et quand le moment fut venu de faire ma première Communion, si l'on m'inspira une grande crainte du sacrilège, si l'on s'occupa beaucoup de notre examen de conscience, ni le curé ni mes parents ne me firent rien entrevoir des amabilités de Notre-Seigneur au Très-Saint Sacrement. Hélas ! c'était dans la note de l'époque. Dans les meilleurs collèges, et même dans les Petits Séminaires, c'était alors faire acte de piété que communier tous les mois. Le sentiment qui dominait, dans l'église de France comme dans la famille, c'était le respect et la crainte.

Je reçus le sacrement de Confirmation à Hesdin, des mains de son Éminence Mgr le Cardinal de la Tour d'Auvergne, le lundi des Rogations, 2 mai 1842. Je fis ma première communion au Parcq, le 15 août 1843. Je savais mon catéchisme sur le bout des doigts depuis longtemps, et je le comprenais beaucoup mieux que personne. Cependant M. le Curé ne me donna que la troisième place. Il mit avant moi deux pauvres enfants d'ouvriers qui, peut-être, ont récité un jour plus couramment que moi la lettre du livre. Mes parents ne crièrent point à l'injustice ; ils ne firent même aucune observation à ce sujet. Pour moi, je me félicite d'avoir été placé à la suite de ces deux pauvres enfants.

Aux derniers mois de l'année 1843, il fallait aller en pension, sinon m'adresser à un quatrième maître dans le même presbytère, où deux curés n'avaient fait que passer. M. Delpierre, alors encore curé de St-Georges, conseilla à mon père de me placer au collège de Montreuil, chez M. Delwaulle.

J'y fis ma sixième et ma cinquième sous le bon M. Hautecœur, qui devait prolonger sa douce et édifiante existence jusqu'aux derniers jours de l'année 1890. A la rentrée d'octobre 1845, sur le conseil d'un compatriote, M. le chanoine Fréchon, directeur au grand séminaire, j'allai au petit séminaire d'Arras, qui n'était alors qu'un internat dont les élèves suivaient les cours du collège communal. M. l'abbé Delwaulle fut affligé, presque froissé de mon départ. Il m'aurait volontiers accordé les remises que plus considérables je comptais avoir à Arras. M. Fréchon estimait que le petit séminaire était l'abri naturel où se devait conserver et développer le germe d'une vocation ecclésiastique ; mais les vocations n'étaient pas moins soignées dans la maison de Montreuil, dont le chef, le chanoine Delwaulle, avait su s'assurer la collaboration d'hommes tels que M. Hamille, M. Coupé et M. Hautecœur. On en a eu la preuve éclatante, aux fêtes jubilaires de ce dernier, le 25 juin 1887, alors que l'on vit plus de cent ecclésiastiques, tous élèves de Montreuil, former une couronne d'honneur autour de l'aimable vieillard. M. Fréchon tenait-il à m'avoir près de lui avec d'autres compatriotes ? Je me souviens d'avoir été admis dans sa chambre, d'y avoir vu MM. Liévin et Lequette, ses amis intimes, et d'y avoir fait, avec trois condisciples Hesdinois, une petite collation par lui-même servie. Mais, outre qu'on ne se compromettait point à rester à Montreuil, comme le prouve le grand nombre de dignitaires qui en sont sortis, M. Fréchon, quelques semaines après nous avoir reçus, quittait lui-même le grand séminaire. Il avait encouru la disgrâce du Cardinal pour être resté l'ami du chanoine Godart. La Révolution du 24 février 1848 le trouva libre : Il fut élu représentant du peuple à l'Assemblée nationale constituante, et, l'année suivante, à l'Assemblée législative. La faveur populaire lui rouvrit en même temps les portes de l'Evêché. Il protesta contre le Coup d'État du 2 décembre 1851, et finalement mourut subitement, le lundi saint, 5 avril 1852, au grand séminaire d'Arras, où il suppléait avec bonheur M. Lequette, alors en pèlerinage à Rome.

De ce qu'on vient de lire il ne faudrait point conclure que j'ai regretté d'avoir fait la plus grande partie de mes études à Arras. Oh ! les charmantes années que nous y avons passées ! Oh ! les inoubliables impressions que nous y avons reçues ! Le 13 juin 1846, c'était l'inauguration officielle du chemin de fer du Nord par les ducs de Nemours et de Montpensier ; on nous conduisit au débarcadère pour voir les princes. Au mois d'octobre suivant, deux jours avant la rentrée, une circulaire nous annonçait une prolongation de vacances, à l'occasion du mariage du dernier fils de Louis-Philippe avec une infante d'Espagne. Le 1ᵉʳ mai 1847, on nous menait sur la Petite Place pour voir le feu d'artifice qui y était tiré à l'occasion de la fête du Roi des Français. Le 25 février 1848, c'était une autre musique, mais c'était du nouveau, et le nouveau intéresse toujours les enfants. A notre réveil, le surveillant de dortoir, le regretté M. Delattre, nous apprenait la mort d'un jeune élève, Midy, dont la mère se trouvait à Paris alors en révolution, et la culbute de Louis-Philippe, suite inattendue de cette révolution.

Et puis, ce furent les Journées de Juin ; nous allâmes au débarcadère (c'était le terme alors en usage), saluer la dépouille mortelle du général Négrier que l'on transportait à Lille ; et la nuit suivante, A.H., encore aujourd'hui vif et ingambe, haranguait, dans son sommeil, les insurgés et les soldats. Une pétition fut adressée par nous au Préfet pour que l'argent destiné aux livres de prix fût abandonné aux veuves et aux orphelins. La promulgation de la Constitution, l'élection de nos professeurs aux grades de la Garde nationale, étaient pour nous autant d'occasions de fêtes. Ce fut une année très mouvementée que l'année 1848. En novembre 1849, ce fut bien autre chose. Un principal nouveau, M. l'abbé Bercier, voyant à tort une injure à son adresse dans le sourire d'un bon jeune homme qui passait devant lui sans la moindre pensée hostile, se permit de souffleter ce jeune homme, un élève de notre classe, un élève de philosophie, un nouveau compagnon qui nous arrivait du collège de St-Pol ; et un instant après, au lieu de s'excuser, ledit principal faisait irruption comme un ouragan au milieu de la classe, et, devant le professeur stupéfait et tremblant, menaçait de nous foudroyer et de nous réduire en poudre. Résultat : trois semaines de repos. La classe de philosophie se mit en grève. Le père du souffleté cita le principal à répondre de son fait devant le tribunal correctionnel d'Arras, pendant que M. Wallon-Capelle exposait la question par correspondance à Mgr le Cardinal, en ce moment en tournée de confirmation dans le pays de Montreuil.

En attendant une solution, nous passâmes trois semaines fort agréables, à circuler, pendant les heures de classe, sur les promenades voisines de l'établissement.

Au bout des trois semaines, M. le principal Bercier fit arrêter le procès en payant les frais faits, et, dès lors, il fut charmant pour notre classe en général et pour l'élève Dusaussoy en particulier. Envoyé pour relever le Collège d'Arras et y faire fleurir la discipline, il reconnut loyalement s'être mépris en s'attaquant à ceux qu'il aurait dû considérer comme les soutiens de son autorité.

L'affaire aurait abouti d'une autre manière, si Monseigneur eût été à Arras. Car il tenait singulièrement à l'Université. A la grande inspection, il recevait ordinairement à son palais épiscopal les deux Messieurs venus de Paris. Le 10 août 1848 et le 13 août 1849, il vint encore à la salle des Concerts présider la distribution des prix du Collège qu'il aimait. Il n'y fit point de discours ; mais il fit entendre, en quelques mots pleins d'expression, qu'il se félicitait toujours de faire suivre à ses jeunes séminaristes les cours de l'établissement universitaire, parce que c'était, à ses yeux, le moyen d'éprouver les vocations.

L'allocution ne dut plaire à personne ; elle n'était point flatteuse pour l'Université, elle ne devait pas davantage être bien agréable au clergé. Cependant nul ne songea à protester.

Observerait-on aujourd'hui le même respectueux silence, ne crierait-on pas au scandale, si un autre prélat prenait occasion de la loi militaire pour exalter la sollicitude des hommes politiques à l'égard des vocations ecclésiastiques ? Car enfin, puisque les jeunes lévites, que l'on appelle dans les casernes, ne doivent point faire le coup de feu en cas de guerre, mais servir dans les ambulances, pourquoi les faire sortir du Séminaire, si ce n'est pour les affermir dans leur vocation et les rendre plus utiles à l'Église ?

Bien qu'il soit anormal que des élèves ecclésiastiques soient placés sous la direction de maîtres laïques dans un établissement laïque, nous n'avons pas gardé un mauvais souvenir de notre passage par le collège d'Arras, où nous n'allions, du reste, qu'en qualité d'externes.

De tous les maîtres que nous avons eus, il n'y en a point qui nous ait autant charmé que M. de Mallortie, notre éminent professeur de rhétorique.

Une des belles journées de notre vie, ce fut celle où nous fimes nos adieux au Collège et au Petit Séminaire d'Arras, la journée du 12 août 1850.

Outre les classes du Collège, nous avions au Petit Séminaire des Cours Supplémentaires ou répétitions générales ; chaque semaine, on faisait aussi une composition, et, à la fin de l'année, il y avait une distribution de prix. Cette distribution se faisait simplement dans la salle d'études, le matin, vers onze heures, celle du Collège ayant lieu l'après-midi, dans la salle des Concerts.

Au Petit Séminaire, on ne pouvait avoir que trois prix : le prix d'Instruction religieuse, dont chaque cours, la philosophie exceptée, réunissait plusieurs classes ; le prix d'Excellence, que l'on nommait le prix d'Éminence, et enfin le prix de Composition sur la principale faculté de la classe. Or, le matin du 12 août 1850, je reçus des mains de Son Éminence le premier prix d'instruction religieuse en philosophie ; mon nom fut appelé le premier.

J'étais loin pourtant d'être le premier élève de la classe. Le soir, au Collège, j'eus le second prix de dissertation latine et le second prix de dissertation française. Je pouvais occuper ce rang aussi bien que deux ou trois autres de mes condisciples. Mais ni eux ni moi ne pouvions lutter contre M. Queste. Cependant le hasard voulut que j'eusse vraiment mérité le premier prix d'instruction religieuse, parce que j'avais lu et médité dans l'Abrégé des *Conférences de Wiseman* (un livre que l'on m'avait donné pour prix à Montreuil en 1845), la Question de la Règle de Foi des Catholiques et de la règle de Foi des Protestants, qui avait été traitée avec les mêmes divisions et dans les mêmes termes par M. Thomas, notre répétiteur, avantage que n'avait pas eu M. Queste.

Au cours de science, c'est-à-dire une classe sur deux, je faisais d'agréables lectures, ne les interrompant que pour regarder les expériences. M. Vasseur et M. Queste (je prie humblement M. l'Archiprêtre de Montreuil de me pardonner) n'en faisaient guère d'avantage. C'était chez moi ennui et inaptitude complète, simple dédain chez mes condisciples.

J'ai donc quitté le Petit Séminaire sous les meilleures impressions.

Le 1ᵉʳ octobre 1850, j'entrai au Grand Séminaire. N'étaient deux fatales journées, le 2 décembre 1851 et la mort subite de M. Fréchon, je pourrais dire que j'y ai été constamment heureux. Je sortis de cette maison sous-diacre en juin 1853, et allai terminer l'année scolaire à la belle institution de Marcq, qui vient de célébrer avec solennité le cinquantième anniversaire de sa fondation. Je passai l'année 1853-54 au collège de Saint-Winoc de Bergues, d'où j'allai au collège Sainte-Marie, à Aire, deux maisons qui faisaient alors partie de la Société de St-Bertin. Je restai six ans au collège Sainte-Marie. Ma santé, ébranlée depuis l'été de 1855, me força de sortir de la carrière de l'enseignement au mois d'août 1860. J'avais été ordonné prêtre le 22 septembre 1855, avec des condisciples de la classe qui nous suivait.

J'ai été fort heureux pendant ces sept années,

surtout au collège d'Aire, où j'avais les plus grands élèves. La classe était une réunion d'amis. On y causait quelques minutes *de omni re*; on était en si petit comité ! Et puis on expliquait les auteurs, on corrigeait les devoirs, toujours sans effort, ni contention, ce qui n'empêchait point les élèves de travailler bien fort. J'ai peut-être, à ce propos, à regretter d'être allé un peu loin dans certaines appréciations historiques. C'était le temps où l'hôte accidentel des Tuileries arrangeait à sa façon et publiait les notes que lui avait fournies Victor Duruy. Je croyais de bonne guerre de lui opposer la *Vie de César* de Lamartine. Or, quelques-uns de mes auditeurs ont beaucoup fait parler d'eux, et certes, dans les Chambres, ils ont pris rang ailleurs que je n'eusse souhaité. La liberté politique s'unissait dans ma pensée aux traditions nationales ; en tout cas, elle ne devait pas être exclusive de la liberté religieuse.

Après deux mois de vacances et de repos, M. Delpierre, devenu curé de Béalencourt, détermina ma nomination à la petite paroisse de Crépy, détachée d'Ambricourt, et qui était vacante depuis quelques mois. J'y fus nommé le 2 octobre 1860. Le poste n'était pas recherché. Les trois premiers curés de Crépy, mes prédécesseurs, le dernier surtout, avaient éprouvé beaucoup de déboires pour une misérable question de puits. Ce puits était presbytéral, selon les curés et selon le bon sens, banal selon quelques-uns. De plus, Crépy avait une pauvre église et un pauvre presbytère. Mais je ne faisais qu'entrer dans le ministère ; je ne pouvais pas être difficile.

Je passai dix-huit ans à Crépy. La question qui avait tant fait souffrir mes prédécesseurs fut tranchée par le concours de toutes les autorités : l'évêché, représenté surtout par M. Parenty et M. Lequette ;

l'autorité civile, en la personne de M. Kéguelin de Rozières, juge de paix de Fruges ; mais surtout l'autorité du propriétaire, M. le marquis de Partz, dont l'intervention, en s'attaquant aux intérêts, détermina la soumission des opposants et leur reconnaissance par écrit des droits du presbytère.

Je fus généralement content à Crépy. Mes trois prédécesseurs n'avaient fait qu'y passer. En dix-huit ans rigoureusement réglementés j'y créai des traditions. J'y établis le culte de sainte Philomène, pour lequel j'obtins de grandes faveurs du Saint-Siège : 1º en juillet 1863, des indulgences perpétuelles, plénière et partielles ; 2º en janvier 1864, l'institution d'une fête fixée à la date du onze août ; 3º un office propre dont le chant fut noté par M. Planque. Le curé de Crépy a le grand privilège de pouvoir réciter cet office qui est le même que celui de Mugnano au diocèse de Nole. J'ai pu mener ausssi à bonne fin l'œuvre de l'agrandissement et de la restauration de l'église. On venait de restaurer convenablement le presbytère, quand je quittai cette paroisse, où je laissais les restes mortels de mon père, de ma mère et d'une nièce. Depuis cinq ans, j'avais le binage d'Ambricourt, qui m'avait été imposé en avril 1873, seulement pour quelques mois, mais que j'avais conservé avec l'attachement de la population. Jamais je n'avais été auparavant, et jamais je n'ai été depuis lors, aussi à l'aise, matériellement, que pendant ces cinq années. Je serais donc resté à Crépy, j'y aurais fini mes jours, si le Conseil municipal avait accueilli le projet formé par moi d'élever une tour à l'église pour achever d'embellir l'édifice et y placer une cloche que l'on m'avait promise. Peut-être ne pensai-je pas assez à ce que dit Notre-Seigneur en St Luc, ch. XIV : *Hic homo cœpit ædificare et non potuit consummare.*

Quoi qu'il en soit, en juin 1878, j'allai à Wailly-lez-Arras, où je trouvai une belle église, une bonne population, un presbytère convenable et un accueil enthousiaste. J'éprouvai beaucoup de consolations dans cette paroisse, à côté de quelques froissements. Ce qui m'y fit le plus souffrir, ce fut la rivalité des deux écoles de filles et la persistance de l'école laïque à vouloir persuader à la population que j'avais des préférences pour les élèves de l'école des Sœurs, et que ces préférences me faisaient manquer d'impartialité dans les examens de catéchisme, tandis que je me faisais une loi de la plus rigoureuse justice. J'appréciai aussi beaucoup l'amitié et la confiance dont m'honora M. Duriez de Vildesove, la piété de mes conseillers de fabrique, le concours que me donnèrent Madame Accart, M. Emmanuel Théry et d'autres encore, pour disposer les malades à recevoir les derniers sacrements, et enfin l'exemple réconfortant de la foi et de la résignation de beaucoup de paroissiens à l'article de la mort. J'ai rarement vu prier aussi bien et avec autant de ferveur qu'à Wailly.

Cependant, le 10 mars 1885, j'étais installé à Fressin, paroisse qui était vacante depuis deux mois.

Il n'y a pas lieu d'insister sur diverses restitutions que j'ai cru devoir faire pour effacer jusqu'à la dernière trace des dissentiments passés, comme de rétablir les chandelles de St Nicolas, Ste Catherine, la Ste Vierge et Ste Anne. Ce sont des institutions qui étonnent parfois les étrangers ; mais il suffit qu'elles soient de tradition dans notre diocèse et maintenues dans les paroisses d'alentour, pour qu'il m'ait paru convenable de ne pas nous placer à l'état d'exception.

Une grande question se posa dès le jour de mon installation, celle de la restauration ou de la reconstruction du presbytère. L'ancien, quoique en torchis et sans étage, avait son mérite. Il n'était pas trop mal distribué ; on allait directement dans la cuisine, la cour, le jardin, la chambre de M. le Curé et la grande salle, sans passer par aucune place intermédiaire. Il y avait pourtant deux chambres à coucher auxquelles on ne pouvait accéder qu'en traversant la salle. Le bâtiment principal occupait toute la largeur du terrain presbytéral, soit 29 mètres, les places à l'usage d'habitation étant continuées par une grange avec ses trois parties : l'aire à battre le grain et les deux annexes où l'on tassait les gerbes. La cuisine et le fournil formaient équerre avec le bâtiment principal. Parallèlement à ce bâtiment et fermant la cour au nord, se trouvait une construction légère, longue et étroite, nommée le Glen (1), servant de bûcher, de poulailler, d'étable, etc. Ce Glen était absolument en ruine ; mais le grand bâtiment avait encore une belle et forte charpente.

Les sentiments étaient donc partagés. Mais quand M. l'architecte Ronfort, appelé par M. le Maire, eut esquissé devant tout le Conseil municipal le devis de ce que coûterait une restauration convenable, le Conseil n'hésita plus. On fut unanimement d'avis de faire une construction nouvelle. L'initiative des délibérations émana du Conseil de fabrique. Le 5 juillet 1885, il vota 1500 francs, et alors on croyait bien que ce serait une simple formalité, et que la commune ne souffrirait pas que la Fabrique employât à la construction d'un presbytère un argent qui lui était si nécessaire pour l'entretien et l'ornementation de l'église. Loin de là : il fallut ajouter à ce vote ; le 26 mai 1886, le Conseil de fabrique s'engagea pour un supplément de 150 francs.

---

(1) On voit sur les registres *Glen, Glan, Glandl*. Aucun de ces mots n'est dans le Dictionnaire.

Cela ne suffit pas encore à la Préfecture ; le 13 février 1887, il fallut de nouveau voter 150 francs. C'est donc un total de 1800 francs, payables en quatre annuités, que les exigences de l'Administration nous forcèrent de voter et de payer. On alla même jusqu'à demander aux sept membres du Conseil de « s'engager individuellement et solidairement à verser dans la caisse de la Commune de Fressin la somme de dix-huit cents francs votée par la Fabrique de ladite commune, à l'effet de subvenir à la reconstruction du presbytère, et ce à titre de garantie demandée et pour le cas où les ressources fabriciennes ne permettraient pas de le faire aux époques et dans les délais indiqués par le cahier des charges. » Ces Messieurs se montrèrent un peu surpris de ces exigences. Toutefois, ils signèrent sans difficulté l'engagement demandé, au risque d'y aller de leurs deniers, si un bouleversement politique venait à empêcher l'administration de l'église de faire honneur à sa signature. On ne peut désirer de meilleure preuve de l'accord qui existait entre nous tous. C'était le 23 juin 1887.

J'ai écrit que la Fabrique contribua pour la somme de 1.800 francs à la construction du nouveau presbytère. J'aurais pu écrire que l'église en fut pour ses 2.000 francs ; car on y affecta encore une somme de 200 francs en dehors des crédits budgétaires et des fonds de la fabrique, 200 francs cependant qui, sans l'urgence, auraient trouvé leur emploi à l'intérieur de l'église. Je pourrais ajouter que j'y ai contribué moi-même de mes deniers personnels, en petites sommes, dont le total ne laisse pas d'être très appréciable, pour divers travaux accessoires, non prévus au devis, mais néanmoins indispensables, sans parler des dépenses inévitables pour déplacements de mobilier et encouragement aux ouvriers.

La Préfecture avait rejeté le premier plan de l'architecte. Le plan donnait au bâtiment onze mètres de longueur, comportait des placards dans les chambres à coucher, une toiture en ardoises, quelques détails décoratifs. On nous écrivit qu'il fallait un style « calme ! » Le plan et le devis durent être réduits. Disons tout de suite que nous y avons beaucoup gagné. Tout en s'en tenant fidèlement au plan nouveau approuvé par l'administration, le Conseil municipal nous dota d'un presbytère préférable à celui dont le plan avait été rejeté. Il fit construire sur l'ancienne cave, qui fut ainsi conservée, un petit bâtiment annexe, dont on fit une cuisine, une arrière-cuisine et un débarrassoir. La cuisine ayant sa croisée sur la rue permet de faire l'aumône aux pauvres sans aller à la porte, comme de voir quels sont ceux qui se présentent pour entrer. Le côté du bâtiment principal, qui devait être affecté à usage de cuisine, est partagé en deux petites places qui se communiquent, l'une pour salle à manger, reliée à la cuisine par un petit couloir, l'autre pour cabinet de travail, toutes deux ayant une porte sur le corridor transversal où se trouve l'escalier. Il devint dès lors inutile de diviser l'autre côté par une cloison mobile, comme il était marqué dans le plan, un tiers devant servir de bureau, et les deux autres tiers remplir la double destination de salle à manger et de parloir. Il résulta seulement de cette suppression de cloison, que la salle paraît bien courte relativement à sa largeur ; elle fait un peu l'effet d'un corridor, inconvénient qui eût paru moins sensible si elle eût été divisée en deux. Je crois bien qu'à recommencer on allongerait le bâtiment d'au moins cinquante centimètres, ce que l'on aurait pu faire sans provoquer de réclamation. A cela près, le presbytère de Fressin est un des plus beaux de la région ; il ne manque pas d'une certaine élégance ; il est surtout agréable et commode. Il y a à l'étage quatre chambres à feu, toutes donnant sur le palier. Celles qui prennent jour sur le midi jouissent d'un superbe panorama.

Hommage à qui de droit! Nous devons ce presbytère, moi d'abord, mes successeurs ensuite, à l'activité de M. le Maire Viollette, à qui revient surtout l'honneur de l'entreprise ; aux deux Conseils de la Commune et de la fabrique, et aussi à la faveur dont M. Annequin, conseiller d'arrondissement, jouit auprès de l'Administration. M. Boudenoot, conseiller général, aujourd'hui député de Montreuil, nous obtint une subvention de l'État et nous exempta de l'obligation que l'on voulait nous imposer de vendre les terres de l'église, ne conservant que la somme nécessaire à l'acquit des services religieux. En ce qui nous concerne, nous aurions préféré passer le reste de notre vie dans la misère que de consentir à cette spoliation.

Je dois aussi personnellement de la reconnaissance à M. le baron Roger Seillière et à M. de Saint-Aignan, son représentant à Fressin. Ils ont voulu que je fusse très convenablement logé pendant les quatorze mois que j'ai passés hors du presbytère.

Je déménageai en juillet 1887. Le nouveau bâtiment était couvert avant la fin de cette même année. Si la toiture porte la date de 1888, selon que l'a voulu M. Viollette, c'est que les pannes n'ont été définitivement placées qu'après l'hiver. Je m'installai dans la nouvelle construction en septembre 1888. Toutefois, les boiseries ne furent peintes et les murs tapissés qu'en juillet 1889.

A part la solennité de l'Adoration perpétuelle et les premières communions, nous avons cru inopportun jusqu'à présent d'appeler des prédicateurs étrangers.

La dernière mission que la paroisse dut au zèle de M. Prin a trouvé beaucoup d'esprits mal disposés. En octobre 1886, notre ami, le P. Bernard de Laroière nous a fait envoyer le R. P. G ,.. des Frères-Prêcheurs. La parole harmonieuse de ce dominicain charma quelques dilettanti. En pareil cas, l'insuccès est plus fâcheux que la privation.

M. Prin n'avait point fait de premières communions en 1884 ; mais les enfants étaient préparés. J'achevai de les disposer et les admis à la Sainte-Table le 31 mai 1885. Pour l'avenir, la population de Fressin diminuant chaque année, et les enfants n'étant pas exposés à être entraînés dans les usines ou dans les mines, il m'a paru préférable de ne faire les premières communions que tous les deux ans, et j'ai choisi la même fête qu'autrefois à Crépy, celle du Patronage de St Joseph, le troisième dimanche après Pâques. Comme on n'est encore qu'au printemps, je rends ainsi aux familles les plus grands enfants, ceux de la première année, pour les travaux des champs. Ils ont le même avantage que si l'on communiait tous les ans en juillet. Les enfants sont, pendant deux ans, l'objet d'une préparation toute spéciale, dans un cours qui est fait pour eux seuls, et Monseigneur m'accordant une prolongation de huit jours pour le temps des communions pascales, j'arrive à amener beaucoup de parents à accompagner leurs enfants à la Table Sainte. La dernière fois, cette circonstance a même déterminé un certain nombre de retours.

En 1885, je n'appelai aucun confrère à mon aide. Le 1er mai 1887, les instructions du matin et du soir furent données par l'éminent et regretté directeur du Petit Séminaire d'Arras, M. le chanoine Hippolyte Briois. Le 12 mars 1889, elles le furent par M. Leroux, curé de Béalencourt, actuellement curé de Thiembronne.

Le 19 avril 1891, les instructions de l'après-midi furent données par M. Capelle, curé de Planques.

Le mardi 6 octobre 1885, Mgr Dennel vint pour la première fois visiter l'église de Fressin. Il confirma les enfants de Fressin (35 garçons et 26 filles), et ceux de Planques et de Bucamps.

Sa Grandeur, partie de Fruges après-midi, s'arrêta à Ruisseauville, et n'arriva qu'assez tard à Fressin. Après la cérémonie, Elle reçut au presbytère le Conseil municipal, le Conseil de fabrique, le Clergé, les Sœurs, les dames de l'œuvre des pauvres malades. Elle fit une courte visite à M. Raphaël Viollette, et au moment où l'on allumait les bougies, Elle partit pour l'église de Torcy, où l'attendaient depuis longtemps les enfants de Sains, de Torcy et de Créquy. M. Modeste Hélin, curé de St-Michel, à Lille, faisait les fonctions de vicaire général.

Le 9 avril 1888, Mgr Dennel vint à Planques, où 16 garçons et 17 filles de Fressin reçurent le sacrement de Confirmation. Le lendemain, il allait à Créquy, en passant par notre hameau de l'Épaule.

Enfin, Sa Grandeur vient de nous faire l'honneur de séjourner chez nous un peu plus qu'en 1885, et surtout de présider la cérémonie de l'érection d'un calvaire paroissial, destiné, selon l'intention de la famille qui en a fait don, à couvrir de son ombre tutélaire les restes de nos morts. Quelques-uns auraient désiré que ce calvaire fût placé à l'angle sud-est du cimetière, contre la rue ; mais à cette place il ne remplissait pas son but. L'avis de M. le Maire et le mien, partagé par la majorité du Conseil de fabrique, a été de le placer entre les deux portails de la façade-sud de l'église, de façon à ce qu'il ait cette partie du cimetière devant lui, que tous soient invités à lui rendre hommage pour entrer dans le lieu saint, et qu'il soit facile d'y faire la station accoutumée aux processions du dimanche des Rameaux et du jour des Morts. Ma seule crainte était de commettre un contre-sens, de faire tort, par exemple, à l'admirable façade de l'église. Mais M. Clovis Normand, qui est en pareille matière un juge sans appel, nous a tirés d'inquiétude à cet égard.

Le mardi 7 juillet 1891, Mgr Dennel (1) nous arriva vers quatre heures. Il confirma les enfants de Fressin (30 garçons et 36 filles), Coupelle-Neuve et Avondance, Canlers et Ruisseauville, Planques et Bucamps. Puis il bénit la croix du cimetière. Le sermon fut donné par M. le chanoine Leleux, vicaire général, et fut religieusement écouté. Le grand nombre des paroisses convoquées pour la Confirmation, la cérémonie de la plantation de croix et la coïncidence de la fête communale

---

(1) Nous étions bien loin, en écrivant cette page, de penser que Mgr Dennel nous avait visités pour la dernière fois. D'autres pourront se reprocher d'avoir imposé des besognes supplémentaires à un évêque déjà surmené par l'excès de son zèle. Quant à nous, dès le jour où nous lui avons demandé de bénir notre calvaire, nous lui avons signifié respectueusement, mais formellement, que le discours devait être fait par M. le vicaire général, soit M. Leleux, soit M. Depotter. M. Leleux a édifié et captivé son nombreux auditoire. Cela pouvait suffire. Mais Monseigneur ne crut pas pouvoir se dispenser de parler encore aux enfants et de le faire longuement.

La nouvelle de sa maladie, sitôt suivie de la nouvelle de sa mort, a douloureusement impressionné notre paroisse. — Pour nous, ce n'est pas sans attendrissement que nous nous le représentons dans cette soirée où il charma nos confrères et nos fabriciens par sa parole, tantôt élevée, tantôt enjouée, soit qu'il nous montrât la nécessité qui s'impose aux chrétiens, à l'heure présente, de s'unir pour la défense de leur foi, soit qu'il prît plaisir à nous taquiner personnellement. Nous le voyons encore, après comme avant le souper, parcourir à pas pressés les voyettes de notre jardin pour rafraîchir ses poumons. Et, le lendemain matin, avant sa messe, avec quel bonheur il parcourait toute la maison, en visitait les coins et recoins, allait aux dépendances, ouvrant toutes les portes, voulant voir les poules, la chèvre, les lapins. Aux personnes de service qui le regardaient quelque peu étonnées, il disait qu'il voudrait être ainsi chez lui. Hélas ! Pourquoi ne s'est-il pas accordé plus souvent et à plus larges doses ces jouissances d'écolier en vacances, qui auraient prolongé ses jours et lui auraient permis de faire plus de bien ?

donnèrent à l'orateur un auditoire exceptionnellement nombreux.

Trois ans auparavant, le dimanche 29 juillet 1888, nous avions eu une cérémonie du même genre. Le Calvaire, qui fut bénit ce jour-là, était planté, à deux kilomètres de l'église, à la limite du territoire du côté de Planques, sur le terrain et aux frais de M. Dieudonné Branquart et de dame Aimée Leborgne, son épouse. M. Bonvarlet, doyen de Fruges, présida la cérémonie et fit le sermon. M. Branquart y avait encore invité MM. les curés de Planques et de Coupelle-Neuve. La procession se fit au chant des vêpres, à cause de la distance, sans pluie dans une journée pluvieuse.

Depuis notre arrivée à Fressin, le mobilier de l'église s'est accru de divers objets. Le 15 août 1885, ce fut une bannière du Sacré-Cœur, donnée par Marie Verdin, femme Legay, et inaugurée le jour même où mourut la donatrice. Cette bannière a été achetée par M. l'abbé Delzenne ; on ne m'a dit ni où ni à quel prix. La même année, la veille de l'Adoration, qui a lieu le 1er octobre, M. Biais, de Paris, nous envoyait un ornement complet, chasuble, tunique, dalmatique et chape, donné, à notre demande, par M. le baron Roger Seillière. Deux ans plus tard, nous recevions un ornement drap d'or mi-fin, de Madame de Belloy, d'Hesdin; à la sollicitation de Madame la vicomtesse Lenoir, pour servir aux fêtes de second ordre et à la grand'messe les dimanches d'exposition mensuelle. Enfin, en février 1891, Mademoiselle Hélène Annequin, à l'occasion de son mariage avec M. le percepteur Descle, nous permit de renouveler les bannières du Rosaire et de St-Joseph, qui avaient été données autrefois par Mademoiselle Zélie Briche, sa mère. Les nouvelles bannières, auxquelles on a laissé l'ancien sujet, sortent des ateliers de M. Biais, et ont coûté ensemble 250 francs.

Depuis quelques années, l'on voit dans notre église des décorations qu'on ne voit guère ailleurs ; ce sont des tentures avec dômes et grandes oriflammes, blanches et rouges pour l'octave du Saint-Sacrement et l'Adoration, blanches et bleues pour l'Assomption et le Rosaire. M. Bonhomme ne voulait pas que l'on décorât son église ; c'était, selon lui, la défigurer. Théoriquement il avait bien raison. Mais une décoration qui n'est pas à demeure, qui n'est placée là que pour quelques jours, ne peut point faire tort au monument ; elle ne fait que relever une fête et éveiller la piété. Au surplus, on ne peut accuser la Fabrique de prodigalité à cette occasion. Ces décorations ne lui appartiennent pas ; ce n'est pas elle qui les a achetées ; ce n'est pas elle qui les fait placer ou enlever, comme ce n'est pas non plus à ses frais qu'à certains jours le chœur et le maître-autel brillent de l'éclat de centaines de bougies. *Hi in curribus et hi in equis...*

Les principales délibérations du Conseil de fabrique, depuis notre arrivée à Fressin, ont eu pour objet :

1º en la séance du 5 juillet 1885, l'exécution du décret présidentiel du 16 mai 1879, relatif au placement en rentes 3 0/0 sur l'État du produit de la vente du mobilier de M. Bonhomme, estimé d'abord 1893^{fr} 50, et qui s'est élevé à la somme de 1911^{fr} 95 cent. ;

2º le 3 janvier 1886, le legs fait par la demoiselle Victorine Bossu de 48 ares de terre, et la donation par la veuve Verdin de 5 fr. de rentes. ;

3º les différents votes pour la reconstruction du presbytère.

Le 17 avril 1887, M. Dieudonné Branquart, propriétaire, entra au Conseil de fabrique, en remplacement de M. Léon Bruchet, récemment décédé.

Nous pensons ne pas déplaire à quelques-uns de nos

lecteurs en terminant cette partie de notre travail par le coutumier paroissial et le tableau sommaire des revenus et des charges de la fabrique.

Coutumier.

Horaire de l'office public. — A cause de l'étendue exceptionnelle de la paroisse, nous mettons deux heures et demie d'intervalle entre l'heure de la première messe et celle de la seconde messe *les dimanches et fêtes*.

A partir du 1ᵉʳ novembre, la messe basse est à 8 heures, et la grand'messe à dix heures et demie.

Du dimanche des Rameaux à la Toussaint, la première messe est à 7 heures et demie, la seconde à dix heures.

Les Vêpres, en été comme en hiver, sont à 2 heures et demie.

Cependant, aux fêtes de Noël, Pâques, Ascension, Pentecôte et des dimanches où l'on a chanté la messe à l'intention des Chandeliers et Chandelières de Saint-Nicolas, de Sainte-Catherine, de la Sainte-Vierge et de Sainte-Anne, les vêpres sont chantées à trois heures. Elles sont même retardées jusqu'à trois heures et demie ou quatre heures, les dimanches où se font les deux grandes processions du Saint-Sacrement et le jour de l'Assomption.

Le jour de l'Adoration est le seul de l'année où la grand'messe soit à onze heures.

Le premier dimanche d'octobre, la grand'messe, chantée pour la Confrérie du Rosaire, est la première, à sept heures et demie. Ce jour-là, la messe de paroisse étant une messe basse, est retardée jusqu'à dix heures et demie.

Le jour de la première Communion des enfants, même règle qu'au Rosaire, si ce n'est qu'on va processionnellement chercher les communiants à l'école des Sœurs à sept heures et quart.

Les dimanches où la grand'messe de dix heures se chante en l'honneur de Saint-Nicolas, de l'Annonciation ou de Sainte-Anne, pour les jeunes gens, les jeunes filles ou les dames de la paroisse, on bénit l'eau et le pain, et on fait l'aspersion avant la première messe, qui maintenant est une messe basse, et l'on y fait les prières, les recommandations et publications du prône.

Dans la semaine. — A Crépy, je disais la messe à sept heures de Pâques à la Toussaint, et à huit heures de la Toussaint à Pâques.

A Fressin, j'ai consenti à modifier un peu mon règlement. La messe quotidienne a lieu à huit heures dans les plus courts jours, trois ou quatre mois; à sept heures et demie le reste de l'année.

L'heure de la prière du soir, qui précède toujours le salut, varie suivant les saisons. En juin, on la fait un dimanche ou deux à huit heures et demie.

Exceptionnellement, le jour de l'Adoration, le salut n'a lieu qu'à sept heures; on n'y fait point la prière du soir; mais on y fait la procession du Très-Saint-Sacrement.

Remarque générale. — L'heure indiquée est celle où l'office commence et où finit la sonnerie qui doit durer un quart d'heure, soit dix minutes de volée et cinq de tintement. S'il arrive que le sonneur soit en retard, l'heure de l'office n'est point retardée pour cela; la sonnerie seule est écourtée.

Quand l'heure sonne à l'horloge, on commence l'office, sans qu'aucune considération d'intérêt, de plaisir ou même de convenance le puisse faire retarder. L'appel près d'un malade en péril de mort peut seul donner lieu à une modification de l'horaire.

Horaire des offices particuliers. — Cet horaire peut subir divers changements, selon les conventions entre les familles et le clergé. En règle générale, la messe ne se dit à onze heures et demie qu'aux mariages de la classe extraordinaire ; à onze heures pour les mariages de la première classe, les enterrements de la classe extraordinaire et ceux de la première classe ; à dix heures pour les mariages et les enterrements de la seconde classe ; à neuf heures pour les mariages et les enterrements de la troisième classe ; à huit heures pour les mariages et les enterrements de la quatrième classe et pour les indigents.

Quant aux enterrements, l'heure indiquée est celle de l'unique ou du dernier service. Le temps que peuvent demander le convoi et les vigiles doit être pris par anticipation avant l'heure réglementaire ci-dessus.

Nous allons chercher nos paroissiens défunts à leur domicile, quelle que soit leur classe, et quelle que soit la distance, même de deux, trois ou quatre kilomètres, sans rien demander de l'indemnité prévue au tarif pour les convois. Mais on paie la conduite du corps, quand, après le service, on le fait transporter dans une autre paroisse.

Pour les Obits, Messe d'Anges et Messes à dévotion, les familles expriment leurs intentions à M. le Curé.

Confréries, Œuvres et pratiques de dévotions.— On a vu précédemment que nous avons deux Confréries à Fressin, celle du *Saint-Sacrement* et celle du *Saint-Rosaire*. Quoique ces deux Confréries reçoivent les fidèles des deux sexes, notre Confrérie du St-Sacrement se recrute principalement parmi les hommes, et celle du Rosaire parmi les femmes.

Pour être membre de *la Confrérie du Saint-Sacrement* à Fressin, il faut avoir fait sa première Communion, être âgé d'environ quinze ans, remplir exactement les principaux devoirs du chrétien, qui sont l'accomplissement du devoir pascal et l'assistance à la messe les dimanches et les fêtes d'obligation. On désire que les Confrères communient le Jeudi-Saint et le jour de l'Adoration, et que, ces jours-là, ils fassent leur heure de garde devant le Saint-Sacrement. On leur conseille aussi de communier aux principales fêtes, telles que la Noël, la Pentecôte, le dimanche où se fait la solennité de la Fête-Dieu ou un jour dans l'octave, l'Assomption, la Toussaint, la fête de Saint Martin et le deuxième dimanche de chaque mois. Ce serait d'un bon et fortifiant exemple si ces conseils étaient suivis.

Les Confrères ont chacun un cierge qu'ils portent devant ou derrière le dais aux processions du Saint-Sacrement. Une quête est faite par l'un d'eux, les jours d'Exposition, pour les frais de la Confrérie; de plus, chaque membre paie une légère cotisation annuelle. Chaque année, un jour de l'Octave de la Dédicace des Églises, on chante un Obit solennel, avec un Nocturne et les Laudes, pour les défunts membres ou bienfaiteurs de la Confrérie. De plus, un obit semblable est chanté pour chaque Confrère défunt le premier jour libre après son décès. Enfin, dans l'Octave du T. S. Sacrement, on chante des messes, suivant les ressources de la Confrérie, pour les Confrères et les Consœurs vivants et pour les personnes qui, pendant l'année, ont donné aux quêtes de la Confrérie.

Un Salut est chanté pour les Confrères le quatrième

jeudi de chaque mois. Nous ne demandons aucune rétribution pour cet office.

La Confrérie du Rosaire s'adresse à tous les fidèles, à condition de remplir le devoir pascal et de sanctifier le dimanche. Les enfants n'y sont pourtant admis que deux ans après leur première Communion. On célèbre avec solennité la fête du premier dimanche d'octobre. La procession au chant des Litanies de la Sainte Vierge, qui se fait, à l'intérieur de l'église, tous les premiers dimanches du mois, après les vêpres, entre l'antienne majeure et le *Tantum ergo*, se fait, le dimanche du Rosaire, dans les rues du village avec une solennité particulière. Généralement, un prêtre étranger y vient donner une instruction.

Tous les ans, le premier jour libre après la fête du Saint-Rosaire, un obit simple est chanté pour les Confrères défunts.

Aucune cotisation n'est exigée. Cependant, les Confrères et les Consœurs qui auront remis une offrande volontaire aux mains du trésorier, le jour de leur admission, et renouvelé chaque année cette offrande, si petite soit-elle, ont, après leur décès, une messe basse aux frais de la Confrérie.

Nous avons aussi une *Congrégation des jeunes filles* qui désirent mener une conduite spécialement régulière, en qualité d'*Enfants de Marie*. Ces jeunes filles doivent être de Fressin, faire partie d'abord de la Confrérie du Rosaire et avoir subi une épreuve de deux à trois mois. Elles ont pour privilèges de porter la bannière et la statue de la Sainte Vierge aux processions. Parmi elles aussi sont choisies celles qui doivent porter des chandelles ou remplir diverses autres fonctions dans l'église. Elles ont une part spéciale à la messe qui est chantée pour les jeunes filles de la paroisse un dimanche voisin du 25 mars et le 25 novembre. Elles se réunissent à l'autel de la Ste-Vierge, tous les dimanches et fêtes, pour y réciter le chapelet avec indication des mystères.

Cette Congrégation pourrait faire beaucoup de bien, si les jeunes filles trouvaient plus d'entrain et d'empressement dans la réunion dominicale qui leur est conseillée, de manière à les occuper sans qu'elles fussent réduites à chercher ailleurs la détente et les distractions nécessaires à leur âge.

Nous trouvons au talon du Registre de la Confrérie du Saint-Sacrement une liste de paroissiens et de paroissiennes que M. Prin, notre prédécesseur, a inscrits à l'*Apostolat de la prière, Ligue du Sacré-Cœur*, dont l'érection régulière, est-il marqué, a été accordée à la paroisse de Fressin, par diplôme, en date du 14 avril 1877. Ce diplôme se voit à l'église, à l'entrée du chœur.

La liste comprend six quinzaines de noms et trois noms d'une septième quinzaine. Les dernières inscriptions sont du 3 septembre 1882. Nous supposons que les membres continuent de remplir les conditions requises pour gagner les riches indulgences de leur association.

Quelques jours avant sa mort, M. le chanoine Gheerbrand, directeur de l'œuvre, nous écrivait à ce sujet. C'est la seule communication que nous ayons reçue.

Outre ces confréries et associations, nous avons nombre de paroissiens affiliés à d'autres sociétés pieuses. Beaucoup, par exemple, font partie de la *Confrérie du Carmel*, soit qu'ils aient reçu le scapulaire de nos mains, soit qu'ils l'aient reçu dans l'église d'Azincourt, où cette confrérie est érigée. Nous avons aussi des paroissiennes qui sont du *Tiers-Ordre de St-François d'Assise*.

Fressin est une des trente localités du diocèse qui

possèdent l'*Œuvre des Pauvres Malades*, fondée par Mgr Parisis. Les dames de l'œuvre vont à domicile visiter et consoler les malades pauvres ; d'après les statuts, elles doivent leur remettre des bons pour secours matériels, et surtout les disposer à recevoir les derniers Sacrements. M. le baron Roger Seillière est le principal bienfaiteur de l'œuvre. Nos dames visitent régulièrement leurs pauvres et leur témoignent tout l'intérêt désirable. Toutefois, elles se tiendraient davantage dans la lettre comme dans l'esprit du Règlement en distribuant leurs bons elles-mêmes. Outre qu'en agissant autrement, elles risquent de faire confondre leurs aumônes avec les subsides d'une institution purement civile, je veux dire le Bureau de bienfaisance, elles ne sont pas sûres d'avoir toujours pour intermédiaire un homme de principes et un chrétien comme aujourd'hui.

La principale *pratique de dévotion* en usage dans l'église de Fressin, en dehors de l'office public, est *l'exercice du Chemin de la Croix*. Les trois religieuses et deux ou trois dames le font tous les jours, soit en commun, soit en particulier. Il est fait solennellement et sous la présidence du curé les vendredis des quatre-temps et les vendredis du Carême.

Sonneries. — Les trois cloches de l'église servent pour les sonneries religieuses, ainsi qu'il va être dit :

La cloche moyenne sonnée seule sert pour *l'Angelus* qui, dans la semaine, se sonne, en toute saison, à 11 heures et demie pour midi ; le dimanche et les jours de fête, *l'Angelus* de midi est sonné immédiatement après la dernière messe. Le matin, *l'Angelus* est sonné à 5 heures et demie dans les longs jours, à 6 heures en hiver. Le soir, selon la saison, une demi-heure environ après le coucher du soleil. Quand il y a salut, *l'Angelus* du soir se sonne immédiatement après la bénédiction du Saint-Sacrement. C'est avec la cloche moyenne que l'on sonne, le vendredi, la volée de trois heures, en mémoire de la Mort de Notre-Seigneur.

Cette cloche sert aussi pour sonner le premier coup des deux messes et des vêpres, les dimanches et fêtes, une heure avant le commencement de ces offices. Elle est seule employée aux Saluts dans la semaine, pour lesquels on ne sonne qu'une fois.

On la sonne encore aux enterrements de huit heures et aux obits ou autres messes que l'on veut distinguer un peu de la messe quotidienne.

La petite cloche se tinte seule quand on va porter le viatique à un malade, et on la sonne aussi seule pour la messe ordinaire de chaque jour.

La grosse cloche se sonne seule pour le dernier coup des deux messes et des vêpres, les dimanches ordinaires; on la sonne aussi seule au Salut, les dimanches et fêtes.

On sonne *les trois cloches ensemble*, après *l'Angelus* du soir, la veille des deuxièmes dimanches du mois et de toutes les fêtes où il y a Exposition du T. S. Sacrement, et aussi la veille des autres fêtes solennelles, telles que l'Ascension, l'Assomption, la Toussaint. Les jours d'Exposition et le jour de ces grandes fêtes, les deux messes et les vêpres sont aussi sonnées avec les trois cloches.

On les sonne encore à toutes les processions du Saint-Sacrement, du Saint-Rosaire, de l'Assomption, de Saint-Marc et des Rogations.

Aux mariages, quand la conduite de la femme n'a donné lieu à aucune critique sérieuse, elle a le droit de demander les trois cloches pour sa messe, même aux dernières classes. Dans le cas de scandale, on ne sonne que la messe avec la petite cloche ou la cloche moyenne.

Aux enterrements, on sonne encore les trois cloches pour la classe extraordinaire, la première et la seconde classe.

On sonne aussi les trois cloches *au baptême* des enfants nés de légitime mariage, quelle que soit la classe. Au baptême des enfants dont les parents n'ont point reçu le Sacrement, on ne sonne aucune cloche, et l'on évite que le baptême ait lieu à l'heure où l'on sonne pour un office. Enfin, on tolère l'emploi des trois cloches aux messes de l'Annonciation, de Ste Catherine, de S. Nicolas, de Ste Anne et de S. Éloi, ainsi qu'à celles des jeunes conscrits.

On sonne *deux cloches*, la grosse et la petite, aux enterrements de neuf heures.

Quant aux *sonneries civiles*, réglées par la loi municipale du 5 avril 1884 et le règlement concerté, le 20 mars 1885, entre Mgr l'évêque d'Arras et le Préfet du Pas-de-Calais, elles ont lieu, à Fressin : 1° pour annoncer l'heure normale de la clôture des cabarets les dimanches et fêtes ; 2° pour annoncer la fermeture du scrutin, les jours d'élection ; 3° pour annoncer l'arrivée du percepteur en tournée de recettes. Ces sonneries sont exécutées par le garde-champêtre, selon l'usage antérieur à la loi de 1884.

Conformément au vœu général de la population, nous avons ici une *sonnerie d'intérêt particulier* non prévue par la loi, à l'occasion des ventes à la criée. A condition que le garde vienne chaque fois nous en avertir, nous avons autorisé cette sonnerie qui est de tradition immémoriale, d'autant plus que les notaires de l'arrondissement de Montreuil ne font plus de ventes publiques le dimanche.

Usages divers.— Quand, dans un convoi, on passe devant un des quatre Calvaires plantés sur la voie publique, on s'y arrête pour chanter trois fois : *O Crux, ave.*

Le dimanche des Rameaux, on s'arrête également devant le Calvaire paroissial érigé dans le cimetière pour chanter là même strophe trois fois. Le Calvaire des Thélu tenait lieu précédemment de Calvaire paroissial.

Après l'absoute du 2 novembre, on se rend processionnellement au cimetière, en chantant le *Miserere* sur l'antienne *Si iniquitates*, et, pendant que les fidèles se répandent sur les tombes de leurs parents, le clergé s'arrête encore devant le Calvaire, où il chante les prières des obsèques.

A la procession du 15 août, on s'arrête aux trois chapelles, et l'on y chante une antienne à la Sainte-Vierge, *Inviolata, Sancta Maria, Ave Maria*, ou autre, avec verset et oraison.

Faute de connaître ces usages, un curé peut aisément y manquer, et ainsi blesser, sans le vouloir, le sentiment intime de ses paroissiens.

L'exposition mensuelle du Saint-Sacrement se fait, à Fressin, le deuxième dimanche de chaque mois. Elle a bien perdu de son ancienne importance quant à la tenue des fidèles et surtout quant à l'assistance aux Vêpres. Nous la supprimons quand ce deuxième dimanche arrive le dimanche des Rameaux ou immédiatement après le dimanche où se célèbre la solennité du Sacré-Cœur.

Revenus et Charges.

Nous aurons fait connaître suffisamment la situation de la Fabrique, en reproduisant la dernière colonne du dernier Budget.

BUDGET POUR 1891

TITRE PREMIER. — RECETTES.

Chapitre Premier. **RECETTES ORDINAIRES.**	Approuvées par l'Évêque.	
	fr.	c.
1. Rentes restituées, 7 thermidor an XI.	9	40
3. Biens, depuis l'an XI	224	35
Produit singulièrement diminué depuis dix ans à cause de l'avilissement des fermages.		
4. Rentes, depuis l'an XI.	161	»
7. Bancs et chaises	420	»
9. Quêtes pour le Culte	25	»
11. Oblation. — Pain bénit vendu.	3	»
12. Casuel sur les services religieux.	80	»
14. Cire vendue	5	»
TOTAL	927	75

Chapitre II.

RECETTES EXTRAORDINAIRES.

2. Subvention par la commune	150	»
TOTAL	150	»

RÉSUMÉ :

Recettes ordinaires	927 fr.	75
Recettes extraordinaires	150	»
TOTAL GÉNÉRAL.	1 077 fr.	75

TITRE II. — DÉPENSES.

Chapitre Premier.
DÉPENSES ORDINAIRES OBLIGATOIRES

		fr.	c.	
1.	Pain et vin.	75	»	*Allocation fixe.*
	Cire	50	»	*Variable.*
	Huile, bougies, *etc.*	50	»	*Id.*
	Encens, braises, *etc.*	10	»	*Id.*
2.	Blanchissage et entretien du linge.	40	»	*Allocation fixe.*
	Entretien des ornements	10	»	*Variable.*
	Chauffage	10	»	*Id.*
	Entretien des meubles et ust^{les}.	20	»	*Id.*
3.	Sacristain	30	»	*Id.*
	Clerc-Chantre	150	»	*Traitement fixe.*
	Sonneur	50	»	*Id.*
	Enfants de chœur	10	»	*Id.*
	Balayage de l'église et nettoyage du pourtour	80	»	*A la journée*
4.	Frais de réparation à l'église.	100	»	*Variable.*
	Frais de réparation à la sacristie	10	»	*Id.*
	Totaux.	695	»	

Chapitre II.
DÉPENSES ORDINAIRES FACULTATIVES

		fr.	c.	
1.	Charges des fondations.	87	»	*Chiffre fixe.*
3.	Frais d'administration.	20	»	*Variable.*
4.	3 % pour les prêtres infirmes, sur les chaises	13	»	*Id.*
6.	Imprévu.	30	»	*Id.*
	Total.	150	»	

Chapitre III.

DÉPENSES EXTRAORDINAIRES OBLIGATOIRES.

1. Renouvellement partiel de la toiture de l'église . . .	500	»
Total	500	»

RÉSUMÉ :

Dépenses ordinaires obligatoires . . .	695 fr.	»
Dépenses ordinaires facultatives . . .	150	»
Dépenses extraordinaires obligatoires . .	500	»
Total général . .	1.345 fr.	»

BALANCE :

Total des Recettes	1.077 fr. 75
Total des Dépenses	1 345 »
Différence en déficit . . .	267 fr. 25

Mais ce déficit est corrigé d'avance par le compte de l'exercice de 1890, lequel a été réglé avec un excédent de 310 fr., 25 centimes.

* *

L'église de Fressin possède en biens fonds :

1° Trente-deux ares 15 centiares, à Cavron, venant d'Aimable-Joseph Sallé.

Le testament de M. Sallé, reçu par Mᵉ Gosselin, notaire à Fruges, le 3 septembre 1821, est dans la forme édifiante usitée dans les âges de foi :

« Je recommande mon âme à Dieu.—Je veux qu'après ma mort il soit dit pour le repos de mon âme, dans l'église dudit Fressin, ma paroisse, mon corps présent, si faire se peut, trois services solennels ; que dans l'année de mon décès il soit dit à la même intention mille Messes, et qu'en outre je sois recommandé au prône pendant dix ans.

« Dans la vue de m'assurer, après ma mort, des prières pour le repos de mon âme, et par là d'attirer sur moi la miséricorde de Dieu, je donne et lègue à l'église de Fressin le fond et propriété d'une pièce de terre,.. à la condition qu'il sera chanté dans ladite église et à perpétuité un obit pour le repos de mon âme le jour anniversaire de ma mort... »

Et, plus loin, après avoir prié ses frères et sœurs d'exécuter ses dernières volontés, il ajoute qu'il a fait ces libéralités aux églises de Fressin et de Blangermont dans la vue de se « procurer la félicité éternelle à laquelle nous devons tous aspirer. »

Nous avons trouvé l'honoraire de cet obit exceptionnellement fixé à la somme de quatre francs cinquante, dont le quart au clerc-chantre.

2° Un hectare, vingt-huit ares, cinquante-huit centiares, donnés par M. Alexandre-Joseph Héame, curé de Boningue-lez-Ardres, et sa sœur Madame Augustine-Philippine Héame, veuve d'Aimable-Joseph Sallé. L'acte fut reçu par Me Gosselin, notaire à Fruges, le 23 novembre 1827. Les charges sont :

Un Obit annuel pour Alexandre Héame ;

Un autre pour Philippine Héame ; les dits obits devront être dits le jour anniversaire de la mort des donateurs ;

Un troisième Obit, dans l'octave de la Toussaint, pour Louis-Joseoh Héame, Marie-Antoinette Campagne, François-Joseph et Marie-Antoinette Héame, Jean-François Héame, décédé curé de Saint-Pierre de Lyon, Pierre et Marie Héame. Nous annonçons plus simplement l'Obit « pour la famille Héame ».

Les donateurs désirent des Obits simples, mais annoncés au prône. Ils demandent qu'un *De profundis* soit chanté à la fin de chacun deux, avec l'oraison *pro pluribus defunctis* ; enfin, ils déterminent le taux de l'horaire, qui sera de cinq francs, dont trois francs au Curé, un franc cinquante au vicaire et cinquante centimes au clerc. Ils observent que s'il n'y a pas de vicaire, le curé devra percevoir quatre francs cinquante centimes.

Nous donnons un franc au clerc-chantre.

Les Héame demandent, en second lieu, une messe basse au commencement de chaque mois pour la famille Héame, soit 24 francs de frais.

Ils demandent la récitation d'un *De profundis* à la suite de chacune de ces douze messes, chose que nous ne faisons pas, et cela pour deux raisons : premièrement, parce que ces additions ne sont pas conformes à l'esprit de la liturgie, et aussi parce que, ne le faisant pas pour les messes ordinaires dont la rétribution est également de 2 fr., nous ne pouvons raisonnablement point accorder plus de faveur à des messes fondées.

En troisième lieu, les donateurs veulent être recommandés à perpétuité sous la dénomination de *Famille Héame*.

Jusqu'à présent nous n'avons perçu que 3 fr. de ce chef, quoique les recommandations collectives soient régulièrement à 6 francs.

Les donateurs veulent que l'église profite au moins de la moitié du revenu de leur terre. Si le fermage diminuait de façon à ne pas lui laisser cette moitié, on devrait réduire le nombre des messes basses.

3° 48 ares, au testament ; 49 ares 44 centiares au mesurage et au décret, légués par Melle Augustine Baux, demeurant au Plouy. Acte reçu par Mc Emile Viollette, notaire à Fressin, le 12 mai 1849.

Charges : une recommandation double et un obit, en tout 11 francs.

4° 48 ares, légués par Melle Victorine Bossu, par acte reçu, le 9 novembre 1874, par M. Waulle, notaire à Fressin.

Les charges sont 4 recommandations et un obit. Total : 17 francs.

5° L'église de Fressin a aussi, au terroir de Sains, une pièce de 53 ares, à elle léguée sans charge par François Leducq. C'était, pensons-nous, une ancienne terre d'église.

En rentes sur immeubles (antér^{res} au 7 Thermidor):

Nos budgets d'il y a quelques années marquaient 14 fr. 91 c. en cinq articles. Le trésorier ne perçoit plus que 9 fr. 40 c., chiffre désormais porté au Budget. L'unique charge est une messe pour le curé Picquet.

En rentes sur l'État :

L'église touche actuellement 161 francs, dont 85 exempts de charges, et venant de remboursements.

Le produit de la vente du mobilier de M. Bonhomme nous impose, pour une période de vingt ans, à partir du 9 mars 1877, la charge d'un obit annuel, à l'honoraire de 5 fr., et une recommandation à perpétuité ; soit 8 fr. jusqu'en mars 1897, et seulement 3 fr. après cette échéance.

*
* *

CATALOGUE
des évêques du nouveau diocèse d'Arras.

1° **Hugues-Robert-Jean-Charles de la Tour d'Auvergne Lauraguais**, né au château d'Auzeville, diocèse de Toulouse, le 14 août 1768, nommé évêque d'Arras le 9 avril 1802, reçut ses bulles des mains du cardinal Caprara le 6 mai suivant, fut sacré à Saint-Roch, le 16 du même mois, par l'archevêque de Malines, et installé à Arras le 5 juin. Il refusa les archevêchés d'Avignon, de Lyon, de Paris et de Cambrai. Cardinal le 23 décembre 1839, nommé chevalier de la Légion d'Honneur le jour de la création de cet ordre, il était grand-croix quand il mourut en juillet 1851. Son oraison funèbre fut prononcée, le lendemain de l'installation de son successeur, par M. le Chanoine Planque.

2° **Pierre-Louis Parisis**, né à Orléans le 12 août 1795, curé de Gien, évêque de Langres en 1835, représentant du Morbihan à l'Assemblée Constituante de 1848 et à l'Assemblée législative de 1849, où l'avaient appelé ses luttes pour la liberté de l'enseignement et la liberté religieuse, fut transféré au siège d'Arras le 5 septembre 1851, sur la demande unanime des quinze représentants du Pas-de-Calais. Une décision pontificale du 23 novembre 1853 rétablit pour lui et ses successeurs le titre des évêchés supprimés, et il signa désormais : évêque d'Arras, de Boulogne et de Saint-Omer. L'apoplexie le frappa pendant qu'il travaillait, le 5 mars 1866. Il était comte romain, chevalier du Saint-Sépulcre, décoré du Pallium et assistant au Trône pontifical. Son éloge funèbre fut prononcé par son ancien vicaire général et exécuteur testamentaire, Mgr de la Tour d'Auvergne, archevêque de Bourges.

3° **Jean-Baptiste-Joseph Lequette**, né à Bapaume le 23 juin 1811, successivement professeur au Petit et au Grand Séminaires, vicaire général de Mgr Parisis, vicaire capitulaire, fut nommé au siège d'Arras le 22 juin 1866, et fut sacré dans sa cathédrale le 6 août. Il mourut le 13 juin 1882. Il était comte romain, grand-croix de l'ordre du Saint Sépulcre, et assistant au Trône pontifical. Son éloge funèbre fut prononcé par Mgr Catteau, évêque de Luçon.

4° **Mgr Guillaume-René Meignan**, né à Denazé, dans le diocèse de Laval, le 11 avril 1817, directeur des Etudes au Séminaire de Notre-Dame-des Champs, à Paris, puis Aumônier de la Maison de la Légion d'Honneur, professeur à la Sorbonne, vicaire général de Paris, archidiacre de Saint-Denis, fut nommé évêque de Châlons le 19 septembre 1864, préconisé le 25 mars 1865, sacré à Paris le 1er mai suivant et installé le 3 du même mois. Il fut nommé assistant au Trône pontifical et chevalier de la Légion d'Honneur, étant évêque de Châlons. Il fut transféré de ce siège à celui d'Arras le 20 septembre 1882, préconisé le 25 du même mois et installé le 28 novembre. Mgr Meignan fut transféré à l'archevêché de Tours le 25 mai 1884, et resta administrateur du diocèse d'Arras jusqu'à la prise de possession de ce siège par son successeur.

5° **Mgr Désiré-Joseph Dennel**, né à Mons-en-Pévèle, diocèse de Cambrai, le 7 mai 1822, professeur à l'institution de Marcq, puis supérieur du Collège Saint-Joseph à Lille, Curé-Archiprêtre de Saint-André dans la même ville, fut sacré évêque de Beauvais le 1er mai 1880, d'où il fut transféré à l'évêché d'Arras dans le Consistoire du 13 novembre 1884. Son installation eut lieu le 16 décembre suivant. Il mourut le 28 octobre 1891. Son éloge funèbre fut prononcé au service du trentième jour, le 26 novembre, par Mgr Baunard, recteur de l'Université catholique de Lille.

6° **Mgr Alfred Williez** naquit à Chinon (Indre-et-Loire), le 16 mai 1836, d'une famille originaire de la Lorraine.

Après de brillantes études où il se distingua par sa piété et sa douceur autant que par ses succès, il traversa toutes les situations qui peuvent s'offrir au zèle d'un prêtre, et partout il laissa les meilleurs souvenirs.

Successivement professeur de rhétorique et de philosophie, puis préfet des Études à l'institution Saint-Louis de Tours, aumônier d'une communauté religieuse, il devint ensuite curé de l'importante paroisse rurale d'Yzeures, puis curé archiprêtre d'Amboise, et enfin vicaire général de Tours et Supérieur du

Petit Séminaire. Il est doué d'un grand talent de parole.

Un décret du Président de la République, en date du 2 avril 1892, vient de le désigner pour le siège épiscopal d'Arras.

Nous accueillons avec bonheur chaque hommage qui lui est adressé par la presse catholique. Nos prières nous ont obtenu un grand et saint évêque qui sera en même temps pour nous un père. Dieu soit loué !

COMPOSITION DU CONSEIL DE FABRIQUE DE L'ÉGLISE DE FRESSIN (1828-1892)
TABLEAU SYNOPTIQUE DU PERSONNEL

DATES des Séances	MEMBRES DE DROIT		MEMBRES ÉLECTIFS				
	Curé	Maire	Première Série			Deuxième Série	
			1	2	3	4	5
1828	Ch.-Nicol. Delahaye	Pruvost	Martin Cappe	Jac.-Fr. Viollette	Gilles Desmons.	Antoine Fiolet.	François Samier
— 10 octobre			Augustin Louvet				
— 23 juillet	Coubronne	—	—	—	—	—	Nicolas Dewailly
— 30 mars	—	Augustin Louvet	Martin Cappe	—	—	—	—
— 23 avril	—	—	—	Emile Viollette	Jean-Jacq. Desmons	—	—
— 10 novembre	—	—	—	—	François Desmons	—	—
— 1er avril	—	—	Pierre Jos. Bruchet	—	—	Norbert Fiolet	—
— 7 avril	—	—	—	—	—	—	—
— 17 mai	J.-P. Bonhomme	—	—	—	—	—	Joseph Gamain
— 30 mars	—	—	—	—	—	—	—
— 1er octobre	—	Celestin-Barn. Corne	—	—	—	—	—
— 13 février	—	J.-B. Pruvost, adjoint	—	—	—	—	—
— 7 octobre	—	J.-B. Pruvost, maire	—	—	—	—	—
— 4 janvier	—	—	—	—	—	N. Fiolet, démissionn.	—
— 19 avril	—	—	—	—	—	Pierre-Fran. Louvet	—
— 5 avril	—	—	—	—	Séraphin Caron	—	—
— 28 avril	—	—	—	—	Vaast-Flor. Vaillant	—	Alexis Saint-Remy
— 20 avril	—	—	—	—	—	—	Ch.-Joseph Waulle
— 23 avril	—	E. Viollette, conseill.	—	—	—	—	—
— 7 avril	—	Vaast-Flor. Vaillant	—	—	—	de Wailly de Camoisy	—
— 11 avril	—	—	—	—	Ce siège reste		
— 23 avril	—	—	Léon Bruchet	—	cinq ans inoccupé.	—	—
— 10 mars	Louis Prin	—	—	—	Jules Annequin	—	—
— 15 juin	—	—	—	—	—	—	—
— 20 avril	—	R. Viollette, délégué	—	—	—	—	—
		R. Viollette, maire					
— 7 janvier	—	—	—	J.-B. Bruche	—	—	—
— 1er avril	—	—	—	Alfred de St-Aignan	—	—	—
— 10 mars	Ch.-Ant. Fromentin	—	—	—	—	—	—
— 17 avril	—	—	Dieudonné Branquart	—	—	—	—

TROISIÈME PARTIE

LA COMMUNE

LA COMMUNE DE FRESSIN.

Quel titre donner à cette dernière partie de notre travail ? Nous avons parlé de la noblesse ; notre seconde partie, consacrée à l'histoire de la paroisse, traitait particulièrement du clergé. Ce serait donc tout à fait archaïque et régulier de nous occuper ici du Tiers. Mais non ; la régularité ne serait qu'apparente ; l'histoire du peuple de Fressin se confond avec celle de la paroisse que nous venons de terminer. Ajoutons qu'elle ne se renferme pas dans les limites étroites du Tiers-Etat, lequel ne comprendrait guère que nos grandes familles, aristocratie bourgeoise, possédant la terre et les écus. Là comme partout, l'Eglise a devancé le siècle. Le quatrième Etat qui ne fait qu'apparaître dans le monde politique, Jésus l'appela avant les autres à la crèche de Bethléem, et nous lui avons donné place dans les Annales de la paroisse. Il ne nous reste donc qu'à traiter de la partie plus spécialement civile de l'histoire de Fressin, et cette histoire ne commence qu'à la Révolution.

CHAPITRE PREMIER

L'Ancien Régime.

Au siècle dernier, Fressin était qualifié *Bourg* dans toutes les publications, qu'elles fussent officielles ou qu'elles ne le fussent pas. Nous avons sous les yeux certaines nomenclatures où les localités sont classées de la manière suivante: villes, bourgs, villages, hameaux, censes. On y donne le nom de village à ce qui n'est plus pour nous qu'un hameau, comme Bucamp, section d'Azincourt. On y inscrit Saint-Pol, Hesdin, Pernes parmi les villes, Fruges et Fressin parmi les bourgs. Aujourd'hui, le bourg de Fruges est devenu la ville de Fruges ; le bourg de Fressin n'est plus que le modeste village de Fressin. Carvin, Liévin, Hénin-Liétard sont devenus des villes. C'est le chiffre de la population qui paraît donner droit à ce titre. Autrefois, pour être dénommée ville, une agglomération devait être ou avoir été renfermée dans une enceinte fortifiée.

Sous l'ancien régime, les villes étaient constituées en communes et avaient une sorte de conseil municipal et d'édilité que l'on nommait l'échevinage. Fressin n'avait point d'échevins ; c'était une seigneurie. L'église seule y avait une administration temporelle, prise dans le populaire. On a vu combien elle était nombreuse, recommandable, avec quel zèle elle veillait aux intérêts qui lui étaient confiés. Fressin n'était donc pas une commune, mais une paroisse. Quant au pouvoir central, dont le premier besoin était de percevoir les impôts, il y était représenté par un procureur fiscal. On peut aussi considérer comme le premier personnage après le seigneur, le bailli, lieutenant dudit seigneur, chargé de juger, avec les hommes de fief, dans les démêlés entre particuliers.

Le chapelain de la chapelle St-Jean n'avait point de justiciables pour la terre de Royon. De même, le fief de la Dienné, donné à l'église de Fressin par Louis de la Dienné, ne donnait au curé aucun droit seigneurial.

Les seigneuries inférieures de Lespault et du Tronquoy ne paraissent pas non plus avoir joui de privilèges bien importants. Tout au plus leurs possesseurs eurent-ils sur leurs domaines la justice vicomtière, c'est-à-dire la moyenne et la basse justice, auxquelles correspondent notre tribunal de simple police et le tribunal correctionnel, justice de paix ou tribunal civil de première instance quand les particuliers y portent leurs démêlés. Le seigneur de l'Ermitage n'avait même cette justice que pour sa terre de Camoisy à Fruges. Jusqu'aux derniers jours de la monarchie absolue, les seigneurs les plus humbles tenaient à se prévaloir de leurs antiques avantages. Un bail concédé, quelques années avant la Révolution, par un de nos seigneurs de Fressin, porte que le tenancier de la terre tenue en fief aura pour charge : une petite redevance en argent, une aide de pareille importance, moitié cambellage, le denier du prix de la vente, cession ou transport, selon la coutume de Saint-Pol. Il y faut ajouter pour le vassal l'obligation d'assister au service du plaid, de quinzaine en quinzaine, avec ses pairs et compagnons, toutes et quantes fois il en sera requis et appelé en cour de son seigneur, et autres devoirs de vassalité, toujours selon la coutume de Saint-Pol.

A part le service du plaid, toutes ces formalités ridicules et toutes ces redevances étaient d'un mince profit pour le seigneur ; mais elles étaient devenues fort odieuses au vassal, et l'on ne comprend pas que la noblesse n'y ait point renoncé plus tôt.

Tout autre était l'autorité et tout autres les privilèges du châtelain de Fressin. Les Créquy et leurs successeurs eurent chez nous la basse, la moyenne et la haute justice, c'est-à-dire qu'ils purent condamner à mort et faire exécuter sur toute l'étendue de leur seigneurie tout individu juridiquement convaincu de crime. Longtemps ce pouvoir fut sans appel. Plus tard, la royauté créa des cours de justice où les condamnés eurent droit de s'adresser pour demander la révision de leur procès

Ce droit d'appel en Cour supérieure fut encore reconnu de nouveau par l'empereur Charles-Quint, en son édit du 12 mai 1530. Cet édit créait le Conseil provincial d'Artois que l'Empereur substituait à tous les juges de France qui exerçaient jusque là la justice dans la province.

Parmi les personnes sujettes à la juridiction du conseil provincial d'Artois, nous trouvons les notaires de Fressin pour le fait de leurs offices.

Fressin faisait partie de la sénéchaussée du Comté de Saint-Pol, dont l'appel était porté à la gouvernance d'Arras, et, de là, au Conseil provincial d'Artois.

Parmi les localités limitrophes, Aubercourt, Aubin, Buscamps, Béalencourt, Azincourt, Créquy, Grange (près Planques), Planque-lez-Fressin, Royon, Sains-lez-Créquy, S. Veest-lez-Le Biez, Torchi, relevaient comme Fressin, du Comté de Saint-Pol.

Cependant, Créquy relevait en partie de Saint-Omer, et S. Veest-Lez-Le Biez en partie d'Hesdin.

Le Biez, la Cense de la Carnoye et Wamin-lez-Auchy-les Moines ressortissaient au bailliage d'Hesdin.

Quoique Boulogne et Montreuil fissent partie de la Picardie, Fressin appartenait à la province d'Artois. Mais, tandis que les deux diocèses d'Arras et de Saint-Omer relevaient de l'archevêché de Cambrai, celui de Boulogne, qui était le nôtre, dépendait de la métropole de Reims.

*
* *

Les principaux personnages qui ont fait quelque figure dans le passé de Fressin ont été mentionnés dans les deux premières parties de cet ouvrage ; nous ne noterons ici que ceux qui n'y ont point trouvé place, ainsi que les menus faits qui n'ont pu entrer dans nos récits.

Un acte de 1587 nous apprend qu'à cette date François de Conty était bailli et gouverneur de la terre et seigneurie de Créquy pour puissant seigneur Monseigneur Charles, sire de Créquy, Fressin, Dourier, Moreuil, Pont-Remy, etc.

Claude Crépy, lieutenant général de la terre de Créquy, Fressin et dépendances, fit son testament en 1629, devant Jean de Bomy, son pasteur et Aimé Obeuf, aussi prêtre. Peste de Fressin en 1636. Voir la liste des victimes pages 236 et suivantes. Le 9 janvier 1650, Jeanne de Wailly mourut victime de maléfice.

De 1676 à 1680, Bruyant était collecteur des impôts pour Fressin.

En 1676, François Joffroy était bailli général des terres de Créquy, Fressin et dépendances.

A la même date, Michel Bacqueville de la Vasserie (on lit M. de la Vacherie dans certaines pièces de l'époque) était lieutenant du seigneur, et, vers 1712, receveur du duché de Créquy.

Les Bacqueville de la Vasserie sont mentionnés dans nos Archives à peu près la durée d'un siècle et demi, en même temps que les d'Houdetot avec qui ils s'allièrent.

Le 14 octobre 1752, mourut, âgé de 74 ans, Antoine Bacqueville, seigneur de la Vacherie, pensionné de sa Majesté, ancien lieutenant de cavalerie, époux de Marie-Catherine Stérin.

Il eut pour fils Antoine-Joseph Bacqueville de La Vasserie, qui devint officier d'infanterie et épousa : 1° Catherine Legrand ; 2° Aubertine-Henriette de Langle, et mourut, âgé de 90 ans, le 5 avril 1823 ;

Et pour fille Marie-Anne Bacqueville, qui épousa Messire Jacques-François d'Houdetot.

Antoine-Joseph fut père: 1° de Pacifique Bacqueville, qui mourut âgée d'un an en 1765 ; 2° et de Thérèse-Henriette, qui décéda à l'âge de 3 ans en 1775.

En 1694, François Mayoul était lieutenant de la terre de Créquy, Fressin et dépendances ; Nicolas Desoigny était procureur fiscal.

En 1700, Jean Pierlay était chirurgien juré à Fressin. Il y mourut le 20 octobre 1749.

Plusieurs faits locaux se rapportent à la guerre de 1710. Nous citerons la mort, à Arras, de François Moronval, qui était allé dans cette ville conduire des bagages de soldats.

En 1712, mort de Charles Pierlay, receveur de l'église et lieutenant des seigneurs de Fressin. Il fait une fondation religieuse.

Nous avons nommé plus haut la famille de Houdetot. Messire Jean-Daniel de Houdetot, chevalier de l'Ordre de Saint-Louis, époux de Thérèse Fister, mourut le 23 octobre 1739 et fut enterré dans l'église de Fressin. Jacques-François de Houdetot, chevalier, seigneur de Colomby, capitaine d'infanterie, épousa Marie-Anne Bacqueville, à laquelle il survécut. Il mourut, âgé de 80 ans, le 4 fructidor an III (21 août 1795). Dans l'acte de décès de sa femme, qui mourut, âgée seulement de 36 ans, le 10 juillet 1763, il est désigné sous les titres de seigneur de Colomby et chevalier de l'ordre militaire de Saint-Louis, capitaine des grenadiers royaux de la Roche-Lambert. Il avait eu cinq enfants : 1° Anne Thérèse, née en 1751 ; 2° Françoise-Marie, née en 1752 ; 3° Marie-Antoinette-Elisabeth-Josèphe, née en 1753 ; 4° Honoré-Liévin, né en 1756, le prêtre dont il a été précédemment parlé ; 5° Pierre-Joseph, né en 1759.

Le nom de Houdetot est encore aujourd'hui très honorablement porté ; mais il est aussi le nom de personnes de situation fort obscure, ce qu'expliquent suffisamment des écarts de conduite tels que ceux dont l'ecclésiastique précité a donné le scandale.

En 1741, François-Philippe Viollette est lieutenant général des terres de Créquy, Fressin, etc.

Le 24 juin 1746, Antoine Berthe, commis pour les fermes, fut trouvé mort dans la Planquette.

1750. Mort de Théodore Berthe, procureur fiscal, époux de Marie Pierlay.

1751. Mort de Louis Cazier, sergent de la terre de Créquy.

J.-B. Pouchardin était garde de bois en 1761, et demeurait à Fressin, rue Haute. Il intervint, avec Pierre Moine, tailleur d'habits, dans la fondation de Baudry, de Créquy.

Le 4 novembre 1763, mourut Jacques Macquaire, qui avait été pendant vingt-deux ans receveur de l'église. Il avait 70 ans.

Pierre-Antoine Tavernier, receveur de l'église en 1765, avait son étude sur la Place. Antoine Leurette, sergent immatriculé de la terre de Créquy, Fressin, et dépendances, demeurait également à Fressin, paroisse St Martin, rue Herbelet. Pierre-François Lefebvre, tailleur d'habits, rue Haute, et Paul Brongniart, garde de bois, comparaissent avec les précédents pour la réception d'un acte.

Les poursuites se faisaient alors « de par son Altesse Mgr le duc de Bouillon et Messieurs les grands baillis et hommes de fief de la terre et duché de Créquy, *etc.* ».

En 1766, Jean Colloz était grand bailli de la terre et duché de Créquy, Fressin et dépendances. Un jugement est rendu à Fressin, en Chambre, l'audience tenante, le 27 octobre 1766. Signé : Berthe, Tavernier. Scellé au greffe de ce siège.

On se demande comment le bailli, qui déclarait juger au nom de Son Altesse Mgr le duc de Bouillon, seigneur dudit duché de Créquy, Fressin, etc., pouvait prononcer dans les revendications de l'église contre le seigneur duc.

Egrange ou Grange, à Planques, avait alors une justice. Procope Delépine était bailli de la baronnie d'Égranges et Planques.

En 1774, Michel Nédoncelle était garde de bois.

En 1775, Jacques Bihet, sergent et garde de bois, demeurant rue Herbelet, est nommé à l'occasion d'un jugement rendu à Fressin « de par le roy nostre sire ».

Il y avait alors un Registre aux actes judiciaires de la terre et seigneurie de Lespault. François-Joseph Lechon y comparaît comme procureur de Jean-Michel Gouillard, demeurant à Planques, pour l'église de Fressin.

1776, mort de Jacques Berthe, procureur fiscal.

En 1779, Joseph Pierlay est procureur, greffier des terres et seigneuries de Mgr de La Tour d'Auvergne.

Le 10 Janvier 1780, mort de Frédéric Hespelt, 48 ans, garde général du duché de Créquy-Fressin.

En 1780, la petite vérole fit de grands ravages à Fressin.

1782, mort d'Eustache Berthe, procureur fiscal.

En 1783, Louis Maqueron était chirurgien à Fressin. En 1786, Pierre-François-Joseph Pierlay était greffier du duché de Créquy-Fressin.

Au moment de la Révolution, Nicolas-Joseph Defrance était garde de la forêt de Créquy.

M. Thélu est qualifié « maire » de Fressin dans un acte du 1er février 1780, à propos du décès d'un ancien soldat d'Étaples, qui mourut chez lui. Mais cette dénomination ne peut être qu'une anomalie. Le premier maire de Fressin fut Jacques-Marie Viollette, notaire royal, qui fut nommé sous le nouveau régime, comme on le verra plus loin.

*
* *

Le bourg de Fressin eut autrefois son jour hebdomadaire de marché et sa foire annuelle. A l'époque de la destruction du Vieil Hesdin, il possédait aussi une raffinerie de sel. Avant la Révolution, un endroit du village s'appelait encore le Marché.

Combien nous regrettons que l'on n'ait pas entrepris avant nous le travail que nous poursuivons ! Croirait-on qu'un siècle à peine après la Révolution, les vieillards ne puissent pas nous mettre à même de combler les lacunes que laissent les documents écrits, ni nous donner l'explication de certains passages de ces documents ? On ne sait pas nous dire où était la maison louée par la fabrique au vicaire, bien qu'elle donnât sur la rue de Paradis, ni où se trouvait la maison servant d'école, ni nous renseigner exactement sur la Chapelle Saint-Pierre, le Jardin Saint-Pierre, la rue Blanche, la rue Herbelet, la rue Riquantaine.

CHAPITRE II.

La Commune et la Municipalité

Les archives de nos mairies ne renferment généralement que peu de documents antérieurs à 89. Ce qu'elles possèdent de plus ancien, ce sont les actes de catholicité. Les nôtres, on l'a vu, remontent à 1613. Du reste, pas de Registre de délibérations dans nos villages, rien, si ce n'est les cœuilloirs et les comptes des paroisses et fabriques.

§ 1. — Période Révolutionnaire.

Avec la Révolution, il semble qu'une sorte de fièvre se soit emparée du pays ; il semble que nos paysans n'aient plus rien à faire que de descendre quotidiennement sur le forum pour s'occuper de la chose publique, discuter, délibérer, réglementer. On se réunit deux fois, trois fois, quatre fois dans une semaine ; et, quand l'affaire est chaude, on tient deux séances par jour !

Il y eut, dans le principe, deux sortes d'Assemblées, je veux dire deux catégories d'assemblées légales, qu'il ne faut pas confondre avec les clubs et les réunions de la société populaire qui n'eurent lieu que plus tard ; c'étaient : 1° celles du corps municipal ;

2° celles du Conseil général, qui comprenait le maire, les officiers municipaux, les notables et le procureur de la Commune. Le procureur avait pour mission de requérir la répression des délits. Le maire et les officiers municipaux étaient constitués en tribunal de police.

Le premier maire de Fressin fut M. Jacques-Marie Viollette, notaire royal.

Nous en sommes réduit, pour cette période, la plus intéressante de notre histoire municipale, à nous référer aux archives de la fabrique, aux actes de l'état-civil et aux documents que M. le chanoine Deramecourt a trouvés aux archives du département. Le premier registre de la mairie de Fressin ne remonte qu'au 19 fructidor an VIII, c'est-à-dire au Consulat. Nos lecteurs regretteront que le registre antérieur ait disparu.

En août 1791, la Commune avait un receveur ou collecteur des impositions patriotiques. Cette place était donnée par adjudication au rabais.

L'Assemblée Nationale divisa le territoire français en départements ; le département fut subdivisé en districts, le district en cantons et le canton en communes.

La commune de Fressin, département du Pas-de-Calais, district de Montreuil, fut d'abord chef-lieu de canton. Elle fit ensuite partie du canton de Le Biez (loi du 17 vendémiaire, 9 octobre 1795,) et enfin du canton de Fruges.

La Constitution de 1791 régla qu'il y aurait un tribunal criminel avec jury par département, un tribunal civil par district, une justice de paix par canton. Elle décida aussi qu'un code uniforme serait substitué aux 400 coutumes particulières.

La législation électorale établit à la commune les assemblées primaires. En faisait partie, en qualité de citoyen actif, tout citoyen âgé de 25 ans, inscrit sur les rôles de la garde nationale, domicilié depuis un an au moins dans le canton et payant une contribution égale à la valeur locale de trois journées de travail. Les assemblées primaires se réunissaient au chef-lieu de canton pour nommer les électeurs, lesquels devaient choisir les députés, les administrateurs du département, ceux du district et les juges du tribunal. Cette constitution de 1791, jugée révolutionnaire et anarchique par les tenants de l'ancien régime, ne tarda point à paraître trop aristocratique au plus grand nombre. Aussi n'eut-elle point de durée. Il arriva dans nos campagnes ce que l'on voyait à Paris. Le mouvement de 1789 y avait séduit les plus honnêtes gens ; les meilleurs donnèrent dans le mouvement. Mais l'agitation de la rue les força bientôt de se retirer quand on ne les poursuivit point comme suspects. On vit alors arriver aux affaires des hommes tarés, l'écume de la société, comme on voit les impuretés cachées au fond du lit de la rivière quand le temps est calme, remonter à la surface quand l'onde a été violemment agitée.

Au mois de novembre 1791 eut lieu la réélection du maire, de deux municipaux, du procureur de la Commune et des notables, en exécution de l'ordonnance du Roi et du décret conforme de l'Assemblée nationale.

En certaines communes, cette élection se fit dans l'église.

Nous pensons que c'est alors que M. C. Mahieu fut nommé maire de Fressin.

Maire, officiers municipaux, procureur de la Commune prêtèrent serment « de maintenir de tout leur pouvoir la constitution du royaume, d'être fidèles à la Nation, à la Loi et au Roi, et de bien remplir leurs fonctions ».

En juillet 1792, un courrier du district de Montreuil vient apporter à la Commune un exemplaire de la loi « qui déclare la patrie en grand danger ». Il faut organiser la garde nationale, créer un Comité de surveillance !

Le 25 août, on donne lecture au peuple des motifs qui ont engagé l'Assemblée nationale à suspendre le pouvoir exécutif. A cette occasion, il faut jurer, à l'issue de la Messe, sous l'arbre de la liberté, « de maintenir la liberté et l'égalité et de mourir pour les défendre ».

Dans une commune limitrophe, cette cérémonie eut lieu après la première messe, parce que la moisson se trouvant en retard, « la plupart des citoyens de la commune ont coutume d'assister à cette première messe ». On tinta la cloche pendant toute la durée de la messe pour convoquer ou retenir les citoyens.

Nous ne savons pas si les paroissiens de Fressin allaient d'aussi bon cœur aux offices du curé schismatique. C'est bien dommage que nous n'ayons même pas les procès-verbaux de la commune.

Quelques jours après, on publia dans nos villages la loi du 19 août 1792, qui ordonnait la vente des immeubles réels affectés aux églises et interdisait le casuel aux curés constitutionnels.

A partir du mois d'octobre de cette même année, l'an 1er de la République française, une et indivisible, le Conseil général de Fressin fut en permanence. Les séances étaient fréquentes et publiques.

Le 9 décembre fut un jour d'élection pour le renouvellement intégral de la municipalité. On élut d'abord les officiers municipaux, le procureur et les notables, lesquels étaient en nombre double des officiers. On organisa ensuite le tribunal de police locale, qui se composa d'un président et de deux officiers assistants.

Le 28 janvier 1793, Antoine-François-Joseph-Claude Moronval, membre du Conseil municipal, fut investi des fonctions d'officier de l'état civil (1).

Au mois de mai, on constitua le Comité de Salut public pour la terreur des bons et la licence des méchants.

Au mois de septembre, Fressin, qui était chef-lieu de canton, fut visité et inspecté par les citoyens Grégoire Havet et Barré, administrateurs du district de Montreuil.

On se distinguait autour de nous, en ce temps-là, par la sottise, à tel point que les communes, pour briser absolument avec le passé, renonçaient à leurs

---

(1) Ce Moronval était le curé intrus de Fressin. Dans l'*Histoire de Joseph Le Bon*, de M. Paris, et notre *Histoire d'Hesdin*, il est désigné à tort sous le titre de Curé de Fressin.
Nous regrettons bien de n'avoir pas trouvé à la Mairie de documents sur cette époque. Il faut nous en tenir aux informations verbales. Narcisse Berthe, qui est l'homme qui nous a paru le plus au courant des folies et des crimes de la Révolution à Fressin, n'a pas su nous dire d'où était Moronval, ni si son intrusion était une apostasie ou seulement un sacrilège, en d'autres termes s'il avait été régulièrement ordonné par un évêque légitime ou sacré par Porion. Mais il nous a dit que c'était un buveur, un homme de mauvaise vie, qu'il se maria deux fois, d'abord à une Dewailly, de Sains, qui mourut vers la fin de la Révolution, puis à une Duplessy. Cette dernière vint se fixer avec ses sœurs à Fressin, en 1820, et elle y mourut le 19 septembre 1838. Ses obsèques eurent lieu le surlendemain ; l'acte en fut signé par le sieur Nicolas Dewailly, propriétaire, lequel rendit le même service aux deux sœurs de la défunte, qui, toutes deux, moururent célibataires ; l'une, Caroline-Louise-Josèphe Duplessy, âgée de 64 ans, le 31 janvier 1838 ; l'autre, Angélique-Thérèse-Josèphe Duplessy, le 19 mars 1839, âgée de 71 ans.
Nicolas Dewailly qui mourut en 1846, âgé de 84 ans, nous fait l'effet d'avoir été le frère de la première femme de Moronval.
L'acte du 21 septembre 1838 qualifie Constance-Josèphe-Léonardine Duplessy de « veuve d'Antoine-Claude Moronval », ce qui aurait lieu de nous scandaliser, si nous n'observions pas que les actes de catholicité étaient rédigés par M. Canu, secrétaire de la mairie. Ladite conjointe du curé Moronval avait 75 ans. — L'intrus l'avait chargée de restituer de l'argent aux Dewailly. Narcisse Berthe ajoutait que Moronval avait fini par inspirer de la compassion. Il serait mort à Arras après avoir beaucoup souffert.

anciens noms. Montreuil s'appela La Montagne-sur-Mer, Hesdin s'appela Lepelletier-sur-Canche ; Auchy-les-Moines voulut s'appeler Auchy-sur-Ternoise (1). Nous ne sachions pas que l'on se soit montré ridicule à ce point dans notre commune de Fressin.

(1) On nous permettra, à cette occasion, de rectifier et de compléter nos précédents récits. Nous avons écrit (*Auchy*, p. 310 et autres) que M. Isaac Grivel avait débaptisé Auchy, et que, sous le premier empire, pour faire oublier les Moines, il avait fait donner à sa commune le nom d'Auchy-lez-Hesdin. Sans doute, les Grivel furent d'avis de faire accepter l'appellation nouvelle ; mais ils n'en furent point les inventeurs, et, de plus, il faut savoir que le changement de nom n'est pas légal.

Le 2 octobre 1793, au conseil municipal d'Auchy, « un membre a observé que le nom d'Auchy avec cette addition « les Moines » étoit un terme inconstitutionnel, qu'il convenoit de *reprendre* l'ancienne dénomination qui étoit celle d'Auchy-sur-Ternoise, et, après avoir entendu le procureur de la commune, il a été arrêté d'une voix unanime que notre commune porteroit le nom d'Auchy-sur-Ternoise. »

Le membre que gênait le souvenir des Moines, n'était pas M. Grivel, mais bien le prieur apostat Beugin. Du reste, sa tentative n'eut aucun succès. Auchy-sur-Ternoise ne dura qu'un an. Au mois de Novembre 1794, on recommença à écrire Auchy-les-Moines, puis simplement Auchy dans les délibérations du Conseil. En 1795, on écrivit communément Auchy-les-Moines. En 1796, on voit pour la première fois Auchy-lez-Hesdin, et cette appellation reparait en 1797, sans que rien indique la raison du changement. Mais pour nous il n'y a point de doute. L'ex-prieur Beugin était redevenu le rédacteur du procès-verbal. C'est à lui, c'est à ce moine défroqué, à ce concubinaire sacrilège que l'on doit le nom d'Auchy-lez-Hesdin. Toutefois, ce nom, insignifiant en lui-même, mais introduit dans un esprit mauvais, ne triompha point sans éprouver de résistance. De 1797 à 1808, on écrivit assez indifféremment Auchy-les-Moines et Auchy-lez-Hesdin ; à partir de 1809, sauf une pièce émanée en 1811 de la préfecture, on écrivit invariablement Auchy-les-Moines. En 1813, l'Académie de Douai écrivait aussi Auchy-les-Moines. La Restauration, on le conçoit, usa invariablement de la dénomination transmise par les siècles et conservée par le peuple. A partir de 1830, la filature se reprit à écrire Auchy-lez-Hesdin. Mais l'Administration diocésaine, celle des Postes, celle des Ponts et Chaussées et celle des Finances restèrent fidèles au bon sens et à la tradition. Les écritures de l'Usine ne l'auraient pas emporté, si la création récente du bureau de poste et l'établissement d'une gare de chemin de fer n'avaient forcé tout un chacun d'user de la dénomination nouvelle.

Et pourtant, elle n'aurait pas été autorisée par l'autorité compétente, et, au greffe du tribunal, cette commune serait toujours la commune d'Auchy-les-Moines.

En décembre 1793, Louis Mahieu était juge de paix du canton de Fressin.

Le primidi, 1ᵉʳ frimaire an II (21 novembre 1793), qui est le jour où nous voyons pour la première fois employer le calendrier équinoxial, œuvre bien conçue, si l'on veut, mais œuvre absurde, qui nous mit en quelque sorte en dehors du monde civilisé, le citoyen Moronval fut remplacé, comme officier de l'état-civil de la commune de Fressin, par le citoyen Louis-Joseph Merlin.

C'était le moment où les scandales éclataient de plus belle à Auchy-sur-Ternoise. On y vit Riquier, curé constitutionnel de Rollencourt, Incourt, Béalencourt, Neulette et Noyelle, et Lagache, curé constitutionnel d'Auchy et Wamin, remettre devant les commissaires délégués du représentant du peuple leurs lettres de prêtrise ; et, quelques jours après, le citoyen Nicolas-Eloi Beugin, ex-prieur de l'abbaye, puis procureur de la commune, déclarer, pour obtenir un certificat de civisme, qu'il a contracté mariage, à Abbeville, sur l'autel de la patrie, avec la citoyenne Ribeaucourt, en présence du représentant du peuple Dumont. Cette citoyenne Ribeaucourt, qui avait un enfant que Beugin voulait bien adopter, n'était-elle pas auparavant la lingère de l'abbaye ?

C'était aussi le moment où l'on mettait en vente, comme meubles inutiles, comme instruments du fanatisme et de la superstition, les ornements du culte, les chapelles, les autels et les confessionnaux. A Fressin, on respecta les grosses pièces du mobilier qui adhéraient aux murs ; mais les ornements sacerdotaux, les linges et les vases sacrés disparurent.

On sent que l'on est au moment extrême de la persécution, que l'on traverse une crise aiguë, et que l'on peut espérer une réaction prochaine.

En germinal an III, le représentant Florent Guiot nomma dans le district de nouveaux officiers municipaux, généralement d'allure modérée. Nous ne savons pas quels furent, à Fressin, les choix du gouvernement. Nous savons seulement que, le 30 germinal (19 avril 1795), Charles-Grégoire Letailleur, chirurgien, remplaçait le citoyen Merlin en qualité d'officier de l'état-civil.

En ces temps troublés, les Conseils n'ont pas le loisir de s'occuper des intérêts locaux : on ne répare pas les bâtiments communaux ; on laisse les chemins à l'abandon. Mais on se réunit pour aviser aux moyens d'assurer l'approvisionnement du marché d'Hesdin et le recrutement des armées. Les invitations du Gouvernement sont impérieuses et comminatoires. Le mot de liberté se lit encore en tête des actes publics ; la réalité est toujours absente. On a gagné pourtant de moins craindre la prison ou l'échafaud.

La loi du 3 ventôse et celle du 11 prairial paraissent rendre quelque liberté au culte. Les municipalités sont invitées à mettre les églises en état de servir. D'autre part, un arrêté du département, en date du 26 vendémiaire an IV, prescrit la fermeture des brasseries, et interdit jusqu'à nouvel ordre la fabrication de la bière. Vit-on jamais pareil despotisme ?

A la suite de la loi qui édictait une division nouvelle du territoire de la République, le Conseil général de la commune eut à désigner un agent municipal et un adjoint chargés de représenter la localité près l'administration municipale du chef-lieu de canton. Beaucoup démissionnèrent à cette occasion. A Fressin, le 11 frimaire (23 novembre 1795), Charles-Hubert Desgrusilliers remplaçait à l'état-civil Grégoire Letailleur.

En prairial an IV (mai et juin 1796), on célébra dans chaque canton la fête des Victoires de la République.

Dans le canton de Blangy, cette fête eut lieu le 10 prairial, à Rollencourt, qui était le chef-lieu des séances municipales dudit canton. Où donc se fit la fête dans le canton du Biez?

Le 7 messidor, Hubert Desgrusilliers était déjà remplacé par Jean-Baptiste Dupond.

Le 5 ventôse an V, mourut, à 28 ans, François-Joseph Pruvost, chirurgien, époux de Bernardine Desgrusilliers.

Le 10 germinal an V (31 mars 1797), il y avait lieu, à Auchy, d'élire un adjoint municipal. En vain on sonna la cloche pour convoquer les électeurs. C'était le jour du marché d'Hesdin ; personne ne se présenta. Le maire, qui était alors l'ex-prieur Beugin, remit l'élection au dimanche 13, à 2 heures et demie, à la sortie des Vêpres, « dans l'espérance que les citoyens qui, à cette heure, devront sortir de l'église, se prêteroient au désir de la loi et seroient aussi exacts à rendre à César ce qui appartient à César qu'ils l'étoient à rendre à Dieu ce qui appartient à Dieu. »

Cette réflexion de l'ex-prieur Beugin nous apprend qu'à Auchy, bien avant le concordat, et même en l'absence d'un pasteur légitime, les fidèles allaient aux Vêpres, et qu'il s'y réunissait assez d'hommes pour former un contingent suffisant d'électeurs. Elle nous fait voir aussi combien l'on était fatigué des agitations de la vie publique. Écœurée par les excès de la Révolution, la nation était mûre pour le coup d'État qui devait imposer le silence universel. A Auchy, il y eut telle élection où il ne se présenta pas assez d'électeurs pour former le bureau.

La population de Fressin paraît s'être tenue en retard sur sa voisine dans la réaction comme dans le mouvement. Si elle se laissa moins entraîner par les énergumènes, elle reprit aussi moins vite les habitudes du culte public. Les offices ne se firent pas dans notre Eglise avant 1802.

En brumaire an VI, les registres de l'état civil étaient tenus, à Fressin, par un certain Augustin Leblond, qui n'était pas de la commune. Il était de Torcy ou de Lebiez.

La même année, le 11 ventôse (2 mars 1798), ces fonctions étaient remplies par Louis Mahieu, qui était remplacé, le 24 messidor suivant (12 juillet), par Auguste Viollette.

Le 20 vendémiaire an VII (11 octobre 1798), Adrien-Joseph Delannoy est désigné comme président de l'administration de Fressin, et Charles Dupuis, demeurant à Lebiez, est nommé secrétaire en chef de la dite administration et chargé des mariages.

Le 22 frimaire (12 décembre), Louis Bruyant, adjoint municipal, recevait les naissances.

L'année suivante, le 10 ventôse (12 mars 1799). Moïse Berthe était agent municipal (1) ; Charles Dupuis demeurait secrétaire en chef. Deux mois après, le 10 floréal, Casimir Falize présidait l'administration municipale du Canton du Biez, et Charles Dupuis conservait toujours sa fonction de secrétaire.

Sous le Directoire, la municipalité se confondait avec le canton.

§ 2. — LE CONSULAT ET L'EMPIRE.

Le 9 novembre 1799, le général Bonaparte se substitua aux pouvoirs établis. C'est ce qui dans l'histoire s'appelle le coup d'État du 18 Brumaire an VIII.

---

(1) Moïse Berthe rendit beaucoup de services à la fin de la Révolution, et sauva bien des personnes, même aux Baudets d'Arras.

Le citoyen Poitevin-Maissemy, qui fut le premier préfet du Pas-de-Calais, nomma maire de Fressin le citoyen Auguste Viollette, et adjoint le citoyen Jean-Baptiste Pruvost. L'arrêté fut signé le 1ᵉʳ fructidor. Le 20 (7 septembre 1800), ces Messieurs furent installés par Moïse Berthe, resté jusque-là adjoint municipal, et par son second, qui était Louis Legrand. La cérémonie se fit « au temple décadaire » en présence d'un grand nombre de citoyens. Le maire et l'adjoint promirent d'être fidèles à la Constitution.

L'ère de l'an VIII est l'ère du mutisme. La parole n'est permise qu'au monologue louangeur. Les discussions ont pris fin ; il n'y a même plus de trace de délibérations.

L'ancien district s'appelle maintenant « l'Arrondissement communal. » Au chef-lieu de l'Arrondissement trône un petit potentat, le Sous-Préfet. Il envoie aux communes des « Mandemens » tout autant qu'un évêque. Pour remplacer les délibérations absentes, le maire inscrit au registre ces arrêtés et ces Mandements. Lecture des lois est faite au peuple de Fressin, à la mairie, toutes les quintidis et décadis. (1)

Le 6 brumaire an IX, le préfet Poitevin-Maissemy nomma conseillers municipaux de la commune de Fressin les citoyens dont les noms suivent :

(1) A Auchy, tout changement politique fournissait une occasion de fête et de manifestation. Le 1ᵉʳ vendémaire an IX (23 septembre 1800), il y eu fête nationale à onze heures au « temple de la réunion ». L'instituteur reçut l'ordre d'y conduire ses élèves. On y chanta des airs patriotiques. Le maire Barbier y prononça un discours sur l'histoire de la fondation de la République, discours qu'il a soin de transcrire et d'insérer dans le procès-verbal de cette solennité ; il nous fait aussi le récit du banquet qui eut lieu ce jour-là, et des toasts qui y furent prononcés.

Ceci nous donne occasion de compléter la liste des maires d'Auchy que nous avons donnée à la page 325 de notre histoire de l'Abbaye. Entre l'ex-prieur Beugin et M. Panet, il faut placer le citoyen Barbier. Ayant été nommé juge de paix, Barbier fut remplacé par M. Eusèbe Panet, lequel fut nommé par arrêté du Préfet du Pas-de-Calais en date du 2 thermidor an XII.

Joseph Thélu, Jacques Viollette, fils ; Joachim Bruyant, Louis Bruyant, Jean-Baptiste Desobry, père ; Louis Legrand, Martin Cappe, Jean-François Briche, André Binsse, Louis Duflos.

Ils furent installés le 20 brumaire, et promirent d'être fidèles à la Constitution.

Ce gouvernement, qui ne laissait pas aux communes le droit de choisir leurs municipalités, portait toujours l'étiquette républicaine.

Le 18 floréal an IX (8 mai 1801), M. Bonaventure Thélu fut nommé maire en remplacement de M. Auguste Viollette, démissionnaire. Il fut installé « au temple décadaire » le 21 mai par Jean-Baptiste Pruvost, agent municipal. C'est du moins ce qu'il inscrit dans son procès-verbal qu'il signe seul.

Par une contradiction que nous ne nous expliquons pas, l'administration centrale, qui se réservait le privilège de désigner aux communes leurs magistrats municipaux, laissait à la garde nationale sédentaire la liberté d'élire ses chefs.

Du 21 mai 1801 au 15 février 1816, on ne voit au registre de la municipalité que la signature de M. le maire Thélu. Aucune délibération. Ni adjoint, ni conseillers municipaux ne donnent signe de vie pendant quinze ans. Et ce qui se voit à Fressin se voit également à Auchy et ailleurs. Le volumineux registre est rempli d'arrêtés de police, d'avis du fisc sur les contributions foncière et mobilière, de déclarations de diverses sortes : déclarations d'arrivée dans la commune, déclarations de départ, déclarations de moyens d'existence, déclarations de grossesse pour les filles non mariées, avec indication du lieu où elles attendront leur délivrance, parfois avec l'énonciation du nom du complice ; certificats de bonne vie et mœurs ; plaintes curieuses, énoncées en langue verte et littéralement transcrites; congés obtenus en vertu de l'amnistie accordée aux déserteurs; réquisition de voitures, de chevaux et d'hommes pour le camp de Boulogne. M. le maire Thélu ne laissait pas d'avoir de la besogne, rien que pour rompre un peu la monotomie de la langue administrative.

Quand par hasard il y avait convocation des électeurs, on y mettait le temps. Un scrutin eut lieu du 19 au 30 messidor, onze jours. Il y avait deux bureaux ou sections. La première section, chez le citoyen Jacques-Marie Viollette, eut pour scrutateurs les citoyens Martin Cappe et Benoist Laisné ; la seconde section se tint chez le citoyen Bonaventure Thélu, assisté des citoyens Grégoire Letailleur et J.-B. Pruvost. Il y avait cinq jours d'intervalle entre la clôture du scrutin et le dépouillement.

Le 19 thermidor an IX (7 août 1801), des scieurs de long furent mis en réquisition, à Fressin, pour aller travailler au port de Boulogne. On leur promit de 2 fr. 25 c. à 2 fr. 50 c. par jour, ce qui était fort considérable pour cette époque. Mais aussi c'était le moment de la moisson, et il fallait partir quand même. M. le maire Thélu désigna huit ouvriers.

L'administration militaire, quand elle n'en avait pas un besoin actuel, plaçait les chevaux de troupe dans les fermes, pour n'avoir pas à les nourrir, et le fermier, qui n'avait pas le droit de les refuser, en avait pourtant la responsabilité. L'an IX, la veuve Jacques Desmons, de l'Epaule, reçut ainsi un cheval d'artillerie.

Cette année-là, Narcisse Berthe fut accepté comme percepteur, par adjudication au rabais, et offrit une caution.

Le 4 brumaire an X (26 octobre 1801), la garde nationale sédentaire de Fressin élit ses chefs. Jacques Viollette fils est nommé capitaine, Xavier Louvet lieutenant, Benoit Laisné sous-lieutenant, Simon Branquart sergent, Michel Dupont caporal. On leur donne de la besogne ; le 25 germinal, il est décidé que le capitaine devra commander tous les jours une patrouille de quatre hommes.

Quelques habitants ont trouvé le moyen d'élargir leur petite propriété en anticipant sur le flégard ; ils se trouvent ainsi avoir des arbres qu'ils n'ont point plantés. La commune réclame à diverses reprises, et il intervient enfin un jugement du tribunal de Montreuil par lequel l'un de ces habiles, qui avait sa maisonnette près du vieux château, fut « condamné a déguerpir. »

Voici enfin une séance du Conseil municipal. Il s'agit sans doute d'un grand intérêt communal, du percement d'une route, de la construction d'une école? Non : la séance du 29 floréal an X (19 mai 1802), tenue en exécution de l'adresse du Préfet en date du 27, a pour objet d'aviser aux moyens de demander aux électeurs une réponse à la question suivante :

« *Napoléon Bonaparte sera-t-il consul à vie ?* »

La réponse ne se fera point par bulletins déposés dans une urne scellée ; un registre sera déposé chez le maire et chez les deux notaires pour recevoir le vote public des électeurs. Le premier bureau sera ouvert chez le citoyen Viollette, notaire ; le second, chez le citoyen Louvet, aussi notaire ; le troisième, chez le citoyen Bonaventure Thélu, maire.

A la même séance, ces Messieurs prirent connaissance de la proclamation des Consuls relative au culte.

En décembre 1802, le Conseil fut encore convoqué : cette fois il s'agissait de l'école.

On ne peut pas attendre de nous que nous reproduisions ici les arrêtés de police relatifs à la tranquillité de la rue, à la fermeture des cabarets, etc., ni les procès-verbaux constatant l'état des fours et des cheminées. Ne pouvant avoir de discussions à relater, les maires de la période napoléonienne s'entretiennent la main en multipliant les arrêtés. En voici un pourtant qui se distingue par son à-propos, et tel que l'on en voit trop rarement à la campagne. En messidor an XI, M. le maire Thélu régla que désormais il n'y aurait pas de jeux publics ni de danses sans une redevance aux pauvres.

L'an X, la force armée est logée et nourrie chez les déserteurs. Mais il n'y a pas que les familles des réfractaires que frappe le fléau d'une guerre incessante: en septembre 1803, la Sous-Préfecture réquisitionne les équipages des fermiers, sans s'occuper de la moisson. Fressin ayant à fournir une voiture à quatre roues et quatre chevaux pour Boulogne, M. le maire Thélu désigne Jean-François Briche, fermier au Plouy, et la citoyenne veuve Desmons, de l'Epaule, pour obtempérer à cette réquisition.

Le Conseil se renouvelait alors par fractions, et il était nommé par un choix d'électeurs. Le 6 ventôse an XII (26 février 1804), on tira au sort les noms de ceux dont les pouvoirs devaient cesser. Ce furent Jacques Viollette, Martin Cappe, Joachim Bruyant, Louis Bruyant et Jean-François Briche.

L'élection mit en leur place Jacques Viollette, Joachim Bruyant, Jean-François Fournier, Martin Cappe. Les cinq élus signèrent au procès-verbal.

Le 28 floréal, on observe que « depuis le commencement de la Révolution » on n'a rien fait aux chemins qui se trouvent dans un affreux état.

M. Jacques Viollette était, à cette époque, juge de paix du canton de Fruges.

Le 28 thermidor an XII, M. Thélu estime qu'il a

trop de besogne à la mairie. Les conscrits surtout lui donnent de la tablature. Il désigne M. Jean-Baptiste Pruvost pour recevoir les actes de l'état-civil.

Voici, d'après un règlement sur la vaine pâture, quels étaient les cultivateurs de Fressin en l'an XII, avec l'importance de leur occupation sur le terroir de la commune :

Charles Thuillier occupait 36 mesures sur Fressin ;
La veuve Jacques Desmons, de l'Espault, 210 mesures;
Joseph Benteux, 31 ;
Jean-François Briche, du Plouy, 39 mesures. La plus grande partie de l'occupation de M. Briche était sur Planques.
Jean-Baptiste Desobry, 190 mesures ;
Jean-François Samier, 120 ;
Jacques Coache, à l'Ermitage, 16 ;
Benoît Laisné, 209 ;
Bonaventure Thélu, 55 ;
Desgrusilliers, frères, 72 ;
Liévin Dewamin, 32 ;
Xavier Louvet, 28 ;
Jacques-Marie Viollette, 30.

On se plaignait de Briche qui avait trop de moutons eu égard à son occupation sur Fressin, et le Conseil déterminait le nombre de bêtes que chaque cultivateur pouvait entretenir pour profiter du droit de vaine pâture.

Si la nation, dans sa généralité, était heureuse d'être délivrée de l'anarchie et de la terreur, tout le monde n'acceptait pas la dictature. Il y eut, à cette époque, des complots inspirés par des sentiments contraires, la fidélité royaliste et l'insubordination jacobine. Notre commune fournit un épisode à l'histoire de ces complots. Un conspirateur, nommé Larose, veut renverser le gouvernement ; il s'attaque directement à la personne du souverain. Mais il est arrêté à temps. Or, il se trouve qu'il a sur lui un passeport délivré par le maire de Fressin. Le passeport est faux. Le maire de Fressin n'en est pas moins aux abois. Si l'on allait l'accuser de négligence, que dis-je? de complicité ! Il écarte bien vite tout soupçon ; il se hâte de mander aux autorités de ne reconnaître désormais que les passeports écrits en toutes lettres de sa main, ou de la main de son adjoint, à dater du 1er pluviôse an XII, époque où toutes les pièces de quelque importance émanées de la mairie de Fressin ont été retirées au secrétaire. De plus, à dater du présent jour, 1er frimaire (22 novembre 1804), le cachet de la mairie a subi quelques modifications. On y a pratiqué une échancrure que le maire indique, et l'on y a supprimé une lettre. Il n'y aura désormais de valables que les pièces munies du sceau communal et de la signature du maire Thélu ou de celle de l'adjoint Pruvost.

Le 11 germinal an XIII (1er avril 1805), Jean-François Pingrenon, garde champêtre et garde des bois, mis sans doute en demeure d'opter, déclare choisir la seconde place et se démet de sa charge de garde champêtre. Il est remplacé par Joseph Benteux, lequel donnera à son tour sa démission le 6 juillet 1812.

En 1805, M. Jacques-François-Joseph Viollette était toujours juge de paix du canton de Fruges, sans cesser de résider à Fressin.

Le 19 thermidor an XIII, jour qui correspond au 7 août 1805, an 1er de l'Empire Français, est le dernier jour où l'on fasse mention dans nos registres de l'ère républicaine. L'acte suivant est du 16 mars 1806. On était revenu depuis le 1er janvier au calendrier grégorien. Les archives de la mairie ne nous fournissent pas le moindre petit fait pour les années 1807, 1808, 1809, 1810, 1811. On ne parle plus en France ;

on a même cessé d'écrire. Des actes, toujours des actes, et quels actes ! Des batailles tous les jours. Aux églises, des *Te Deum*, qui n'étaient point, pour nos paysans, des chants de joie, mais le signal d'une nouvelle levée d'hommes. Si l'on trouve une note aux registres, c'est à propos de réquisitions militaires : un jour il faut envoyer 900 bottes de paille à Boulogne ; un autre jour, le 12 février 1813, il s'agit d'aviser aux moyens de pourvoir à l'habillement, équipement et harnachement des chevaux offerts à Sa Majesté Impériale et Royale. Le Conseil se réunit par extraordinaire à cette occasion. Il regrette de n'avoir point de ressources : que de souffrances sont déguisées sous cette timide réponse ! et, d'autre part, quelle détresse et à la fois quelle tyrannie sous cette apparence d'hommage spontané !

Le 10 mai 1813, on enrégimente sur place ceux qui ne peuvent plus partir. Les célibataires, les veufs et ceux qui ne sont mariés que depuis le 5 avril doivent faire partie de la garde nationale. Mais la garde nationale n'était pas alors la milice bourgeoise de 1830 et de 1848. C'était bel et bien une armée régulière qui devait faire le service des places. Fressin devait, de plus, fournir encore douze hommes pour l'armée active.

Le décret impérial du 15 avril 1806 avait réglé que les maires et adjoints de toutes les communes de l'Empire seraient renouvelés de cinq en cinq ans. Le deuxième renouvellement eut lieu en 1813. « Plein de confiance dans le zèle et le dévouement de M. X. », telle était la formule employée par le Préfet pour nommer les magistrats de la commune. Ces Messieurs, le jour de leur installation, prêtaient le serment de fidélité à l'Empereur.

Le 15 décembre 1813, le général préfet de la Chaise,

baron de l'Empire, nomma adjoint au maire de Fressin M. Jean-François-Norbert Viollette, en remplacement de M. Fiolet, démissionnaire à cause de son grand âge.

En 1815, il y avait, à Fressin, deux brasseries en activité ; une de 1re classe, aux héritiers de Jacques Warin, donnant sur la grand'rue ; c'est la maison à étage de M. Raphaël Viollette, et dont le jardin est contigü à la nouvelle maison d'école ; la deuxième, de 3e classe, à M. Augustin Louvet, à l'emplacement de la brasserie actuelle.

Fressin possédait alors un officier de santé, du nom de Charles Letailleur, et un artiste vétérinaire, qui était M. Louis Mahieu.

§ 3 — LA RESTAURATION.

Le 15 février 1816, M. Bonaventure Thélu écrit ce qui suit au registre de la mairie : « Je suis dans ma soixante-quatrième année, infirme et estropié ; » et il signe sa démission. Le Préfet lui donna pour successeur, le 30 mai suivant, M. Jean-Baptiste Pruvost, père, propriétaire. M. Pruvost fut installé par le maire démissionnaire le 12 juin. Le 28 novembre, M. Antoine Fiolet, cultivateur, fut nommé adjoint par le Préfet et installé le 10 décembre par M. le maire Pruvost, auquel il succédait.

La Restauration suivait les us de l'Empire ; elle trouvait bon de nommer des hommes à sa dévotion. Elle eut été mieux inspirée d'avoir plus de confiance au peuple.

M. Antoine Bacqueville, propriétaire de la villa

appelée le château, et M. Gilles Desmons, propriétaire du domaine de Lespault, se croyaient des droits sur les arbres plantés en bordure de la voie publique ou sur les flégards par les Seigneurs de Créquy ou les Quarré du Repaire. Peut-être pensaient-ils que la rentrée des Bourbons devait avoir pour conséquence le rétablissement des droits Seigneuriaux. Le Conseil municipal, en sa séance du 6 décembre 1818, rejeta absolument les prétentions de ces Messieurs.

M. Louvet, de Fressin, était alors juge de paix du canton de Fruges. En juin 1820, il perdit sa femme, née Adèle Gérard.

Le 8 mai 1821, MM. Gilles Desmons et François Briche présentèrent leur nomination par le Préfet aux fonctions de conseillers municipaux en remplacement de MM. Desobry et Legrand. Le 28 juin, M. Jacques Viollette fut nommé maire en remplacement de M. Pruvost démissionnaire. Le même jour, M. Letailleur fut nommé adjoint.

Le Conseil municipal se réunit ; il traite des affaires de la commune ; il délibère. On voit bien que l'on n'est plus sous l'Empire. Cependant les communes sont encore bien loin de leur émancipation.

En 1823, le Conseil municipal fit faire de grands travaux de réparation à l'église et au presbytère. Le devis dressé par Froideval, menuisier à Hesdin, Stanislas Plée, couvreur d'ardoises à Wambercourt, et Pierre Benteux, maître-maçon à Fressin, s'élevait à 3,177 francs. Le Conseil, pour subvenir à cette dépense, sollicita la permission de vendre 140 arbres croissant sur le terrain communal.

La commune de Fressin comptait alors 100 électeurs municipaux, 10 départementaux, et 8 censitaires pour la nomination des députés.

A la séance du 10 mai 1824, nous voyons pour la

première fois les plus forts contribuables appelés à voter avec les conseillers municipaux. Les conseillers présentsétaient : MM. J. B. Pruvost, Jacques Viollette, Martin Cappe, Gilles Desmons, François Briche, Louis Duflos, Joachim Bruyant, Antoine de Lépine. Les plus imposés présents à la séance étaient : MM. J.B. Grenier, Xavier Louvet, Jacques Coache, Pierre-Joseph Bruche, Moyse Berthe, Nicolas Dewailly, J.B. Lhomme et Louis Mahieu.

Excellente et équitable législation que celle qui appelait les plus imposés à prendre part au vote du Budget et à toute séance où il s'agissait de lever un impôt quelconque. Cet usage s'est perpétué sous Louis-Philippe, sous la République de février, sous le second Empire, et n'a été aboli que récemment. Le premier axiome en liberté politique est que l'impôt doit être consenti. C'est la justification de l'appel des principaux contribuables. Sans doute, avec une population agricole comme celle de Fressin, les conseillers municipaux auront toujours les mêmes intérêts que les forts imposés. Mais que, dans un centre industriel, les ouvriers se concertent et s'accordent, ils peuvent exclure du Conseil municipal les propriétaires du sol et voter des constructions de luxe auxquelles ils ne contribueront pas eux-mêmes.

Le 26 mai 1824, le Conseil municipal de Fressin fut appelé à donner son avis sur le choix du bureau de poste qu'il jugerait le plus avantageux pour la commune. On choisit le bureau d'Hesdin.

A la session de mai 1825, nous trouvons des noms qui n'avaient point paru l'année précédente : Antoine Fiollet parmi les conseillers, Augustin Louvet et Louis Viollette parmi les hauts imposés. On vote le budget article par article. L'allocation la plus élevée est celle du curé, à qui le conseil vote un supplément de traitement de 300 francs. Mais ce chiffre ne sera pas longtemps maintenu. Il fut réduit à 250 francs en 1828, 1829 et 1830 ; peu après, en 1831, il était abaissé à 150 francs, qui est le chiffre actuellement fixé pour l'indemnité à l'occasion de la deuxième messe des dimanches et fêtes. Dans l'intervalle, l'article fut réduit à 100 francs, effet sans doute de la Révolution antireligieuse de 1830.

Le 30 décembre 1825, M. J.-B. Pruvost fut de nouveau nommé maire de Fressin.

Un arrêté préfectoral, par rappel de la loi du 28 pluviôse an VIII, nomma conseillers municipaux pour compléter l'assemblée devenue inférieure par suite de deux décès et de trois démissions : Messieurs François Samier, Jean-Marie Desobry, Jean-Baptiste Grenier, Louis-Joseph Gravelle et Moïse Berthe.

Ces Messieurs furent installés le 24 novembre.

Le Conseil fut alors composé comme suit, outre le maire et l'adjoint :

MM. Martin Cappe ;
 Jacques-François-Joseph Viollette ;
 Gilles Desmons ;
 François Briche ;
 Louis Duflos ;
 François Samier ;
 Jean-Marie Desobry ;
 Jean-Baptiste Grenier ;
 Louis-Joseph Gravelle ;
 Moïse Berthe.

A la session de mai 1827, à ces douze conseillers municipaux s'adjoignirent les forts imposés suivants :

MM. Norbert Viollette fils ;
 Xavier Louvet ;

MM. Pierre Briche ;
Jacques Coache ;
Augustin Bossu ;
François Sanez ;
Nicolas Dewailly ;
J.-B. Lhomme ;
Ambroise Moine ;
Louis Mahieu.

En novembre 1827, Charles Daguin, garde champêtre démissionnaire, est remplacé par Nicolas Benteux.

A la session de mai 1828, nous avons deux noms nouveaux de hauts imposés : MM. Louis Levacher et Pierre Bourbier.

Le 14 avril 1829, le Conseil demande l'autorisation de poursuivre en correctionnelle le nommé Carpentier, du Parcq, qui a abattu, à l'endroit appelé le Calvaire, huit bois blancs croissant sur le terrain communal. De même que le Conseil de fabrique, le Conseil municipal de Fressin savait défendre les intérêts qui lui étaient confiés.

A la session budgétaire du 10 mai, mêmes conseillers que précédemment, moins J.-B. Grenier ; un fort contribuable en plus, Benoni Grenier.

A la séance du 10 mai 1830, nous voyons les sept conseillers suivants : MM. Jacques Viollette, Martin Cappe, François Briche, Gilles Desmons, Moïse Berthe, Jean-Marie Desobry et François Sanez.

Comme plus imposés : MM. Auguste Bossu, Pierre Bruche, J.-B. Lhomme, Pierre Bourbier, Louis Viollette, Théophile Samier, Jacques Warin, Alexandre Dusolon, Hippolyte Binsse, Louis Duflos.

§ 4. — Gouvernement de Juillet.

Aucune mention n'est faite au registre des délibérations de la Révolution de Juillet 1830. Si elle ébranla les principes fondamentaux de l'ordre social, elle n'apporta que peu de changements au système extérieur du gouvernement, et fut peu remarquée dans nos tranquilles campagnes.

Nous avons, en 1831, deux nouveaux forts contribuables : M. Barnabé Corne et M. Jean-Marie Baux.

Le 20 novembre, M. le maire Jean-Baptiste Pruvost installe les douze conseillers suivants, qui avaient été élus le 1er octobre ; c'étaient : MM. Jacques Viollette, Louvet, fils ; Moïse Berthe, Barnabé Corne, Jean-Baptiste Pruvost, père ; François Briche, Martin Cappe, Louis Duflos, père ; Jean-Marie Desobry, Antoine Fiolet, Gilles Desmons.

Ils prêtèrent le serment suivant : « Je jure fidélité au Roi des Français, obéissance à la charte constitutionnelle et aux lois du Royaume. »

Le 30 janvier 1832, le Conseil entendit la lecture d'un arrêté du Préfet nommant maire M. J.-B. Pruvost, et adjoint M. Gilles Desmons, tous deux membres du Conseil. Ils prêtèrent le serment qu'on vient de voir et que tous les électeurs municipaux avaient été également obligés de prêter avant de voter.

Il paraît étrange qu'un gouvernement fondé par 221 députés parjures, et qui n'était ni le résultat de l'hérédité, ni celui de l'élection populaire, tint à ce point à un serment. Cet illogisme est à l'éloge de nos pères.

En juillet 1832, on nous signale parmi les forts

imposés la dame Dail, demeurant à Paris, MM. Florentin Seillière, Santallier-Thélu, J.-B. Cordier, J.-B. Grenier, Eugène Dewamin, Viollette, fils; Pruvost, fils; Le Noir. Les absents se faisaient représenter.

La même année, au mois d'octobre, on s'occupait de dresser le cadastre ; important travail, à propos duquel on demanda encore l'avis des principaux propriétaires. On y réunit MM. Norbert Viollette, Pierre Bruche, Louis Viollette, le baron Seillière, Antoine Vauchelle, maire de Wamin.

On distinguait alors le bourg et le village. Aujourd'hui, c'est le centre, pensons-nous, que l'on appelle le village par opposition aux sections écartées. On n'oserait plus parler de bourg pour une commune descendue au-dessous du chiffre de 800 âmes.

La commune de Fressin possédait encore trois brasseries, toutes les trois sises au bourg. La première appartenait à J.-B. Pruvost, maire de Fressin ; la seconde à Louis Gravelle ; la troisième à Eugène Binsse, celle-ci estimée le tiers seulement de chacune des deux autres.

Il n'en reste plus qu'une, l'ancienne brasserie Pruvost, devenue la brasserie de Wailly, et, en 1891, la brasserie Henri de Contes.

Etaient également notées comme faisant partie du Bourg les maisons Seillière, Jacques Viollette notaire, Norbert Viollette, Théophile Samier, Hippolyte Binsse, Pierre-François Louvet, Veuve Nicolas Cras.

Fressin possédait deux moulins. Le premier, en amont, à J.-B. Grenier ; le second à Auguste Bossu. Il y avait aussi trois forges.

Les principaux imposés qui assistèrent à la session de mai 1833 furent :

MM. Barnabé Corne, représentant du baron Seillière ; Xavier Louvet, au nom de M. Santallier-Thélu ;

Norbert Viollette, pour M. Norbert Viollette, fils ; J.-B. Cordier, représenté par J.-B. Pruvost ; Norbert Fiolet, au nom de M. Eugène Dewamin ; François Briche, au nom de M. de Dion ; Louis Desmons pour M. du Repaire ; Armand Le Noir, Pierre Bruche, J.-B. Grenier, Jacques Coache, Louis Viollette.

Le 16 mars 1834, le Conseil municipal de Fressin donna un avis favorable à la création à Fruges d'un marché aux bestiaux, le dernier samedi de chaque mois, bien que Fressin ait à peu de distance le franc-marché du 2e mercredi en la ville d'Hesdin. Le Conseil donne un avis favorable, à condition que le marché à établir au bourg de Fruges soit franc comme à Hesdin et à Fauquembergue, et non assujetti aux droits d'octroi que l'on paie à Fruges aux autres foires et marchés.

On revint sur cette question le 22 décembre 1835. On donna pour la seconde fois un avis favorable à la création au bourg de Fruges de dix nouvelles foires ; mais toujours à la condition qu'elles soient « débarrassées de l'impôt que fait prélever actuellement le bourg de Fruges dans ses deux foires existantes sur les bestiaux qui y sont conduits et sur tous les porteurs de paniers et de marchandises tenues à la main ; impôt aussi vexatoire qu'onéreux, qui éloignera toujours des foires de Fruges les cultivateurs et les marchands, pour les reporter exclusivement aux marchés de la ville d'Hesdin et autres marchés voisins où n'existe point cette entrave. »

Il nous semble que le rédacteur de cette délibération, s'il n'était pas volontairement partial, avait des préférences sentimentales qui nuisaient un peu à sa justice.

Le Conseil devant se renouveler par moitié, il fallut pourvoir, le 2 novembre 1834, au remplacement de six membres sortants. Sur 48 votants (on était encore sous le régime du suffrage restreint).

MM. René-François Louvet obtint 40 voix ;
Barnabé Corne en obtint 38 ;
Jacques Viollette, 33 ;
Antoine Fiolet, 29 ;
Louis Briche, 26.

Ces cinq messieurs furent élus au premier tour.

Dans un second scrutin, M. Jacques Coache fut élu avec neuf voix.

Le 6 février 1835, M. Louvet fut nommé par le Préfet maire de Fressin, et M. Barnabé Corne fut nommé son adjoint.

La même année, on crut utile de nommer un deuxième garde champêtre pour le temps de la moisson. Le garde champêtre annuel eut désormais un traitement de 250 francs ; on donna 50 francs à celui de la moisson. Alors comme aujourd'hui, le garde avait son casuel dans la publication des ventes et dans la criée. Les annonces et les publications, qui ne se font plus maintenant qu'à la porte de l'église, à l'issue de la première messe du dimanche, se faisaient aussi alors dans les rues, au son du tambour. En 1835, l'instrument était fort défectueux ; il manquait de cercles et de cordes.

Tous ceux qui remplissaient les conditions exigées par la loi pour être électeurs municipaux étaient-ils inscrits sur la liste ? Trois conseillers furent désignés pour recueillir les réclamations qui pourraient être faites.

Le 30 décembre même année, le Conseil exprime le vœu que le service du « messager-piéton » ait lieu tous les jours. Jusque-là le facteur d'Hesdin ne venait à Fressin que tous les deux jours.

La délibération est signée : Louvet, Corne, Duflos, Desmons, Pruvost, Viollette, Desobry, Cappe, Berthe Dusolon, Coache.

A la demande de M. Corne, régisseur des bois de Fressin, Créquy et Sains, le conseil municipal, en sa séance du 15 mai 1836, dressa la liste des ménages qui devaient être admis à ramasser le bois mort et les ronces. Cette liste comprit 51 familles. Plusieurs étaient désignées par des surnoms. Ainsi il y avait trois Grippy, l'aïeul, le père et le fils ; un Monaco, un Rossignol.

Les forts contribuables qui prirent part à la session de mai 1836 furent : MM. Louis-Thomas Santallier, Hippolyte Binsse, Pierre Bruche, J.-B. Grenier, J.-B. Lhomme, Louis Viollette, Nicolas Dewailly, Louis Briche, Louis Bodet, J.-B. Gravelle, Pierre-Joseph Bruchet. L'année suivante, on y remarque M. Louis Moine.

On s'occupait souvent de la nécessité de remplacer l'horloge du clocher. Mais on se faisait illusion en croyant pouvoir en avoir une bonne pour 400 francs.

Les communes de la région furent appelées, cette année-là, à donner leur avis sur la création d'une route entre Hesdin et Hucqueliers. Le Conseil municipal de Fressin s'èleva fort contre le projet de la faire passer par Wambercourt, Le Biez et Embry, tous pays de ravins et de montagnes inaccessibles, tandis que par Fressin et Créquy les pentes sont fort douces. Par Wambercourt et Le Biez, les communes traversées ne font au total qu'une population de 1,871 habitants, tandis que par Fressin et Créquy on en déservirait 3021. Nos municipaux tiennent surtout à faire passer la nouvelle route par Fressin ; au besoin ils sacrifieraient Créquy. On pourrait longer les haies de Sains et se diriger sur Royon, ou encore traverser Sains et aller vers Torcy et Rimboval. Le projet de l'administration fut exécuté malgré l'opposition des gens de Fressin. Mais ils ne devaient pas tarder à avoir eux aussi le débouché qu'ils réclamaient.

Les conseils municipaux se renouvelaient par moitié, en 1837. Le 21 mai, cinq conseillers furent élus. Sur 44 votants, M. Jean-Baptiste Pruvost obtint 33 suffrages; M. Hippolyte Binsse en obtint 32; M. J.-B. Grenier, 30; M. Louis Briche, 26; M. J.-B. Desobry, 26. Au second tour, qui eut lieu le 2 juillet, M. Louis Gravelle fut élu avec 25 voix.

Cessix conseillers furent installés le 16 août. Le 11, M. Louvet avait été nommé maire et M. Corne adjoint par arrêté du Préfet. Leur installation eut lieu le 26 du même mois.

Entre autres projets, le Conseil accueillit celui de renouveler entièrement la toiture de la sacristie, planches et ardoises. Le devis, pour une surface de 36 toises et 4 pieds, s'éleva à 675 fr. 55 c.

Un nouveau registre de délibérations fut ouvert le 24 mars 1839, conformément à la loi du 18 juillet 1837. Il comptait 141 feuillets, le premier et le dernier cotés par le Sous-Préfet de Montreuil.

On ouvrit en même temps un autre registre pour y transcrire les arrêtés du Maire.

Les plus forts contribuables que nous voyons en 1840 sont: François-Joseph Desmons, Pierre-Joseph Bruchet, Pierre Bruche, J.-B Lhomme, Nicolas Dewailly, Jean-Marie Baux, J.-B. Bodet, François Allexandre, Jacques Warin. En 1841, M. Floride Vaillant y figure pour la première fois. En 1842, François Sanez et François Moine y viennent à leur tour. En 1843, nous y voyons Jean-Baptiste Grandel; en 1844, Auguste Bossu et M. Santallier; en 1847, Jacques-Joseph Briche, Chrysostôme Bruyant, Charles Moine; un autre jour, M. Louvet.

Au renouvellement du 14 juin 1840, il se présenta 58 électeurs municipaux. Cinq conseillers furent élus au premier tour. Ce furent : M. Louvet, avec 56 voix ; M. Corne, avec 50 voix ; M. Jacques Coache, avec 43 ; M. Emile Viollette, avec 41 ; M. François Desmons, avec 40.

M. le vicomte Armand Le Noir fut élu au second tour, avec 25 voix.

Les Conseillers furent installés, au mois d'août suivant, par M. Pruvost ; le 30 septembre, M. le Maire Louvet et M. l'adjoint Corne furent installés par Jacques Joache. Ils avaient été nommés le 9 par le Préfet. Cette année-là, à la session de mai, on vota 200 fr. à un deuxième garde champêtre, que l'on chargea d'entretenir les chemins ruraux. On le désigna sous le nom de garde champêtre cantonnier. Les deux gardes coûtèrent dès lors 400 fr. à la commune.

En 1840, on indiquait 25 kilomètres de la Mairie de Fressin à Montreuil et 13 pour Fruges. C'est à se demander quel détour on faisait pour arriver au chef-lieu de canton.

C'est du règne de Louis-Philippe que date ce magnifique réseau de routes qui, sous le nom de routes départementales aujourd'hui débaptisées, de chemins de grande et moyenne communication, ou de grande vicinalité, couvrent notre beau département et permettent l'accès des plus petites communes aux voitures suspendues.

On étudiait, en 1841, un projet de classement d'un chemin qui devait réunir la route royale N° 28, de Rouen à Saint-Omer, au départ du Fond de Barles, à la route départementale de Saint-Pol à Boulogne. Ce chemin devait traverser Fressin, Sains, le Préhédrez, commune de Créquy, pour aboutir à Maisoncelle, hameau dudit Créquy. Le Conseil municipal de

Fressin adhéra avec enthousiasme à ce projet. Ce chemin allait favoriser les transports vers Hesdin et Abbeville d'un côté, vers Fruges et Saint-Omer, également par Barles ; et, de l'autre côté, par Créquy, vers Hucqueliers, Desvres et Boulogne. Ces Messieurs, comme Perrette, rêvent de richesse et de grandeur : la voie nouvelle sera pour Fressin une source de prospérité ; elle permettra d'élever, dans cette importante commune, des établissements industriels qui occuperont sa nombreuse population et utiliseront le cours d'eau qui traverse le village. Ce chemin servira à quantité de communes auxquelles il facilitera l'accès sur Hesdin : Coupelle-Vieille, Rimeux, Assonval, Verchocq, Renty, Herly, Bellevue vont désormais s'ébranler pour aller aux marchés et aux foires de cette ville. Le Conseil municipal va plus loin : reprenant ses anciens arguments à propos du chemin d'Hesdin à Hucqueliers par La Loge, Wambrecourt, Le Biez et Embry, il démontre que le chemin par Fressin sera encore le meilleur pour aller de cette ville à ce bourg.

Le 28 mai 1843, il y eut des élections municipales, et 50 électeurs se présentèrent pour déposer leur vote. Au premier tour furent élus : M. J.-B. Pruvost avec 40 voix ; M. J.-B. Grenier avec 35 ; M. Jean-Marie Desobry avec 32 ; M. Louis-Joseph Briche, également avec 32 ; M. Alexandre Dusolon avec 29.

Au second tour, qui eut lieu le 11 juin, M. Pierre Moine fut élu avec 24 voix.

M. Vaast-Floride Vaillant, qui avait obtenu 24 voix au premier tour, n'en obtint plus que 16 au second.

Ces sept Messieurs furent installés le 14 août par M. le maire Louvet.

Le 13 septembre, M. Louvet fut nommé de nouveau maire de Fressin par le Préfet, et M. Corne adjoint.

Ils furent installés le 6 octobre par M. Emile Viollette.

Entre temps, le Conseil s'occupa du pont à construire sur la Planquette, route de Créquy vers Barles. Six ans après, le pont était encore en projet.

Un différend s'éleva, en 1844, entre le propriétaire des ruines et la Commune. Le maire et son Conseil s'opposèrent à l'abattage de huit arbres vendus par Madame de Civrac en face du Moulin. L'ancien notaire Gosselin prétend que ces arbres appartiennent à Madame de Civrac, comme ayant été plantés par ses auteurs, ébranchés par son fermier et croissant sur son fond. Elle en pourrait aussi réclamer la propriété à titre de riveraine et comme en ayant eu la possession non interrompue *animo Domini* pendant plus de trente ans. Le Conseil prétend, au contraire, que ces arbres sont plantés sur un terrain communal, dit le Marais de la Lombardie.

Il paraît que les incendies se répétèrent ces années-là, au point d'effrayer la population. Le maire crut utile de proposer l'achat d'une pompe, qui fut estimée 1,200 francs. On vota à cet effet 300 francs et l'on demanda le surplus au Préfet. Tous les Conseillers furent de l'avis du maire et signèrent la délibération, sauf Gravelle, qui se retira.

Les affaires, en ce temps-là, n'étaient pas aussitôt conclues que proposées. En mai 1850, on n'avait pas encore cette pompe. Une souscription avait produit 608 fr. 25. Il y avait urgence d'agir ; car il y avait eu plusieurs incendies depuis six ans. En novembre, avec le secours donné par le Préfet, on avait réalisé la somme de 1008 fr. 25 ; mais la pompe, que l'on demandait à Daraffe, à Paris, devait coûter 1180 fr. Le Conseil vota la différence. Longtemps après, cette dépense supplémentaire n'était pas encore régularisée.

Le 26 juillet 1846, sur 36 votants, M. Pierre Louvet

obtint 34 voix ; M. Barnabé Corne en obtint 32 ; M. Emile Viollette, 31 ; M. le vicomte Le Noir, 29 ; M. François Desmons, 29 ; M. Floride Vaillant, 28.

Tous furent élus au premier tour.

Cependant, on vota une seconde fois, le 8 août, pour remplacer M. Louis Briche, décédé. Le nouveau conseiller fut M. Norbert Fiolet.

Ces Messieurs furent installés, le 18 septembre, par M. Louvet.

L'année 1847 fut une année de disette. Le blé se vendit 40, 45, et jusque 50 francs l'hectolitre. Je me souviens qu'au Petit Séminaire d'Arras, on nous demanda à tous un notable supplément de pension qui fut loin d'être compensé par une amélioration de régime. Le mécontentement des élèves se traduisit plus d'une fois d'une façon bruyante et peu respectueuse. La gent écolière est sans pitié. Le silence se faisait dès que l'on voyait apparaître le bon M. Wallon Capelle. Mais on ignorait qu'il avait épuisé toute sa fortune dans le séminaire, et que, si le Cardinal avait institué un économe, c'était une lourde charge qu'il plaçait sur les épaules de M. Braquehay. Il fallait faire des réformes, il fallait éviter de faire des dettes, et cette fâcheuse nécessité coïncidait avec la famine.

A Fressin, le Conseil municipal se réunit plusieurs fois pour aviser aux moyens de soulager les pauvres et de leur permettre d'attendre la récolte. Le 17 mars, on compta qu'il y avait dans la commune soixante-quinze familles hors d'état de se procurer le pain nécessaire à leur subsistance, même en leur donnant du travail. Ce jour-là, on vota un impôt extraordinaire de 3000 francs pour les quatre mois d'avril, mai, juin et juillet. Cet impôt devait être réparti au marc le fr. sur les contributions mobilières supérieures à 4 francs. Il fut voté par les Conseillers et les forts imposés présents à la séance, sauf par MM. Vaillant, Bruche et Cadot, qui se retirèrent sans signer.

Ce vote fut annulé comme illégal. Le 6 avril, on décida de vendre nombre d'arbres sur le Marais de l'Ecole. Quelques particuliers riches et charitables voulurent bien avancer les fonds pour distribuer du pain sans retard.

Mais la vente des arbres n'atteignit pas le prix de l'estimation. L'argent qu'on en retira fut bientôt épuisé. Il fallut emprunter 1,500 fr. à la Caisse des chemins vicinaux pour subvenir aux besoins les plus pressants. C'est tout ce qu'il nous convient de dire ici sur une question qui occupa longtemps la municipalité.

Madame Seillière voulut partager la sollicitude de ces messieurs en faveur des pauvres. Pour venir en aide aux malheureux, elle eut la pensée de donner du travail aux jeunes filles, en établissant un atelier à coudre les gants. Elle demanda que l'on mît à sa disposition une place restée sans emploi à l'école des garçons. Le Conseil, en sa séance du 28 décembre 1847, exprima sa reconnaissance à Madame la baronne, et l'autorisa à se servir de la salle en question pendant neuf ans, ou plutôt pour aussi longtemps qu'elle le jugera convenable.

L'ouvroir ne devait pas durer neuf ans.

§ 5. — RÉPUBLIQUE DE FÉVRIER.

Il faut aller jusqu'au 23 août 1848 pour remarquer dans nos Archives qu'un important changement s'est opéré dans les institutions du pays. Pas un mot d'allusion à la Révolution du 24 février, à la chute de Louis-Philippe, à la proclamation de la République. Mais, deux ans seulement après les dernières élections, on a renouvelé le Conseil municipal, et ce renouvellement n'a pas été un renouvellement partiel, et, pour la première fois, les douze conseillers de Fressin ont été élus par le suffrage universel. Or, cette institution du suffrage universel était une nouveauté autrement importante que celle de la forme du gouvernement.

L'élection eut lieu le 30 juillet. Les conseillers qu'elle appela aux affaires furent :

MM. J.-B. Augustin-Joseph Pruvost, fils, qui obtint 136 voix sur 153 votants.
Vaast-Joseph-Floride Vaillant, 130 ;
Pierre-François-Augustin Louvet, 112;
J.-B. Augustin-Joseph Grenier, 106 ;
Hippolyte-Symphorien Binsse, 98 ;
Jean-Marie Desobry, 98 ;
Bertin-Alexandre Dusolon, 95 ;
Célestin-Barnabé Corne, 88 ;
Pierre Moine, 87 ;
Georges-Emile Viollette, 78 ;
Jean-Marie-Narcisse Berthe, 28, au second tour, ainsi que le suivant ;
François-Victor Bruyant, 25.

Ces Messieurs furent installés, le 23 août, par M. Pruvost, premier élu.

Le 3 septembre, M. Vaillant, deuxième conseiller élu, installa « au nom de la République » M. le maire Corne et M. l'adjoint Pruvost.

Voici comment s'était faite l'élection du maire et de l'adjoint :

Au premier tour, pour l'élection du maire, M. Pruvost fut élu avec 8 voix ; M. Corne en obtint 4. Mais M. Pruvost n'accepta point.

Au second tour, M. Corne réunit 11 suffrages : une

voix se perdit encore sur le nom de M. Pruvost, celle sans doute de M. Corne.

Pour l'élection de l'adjoint, M. Pruvost eut 11 voix, toutes moins la sienne qu'il donna à M. Emile Viollette.

Le Préfet voulut avoir des renseignements sur les maires et les adjoints que les communes s'étaient donnés. Voici les questions qui furent posées aux Conseils et comment on y répondit à Fressin.

	M. CORNE.	M. PRUVOST.
1. Noms et prénoms . . .	CORNE, Célestin-Barnabé	PRUVOST, Jean-Baptiste-Augustin-Joseph, fils.
2. Profession	Géomètre, receveur et régisseur.	Brasseur et cultivateur.
3. Date de la naissance . .	10 juin 1789.	24 décembre 1797.
4. Célibataire, marié ou veuf	Marié.	Célibataire.
5. Nombre d'enfants . . .	Quatre enfants.	» »
6. Fortune évaluée en reven.	Environ 2,000 francs.	Ses père et mère sont encore existants.
7. Qualifications ou fonctions depuis l'entrée dans la Société.	Ingénieur géomètre de première classe, de 1809 à 1820. Maire de Maresquel de 1825 a 1830. Depuis, receveur et régisseur des bois de Fressin, Sains et Créquy. Adjoint au maire de Fressin depuis 1835. Membre du comité local d'instruction primaire du 15 mai 1835. Membre de la Commission chargée de surveiller les travaux de petite vicinalité du canton de Fruges, en date du 2 avril 1844.	Brasseur et cultivateur, membre du Comice agricole du canton de Fruges depuis 1844, et membre du Bureau de Bienfaisance de la commune de Fressin du 31 août 1846.

En octobre et en novembre, on fait travailler aux chemins pour donner du travail aux ouvriers, et le Conseil traite avec MM. Santallier et Berthe de cessions ou échanges de terrain à propos de la route de Sains à Barles. On vend aussi à Isidore Houllier une parcelle de terrain inutile à la Commune. A ces réunions on voit parmi les forts imposés : MM. Armand Le Noir, Norbert Fiolet, Pierre-Joseph Bruchet, Pierre Bruche, Jean-Baptiste Bodet, Pierre-Joseph Bouret. A différentes reprises on avait mis aux enchères les trente-cinq tilleuls qui ornaient la place de l'école ; ils n'étaient pas encore adjugés à la fin de 1848.

L'Assemblée constituante avait offert en don patriotique un drapeau aux communes. Le Conseil municipal de Fressin accepta le cadeau et vota les fonds nécessaires pour l'emballage et le port du drapeau, 7 janvier 1849.

Au mois d'août, on décida de construire un pont sur la Planquette. Le devis s'élevait à la somme de 1,398 fr. 28 centimes.

Invité à voter la somme de 997 fr. pour le chemin de Sains à Créquy, le Conseil de Fressin déclara ne pas voir l'utilité de ce chemin pour la Commune. Fressin préférerait un chemin qui irait directement à Créquy par le bois de Sains. Les Communes de Sains, de Créquy et de Torcy n'ont rien voté pour le pont de Fressin sur la Planquette. Au surplus, la Commune de Fressin va avoir à se mettre en frais pour la nouvelle route que l'on parle d'établir entre Ruisseauville et Aubin-St Vaast.

Et en effet, à la fin de l'année, le 22 décembre 1849, on avait les plans et devis de cette route, qualifiée chemin d'intérêt collectif. Pour échapper à de trop fortes indemnités, on évitait de longer les habitations de MM. Seillière et Le Noir. On demandait à la commune de Fressin 9,594 fr. pour un parcours de 4 kilomètres. En 1851, le chemin d'Aubin à Ruisseauville est estimé devoir coûter 31,770 fr. de construction et 1,570 fr. d'entretien annuel. Un décret de 1854 autorisa la commune de Fressin à s'imposer pour ce chemin.

Le chemin d'Aubin n'exempta point la commune de contribuer à celui de Créquy. En février 1851, le Conseil avait sous les yeux, pour ce chemin, un devis de 18,048 fr. tant pour réparation que pour construction. Sur cette somme, les contribuables de Fressin devaient payer 7,399 fr. ; mais le Conseil, estimant qu'on devait tenir compte des paiements déjà faits, croit n'avoir plus à payer que 78 fr. 66 centimes.

C'est à partir de cette époque que les représentants de la Commune paraissent s'occuper régulièrement des pauvres. Le compte du Bureau de bienfaisance pour 1849 porte une somme de 1,278 fr. de recettes et autant de dépenses. Pour l'exercice suivant, une somme de 984 fr. est inscrite au Budget communal pour le soulagement des indigents, sans préjudice d'une somme de 100 fr. que nous voyons régulièrement affecter chaque année en faveur des malades. Il est bon certainement de venir en aide aux malheureux, et, à défaut d'institutions inspirées par le Christianisme dont la charité est la loi fondamentale, les pouvoirs publics ont ici un devoir à remplir. Mais il nous sera bien permis de faire observer que les créations de la philanthropie moderne n'ont pas les avantages des œuvres catholiques : elles coûtent beaucoup plus cher; s'exerçant par la voie de l'impôt, elles n'ont pas pour les contribuables le mérite du verre d'eau donné au Nom de Jésus-Christ ; enfin, elles dispensent le pauvre de toute reconnaissance.

La ville d'Hesdin demandait, en 1851, la création d'un deuxième franc-marché mensuel, qui se tiendrait le 4e jeudi. Nous avons écrit ailleurs que c'était rétablir ce qui avait existé autrefois. Le Conseil municipal de Fressin donna un avis favorable, à condition que ce marché fût exempt de tout espèce de droits. Séance du 21 avril 1851.

§ 6. — Le 2 Décembre et le Second Empire.

Louis Bonaparte, dont les pouvoirs devaient finir en mai 1852, avait chassé les représentants de la nation et s'était, en attendant mieux, fait proroger pour dix ans la Présidence de la République.

Le 5 mai 1852, les onze conseillers municipaux de Fressin furent appelés à lui prêter serment, selon la formule suivante : « Je jure obéissance à la Constitution et fidélité au Président. » Jean-Baptiste Grenier, décédé le 5 août 1850, n'avait pas été remplacé.

Le 5 juillet, les membres du Bureau de bienfaisance prêtèrent aussi serment au Prince-Président, comme on disait alors. Toutefois, M. Bonhomme ne parut point à la mairie en cette circonstance. En place de son serment, les membres du Bureau entendirent la lecture d'une lettre par laquelle il donnait sa démission. C'est un fait qui mérite d'être signalé à l'honneur de notre prédécesseur.

Quelque chose de plus fort. L'instituteur Jacques-Antoine-Hilaire Canu fut aussi appelé à prêter le serment de fidélité à titre de secrétaire de la mairie.

En 1852, nous trouvons Boniface Coutelet parmi les principaux imposés. En 1853, nous y trouvons André Coache.

Le 11 mai 1852, Messieurs les conseillers municipaux de Fressin adressèrent une supplique à « Son Excellence Monseigneur le Ministre de l'instruction publique et des Cultes » pour le rétablissement du vicariat rétribué, lequel a existé depuis le Concordat jusqu'en 1833.

Voici les principaux motifs qu'ils alléguèrent à l'appui de leur demande.

1° La Commune possède une maison vicariale, qu'elle ne possédait pas en 1833. Auparavant elle payait au vicaire une indemnité de logement. Mais un prêtre charitable a fondé un établissement religieux pour l'éducation des filles confiée aux Sœurs de la Sainte-Famille. Il fit aussi don d'une école pour les garçons, et enfin d'une maison avec cour et jardin y attenants, « pour être, cette dernière, *exclusivement* affectée au logement du vicaire. »

2° Vers 1833, Mgr de la Tour d'Auvergne, évêque d'Arras, ayant nommé un nouveau vicaire à Fressin, le desservant d'alors, de son autorité privée, pour des motifs qu'on ne peut apprécier, et sur lesquels le Conseil n'avait pas été appelé à délibérer, refusa de recevoir ce vicaire, ce qui détermina Mgr de la Tour d'Auvergne à transférer ailleurs ce vicariat, résolution qui fut toujours regrettée par la Commune de Fressin.

3° Il résulte d'une lettre adressée par Monseigneur au desservant actuel, en 1842, que Sa Grandeur avait l'intention de rendre à la commune son vicariat, à cause de la donation Héame et de l'importance de la population réunie de Fressin et Planques, qui est de 1,350 âmes. . . . .

6° Si le vicariat n'a pas été rétabli depuis 1833, cela tient à des arrangements provisoires qui assuraient le service religieux à Planques par le vicaire de Bucamps.

Comme nous l'avons dit en son lieu, dans l'histoire de la paroisse, cette intervention du Conseil municipal fut provoquée par la Commune de Planques, qui désirait être séparée de Fressin et être érigée en succursale. Si la suppression du vicariat de Fressin est due à M. le curé Coubronne, nous le regrettons pour sa mémoire, et nous comprenons qu'il ait indisposé contre lui les représentants de la Commune. Toutefois, si c'est pour ce motif qu'on lui a retiré l'indemnité de seconde messe, nous ne nous expliquons point qu'on ait attendu l'année 1838 pour prendre ce parti.

En juin 1850, le garde champêtre cantonnier ayant donné sa démission pour se livrer chez lui à la culture du tabac, on proposa de lui substituer un cantonnier journalier. Désormais il n'y eut plus qu'un garde champêtre, comme autrefois, au salaire fixe et annuel de 200 fr.

Le 25 juillet 1852, sur 303 électeurs inscrits, 187 vinrent voter pour le renouvellement intégral du Conseil municipal. Les douze conseillers furent élus au premier tour. Ce furent :

MM. Floride Vaillant, avec 167 voix ;
Victor Bruyant, 156 ;
Jean-Baptiste Pruvost, 152 ;
Emile Viollette, 152 ;
Pierre Louvet, 148 :
Alexandre Dusolon, 146 :
Pierre Moine, 145 :
Barnabé Corne, 143 ;
François Desmons, 128 ;
Jean-Marie Desobry, 122 :
Le Vicomte Le Noir, 116 ;
Norbert Fiolet, 116.

Ces Messieurs furent installés le 16 août et renouvelèrent leur serment du 5 mai. Mais, ce qu'il faut avoir vu pour le croire, le maire M. Corne et l'adjoint M. Pruvost avaient été installés dès le 14 juillet, c'est-à-dire avant l'élection du Conseil. Si la population ne les avait pas acceptés, ils auraient eu tout de même droit d'assister aux séances et d'y voter. Ainsi le voulait le régime de décembre.

M. Corne étant décédé le 26 décembre 1852, M. Pruvost remplit trois ans les fonctions de maire avec le titre d'adjoint.

La présidence décennale était un acheminement à l'Empire. A l'occasion de la proclamation de Sa Majesté Napoléon III, le Bureau de bienfaisance fut invité à voter un impôt extraordinaire en faveur des indigents. On vota 200 francs, « selon les vues de l'Élu de la nation. » Le Conseil municipal et les principaux imposés sanctionnèrent le vote du Bureau de bienfaisance.

Et le pauvre peuple croyait être redevable à l'Empereur de la saignée faite aux contribuables.

Le changement de titre nécessita un nouveau serment. Le 6 mars 1853, nos Conseillers jurèrent « Obéissance à la Constitution et fidélité à l'Empereur » M. Desobry, retenu chez lui par une indisposition, et M. le Vicomte Le Noir, en quartiers d'hiver à Amiens, envoyèrent leur serment par écrit.

Le même jour, les membres du Bureau de bienfaisance, et M. Canu, secrétaire de la mairie, durent aussi se lier de nouveau envers César. M. Bonhomme, appelé le premier, ne répondit point à l'appel de son nom. Toutefois il restait membre du Bureau, malgré sa démission de l'année précédente. Une circulaire du Ministre de l'Intérieur, de l'Agriculture et du Commerce, dispensait les membres du clergé de cette formalité qui alors en eût éloigné un grand nombre des corps constitués où le Pouvoir désirait les maintenir.

Il est juste de reconnaître que le gouvernement, à cette première période de son existence, suivait une politique correcte et pleine de délicatesse à l'égard de la religion et de ses ministres. C'est ce qui explique et peut jusqu'à un certain point excuser l'entrainement de la majeure partie de la population française et même d'une notable partie du clergé. Beaucoup ignoraient les premiers actes du Prince contre le Saint-Siége ; la fameuse lettre à Edgard Ney n'avait pas été assez remarquée du plus grand nombre. Il fallut la fatale guerre d'Italie et ses conséquences pour ouvrir les yeux et faire l'union complète parmi les chrétiens.

A la session de mai 1853, on inscrivit au Budget de la commune un crédit de 50 fr. pour la part contributive de Fressin au traitement du commissaire cantonal de police.

Le 27 novembre, M. Jacques-Marie-Alexis St-Remy, régisseur des forêts de Créquy, bois de Sains et Fressin, mandataire de M. le baron Achille Seillière, acheta à la commune une portion de flégard près des ruines du vieux château féodal. (1)

Une société de pompiers avait été organisée lors de l'achat de la pompe à incendie. Victor Bruyant ayant été nommé, par décret impérial du 16 novembre 1853, sous-lieutenant de cette subdivision de compagnie, prêta serment à l'Empereur le 15 janvier 1854. On acheta des casques pour ses hommes cette même année.

La Chambre de commerce de Boulogne prit, en 1854, l'initiative d'un vœu pour la construction d'un chemin de fer départemental. Il s'agissait de joindre Arras à Boulogne par Aubigny, Saint Pol, Anvin, Hesdin,

---

(1) Le baron Achille Seillière avait le goût des arts. Il fit de son château de Mello un véritable musée, où il réunit une collection très estimée de tableaux, de statues, de bibelots rares et précieux, d'objets de haute curiosité, qui provoquent, avec la richesse de l'ameublement, l'admiration des voyageurs admis à visiter cette splendide résidence.

Le catalogue de cette inestimable collection a été publié en 1890. 1 vol. in-4 illustré de 40 planches hors texte, représentant 81 figures d'objets d'art de premier ordre.

Montreuil, Etaples, avec un embranchement destiné à desservir le bassin houiller récemment découvert, lequel embranchement partirait d'Anvin et irait à Douai par Lille, Béthune et Lens. Le Conseil municipal, en sa séance du 17 avril, a donné son adhésion à ce projet grandiose.

Il a fallu attendre jusqu'à l'année 1878 pour que le chemin départemental fût ouvert dans toute sa longueur ; il est vrai que le bassin houiller avait eu sa ligne en 1860.

Le 19 mai 1854, et dans une séance subséquente, le Conseil étudia un projet de Réglement et de tarif pour les concessions de terrain au cimetière, à propos d'une demande faite par Mme la Vicomtesse Le Noir.

En cette circonstance, le Conseil municipal se mit absolument en contradiction avec une autre assemblée, sa devancière, laquelle avait prétendu que le cimetière de Fressin était insuffisant et qu'il y aurait peut-être lieu d'en ouvrir un plus vaste loin du centre du village.

Selon les conseillers de 1854, le cimetière de Fressin, tel qu'il est, n'oblige pas à renouveler les sépultures plus souvent que de quinze à vingt ans, c'est-à-dire qu'il est beaucoup plus grand que la loi ne demande. Or, si le cimetière suffisait pour une population de 1,200 âmes, il doit bien suffire aujourd'hui que la population n'atteint plus le chiffre de 800 habitants.

Aux élections municipales du 22 juillet 1855, on vota deux fois. Sur 295 électeurs inscrits, 214 se présentèrent.

Au premier tour, dix conseillers eurent la majorité absolue. Ce furent :

MM. Vaillant, avec 206 voix ;

    Louvet, 201 ;

    Pruvost, 194 ;

    Emile Viollette, 170 ;

MM. Alexandre Dusolon, 163 ;
    Joseph Gamain, 163 ;
    Pierre-Joseph Bruchet, 144 ;
    Gilles Desmons, 144 ;
    Victor Bruyant, 115 ;
    Caron Desobry, 110 ;

Au second tour, M. Eugène de Contes obtint 144 voix, et M. Alexis St Remy, 127.

Le 20 août, eut lieu l'installation de M. Pruvost en qualité de maire, et celle de M. Floride Vaillant en qualité d'adjoint, ce dernier en remplacement de M. Emile Viollette non acceptant.

Le maire Pruvost est né le 24 décembre 1797 ; il est brasseur et cultivateur ; célibataire ; sa fortune est évaluée en revenus à 800 francs.

L'adjoint Vaillant, né le 5 février 1809, est qualifié ménager et planteur de tabac ; il a deux enfants ; sa fortune est évaluée en revenus à 400 francs.

Le 16 novembre 1855, le Conseil municipal vota un emprunt de 3.000 francs pour former un atelier de charité, dont 2.000 francs pour faire travailler à la Lombardie, sur le chemin d'Aubin. En janvier 1856, on occupait trente ouvriers sur ce chemin, et l'on reçut une allocation de 800 francs du gouvernement pour le même objet.

On vendit ensuite le marais Duflos pour payer les emprises faites pour le chemin d'Aubin à Ruisseauville. On s'occupa aussi du Mont Hulin qu'on se proposait de classer jusqu'au Blanc-Mont allant vers Béalencourt et de prolonger vers Bucamps jusqu'à la route Nationale.

En janvier 1856, Joseph Gamain fut nommé sous-lieutenant à la division de la compagnie des sapeurs-pompiers, en remplacement de M. Bruyant, décédé.

Le 27 février 1858, le Conseil municipal autorisa le

sieur Vaillant à ériger une croix sur le terrain communal.

Un seul tour de scrutin suffit pour parfaire l'élection municipale du 19 août 1860.

Sur 291 électeurs inscrits, 205 vinrent déposer leur bulletin. Furent élus:

MM. Pierre Louvet, avec 176 suffrages;
 Pruvost, 195;
 Gilles Desmons, 194;
 Emile Viollette, 191;
 Joseph Gamain, 180;
 Caron-Desobry, 180;
 Pierre-Joseph Bruchet, 161;
 Saint-Remy, 159;
 Alexandre Dusolon, 150;
 Jean-Baptiste Grandel, 147;
 Floride Vaillant, 139;
 Eugène de Contes, 124;

Le Préfet nomma le même maire et le même adjoint qu'en 1855, M. Pruvost et M. Vaillant.

Le maire Pruvost avait été installé avant l'élection du Conseil, le 17 août, par M. Vaillant, adjoint et alors premier conseiller. On lui attribue un revenu de 1.000 francs. Le nouveau conseil fut installé le 3 septembre, et M. l'adjoint Vaillant le 27 octobre; on lui attribue 500 francs de revenu.

Le 30 novembre 1860, le Conseil municipal, présents les hauts imposés : Messieurs Santallier, Louvet, Berthe, Joseph et François Bouret, Denoyelle, Bruyant, Bruche, Thillier, Bourbier, Legendre, Warin, Verdin, Coutelet, vota conditionnellement la somme de 2,100 francs, payables en sept annuités, pour la restauration de l'église, dont le devis, dressé par M. Normand, s'élevait à la somme de 15,766 fr. 35.

Le Conseil de fabrique avait aussi voté 2.100 francs. Cinq ans plus tard, le devis étant réduit à 7,764 fr. 93, le Conseil municipal approuva cette modification. Il fallut voter 500 francs pour la visite à Fressin de M. Epellet, l'architecte diocésain.

En 1861, le Conseil municipal fit réparer à ses frais les bâtiments de l'école de garçons, et y fit placer une gorge en plafonnage.

En 1863, on demandait 910 fr. à la Commune pour la reconstruction du pont d'Aubin sur la Canche. L'année suivante, on se contenta de 455 fr.

A la veille de l'érection de l'église de Planques en succursale, le Conseil de Fressin, en sa séance du 29 mai 1864, renouvela ses protestations du 11 mai 1852.

En juillet 1864, la commune de Fressin donna un avis défavorable à la création d'un marché aux bestiaux à Heuchin, marché dont notre commune n'a point besoin, et qui ne pourrait que nuire à celui de Fruges.

Le 23 juillet 1865, onze Conseillers furent élus au premier tour. Sur 260 électeurs inscrits (on remarquera que le nombre en diminuait à chaque élection) et 180 votants,

MM. Louvet obtint 172 voix ;
    Pruvost, 170 ;
    Vaillant, 165 ;
    Emile Viollette, 164 ;
    Joseph Gamain, 162 ;
    Caron-Desobry, 162 ;
    Gilles Desmons, 159 ;
    St Remy, 148 ;
    Eugène de Contes, 143 ;
    Pierre-Joseph Bruchet, 142 ;
    Félix Bourbier, 118.

Au second tour, M. Pierre-Augustin Denoyelle eut 112 voix sur 203 votants.

Le Préfet renouvela les nominations de MM. Pruvost et Vaillant aux fonctions de maire et d'adjoint. Ils furent installés le 30 août. On donne à M. Pruvost 1,500 francs de revenu, et 500 francs à M. Vaillant.

Le nouveau Conseil continuant les bonnes traditions de ceux qui l'avaient précédé, proposa de classer le chemin de l'Ermitage à Sains, celui de l'Espaule à Sains, le vieux chemin d'Hesdin, le chemin de Fressin au Plouy, la rue de la Lance, la rue dite Dewamin, la rue du Bois, la rue d'Enfer, la rue de l'Ermitage, mitoyenne entre Fressin et Planques, et enfin le chemin de la Chapelette longeant le Gaudiamont.

Un grand nombre de ces chemins ont été faits, dans ces dernières années, sous l'administration de M. Raphaël Viollette.

Aux élections du 7 août 1870, le nombre des électeurs inscrits n'était plus que de 256. Il y eut 183 votants. Les douze conseillers furent élus en un seul scrutin. Ce furent :

MM. Emile Viollette, qui obtint 174 voix ;
Pruvost, 171 ;
François Desmons, fils, 165 ;
Pierre-Joseph Bruchet, 164 ;
Vaillant, 151 ;
Louvet, 147 ;
Félix Bourbier, 147 ;
Pierre-Auguste Denoyelle, 142 ;
J.-B. Grandel, 138 ;
Henri Mahieu, 114 ;
Alexis Legay, 102 ;
St Remy, 98.

Mention n'est pas faite au Registre des délibérations, de l'élection du 7 août, ni de l'installation des nouveaux conseillers.

§ 7. — La Troisième République.

En juillet 1870, deux jours après la déclaration de guerre, un modeste fonctionnaire nous exprimait en ces termes son angoisse patriotique : « C'est une grave entreprise ; l'Empereur y risque sa couronne. » Nous ne répondîmes rien, pour ne point faire de la peine à notre interlocuteur ; mais bien volontiers nous lui aurions crié : « Le malheur ne serait pas grand, s'il n'y avait pas d'autres pertes. » Hélas ! nous étions loin cependant de prévoir les désastres qui allaient fondre sur la patrie et nous arracher l'Alsace et la Lorraine. Aujourd'hui, dans leur zèle de néophytes, plusieurs de ceux qui craignaient tant pour la couronne de l'Empereur ne sont pas loin de penser que l'avantage d'être en République est une compensation surabondante. Pour nous, le 4 septembre, sans nous faire amnistier l'Empire, nous a rendu compatissant pour l'Empereur : *res sacra miser*.

Le 13 novembre 1870, M. Charles-Benoît-Raphaël Viollette fut installé en qualité de maire de Fressin, et M. Charles-Joseph Waulle en qualité d'adjoint. Le gouvernement de la Défense Nationale, en attendant le moment favorable pour faire procéder à de nouvelles élections, avait voulu nommer les administrateurs des communes, et les avait pris généralement en dehors des Conseils municipaux. M. Viollette et M. Waulle furent installés par M. Emile Viollette en sa qualité de premier élu du 7 août. On ne voit rien au Registre, qui ait trait à la guerre, sauf l'ordre donné au Conseil de voter des fonds pour l'habillement, l'équipement et la solde des gardes nationaux mobilisés. Le 17 janvier 1871, on lui demande et il vote 3,085 francs.

Les élections municipales eurent lieu après la paix, le 30 avril 1871. Il y eut 249 électeurs inscrits et 215 votants. Les Conseillers, tous élus au premier tour, furent :

MM. Vaillant, avec 197 voix ;
Emile Viollette, 196 ;
François Desmons, 187 ;
Augustin Denoyelle, fils, 187 ;
J.-B. Grandel, 182 ;
Pierre-Joseph Bruchet, 176 ;
Alexis Legay, 171 ;
Félix Bourbier, 151 ;
St Remy, 143 ;
Dieudonné Branquart, 138 ;
Henri Mahieu, 128 ;
Charles Waulle, 124.

Les opérations du scrutin furent présidées par M. Emile Viollette, que le gouvernement régulier, issu des élections de février 1871, avait chargé de remplir provisoirement les fonctions de maire comme premier Conseiller municipal du 7 août 1870.

Le nouveau Conseil, élu le 30 avril, eut mission d'élire à son tour le maire et l'adjoint. M. Vaillant fut nommé maire par 9 suffrages ; l'adjoint M. J.-B. Grandel ne fut élu qu'au troisième tour avec 7 voix; aux trois tours, M. Waulle avait obtenu 5 voix.

Appelé à délibérer sur un projet de création d'un bureau de poste à établir à Fressin ou à Lebiez, le Conseil municipal, en sa séance du 8 mai 1872, maintient ce qu'il avait demandé dès l'année 1861, c'est-à-dire la création d'un bureau à Fressin, observant qu'en cas de refus, il préfère être servi par le bureau d'Hesdin que par Lebiez.

Il y eut de nouvelles élections municipales le 22

novembre 1874. 202 électeurs se présentèrent au scrutin sur 252 inscrits. Dix conseillers furent élus au premier tour. Ce furent :

MM. Emile Viollette, avec 200 voix ;
François Desmons, 197 ;
Vaillant, 188 ;
Denoyelle, 188 ;
Waulle, 186 ;
J.-B. Grandel, 181 ;
Dieudonné Branquart, 178 ;
St-Remy, 164 ;
Alexis Legay, 146 ;
Pierre-Joseph Bruchet, 145.

Au second tour, M. Jules Annequin fut élu avec 124 voix, et M. Firmin Lagache avec 94. M. Lagache était le beau-frère du fermier de M. le docteur Desmons.

Un conseiller manquant en 1876, M. Raphaël Viollette fut élu, pour le remplacer, par 157 voix sur 171 votants.

En 1875, on posa la question du classement de la rue de l'Hermitage, mitoyenne entre Planques et Fressin. L'année suivante, on classa en première catégorie le chemin de l'Épaule à Sains.

Il y eut lieu de nommer un délégué du Conseil municipal, le 16 janvier 1876, pour la première élection sénatoriale, conformément à la Constitution de 1875. M. Vaillant fut élu à cette fin par 6 voix contre 4 qui furent données à M. Denoyelle.

L'ouragan du 12 mars 1876 est mentionné dans les délibérations de notre municipalité. Le conseil vota une somme de 490 francs qui fut répartie entre treize familles d'indigents, dont la chaumière avait particulièrement souffert.

Le 8 octobre 1876, M. Vaillant fut élu maire par 10 voix sur 10 votants ; M. J.-B. Grandel fut élu adjoint avec le même nombre de voix.

MM. St Remy et Lagache n'assistèrent point à cette élection.

Le 24 août 1877, le Conseil accepta l'offre de M. le baron Roger Seillière d'établir un pont sur la Planquette en aval du deuxième moulin ; et, par égard pour le bienfaiteur, il demanda l'autorisation de passer outre à la production des plans et devis ordinairement exigés par l'administration.

Le 9 décembre, sur le projet de création d'un marché à Lebiez, le Conseil, sans se déclarer catégoriquement opposé à ce projet, en nia l'utilité pour Fressin, et manifesta la crainte que ce marché ne fît tort à ceux d'Hesdin et de Fruges. Le Conseil donna successivement des avis plus nettement défavorables à la création d'un marché bi-mensuel à Embry et d'un marché hebdomadaire à Beaurainville et à Campagne-les-Hesdin.

Aux élections du 6 janvier 1878, on compta 230 électeurs inscrits et 197 votants. Il n'y eut qu'un seul tour de scrutin. Les élus furent :

MM. François Desmons, avec 193 voix ;
    F. Vaillant, 188 ;
    Emile Viollette, 186 ;
    Raphaël Viollette, 186 ;
    Augustin Denoyelle, 186 ;
    J.-B. Grandel, 185 ;
    J. Annequin, 182 ;
    D. Branquart, 180 ;
    A. Legay, 160 ;
    C. Waulle, 160 ;
    Léon Bruchet, 145 ;
    A. De Saint-Aignan, 138.

Le 21, M. Vaillant fut maintenu dans ses fonctions de maire, et, sur 12 votants, il obtint 12 voix ; M. J.-B. Grandel demeura également adjoint avec 12 voix sur 12 votants.

Le 26 octobre, on vota 925 francs pour la réorganisation du corps de Sapeurs Pompiers. On continue de s'occuper du classement des chemins, et l'on s'intéresse, de temps à autre, à quelques jeunes gens afin qu'ils soient maintenus dans leurs foyers comme soutiens de famille.

La nouvelle législation donne aux Conseils municipaux le droit de nommer deux membres du Bureau de bienfaisance. Le 21 octobre 1879, M. Prin, curé de Fressin, fut élu par 9 voix sur 10 votants ; à un second tour, M. Annequin fut élu avec 6 voix. Tous deux furent réélus le 15 février 1881. En 1884, M. Annequin fut élu seul au 1er tour ; M. Prin fut en ballotage avec M. Denoyelle. Au 2e tour, M. Denoyelle fut élu avec 7 voix sur 11 votants.

Le 6 août 1879, eut lieu une élection complémentaire, à l'effet de pourvoir au remplacement de M. Vaillant, décédé le 17 juillet précédent. M. Honoré Bruchet fut élu avec 109 voix sur 157 votants.

Le 31 du même mois, le Conseil municipal fut appelé à choisir un nouveau maire. M. Raphël Viollette fut élu par 8 suffrages sur 12 votants.

Le 9 janvier 1881, les douze conseillers furent encore élus au premier tour. Il y eut 236 électeurs inscrits, dont 197 votants. Les élus de cette journée furent :

MM. François Desmons avec 194 suffrages ;
Raphaël Viollette, 191 ;
Jules Annequin, 189 ;
Denoyelle, 187
Branquart, 186 ;

MM. Alfred de Saint-Aignan, 186 ;
Honoré Bruchet, 185 ;
Alexis Legay, 175 ;
Léon Bruchet, 174 ;
Charles Waulle, 149 ;
Justin Alexandre, 140 ;
Joseph Grandel, 108 ;

Le 23 du même mois, M. Viollette fut élu maire par 11 voix sur 12, toutes les voix moins la sienne. M. Jules Annequin fut élu adjoint par 6 voix contre 5, qui furent données à M. Grandel.

Deux tours de scrutin avaient eu lieu sans résultat. Au scrutin de ballotage, M. Waulle et M. Annnequin eurent chacun six voix. Mais M. Waulle proclamé adjoint par le bénéfice de l'âge, déclara ne vouloir point accepter cette charge. Il fallut recommencer l'élection. M. Annequin et M. Joseph Grandel eurent chacun 5 voix ; au second tour, M. Annequin en réunit 6, et M. Grandel n'en eut plus que cinq. On avait donc voté cinq fois pour avoir un adjoint.

La question d'achat d'une nouvelle maison d'École pour les garçons, question posée en principe dès le mois d'août 1880, reçut une solution en 1881. On avait l'occasion du Château-Bleu, que M. le maire Viollette offrait à la commune à de justes conditions.

L'acquisition du château et du terrain devait coûter	8,321 fr. 84
Les frais d'achat et d'enregistrement	832, 18
Les constructions nouvelles et réparations	8,811, 50
L'achat du mobilier scolaire	1,189, »
L'honoraire de l'architecte	618, 63
Total	19,772 55

Le 21 février 1881, le Conseil, en approuvant les plan

et devis, demandait l'autorisation de faire à la caisse des Écoles un emprunt remboursable en trente ans.

La Sous-Préfecture fit quelques difficultés pour accorder les approbations demandées. Selon elle, le Château-Bleu était trop près du cimetière. Le Conseil départemental refusa net le projet. Une seule classe devait suffire à Fressin ; le terrain était trop vaste ; le prix était trop élevé, les plafonds n'avaient pas la hauteur voulue. Il ne fut point difficile de répondre à ces objections, et, en définitive, le Conseil eut gain de cause.

L'école s'ouvrit l'année suivante, avec deux classes et deux maîtres. C'était trop, disaient ces messieurs, de 75 à 78 enfants pour un seul instituteur (2 octobre 1881). Quand M. Berthe eut un adjoint, le Conseil donna un avis favorable à l'ouverture d'un pensionnat dans la maison communale, jusqu'à un maximum de dix enfants (14 février 1882).

Le 27 novembre 1881, M. Viollette fut délégué pour l'élection sénatoriale.

Appelé à désigner quatre membres de la commission scolaire, le Conseil municipal de Fressin, en sa séance du 16 mai 1882, y fit entrer M. le curé Prin avec MM. Annequin, de Wailly de Camoisy et Waulle. M. Prin fut aussi nommé vice-président du Comité de la caisse des Écoles.

La translation de l'école, de la mairie et de la maison de l'instituteur à l'ancien Château-Bleu laissait vacants les bâtiments donnés par M. l'abbé Héame. Le 16 décembre, le Conseil décida de les louer en trois lots, pour trois, six ou neuf ans. A la fin de l'une quelconque de ces trois, six ou neuf années, le bail sera résilié de plein droit pour les deux premiers lots, si un vicaire est donné à la commune par l'autorité diocésaine.

La loi municipale de 1884 fixe d'une manière générale les élections municipales au premier dimanche de mai.

Le 4 mai 1884, nous avons à Fressin 226 électeurs inscrits (le nombre en diminue d'une manière effrayante à chaque élection), 182 votants, et les douze conseillers élus au premier tour. Ce furent :

MM. le docteur François Desmons, avec 176 voix ;
Augustin Denoyelle, 174 ;
Jules Annequin, 174 ;
Alexis Legay, 173 ;
Dieudonné Branquart, 167 ;
Honoré Bruchet, 166 ;
Joseph Grandel, 166 ;
Raphaël Viollette, 153 ;
Alfred de St Aignan, 147 ;
Charles Waulle, 134 ;
Léon Bruchet, 118 ;
Joseph Glaçon, 97.

Le 18 mai, M. Viollette fut élu maire et M. Annequin élu adjoint. Ils eurent tous deux 11 voix sur 12 votants, c'est-à-dire l'unanimité des suffrages moins le leur.

On demande, en 1884, le classement de la rue de l'Église, de la rue des Gardes et de la rue de la Lance. La vicinalité occupe toujours beaucoup nos édiles, et à juste titre. Désormais, le Conseil dresse chaque année une liste de répartiteurs choisis parmi les principaux contribuables.

Une loi nouvelle permet de déléguer deux électeurs sénatoriaux : le 21 décembre 1884, MM. Viollette et Desmons sont élus à cette fin par 8 voix sur 11 votants.

En 1885, 1886 et 1887, le Conseil municipal eut souvent à se réunir à propos de la reconstruction du presbytère. Le devis du second plan s'élevait à 10,500 fr. Il fut couvert de la manière suivante :

Le département accorda	300 fr.
L'État	2,500 »
La fabrique vota	1,800 »
La commune contracta un emprunt de	5,900 »
Total égal :	10,500 »

C'est le chiffre officiel, qui fut notablement dépassé.

Le 10 janvier 1886, M. Viollette fut envoyé à Arras pour une élection sénatoriale par 11 voix sur 12 votants ; M. le docteur Desmons fut également élu en premier tour par 8 suffrages.

Le 31 mars 1887, le Conseil donna un avis favorable à la création d'une foire à Montreuil le 2º lundi de novembre, et un avis défavorable à celle du 2º lundi d'avril, qui serait de nature à nuire aux marchés d'Hesdin et de Fruges. On ne s'oppose pas à la création d'une troisième foire à St Pol ; elle ne peut faire ni bien ni mal à Fressin.

Le 6 mai 1888, sur 234 électeurs inscrits, 185 vinrent voter. La liste mise en circulation ne contenait que onze noms, ceux des conseillers sortants ; chaque électeur devait ajouter un douzième nom en remplacement de M. Léon Bruchet, décédé le 5 février 1887. Les onze conseillers sortants furent élus au premier tour. Pour le douzième siège, les voix se partagèrent entre M. Emile Pinot et M. Zéphirin Duflos. Toutefois, M. Pinot en réunit assez pour être élu. Mais il n'accepta point la charge que lui offraient spontanément les électeurs, et le Conseil resta incomplet.

Voici quel fut le résultat de cette élection :

MM. J. Annequin eut 181 voix ;
  Aug. Denoyelle, 179 ;
  Honoré Bruchet, 175 ;

MM. Joseph Grandel, 170 ;
    Alexis Legay, 165 ;
    François Desmons, 165 ;
    C. Waulle, 156 ;
    D. Branquart, 151 ;
    de Saint-Aignan, 148 ;
    R. Viollette, 147 ;
    Joseph Glaçon, 131 :
    Emile Pinot, 107.

Le 20 mai, M. Viollette fut élu maire et M. Annequin élu adjoint, tous deux par 9 voix sur 10 votants.

En juin 1888, M. Branquart et M. Honoré Bruchet sont nommés délégués du Conseil municipal au Bureau de bienfaisance, par 7 voix sur 7 votants.

Le mois suivant, le Préfet invitait ces messieurs à créer une école publique de filles. On sait que les sœurs, tout étant chez elles et ne demandant aucun subside à la Commune, sont obligées de recevoir gratuitement quarante filles pauvres de Fressin, et qu'elles ne refusent personne pour question d'argent.

En novembre 1888, du consentement du Conseil municipal, le hameau de l'Hermitage fut détaché du bureau de poste d'Auchy et desservi par le facteur de Fruges.

Dans l'intérêt de la sécurité publique, Fressin protesta, en juin 1890, contre le projet de création d'un champ de tir dans la forêt domaniale d'Hesdin.

Le 30 novembre 1890, M. Viollette et M. Waulle furent délégués à l'élection sénatoriale, le premier par 9 voix, le second par 6 voix sur onze. M. Annequin n'est plus candidat, étant électeur de droit en sa qualité de conseiller d'arrondissement.

Le 17 janvier 1891, on sollicite l'autorisation de faire une vente d'arbres, et d'attribuer le produit de cette vente, un tiers aux chemins, un tiers à la replantation, un tiers à la réparation de la flèche du clocher.

En décembre, on décide qu'on louera une seconde fois le bâtiment de l'ancienne école, aux mêmes conditions que neuf ans précédemment, pour le nouveau bail commencer à la mi-mars 1892.

Le 10 avril 1892, le Conseil était appelé à élire deux délégués pour une élection sénatoriale. M. Viollette fut élu au premier tour par 10 voix sur 11 votants ; M. Denoyelle, Augustin, fut élu au second tour avec 7 voix.

Les bulletins imprimés qui furent distribués pour l'élection du 1er mai 1892, portaient, par ordre alphabétique, les noms des onze conseillers sortants, ne proposant personne pour le douzième siège. Sur 222 électeurs inscrits, 189 vinrent voter.

Le résultat fut complet dès le premier tour. Les élus furent :

MM. Annequin, avec 179 voix ;
Augustin Denoyelle, 178 ;
Honoré Bruchet, 176 ;
Joseph Grandel, 172 ;
Le docteur Desmons, 171 ;
Alexis Legay, 170.
Raphaël Viollette. 166 ;
Ch. Waulle, 166.
Alf. de Saint-Aignan, 158 ;
Joseph Glaçon. 152 ;
Dieudonné Branquart, 136 ;
Louis Maillot, 124.

Les élections municipales sont souvent les plus intéressantes pour l'observateur impartial et indépendant, à cause de l'agitation qu'elles soulèvent et des intrigues qu'elles font naître. Dans les villes ou les grandes communes, quand la question se pose entre l'école chrétienne et l'école sans Dieu, entre la liberté des processions ou la réclusion sans intermittence du Christ dans le tabernacle, le prêtre, si ami qu'il soit du repos, doit prendre part à la lutte. La situation est toute différente dans la plupart de nos campagnes. Le pasteur n'a point à se mêler de questions de voirie ; témoin désintéressé de combinaisons inspirées le plus souvent par des rivalités de famille ou de quartier, parfois même par le courant politique en faveur cette année-là, il doit se souvenir que les individualités en présence appartiennent toutes à sa famille spirituelle, et, puisqu'il faut voter, il déposera son bulletin discrètement, n'en devant compte qu'à Dieu.

CHAPITRE III.

Fressin devant la vie publique.

Il peut être intéressant pour certains lecteurs de savoir comment les habitants de Fressin ont entendu la vie publique, s'ils ont été jaloux de leurs privilèges et soucieux d'exercer leurs droits civiques, ou si, uniquement préoccupés de leurs affaires et de leurs plaisirs, ils se sont montrés indifférents aux questions d'intérêt et d'honneur national ; s'ils ont voté d'après une idée, un principe, et si, dans ce cas, ils ont su être fidèles à eux-mêmes ; ou bien s'ils n'ont pas subi les fluctuations diverses de l'atmosphère politique, les uns pour y résister de parti-pris, les autres pour s'y laisser entraîner d'une manière non moins systématique.

De là un aperçu des votes émis à Fressin dans les diverses élections et les plébiscites.

§ 1. — Fressin
et le Conseil d'Arrondissement.

Le Conseil d'Arrondissement ne faisait jusqu'à ces derniers temps qu'émettre des vœux. On y a récemment introduit la politique en constituant les conseillers électeurs de droit pour le recrutement du Sénat.

Nous aurions pu faire la même remarque à propos des Conseils municipaux. Cette intrusion de la politique pourrait bien altérer le caractère de ces assemblées au détriment des véritables intérêts de la commune.

La commune de Fressin eut l'honneur de représenter plusieurs fois le canton de Fruges au Conseil d'arrondissement de Montreuil.

En 1833, le conseiller d'arrondissement était M. Antoine-Joseph-Norbert Viollette, capitaine d'artillerie, père de M. le maire actuel de Fressin.

En 1838, le canton était encore représenté par M Viollette-Ringal, alors désigné sous le titre d'ancien capitaine d'artillerie, propriétaire, demeurant à Fressin.

Il fut remplacé par M. Augustin Louvet, avocat, lequel lui succéda aussi comme époux de dame Cornélie Ringal. M. Louvet était encore Conseiller d'arrondissement en 1846; il eut pour successeur M. Fleury. En 1848, les deux conseillers d'arrondissement pour le canton furent M. Caron, brasseur à Fruges, et M. Hippolyte de Contes, avocat, cultivateur à Planques.

Aux élections du 1er août 1852, M. Aimé Billet obtint 166 voix à Fressin ; M. Justin Caron en obtint 45, et M. Carpentier-Hoyer 3.

L'élu du canton fut M. Billet, aîné, négociant à Fruges.

Le 3 juin 1855, les électeurs de Fressin donnèrent 80 voix à M. Aimé Billet, 23 à M. Lens-Cappe, 2 à M. le baron Hippolyte de Contes.

M. Billet resta conseiller d'arrondissement.

Le 16 juin 1861, M. Panet, cultivateur à Saint-Philbert, eut à Fressin 132 voix ; M. Clerc, juge de paix à Fruges, 50: M. Billet, 7.

Le 23 du même mois, M. Panet eut ici 149 voix, et M. Billet, 44.

L'élu du canton fut M. Panet.

En 1867, M. le notaire Boulanger, maire de Fruges, se présenta contre M. Panet. A Fressin, M. Panet l'emporta ; il eut 141 voix ; M. Boulanger en eut 68.

M. Boulanger eut la majorité dans le canton.

Le 8 octobre 1871, M. Boulanger obtint 117 voix ; son adversaire était M Latham, qui eut 51 voix.

M. Boulanger passa ensuite au Conseil général.

Le 29 juin 1873, M. Gallet, propriétaire à Embry, eut à Fressin 111 voix.

Le 4 octobre 1874, M. Gallet en obtint 154.

Le 7 mars 1880, M. Boulant, propriétaire à Rimboval, eut à Fressin 134 voix. M. le vétérinaire Latham en eut 59.

La même année, le 1er août, M. Boulant obtint 170 voix à Fressin ; M. Latham n'en recueillit que 3.

Le 12 août 1883, M. Emile Fauvelle, propriétaire à Fruges, obtint à Fressin 152 voix.

Le 1er août 1886, M. Jules Annequin, propriétaire, adjoint au maire de Fressin, obtint 167 voix. Son associé M. Pruvost-Caron, négociant à Fruges, en obtint 142. Ces deux messieurs furent élus.

Les deux candidats conservateurs eurent à Fressin :

M. Boulant, 50 voix :

M. Fauvelle, 31.

§ 2. — FRESSIN ET LE CONSEIL GÉNÉRAL.

Sans avoir l'autorité des anciens États d'Artois, le Conseil général a une importance sérieuse et de considérables prérogatives. Cette importance et ces prérogatives ne manqueront point de s'étendre, le jour où il y aura à Paris un gouvernement central à l'abri de toute contestation.

Sous Louis-Philippe, l'arrondissement de Montreuil

n'était représenté que par quatre conseillers à l'Assemblée départementale.

En 1848, le canton de Fruges élut M. Fleury, précédemment conseiller d'Arrondissement.

A l'élection du 1ᵉʳ août 1852, M. Hippolyte de Contes obtint des électeurs de Fressin 154 suffrages : M. Lorel n'en recueillit que 65.

L'élu du canton fut M. Lorel, président du tribunal civil de Montreuil.

Le 13 juin 1855, M. le baron de Contes eut chez nous 202 voix : M. Lorel n'en eut que 42. Cependant ce dernier obtint du canton le renouvellement de son mandat.

En 1858, M. de Contes fut élu conseiller général.

Le 4 août 1867, M. le baron de Contes eut à Fressin 178 voix ; il eut un adversaire en la personne de M. Gosselin, de Fruges, banquier à Boulogne. M. Gosselin n'eut ici que 34 voix, bien que son père jouît dans la commune d'une grande et légitime influence et eût des propriétés à Fressin.

Mais M. le baron de Contes, propriétaire à Planques, descendant des anciens sires de Créquy, tenait encore de plus près à Fressin. En outre, il se présentait comme le candidat des campagnes, et il avait l'avantage de n'être pas imposé par le pouvoir. Il était enfin, depuis dix ans, en possession du mandat des électeurs.

M. de Contes fut élu ; mais ses ennemis poursuivirent l'annulation de son élection, et leur poursuite réussit. Le canton fut donc quelque temps sans représentant au Conseil général.

Le 12 juillet 1868, M. de Contes eut à Fressin 184 voix, et M. Bertulphe Gosselin 43.

Notre commune restait fidèle à elle-même.

Le 13 décembre de la même année, M. de Contes eut 205 voix. Il rentra à l'Assemblée départementale.

Le 8 octobre 1871, M. de Contes et M. Gosselin se trouvèrent encore en concurrence. M. de Contes eut 126 voix, et M. Gosselin 54. M. de Contes fut élu.

Il donna sa démission l'année suivante.

En 1873, M. Boulanger, notaire, eut à Fressin 84 voix ; M. Latham en réunit 99. On peut s'étonner de ce résultat, surtout pour l'année où il se produisit.

M. Boulanger fut élu membre du Conseil général.

Le 4 novembre 1877, M. d'Hébrard de Torcy, eut à Fressin 118 voix ; son concurrent, M. Gosselin, en eut 78.

L'élu du canton fut M. Gosselin, banquier, président de la Chambre de Commerce de Boulogne.

Le 12 août 1883, M. Gosselin, seul candidat, réunit 152 suffrages.

Le 11 janvier 1885, deux candidats se présentèrent pour recueillir la succession de M. Bertulphe Gosselin décédé : M. Louis Boudenoot, de Fruges, et M. Emile Fauvelle, également de Fruges, et membre du Conseil d'arrondissement. M. Boudenoot se présentait comme républicain, M. Fauvelle comme conservateur. M. Boudenoot obtint à Fressin 116 voix et M. Fauvelle 81.

Le 28 juillet 1889, M. Boudenoot eut 125 voix, et M. Fauvelle 61.

§ 3. — Fressin et les Plébiscites.

Le plébiscite, en France, est une institution Napoléonienne, que les Bonaparte ont créée et mise en œuvre à leur profit.

Lors de l'établissement du premier Empire, on ouvrit des registres dans les mairies, et les citoyens eurent plusieurs jours pour aller exprimer par écrit leur adhésion ou leur refus. Nous n'avons pas le résultat de ce plébiscite à Fressin.

Le 10 décembre 1848, lors de l'élection présidentielle, le vote à la commune n'était pas encore en usage.

Toutefois, le canton de Fruges fut divisé en plusieurs sections. Les communes d'Avondance, Fressin, Planques et Sains formèrent la troisième section, qui eut Fressin pour centre. Sur 498 électeurs inscrits, il y eut 404 votants. M. Louis Bonaparte obtint 349 voix ; le général Cavaignac n'en obtint que 55.

En mars et avril, toute la France eût choisi Lamartine : en juillet, août, septembre, le général Cavaignac eût été acclamé comme le sauveur de la patrie.

Le 10 décembre, il n'avait qu'un million de voix ; Louis Bonaparte en réunissait près de six millions. Fressin suivit l'entraînement général.

En cette circonstance, le peuple français fit, selon nous, tout le contraire de ce qu'il voulait faire. La plupart des électeurs crurent assurer l'ordre public. Deux jours avant l'élection, une sorte de courant électrique avait traversé le territoire. On mettait en relief le langage religieux du prince Louis, ses déclarations envers le Saint-Siège, et l'on opposait au général le rôle de son père à la Convention. Le peuple s'y trompa et aussi le clergé. Mais les hommes politiques les plus judicieux et les mieux avisés votèrent pour le général Cavaignac. Celui-là aurait tenu son serment, et nous croyons fort qu'il n'aurait pas livré le pape à l'Italie.

Après le coup d'État du 2 décembre 1851, le scrutin fut ouvert deux jours, le 20 et le 21 décembre, à l'effet de consulter le peuple par *Oui* et par *Non*.

289 électeurs de Fressin répondirent *Oui*, 2 seulement répondirent *Non*.

Le Gouvernement avait d'abord prescrit l'ouverture de Registres comme en 1804. Ces registres devaient être ouverts pendant huit jours, du 14 au 21 décembre.

On fit observer au Président que ce vote par écrit pouvait gêner certains électeurs, et il autorisa le vote secret. Il était, d'ailleurs, bien assuré du résultat. On avait fait croire au peuple que le 2 décembre avait sauvé le pays. Mais le vote et la démarche des électeurs ne prouvent pas qu'ils aient approuvé l'illégalité, le parjure et la violence. Voter *non*, après la dissolution de l'Assemblée, c'était voter l'anarchie.

L'année suivante, le 21 novembre 1852, on vota pour le rétablissement de l'Empire. 272 électeurs de Fressin se déclarèrent les partisans de Napoléon III. Zéro à la colonne des *Non*.

Enfin, le 8 mai 1870, le même personnage fit encore appel au peuple. Voulez-vous l'Empire avec une constitution plus libérale ? La réponse *Non* devait signifier que l'on voulait s'en tenir à l'Empire autoritaire, système Rouher ; peut-être, en cette hypothèse, eut-on pu voter *Oui* sans manquer aux principes. Il n'en fut pas ainsi. En dernière analyse, l'Empire, se sentant ébranlé, demandait une nouvelle consécration au suffrage populaire. A Fressin, 224 électeurs répondirent *Oui* ; un seul répondit *Non*.

Un seul ! Que pouvait signifier son vote ? Deux choses diamétralement contraires : « Vous êtes l'ordre dans la rue ; vous êtes la police, les gendarmes, la répression du brigandage et du vol, vous me gênez : Je ne veux pas de vous. »

Ou bien : « Vous n'êtes ni chair ni poisson ; vous n'êtes ni la monarchie, ni la république ; vous êtes l'usurpation et la violence ; vous avez laissé altérer la loi de liberté du 15 mars 1850 ; vous avez fait l'unité italienne et sacrifié l'indépendance du Saint-Siège, trahissant à la fois les intérêts de l'Église et ceux de la patrie : Je ne puis voter pour vous. »

Et voilà comment les contraires arrivent parfois aux mêmes conclusions.

§ 4. — Fressin
et les Élections Législatives

Nous n'avons pas pour Fressin le résultat des élections qui eurent lieu le jour de Pâques, 23 avril 1848, pour l'Assemblée Nationale Constituante, ni de celles du 6 février 1871, pour une autre Assemblée Nationale à la suite de la guerre. Ces élections eurent lieu au scrutin de liste et au chef-lieu de canton.

Nous donnerons pourtant ici, pour mémoire, le résultat de ces élections.

En 1848, le gouvernement provisoire demanda au Pas-de-Calais dix-sept constituants. Il se forma quantité de listes, parmi lesquelles deux seulement furent sérieuses : *La liste du Comité libéral*, soutenue à Arras par *Le Courrier* et *La Liberté* : la liste du journal *Le Progrès*, ou liste avancée, nommée la *Liste d'Aire*. Mais il importe de remarquer que les caractères ne se dessinèrent pas toujours bien nettement dès le principe, et surtout que les conservateurs durent se résigner à de grandes concessions.

Les dix-sept représentants furent élus dans l'ordre suivant :

Voix :
1. Piéron, conseiller à la Cour de Paris, porté sur les deux listes, élu par . 130,207
2. Petit, maire de Brias, autrement Petit de Brias, ce qui l'a fait prendre par plusieurs pour le comte de Bryas. . 100,262

3. Degeorge, commissaire général, ancien directeur du *Progrès du Pas-de-Calais* (liste d'Aire) 95,192
4. Roubier d'Hérambault, propriétaire à Montcavrel, ancien député (liste libér.) 84,807
5. Emmery de Sept-Fontaines, ingénieur. (liste libérale) 81,929
6. Lantoine-Harduin, propriétaire à Arras (liste libérale) 79,791
7. Bellart Dambricourt, négociant à Wizernes (liste libérale) 79,381
8. Cary, prop. à Béthune. (liste d'Aire) 78,809
9. Cornille, président du tribunal d'Arras. (liste d'Aire). 78,763
10. Pierret, négociant à St Omer (liste d'Aire) 76,972
11. Lebleu, capitaine du génie à Béthune (liste libérale) 75,302
12. Fourmentin, prop. à Brimeux (liste d'Aire) . 75;618
13. Saint-Amour, propriétaire à St Omer. (liste libérale) 75,595
14. Olivier, propriétaire à Aire (liste d'Aire) 75,105
15. Fréchon, chanoine titulaire de la cathédrale d'Arras. (liste libérale) . . . 74,685
16. Lenglet, avocat à Arras (liste d'Aire) 72,900
17. Denissel, brasseur à St Venant (liste libérale) 71,463

Le 13 mai 1849, eurent lieu les élections pour l'Assemblée Nationale législative. On divisa le canton comme pour l'élection du 10 décembre précédent.

Les quinze députés élus furent les quinze conservateurs présentés par *La Liberté* et *Le Courrier*. Les républicains du *Progrès* furent tous rejetés par le **suffrage universel**.

Députés élus :

1. Denissel, ex-constituant.
2. D'Hérembault, ex-constituant.
3. Plichon, médecin, maire d'Arras.
4. L'abbé Fréchon, ex-constituant.
5. Gros, avocat à Boulogne.
6. Comte de Bryas, à Brias.
7. Legros-Devot, propriétaire à Calais.
8. Marquis d'Havrincourt, à Havrincourt.
9. Lequien, ancien sous-préfet de Béthune.
10. Martel, ancien juge à Saint-Omer.
11. Dupont-Delporte, ancien sous-préfet de Montreuil.
12. Cardon de Montigny, ex-conseiller à la Cour de Paris.
13. Douay, officier en retraite.
14. Wartelle-Deretz, ex-conseiller de Préfecture à Arras.
15. Francoville, propriétaire à Brêmes.

Le résultat pour les communes d'Avondance, Fressin, Planques et Sains, fut le suivant :

Résultats de Fressin et autres communes :

1. D'Hérembault, conservateur. . . . 250 voix
2. Denissel, » . . . . 242 »
3. Fréchon, » . . . . 237 »
4. Plichon, » . . . . 236 »
5. Gros, » . . . . 219 »
6. Thérouanne, ex-notaire à Hesdin, rép . 196 »
7. Comte de Bryas, conservateur. . . . 176 »
8. Danvin, médecin à St-Pol, républic. . 169 »
9. Marquis d'Havrincourt, conservateur . 169 »
10. Legros-Devot, » . 161 »
11. Lequien, » . 158 »
12. Martel, » . 152 »

13. Dupont-Delporte, conservateur . . . 151 voix
14. Cardon de Montigny   »   . 148 »
15. Lantoine-Harduin   »   . 138 »

Venaient ensuite :

Wartelle de Retz, conservateur . . . . 124 »
Jourdain,   »   . . . . 124 »
Olivier, républicain . . . . 107 »
Degeorge,   »   . . . . . . 105 »

Quoique les électeurs de Fressin aient nommé MM. Thérouanne et Danvin, deux républicains, qui ne furent pas élus par le département, le choix qu'ils avaient fait de M. Lantoine-Harduin était une sérieuse compensation. Il est regrettable que M. Lantoine n'ait pas été porté sur la liste de conciliation.

A l'élection du 1er mars 1852 pour le Corps Législatif, M. Wattebled, ancien notaire à Pas, et candidat du Gouvernement, obtint à Fressin 178 voix; M. Cardon de Montigny, candidat de l'opposition catholique et royaliste, en obtint 53 ; M. Degouve de Nuncques, ancien préfet de 1848, et candidat de l'opposition républicaine, 24 voix.

La circonscription comprenait l'arrondissement de de Saint-Pol et les cantons de Fruges et d'Hesdin de celui de Montreuil. Le département n'avait plus que cinq circonscriptions.

M. Wattebled fut élu.

Le 28 juin 1857, M. Wattebled, toujours candidat du Gouvernement, obtint à Fressin 157 voix. Il obtint 25.297 suffrages dans la circonscription. Il avait eu deux concurrents : M. de Thièvres qui réunit 902 voix, et M. de Gouves de Nuncques qui en réunit 178.

Non seulement on votait pour l'Empire et l'Empereur, mais on laissait au contrôle le choix du contrôleur. Nous aurions préféré la nomination directe par le ministère à ce semblant d'élection.

A l'élection du 31 mai 1863, le département eut six circonscriptions; mais elles furent établies d'une manière tout à fait arbitraire.

On sentait un réveil de l'opinion. On réunit le canton de Fruges à la circonscription de Saint-Omer, dans l'intérêt de la candidature officielle de M. Félix de Monnecove, un catholique et un noble rallié à l'Empire, et l'on plaça dans une autre circonscription le canton auquel appartenait le candidat indépendant. M. de Monnecove, bien que ministériel, s'était déclaré pour le pouvoir temporel du pape. Cependant les électeurs émirent un vote politique et courageux. M. Martel fut élu député. Sans se prononcer dans sa profession de foi, il s'était engagé à soutenir les revendications des catholiques.

A Fressin, M. le Sergent de Monnecove obtint 160 voix; M. Martel n'en eut que 73. Mais il n'en fut pas de même dans tout le canton. Nous savons des communes où l'on fut heureux d'envoyer à la Chambre un député indépendant.

Le vote des électeurs de Fressin, en cette conjoncture, montre combien cette commune était alors bonapartiste.

Indépendants, républicains, amis des de Contes, catholiques clairvoyants, royalistes, tous ces hommes réunis ne purent donner la majorité à leur candidat.

A l'élection du 23 mai 1869, les circonscriptions étaient de nouveau remaniées. On en créait six, mais elles ne correspondaient pas exactement aux arrondissements. On avait voulu les rendre moins inégales. A l'arrondissement de Montreuil, qui formait la quatrième, on ajoutait le canton de Samer, que l'on enlevait à Boulogne, et celui du Parcq que l'on séparait de Saint-Pol.

Trois candidats se présentèrent, dont aucun ne se déclara hostile à la dynastie. Cependant, l'un d'eux, M. Jourdain, député sortant, était soutenu par le gouvernement à l'exclusion des deux autres ; M. de la Fontaine-Solare était préféré par les catholiques à cause de ses promesses en faveur de la liberté de l'enseignement supérieur ; le général Tripier, candidat de la ville d'Hesdin, était particulièrement bien vu des républicains. Or, voici comment se partagèrent les voix à Fressin :

M. Jourdain obtint 152 suffrages ;
M. de la Fontaine Solare n'en obtint que 52 ;
Et M. le général Tripier, 17.

Comment expliquer ce vote, si ce n'est en constatant que le peuple est généralement pour le plus fort ? On laissa à M. Martel son arrondissement de Saint-Omer, et le gouvernement ne lui opposa point de candidat.

On vit, dans le Pas-de-Calais, le 6 février 1871, ce que l'on y avait vu le 13 mai 1849, les électeurs nommer tous conservateurs, à l'exclusion des candidats de la Révolution. Les quinze élus distancèrent considérablement leurs adversaires. La représentation du Pas-de-Calais fut une élite, plus encore que la représentation nationale, laquelle ne laissait pas que d'avoir une minorité d'opposition violente.

On alla voter à Fruges ; il ne nous est donc point possible de connaître qu'elle fut la conduite des électeurs de Fressin à cette date. Nous avons lieu de supposer qu'ils réclamèrent, comme ailleurs, l'appui d'hommes d'ordre et de désintéressement Voici quel en fut le résultat. Les députés sont inscrits selon le nombre de voix qu'ils ont obtenu ; mais nos chiffres ne comprennent point les votes de l'armée.

Liste Monarchique :

1. Martel 121.174
2. Thiers 117.943
3. Marquis de Partz 116.257
4. Achille Adam 117.000
5. Wartelle-Deretz 115.064
6. Douai 114.289
7. Comte Fouler de Relingue 113.345
8. A. Paris 114.333
9. Comte de Bryas 112.538
10. Comte de Diesbach 112.269
11. De Clercq, ... 112.279
12. Hamille 111.484
13. Dussaussoy 109.579
14. De Rincquesent 110.636
15. De Saint-Malo, époux de dame Marie-Laurence de Torcy, mère de M. d'Hébrard 107.517

Liste Républicaine :

16. Lenglet, préfet du Pas-de-Calais, avocat. 34.075
17. Jules Favre, membre du gouvernement 31.975
18. Devaux, avocat à St-Omer 30.418
19. Hanon-Sénéchal, de Béthune 29.850
20. Piéron, d'Avion 27.664
21. Henry, de Boulogne 26.806
22. Degouves-Denuncques 25.429
23. Florent-Lefebvre, de Monchy-le-Preux . 25.032
24. Deusy, maire d'Arras 23.391
25. Ansart-Raux du Fiesnet, d'Outreau . . 22.807
26. Lagache, de Boulogne 22.295

27. Fourmentin, de Brimeux 22.288
28. Danglure, de St-Omer 21.839
29. Chopin, originaire de Fruges 20.986
30. Docteur Eugène Haynaut, de Béthune,
　　sous-préfet de Montreuil , ... 19.159

Il fallut pourvoir au remplacement de M. Thiers. Le 2 juillet 1871, on vota à cette fin. Les électeurs de Fressin donnèrent 131 voix au général Faidherbe contre 42 à M. de Melun. Vote inutile, puisque Faidherbe, élu à Lille, ne pouvait pas représenter la Somme ni le Pas-de-Calais. Vote mauvais au point de vue politique, M. de Melun ayant fait ses preuves comme capacité et dévouement, tandis que le général avait eu la fâcheuse idée d'attaquer la religion dans sa profession de foi. Vote cependant qui s'explique comme un juste hommage au vainqueur de Bapaume.

On peut y voir aussi une marque de la légèreté du caractère français. Danger passé, danger oublié. Le 6 février, on aurait voté d'enthousiasme pour M. de Melun. Le général Faidherbe fut remplacé par M. Levert, un ultra-bonapartiste. Nous n'avons point le vote de Fressin en cette circonstance.

Le 8 février 1874, on a à choisir entre un bonapartiste intransigeant, mais bon enfant, s'il en fut, M. Sens, et un républicain très modéré, M. Brasme. A Fressin, M. Sens obtint 108 voix ; M. Brasme n'en eut que 48.

La majorité n'est pas encore passée à la République.

La même année, le 18 octobre, nouvelle élection d'un député à l'Assemblée nationale. Trois candidats se présentèrent : M. Dellisse-Engrand, de Béthune, un second M. Jourdain, un bonapartiste avéré ; M. Jonglez de Ligne, un catholique militant; M. Brasme, un républicain de nuance bien rose. Résultat à Fressin :

M. Dellisse, 111 voix ;
Brasme, 43 ;
Jonglez, 29.

Le vote est à recommencer, il y a ballottage :

Le 1ᵉʳ novembre, M. Dellisse obtint 156 voix ;
M. Brasme, 43 ;
M. Jonglez, 4.

Les quarante-trois de M. Brasme restaient fidèles à leurs idées. Toutefois, la République n'a pas encore le quart de nos électeurs.

Le 8 février 1876, M. Victor Hamille, bonapartiste, mais plutôt conservateur que bonapartiste, réunit 168 voix à Fressin ; on ne lui voit point de concurrent. M. Hamille fut élu député de l'arrondissement de Montreuil.

Le 11 octobre 1877, M. Fresnaye-Laligant, de Marenla, se présente contre lui : M. Hamille a 142 voix ; M. Fresnaye en a 57. M. Hamille resta député de Montreuil.

En 1881, le pouvoir étant fixé à gauche, M. Fresnaye obtient à Fressin 99 voix ; M. Hamille n'en a plus que 92. L'arrondissement resta pourtant fidèle à M. Hamille.

Pauvreté du caractère humain ! On comprend que les élections de 1892 ne ressemblent pas tout à fait à celles de 1869 : quantité de jeunes gens ont été munis du bulletin de vote depuis vingt-trois ans, et ni l'esprit ni les traditions de la famille ne se sont assez maintenus pour que l'on puisse d'après les actes des pères présumer de ceux de leurs enfants ; mais acclamer aujourd'hui un homme, puis, deux ans après, le rejeter sans qu'il ait démérité, et seulement parce que les événements ont pu diminuer son influence, c'est vraiment misérable.

Le 4 octobre 1885, le scrutin de liste, plus libéral et plus politique que le scrutin uninominal d'arrondissement, ayant été rétabli par la majorité républicaine, les électeurs de Fressin tinrent à montrer que leur conversion était complète.

On votait ici pour des bonapartistes intransigeants, du parti des mameluks, comme en 1863, quand un candidat arborait timidement la bannière libérale, et voilà que, tout d'un coup, on passe dans le camp contraire. On ne peut se démentir soi-même avec plus de désinvolture. On avait, en une journée, dépassé l'avant-garde. Pas un seul ne fut élu des dix candidats républicains qui avaient triomphé à Fressin.

Élus. — Liste d'Opposition.

MM.
1. Adam-Fontaine, ancien maire de Boulogne.
2. De Clercq, maire d'Oignies.
3. Delhomel, conseiller général à Montreuil.
4. Dellisse, fabricant de sucre à Béthune.
5. Marquis de Partz, conseiller général à Équirre.
6. De Rosamel, conseiller général à Frencq.
7. Dussaussoy, agriculteur.
8. Hermary, ingénieur civil à Barlin.
9. Lefebvre Du Prey, à Saint-Omer.
10. Levert, ancien préfet.

Résultat de Fressin. — Liste Ministérielle.

MM.
Fresnaye.	114
Amédée Petit, de Magnicourt.	109
Ringot, maire de Saint-Omer.	108
André Déprez, à Harnes.	108
Fanien, à Lillers.	107

MM.

Georges Graux, de Saint-Pol. 107
Marmottan, de Paris et Bruay 107
Ansart-Raux du Fiesnet. d'Outreau. 106
Camescasse, ancien préfet. 106
Bouilliez-Bridou, d'Habarcq 105

Venaient ensuite De Rosamel et de Partz, 82, etc..

Le lendemain, quand le résultat général de l'élection fut connu à Fressin, plusieurs parurent surpris, pour ne point dire effrayés. Ils avaient l'air de se demander s'ils avaient bien calculé.

Le 20 mars 1887, M. Ribot obtint 152 voix sur 165 votants.

Le 27 novembre de la même année, les électeurs de Fressin donnèrent 105 voix à M. Camescasse et 77 voix à M. Labitte, ex-notaire et cultivateur à Aire. Il fallait remplacer M. Dussaussoy, député conservateur. M. Camescasse fut élu. Enfin, le 22 septembre 1889, le scrutin d'arrondissement étant encore une fois rétabli, M. Boudenoot réunit 132 voix à Fressin contre M. De Lhomel qui en obtint 70.

CHAPITRE IV.

Les Écoles

§ 1. — L'École avant la Révolution.

L'école primaire était, avant la Révolution, sous l'autorité de l'Eglise. La lecture, l'écriture et le calcul étaient enseignés par le curé ou par ses délégués. L'inspection de l'école était faite par l'Archidiacre, quand il venait visiter la paroisse au nom de l'Évêque. L'enseignement profane avait pour fin première de conduire à l'enseignement religieux. Si le maître d'école était un laïque, ses élèves le nommaient *Notre Maître* ; les grandes personnes l'appelaient *Magister*, quand elles lui adressaient la parole ; elles le nommaient *Le Clerc*, quand elles parlaient de lui. C'est qu'alors les fonctions de clerc, je ne dis pas de chantre, mais de clerc, c'est-à-dire de membre du clergé, d'auxiliaire du curé pour le service de l'église et pour l'administration des sacrements, n'étaient point la partie accessoire, mais bien la partie principale de sa besogne. Le magister le comprenait bien ainsi et s'en faisait gloire. — Il était heureux et fier de revêtir le surplis aux offices chantés, et jusque dans la coupe des cheveux qu'il portait longs par derrière, il avait à cœur de se montrer homme d'église.

Ceci est mis parfaitement en lumière à propos d'un curieux différend qui s'éleva, non loin d'ici, en 1747, à Cavron, entre le curé de cette paroisse et les habitants. Le curé Beuvry (1) desservait les trois villages de Wambercourt, de Saint-Martin et de Cavron, plus le hameau de la Loge Cornillon. Chaque dimanche il disait une messe à Wambercourt ; il en disait une seconde, alternativement un dimanche à Saint-Martin, un dimanche à Cavron. Quand il n'y avait pas de messe à St Martin, les habitants de cette paroisse, qui était à la fois matrice et centrale, allaient, selon leur convenance, à Cavron ou à Wambercourt. De plus, les habitants de Saint-Martin avaient un clerc lay « pour instruire les enfans, et accompagner leur curé lorsqu'il va leur administrer le saint Viatique cu l'Extrême-Onction ».

Cavron a eu de tout temps un chapelain, et ainsi les habitants avaient messe et vêpres quand le curé de Saint-Martin n'allait pas chez eux. Mais depuis deux ans ils n'en veulent plus avoir. Ils se contentent d'une messe tous les quinze jours. Ils n'ont même pas un maître d'école pour apprendre à lire et écrire aux enfants... Ecoutons la plainte du curé Beuvry : « Le curé, écrit-il, est réduit à sonner lui-même le service divin, allumer les cierges, préparer le vin, l'eau et autres choses nécessaires au sacrifice ; il est privé d'assistant, tant le jour que la nuit, lorsqu'il porte les Sacremens aux malades, et les saints décrets veulent que les curés soient accompagnés d'un clerc revêtu de surplis dans l'administration des Sacrements. L'on peut voir pour cela le canon 18 du concile de Marcial (2), tenu en 1326. » Il ajoute d'autres considérations : Le curé ne peut s'aventurer la nuit, dans les rues de Cavron, sans un porteur de lanterne.

(1) Frère utérin de Varlet, le curé d'Eperlecques, mentionné aux fondations.
(2) Nous n'avons pas trouvé mention de ce concile dans l'histoire de l'Eglise, ni même le nom de la ville où il se tint.

Si non, il est exposé à périr dans les boues et dans la rivière qui traverse le village, et qui n'a pour pont qu'une planche ou madrier.

Les habitants de Cavron répondent qu'ils trouvent leur profit à faire venir, le dimanche, un Récollet du Biez.

A quoi le curé Beuvry réplique que c'est une vaine excuse, qu'on a fait venir un religieux du Bize quelques dimanches pour ménager la transition, que cela n'a pas duré, et qu'au surplus, il ne suffit pas d'avoir une messe. Bref, il demande à la Cour :

« Qu'elle les condamne à prendre incessamment à leur service, comme ils conviennent et disent d'avoir fait dans tous les temps, un prêtre pour leur administrer les Sacremens au défaut de leur curé, et un clerc lay pour l'instruction de leurs enfans, tant dans la religion que dans les autres choses convenables à leur éducation. »

Si cette pièce n'est pas précisément à l'éloge des habitants de Cavron en l'an 1747, elle est très curieuse quant aux renseignements qu'elle renferme sur les fonctions des maîtres d'école à cette époque.

L'école de Fressin, aux siècles passés, était une école mixte, dirigée tantôt par un laïque tantôt par le vicaire de la paroisse. Les maîtres laïques étaient généralement obligés, pour recevoir une approbation régulière, de se rendre à Boulogne, où ils subissaient un examen devant l'évêque ou son délégué. En 1703, le clercq-chantre laïque et maître d'école à Fressin se nommait Lefebvre. Il avait une haute estime pour les fonctions qu'il était appelé à remplir à l'église, à l'imitation des Saints, dont plusieurs se jugèrent indignes de cette familiarité avec nos augustes mystères.

En 1715, il était remplacé par un autre laïque nommé Jean Thomas. Ce « maître d'eschollę » était négligent. L'archidiacre François Abot lui donne une mauvaise note dans son registre, où il consigne cet avertissement : « Il doit mieux instruire. »

Dans le rapport de 1725, nous lisons au sujet de Fressin : « il n'y a point d'autre maître d'école que le vicaire (François Brunet) ; il tient l'école des garçons et des filles dans la même place. Les garçons sont rangés d'un côté de la place, et les filles de l'autre. On enseigne depuis huit heures du matin jusqu'à onze, et depuis deux jusqu'à cinq. Les garçons sortent en bon ordre quelque temps devant les filles. Ensuite on les conduit à l'église en bon ordre, *où on fait le salut tous les jours.* On est très content de son assiduité à l'école. »

Nous aurions peut-être ici deux bonnes leçons à prendre pour la tenue des enfants dans la rue et la manière de les façonner aux habitudes pieuses.

En 1780, le « magister » de Fressin se nommait Jean-François Branquart. Il reçoit 40 livres du comptable de la fabrique, pour avoir pendant quatre ans, de 1776 à 1780, houssé et balayé l'église ; 164 livres, pour avoir, pendant le même espace de temps, remonté *tous les jours* l'horloge publique ; 126 livres 1 sol pour avoir, en sa qualité de « maistre d'escoie », fait la classe aux enfants pauvres hors d'état de payer.

La rétribution scolaire, en 1725, était de 4 sols par mois pour les écoliers qui écrivent ; de 3 sols et demi pour ceux qui ne font que lire. (1)

---

(1) A Auchy, J.-B. Hugues, qui était maître d'école et clerc-laïque depuis dix-sept ans, fut sans doute congédié par le curé constitutionnel Lagache. Le Conseil général de la Commune fit alors faire des publications et apposer des affiches à Auchy et dans les communes voisines pour avoir un maître d'école. Personne ne se présenta. C'était en novembre 1792, l'an 1er de la République française. Force fut donc au Conseil général de traiter avec Hugues. On lui permit de recevoir 5 sols par mois des commençants et de traiter

Jean-François Branquart mourut le 23 mai 1781, âgé seulement de 46 ans.

Il fut immédiatement remplacé par un jeune homme du pays, nommé Jean-Baptiste Dupond, né en 1756. Établi «maître d'école,» J.-B. Dupond se maria l'année suivante.

L'école se tenait, avant la Révolution, sur la place ou marais, que l'on nomma longtemps « le marais de l'école. »

§. 2 — Idée sommaire de l'Histoire de l'Enseignement en France.

Cet article est un hors-d'œuvre! va peut-être s'écrier un lecteur prévenu. Hors-d'œuvre, si l'on veut; mais nous estimons qu'il est de notre devoir, quand l'occasion se présente d'émettre une vérité utile, de saisir cette occasion, et c'est bien ici le cas. La vérité ne profitât-elle qu'à une seule intelligence, nous nous féliciterions de n'avoir pas trop pris garde aux règles de la composition littéraire. *Veritas nos liberabit.* Au

---

avec les autres. Mais voici qui met en évidence combien, dans l'idée populaire, même aux plus mauvais jours de la Révolution, la charge de maître d'école était unie aux fonctions de clerc-laïque. Quoique Hugues ne soit plus employé par le curé, le Conseil général lui impose l'obligation de balayer l'église une fois par semaine, de sonner *l'Angelus* le soir, le matin et à midi, de sonner la cloche tous les vendredis à trois heures, et de fermer les barrières du cimetière, le tout moyennant la somme annuelle de 24 livres, qui lui sera payée par trimestre, par le receveur de la fabrique, sur un mandat des administrateurs. Il a la jouissance de la maison d'école avec ses dépendances et le jardin.

Le curé intrus se plaignit que la commune salariât Hugues malgré le vœu des bons citoyens; il demanda au Conseil général de lui fournir un assistant pour le servir à l'autel et aux administrations. Le Conseil répondit à sa demande par une fin de non-recevoir.

surplus, un hors-d'œuvre, au milieu d'une lecture trop souvent aride, doit être un repos.

De l'article qui précède il résulte que l'école primaire, avant la Révolution, relevait de l'autorité religieuse. C'est trop peu dire : l'enseignement primaire était une des fonctions du ministère pastoral. Le maître d'école était le vicaire du curé ou le principal employé de son église.

Les pauvres recevaient gratuitement cet enseignement élémentaire, qui ne coûtait, d'ailleurs, que très peu aux plus riches. Tout était modeste, le local, le mobilier, la rétribution scolaire, le fourniment de l'élève. Le programme aussi était des plus sommaires ; néanmoins on trouvait souvent dans nos paroisses une élite sachant écrire correctement et compter d'une manière suffisante. Le cours des années aurait donné à cet enseignement tous les développements dont il était susceptible.

L'enseignement secondaire, — plusieurs seront bien surpris de notre assertion, — était plus suivi et plus répandu qu'il ne l'est à l'heure présente. Il y avait des collèges dans toutes nos villes. Hesdin eut un collège dirigé par des Pères de la Compagnie de Jésus, et un petit séminaire limité à douze élèves qui suivaient les cours de ce collège. Tous les établissements d'enseignement secondaire étaient dirigés par des ecclésiastiques. Quand, sous Louis XV, la monarchie fit les affaires de ses ennemis en leur sacrifiant les Jésuites, nul ne pensa à leur substituer des maîtres laïques ; on remplaça les Pères par des prêtres séculiers. On ne comprenait pas qu'une maison d'éducation pût n'être point placée sous la main et la direction de l'Eglise.

Quant à l'enseignement supérieur, il n'était pas arrivé à la hauteur qu'il a atteinte depuis. Les sciences et la médecine étaient dans l'enfance. La France comprenait vingt Universités, où la faculté de théologie tenait le premier rang, en fait comme en droit.

Sans sortir du cercle des dogmes définis, les Universités avaient des tendances diverses. Ainsi, par exemple, tandis que l'Université de Paris, qui jouissait pourtant d'une renommée européenne, aimait à s'aventurer sur les frontières de l'erreur, l'Université de Douai resta constamment ferme sur le terrain de l'orthodoxie. D'autre part, il n'y eut pas toujours un accord bien parfait entre les prêtres séculiers rattachés aux Universités, et ceux qui faisaient partie des Congrégations enseignantes.

Le principe ancien était donc la liberté, je veux dire la liberté naturelle d'enseigner, non une liberté réglementée par des lois.

De même que nos pères ne demandaient pas à l'Etat de se charger de nourrir, de vêtir, de doter et d'établir leurs enfants, l'Etat ne songeait pas non plus à imposer aux familles une doctrine à lui, ni une méthode à lui, ni des maîtres à lui.

Mais comme la France était profondément et essentiellement chrétienne, elle acceptait sans en demander d'autres, l'enseignement que l'Église lui offrait, et l'Église, en fondant ses Universités, ses collèges et ses écoles, obéissait au Maître qui lui avait dit : *Allez, enseignez toutes les nations*.

D'aucuns se persuadent que les choses n'iraient pas plus mal, même de nos jours, si l'Etat, se contentant de ses Écoles spéciales, laissait toute liberté aux particuliers et aux associations, aux pères de familles, aux paroisses et aux communes, d'ouvrir des écoles, ne se réservant que le droit de les encourager et d'intervenir en cas de désordre.

*
* *

Au régime de liberté succéda le régime du bon plaisir.

La Révolution avait tout détruit ; il fallut réédifier. En 1808, Napoléon Ier créa l'Université impériale. Loin d'en exclure la Religion, il l'invitait à y entrer pour le bien de sa dynastie. Le clergé devait, dans sa pensée, être un instrument de règne. L'empereur imposa à ses professeurs laïques un costume particulier, une toge qui les faisait ressembler à des magistrats. Il eut voulu les voir renoncer à la famille et rester dans le célibat.

L'Université devait avoir le monopole de l'enseignement. Par elle, Napoléon voulait façonner les jeunes générations au gré de ses aspirations autoritaires, les mouler à sa convenance. Œuvre de génie, mais engin de despotisme. Aucun collège ne put s'ouvrir, en dehors de l'Université, que moyennant une autorisation spéciale difficilement accordée, et à condition de suivre les méthodes et les programmes officiels et d'acquitter une sorte de tribut à la corporation d'État.

Malgré les avances faites par Napoléon au clergé, malgré sa volonté clairement manifestée que la Religion fût à la base de l'enseignement universitaire, il se forma dès le principe une doctrine particulière en opposition avec la doctrine catholique. Cela était fatal, dès lors que le corps enseignant ne se confondait pas avec l'Église ou ne relevait pas absolument d'elle. Un corps enseignant a nécessairement une doctrine, et si ce corps n'a point de règle, sa doctrine sera déréglée. Ceci soit dit pour le corps en général, pour l'institution, sans méconnaître les très honorables exceptions qui s'y rencontrent. On a vu en effet d'excellents chrétiens parmi les professeurs de l'Université, et même d'éminents apologistes.

Que l'Université soit d'instinct anti-catholique, on a pu le voir quand le hasard des évènements eut fait passer le pouvoir aux mains des chrétiens. Institution d'Etat, elle fit alors une opposition sourde aux détenteurs de l'autorité.

Toutefois, l'Eglise n'eut longtemps à gémir de l'éducation universitaire que pour les lycées et les collèges.

L'enseignement supérieur donné dans les Facultés était généralement moins sectaire. Il ne s'adressait, d'ailleurs, qu'au très petit nombre, et ceux qui le suivaient étaient plus en état de le juger.

Quant à l'enseignement primaire, il resta confessionnel et paroissial sous Napoléon, sous Louis XVIII et sous Charles X, comme il avait été sous l'ancien régime. Le maire et les conseillers municipaux, les pères de familles et le Curé eurent le choix du maître.

La loi Guizot, promulguée en 1833, modifia cette situation. L'école primaire entra davantage dans l'Université. Mais l'Université voulut encore que les prières et l'instruction religieuse fussent l'objet des premiers articles du Règlement. Les livres de lecture furent toujours les anciens et bons livres de religion : le Catéchisme, l'Histoire de l'Ancien Testament, la Vie de Notre-Seigneur Jésus-Christ, les Devoirs du Chrétien envers Dieu, etc.

Cependant, l'esprit universitaire avait plus ou moins pénétré dans nos communes rurales ; l'enseignement perdait de sa simplicité, et les programmes sacrifiaient la solidité à l'étendue. Il arriva aussi un moment, après février 1848, où un certain nombre de jeunes instituteurs manifestèrent des tendances qui effrayèrent des hommes d'Etat sceptiques tels que M. Thiers et M. Cousin, au point de les porter à faire alliance avec des catholiques tels que Montalembert et Falloux, qui demandaient depuis dix-huit ans la liberté d'enseignement toujours promise et jamais accordée.

***

Nous arrivons à une troisième période de l'histoire de l'enseignement en France : la période d'une demi-liberté difficilement obtenue, plusieurs fois mutilée, et qui ne dispense pas ceux qui veulent en profiter de contribuer de leurs deniers à l'entretien de l'enseignement d'Etat.

La loi du 15 mars 1850 ne s'occupa point de l'enseignement supérieur. Elle donna plus de facilité pour ouvrir des écoles primaires et des maisons d'enseignement secondaire. Quantité de collèges catholiques datent de cette époque.

Quelques temps, la dénomination d'Université cessa d'être en usage ; les maisons de l'Etat s'appelèrent les maisons de l'instruction publique. On espéra briser le particularisme de la corporation en créant des Académies départementales.

Quelques esprits extrêmes critiquèrent amèrement la loi de 1850 comme une loi insuffisante. A les entendre, M. de Montalembert, M. de Falloux, l'abbé Dupanloup et autres, faisaient les affaires de l'Université ; sans eux, le Président de la République aurait détruit l'œuvre de son oncle. Mgr Parisis, qui avait tant désiré la loi, fut ébranlé par ces critiques et n'osa point la voter.

Devenu maître absolu, Napoléon III se chargea

lui-même de justifier les catholiques qui avaient fait la loi de liberté. On ne tarda pas à supprimer les Académies départementales ; on les remplaça par seize Académies universitaires, et, pendant tout l'Empire, le système du gouvernement fut constamment de fortifier l'Université et d'apporter des entraves au développement des maisons libres.

En dépit de toutes ces variations, la Religion était toujours en honneur à l'école primaire publique. Le gouvernement ne traitait pas en ennemis ceux qui usaient de la liberté que la loi leur laissait. Un prêtre chargé de paroisse pouvait ouvrir une école en concurrence avec l'école communale, ainsi que le fit un jour M. Bonhomme. Parce que l'on était membre de l'Université, on n'était pas pour cela privé de la liberté de choisir pour ses enfants la maison d'éducation qui avait vos préférences ; ainsi M. Elliott, professeur d'Anglais au Collège d'Arras, pouvait mettre son neveu, Georges Harris, au Petit Séminaire, et M. Laserre, inspecteur de l'enseignement primaire à Saint-Omer, mettait son fils au Collège Sainte-Marie à Aire, tandis qu'un autre inspecteur, M. Legrand, de St Pol, envoyait le sien occuper une chaire à Marcq, sans rien avoir à redouter de ses chefs.

En ce temps-là, nul inspecteur ne serait allé à l'école du village sans avoir au préalable visité le presbytère. J'en ai vu un, l'année de la guerre, qui me prônait l'école obligatoire, et qui se récriait, quand, pour justifier l'opposition des catholiques, je lui disais que l'école obligatoire pourrait bien devenir un jour l'école sans Religion. Il reconnaissait qu'il n'y a vraiment *qu'une seule chose de nécessaire*, et il avait l'air presque scandalisé de ce qu'il appelait mon indifférence à l'endroit de l'instruction religieuse des jeunes écoliers. Hélas ! par une étrange contradiction, on critique aujourd'hui les siècles anciens où l'autorité civile usait de son influence pour cette *seule chose nécessaire*, et l'on emploie le *Compelle intrare*, la contrainte matérielle ou morale, pour un enseignement infiniment moins indispensable, quelquefois pour un enseignement funeste !

En 1876, l'Assemblée Nationale donna enfin la liberté de l'enseignement supérieur. La même Assemblée se proposa aussi, sous le ministère de M. Ernoul, d'améliorer l'école primaire et de modifier la loi existante dans le sens d'une plus grande liberté laissée aux Communes et aux pères de famille.

La réaction ne tarda pas à suivre. On a enlevé aux groupes de Facultés libres leur nom d'Universités; on leur a retiré toute participation aux jurys d'examen et à la collation des grades. Et, en attendant qu'on s'en prenne aux Collèges libres, on s'est attaqué à l'enseignement populaire, en changeant radicalement le caractère des écoles publiques, qui étaient restées avant tout des écoles chrétiennes.

Les évènements ont détruit en France l'unité religieuse. On comprend que les dissidents craignent le prosélytisme d'un maître catholique. Que l'on ouvre une école protestante où il y a vingt enfants protestants. Mais que tout enfant catholique trouve aussi dans sa commune une école de sa Religion. A notre sens, il est essentiel que l'école soit confessionnelle.

L'école neutre ! La neutralité est-elle chose possible ? Notre-Seigneur a dit : *Celui qui n'est pas avec moi est contre moi.*

Ces petits enfants qui vont à l'école du village, ils sont nés par le baptême à la vie spirituelle. Cette vie a besoin d'être sans cesse alimentée. La cloche de l'église sonne l'*Angelus* à midi, à l'heure où les enfants sortent de la classe ; chez eux, leurs parents les font mettre à genoux pour adorer le Verbe qui s'est fait chair ; le vendredi, à 3 heures, la cloche rappelle aux fidèles qu'un Dieu est mort pour eux sur la Croix, et les invite à réciter 5 *Pater* et 5 *Ave* ; d'autres fois, la même cloche sonne pour les avertir qu'un membre de la famille paroissiale vient de paraître devant Dieu et réclame l'aumône d'un *De Profundis*. Jadis, en toutes ces circonstances, on interrompait un instant la classe, et l'enfant contractait d'excellentes habitudes qu'il conservait toute sa vie. La neutralité scolaire met un obstacle à cette alimentation surnaturelle. La plupart de nos instituteurs, du moins parmi ceux qui sont entrés dans la carrière avant les nouvelles lois, ont été élevés dans des sentiments de foi, par des parents chrétiens, et souvent dans des établissements chrétiens. Ils entendent l'appel du divin Maître : *Laissez venir à moi les petits enfants*. Ils voudraient répondre à cet appel. Dans le choix des livres, dans les dictées orthographiques, les devoirs de rédaction, les leçons d'histoire, dans tout l'ensemble de leur enseignement, ils peuvent, sans effort de leur part, sans fatigue pour l'enfant, élever l'âme de cet enfant vers Dieu, pour qui elle a été créée, et ils n'ont pas le droit d'user de ce moyen, ils n'ont pas le droit de remplir leur premier, leur plus agréable devoir ! *Les petits ont demandé du pain, et ils n'ont trouvé personne pour leur en donner.*

Quelle lacune ! Et que dire des écoles dont les titulaires sont manifestement étrangers, sinon hostiles à la foi catholique et aux pratiques qu'elle impose ?

Les Chambres ne se réunissent pas seulement pour voter le budget et discuter des lois nouvelles ; elles modifient bien souvent et abrogent parfois des lois anciennes, et même des lois qu'elles ont votées la veille. Depuis dix ans, on a révisé la Constitution ; on a même changé deux fois le mode d'élection des députés. Or, s'il est permis de demander tel ou tel changement dans la législation, il doit l'être surtout de demander que la Religion, dont Montesquieu a dit qu'elle était nécessaire au bonheur des Etats, soit de nouveau placée à la base de l'éducation dans tout établissement, tant public que privé. Tout catholique doit préparer cette œuvre de réparation par ses votes, ses conseils et surtout par ses prières.

§ 3. — Nos Écoles depuis la Révolution.

En 1802, Jacques-Joseph Michault était maître d'école à Fressin. Il avait une fort belle écriture.

Cette année-là, en décembre, on convoqua le Conseil général de la Commune pour le 5 nivôse, en vertu d'une circulaire du 4 frimaire (24 novembre) relative à l'organisation des écoles primaires. Désormais, M. Michault prit le titre d'instituteur.

Le 5 fructidor an XII (23 août 1804, il fut décidé que le lendemain, 6 fructidor, il y aurait un concours pour pourvoir au remplacement du sieur Michault, qui avait quitté Fressin. Le poste se trouvait vacant ; il importait donc de trouver un instituteur pour la réouverture des écoles.

Le nouvel instituteur fut l'ancien maître d'école de 1781, Jean-Baptiste Dupond, dont l'écriture laissait beaucoup à désirer. Mais il avait une belle voix, et c'était une qualité dont on faisait beaucoup de cas.

Dupond exerça les fonctions d'instituteur à Fressin depuis 1804 jusqu'en 1817 sans brevet. Mais une ordonnance royale du 29 février 1816 ayant rendu le brevet obligatoire, Jean-Baptiste Dupond, bien qu'âgé alors de soixante ans, dut subir des examens sur la lecture, l'écriture, le calcul et sa méthode d'enseignement, ce que l'on appellerait aujourd'hui son aptitude pédagogique. Le Recteur de l'Académie de Douai, s'étant également assuré que ce candidat possède une connaissance suffisante des principes et des dogmes de la religion, lui accorda, le 12 février 1817, le brevet de capacité pour l'enseignement primaire du troisième degré.

J.-B. Dupond mourut à Fressin le 4 avril 1831, âgé de 75 ans.

Il était remplacé dans sa charge d'instituteur depuis 1826, par M. Jacques-Antoine-Hilaire Canu, né à Preures, le 17 septembre 1804.

M. Canu exerça les fonctions d'instituteur à Fressin pendant trente-quatre ans, de 1826 à 1860 ; ce fut son premier et son dernier poste. Sa classe se tenait dans une maison louée par la commune et aujourd'hui démolie ; elle donnait sur la place au marais, à l'angle sud-est, au-dessous de la rue d'Enfer.

Mais la commune de Fressin a un insigne bienfaiteur en la personne de l'un de ses enfants, M. l'abbé Alexandre Héame, curé de Boningue-les-Ardres. On lui doit la création d'une école de filles qui eut lieu dès l'année 1825. Le Préfet porta deux arrêtés à cet effet. Par le premier, daté du 17 janvier 1825, il décerne un brevet de capacité du deuxième degré, après examen subi devant le jury de l'arrondissement de St-Omer, à la demoiselle Sophie-Zélie Lefebvre, âgée de vingt-et-un ans, née à Boningues-les-Ardres le 10 messidor an XII (30 juin 1804), demeurant à Fressin, avec autorisation d'exercer les fonctions d'institutrice primaire du deuxième degré dans l'une des communes du département, conformément à l'ordonnance royale du 3 avril 1820. Par le second arrêté, le Préfet, sur la proposition à lui faite par le maire et le desservant de Fressin, autorise spécialement ladite demoiselle à exercer ces fonctions à Fressin.

L'installation de Melle Lefebvre à Fressin n'était, dans la pensée de M. Héame, qu'un acheminement à une plus importante création. En novembre 1827, il acheta la brasserie Samier, qui occupait tout le côté droit de la rue du Pont, en allant de l'église au marais. Il divisa en deux cette propriété et y éleva des constructions. La partie longeant la rue du Pont fut donnée à la commune, à condition d'être employée, moitié au logement du vicaire, moitié à l'école des garçons. L'autre partie fut appropriée par M. l'abbé Héame à usage d'école et offerte à la Congrégation de la Sainte Famille d'Amiens (1). Mais la communauté était jeune encore, n'ayant été fondée qu'en 1817, et n'avait pas assez de sujets pour répondre à toutes les demandes. M. Héame voulait avoir trois religieuses ; il fut forcé d'attendre.

Mais la Commune avait une compensation pour tromper les ennuis de l'attente; Melle Lefebvre était une personne instruite et pieuse : elle fit la classe à Fressin à la satisfaction générale, aimée de toute la population. Elle eut part aux libéralités du Conseil municipal. En 1830, on vota en faveur de l'instituteur un traitement de 200 francs qu'il devait ajouter à la rétribution scolaire, à charge d'instruire gratuitement quinze élèves dont on lui donna la liste. Le Conseil, en la même séance, vota pareillement un traitement fixe de 100 francs à l'institutrice, en lui imposant aussi l'obligation d'instruire gratuitement quinze petites filles.

La commune de Fressin avait donc l'avantage de posséder une des premières une école de filles et

(1) Cette maison fut bénite le 10 mai 1830, par Mgr l'évêque d'Arras.

l'honneur de devancer la loi libérale de 1850 dans l'établissement d'une sage et équitable gratuité

Ces Messieurs du Conseil municipal observèrent avec raison que le sacrifice qu'ils demandent à la commune pour l'école des filles ne durera guère plus de deux ans, et, qu'après ces deux ans, les pauvres seront encore plus heureux, puisque M. l'abbé Héame a imposé à la Sainte Famille d'Amiens l'obligation d'instruire gratuitement quarante filles pauvres de Fressin.

Le Conseil municipal décida que la rétribution scolaire dans les deux écoles serait :

De 25 centimes par mois pour les enfants au-dessous de sept ans ;

De 50 centimes pour les enfants de sept à dix ans;

De 75 centimes pour les enfants de dix ans et au-dessus.

Le 18 août 1833, le Conseil fut appelé, en vertu de la loi du 28 juin même année, à fixer de nouveau le taux de la rétribution scolaire pour les deux écoles. On divisa les payants en six classes, pour lesquelles l'écolage fut de 25, 35, 40, 50, 60 et 75 centimes, ce qui se répéta les années suivantes. On dressa en même temps les listes de gratuité, sur lesquelles on inscrivit 23 garçons et 20 filles.

En septembre 1834, la maison de la Sainte Famille nous envoya enfin trois religieuses. Melle Lefebvre alla s'établir à Éperlecques, où elle continua d'exercer les fonctions d'institutrice. Elle mourut dans cette paroisse, ayant toujours conservé un bon souvenir de Fressin.

Désormais le Conseil municipal n'a plus à voter de traitement pour l'école des filles. Les sœurs de la Sainte Famille en instruiront quarante gratuitement. Le Conseil prend la peine de leur dresser la liste des quarante filles pauvres, et il leur remet une liste qui contient quarante-trois noms.

Pour l'entretien des Sœurs et de l'école de Fressin, M. Héame vendit ses biens de Fressin, et avec le produit de cette vente, joint à ce que lui avait laissé son oncle, curé à Lyon, il acheta deux fermes, l'une à Herly, l'autre à Ergny, et les donna à la Congrégation, ainsi que la maison de Fressin.

Les religieuses devaient recevoir des enfants la rétribution scolaire. Elles eurent aussi des pensionnaires, surtout dans les premières années, alors que les écoles de filles étaient rares à la campagne. Elles s'engageaient, de leur côté, à recevoir et à instruire gratuitement quarante filles pauvres. On peut dire que la gratuité a été établie de bonne heure à Fressin. Quand on a soustrait quarante petites filles du nombre de celles qui sont en âge d'aller en classe, les autres, et elles sont maintenant en bien petit nombre, appartiennent à des maisons qui ne sauraient se refuser décemment à subvenir aux frais de l'éducation de leurs enfants.

Cependant, à certaines époques, les sœurs ont admis jusqu'à soixante enfants au bénéfice de la gratuité.

Les religieuses de Fressin rendent de grands services au curé pour l'organisation des processions ; elles se chargent aussi des enfants pendant la retraite préparatoire à la première Communion. Elles appartiennent à une Congrégation qui se fait un mérite d'entretenir l'esprit de paroisse et de n'empiéter jamais sur les prérogatives et l'autorité du curé.

La première Supérieure fut remplacée par sœur Marie-Rose, née Marie Trollé, originaire du canton d'Etaples.

Sœur Marie-Rose resta à Fressin jusqu'en 1846.

La paroisse ayant cessé d'avoir un vicaire, la commune fit jouir l'instituteur de ce qui avait été destiné à cet ecclésiastique. L'école des garçons, la mairie, le logement de l'instituteur, l'enclos de la pompe, tout cela fut établi sur le terrain donné à la commune par M. l'abbé Héame. Cette disposition dura jusqu'en 1881.

A cette date, la commune acheta le Château-Bleu, où l'on disposa deux belles salles de classe pour les garçons. Cinq ménages sont logés au profit de la commune sur l'ancienne propriété de M. Héame.

La classification des enfants subit diverses variations ainsi que le taux de la rétribution scolaire. En 1841, les écoliers étaient répartis en quatre classes. Les plus âgés payaient soixante-quinze centimes par mois ; les plus jeunes ne payaient que quarante centimes ; ceux de la deuxième catégorie payaient soixante centimes, et ceux de la troisième cinquante centimes. En 1844, il n'y eut plus que trois catégories d'élèves payants ; on demandait quatre-vingts centimes aux plus grands, cinquante centimes aux moyens, et vingt-cinq centimes seulement aux plus petits.

En 1841, Le Conseil donna à l'instituteur une liste de 28 garçons qu'il devait instruire gratuitement ; 47 filles furent admises à jouir du même avantage. En 1842, la liste des garçons non-payants était portée tout à coup à 47 ; elle était encore de 36 en 1844.

Quoique déchargée de faire le traitement de la directrice de l'école des filles, la Commune inscrivait pourtant à son budget supplémentaire un crédit de 20 francs pour fournitures de livres et papier aux plus pauvres élèves de cette école. Le Conseil trouvait même que c'était trop peu. Aussi, la commune ayant reçu un secours extraordinaire de 60 francs pour cet établissement, le maire proposa de prendre 10 francs sur cette somme, afin d'augmenter le crédit destiné à procurer aux filles pauvres les fournitures indispensables de livres classiques et de papier ; les 50 autres francs devaient être affectés à la distribution des prix.

Cette cérémonie se célébrait alors avec un certain éclat ; les élèves y représentaient de petits drames coupés par de gracieuses chansonnettes ou par des scènes dialoguées : c'était une fête pour la commune et pour les familles du voisinage qui avaient des enfants chez nos bonnes sœurs.

Le 24 septembre 1846, l'inspecteur Prunier signa, au nom du Recteur de l'Académie de Douai, l'autorisation, pour la demoiselle Antoinette Decrept, née à Poix (Somme) le 17 janvier 1812, de diriger une école primaire élémentaire dans la commune de Fressin. Cette autorisation fut accordée sur la présentation faite par la dite demoiselle Decrept des lettres d'obédience à elle délivrées par Madame la Supérieure de la Congrégation de la Sainte Famille d'Amiens, dont les statuts sont approuvés, et sur le vu de la lettre par laquelle la Supérieure générale de ladite Congrégation déclarait son intention de charger de ladite école ladite demoiselle Decrept.

Dès lors qu'il reconnaissait la Congrégation et en approuvait les statuts, on ne comprend pas pourquoi le gouvernement de Louis-Philippe ne désignait pas la directrice de notre école par le nom qu'elle portait en religion, et sous lequel la population la connaissait. Ce formalisme civil est tout simplement ridicule.

Mademoiselle Decrept, en religion sœur Sainte Antoinette, avait quatre de ses sœurs religieuses comme elle.

En 1853, elle fut remplacée par sœur Saint Victorin, dans le monde Victorine Telliez, née à Boves, (Somme), qui dirige encore actuellement notre école de filles sans la moindre défaillance, après quarante ans d'exercice à Fressin. Elle avait déjà enseigné cinq ans dans le diocèse de Cambrai.

En février 1848, le Conseil municipal vota 300 francs pour le mobilier de l'école des garçons. A ce propos, on fit les curieuses observations suivantes : La commune a 1,089 habitants. Le 7e est 156, dont 78 garçons en âge de fréquenter l'école.— Or, on y en admet 89 depuis 6 jusqu'à 13 ans. Au mois de septembre, le Préfet de la République alloua la somme de 100 francs à la commune de Fressin pour l'aider à se procurer le mobilier en question.

A la session de mai 1849, le Conseil municipal fut en dissentiment avec le Préfet au sujet de la rétribution scolaire. Le Préfet désirait qu'elle fût uniforme, au taux de 75 centimes. Le Conseil insiste pour le maintien de l'ancien usage, alléguant que le taux de 75 centimes est trop élevé pour le plus grand nombre. L'année suivante, ces messieurs finirent par céder. Le 6 mai 1850, le Conseil municipal décidait que le taux de la rétribution scolaire serait de 75 centimes indistinctement pour chaque élève payant.

M. Bonhomme voulut profiter des avantages offerts par l'article 25 de la loi d'enseignement du 15 mars 1850, par lequel article il était permis à tout ministre du culte, pourvu qu'il ne fût pas révoqué, d'ouvrir une école primaire. Le 29 janvier 1851, il écrivit au Préfet du Pas-de-Calais pour lui déclarer qu'il se proposait d'ouvrir, à Fressin, une école libre de garçons. A ce propos, le conseil municipal (séance du 1er février 1851) manifeste la crainte que, la rétribution scolaire de l'école libre étant inférieure à celle de l'école communale, les élèves ne désertent cette dernière. Ces messieurs tiennent à assurer à l'instituteur officiel un traitement minimum de 600 francs.

L'école de M. le curé Bonhomme se tint dans une des trois maisons de la propriété Legay, la dernière adjacente à la maison de M. Annequin. M. Charles Lejosne, de Torcy, ancien élève du Presbytère, faisait la classe au nom et sous la responsabilité de M. Bonhomme. Quand il eut obtenu la place de régisseur au château d'Équirre, l'école libre de Fressin cessa d'exister.

Elle avait eu son moment de vogue. En effet, la rétribution scolaire n'avait produit, en 1852, à l'école communale, que la somme ridicule de 6 francs. Cette école n'avait été fréquentée que par 42 élèves, dont 37 à titre gratuit. La Sous-Préfecture ne comprend pas un résultat pareil dans une commune de 1079 habitants. Le Conseil, en sa séance du 17 avril 1853, prit la peine de donner à l'autorité supérieure l'explication de ce fait. Cela tient, dit-il, à l'exagération de la rétribution scolaire fixée par le Conseil académique, le 4 août 1851, à *un franc* par mois par élève. Les enfants ont quitté l'école les uns après les autres. C'est alors que M. le curé de Fressin demanda et obtint la permission d'ouvrir une école privée, où les élèves payèrent de 50 à 75 centimes ; cette école eut bientôt tous les élèves payants.

Quand même M. Lejosne n'aurait pas été appelé chez M. le marquis de Partz, il est bien probable que M. Bonhomme aurait été amené à fermer son école. Après le 2 décembre, nous nous figurons difficilement un prêtre chargé d'une paroisse, rétribué par l'État, admis à bénéficier de l'article 25, et surtout autorisé à se faire remplacer dans son école par un substitut non breveté.

Par arrêté préfectoral du 31 mars 1860, M. Charles-Auguste Guffroy, né à Busnes, le 26 septembre 1831, breveté le 6 avril 1859, fut nommé provisoirement instituteur public dans la commune de Fressin, en remplacement de M. Canu, démissionnaire.

M. Guffroy, élevé d'abord à Ruyaulcourt, avait fait ses classes au collège d'Arras en qualité d'élève du petit séminaire. Il avait même, pensons-nous, porté quelque temps l'habit ecclésiastique et enseigné dans un pensionnat libre de la ville d'Arras.

M. Guffroy donna sa démission aux vacances de l'année 1862. Le conseil municipal de Fressin prit, en cette circonstance, une initiative qu'il est bon de signaler. Le 1er octobre, à l'unanimité, ayant à faire choix d'un instituteur soit laïque, soit congréganiste, il émit l'avis de confier l'école à des frères. Cette demande fut faite par Messieurs Pruvost, maire, Vaillant, adjoint, Desmons, Viollette, Gamain, Caron, Bruchet, St-Remy, Grandel, de Contes. Mais, dès cette époque, l'administration n'était guère favorable à l'enseignement congréganiste. Le Sous-Préfet remontra aux Messieurs de Fressin qu'il en coûterait beaucoup à la commune pour subvenir aux frais d'établissement et de traitement de l'instituteur préféré. Le Conseil, en sa séance du 19 octobre, demanda donc un instituteur laïque.

Le 7 novembre, M. le Préfet Comte de Tanlay nomma instituteur à titre définitif dans la commune de Fressin, M. Louis-Joseph-Alphonse Hénissart, né à Hucqueliers, le 10 mars 1841, breveté le 8 septembre 1859, précédemment maître-adjoint à Rollez. M. Hénissart fut installé, le 12 du même mois, par M. le maire Pruvost et M. le curé Bonhomme.

En janvier 1866, M. Hénissart fut envoyé à Tortefontaine, et, par un arrêté préfectoral du 22 de ce mois, M. François-Jean-Baptiste Halot, né le 9 décembre 1810 à Brimeux, breveté le 31 août 1832, fut transféré de Tortefontaine à Fressin. Le nom de

M. Halot resta porté aux Annuaires de longues années après qu'il eût quitté Fressin.

Ce fut ici son dernier poste. Il obtint sa retraite aux grandes vacances de l'année 1874, et il alla se fixer à Brimeux, où il est mort l'année dernière.

Son successeur à Fressin fut M. Pierre-Antoine-Joseph Berthe, précédemment instituteur à Crépy. M. Berthe fut nommé le 1er septembre 1874 et installé le 1er octobre par M. le maire Vaillant et M. le curé Bonhomme. Né à Marant, d'une famille éminemment respectable, M. Pierre Berthe fut placé par ses parents au collège de Montreuil. Reçu instituteur, il exerça d'abord à La Loge, où il fit un excellent mariage. Vers 1869, il nous fut envoyé à Crépy, d'où il me précéda à Fressin. On ne saurait réunir plus d'activité, de zèle et de dévouement à une aptitude égale pour faire passer son enseignement dans la tête de ses élèves, donnant aux mieux doués tout le développement dont ils sont susceptibles, et parvenant à force de patience à tirer parti des intelligences les plus rebelles dont d'autres avaient désespéré.

En 1878, M. Berthe fut nommé instituteur à Hucqueliers, en remplacement de M. Thuillier, transféré à Montreuil. Il préféra ne pas quitter Fressin, où le maire, le curé et les conseillers municipaux le voulaient retenir. Ces Messieurs se rendirent à Arras en nombreuse députation pour le réclamer au Préfet. Leur démarche fut couronnée de succès.

Le 1er janvier 1882, M. Berthe reçut un adjoint. Ce fut M. Oscar Tilloy, né à Freschevillers, annexe de Doullens (Somme). Le 1er mai, M. Tilloy fut envoyé à Boulogne ; mais, l'année suivante, il contractait de plus solides liens avec notre commune en épousant Mademoiselle Edith Pinot. Son successeur à Fressin fut M. Élie Carbonnier, né à Boningues-lez-Ardres.

Nommé à Fressin le 1er mai 1882, il y était remplacé, le 1er mai 1883, par M. Henri Demessine, né à La Capelle (Nord). M. Demessine fut suppléé, pendant deux mois, de février à avril 1884, par M. Jean-Baptiste Hennuyer, d'Halinghem, et définitivement remplacé, le 14 avril 1885, par M. Théophile Devigne, né à Seninghem. Le 14 septembre de la même année, M. Devigne était remplacé à son tour par M. Léoncé Dehapiot, né à Bergueneuse, qui a épousé, l'année dernière, Mademoiselle Hortense Legay, pourvue du brevet d'institutrice et sage-femme de première classe. Aux dernières vacances de Pâques (avril 1892), M. Dehapiot a été nommé instituteur à la Loge. Il est remplacé à Fressin par M. Eugène Hénissart, précédemment instituteur adjoint à Oran (Algérie). M. Eugène-Célestin Hénissart est né à Fressin, le 6 janvier 1866, du légitime mariage de M. Alphonse Hénissart, alors instituteur en cette commune, et de dame Marie-Eugénie Delannoy.

Depuis longtemps, les religieuses n'étaient plus que deux, Sœur Saint-Victorin, précédemment nommée, et Sœur Saint-Philippe de Néry, vulgairement Sœur Néry, la bonne maman des mioches ; la troisième religieuse, à qui incombait le soin du ménage, était remplacée par une novice ou aspirante en habit séculier. Nous avons de nouveau trois Sœurs : Sœur St-Victorin, la supérieure ; Sœur Néry, née Sophie Merlier, de Saint-Denœux (Pas-de-Calais) ; Sœur Saint-Vincent, née Aimée Derambure, de Bourseville (Somme).

Peu de communes sont aussi bien dotées que celle de Fressin sous le rapport des écoles.

CHAPITRE V.

Les Notaires.

Le plus ancien notaire de Fressin dont le nom nous ait été conservé s'appelait **Pierre de Lières**. Nous lisons, en effet, au Cartulaire de l'Abbaye d'Auchy-les-Moines que Pierre de Lières, curé de Fressin, notaire apostolique, dressa, le 18 mai 1531, l'acte d'une élection d'abbé, et qu'il fut envoyé à Saint-Omer pour rendre compte de cette élection à l'abbé de Saint-Bertin et lui en remettre le procès-verbal.

Il ne faut pas être surpris qu'un curé soit désigné comme notaire. Dans le principe, un notaire était un écrivain dont la principale fonction était de rédiger par écrit les actes, conventions, donations, testaments, et de leur imprimer un caractère d'authenticité. Peu à peu, son rôle s'est agrandi ; le notaire est devenu un homme de loi, le conseiller des familles et le dépositaire de leurs secrets. C'est tout récemment et tout à fait abusivement qu'un trop grand nombre, dédaignant cette mission honorable mais trop modeste à leur gré, se sont transformés en banquiers.

Les premiers notaires furent des esclaves dont on fit des copistes. Il y eut ensuite des notaires libres, mais pris parmi les clercs. Il n'y en eut pas d'autres jusqu'au XIIe siècle. Plus tard, on distingua entre les notaires apostoliques et les notaires des seigneurs, parmi lesquels le plus grand nombre étaient encore ecclésiastiques. Hors de la Cour de Rome, on ne connaît plus aujourd'hui de notaires apostoliques. Les officiers ministériels s'intitulent, selon les temps, notaires royaux, notaires impériaux, ou simplement notaires.

Après Pierre de Lières, nous trouvons un notaire laïque, dont le nom nous est révélé par le nécrologe de Jean de Bomy. Nous y voyons que le 16 avril 1617 mourut **Guislain Malhatre**, notaire et procureur d'office.

Deux autres notaires paraissent avoir instrumenté en même temps que lui. C'étaient **Pierre Souillart** et **André Demoncheaux**. Pierre Souillart était en même temps bailli des terres et seigneurie de Saint-Jean pour Messieurs les abbés et Religieux de Saint-Jean-au-Mont ; il était aussi greffier des terres et duché de Créquy.

Pierre Souillart et André Demoncheaux étaient notaires à Fressin en 1614.

Pierre Souillart mourut le 26 septembre 1636. En 1621, on lui voit pour collègue M⁰ **Flament** ; en 1626, M⁰ **Jean Amoury**, lequel était en même temps bailli général des abbé et Religieux de St-André-au-Bois, ordre de Prémontré ; en 1627, **Pierre Denis** ; en 1629, **Cornuel**.

Les Souillart forment une dynastie. Après Pierre Souillart, nous avons **Adrien Souillart**, qui mourut en 1651 ; un autre **Souillart** instrumentait encore en 1685.

Un nom qui se perpétuera longtemps dans le notariat à Fressin est celui de Viollette. M⁰ **François Viollette** instrumentait en 1681, 1684, 1694 et longtemps plus tard, puisqu'il ne mourut qu'en 1721.

En même temps que François Viollette, Fressin eut pour notaire M⁰ **Jacques Cornuel**, qui exerçait en 1699 ; puis M⁰ **Joseph Cornuel** ; puis encore **Pierlay** et **Guislain Catain**, qui épousa Léonore Bacqueville de la Vasserie. En avril 1701, Joseph Cornuel reçut de l'homme d'affaires de Madame la duchesse de Créquy avis que l'on veut bien payer les 80 francs réclamés pour redevances de plusieurs années par les administrateurs de l'église de Fressin, mais à condition que l'on produira au sieur Hémart, d'Hesdin, des pièces plus probantes.

En 1701, Viollette, Cornuel et Pierlay s'intitulaient notaires royaux de la province d'Artois de la résidence de Fressin. Il y avait donc alors trois études dans la commune : mais ces Messieurs étaient de la même famille et ne se jalousaient point.

Me **Joseph Viollette** exerça le notariat depuis 1721 jusqu'en 1758.

Dans l'intervalle, on eut les notaires **Lion** (1727), **Florent Labesse** (1734), **Guislain Catain**, (1738).

Florent Labesse mourut, le 18 janvier 1750, retiré du notariat et âgé de 72 ans.

Me Joseph Cornuel, notaire royal, procureur fiscal de la seigneurie de Fressin, veuf de Marie-Françoise Petit, mourut le 8 novembre 1742.

Etaient alors notaires **Pierlay**, Catain et Joseph Viollette.

Joseph Viollette, notaire royal, greffier des terres et seigneuries du duché de Créquy-Fressin, époux de Marie-Françoise Cornuel, mourut le 4 novembre 1758.

Il eut pour successeur **Me Jacques - Marie Viollette**, avocat au Parlement, notaire royal et lieutenant général des terres et duché de Créquy-Fressin, époux d'Anne-Elisabeth Sta. Il exerça de 1758 à 1818.

Il eut pour collègues : MM. Antoine-Joseph Pierlay (1765) ; **Omer St Jean ou de St Jean** (1768, 1770) ; **Jean-Baptiste-François-Joseph Gallet**, époux de Marie-Anne-Françoise-Augustine Louvet (1784, 1790, 1792) ; **Xavier-Augustin Louvet** (1785, 1792, 1802) etc., époux de Marie-Françoise-Elisabeth Viollette.

Nous avons vu des actes de M. Viollette antérieurs à la Révolution. Ils commencent ainsi :

In Nomine Domini. Amen. — **Jacques-Marie Viollette, etc.**

L'étude Viollette était placée à l'angle fait par la rue l'Avocat avec la rue Noire, où est mort de nos jours le dernier notaire de ce nom.

Antoine-Joseph Pierlay, oncle de Moïse Berthe, mourut à 63 ans, le 30 avril 1777. Il était procureur fiscal du duché de Créquy-Fressin. Il occupait la maison faisant face à la rue du Pont, propriété actuelle de Madame Veuve Verdin. Gallet, son successeur, occupa le même immeuble.

Aux élections qui eurent lieu, le 8 Juillet 1790, pour les administrations de district, J.-B. Gallet, notaire à Fressin, fut élu un des douze membres du district de Montreuil.

Il y avait encore alors trois notaires à Fressin : MM. Louvet, Viollette et Gallet.

En avril 1802, à propos d'une pétition des Moitier de Campagne et de Gallet d'Aubin, le maire Thélu écrivit au Préfet que Fressin avait besoin de deux notaires, mais qu'un troisième serait parfaitement inutile. Il n'y eut plus dès lors que deux études, celle de M. Xavier Louvet, et celle de M. Jacques-Marie Viollette.

A Jacques-Marie Viollette décédé en 1818, succéda **Jacques-François-Joseph Viollette**. Les deux notaires étant parents s'arrangèrent. M. Louvet vendit sa charge à M. Jacques Viollette, et, en mars 1837, eut lieu la réunion des deux études : Jacques François Viollette et Xavier Louvet se retirèrent du notariat en faveur de **M. Georges-Emile Viollette**.

M. Jacques-François Viollette mourut célibataire, le 11 septembre de la même année 1837. M. Xavier Louvet mourut, notaire honoraire, le 7 décembre 1844, âgé de 81 ans. Il avait épousé Marie-Françoise-Elisabeth Viollette. Sa mère, Marie-Anne-Augustine Poussart, épousa en secondes noces M. Norbert Viollette, auquel elle survécut encore.

Notaire unique, M. Emile Viollette resta en charge depuis 1837 jusqu'au 7 juin 1872. Il mourut notaire honoraire et célibataire, le 14 septembre 1879.

Le notaire actuel est **M. Charles-Joseph Waulle**, époux de dame Sophie Desmons.

CHAPITRE VI.

Fressin en 1892.

En ce dernier chapitre, nous allons donner au lecteur le tableau de la population de Fressin en cette année mil huit cent quatre-vingt douze.

Ce chapitre sera divisé en deux parties.

Dans la première partie, nous parcourrons le village par quartiers et par rues; dans la deuxième, nous classerons les habitants selon leur état ou leur profession.

On croirait qu'une population agricole, où il n'y a ni industrie, ni commerce, doit être stable, et que les petits enfants doivent loger sous le même toit qui a abrité leurs arrière grands-pères. Il n'en est rien. Fressin nous offrait même, il y a quelques jours, un curieux spectacle que nous voyons se reproduire tous les ans à la même date du 16 mars : des voitures sillonnant nos rues en tous les sens, chargées de pauvres mobiliers qui doivent mutuellement se remplacer.

Depuis notre arrivée ici, le 10 mars 1885, il y a telle maison qui a changé cinq fois de locataires. Le plus souvent, ce sont les ouvriers et les pauvres gens qui font ainsi pérégriner leurs dieux lares. Cependant les belles habitations, celles que l'on appelle *chés catiaux d'Farcin*, ont toutes vu, depuis quarante ans, de nouvelles familles s'y succéder aux familles anciennes.

Les châteaux de Fressin, avons-nous écrit ! La vérité c'est qu'il n'y a pas à Fressin de château proprement dit, comme il y en a à Tramecourt, et, sans sortir des communes limitrophes, à Royon, à Torcy, à Bucamps et à Wamin. Le vrai château de Fressin, le château féodal est détruit : on vient en visiter les *ruines*. Les maisons que le peuple appelle des châteaux par opposition à ses chaumières en torchis, ce sont les sept ou huit maisons construites en maçonnerie et pourvues d'un étage. Ce ne sont que de belles maisons de campagne. Cependant, quand on veut faire une distinction entre toutes ces maisons, on donne plus particulièrement le nom de château à celle que la famille Seillière a achetée aux Bacqueville, non qu'elle soit supérieure aux autres, mais parce que M. le baron y descend quand il vient à Fressin, et que son régisseur l'occupe.

§ 1. — La Population
par Quartiers et par Rues.

Nous inscrirons à l'actif des familles les membres de ces familles en service au dehors, mais ayant leur ménage à Fressin, ainsi que les enfants en pension ou au régiment; nous ne porterons au domicile de leurs maîtres que les domestiques qui n'ont pas de ménage ailleurs. Nous ne comptons pas les enfants mariés.

La commune est servie par deux routes qui se coupent à angle droit : la route d'Aubin à Ruisseauville et la route de Créquy à Hesdin. Nous suivrons d'abord ces deux routes, auxquelles nous rattacherons les rues qui les rejoignent. Notre point de départ sera, pour la route d'Aubin, l'église de Fressin ; et pour la route de Créquy, son intersection avec la route d'Aubin.

De l'Église à Wambercourt.

Le Village.

2

M. Raphaël Viollette, propriétaire.
Mme Viollette, née Hélène Loppe.
Mme Loppe.
M. Ernest Loppe.

<small>Ancienne maison de M. Louvet, où le Cardinal de la Tour d'Auvergne est descendu en 1842. Restaurée par M. Viollette. Très simple au Nord, sur la rue ; somptueuse à l'intérieur. Véranda au midi. Serre. Parc.</small>

1

L'Eglise de Fressin.
La Maison du bon Dieu.

Chapelle de Jésus flagellé appartenant à M. Waulle

3

M. Charles Waulle, notaire.
Mme Waulle, née Sophie Desmons.
Deux enfants.

<small>Grande maison toute neuve, à étage.</small>

4

Joseph Boquet.
Angela Levé, sa femme.
Deux enfants.

<small>Propriété de M. Viollette.</small>

5

<small>Ancienne maison de M. Michaux.
Propriété de M. Waulle.</small>
Maison fermée.

6

Deux demeures sous le même toit.
1° Germanie Bruchet.
2° Emilie Berthe, veuve Bouret.
<small>Propriété de M. Waulle.</small>

7

Mme veuve Thorel, épicière, cabaretière,
Deux enfants.

<small>A gauche, *Rue du Pont*, pour la Brasserie, la Place, la rue d'Enfer, le Crocq abrégeant pour les piétons le chemin vers Auchy. Wamin, Hesdin. N° 51.</small>

8

Laurence Dusolon, veuve Verdin.
M. Jules Legay, marchand boucher, boulanger, cultivateur.
Mme Legay, née Sophie Verdin.
Un enfant.

Chapelle de N. D. de Miséricorde, appartenant à Mme Verdin.

8

M Joséphine Sanez.

Propriété de la Commune.— Maison vicariale donnée par M. l'abbé Héame.

9

Propriété de la Sainte-Famille d'Amiens.

Sœur St Victorin.

Sœur St Philippe de Néry.

Sœur St Vincent.

Ecole fondée par M. l'abbé Héame.

10

Philogone Gamain, garde particulier.

Elise Leleu, sa femme.

Une fille.

11

Joseph Delépine, garçon brasseur.

Isaure Camier, sa femme.

Cinq enfants.

Propriété de M. Merlent-Desmons de Créquy.

12

Maison fermée.

Deux étages. Bâtie sous Napoléon Ier, par M. Joseph Thélu, avocat, père de Madame Le Noir. Vendue par les héritiers à M. le baron Roger Seillière.

13

Propriété de M. le baron Seillière.

M. Alfred de St Aignan, régisseur

Madame de St Aignan, née Marie-Thérèse de Maussion.

Deux demoiselles.

Sidonie Thuillier, cuisinière.

14

Joseph Hermant, tonnelier et cabaretier.

Un enfant.

15

Au Chenil, propriété de M. le baron, pavillon des piqueurs occupé provisoirement par :

M. Henry de Contes d'Esgranges brasseur et cultivateur.

Mme de Contes, née Louise Huyghe

Trois enfants.

A droite, après le chenil, *Rue du bois*, coupée, à gauche par la *Rue des Hures* N° 86, à droite par la *Rue de Paradis* N° 87.

16

Clovis Vasseur, menuisier.
Hyacinthe Gambier, sa femme.
Trois enfants.

Propriété du baron Seillière.

Sur le terrain du vieux château féodal, où quantité de maisonnettes ont été détruites.

Les ruines du vieux chateau.

17

Moulin du Seigneur.
Jules Duponchel, meunier.
Marie Verdin, sa femme.
Trois enfants.

Propriété de M. le baron Seillière.

A gauche, *Rue du Moulin*, N° 89, conduisant à la *Rue d'Enfer*. Sentier pour Wamin et Hesdin.

La Lombardie.

18

Joseph Duplouy, ancien cantonnier
Sa fille.

19

Adèle Torchy, femme Dalbert.
Adolphe Gouillard.
Trois enfants.

Propriété des frères François et Alfred Hibon, N° 98.

20

Félicie Legrand, veuve Charles Plée.
Deux enfants.

Propriété de Madame Vaillant.

Maison où a été élevé M. le Chanoine Vaillant.

21
Laurence Benteux, veuve Alphonse Plée.

22 (sous le même toit.)
Emelina Plée, veuve Jʰ Bruchet.
Victoire Plée.
Un enfant.

Ruelle pour piétons, allant à la rue d'Enfer. Voir N° 91. Ruelle Guyol

24
François Moronval, bûcheron.
Félicie Moronval, femme d'Emile Bruchet.

28
Maison fermée.

29 (sous le même toit.)
Félicie Bruchet, veuve Duplouy.
François Liévin.
Un petit-fils.

23
Elisa Moronval, ouvrière.
Victor Delépine, propriétaire, soldat.

25
Joseph Laborde, journalier.
Alyda Benteux, femme Laborde.

26 (sous le même toit.)
Célinie Thuillier, couturière.
Félicie Ducrocq.

27 (sous le même toit.)
Joseph Caudevelle, journalier.
Victorine Quenecq, sa femme.
Trois enfants.
Propriété des frères Hibon. N° 98.

30
César Boquet, cabaretier.
Elisa Dupuis, femme Boquet.
Deux enfants.

31
Jules Hibon, cultivateur.
Justine Camier, sa femme.
Une fille et un petit-fils.

32
Maison fermée.
A Dérain.

33

Louis Dérain, cultivateur.
Flore Coffin, sa femme.
Quatre enfants.

Un kilomètre de l'Église.
CALVAIRE VAILLANT.

A droite, *rue du fond Feutrel*, conduisant au bois. N° 92. Sentiers pour les ruines et pour Wambercourt,

34

Eugène Jendot.
Marie Moronval, sa femme.
Deux enfants.

A M. Fiatte-Bruyant, instituteur

35

2ᵉ *Moulin*.

Jean-Baptiste Grenier, meunier.
Julie Dewamain, femme Grenier.
Mᵐᵉ Veuve Grenier, née Coralie Bruchet.

Propriété de M. Boniface, de St Georges.

A Gauche, *rue du Gaudiamont*, aboutissant à l'extrémité de la rue d'Enfer, 83, et au chemin de la Chapelette n° 84.

36

Maison fermée.

A Dérain.

37

Charles-Jean-Baptiste-Eugène Boquet, dit Emile Boquet.
Germaine Dupuis, sa femme.
Trois enfants.
Octavie Dusolon, veuve Bienaimé.
Victor Bienaimé.

38

Jean-Baptiste Débot.
François Bardé, manouvrier.
Silvie Débot, sa femme.
Un enfant.

39

Joseph Leclercq, manouvrier.
Josephine Prévost, sa femme.
Trois enfants non mariés.
Justin Allexandre.
Adélie Leclercq, sa femme

40

Childéric Blouin, journalier.
Elmire Grenier, sa femme.
Deux enfants.

41

Gustave Fauquet, cordonnier.
Philomène Devin, sa femme.
Trois enfants.

42

Joseph Duboille, ménager.
Victorine Coffin, sa femme.
Une fille.
La mère de Victorine.

43

Joseph Flament, ménager.
Virginie Caron, sa femme.
Un enfant.

44

Joseph Duplouy, manouvrier.
Anastasie Duplouy, sa femme.
Deux enfants.

45

Auguste Duplouy, ménager.
Palmyre Libert, sa femme.
Deux enfants.

46

Maison fermée.

47 (*Sous le même toit.*)

Maison fermée.

48

Jacques Bouret, manouvrier.
Eugénie Dupond, sa femme.
Quatre enfants.

49

Victor Glaçon, cultivateur.
Sidonie Verdin, sa femme.
Quatre enfants.

Deux kilomètres de l'église.

50

Gaston Bruchet, charpentier.
Zélie Boquet, sa mère.
Modestine Flory, sa femme.
Deux enfants.
    Propriété veuve Verdin Dusolon.
    A droite. *chemin des Herly*. séparant Fressin de Wambercourt. N° 9..

Le Village. — **Rue du Pont**, après le N° 7.

51

Joséphine Legay.
    Propriété de la Commune.
    Partie de la maison vicariale offerte par M. Héame.

52

Joséphine Wallet, veuve Tenchon.
    Propriété de la Commune.
    Ancienne école des garçons, don de M. Héame.

53

Brasserie et future habitation de M. Henry de Contes. Voir N° 15.

En continuant, **La Place**, ou **Le Marais**, à partir du sommet du triangle. (Voir N° 175)

54

Joseph Camier, charpentier.
Florine Pruvost, sa femme.
Deux enfants non mariés.

55

M. Bertin Thelliez, commis de culture.
Noëlle Herbomel, sa femme.
A Jules Heuglet, 106.

56

Augustin Bruchet, manouvrier.
Marie Caudevelle, sa femme.
Deux enfants.

57

Martial Moine, maréchal-ferrant.
Veuve Lahaye.

58

Marie-Françoise Bienaimé, veuve Dusolon, épicière et cabaretière.
Raphaël Plée, charron.
Sidonie Dusolon, sa femme.
Deux enfants.

De là, en gravissant **Le Crocq**, au-dessus du N° 58, à gauche :

59

Florimond Duhamel, cordonnier.
Léona Brunion, sa femme.
Quatre enfants.
Ambroisine Cadet, veuve Brunion.
A M. Waulle.

En descendant du Crocq, ou en venant de la Place, 58, **Rue d'Enfer**, rive gauche de la rivière, vers Wambercourt.

60

Maison fermée, à démolir.
A Honoré Louvet.

61

Honoré Louvet, charpentier.
Irma Gaudhuin, sa femme.
Hermine Mayoult, veuve Louvet.
Une fille.

62

Emilie Martin, veuve Anselin.
<small>A la veuve Alphonse Piée</small>

63 (sous le même toit)
Maison fermée.
<small>A la veuve Alphonse Piée.</small>

64

Elie Gamain.
Elisadie Gaudhuin, sa femme.
Une fille.
<small>Propriété J.-B. Parent, d'Allouagne.</small>

65

Emile Cardeur, journalier.
Marine Moronval, sa femme.
Deux enfants.
<small>A la veuve Vaillant.</small>

66
Maison en démolition.
<small>A la veuve Dusolon.</small>

67
Louis Livémont, sujet belge, manouvrier.
Noémi Bruyant, sa femme.
Deux enfants.
Désiré Bruyant.
Florine Lesot, sa femme.
<small>Propriété de la veuve Verdin Dusolon</small>

68
Maison démolie.

69

Auguste Lamor, journalier
Obéline Dusolon, sa femme.
Une fille.
Victor Cardeur, pensionnaire.

70

Jules Benteux, ménager.
Elise Peuvrel.
Deux enfants.
<small>A Aimée Demagny, de Sains.</small>

71

Joseph Lejeune, journalier.
Lucienne Caudevelle, sa femme.
Deux enfants.

72

Aristide Hibon, manouvrier.
Eugénie Dusolon sa femme, couturière.
Deux enfants.

73

Bénoni Anselin, maçon.
Marine Legrand, sa femme.
Cinq enfants.
<small>A la veuve Dusolon.</small>

74

Ernestine Beaussart, veuve.
L. Bruchet.
Quatre enfants, non mariés.
<small>Propriété, veuve Verdin-Dusolon.</small>

75

Maison en démolition.
<small>A M. Caudevelle, à Hesdin.</small>

<small>Ruelle allant aux champs vers Wamin et Hesdin.</small>

<small>Rue descendant vers le Moulin du château. N° 90.</small>

76

J.-B. Boquet, journalier.
Sophie Brebion, sa femme.
Jules Tournet, journalier.
Marie Boquet, sa femme.
Un enfant.
<small>A Jonville de Royon.</small>

77

François Delbé, journalier.
Stéphanie Brebion, sa femme.
Un enfant.
<small>A la veuve Vaillant.</small>

78

Maison démolie.

79

Maison démolie.

80

François Lejeune, manouvrier.
Cornélie Bruchet, sa femme.
Un enfant.
<small>Propriété de Florine Benteux de Saint Martin-Cavron.</small>

<small>Ruelle pour piétons vers la rivière. N° 91</small>

81
Maison démolie.

82
Louise Glaçon, veuve Tartare.
Un enfant.
    Propriété Hermant.

83
Isidore Glaçon, valet de charrue.
Aurélie Bienaimé, sa femme.
Trois enfants.

84
Plus loin, à gauche, sur le chemin montant aux champs, près du Gaudiamont ou rue de la Chapelette.
Zénaïde Duhamel, veuve Gagneuil.
Six enfants.
Émile Bruchet, pensionnaire.
    Propriété de la veuve Charles Plée.

85
En redescendant, dernière maison de la rue d'Enfer.
Eugène Duplouy, cantonnier.
Elise Blouin, sa femme.
Trois enfants.

Plus loin, un Calvaire, à la limite du territoire vers Wambercourt.

En face du N° 85, Rue du Gaudiamont 98, descendant au deuxième Moulin.

Rue du Bois, entre le N° 15 et le N° 16, au-dessus des Ruines, à gauche: Les Hures.

86
Joseph Grandel, menuisier.
Célinie Desobry sa femme.
Un enfant.

A droite, en revenant sur ses pas. Rue de Paradis.

87
Emilie Tenchon, veuve Bruyant.
Sa fille.

88
Mme veuve Caron, née Fl. Desobry.
Eudoxe Thuillier.
    A M. Joseph Grandel.

A gauche, après le N° 17. *La Lombardie.* **Rue du Moulin.**

89
Elide Bienaimé, veuve Adolphe Plée.

90 *(sous le même toit).*
Antoine Warembourg, manouvrier.
Sophie Bruchet, sa femme.
Quatre enfants.

Ces deux maisons sont la propriété de la veuve Plée, N° 21.

Cette rue aboutit à la rue d'Enfer, entre le N° 74 et le N° 76.

Après le N° 22, ruelle pour piétons, aboutissant à la rue d'Enfer. Ruelle Le Guyol.

91
Bertine Moronval, veuve Tournet.
Trois enfants non mariés.

A droite, entre le N° 33 et le N° 34, *La Lombardie.* **Rue du Fond Feutrel.**

92
François-Joseph Dupont, faiseur de lattes.
Apolline Gouillard, sa femme.

Propriété de Joseph Bruchet, 151.

93
Pierre Mouton, domestique.
Zélie Bienaimé, sa femme
Fille et petit-fils.

94 *(sous le même toit).*
Victorine Dusolon, veuve Monel.
Une fille.

Petite ruelle sans maison allant aux Presles et à Wambercourt.

95
Zacharie et Fidéline Bourbier,

96
Auguste Lefebvre, ménager.
Sophie Dupond, sa femme.
Cinq enfants.

A gauche, après le N° 35,
La Lombardie. Rue du Gaudiamont.

98

Adèle Flament, veuve Hibon.
Deux enfants.
Propriété des Gosselin de Fruges.
Ancienne maison de la famille Héame.

97

Césarine Gouillard, veuve Alexandre.
Deux enfants.

A droite, après le N° 50, dernière maison vers Wambercourt, **Les Presles**.

99

Emile Salomé, cultivateur.
Marie Anselin, sa femme.
Un enfant.

100

Sidonie Masson, veuve Wallet.
Deux filles.

De l'Eglise à Planques et de là au Domaine de l'Ermitage.

A gauche, *rue de l'église*, derrière le chevet de ce monument N° 141.

102

Alexis Legay, marchand épicier et receveur buraliste.
Emile Huguet.
Marie Legay, sa femme.
Deux enfants.

104

M. Jules Annequin.
Maison rebâtie depuis la guerre.
Un étage. Propriété de Madame Descle, née Hélène Annequin.

104 bis.

M. Jules Annequin.

101

Maison fermée.
Propriété de M. Viollette.

103

Félicien Quevalet, cabaretier, aubergiste.
Marie Fiolet, sa femme.
Un enfant.
Propriété de M. Viollette.

105

Henri Détuncq, ouvrier menuisier.
Marie Hanquiez, sa femme.
Un enfant.
Propriété de M. Viollette.

106
Jules Lenglet, tailleur.
Marie Lenglet, sa femme.
Deux enfants.
<small>Propriété de M. Viollette.</small>

107
L'École et la Mairie.

M. Pierre Berthe, instituteur.
Mme Berthe, née Philippine Blanpain.
Quatre enfants.

<small>Cette maison est l'ancien Château-Bleu. Un rez-de-chaussée avec mansardes. Bâtiment large et solide.</small>

<small>Ancienne propriété de la famille Viollette.</small>

<small>Le Chateau-Bleu a été acheté par la commune en 1881 : on y a établi deux belles classes, la mairie, l'habitation de l'instituteur avec des places pour y recevoir des pensionnaires.</small>

108
Mme veuve Berthe.
<small>Propriété de M. Berthe, d'Avondance.</small>

109
Félix Martin, couvreur en paille et cultivateur.
Aline Wamin, sa femme, lingère.
Quatre enfants.

<small>Maison à étages et en pierres. Ancienne brasserie... Propriété de M. Viollette.</small>

110
Norbert Plée, cabaretier.
Marie Delépine, sa femme.
Neuf enfants.
Henriette Thullier, veuve Delépine
<small>Propriété de M. Waulle.</small>

<small>Ancienne propriété et usine de taillanderie de Narcisse Berthe.</small>

La route d'Aubin est coupée ici par la route de Créquy à Hesdin.

<small>A gauche, N° 184 *Rue Blanche*, vers Sains et Créquy.</small> | <small>A droite, N° 175, le *Mont Hulain* ; le chemin de Bucamps et Barles.</small>

111
Joseph Glaçon, cultivateur.
Marie Flament, sa femme.
Sept enfants.
Propriété de M. le docteur Desmons.

112
Joseph Ringard, maréchal-ferrant.
Sidonie Lassus, sa femme.
Trois enfants.
Propriété de Madame Descle, née Annequin.

Maisons démolies.

113
Joseph Duflos.
Misérable maisonnette qui ne sera pas conservée.

A droite, chemin conduisant au Tronquoy et au Plouy, N° 168.

114
Jules Ringard, journalier.
Emérance Drouvin, sa femme.
Trois enfants.
Propriété de Madame Descle-Annequin.

Un kilomètre de l'église.

A droite, Ruelle, dite *Chemin du Milieu*, conduisant à la rue de l'Epaule, N° 172.

115
J.-B. Depape, ménager.

Maisons démolies.

116
Jules Camier, charpentier.
Jeanne Duplouy, sa femme.
Cinq enfants.

117
Maison fermée, à démolir.
A Jules Camier, 116.

119

Eugénie Brogniart, veuve Louis Duhamel.
Jean-Baptiste Duhamel.
Clara Lenglet, sa femme.
Deux petits enfants.
Jules Duhamel, frère de J.-B.

Route de Sains, par Lépault. 173 et 174.

Deux kilomètres de l'église.

121

Maison en démolition.
A M. Emile Desmons.

CALVAIRE DIEUDONNÉ BLANQUART.

118

Claudine Flament, veuve Bruchet.

Maisons démolies

120

Laurentine Démarest, veuve Plée.
Son frère Louis Démarest.
Un enfant.

Limite du territoire de Fressin du côté de Planques.

En quittant la route d'Aubin, à gauche, après le N° 121, **Rue de l'Ermitage**. Les maisons du côté gauche de la rue sont de Fressin, les maisons de droite sont de Planques.

122

Dieudonné Branquart, propriétaire.
Aimée Leborgne, sa femme.

Maison démolie.

123

André Warembourg, journalier.
Honorine Hibon, sa femme.
Neuf enfants.

124

Florimond Bruche, scieur.
Victor Bruche.
Marie Cuvélier, sa femme.
Deux enfants.

125
Amélie Dupond, veuve L. Louvet.

126
Victor Delépine, journalier.
Henriette Duplouy, sa femme, couturière.
Alexandre Hibon, garçon brasseur.
Marthe Delépine, sa femme, lingère.

127
Ambroisine Wamin, veuve Boucher.
Benoît Hibon, ménager.
Florina Boucher, sa femme.
Ismérie Boucher, sœur de Florina.
Trois enfants.

128
Amélie Duplouy, veuve Warembourg, couturière.
Emilie Bruche, sa tante.
Deux filles.

129
Jacques Bruche, ancien tailleur.
Marie-Claire Dupond, sa femme.

130
Maison fermée
A Benoît Hibon.

131
Narcisse Bouret, journalier.
Deux enfants.

Deux maisons démolies.

132
François Hibon.
Jeanne Delépine, sa femme.
Un enfant.
A Madame Desmons d'Avondance.

133
Marie Lenglet, veuve Cuvillier.
Un enfant.

134
Maison démolie.
A M. Cousin

135
Amélie Lamarche, veuve Bruche.

136
Louis Duclos, cantonnier.
Elisa Warembourg, sa femme.
Deux filles.
Joseph Brebion, pensionnaire.

137
Benjamin Descamps, journalier.
Augustine Desmons, sa femme.
A Napoléon Delannoy.

138
François Martin, tourneur.
Elisabeth Ticite, sa femme.
Cinq enfants.

139
Alphonse Hibon, cultivateur.
Célinie Beaussart, sa femme.
Deux enfants.
Propriété de M. Danvin, de Wail.

140 L'Hermitage.
M. Edouard de Wailly de Camoisy, cultivateur,
Madame de Wailly, née Philomène Waulle.
Trois enfants.

Environ quatre kilomètres de l'église et six de Wambercourt.

A gauche entre l'église et le N° 102, **Rue de l'Eglise.**

141
Honoré Dupond, berger.
Marie Halipré, sa femme.
Deux enfants.
Propriété de Madame Vaillant.

142
Le Presbytère
M. Fromentin, curé.
Mme Ve Potriquet, née Angèle Baudelle.
Augustin Potriquet, soldat, son second fils.

La Rue de l'Eglise donne accès à la *Rue de Paradis*, N° 88; à la *Rue des Gardes*, à gauche, N° 143; à la *Rue Noire*, en face 151; à la *Rue l'Avocat*, à droite, N° 160.

Rue des Gardes.

143 (*A l'entrée de ces 5 rues.*)
Joseph Brogniart, cabaretier.
Adolphine Gamain, sa femme.

144
Joseph Camier, ménager.
Marie Bruchet, sa femme,
Deux enfants et un neveu.
  Propriété de M. Viollette.

Ruelle sans maisons conduisant au bois.

146
Julie Montbailly, veuve Desenclos.
Ismérie Desenclos.
Ulysse Desenclos
  Propriété de Félix Martin, N° 109.

147
Anselme Bruchet, ménager.
Henriette Caudevelle, sa femme.
Un enfant.

148
Louis Caudevelle.
Louise Caron, sa femme.

149
Norbert Lœuillet, journalier.
Zélie Caron, sa femme.
Trois enfants.
  A Hallpré, dit La Loge, d'Auchy.

145
Julie Glaçon, veuve Dignel.
Narcisse Dignel.
Lambert Dignel
Julienne Delépine, femme de Lambert.
Trois enfants.

Maisons démolies.

150
Silvie Dusolon, veuve Duboille.
Germain Duboille.
Marie Crimain, sa femme.
Un enfant.
Philomène Duboille, sœur de Germain.
_{Propriété de Joseph Camier, 144.}

La Rue des Gardes conduit au bois à gauche, et, à droite au N° 204 de la *Rue de la Lance*.

Rue Noire.

151
Philogone Brogniart, garde particulier.
Elise Bruchet, sa femme.
Joseph Bruchet, frère d'Elise.
Une fille.

151
Elise Caron, veuve Cornu.
Joseph Cornu.
Zélie Caron, sa femme.

La Rue Noire conduit à la *Petite rue Haute*, N° 152, nommée aussi *Rue Fiolet* ou encore *Rue Dewamin*, et à la *Rue Haute*, N° 187.

Petite Rue Haute.

152
Honoré Bruchet, cultivateur.
Eugénie Bruyant, sa femme.
Deux enfants à marier.

153
Elisabeth Branquart, veuve Demagny.
Victor Demagny, boulanger.
Zélie Dewamin, sa femme.
Deux enfants.

Maisons démolies.

154
Célestin Pingrenon, ménager.
Sophie Wiart, sa femme.
Onze enfants.
<small>Propriété de M. Viollette.</small>

Maison en démolition.
<small>Propriété de M. Viollette.</small>

159
Constant Hibon, manouvrier.
Anna Duplouy, sa femme.
Deux enfants.
<small>Propriété d'Adèle Vasseur, veuve Fiolet.</small>

Grandes fermes des Dewamin et des Fiolet démolies.

155
Augustin Hibon, ménager.
Victorine Dupond, sa femme.
<small>Propriété d'Honoré Bruchet.</small>

156
Delphine Benteux, veuve Mayol.
Joseph Boulard, cordonnier.
Césarine Mayol, sa femme.
Quatre enfants, dont deux Hourdé, d'un premier mariage de Césarine.

157 (*même toit*).
Fursy Lœuillet, journalier.
Marie Pruvost, sa femme.
Deux enfants.

158 (*même toit.*)
Louis Blouin, ménager.
Léonie Moine, sa femme.
<small>Propriété Bracquart, de Créquy.</small>

La Petite rue Haute conduit à l'extrémité de la *Rue de la Lance*, N° 204, près du bois.

Rue l'Avocat.

160
Mme veuve J.-B. Maillot, née Marie Poyer.
Deux petites filles.
<small>Propriété des héritiers de Mademoiselle Fanny Viollette.</small>

Ancienne étude Violette. Etage. A mi-côte. Vue de loin.

161.
Jules Courtin, manouvrier.
Marie Branquart, sa femme.
Deux enfants.
Au baron Seillière.

La Rue l'Avocat, qui continue la Rue des Hures et la Rue de Paradis, est continuée par la Rue de l'Epaule.

Rue de l'Epaule.

162.
Louis Hiel, berger.
Marie Dignel, sa femme.
Trois enfants.

163.
Joseph Dupond, maçon.
Caroline Dupont, sa sœur.
Propriété de Madame Descle-Annequin.

164.
Augustin Wamin, couvreur.
Adèle Duclos, sa femme.
Deux enfants.

Ruelle descendant vers la route de Planques, dite **Rue du Milieu**, 172.

165.
Alfred Coutelet, cultivateur.
Elisa Fiolet, sa femme.
Une fille.
Pauline Tenchon, pensionnaire.

166.
Sidonie Caudevelle, veuve Caron, journalière.
Quatre enfants.

167.
Bertulphe Brebion, journalier.
Marie Tartare, sa femme.
Propriété Alfred Coutelet.

En face du N° 113, à droite, chemin conduisant au Tronquoy et au Plouy.

A droite, rue sans maison reliant le chemin du Tronquoy au Mont Hulain, N° 175 et à la Place, N° 54.

168.
Le Tronquoy (Le domaine).
M. Joseph Déprez, cultivateur.
Marie Bruyant, sa femme.
Propriété de M. Cordier, de Saint-Omer.

Chemin aboutissant au Marais Bat-le-Beurre, vers le N° 115.

169.
Le Plouy.
M. Auguste Brunelle, cultivateur, marchand de vaches.
Zélie Robbe, sa femme.
Octavie Defrance, veuve Robbe, belle-mère.
Paul-Henri Botte.
Rosa Brunelle, sa femme.
Deux petits enfants.

170.
Le Plouy (Le domaine).
M Emile Denoyelle, cultivateur.
M™ Denoyelle, née Laure Cousin.
Cinq enfants.
Propriété de Madame de Logivière.

171.
Jules Panet, journalier.
Propriété de M. Brunelle.

Après le N° 114, à gauche, reliant la route de Planques à la rue de l'Epaule

Rue du Milieu.

172.
François Robbe, ménager.
Clémentine Benteux, sa femme.
Athénaïs Robbe, femme Bénoni Branquart, leur fille.
François Branquart, fils d'Athénaïs.

A gauche, après le N° 120, Route de Sains.
Lépault.
(forme revendiquée comme traditionnelle par les Herreng de Boisgérard).

173

Augustine Bruche, veuve Coache, ménagère.

Auguste Coache, son fils.

174

Le domaine de Lépault.

M. Emile Desmons, cultivateur.

Mme Emile Desmons, née Aurélie Desmons.

Trois enfants non mariés.

Propriété Emile Desmons, sauf une partie aux Herreng de Boisgérard, de Bouvigny, ayants-droit des Quarré du Repaire.

Route de Créquy et Sains à Hesdin.
Point de départ entre le N° 110 et le N° 111; à l'intersection de cette route avec celle d'Aubin, 10 kilomètres de Fruges et 10 kilomètres d'Hesdin.

Le Mont Hulain.

Rue allant vers le Tronquoy, N° 168. | Rue allant vers la place, N° 54.

175

Mme veuve Plée, née Adéline Denoyelle, cabaretière, épicière.

Deux demoiselles couturières.

Chapelle de N.-D. Auxiliatrice.

176

Mme veuve Vaillant, née Rufine Lebrun.

Jean-Baptiste Héren, cultivateur.

Sophie Vaillant, sa femme.

Une fille non mariée.

Florida Potriquet, petite fille de M. Héren.

Emile Allexandre, domestique.

Le chemin se divise en deux routes; l'une à gauche, dite le Chemin de Bucamps, N° 158, la meilleure route pour aller à Fruges en voiture; l'autre, à droite, pour aller à Barles, N° 180, à Auchy et à Hesdin.

Sur la hauteur, entre ces deux routes, le N° 177.

Jean-Baptiste Moronval, ménager.

A gauche du N° 177, **Chemin de Bucamps.**

178
Henri Queval, charron.
Victorine Grenier, sa femme.
Trois enfants.
A Madame Vaillant.

179
Louis Pacaux, ménager.
Adéline Malingue, sa femme.

A droite du N° 177, **Route de Barles.**

Un kilomètre de champs, depuis le Crocq jusqu'à Barles.

Maison démolie.

180
Ferme de Barles.

M. Augustin Denoyelle, cultivateur.
Mme Denoyelle, née Flore Savreux.
Cinq enfants.

Propriété des enfants de Madame la baronne de Bordes du Chatelet, de Saint-Leu

181
Fond de Barles.

A l'angle de la route de Créquy et en face de la route Nationale.

Benjamin Agez, cab, plafonneur.
Zulma Desobry, sa femme.
Fidéline Bruchet, veuve Desobry.
Deux enfants à Mme Desobry.
Quatre à M. Agez.

182
Sur la route Nationale, vers Fruges.

Fond de Barles

Mme veuve Pinot, née Julie Alexandre.

183 (*sous le même toit*)
Emile Pinot, fabricant de pannes.
Fidéline Caron, sa femme.

Route de Créquy à Hesdin en allant vers Créquy, entre le N° 110 et le N° 111.

La Rue Blanche.

184

M. le docteur Fr. Desmons.
Mme Desmons, née Julie Boulant.
Deux enfants.

Une des plus belles maisons de Fressin, bâtie par M. Bonaventure Thélu, qui fut maire de Fressin. Occupée ensuite par M. Santallier - Thélu — Communiquant avec la ferme, N° 111.

A gauche la rue Blanche est coupée par la rue de l'Avocat.

A droite la rue Blanche est coupée par la rue de l'Épaule

185

Victor Benteux, marchand d'œufs.
Sidonie Legrand, sa femme.
Deux enfants.

Aux héritiers de Marie Demagny.

186

J.-B. Brogniart, journalier.
Hermine Gouillart, sa femme.
Deux enfants.

Aux Demagny.

A la suite de la Rue Blanche, N° 186, et de la Rue Noire, N° 151.

La Rue Haute.

187

Emile Boquet, ouvrier forgeron.
Augustine Dissous, sa femme.
Trois enfants.

Propriété des héritiers d'Elise Bruchet.

Le Calvaire Louvet-Viollette.

A gauche, deux rues : la première, la rue Noire, descendant vers l'église, N° 151;
La deuxième, rue Dewamin, ou petite rue Haute, montant vers la rue de la Lance, N° 152.

Maisons détruites.

188
Joseph Mayol, domestique.
Alexandrine Tanchon, sa femme.
Quatre enfants.
<small>A Joseph Branquart, à Auchy.</small>

Maisons démolies.

194
Léon Canu, ménager.
Émerentine Dhaleine, sa femme.
Le père d'Émerentine.
Deux filles.
<small>Propriété des héritiers Wallet, de Béalencourt.</small>

195
Auguste Bruchet, ménager.
Sophie Branquart, sa femme.

189
Zéphirin Duflos, ménager.
Amélie Caudevelle, sa femme.
Victorine Branquart, veuve Duflos.
Six enfants.

190
Louis Bruche, cantonnier.
Marie Brebion, sa femme.
Sept enfants.
<small>Propriété de Madame Desobry-Bourbier, de Planques.</small>

191
Achille Bouret, berger à son compte.
Quatre enfants.
<small>Propriété Joseph Déprez-Bruyant.</small>

192
Natalie Hatron, veuve Gouillard, ménagère.
Mandé Dumetz, berger.
Amélie Gouillard, femme Dumetz.
Une fille.
<small>Le propriétaire à Wambercourt.</small>

193
Louis Cléton, cabaretier, horticulteur.
Félicie Taleux, sa femme.
Une fille.

194 (bis).
Maison fermée.
<small>A Madame Poyer.</small>

195 (bis).
Maison fermée.
Propriété de Madame Poyer.

Un kilomètre pour le N° 184 et la route d'Aubin. Trois kilomètres pour la route nationale à Barles, N° 181.
Dans l'autre sens, un kilomètre pour les haies de Sains.

196
Mme veuve Poyer, née Aline Moine.
M. Louis Maillot, cultivateur.
Mme Maillot, née Aline Poyer.
Deux petits enfants.

Après le N° 196, à gauche, conduisant au bois et revenant vers l'église, par la Petite rue Haute ou la Rue des Gardes,

Rue de la Lance.

197
Hilarion Bruchet, journalier.
Céline Bruche, sa femme.
Trois enfants.
En location

198
Maison fermée.
Propriété des héritiers Macquet.

199
Augustin Branquart, charpentier.
Elise Décobert, sa femme.
Un enfant.

200
Clémentine Décobert, veuve Branquart.
J.-B. Clabaux, charpentier.
Alphonsine Branquart, sa femme.
Joseph Plée, cultivateur.
Adelina Clabaux, sa femme.

201
Joseph Dupond, manouvrier.
Julienne Louvet, sa femme.
Trois enfants non mariés.
Floride Dupond.
Maria Leclercq, sa femme.
Un enfant.

202
Elisée Canu, cordonnier.
Adèle Branquart, sa femme.
Deux enfants.

203
Joséphine Lesueur, journalière.
A Ch. Isambourg.

204 (même toit).
Charles Isambourg, tailleur.
Frumence Coache, sa femme.
Un enfant.

205
Sans asile fixe.
Hermine Coache.
Trois enfants.

§ 2. — FONCTIONS, ÉTATS, PROFESSIONS ET MÉTIERS.

Maire.— M. Raphaël Viollette, propriétaire.
Adjoint.— M. Jules Annequin, conseiller d'arrondissement et délégué cantonal.
Curé.— M. Charles Fromentin.
Instituteur public.— M. Pierre Berthe.
Instituteur adjoint.— M. Eugène Hénissart.
Institutrices libres. — Sœur St-Victorin, civilement mademoiselle Victorine Tellier ; Sœur St-Philippe de Néry, civilement mademoiselle Sophie Merlier ; Sœur St-Vincent, civilement mademoiselle Aimée Derambure, religieuses de la congrégation de la Ste Famille d'Amiens.
Commis de culture pour les tabacs. — M. Thellier.
Sous-lieutenant de pompiers. — M. Philogone Gamain.
Garde champêtre.— M. Léon Canu.
Gardes forestiers particuliers.—MM. Philogone Gamain, et Philogone Brogniart.

Receveur buraliste. — M. Alexis Legay.
Débitant de tabac. — M. Alexis Legay.
Cantonniers. — MM. Joseph Duplouy et son fils Eugène Duplouy, Louis Bruche, Louis Duclos.

Notaire. — M. Waulle.
Docteur en médecine. — M. Desmons.
Clercs de notaires. — MM. Richard Grandel, Alfred Desobry.

Aubergistes. — M. Quevalet, Madame Thorel.
Bouchers. — MM. Jules Legay, Victor Glaçon.
Boulangers. — MM. Jules Legay, Victor Demagny, Jules Duponchel.
Brasseur. — M. Henri de Contes.
Bucherons. — MM. François Moronval, Joseph Tournet, Emile Bruchet, Emile Cardeur.
Cabaretiers. — M. Agez, à Barles ; Madame Plée-Denoyelle, route d'Hesdin ; M. Norbert Plée, route d'Aubin ; M. Quevalet, id ; Madame veuve Thorel, (Maison Guillois) id ; M. Hermant, id ; M. César Boquet, id ; Madame Dusolon, sur la place ; M. Cléton, route de Sains ; M. Joseph Brogniart, rue de l'Eglise.
Charpentiers et scieurs de long. — MM. Honoré Louvet, Jules Camier, Augustin Brapquart, J.-B. Clabaux, Gaston Bruchet, Justin Alexandre, Antoine Warembourg.
Charrons. — MM. Raphaël Plée, Henri Queval.
Cordonniers. — MM. Elisée Canu, Florimond Duhamel, Gustave Fauquet, Boulard.
Couvreurs en paille. — MM. Félix Martin, Justin Isambourg, Augustin Dewamin, J.-B. Duhamel.
Couvreur en pannes et en ardoises. — M. Louis Plée.

Couturières — Mme Victor Delépine, Mme Ve Warembourg, M^elles Laure et Gabrielle Plée, Melle Célinie Thullier, Mme Aristide Hibon, Mme Brogniart, Mme Cornu-Caron, Melle Marie Leclercq.

Cultivateurs. — Indication approximative par tête de ce que renferment leurs écuries, leurs étables et leurs bergeries.

MM.	N^os	Espèce chevaline	Espèce bovine	Espèce ovine	Espèce porcine
Annequin	104	3	6	»	»
Boquet, Emile	37	1	2	»	2
Bruchet, Honoré	152	3	12	»	40
Brunelle, Auguste	169	3	29	»	1
Camier, Joseph	144	1	4	»	24
Clabaux, J.-B.	200	2	7	»	8
Cléton, Louis	192	1	4	8	4
Contes, (Henri de)	15 et 53	4	2	»	4
Coutelet, Alfred	165	1	4	»	4
Denoyelle, Augustin	180	13	30	250	26
Denoyelle, Emile	170	13	27	225	27
Déprez, Joseph	168	9	20	»	50
Dérain, Louis	33	1	4	»	7
Desmons, Emile	174	25	40	261	30
Duponchel	17	3	1	»	19
Glaçon, Joseph	111	13	30	220	58
Glaçon, Victor	49	2	7	»	8
Grenier, J.-B.	35	2	2	»	13
Héren, J.-B.	176	3	6	10	2
Hibon, Alphonse	139	4	8	94	27
Hibon, Jules	31	2	2	»	3
Legay, Alexis	102	1	6	»	2
Legay, Jules	8	6	10	»	4
Maillot, (veuve J.-B.)	160	1	4	»	8
Maillot, Louis	196	3	15	»	16
Martin, Félix	109	1	2	»	5
Pingrenon, Célestin	154	1	4	»	10
Pinot, Emile	182	2	1	»	2
Salomé, Emile	99	1	3	»	3
Wailly, (Edouard de)	140	4	13	»	10

Outre les exploitations agricoles, quelques maisons ont des chevaux. Il y en a deux chez M. le baron Seillière; M. Victor Benteux en a un pour son commerce, M. le docteur Desmons en a un pour ses courses; de même, M. Waulle, pour ses affaires et ses promenades, M. Viollette et M. Dieudonné Branquart pour leur agrément.

Des vaches, des porcs et des poules, il y en a dans presque toutes les maisons. Achille Bouret est le seul ménager qui ait un troupeau de moutons. Dumetz-Gouillard, berger, a 8 moutons à son compte.

Épiceries, merceries et liqueurs. — M. Alexis Legay, Mme Ve Plée-Denoyelle, Mme Ve Dusolon, Mme Ve Thorel, Mme Ve Duplouy.

Fabricant de louches, cuillers et fourchettes de bois. — M. Joseph Cornu.

Fabricant de pannes. — M. Emile Pinot.

Farines, son, rebulet. — Mme Ve Thorel, MM. Duponchel, J.-B. Grenier.

Garçons brasseurs. — MM. Joseph Delépine, Alexandre Hibon.

Jardiniers. — MM. Louis Cléton. Joseph Laborde.

Lingères. — Melle Ismérie Desenclos, Mme Félix Martin, Mme Marthe Delépine, femme Hibon.

Maçons. — MM. Bénoni Anselin, Joseph Dupond.

Marchands de lard. — Mme Dusolon, Mme Thorel, MM. Jules Legay, Joseph Hermant.

Marchand de maïs. — M. Alexis Legay.

Marchand d'œufs. — M. Victor Benteux.

Marchand d'osiers. — M. Coache.

Marchandes de pétrole. — Mme Coache et les épicières.

Marchande de pain. — Mme Thorel. — Les boulangers.

Marchands de pipes. — MM. Joseph Cornu, Alexis Legay et tous les cabaretiers.

Marchand de vaches. — M. Brunelle.
Maréchaux-ferrants. — MM. Martial Moine, Ringard.
Marneurs. — MM. Jules et Joseph Lejeune.
Ménétrier. — M. François Branquart.
Menuisiers. — MM. Joseph Grandel, Clovis Vasseur.
Meuniers. — MM. Jules Duponchel, J.-B. Grenier.
Plafonneur. — M. Benjamin Agez.
Planteurs de tabac. — Le tabac est cultivé à Fressin par 69 planteurs. Cette culture occupe quatorze hectares. Voici la liste de nos planteurs avec l'importance approximative de leur production.

1	Alexandre, veuve	7,000	pieds.
2	Anselin, Bénoni (en deux pièces)	11,500	»
3	Benteux, Jules	9,000	»
4	Blouin, Childéric	18,000	»
5	Blouin, père	8,000	»
6	Boquet, César	10.800	»
7	Boquet, Émile	7,000	»
8	Bouchez, veuve	8,000	»
9	Bouquillon, Jules (1)	6,000	»
10	Bourbier, Zacharie	8,000	»
11	Bouret, Achille	7,000	»
12	Bouret, Jacques	5,500	»
13	Bouret, Narcisse	6,000	»
14	Branquart, Augustin (en 2 pièces)	8,000	»
15	Brogniart, Joseph	6,300	»
16	Bruche, Victor (en deux pièces)	11,000	»
17	Bruchet, Auguste	6,000	»
18	Bruchet, Augustin	7,000	»
19	Bruchet, Félicie, veuve Duplouy; elle a droit à 22,000 (en deux pièces)	17,000	»
20	Bruchet, Hilarion	7,000	»
21	Bruchet, Gaston	7,000	»

(1) Bouquillon a quitté la commune en avril et n'est pas remplacé.

22	Bruchet, veuve Louis-Hilaire . .	9,000	»
23	Bruyant, Vincent, la veuve . . .	7,000	»
24	Camier, Joseph (en deux pièces) . .	18,000	»
25	Camier, père.	6,000	»
26	Canu, Léon	6,000	»
27	Cardeur, Émile	7,000	»
28	Caron, veuve.	10,800	»
29	Caudevelle-Caron (en deux pièces) de 10,000 à	12,000	»
30	Caudevelle, Joseph.	7,000	»
31	Clabaux, J.-B	8,000	»
32	Courtin, Jules	6,000	»
33	Débot, J.-B	8,000	»
34	Delbé, François.	4,500	»
35	Depape, J.-B.	10,000	»
36	Dérain, Louis (en deux pièces) . .	20,000	»
37	Dignel, Narcisse (en deux pièces).	9,000	»
38	Duboille, Germain (en deux pièces) de 8,000 à	10,000	»
39	Duboille, Joseph.	21,500	»
40	Duhamel, J.-B. (en deux pièces) .	9,000	»
41	Duplouy, Auguste	10,800	»
42	Duplouy, François-Joseph . . .	8,000	»
43	Dupond, Joseph (en deux pièces).	6,000	»
44	Dupond, Victor.	7,000	»
45	Fauquet, Gustave	11,700	»
46	Flament, François-Joseph. . . .	12,600	»
47	Gamain, Élie.	10,800	»
48	Gouillard, Adolphe.	7,000	»
49	Grandel, Joseph.	9,000	»
50	Hermant, Joseph (en deux pièces).	15,000	»
51	Hibon, Alfred	9,000	»
52	Hibon, Augustin . . . . . . Un autre renseignement porte 10,000	4,500	»
53	Hibon, Constant.	6,000	»

54 Isambourg, Charles.	6,000	»
55 Jeandot, Eugène	9,000	»
56 Leclercq, Joseph . . . . . ,	6,300	»
57 Lefebvre, Auguste (en deux pièces)	19,000	»
58 Lejeune, François	8,000	»
59 Lejeune, Joseph.	8,000	»
60 Louvet, Honoré.	10,800	»
61 Martin, Félix.	10,800	»
62 Moronval, François (en deux pièces)	14,500	»
63 Pingrenon, Célestin.	14,000	»
64 Plée, Alphonse, la veuve. . . .	6,000	»
65 Plée, Charles, la veuve, 7,000 à .	7,200	»
66 Plée-Desmarest, la veuve . . .	7,200	»
67 Plée, Norbet (en deux pièces). .	14,400	»
68 Ringard, Jules	9,000	»
69 Wamin, Augustin	5,400	»

Rempailleurs de chaises. — MM. Aristide Hibon, Constant Hibon, Jules Hibon, J.-B. Brogniart.

Rouenneries. — M. Alexis Legay, Mme Thorel.

Tailleurs. — MM. Jules Lenglet, Charles Isambourg.

Tonnelier. — M. Joseph Hermant.

Tourneur. — M. François Martin.

Tueurs de porcs. — MM. Aristide Hibon, Constant Hibon, Jean-Baptiste Boquet, Honoré Bruchet, Désiré Bruyant.

ULTIMA VERBA.

De ce livre. — On avait paru nous poser un défi au sujet de la partie historique de ce travail : « Ou bien, nous disait-on, vous laisserez dans l'ombre certains points qui, essentiels dans une histoire générale, le sont davantage encore dans une étude locale, et alors votre œuvre sera incomplète ; ou bien vous verserez contre un autre écueil, celui, en traitant de matières délicates, de froisser et même d'irriter de respectables personnalités. »

Eh bien ! Nous croyons sincèrement avoir évité ce double écueil. Nous avons exprimé nos jugements avec liberté, avec clarté et sans réticence. Nous avons dit tout ce qu'on était en droit de demander à un historien. Et néanmoins nous avons l'espoir que notre livre ne fera de peine à personne : il ne s'y trouve ni une page, ni une ligne qui puisse légitimement indisposer qui que ce soit. Nous croyons aussi que, malgré ses lacunes, ses digressions, ses hors-d'œuvre et la minutie de certains détails, on nous saura gré de l'avoir écrit, et que nos paroissiens le transmettront avec quelque fierté à leurs enfants.

* *

Table des noms propres. — Nous avions le projet de dresser la table alphabétique des noms de lieux et celle des noms de personnes reprises dans ce livre, comme nous l'avons fait pour nos deux éditions d'*Auchy*, et comme l'a fait aussi M. le chanoine Deramecourt dans son histoire du *Clergé d'Arras pendant la Révolution*.

Drumont est fidèle à cette méthode qui facilite singulièrement les recherches. Nous avons dû y renoncer pour éviter un surcroît considérable de travail et pour ne pas allonger ce volume au-delà de toute mesure. Mais nous conseillons à nos lecteurs fressinois de se faire eux-même ces tables pour leur usage particulier.

ERRATA

Page 166, 1472 au lieu de 1742, pour un missel édité à Paris.

Page 359, en note, *bommage* pour *hommage*.

Page 472, en note, *auditaire* pour *auditoire*.

Le tombeau de la sacristie est celui de Jean IV, sire de Créquy. Ce nom est plusieurs fois cité. Cependant, à la page 258, on nous a fait écrire Jean VIII.

Une rectification plus importante ne tendrait à rien moins qu'à nous faire supprimer quatre pages que nous avons écrites d'après M. de Laplane, non sans beaucoup d'hésitations (33 à 36). M. de Laplane traduit par Fressin le *Fresingehem*, *Fresingahem* du Cartulaire de Saint-Bertin. Le Dictionnaire de M. Courtois ne cite aucun nom qui s'en rapproche autant que Fressin. Nous y avons vu l'explication et l'origine du droit de l'abbaye de Saint-Jean-au-Mont sur notre village. Mais M. le chanoine Haigneré nous écrit que le Fresingehem de l'an 788 appartient à la commune d'Esquerdes. Cette commune possède, en effet, un hameau ainsi dénommé. Notre Fressin est le *Fresinnio* du 3 août 800.

***

Quelques notes oubliées. se rapportent au ministère de M. Bonhomme (p. 395 à 428). Nous les résumons ici.

Nos archives possèdent des Budgets sur formule imprimée depuis 1850, et des formules de Compte depuis 1863. A partir de cette dernière date, la rédaction par le trésorier d'un volumineux cahier devenait un hors-d'œuvre : il devait lui suffire de remplir exactement, d'après ses registres de recettes et de dépenses, les formules que l'Evêché lui envoyait, en y joignant les mandats, quittances et autres pièces justificatives. Cependant l'usage ancien prévalut longtemps encore. Peut-être ne tenait-on pas à donner à l'autorité diocésaine la reproduction exacte du compte vrai.

En 1872, on pava le chœur en carreaux noirs octogones reliés par de petits carreaux blancs; on renouvela aussi le pavé d'une nef en pierres bleues ciselées.

Le renouvellement des bancs se fit en plusieurs années. Ce travail, commencé par Pierre-Joseph Bruchet, fut achevé par son fils Charles Bruchet. Le premier paiement a été fait en 1873, et cet article fut porté aux dépenses jusqu'en 1877.

En 1877, la fabrique fit de grands frais pour la réparation de la toiture de l'église. Il en sera encore longtemps ainsi, jusqu'à ce que l'on puisse arriver à un renouvellement total bien nécessaire.

Un article qui a beaucoup varié est celui du balayage et de l'époussetage de l'église. En beaucoup de paroisses rurales, ce travail est fait gratuitement, le samedi et la veille des fêtes, par les jeunes filles, qui y remplissent, à tour de rôle, une fonction honorifique. Mais notre église est une cathédrale auprès de quantité d'autres. Il y a donc un crédit au budget pour le balayage. On a payé pour cet objet 10 francs, puis 12 francs. On payait encore 15 francs en 1877, plus 12 fr. pour le pourtour extérieur de l'édifice. Tout à coup, on voit pour les deux articles une somme de 82 fr., 50 c. portée au compte, 65 fr. pour le balayage, 12 fr. pour le nettoyage extérieur, 5 fr., 50 c. pour achat de balais. C'est que, sous M. Bonhomme, le balayage était fait par sa servante, qui y trouvait un supplément à ses gages, tandis qu'on y emploie maintenant une femme le lundi et le samedi. Pour que l'église soit proprement tenue, la dépense n'est pas excessive.

D'après les comptes de la Fabrique, sans rechercher ce que la Commune a pu payer pour sa part, les réparations du presbytère ont coûté :

En 1864, pour les glens	200 fr.
En 1865, id.	200 fr.
En 1867, pour un plancher . . .	73 fr.
En 1868, Eglise et presbytère, pour boiseries et planchers	171 fr. 90 c.
pour tapisseries et peintures . .	43 fr. 30 c.
En 1869, pour réparations d'un mur et la porte cochère	222 fr.
En 1875, pour boiseries	99 fr.
En 1876, pour carrelage des corridors	116 fr.
Total :	1.125 fr 20 c.

Et tout cela pour ne rien avoir. Cet aperçu n'est-il pas la meilleure justification de la résolution prise dix ans plus tard par le Conseil municipal ?

Église. — **Mobilier**. — Comme nous avons indiqué la provenance de divers objets mobiliers donnés à l'église, on nous fait observer qu'il conviendrait de réparer une omission. Une personne pieuse et charitable, Madame Huguet, épouse du régisseur qui administra la propriété du baron Seillière entre M. St-Remy et M. de Saint-Aignan, a donné à notre sacristie un ornement blanc et un ornement rouge travaillés de ses mains. N°s 4 et 8, page 162.

Église. — **Archéologie**. — Un compatriote plein d'avenir, M. Camille Enlart, d'Airon-St Vaast, archiviste paléographe, ancien élève de l'école des Chartes et ancien membre de l'Ecole de Rome, un archéologue doublé d'un artiste, a visité dernièrement notre église. Il ne rejette pas l'opinion qui attribue à l'incendie de 1525 l'infériorité des arcades du côté du midi, qui ont bien pu être détruites sans entraîner la ruine de la façade...

Voici, du reste, la lettre très intéressante qu'il vient de nous envoyer, après avoir lu le *livre premier* de notre seconde partie, *l'Eglise de Fressin*. Mieux vaut reproduire cette lettre que de l'analyser : elle contient d'utiles observations ; et si, à côté des erreurs qu'elle redresse dans notre travail, elle fait de la plupart de nos appréciations un éloge que l'on pourrait croire excessif, nous acceptons ces louanges, mais pour les reporter aux classiques dont nous nous sommes inspiré, et spécialement à Raymond Bordeaux en son *Traité de la réparation des églises* (1), livre qui devrait être le manuel de tout prêtre et de tout Conseil de fabrique chargés de garder un monument religieux.

Monsieur le Curé,

C'est avec un vif plaisir et un grand intérêt que j'ai lu votre *Notice sur l'église de Fressin*. Outre le plaisir personnel que j'éprouve à me rappeler un pays où j'ai reçu un si cordial accueil, je suis heureux de voir publier un travail plein de renseignements utiles et de remarques justes sur un monument qui, pour sa valeur artistique et historique, mériterait d'être plus connu des archéologues et des architectes.

L'église de Fressin est une des meilleures et des plus anciennes œuvres d'une école d'architecture flamboyante qui s'étend dans le Boulonnais et une partie de l'Artois et du Ponthieu. Cette école, très supérieure à ses voisines, n'est tombée ni dans les fautes de construction, ni dans les exagérations d'une composition inutilement compliquée et oublieuse des lignes horizontales, dont St Vulfran d'Abbeville et la chapelle de Rue montrent de fâcheux exemples. Comme ses voisines, elle s'est défendue au XVIe siècle contre l'invasion des modes italiennes, et parmi les nombreux monuments flamboyants du Pas-de-Calais et de la Somme qui portent des dates des XVIIe et XVIIIe siècles, les refaçons de la nef de Fressin sont un des meilleurs exemples.

La Renaissance contre laquelle protestait ici le goût public, s'était toutefois introduite dans le mobilier. Vous en avez un intéressant témoignage dans le couvercle des fonts baptismaux, œuvre de menuiserie de la fin du XVIe siècle. C'est avec les couvercles pyramidaux analogues conservés à Heuchin (Pas-de-Calais), Bernueil et Maisnières (Somme), à peu près tout ce que le nord de la France a gardé de ces objets.

Autrement précieuse est votre chapelle avec ses tombeaux, son autel et son rétable intacts et sa stalle seigneuriale placée

(1) Paris, Librairie polytechnique Baudry, 15, rue des Saints Pères.

près d'une cheminée analogue à celle de l'église de Nogent-les-Vierges, près Creil. Ce qui ajoute beaucoup au prix de ce monument est sa date précise de 1425.

Il est à remarquer que cette date ne saurait différer de celle du chœur de l'église, car il y a liaison parfaite entre l'appareil du chœur et de la chapelle. Quant à la nef, elle est un peu postérieure.

Tous les profils et motifs de sculpture les plus anciens y indiquent nettement le XVe siècle.

Les chapiteaux et les rinceaux sculptés dans les voussures des grandes arcades sont des particularités de l'école flamboyante de la région.

Votre remarque sur l'invraisemblance d'une refaçon de la façade sud est des plus judicieuses, et confirmée en tous points par l'appareil et par le style de cette partie du monument. On doit toutefois admettre l'incendie de 1525, car les voûtes de la nef et du bas-côté sud et les arcades qui les supportent ont été certainement refaits après cette date. Le style plus avancé des retombées de la grande voûte du côté sud le démontre pleinement. Fautes de ressources, on renonça à orner de sculptures les arcades refaites à cette époque; mais dans les travées extrêmes, les sommiers des anciennes arcades ont été conservés avec le départ de leurs rinceaux.

C'est là la meilleure preuve de la refaçon.

Quant au mur extérieur et aux colonnes, qui étaient solides et n'avaient pas été atteints par le feu, on put les conserver, et vous avez très bien fait remarquer qu'ils appartiennent à l'ancienne construction.

La restauration fut longue, comme le démontrent les diverses dates que vous avez relevées : les ressources de la paroisse étaient sans doute restreintes. Lors de cette restauration, une modification fut introduite dans la toiture. Les bas-côtés étaient primitivement couverts d'une série de toits transversaux appuyés sur des pignons : on en voit la trace du côté nord. Après l'incendie, toute l'église fut couverte d'un toit unique; c'est pourquoi dans la muraille haute que l'on avait refaite au sud, on se dispensa de pratiquer des fenêtres. C'est, à mon avis, une erreur que d'en avoir rouvert en pendant de celles du nord. On a ainsi falsifié un document historique et fait une dépense inutile pour le plaisir de créer une ordonnance symétrique dont l'intérêt m'échappe d'autant plus que la symétrie ne règne nulle part dans le monument. Parmi les préjugés de notre époque, ce besoin de régularité monotone quand même est un de ceux qui surprendra certainement le plus les siècles à venir.

A ce propos, je ne saurais assez louer vos remarques pleines de sens sur les modifications fâcheuses que l'on fait subir de de tous côtés aux monuments religieux les plus dignes de respect. Puisse votre voix être entendue, ou bientôt le curieux rapport, cité par vous, de M. Vitet, qui exagérait si étrangement la pauvreté monumentale de nos régions, sera au-dessous de la vérité. Puissiez-vous réussir à faire réfléchir vos confrères et à enrayer cette épidémie de remaniements insensés! La liste de ceux qui vous ont été proposés pour votre belle église doit se passer de commentaires; beaucoup de vos lecteurs se dérideront en la lisant. Pour moi, le sentiment que j'éprouve est celui d'une profonde amertume. Comment est-on arrivé à tuer chez nous le respect des monuments du passé et à oblitérer le sens esthétique des populations au point de faire germer de pareilles idées en face de monuments comme l'église de Fressin? Le rocher de Lourdes et la chapelle de St Benoit Labre nous donnent une idée de ce qu'eût pu devenir ce beau monument entre les mains d'un prêtre moins éclairé, et cet échantillon suffit à provoquer des réflexions bien décourageantes.

Tel autre monument de beau et grand style encombré de joujoux de ce genre ne ressemble plus qu'au bazar de l'Hôtel de Ville; tel autre, avec ses lustres en verroterie et ses peintures barbares, fait penser à une salle de bal public. Partout, les statues de bois de chêne sculptées par les artistes flamands et picards des XVe et XVIe siècles sont détrônées par d'odieuses poupées en plâtre doré, maquillées et niaisement souriantes, sorties du moule des fabricants du quartier Saint-Sulpice, et d'immondes plafonnages en forme de voûtes remplacent les lambris des nefs.

Vos réflexions sur les dais, les rétables pseudo-gothiques, le respect dû aux clochers centraux et aux crucifix et statues placés sous l'arc triomphal des églises, les chemins de croix, chaires et confessionnaux, les tableaux accrochés, et toute cette encombrante pacotille dont on remplit aujourd'hui des églises que l'on n'entretient même plus, tout cela devrait être tracé en grandes capitales sur les murs des classes des séminaires.

Mais si le vandalisme inconscient des curés mérite le blâme, que penser des industriels qui déshonorent la profession d'architecte ou de sculpteur au point d'encourager les destructions et la perversion du goût pour en vivre ? — Chacun sait que rien n'est plus honorable que de gagner sa vie, mais qu'il y a cependant des façons de la gagner interdites aux honnêtes gens.

Pour compléter les observations que me suggère votre intéressant article, il me reste deux remarques à faire : la première est une erreur qui s'est glissée sous votre plume. Les exemples de chaires antérieures au XVe siècle ne sont pas rares : l'Italie est très riche en chaires des XIIe, XIIIe et XIVe siècles ; le reste de l'Europe en possède ; à Paris même, nous avons pour le XIVe celle du réfectoire de St Martin des Champs.

Ma dernière observation est une addition à faire à la liste de vos statues. Celles de la Vierge et de St Jean accompagnaient, selon l'usage, le crucifix de l'arc triomphal. A Fressin, ces statues existent encore dans le grenier, et par une particularité peu commune, elles sont dos à dos, taillées dans le même morceau de bois. Ce groupe devait être placé sous la croix, dans le grand arc qu'elle surmonte. Il est en bois. Le groupe ayant été détérioré, on en avait exécuté une copie, qui, à son tour, est allée rejoindre l'original dans le grenier de l'église.

A part ces quelques petits détails et les observations que j'ai pris la liberté de vous soumettre, je crois qu'il serait difficile de rien ajouter à votre intéressante monographie.

Je vous remercie encore du plaisir que cette lecture m'a causé et je vous prie, Monsieur le Curé, d'agréer mes plus respectueuses salutations.

ENLART.

※
※ ※

La question de l'origine des sires de Créquy est pour nous d'une importance tout à fait secondaire. C'est l'histoire de Fressin que nous avons voulu écrire, non celle de la famille de Créquy. Mais on nous accordera bien qu'il n'était pas possible de faire l'histoire de Fressin sans mentionner cette famille. Les pierres elles-mêmes auraient crié et protesté contre notre silence. Elles portent l'écu des armes des Créquy peint à l'intérieur de notre église et sculpté à l'extérieur dans les assises de la muraille. Il fallait donc parler du château féodal de Fressin et de l'église de Fressin. Ce n'est pas de notre faute si ce n'est pas à Créquy que l'on va voir ces ruines et ce monument. On ne peut contester non plus que les sires de Créquy résidaient à Fressin au XIVe et au XVe siècles.

Mais nous sommes allé plus loin. Nous nous sommes, paraît-il, exposé à la contradiction, en nous aventurant sur un terrain où les preuves font défaut. Voici ce que nous aurions eu tort d'écrire, en parlant de Fressin, dès les premières lignes de notre Préface ; « Les érudits savent que cet ancien bourg fut le berceau de la famille des Créquy. » Croyant faire plaisir et sans prévoir que nous allions soulever un orage, nous avons communiqué une épreuve de cette préface à deux personnes de Créquy que nous supposions devoir s'intéresser à notre travail.

Elles ont trouvé que la phrase plus haut citée était agressive, provocante, et deux écrits vont paraître, nous assure-t-on, pour démontrer que Fressin n'est qu'un petit fief de Créquy, que les sires de Créquy sont originaires de la vallée de la Créquoise, et l'on va rendre au village de Créquy l'honneur que nous lui aurions ravi. On aurait de nombreux et décisifs documents qui nous seraient restés inconnus.

Nous regrettons sincèrement, non d'avoir écrit la phrase qui nous est reprochée, mais que cette phrase ait pu indisposer quelqu'un. En annonçant notre travail, il nous a paru tout naturel d'en signaler les côtés intéressants. Mais il était loin de notre pensée de vouloir déposséder le village de Créquy d'une gloire à laquelle nous ne savions pas qu'il prétendît. Ce qui est certain, ce qui est incontesté, ce qui pour nous est l'essentiel, c'est que les sires de Créquy sont originaires de cette contrée, quel que soit l'endroit précis où ils s'abritaient à l'époque où ils ont commencé à figurer dans l'histoire.

Les érudits savent..... Mais écrire pareille chose, nous objecte-t-on, c'est traiter d'ignorants ceux qui professent l'opinion contraire ; c'est tout au moins leur refuser la qualification d'érudits. On nous a demandé de retirer cette phrase.

Nous ne nous croyons pas si coupable.

M. Terninck, M. de Laplane et M. le chanoine Robitaille sont les trois écrivains qui ont traité les derniers de Fressin et de Créquy.

L'étude de M. Terninck sur le château et l'église de Fressin, consacre quatre pages sur onze à l'histoire des sires de Créquy. M. Terninck écrit que nos seigneurs habitèrent d'abord sur les rives de la Créquoise, et qu'ils vinrent de là, vers l'an 1300, se fixer sur les bords de la Planquette. Toutefois il écrit de cette famille : « Son origine est inconnue. » Donc il ne place pas plus son berceau à Créquy qu'à Fressin.

N'oublions pas que le travail de M. Terninck fait partie des publications de la Commission départementale des Monuments historiques du Pas-de-Calais.

En 1873, M. H. de Laplane écrivit que « Fressin est antérieur à Créquy de plusieurs siècles. » L'auteur des *Abbés de Saint-Bertin* glorifie plus la famille de Créquy que n'a fait M. Terninck ; car, selon lui, cette famille aurait créé le village de Créquy, tandis que, selon M. Terninck, Fressin était déjà un bourg important quand les Créquy vinrent s'y fixer.

En 1875, M. le chanoine Robitaille, écrivant pour l'*Annuaire diocésain* l'histoire du canton de Fruges, fit sienne l'opinion de M. de Laplane sur l'origine des sires de Créquy.

Sans doute, l'autorité de ces deux écrivains n'est pas au-dessus de toute contestation. On reconnaîtra pourtant qu'elle n'est pas sans quelque valeur.

M. de Laplane n'est pas le premier venu. Il est un des fondateurs et il fut longtemps le secrétaire général, puis le président de la Société des Antiquaires de la Morinie. Nous pouvions, nous devions supposer qu'il ne s'était pas prononcé sans avoir étudié à fond les titres et les chroniqueurs.

Quant à M. le chanoine Robitaille, nous pourrions faire observer que son travail a été agréé par la Commission départementale pour le volume Montreuil du Dictionnaire historique et archéologique du Pas-de-Calais.

Ainsi, M. Terninck, qui fait venir nos seigneurs de Créquy à Fressin, écrit néanmoins que leur « origine est inconnue ». D'autre part, M. de Laplane et M. Robitaille sont d'avis que les Créquy sont originaires de Fressin.

Cela ne suffit-il pas pour expliquer, pour excuser, pour justifier la phrase que l'on nous reproche ?

D'autant plus que l'on aurait bien pu attendre quelque temps avant de l'attaquer. Car, outre que nous n'avons consacré que peu de pages à cette question (pp. 39, 40, 41, 42), et que notre histoire des Créquy n'est guère qu'un tableau chronologique, le lecteur a pu voir que nous avons exposé loyalement les diverses opinions, et même qu'après l'examen de ces opinions diverses, nous avons conclu plutôt contre celle de M. de Laplane et de M. Robitaille.

Si l'on a découvert quelque part, sur la pierre, sur le métal ou le parchemin, des documents inédits, des titres sérieux et décisifs, qui permettent d'établir que la terre de Créquy fut le berceau de la famille qui porta ce nom, cette découverte fera sensation dans le monde savant. Ce serait plus parfait encore si l'on pouvait nous renseigner sur l'origine plus reculée de nos hauts seigneurs. Etaient-ils autochthones, c'est-à-dire originaires du sol gaulois? Venaient-ils, au contraire, de l'Italie ou de la Germanie? Ou bien encore ne serait-ce pas une famille issue de la fusion des races? Ce sont là toutes questions auxquelles, pour notre part, nous ne saurions répondre.

***

Nos adieux au lecteur contiendront une double prière.

Nous lui demanderons d'abord de nous pardonner ce que nous avons laissé de trop personnel dans ce volume, malgré beaucoup de suppressions.

Mais on pardonne aux vieillards et aux enfants. Nous avons trouvé du charme à nous rappeler, en ce dernier travail, les endroits où nous avons vécu et les hommes avec lesquels nos supérieurs nous ont mis en rapport ; et généralement nous avons trouvé l'humanité meilleure que sa réputation. Des dix-huit prêtres qui exerçaient le saint ministère en 1861, en ce canton de Fruges où nous sommes arrivé en 1860, et où nous sommes rentré en 1885, quinze sont morts, deux sont en retraite, nous restons le seul en fonction. Ces dates, et plus encore l'ébranlement général de notre pauvre santé nous avertissent qu'il est temps de songer à nous rendre favorable le Juge souverain. Nous demandons à nos lecteurs de prier pour nous dès maintenant et après notre mort.

Nous les engageons, en second lieu, à songer aussi à eux-mêmes. C'est une erreur de penser que l'étude de l'histoire n'est qu'un agréable passe-temps, un moyen d'oublier le mal qui se fait et de se soustraire aux redoutables questions qui se posent. On nous rendra cette justice que nous n'avons négligé aucune occasion d'émettre une vérité utile. On ne peut aimer sincèrement l'histoire sans aimer le passé, c'est à dire sans se porter à devenir meilleur. Nous souhaitons à nos lecteurs, tout en profitant des progrès matériels de l'âge moderne, de s'inspirer des pensées, des principes et des croyances des âges anciens. Pour nous, l'amour personnel, l'amour de soi est inséparable de l'amour des âmes, et spécialement de celles de notre bon peuple de Fressin.

Mai 1892.

AUTORITÉS & SOURCES.

Archives communales d'Auchy. — *Registre aux délibérations de la Municipalité*, commençant au quatorze août mil sept cent quatre-vingt onze, contenant cent soixante-cinq feuillets, cotés et paraphés par le sieur Beugin procureur de ladite commune.

Archives communales de Fressin. — *Fondation* faite par la dame douairière de Créquy, en 1434, d'un cimetière et d'une chapelle, avec cinq messes par semaine. — *Registres de l'Etat-civil*. — *Manuscrit de Jehan de Bomy*. — *Registres aux délibérations du Conseil municipal*.

Archives communales de la Ville d'Ypres. — Archiviste : M. Jules CORDONNIER. — *Recherches relatives aux Religieux de Saint-Jean-au-Mont-lez-Thérouanne*.

Archives départementales du Pas-de-Calais. — Archiviste : M. LORIQUET. Ce que l'on y a pris se trouve noté au bas des pages.

Archives paroissiales de Fressin — *Registres de catholicité*. — *Registres de Confréries*. — *Registre de paroisse*. — *Registre des délibérations du Conseil de fabrique*. — *Classification des familles, en 1803*. — *Coutumier de 1820-1821*. — *Documents émanés de la Chancellerie épiscopale*. — *Budgets, Comptes*. — *Papiers de procédures*.

Archives personnelles. — *Réglement de 1753 pour les droits concernant l'église et les pauvres de ce lieu*. — *Cœuilloir des rentes et revenus de l'église de Fressin*, commencé en 1780, pour dix ans — *Autre Cœuilloir*, id. commencé en 1790.

AUCHY (Cartulaire d'). — Actes de 1273, 1409, 1499.

BELLEVAL (René de). — *Azincourt*, pages 181, 182.

BLED (l'abbé). — Au sujet des Créquy, évêques de Thérouanne, au *Bulletin des Antiquaires de la Morinie.*

BOURGOIS (l'abbé), curé d'Heuchin. — *Histoire de la persécution religieuse dans la région d'Heuchin et de Pernes*, pp. 78, 107, 120.

Bulletin de la Société des Antiquaires de la Morinie ; 94ᵉ livraison, page 396 ; — 106ᵉ livraison, page 198 ; — 109ᵉ livraison, page 332. — 158ᵉ livraison, page 668.

CALONNE (le baron Albéric de). — Abbayes de Dommartin et de Saint-André, pp. 67, 93. — *Dictionnaire du département*. Montreuil, page 264.

CORBLET (le chanoine Jules). — *Hagiographie du diocèse d'Amiens*, IV, pages 338, 405, 546.

COURTOIS. — *Dictionnaire géographique de l'arrondissement de Saint-Omer.* — Tome XIII des mémoires de la Société des Antiquaires de la Morinie ; page 258.

DANVIN (le docteur Bruno), de Saint-Pol. — *Vieil-Hesdin* ; pp. 160, 169, 207. — p. 110, 2ᵉ pagination.

DERAMECOURT (le chanoine). — *Le Clergé d'Arras pendant la Révolution.* I, page 102 ; II, pages 38, 122 ; III, pages 186, 187, 188, 189, 380, 544 ; IV, pages 259, 263, 266.

ENLART (Camille). — *Lettre sur l'église de Fressin.*

FROMENTIN (l'abbé). — *Hesdin*, étude historique, 1865 ; pages 352, 377, 338. — *Essai historique sur l'Abbaye de Saint-Silvin d'Auchy-les-Moines*, 1876 ; pages 76, 88 ; — *Essai historique sur les Abbés et l'Abbaye de Saint-Silvin d'Auchy-les-Moines*, nouvelle édition, 1882; pages 120, 135, 163, 203, 251.

HAGERUE (d'). — *Description de la Sacristie de Fressin* ; tombeau et autel. — Reproduit par Terninck.

HAIGNERÉ (le chanoine Daniel). — *Cabinet historique de l'Artois et de la Picardie* ; novembre 1886, pages 165, 166 ; septembre et octobre 1888, pages 158 à 165 ; Juillet 1889, pages 91 et 94 ;

septembre et octobre 1889, pages 158 à 165. — Communication particulière.

HÉNOCQUE (le chanoine). — *Histoire de la Ville et de l'Abbaye de Saint-Riquier* ; II, pages 175, 187.

HOEFER. — *Nouvelle biographie générale* : Didot, tome XII. Plusieurs articles *Créqui*, signés Brunet. On y constate des erreurs et des contradictions nombreuses. Page 422, l'auteur fait mourir à Hesdin, en 1523, Antoine de Créquy-Pondormy qui ne mourut qu'en 1525. Il est vrai qu'après avoir signalé sa présence au siège de Parme, en 1523, il écrit qu'il tint encore deux ans en Picardie. — Page 426, il fait de Créquy le fameux ambassadeur à Rome, né en 1623, mort en 1687, le fils du maréchal qui était né en 1624 et mourut aussi en 1687. Enfin page 427, il écrit du dernier Créquy que, né en 1737, il fut fait maréchal de camp en 1720.

ILLUSTRATION (le journal l'). — N° du 1er novembre 1890, pages 385 et 386.

LAPLANE (Henri de). — *Fressin, Créquy et leurs seigneurs.* Notice publiée, en 1873, dans le *Bulletin de la Société des Antiquaires de la Morinie*, 85e et 86e livraisons, et mis ensuite en brochure. — *Les Abbés de Saint-Bertin*, I, page 3.

LORIQUET. — Dans son « Mobilier des églises rurales », publié pour la *Statistique monumentale du département du Pas-de-Calais*, le savant archiviste note cinq articles pour l'église de Fressin : le tombeau de Jehan de Créquy mort en 1411, la chaire, les boiseries, les confessionnaux, le rétable de l'autel de la sacristie.

LEGRAND (Charles). — Note sur la défense du château de Renty, en 1554. Publiée dans le *Bulletin historique*, 1891, 158e livraison, page 669.

MONDE (le journal le). — Nos du 21 juillet et du 19 décembre 1890.

MORÉRI. — *Dictionnaire historique.* — On a emprunté à cet auteur la généalogie des seigneurs de Fressin.

PARENTY (Auguste). — *Annuaire du Pas-de-Calais pour 1867* ; pages 327, 328, 329, 330, 331, 332, 333, 336, 337, 338, 343.

PAS-DE-CALAIS (le journal le). — N° du 18 novembre 1888. Etude, d'après le Celtique, des noms des plus anciennes localités du département.

ROBITAILLE (le chanoine). — *Annuaire du diocèse d'Arras.* Année 1875, pages 315 et 320. — *Notices sur Créquy et sur Fressin,* reproduites dans le Dictionnaire, volume Montreuil. Année 1878, page 220. — *Notice sur M. Bonhomme, curé de Fressin.*

ROHRBACHER. — *Histoire universelle de l'Eglise catholique.* Livre LXXXVIII, § 5. — *Politique de Louis XIV.* Conduite du Roi envers le Pape.

RODIÈRE (Roger). — C'est une véritable collaboration que nous devons à ce jeune et sérieux archéologue, chez qui la valeur n'attend pas les années.

ROQUE (L. de la). — *Devises héraldiques,* publiées d'abord, en 1889, dans *La Gazette de France.*

ROSNY (H. de). — *Histoire du Boulonnais.* II, page 33.

SEPET (Marius). — Communication particulière.

Souvenirs historiques du département du Pas-de-Calais, dédiés à S. A. R. Madame la duchesse de Berry. Hesse, éditeur, 1827. Cette publication eut 75 livraisons. La deuxième contient un travail intitulé : *Les Ruines du château de Créqui à Fressin* avec une vue de ces ruines.

TERMINCK (Auguste). — Château et église de Fressin, dans la *Statistique monumentale du département.* — 12 pages, 3 planches, 3 fr. 50, Arras, chez M. Segaud ou M. Sueur-Charruey.

Traditions verbales. -- On a consulté les anciens du village, notamment Narcisse Berthe, Nicolas Benteux, M. Dieudonné Branquart, Duflos.

Malheureusement nous sommes arrivé vingt ans trop tard pour rencontrer ceux qui avaient vu le siècle précédent et vécu de sa vie.

TABLE DES MATIÈRES

	Pages.
Fressin. — L'auteur présente son livre et se présente lui-même au lecteur.	5
Topographie et Statistique. Vue d'ensemble. — Situation topographique et étendue de Fressin.	9
Population	11
Notions générales	12
Division de ce livre.	14

PREMIÈRE PARTIE

LE CHATEAU ET LES SEIGNEURS

LIVRE PREMIER. — LE CHATEAU.

Sommaire. — Situation du château	19
Il est brûlé à la suite de la bataille d'Azincourt.	20
Sa réédification en 1450.	21
Description	23
Vicissitudes diverses.	26
Mortalité effrayante.	29
Destruction définitive du château	30
Les ruines du château de Créquy à Fressin	32

LIVRE SECOND. — LES SEIGNEURS.

Chapitre Premier. — Origines et Hypothèses.

Sommaire. — Premières mentions. 33
La terre de Fressin 35

Chapitre II. — Les Créquy.

Sommaire. — Devises et blason 37
Ramelin, fondateur de Ruisseauville 38
Créquy ou Fressin, lieu d'origine 39
Baudouin Ier 45
Bouchard. — Gérard. 46
Le légendaire Raoul. 46
Baudouin II. — Baudouin III. — Philippe. . . . 52
Baudouin IV. — Jean Ier 53
Jean II. — Jean III. 54
Jean IV et Jeanne de Roye 55
Raoul 56
Jean V 57
Jean VI 58
Jean VII 59
Jean VIII 60
Hommes d'armes sous les ordres de Mgr de Créquy . . 61
Les derniers évêques de Thérouanne 64
Le Cardinal de Créquy 66
Jean IX. — Marie de Créquy. 67

Chapitre III. — Les Blanchefort.

Sommaire. — Antoine de Blanchefort, fils de Marie de
Créquy 69
Charles Ier, dit le Maréchal de Créquy. 70
Charles II. 72

Duché de Créquy.

Charles III, dit le Duc de Créquy. 73
Le second Maréchal de Créquy. 75

Chapitre IV. — Les La Trémoille.

Sommaire. — Charles-Belgique-Holland de La Trémoille,
   époux de Madeleine de Créquy. 77
Charles-Louis-Bretagne. 77
Charles-Armand-René 78

Chapitre V. — Les La Tour d'Auvergne, ducs de Bouillon.

Sommaire. — Emmanuel-Théodose de la Tour, époux de
   Marie-Victoire-Armande de la Trémoille. . . . 79
Charles-Godefroy de la Tour. — Censives et droits seigneuriaux. 80
Nicolas-François-Joseph-Julie, comte de la Tour d'Auvergne. — Godefroy-Maurice-Marie-Joseph de la Tour
   d'Auvergne 81

Chapitre VI. — Les Durfort de Civrac.

Sommaire. — Adélaïde de la Tour d'Auvergne, épouse du
   marquis de Durfort-Civrac, rachète le vieux château
   féodal qui avait été vendu comme bien national . . 83
Marie-Emeric de Durfort-Civrac 84
Le Créquy d'Hesmond 85
La marquise de Créquy. 86
Extinction des diverses branches 87

Chapitre VII. — Les Seillière.

Sommaire. — Le prince de la Tour d'Auvergne est remis
   en possession des bois de Sains, Créquy et Fressin. 89
Vente de ces bois à Lefebvre qui les revend à Florentin
   Seillière 89

Achat d'un château. 90
Le baron Nicolas Seillière. 91
Vente par licitation des bois et du château . . . 91
Contenance des trois bois, leur aménagement. . . 91
Madame la baronne Achille Seillière, fille adoptive du
    baron Nicolas, achète le tout. 93
Achats divers de propriétés par le baron Achille . 94
Achat du vieux château des Créquy 94
Achats de nombreuses parcelles autour du vieux château. 95
Les Seillière à Fressin. 98
M. le baron Roger Seillière, seul propriétaire, à Fressin,
    des biens des Seillière. 100

Chapitre VIII. — Fiefs et Censes.

§ 1. L'abbaye de Saint-Jean-au-Mont. 102
§ 2. L'Epaule. 103
§ 3. Le Tronquoy. 104
§ 4. L'Ermitage 105
§ 5. Le Plouy. 106
§ 6. Barles 107

La Complainte de Raoul de Créquy. . . . 109

DEUXIÈME PARTIE

L'ÉGLISE ET LA PAROISSE

LIVRE PREMIER. — L'ÉGLISE DE FRESSIN.

Chapitre Premier. — **L'Ensemble.**

Sommaire. — Epoque du monument	127
Opinions diverses	128
Les trois nefs, le transept et la tour	131
Les piliers. — Inclinaison du chœur	134
Dimensions en longueur, largeur et hauteur	134
Variété d'ornementation des deux côtés de la grande nef	135
Incendie de 1525	136
Portails. — Le Lambris. — Rétable	138
Injures de la Guerre et de la Révolution	140
Armoiries de Créquy	141
M. Bonhomme, restaurateur de l'église	142
La tribune	144
Les peintures murales de M. Prin	145
Le cimetière	145
Réparation des murs	146

Chapitre II. — **Le Mobilier.**

Sommaire. — Le Moyen-âge et la symétrie	147
L'arc triomphal et le Christ	147
Un maître-autel sans clochetons	148
Abstenez-vous, n'innovez point, ne détruisez point	148

Chaire et confessionnaux 149
Autels latéraux, œuvre de M. Bouhomme. . . . 149
Bancs du chœur. — Banc des paresseux 149
Bancs de la grande nef 150
Fonts baptismaux 151
Les tableaux du chemin de croix 151
Dais. — Statues. — Tableaux. 152
Cloches. — Objets divers 154

Chapitre III. — La Sacristie.

Sommaire. — Le Sacrarium derrière le maître-autel. . 155
La chapelle Saint-Jean. 155
Tombeau de 1425 155
Rétable : couronnement de la Vierge 157
Autel fixe. 158
Piscine. — Fontaine. — Vieux coffre 160
Crucifix ancien. — Objets divers. 160
Ornements sacerdotaux 161
Orfèvrerie. 162
Linge 164
Bannières. 164
Livres liturgiques anciens et modernes. 165

Chapitre IV. — Les Sépultures à l'intérieur.

Les Sépultures à l'intérieur 167

Chapitre V. — Épigraphie.

Sommaire. — Rétable de la sacristie. 173
Épitaphe de Jean de Créquy et de Jeanne de Roye. 173
A la mémoire de M. d'Houdetot. 173
A la mémoire de la famille Héame. 174
Pierres tombales du pavé. 176
Inscriptions des cloches. 179
Supplément de description extrait des notes de M. Roger
    Rodière 181
Nos desiderata 188

LIVRE SECOND. — LA PAROISSE DE FRESSIN.

CHAPITRE PREMIER. — **Fressin, diocèse de Thérouanne jusqu'en 1553.**

Sommaire. — Etendue de ce diocèse. — Ses divisions.	193
Paroisse de Fressin et Planques.	194
Chapelle et cimetière, création de 1434	195
L'incendie de 1525	198
Manégliers du XVIe siècle.	198
PIERRE DE LIÈRES, curé de Fressin	198
JEAN BOUTRY, curé, est assassiné.	199
Le Fressinois François Delarue anobli par Charles-Quint.	199
Catalogue des évêques de Thérouanne.	200

CHAPITRE II. — **Fressin, diocèse de Boulogne 1566-1803.**

Sommaire. — Divisions du diocèse.	206
Paroisse de Fressin et Planques.	206
Le doyenné de Vieil-Hesdin	206
Le prieuré de Sains.	208
LOYS DE WAILLY, curé de Fressin	208
ADRIEN DE WAILLY, son successeur	209
JEAN DE BOMY. — Son registre des décès.	210
Sainte Colette et les Clarisses du Vieil-Hesdin	210
Décès de l'année 1613	210
» 1614	211
» 1615	211
» 1616	212
» 1617	214
» 1618	214
» 1619	215
» 1620	216

Décès de l'année 1621 217
    »   1622 219
    »   1623 220
    »   1624 221
    »   1625—42 actes. 222
    »   »   L'Immaculée Conception . . . 223
    »   1626 223
    »   1627 225
    »   1628 225
    »   1629 226
    »   1630 227
    »   »   La tombe merveilleuse d'une
                   pauvre persécutée 228
    »   1631 Deux morts violentes. . . . 228
    »   1632 Encore deux assassinats. . . 230
    »   1633 Un centenaire. — Un homicide. 231
    »   1634 232
    »   1635—46 décès. — Une mort violente. 233
Bellum in Gallos. 233
Le fermier bienfaiteur de l'église et du curé . . . 234
La Saint-Martin du 4 juillet. 234
Décès de l'année 1636. 293 décès. Nombreux réfugiés. 236
Contagion, suite vraisemblable de l'encombrement . . 239
Lacune du 27 mai au 11 juillet 242
Décès de l'année 1637. — Sept mois seulement. . . 250
Interruption du Registre. 251
Quelques décès de 1638 et 1639. 251
Reddition d'Hesdin.— Émigration de Jean de Bomy. 251
Quelques décès en Flandre. 252
Anciennes familles de Fressin 253
Variabilité des noms de famille ; ils se féminisent au besoin 254
Leurs transformations successives. 255
Louis Lenglet dessert la chapelle Saint-Jean 258
Jean Pesel, curé de Fressin 259
Louis Flamen. — Ses vicaires. 259
Jean Desplanques 259
Testament de Jean Amoury 260
Toussaint de Bomy. 261

Fondations Mayoul et Hurteur	261
Jacques-Eustache Boningue. — Ses vicaires.	262
Le service du chapelain est fait par le vicaire . .	263
La donation des héritiers Bacqueville . . . , . .	263
A. Demainne. — Son vicaire	264
De quelques usages	265
André Caroulle. — Ses vicaires	266
Deux centenaires à Fressin	266
Abus signalés et réformés par les administrateurs de l'église au sujet : 1° de la gestion des revenus de la fabrique ; 2° des biens des pauvres. . . .	267
Etat des fondations de l'église de Fressin, en 1753.	272
Revenu des pauvres de la paroisse.	276
Rentes surcensières.	279
Rentes foncières du fief de la Dienné	283
Rentes constituées	285
Manoirs et terres de l'église de Fressin à l'époque de la Révolution.	299
Réflexions que suggère la dépossession de l'église et des pauvres.	304
Les bancs de l'église	305
Besogne du trésorier	310
Une paroisse rurale au siècle dernier	313
Le respect dans la famille	314
Fêtes et usages populaires.	316
Pratiques religieuses	318
Jean-Baptiste Cauwet	321
Réformes et Révolution	322
Le Curé de Fressin prête serment avec des réserves.	323
Le Curé et le Vicaire légitimes sont forcés de céder la place à un curé et à un vicaire intrus. . .	324
Les administrateurs de l'église, en 1793 . . .	325
L'intrus Morouval suspect aux révolutionnaires . .	326
Manifestation courageuse des habitants	327
Arrestation du curé Morouval.	329
Célestine Bonvarlet, femme Gouillard, et sa fille . .	329
Dernier compte de la fabrique	330
L'église est dévastée, les statues brûlées ou mutilées	331
La chapelle Saint-Pierre et la chapelle de Jésus flagellé .	332

Liberté relative du culte catholique. 332
M. Paternelle, préfet de mission 333
Le Curé Jean-Baptiste Cauwet et son frère Louis-Joseph. 334
M. Playoult, ancien prieur de Saint-Saulve. . . . 334
De 1795 au Concordat. 334
Le Ministère caché. 337
Le Concordat : Bonaparte le fait payer bien cher à l'Église. 339
Deux prêtres de Fressin : Sauvage et d'Houdetot ; différence de leurs mœurs 340
MM. les abbés Playoult, Viollette et Dewamin . . . 342
Catalogue des évêques de Boulogne. 343

Chapitre III. — Fressin, diocèse d'Arras
A partir de 1803.

Sommaire — Étendue du diocèse. 345
Le doyenné de Fruges. 345
Modifications qu'il a subies depuis 1803 346
Mesures diverses de réparation 347
Conseil provisoire de fabrique. 348
Jacques-Charles Flament, curé de Fressin et Planques. 349
Le vicaire Dhermy. 349
Le vicaire Lefebvre réside à Planques. 349
Débiteurs de l'église. 351
Classement des citoyens de Fressin, l'an XII (1803-1804) pour les enterrements 352
Comptes de 1805. 358
Calvaire Viollette ou Louvet 359
Confrérie du Saint-Sacrement. 360
Première visite pastorale de Mgr de la Tour d'Auvergne. 360
Poursuites contre les débiteurs de l'église. . . . 361
M. Videlenne, vicaire 361
Visite épiscopale de 1817 363
Les annonces dominicales, coutumier de 1820 . . 364
Différence avec le coutumier de 1891 364
Le vicaire Dufossé. 372
Jean-André Leprêtre 373

Grands mariages.	374
Fondations de M. Héame	375
Groupe de menus faits.	376
CHARLES-NICOLAS DELAHAYE.	377
Organisation du Conseil de fabrique	377
Le Réglement de 1809.	377
Le droit de recette	379
Trois grands mariages	381
LOUIS-JOSEPH COUBRONNE.	383
Suppression du vicariat de Fressin.	383
Le vicaire de Bucamps fait le service de Planques	384
Emprunts irréguliers de la fabrique à son trésorier.	384
Administration temporelle de l'église.	385
Visite épiscopale	387
Evénements divers	388
Mort de M. Coubronne.	391
Deux missionnaires à Fressin	393
Visite du cardinal de la Tour d'Auvergne	394
JEAN-BAPTISTE BONHOMME	395
L'Ecole de la Sainte-Famille.	396
Fondations de M. Héame	396
Construction d'une tribune dans l'église	397
Monsieur le desservant.	397
Un calvaire en 1842	398
Les stations du chemin de la Croix.	399
Mariages et enterrements	400
Le chemin de croix de Planques	401
Mgr Rappe, évêque de Cléveland, à Fressin.	403
La mission de 1853	404
M. Bonhomme restaurateur de l'église	405
Les actes de catholicité rédigés en latin	405
Les statuts de la Confrérie du St-Sacrement sont modifiés.	406
Suppression de la banalité du cimetière	406
Mission de 1855.	406
Première visite pastorale de Mgr Parisis	407
Rétablissement de la Confrérie du Rosaire.	408
Congrégation de Marie. — Modification du premier réglement	409

Obsèques de M. le vicaire Coubronne 409
M. Bonhomme seul pour le service religieux de Fressin
    et de Planques 410
Dix-huit ans d'administration temporelle. . . . 410
Remboursement de rentes 411
Quête anormale pour les pauvres 414
Meneaux, rosace, fenêtres 414
La lampe du sanctuaire 415
Pétitions diverses aux pouvoirs civils pour la restau-
    ration de l'église. 415
Seconde visite de Mgr Parisis. 416
Avortement d'un plan 417
Œuvre des Dames des pauvres malades. 418
Troisième et dernière visite de Mgr Parisis . . . 418
Travaux de M. Bonhomme à l'intérieur de l'église . 418
Planques séparé de Fressin 419
Inutile résistance de Fressin 422
Le Calvaire Vaillant 426
Compte-rendu, par M. Bonhomme, des deux dernières
    visites de Mgr Parisis 427
A propos du Registre de paroisse 428
Deux mariages 430
Chapelle Notre-Dame Auxiliatrice. 430
Visite pastorale de Mgr Lequette. 431
Bénédiction d'une troisième cloche (la moyenne). . 431
Mariages. — Actes administratifs. 432
Mort et funérailles de M. Bonhomme 433
M. le chanoine Vaillant élève de M. Bonhomme. . 434
Louis Paix 435
Son zèle pour les âmes et sa charité pour les pauvres
    et les malades 437
Le legs de M. Bonhomme pour l'église. 438
Pie IX et Léon XIII 438
Chapelle de Jésus flagellé: statues de Notre-Dame de
    Lourdes, du Sacré-Cœur et de St Benoit Labre . 439
Le Conseil de fabrique. 442
Expositions, processions et bénédictions du St-Sacrement. 443
Administration temporelle 444

Une grande mission.	445
Vacance de la paroisse.	447
CHARLES-ANTOINE FROMENTIN.	449
Installation	450
Quelques pages d'autobiographie	452
Rétablissement de certaines fonctions à l'église	465
Question du presbytère	465
Description du presbytère nouveau	468
Les premières communions à date fixe	470
Première visite pastorale de Mgr Dennel	471
Deuxième visite avec séjour	471
Le Calvaire du cimetière	471
Le Calvaire Dieudonné Branquart	472
Accroissements divers du mobilier de l'église.	473
Le Conseil de fabrique.	474
Coutumier paroissial. — Horaire des offices	475
Confréries, œuvres et pratiques de dévotion.	477
Sonneries.	481
Usages divers	483
Revenus et charges de la fabrique.	484
Biens fonds de l'église.	488
Rentes.	490
Catalogue des Evêques du nouveau diocèse d'Arras.	491
Tableau synoptique du Conseil de fabrique	495

TROISIÈME PARTIE

LA COMMUNE

La commune de Fressin 499

Chapitre premier. — L'Ancien Régime.

L'Ancien Régime. 499
Le bourg de Fressin 500
Droits seigneuriaux 500
Juridictions diverses. 502
Personnages de Fressin. 502
Le marché et la foire 507

Chapitre II. — La Commune et la Municipalité.

§ 1. *Période révolutionnaire* 508
La fièvre politique 508
Divisions administratives 509
Le premier maire 509
Le maire Mahieu 510
La République 511
L'agent Morouval 512
Auchy-sur-Ternoise 513
Excès révolutionnaires 514
Réaction 515
Le canton du Biez 516
Lassitude du pays 516
§ 2. *Le Consulat et l'Empire* 517
Le 18 Brumaire. 517

Le citoyen Auguste Viollette, maire nommé	518
M. Bonaventure Thélu, maire	519
L'ère du silence	519
Les scrutins de onze jours	520
Réquisitions militaires	520
Le Consulat à vie	521
Les garnisaires	522
Les principaux cultivateurs de Fressin en 1804	523
Le maire de Fressin et le conspirateur Larose	523
Souffrances du pays effet de la guerre	525
§ 3. *La Restauration*	525
M. Pruvost, maire nommé	525
Défense des droits de la commune	526
M. Jacques Viollette, maire	527
Intervention des principaux contribuables	528
M. Pruvost, maire pour la deuxième fois	529
Le Conseil municipal de 1825	529
§ 4. *Gouvernement de Juillet*	531
Le Conseil de 1831	531
Brasseries, Moulins, forges	532
Elections municipales de 1834	534
M. Louvet, maire de Fressin	534
La route d'Hesdin à Hucqueliers	534
Elections de 1837	536
Elections de 1840	537
Routes nombreuses construites ou projetées	537
Elections de 1843	538
La disette de 1847	540
§ 5. *La République de février*	541
Conseil élu par le suffrage universel	542
M. Corne, maire de Fressin	542
Le Bureau de bienfaisance	545
§ 6. *Le 2 Décembre et le Second Empire*	546
Le serment politique	546
Opposition de Fressin à la création de la paroisse de Planques	547
Election de 1852	548
Chemin de fer départemental	550

Elections de 1855. 551
Elections de 1860. 553
Elections de 1865. 554
Elections de 1870. 555
§ 7. *La troisième République* 556
M. Raphaël Viollette. maire 556
Elections de 1871 557
M. Vaillant, maire élu 557
Elections de 1874. 558
Elections de 1878. 559
M. Raphaël Viollette. maire élu 560
Elections de 1881. 560
La nouvelle école des garçons 561
Elections de 1884. 563
Reconstruction du presbytère 563
Elections de 1888. 564
Elections de 1892. 566

Chapitre III. — Fressin devant la vie publique.

§ 1. *Fressin et le Conseil d'arrondissement*. 568
§ 2. *Fressin et le Conseil général* 570
§ 3. *Fressin et les plébiscites*. 572
§ 4. *Fressin et les élections législatives*. 575

Chapitre IV. — Les Écoles.

§ 1. *L'École avant la Révolution* 585
Elle était sous l'autorité de l'Église. 585
Les lamentations du curé de St-Martin. Wambercourt et
   Cavron 587
Les anciens maîtres d'école de Fressin 588
§ 2. *Idée sommaire de l'histoire de l'enseignement en*
   France. 590
Période de liberté naturelle 591
Le régime du bon plaisir; le monopole universitaire . 593
Le régime de la liberté légale 595
L'école doit être religieuse 597

§ 3. *Nos écoles depuis la Révolution* 599
MM. Michault, Dupond, Canu 599
Création de l'école des filles: Mademoiselle Lefebvre. 600
La Congrégation des Sœurs de la Ste Famille d'Amiens. 602
Ecole libre de garçons. 606
Les instituteurs communaux. MM. Guffroy, Hénissart.
    Halot, Berthe. 607
Les instituteurs adjoints 609
Les religieuses 610

Chapitre V. — Les Notaires.

Le curé notaire 611
Les notaires laïques 612

Chapitre VI. — Fressin en 1892.

Déménagements fréquents 616
§ 1. *La population par quartiers et par rues.* . . . 617
De l'église à Wambercourt. — Le Village . . . 618
De l'église à Wambercourt. — La Lombardie. . 620
La place de Fressin, ou le Marais 624
Le Crocq. 625
La rue d'Enfer 625
Les Hures 628
La rue de Paradis 628
La rue du Moulin 629
La rue du Fond Feutrel 629
La rue du Gaudiamont. 630
Les Presles 630
De l'église à Planques. — Le Village 630
De l'église à Planques. — Le Marais Duflos . . 632
De l'église à Planques. — Le Marais-bât-le-beurre. 632
La rue de l'Ermitage 633
La rue de l'Église 635
La rue des Gardes. 636
La rue Noire 637

La petite rue Haute.	637
La rue l'Avocat.	638
La rue de l'Epaule.	639
Le Trouquoy.	640
Le Plouy.	640
La rue du Milieu.	640
Lépault.	641
Le Mont Hulain.	641
Le chemin de Bucamps.	642
Barles.	642
La rue Blanche.	643
La rue Haute.	643
La rue de la Lance.	645
§ 2. *Fonctions, états, professions et métiers*.	646
Fonctions publiques.	646
Professions libérales.	647
Etats et métiers.	647
Les cultivateurs.	648
Les planteurs de tabac.	650
ULTIMA VERBA.	653
De ce livre.	653
Table des noms propres.	653
Quelques corrections typographiques.	654
Rectifications historiques.	654
Quelques notes oubliées. — Addition au ministère de M. Bonhomme.	655
Église. — Mobilier.	657
Eglise. — Archéologie — Lettre de M. Enlart.	657
La question de l'origine des sires de Créquy.	662
Nos adieux au lecteur.	665
Autorités et Sources.	667
Table des Matières.	671

Lille. — Imprimerie de l'Orphelinat de Don Bosco.

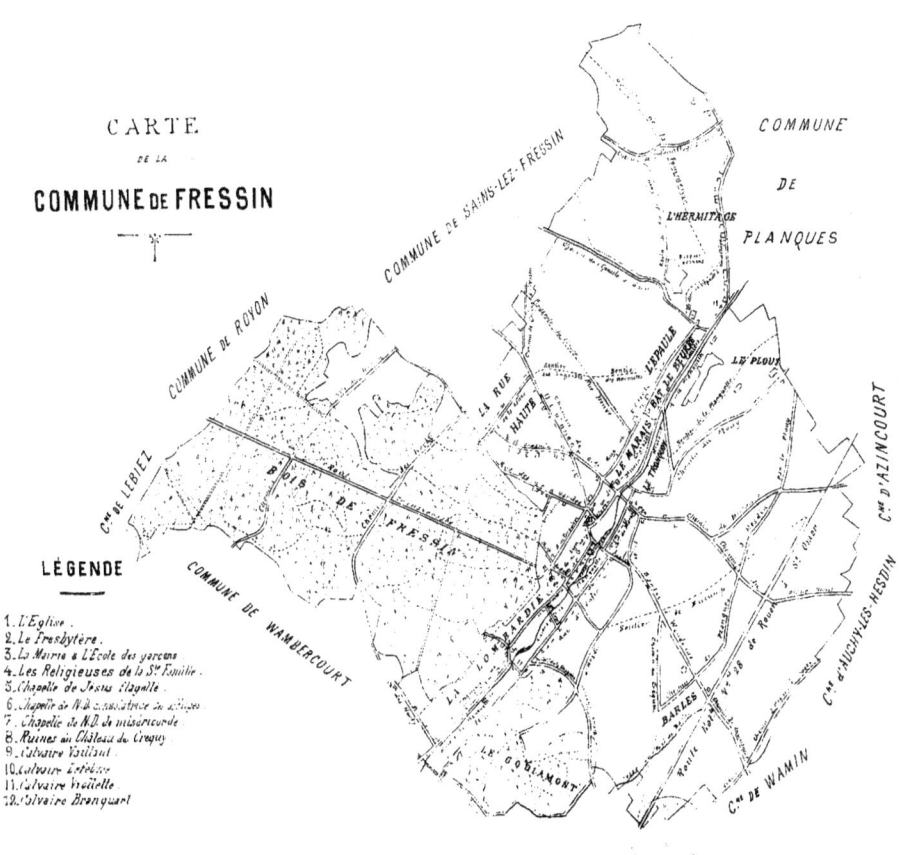

CARTE
DE LA
COMMUNE DE FRESSIN

LÉGENDE

1. L'Église
2. Le Presbytère
3. La Mairie & L'École des garçons
4. Les Religieuses de la S.te Famille
5. Chapelle de Jésus flagellé
6. Chapelle de N.D. consolatrice des affligés
7. Chapelle de N.D. de miséricorde
8. Ruines du Château de Créquy
9. Calvaire Vaillant
10. Calvaire Lefebvre
11. Calvaire Trouillé
12. Calvaire Branquart

www.ingramcontent.com/pod-product-compliance
Lightning Source LLC
Chambersburg PA
CBHW050051230426
43664CB00010B/1283